KB272893

인권론

인권의 개념, 역사, 근거, 내용, 실행에 대한 심층적인 분석과 논평을 가하고 대안을
제시한 인권에 관한 종합 안내서

인권론

조성민 지음

◆ **머리말**

　필자가 인권에 관해 관심을 두게 된 계기는 1980년 5.18 광주민주화운동이라고 할 수 있다. 당시 언론이 통제된 상황에서 5.18의 참상을 모른 채 같은 해 8월 미국 유학길에 올랐다. 미국에 도착한 후 5.18 진압의 잔학상을 녹화한 영상을 보고, 그동안 순수 윤리학 이론만 공부해 왔던 것에서 방향을 돌려 현실 문제에 직접 관련되는 주제를 공부해야겠다는 마음을 먹었다. 마침 첫 학기에 권리에 관한 세미나를 선택해 들을 수 있는 기회를 얻게 되었다. 강좌는 권리의 본성에 초점을 맞춘 세미나였다. 이 세미나에 참여하고 나서 권리의 성격을 개념적으로 분석하는 것에서 더 나아가 권리를 어떻게 철학적으로 정당화할 수 있는가를 연구하는 것으로 박사학위의 주제로 삼았다. 연구의 주안점은 기본권의 근거를 어떻게 철학적으로 확립할 수 있느냐에 모아졌다. 자유권이나 생명권과 같은 인간의 기본권은 국가 권력의 제한 또는 역할과 직접 관련되기 때문에 국가 권력의 행사가 어떤 경우에 정당화되느냐 하는 문제와 연결된다.

　하버드 로스쿨 교수인 더쇼위츠(Alan Derschowiz)는 "권리는 불의에서 나온다."라고 주장하였다. 사람은 불의를 목격하면 인권을 생각하게 된다. 세계인권선언을 채택하게 된 결정적인 계기는 히틀러의 유대인 대학살이었다. 필자가 기본적인 권리에 관해 연구하게 된 것도 전두환 정권의 광주 민간인 학살이 결정적인 영향을 준 것이다. 1988년에 'The Ground of Rights'(《권리의 근거》 2021, 한국학술정보, 2022년 대한민국학술원 우수학술도서)라는 논문으로 박사학위를 마치고 나서 한국교원대 윤리교육과에 재직하는 동안 권리에 관한 후속적인 연구보다는 윤리교육에 더 많은 시간과 정력을 쏟았다. 정년을 한 후 여유로운 시간을 갖게 되자 인권에 관한 광범위한 연구를 해야겠다고 생각했다. 권리에 대한 철학적 이론에서 한 걸음 더 나아가 지구촌에서 실천하고 있는 인권의 개념, 역사, 관행, 정당화, 내용, 실행 등 인권 전반에 걸친 연구를 할 필요성을 느꼈다.

5.18 민주화운동과 6.29 민주화선언을 끌어낸 6월 항쟁의 결과로 우리 사회가 제도상으로는 어느 정도 민주주의 체제를 갖추고 있다 할지라도 권력을 행사하는 사람들 대부분이 인권 존중 의식이 부족한 편이다. 특히 인권을 보호하고 정의를 실현하는 것이 주요 기능인 사법기관의 관료들이 인권을 침해하는 경우가 잦아 국민의 원성을 사고 있는 게 현실이다. 권력을 쥐고 있는 사람들에 의해 개인의 인권이 부당하게 침해받는 경우 적절하고 효과적으로 자기 인권을 지켜내지 못함으로써 피해를 보는 경우가 많다. 인권은 사회적 약자가 힘 있는 사람들로부터 자신을 보호할 수 있는 강력한 무기이다. 힘 있는 사람은 사회적 약자의 인권을 존중하고 보호해야 하지만, 그렇지 못하는 경우에는 사회적 약자가 인권을 당당하게 주장할 수 있어야 한다. 그렇게 함으로써만 개인은 자기 가치와 존엄성을 지킬 수 있고, 사회는 평화를 유지할 수 있다.

개인의 자유와 권리에 관한 주장은 그 권리들 사이에서뿐만 아니라, 공동체가 추구하는 다른 가치들과도 충돌할 가능성이 크다. 학교나 직장에서 혹은 시민사회에서 구성원들끼리 그러한 갈등이 자주 일어난다. 어떤 권리 주장이 합당한지, 그것이 공동체의 가치와 어느 정도 조화를 이룰 수 있는지, 그리고 만약 조화를 이룰 수 없다면 어느 가치가 우선시되고 어느 가치가 양보되어야 하는지를 아는 것이 중요하다. 그뿐만 아니라 개인의 기본적 자유와 권리가 다수집단 또는 고용주에 의해 부당하게 침해되는 경우도 허다하다. 그러한 경우에 어떠한 권리가 침해되고 있는지를 알고 현명하게 대응하는 능력이 필요할 것이다.

사람들은 자기 자유나 이익이 침해받는다고 생각할 때 흔히 인권 또는 권리를 내세워 그것을 옹호하는 경향이 있다. 어떤 것을 할 권리가 있다거나 또는 어떤 것에 대한 권리가 있다고 주장하게 되면, 그 주장이 의무 개념을 통한 주장보다 다른 사람을 설득하는 데 더 강력한 힘을 발휘한다고 생각한다. 자기가 주장하는 이익이 법적인 권리로 보장받고 있지 않아도 그러한 권리 주장을 함으로써 그것이 법적으로 보장되어야 한다고 요구한다. 이러한 현상을 '권리의 팽창' 또는 '인권의 팽창'으로 학자들은 설명한다. 인권의 팽창은 인권 의식이 반영된 것으로, 개인의 자율성과 존엄성의 중요성을 강조한다는 긍정적인 측면도 있지만, 자칫 인권의 가치와 품위를 떨어뜨릴 위험성도 있다. 적절한 상황에서 인권 주장을 하는 것이 인권 주장의 품위를 유지하면서 자기주장을 관철하는 데 더 효과적이라고 할 수 있다. 이에 따라 어떠한 상황에서 인권을 주장하는 것이 옳은가, 또는 인권을 주장하는 근거는 무엇인가 하는 문제가 자연스럽게 제기될 수밖에 없다. 이 연구에서는 인권을 어떻게 정당화하는가의 문제에 초점을 맞추고 있다. 그러한 인권의 정당화 문제를 천착하기 위해, 먼저 인권 개념의 분석, 인권 개념이 발전된 역사적 배경을 먼저 탐구한다. 세계인권선언과 인권규약들의 내용을 분석하고 나서, 인권에 대한 설득력 있는 정당화 이론을 탐색한다. 그 이론에 입각해 새로운 인권의 생성 가능성을 알아보고, 그것에 비추어 주요 인권들에 대한 다양한 해석을 검토한다. 각 장에서 논의할 내용의 핵심적인 부분을 정리하면 다음과 같다.

제1장에서는 인권의 개념을 분석하기 위해, 먼저 유개념으로서 권리 개념의 본성을 설명하는 의지(선택) 이론과 이익 이론을 비판적 관점에서 검토한 다음, 호펠드의 권리 유형을 설명할 것이다. 호펠드의 권리 유형은 인권 개념의 분석과 정당화를 논의하는 데 핵심적 역할을 하게 될 것이다. 이어서 다음 장들에서의 논의를 위한 발판을 마련하기 위해, 인권의 기능, 본성, 근거 그리고 내용을 서론 격으로 간략하게 설명할 것이다.

제2장에서는 인권 담론의 역사적 배경으로, 먼저 서양 고대와 중세의 자연법 전통을 간략하게 살핀 다음, 17세기와 18세기의 자연권 사상과 함께 미국의 독립선언과 프랑스의 인권선언을 중심으로 자유권이 어떻게 발전해 왔는가를 알아볼 것이다. 그러고 나서 19세기 자본주의의 문제점과 더불어 사회권이 등장하게 된 배경을 설명한다.

제3장에서는 세계인권선언과 국제인권규약이 채택된 배경을 살펴본 다음, 인권선언과 두 인권규약의 내용을 분석할 것이다. 자유권은

소극적 권리이고 사회권은 적극적 권리라는 경직된 구분을 비판하고, 대부분의 권리에는 소극적인 요소와 적극적인 요소가 있다는 점을 설명할 것이다. 그리고 자유권과 사회권은 상호 의존적 관계에 있다는 것을 주장할 것이다.

제4장에서는 인권을 정당화하는 이론으로, 우선 모든 인권의 기초에는 인간의 존엄성이 자리 잡고 있다는 것을 설명한 다음, 세 가지 정당화 이론을 비판적으로 논의하고 그 한계점과 장점을 설명할 것이다. 인간의 본성에 근거를 둔 자연론적 접근과 인권 관행과 인권의 역할에 초점을 둔 정치론적 접근, 그리고 원초적 입장에서의 합의에 근거를 둔 계약론적 접근을 살펴보고 나서 보다 설득력 있는 계약 논증을 제시할 것이다.

제5장에서는 인권의 팽창 또는 생성에 관련된 논쟁을 살펴보고, 인권 팽창을 예방하기 위한 기준을 염두에 두면서 어떻게 새로운 인권이 생성될 수 있는지를 알아볼 것이다. 그리고 논쟁이 되는 여러 주요 인권들에 대한 다양한 해석을 앞 장에서 살펴본 권리의 성격과 유형 그리고 인권 정당화 이론과 관련하여 새롭게 정리할 것이다.

제6장에서는 인권의 실행을 위한 국제적인 노력과 국내적인 노력에는 어떤 것이 있는지를 살펴볼 것이다. 국제적인 노력으로 유엔인권이사회와 유엔인권최고대표사무소의 역할을 알아보고, 국내적인 노력으로는 시민들의 역할을 특히 강조할 것이다. 최근 우리 사회에서 발생한 대형 인권 침해 사례를 예로 들면서, 특히 국가와 기업체에 의한 인권 침해 문제에 시민들이 대처할 수 있는 효과적인 방법을 제안할 것이다.

제7장에서는 인권 담론에 대한 최종적인 평가를 제시할 것이다. 인권을 다른 중요한 가치인 정의 및 민주주의와 비교 관점에서 평가한 다음, 인권에 회의적인 공동체주의와 페미니즘 혹은 배려 윤리의 관점에서 인권을 어떻게 바라보는지 그리고 그러한 이론들의 인권에 대한 비판이 타당한지를 살펴볼 것이다. 마지막으로 인권 이론이 공동체주의 및 배려 윤리와 절충할 가능성은 없는지도 탐색할 것이다.

2013년 정년퇴직하고 2017년부터 인권에 관한 연구를 본격적으로 착수한 후 7년 만에 이 연구물을 세상에 내놓게 되었다. 길고 긴 터널을 지나온 기분이다. 그동안 혼란스러운 정국에 정신을 빼앗기고, 원고를 마무리할 무렵 암 진단을 받고 한동안 당황하기도 했다. 마음을 가라앉히고 이제 연구를 끝내고 나니 홀가분하다. 현 시국에 대한 적극적인 관심이 연구 지연을 초래한 측면도 있지만 오히려 이 연구가 현실에 충실해지도록 도와준 측면도 있다. 이론이 현실과 유리되면 독자들에게 설득력이 떨어질 수 있다고 생각하고, 가능하면 우리 사회의 현실 상황에서 문제 될 수 있는 인권 침해 사례를 예로 들어 설명하였다.

이 책은 대학이나 학교에서 체계적으로 심도 있게 인권 교육을 할 수 있도록 구성되어 있다. 국제인권법을 공부하는 사람에게도 유용한 안내서가 될 수 있을 것이다. 인권의 이론적인 부분에 대해 알고 싶은 일반인들도 이 책을 통해 도움을 얻기를 바란다. 인권의 이론뿐 아니라 실천에 대해서도 안내를 받고 싶은 인권운동가에게도 이 책은 어느 정도 도움이 될 것이다.

이 책의 원고를 마무리할 무렵 예기치 않게 암이 발견되어 수술하게 되었는데, 집필을 무사히 완료할 수 있게 도와주고 원고를 일일이 검토해 준 아내에게 고마운 마음을 전한다. 아내는 나의 학문 여정에서도 항상 함께 가는 동반자로 많은 도움을 주었다. 끝으로 출판을 맡아주신 한국학술정보㈜ 채종준 대표님과 출판을 결정해주신 양동훈 팀장님에게 감사의 뜻을 전하고 싶다.

7월 17일
제헌절을 맞이하면서
조성민

제4장　인권의 근거

제7장　**인권 담론에 대한 평가**

1. 인권에 대한 비교 관점의 평가　475

2. 인권에 관한 상대주의적 그리고 회의론적 관점　488

제8장　**맺는말　513**

부록

인권의 개념

　인권의 개념을 분석하기 전에 인권의 유개념인 권리의 성격과 유형을 먼저 살펴보는 것이 순서이다. 왜냐하면 권리 일반에 적용되는 논리가 인권에도 적용되기 때문이다. 따라서 제1장에서는 먼저 권리의 중요성을 설명한 다음, 권리와 의무 간에 존재하는 도덕적 상관성과 논리적 상관성을 분석한다. 이어 권리의 본성에 관한 이론으로 제시되는 의지(선택) 이론과 이익 이론을 소개한 다음 그 이론들의 한계점을 밝히고 나서, 다양한 권리 개념 간의 논리적 분석을 통해 권리의 유형을 제시한 호펠드의 권리체계를 설명한다. 호펠드의 권리체계는 다음에 논의하게 될 다양한 인권들을 설명하고, 정당화하는 데 유용하게 적용될 것이다. 권리는 법적인 권리와 비법적인 또는 도덕적 권리로 나뉠 수 있다. 인권은 대체로 법적인 권리이면서도 도덕적 권리로 분류될 수 있으므로 두 권리의 특성과 서로 간의 관계를 설명할 것이다. 마지막으로 다음에 논의할 내용을 안내하기 위한 서론으로, 인권의 기능, 본성, 근거 그리고 내용을 개략적으로 설명할 것이다.

1. 권리의 성격과 유형

1) 권리의 중요성

우리는 지금 '권리의 시대'에 살고 있다고 말할 수 있다.[1] 권리 담론은 현재 정치, 법, 도덕의 영역과 일상생활에서 널리 이루어지고 있다. 요즈음 사람들은 정치 혹은 사회생활과 관련하여 '권리' 또는 '인권'의 언어를 사용하면서 자기 입장이나 의견을 제시하고 비판하거나 희망을 피력하는 경향이 있다. 자기 이익이 침해되는 경우에 권리가 침해되었다고 주장하거나, 또는 권리라고 생각되는 것이 억압되고 있을 때 그것이 존중되어야 한다고 주장한다. 그래서 학자들은 이러한 현상을 권리 또는 인권이 '팽창'(inflation) 또는 '증식'(proliferation)되고 있다고 말한다.

1　'권리'와 '인권'을 사람들은 구별하지 않고 사용하는 경향이 있다. 어떠한 권리가 인권인가를 결정하기 어렵기 때문일 것이다. 나중의 논의에서 구별을 시도하려고 하겠지만, 당분간은 두 개념을 구별하지 않고 혼용하도록 하겠다.

권리 담론이 현대 사회에 널리 보편화되고 있다는 것은 '권리'라는 말이 다른 사람을 설득하고 움직이는 강력한 힘이 있다는 것을 의미한다. 권리 또는 인권은 사회 개혁과 변화를 촉진하는 동력으로서 역할을 하기도 한다. 주장하는 권리 또는 인권이 사회에서 법적으로 인정되어 있지 않아도, 법적으로 인정되게 하려고 권리 주장을 하는 경우가 많다. 예를 들면, 동성애자들이 동성결혼권을 주장하지만, 우리나라의 법에서는 동성 간의 결혼을 허용하지 않고 있다. 그들은 동성결혼권이 법으로 보장되도록 요구하고 있다.

권리는 희생자나 소외받는 사람과 같은 사회적 약자를 보호하는 데 특히 기여를 한다. 부와 권력을 누리는 사람은 그들의 권리에 의해 보호받지만, 가장 자주 그리고 긴급하게 권리에 호소하는 사람은 사회적 약자이거나 불리한 처지에 있는 사람이다. 최근에 권리 주장은 소수민족이나 성소수자 등의 소수집단, 혹은 여성, 아동, 노인, 환자 그리고 논란이 되지만 태아나 심지어 동물과 관련해서도 이루어지고 있다. 이들 집단의 구성원들은 많은 경우에 더 강력한 적대세력과 대치한다. 권리는 권리 주체에게 지배력(dominion)을 할당함으로써 그들을 보호하는 역할을 한다.[2]

권리에 의해 제공되는 보호는 의무에 의해 제공되는 규범적 보호

2　Carl Wellman, *Theory of Rights* (Rowman & Allanheld, 1985), p. 218. Wellman에 의하면 권리는 지배력을 통해 보호하는 것이므로 권리를 동물에 부여하려고 하는 것은 의미가 없을 것이라고 주장한다. 동물은 자유나 통제력을 행사하는 데 요구되는 능력이 결여되어 있기 때문이다. (ibid) Wellman은 선택 이론을 제시한 H. L. A. Hart의 입장을 약간 변형한 입장을 취하는데, 선택 이론에 따르면, 이익 이론과 달리, 동물은 권리 소유 주체가 되지 못한다. 이것에 대한 자세한 논의는 다음에 이루어질 것이다.

보다 더 신뢰할 수 있다. 권리는 그것이 두 번째 당사자(적대자)에 의해 존중되지 않을 때도 제3자가 그 권리를 형성하는 규범을 존중하는 관점에서 그 권리 소유자를 보호할 수 있다. 권리 소유자가 적대자에게 권리 주장을 할 때 제3자가 간섭하여 자기편을 들라고 사회에 호소하는 것이다. 그래서 권리에 의한 보호에서는 제3자의 역할이 또한 중요하다.[3]

특히 기본권 또는 인권과 관련하여 말할 때, 권리는 심각하고 분명한 불의에 대한 우리의 반응이며, 노예제도, 고문 등과 같은 부정의를 예방하기 위한 수단으로 더쇼위츠(Alan Dershowitz)는 보고 있다. "다수가 소수에게 정의로울 때는 권리가 필요 없다. 그러나 부정의가 득세하는 곳에 권리는 필수적이다. 권리 이론은 최악의 부정의로부터 시작한다."라고 그는 주장한다.[4] "만약 어떤 권리들이 부정의를 감소시키는 데 필수적이라면, 심각한 부정의에 대한 합의는 확고한 인권 이론의 시작이 될 것"이라고 그는 말한다.[5]

슈(Henry Shue)는 "기본권의 인정은 인간 유대의 표현"이라고 말하고, 기본권은 인간의 기본적 이익에 대한 "일상적이고 심각한, 그러나 교정이 가능한 표준적인 위협"을 봉쇄하는 장치이며, 그러한 기본권은 관련된 의무들의 수행을 통해 실현된다고 주장한다.[6] 기본권은 다른 사람들에 대한 최소한의 합당한 요구이기 때문에 필요 이상으로 권

---

3 C. Wellman, ibid., p. 219.

4 Alan Dershowitz, *Rights from Wrongs* (A Member of the Perseus Books Group, 2005), p. 90.

5 A. Dershowitz, ibid., p. 82.

6 Henry Shue, *Basic Rights* (Princeton University Press, 2020), p. 181-182.

리를 확대하지 않는 것이 필요하다고 그는 주장한다. 우리는 새로운 권리를 너무 자주 추가하지 않음으로써 '권리 팽창'을 피해야 한다고 그는 말한다.[7]

권리는 이처럼 불의를 예방 또는 교정하거나 인간의 기본적 이익에 가해지는 위협을 봉쇄하는 역할을 한다. 드워킨(Ronald Dworkin)에 의하면 권리는 또한 사회적 효용성에 의해 쉽게 무시될 수 없으며 다른 윤리적 고려보다 우선하는 '으뜸 패'(trumph)의 역할을 한다. 롤스(John Rawls)도 정의를 사회적 효용성보다 우선시하며, 기본적 권리를 정의의 주요 요인으로 본다. 그의 정의 원리는 기본적 자유와 권리가 사회의 기본구조에서 어떻게 분배되어야 하는가를 규정한다.

2) 권리와 의무

법적인 권리이건 비법적인 권리이건, 권리를 사회적 상호작용의 맥락에서 바라보기 때문에 의무와 함께 사람들의 행동을 규제하는 것으로 우리는 이해한다. 권리와 의무는 어떤 사회적 규칙이 있는 곳에 존재한다. 이러한 규칙은 법적인 규칙일 수 있고 비법적인 규칙일 수도 있다. 법적인 권리는 법규, 법률보고서, 법 교과서 등에서 발견할 수 있고,[8] 비법적인 권리는 통용되는 도덕적 규범이나 사회적 관습, 사회 조직들의 규칙 등에서 발견할 수 있다.

---

7   H. Shue, ibid., p. 183.

8   Tom Campbell, *Rights* (Routledge, 2006), p. 52.

권리와 의무는 상관관계에 있다. 권리와 의무는 서로 밀접하게 관련되어 있지만, 그것에 관한 해석은 다르게 나타난다. 권리와 의무의 상관관계는 두 가지 측면에서 바라볼 수 있다. 권리와 의무의 상관관계는 두 가지 측면, 즉 도덕적 상관성과 논리적 상관성으로 나누어 볼 수 있다.

(1) 권리와 의무의 도덕적 상관성

권리와 의무의 도덕적 상관성은 내가 권리가 있으면 동시에 의무가 있고, 내가 의무가 있으면 권리도 있다는 명제이다. 예를 들면 내가 국가에 대해 신변의 안전을 보장하도록 요구할 권리가 있다면, 나는 세금을 내야 할 의무가 있다. 그리고 내가 납세의 의무 등 국가에 대한 의무가 있다면 나는 국가에 대해 요구할 수 있는 권리가 있다. 헤겔(Hegel)은 "의무가 없는 인간 즉 다른 사람에 대한 고려가 없이 단지 그의 권리만을 주장하는 사람은 생각이 없는 지극히 자기중심적인 사람이고, 의무만 있는 사람은 (그리고 권리가 없는 사람은) 불쌍한 구호대상자이거나 단순한 노예로, 인간의 존엄성이 없는 사람이다."라고 주장하였다.[9] 헤겔의 이 주장은 권리와 의무의 도덕적 상관성을 내포하고 있다. 응당 납부해야 할 세금을 내지 않고 국가에 대하여 치안이 형편없다고 불평하는 사람, 즉 의무를 이행하지 않고 권리만을 주장하는 사람은 이기적인 사람으로 도덕적으로 비난받아 마땅하다. 반면에 의무가 있으면 권리도 마땅히 누려야 하는데, 의무만 있고 권리

---

9   Henrik Syse, *Natural Law, Religion & Rights* (St. Augustine's Press, 2007), p. 38.

를 누리지 못한다면 노예와 같이 인간의 존엄성이 박탈당하게 된다. 그러한 상황을 초래하는 주체는 도덕적으로 비난받을 수 있다.

권리와 의무의 도덕적 상관성은 하트(H. L. A. Hart)의 다음과 같은 주장에도 포함되어 있다. "많은 사람이 규칙들에 따라 어떤 공동의 기획을 수행하면서 그들의 자유를 제한할 때, 자유의 제한이 요구되는 상황에서 그러한 제한 사항을 준수하는 사람은 그러한 제한으로 이미 이익을 얻는 사람에게 유사한 준수를 요구할 권리가 있다."[10] 하트의 주장을 이어받은 롤스도 유사한 주장을 한다. "많은 사람이 규칙들에 따라 상호 이익이 되는 협동체(cooperative venture)에 참여하고, 그리하여 모두에게 이익을 산출하는 데 필요한 방식으로 그들의 자유를 제약할 때, 그러한 제약을 준수한 사람들은 그러한 준수로 인해 이익을 얻은 사람들에게 유사한 준수를 요구할 권리가 있다."[11] 롤스는 이것을 '공정성의 원리'(principle of fairness)라고 부른다. 그의 정의 원리들은 사회의 기본구조에 적용되는 원리인 반면에, 공정성의 원리는 개인들에게 적용되는 원리이다. 정의 원리들은 헌법과 같은 사회의 기본구조에서 기본적 자유와 권리들이 어떻게 분배되는가를 규정하기 때문에 정의로운 제도를 위한 원리이며, 공정성의 원리는 그러한 사회의 기본구조나 법률들이 규정하는 의무들을 개인들이 수행할 경우의 공정성을 규정하기 때문에 개인 행위의 공정성을 위한 원리이다.

롤스를 비롯한 사회계약론자들은 일반적으로 사회를 상호 이익을

---

10   H. L. A. Hart, "Are There Any Natural Rights?" in D. Lyons, *Rights* (Wadworth Publishing Company, 1979), p. 21

11   John Rawls, *A Theory of Justice* (Harvard University Press, 1971), p. 112.

위한 협동체(cooperative venture for mutual advantage)로 본다. 여기서 사회는 주로 국가 단위의 사회를 말하지만, 우리는 자발적인 행위를 통해 여러 종류의 협동체에 관여할 수 있다. 가정, 회사, 클럽 등 비교적 장기간 존속되는 협동체뿐만 아니라, 일시적으로 조직되고 해체되는 야구팀도 협동체로 볼 수 있다. 공격팀으로서의 권리를 누렸으면, 다음에 수비팀으로서 의무도 수행해야 공정할 것이다. 권리만 누리고 의무를 등한시한다면 어떠한 협동체도 존속할 수 없을 것이다. 가정도, 회사도, 클럽도 소기의 목적을 달성할 수 없고, 국가 사회도 존속할 수 없을 것이다. 국민이 각자의 권리만 누리고 각자가 짊어지는 의무, 예컨대 국방의 의무나 납세의 의무 등을 소홀히 한다면 국가는 유지되기 어려울 것이다. 규칙이 요구하는 바에 따라 자신은 의무를 이행하는데, 협동체의 다른 구성원이 의무를 이행하지 않는다면 이는 공정하지 못하다, 즉 도덕적이지 못하다고 말할 수 있다.

(2) 권리와 의무의 논리적 상관성

권리와 의무의 도덕적 상관성에서는 한 행위자가 동시에 권리와 의무를 갖는다. 그러나 권리와 의무의 논리적 상관성에서는 한 행위자가 권리를 가지면 다른 사람 또는 주체가 그에 상응하는 의무를 필연적으로 갖게 된다. 내가 채권이 있으면 누군가가 필연적으로 채무를 지니게 된다. 채무가 없는 채권은 없다. 어느 한쪽이 사라지면 다른 쪽도 사라진다.

권리 주장의 공식은 다음과 같다. A는 B에 대하여 Y에 근거해서 X

에 대한 권리를 갖는다.[12] 이에 따른 권리와 의무의 논리적 상관성의 구조는 다음과 같다. "A는 B에 대해 Y에 근거해서 X와 관련된 권리를 가지며, B는 A에 대해 Y에 근거해서 X와 관련된 의무를 갖는다." 도덕적 규칙 Y에 근거해서 A와 B 사이의 도덕적 관계가 형성되면 도덕적 권리와 의무가 생성된다. 법률 Y에 근거해서 서로 간 권리와 의무의 법적 관계가 형성되면 법적 권리와 의무가 생성된다. 만약 B가 휴가 중인 A에게 A의 애완견을 돌보기로 약속했다면, A는 B에 대해 그의 애완견을 돌볼 것을 요구할 권리가 있고, B는 A의 애완견을 돌보아야 할 의무가 있다. 이러한 권리와 의무의 도덕적 관계는 "약속을 지켜야 한다."라는 도덕적 규칙에 따라 생성되는 것이다. 만약 상호 간의 약속 또는 계약의 구속력이 법으로 인정된다면, 법적인 권리와 의무가 생성될 것이다.

요구권(claim right)의 의미에서 볼 때 특정인이 어떤 권리를 갖는다면 필연적으로 다른 사람은 의무를 갖는다.[13] 그러나 특정인이 어떤 의무를 갖는다고 해서 그에 상응해서 반드시 권리를 갖는 주체가 있다고 생각하는 것이 어려울지 모른다. 내가 교차로에서 빨강 신호등에 멈춰야 할 법적인 의무가 있지만, 그에 상응하는 법적인 권리를 갖는 사람이 반드시 존재하는 것은 아니다. 주변에 다른 운전자가 있건 없건

---

12 Henrik Syse, ibid., p.13. 이 공식은 A. Gewirth가 제안한 것이다. 여기서의 권리는 의무가 수반되는 권리 즉 요구권(claim-rights)에 한정된다.

13 권리에는 의무가 수반되는 요구권(claim) 이외에도 자유(liberty), 권한(power), 면제권(immunity) 등 여러 유형의 권리가 있다. 그러한 권리들에는 의무와는 다른 개념들이 상응한다. 이것에 대한 논의는 제1장 1절 '권리의 유형: 호펠드적 권리 유형'에서 자세하게 다루어질 것이다.

간에 법이 규정하는 바에 따라 나는 빨강 신호등에 멈추어야 할 의무가 있다. 형법상의 의무들은 논리적으로 상응하는 권리가 없다고 해석하는 경우가 있다. 그러나 의무가 향하는 주체(권리 소유자)를 국가나 사회로 넓게 확장해서 본다면 형법의 경우에도 의무에 논리적으로 상응하는 권리가 있다고 해석할 수 있을 것이다.

어떤 의무에 권리가 논리적으로 상응하려면 그 의무가 어떤 주체를 상대해서 실행되어야 한다. 이러한 권리와 의무의 논리적 상관성은 채권과 채무의 관계처럼 사법 또는 민법의 영역에서 전형적으로 드러난다. 그런데 형법이 국가에 대한 의무를 부과하는 것이라면 권리와 의무 간의 논리적 상관성을 완전히 확립해 주지 못한다고 할지 모른다. "비록 어떤 주체가 형법 하에서 국가에 대해 의무를 갖는다고 할지라도 국가가 그 주체에 대해 어떤 법적인 권리를 갖는다고 말하는 것은 관용 어법에 어긋나는(unidiomatic) 것이다."[14] 그러나 형법의 영역인 탈세, 병역기피, 환경파괴 등과 같이 누구에 대한 의무의 위반인가를 특정하기 어려운 경우는 그러한 범죄 행위가 국가 또는 사회에 대한 의무를 위반하는 경우로 받아들인다면, 국가 또는 사회는 그러한 행위를 행위 주체에게 금하도록 요구할 권리가 있을 것이다. 그렇게 본다면 여기서도 권리와 의무의 논리적 상관성이 적용될 수 있다.

---

14 C. Wellman, *A Theory of Rights* (Rowman & Allanheld, 1985), p. 35. Wellman은 요구권(claim)의 의미를 확장하여 민법뿐만 아니라 형법에도 적용할 것을 제안한다. 문제는 국가를 위해 행위를 하는 검사(public prosecutor)의 법적 지위가 엄격하게 민사소송의 원고(private claimant)의 지위와 유사한가인데, 그는 양자 간에는 근본적으로 유사성이 있다고 믿는다. (ibid., p. 37) 그러한 관점에서 Wellman은 민법과 마찬가지로 형법에도 권리(요구권)와 의무의 논리적 상관성이 적용될 수 있다고 본다. (ibid., p. 35-37 참조).

그런데 살인을 금하는 의무는 국가 또는 사회에 대한 의무이면서도 어떤 행위 주체에 대한 의무이기도 하다. 어떤 사람이 다른 사람을 살해했다면 살인을 금하는 의무를 어기는 것이며, 살인함으로써 피해자의 생명권을 침해하는 것이다. 이처럼 살인, 납치, 사기 등과 같이 특정인을 상대로 범죄를 저지르는 경우에는 그러한 범법행위를 함으로써 국가의 어떤 권리보다는 피해자의 권리를 침해하는 것이라고 말하는 것이 더 적합할 것이다. 이러한 경우에는 형법의 영역에서도 권리와 의무의 논리적 상관성이 잘 확립될 수 있다고 보인다.

도덕의 영역에서는 모든 도덕적 권리에는 의무가 상응하지만, 모든 도덕적 의무에 권리가 상응하는 것은 아니다. 밀(J. S. Mill)에 의하면 권리는 정의와 밀접하게 관련되어 있다. "정의는 어떤 것을 하면 옳고 하지 않으면 그른 것뿐 아니라, 어떤 개인이 그것을 그의 도덕적 권리로서 우리에게 요구할 수 있다는 것을 의미한다."[15] 정의의 의무만이 권리를 수반하며, 선행의 의무는 권리를 수반하지 않는다. "우리는 특정인에게 선행의 덕을 도덕적으로 실천해야 하는 것은 아니기 때문에 어떠한 사람도 관대함(generosity)이나 선행(beneficence)에 대한 도덕적인 권리를 갖는 것이 아니다."[16] 선행 또는 적선의 의무는 특정인에 대한 의무가 아니고 특정되지 않은 어느 누구에게든 도움이 필요하면 실천하는 것이 바람직한 행위이다.

권리에 반드시 의무가 수반되는 것이 아니라고 주장하는 사람이

---

15 David Boersema, *Philosophy of Human Rights* (Westview Press, 2011), p. 53.

16 ibid., p. 53.

있다. 맥클로스키(H. J. McCloskey)의 자격이론(entitlement theory)에 의하면, 완전한 권리는 누가 권리에 따른 부담을 질지는 규정할 필요가 없다고 본다. 권리가 가끔 의무를 생성하지만, 자격이 논리적으로 우선한다고 본다. 의료서비스에 대한 권리의 실행이 현실성이 없을 때도 그러한 권리가 보편적인 인권이라고 말하는 데 어려움이 없다고 그는 생각한다.[17] 그러나 의무가 따르지 않는 단순한 자격으로 권리를 보는 것은 권리가 팽창할 가능성을 증대시킨다는 문제점이 있다. 도덕적 선을 확보해야 할 강한 도덕적 이유가 있을 때마다 도덕적인 권리가 발생할 수 있게 된다. 그렇게 되면 자격으로서 권리의 목록은 도덕적 선의 목록만큼 확장될 위험성이 있다.[18] 그러나 앞에서 언급한 권리의 공식처럼, '무엇에 대한' 권리뿐만 아니라, '누구에 대하여' 권리를 갖는다고 명시함으로써 의무자를 명시하면, 권리의 팽창 가능성은 줄어들 것이다.

3) 권리의 본성

권리의 본성에 관한 이론은 의지 이론 혹은 선택 이론과 이익 이론으로 나누어 볼 수 있다. 선택 이론은 의지 이론의 전형적인 사례이다.[19] 의지 이론 또는 선택 이론과 이익 이론은 권리의 규정적 특성

---

17 James Nickel, *Making Sense of Human Rights* (Blackwell, 2007), p. 30 참조.

18 ibid., p. 30.

19 Carl Wellman, *A Theory of Rights* (Rowman & Allanheld, 1985), p. 217. 선택 이론은 H. L. A. Hart가 대표한다.

(defining characteristics) 즉 의지(선택)와 이익에 의해 권리를 설명하는 권리 이론이다.

(1) 의지 이론(will theory) 혹은 선택 이론(choice theory)

의지 이론에 의하면, "의지의 행위(action of will)를 통한 선택 능력과 행위 능력"으로 권리를 설명한다. 의지 이론에 따르면, 권리는 권리 소유자로 하여금 다른 사람의 상응하는 의무를 통해 그의 행동을 통제할 수 있게 한다. 의지 이론에 의하면, "권리 소유자가 다른 사람이 의무를 이행하거나 혹은 그 의무로부터 면제되는 것을 선택할 수 있을 때 그의 권리가 존재한다."[20] 이 경우의 권리 주장은 의무를 지닌 사람이 어떤 방식으로 행동하도록 그의 행위를 통제하는 능력을 생성한다. 권리를 갖는다는 것은 다른 사람의 상응하는 의무를 포기, 소멸, 집행, 유예할 수 있는 선택이 있다는 것을 의미한다.[21] 여기서 선택은 의지 또는 권한(power)의 행사로 이해된다. 그런데, 권리를 지니거나 사용하는 것이 권리 소유자에게 이익이 될 수도 있고 안 될 수도 있다. 중요한 것은 권리 소유자가 그의 의지를 행사함으로써 상응하는 의무의 이행과 관련하여 선택하거나 통제할 수 있는 능력을 갖춘다는 점이다.[22] 권리에 상응하는 의무가 있음으로 인해 권리 소유자는

---

20   ibid., p. 44.

21   H. L. A. Hart, "Bentham on Legal Rights", in D. Lyons(ed.), *Rights* (Wadworth Publishing Company, 1979), pp. 141, 144-145. 조성민, 「권리의 근거」,(한국학술정보, 2021, "The Ground of Rights: A Contractarian Model in the Scheme of Hohfeldian Rights," State University of New York at Buffalo, Disseration, 1988) p. 25 재인용.

22   Carl Campbell, *Rights* (Routledge, 2006), p. 44 참조.

의무가 이행되도록 하거나, 만약 이행되지 않을 경우 어떤 배상이 이루어지도록 요구할 수 있는 규범적 능력(normative power)을 지닌다.[23]

위와 같은 의지 이론의 설명은 엄격한 의미의 권리(rights in the strict sene) 즉 요구권(claim rights)의 경우와 특히 관련이 있다. 자유권(liberty rights)의 경우에는, 예컨대 내가 종교의 자유를 갖는 경우에는 특정 종교를 갖거나 갖지 않을 양면적 자유를 갖기 때문에 내 의지의 선택이 분명히 드러난다. 권한(power)의 경우에는, 예컨대 내가 증여권을 갖는 경우에는 어떤 사람에게 소유권을 이전할 것인지를 선택할 수 있는 재량권이 있다. 그리고 면제권(immunity)의 경우에는, 권리 소유자가 다른 사람의 권한에 영향을 받지 않는 면제권을 포기할 수 있다.[24] 예를 들면, 개인이 자기 신체 안전에 대한 면제권이 있다면, 타인이 그의 신체 안전에 영향을 미칠 수 있는 권한이 없다. 그러나 그러한 면제권을 포기하고 의사에게 수술할 권한을 주게 되면 의사는 수술할 수 있는 권리를 행사할 수 있다. 이처럼 의지 이론은 모든 권리 유형에 적용될 수 있다.[25]

(2) 이익 이론(benefit theory)

이익 이론에 따르면, 권리는 상응하는 의무 수행을 통한 이익 취득으로 설명된다. 권리는 인간으로 하여금 다른 사람의 상응하는 의무

---

23 ibid., p. 44.

24 ibid., p. 44 참조.

25 요구권, 자유권, 권한, 면제권 등의 권리의 유형은 1절 4) '권리의 유형: 호펠드적 권리유형'에서 자세히 언급될 것이다.

를 통해 그의 이익을 보호하고 증진하도록 한다.[26] 이익 이론은 법적인 권리를 법적으로 보호하는 이익과 동일시한다. 이익 이론의 전형적인 경우는 "옳음의 규칙에 따라 인정되고 보호되는 이익"으로 권리를 정의하는 살몬드(J. Salmond)를 그 예로 들 수 있다.[27] 이익 이론에 의하면, 권리는 이익 특히 권리 소유자의 이익을 보호하거나 증진하는 상응하는 의무가 있을 때 권리가 존재한다.[28] 이 경우의 권리는 상응하는 의무가 있는 요구권 즉 엄격한 의미의 권리인데, 이 권리는 상응하는 의무의 이행으로 인해 얻게 되는 이익으로 이해된다. 권리를 갖는다는 것은 다른 사람의 의무 이행에 따른 수익자가 된다는 것을 의미한다.[29] 이러한 설명은 엄격한 의미의 권리 즉 요구권에 잘 들어 맞는 것이지만, 이익 이론은 자유권에도 적용될 수 있다. 예컨대 표현의 자유는 어떤 것을 표현하거나 하지 않을 자유를 의미하는데, 그것을 규제하는 규칙이 없어 그러한 자유의 행사로 이익이 발생한다. 권한도 그것을 행사함으로써 권리 소유자의 이익에 기여하며, 면제권(immunity)도 타인의 권한에 의해 영향을 받지 않으므로 권리 소유자의 이익에 도움이 된다.[30]

26　Carl Campbell, *Rights* (Routledge, 2006), p. 43.

27　Sir John Salmond, *Jurisprudence* (6th ed., London: Sweet and Maxwell, 1920), C. Wellman, *A Theory of Rights*, p. 216 재인용.

28　C. Wellman, ibid., p. 44-45.

29　David Lyons, "Rights, Claimants, and Beneficiaries", in Lyons(ed.), *Rights* (Wadsworth Publishing Company, 1979), p. 58. 조성민, 「권리의 근거」(한국학술정보, 2021), p. 25 재인용

30　C. Campbell, 상게서, p. 45 참조

(3) 두 이론에 대한 비판적 논의

어떤 권리 이론을 따르는가에 따라 어떤 주체가 권리를 소유할 수도 있고 그렇지 않을 수도 있다. 의지 이론 또는 선택 이론에 따르면 영아는 양육 받을 권리(right to nurture)를 갖는다고 말할 수 없다. 왜냐하면 영아는 부모의 양육 의무를 포기하거나 집행할 수 있는 법적이거나 도덕적인 힘이 없기 때문이다. 선택 이론에 의하면 영아는 양육 '받아야' 하거나 부모가 그를 양육할 '의무'가 있다고 말할 수 있지만, 영아가 양육 받을 권리가 있다고 말하는 것은 '권리'라는 표현을 공허하게 사용하고 있다고 본다. 그러나 이익 이론에 따르면 영아는 양육 받을 권리가 있다고 말할 수 있다. 왜냐하면 영아는 부모의 양육 의무 이행에 따른 수익자이기 때문이다.[31] 마찬가지 이유로 선택 이론에 따르면 치매 환자, 식물인간도 권리 소유자가 될 수 없다. 반대로 이익 이론에 따르면 이들 주체는 권리를 소유할 수 있다고 말할 수 있다.[32]

이 두 이론의 모순적인 결과는 어느 하나의 이론만으로 권리를 정의하거나, 그 본성을 올바로 규명할 수 없다는 것을 드러낸다. 두 이론은 어떤 규정적 특성 즉 선택과 이익이라는 특성으로 권리를 설명하려고 하지만, 그러한 시도는 권리에 대한 완전한 설명이 되지 못한

---

31   H. L. A. Hart, "Are There Any Natural Rights?" in D. Lyons(ed.), *Rights*, p. 18. 조성민, 「권리의 근거」, p. 26 재인용.

32   동물권이 있느냐는 문제도 선택 이론을 택하느냐 아니면 이익 이론을 택하느냐에 따라 답이 달라질 수 있다. 선택 이론에 따르면 동물은 권리를 소유할 수 없지만, 이익 이론에 따르면 권리를 소유할 수 있을 것이다.

다.[33] 하트(H. L. A. Hart)에 의해 의지 이론이 정교화된 선택 이론에 의하면, 개인이 엄밀한 의미의 권리(요구권)를 갖는다는 것은 다른 사람의 상응하는 의무에 대한 배타적인 통제력을 지니고 있으므로, "그 의무가 정한 행동 영역에서 권리를 지닌 사람은 의무를 이행하는 사람에 대한 소규모의 주권자(small-scale sovereign)"라는 것을 의미한다.[34] 하트에 의하면, 권리 소유자의 완전한 통제력은 세 가지 요소로 구성된다.

> (i) 권리 소유자는 (의무 이행자의) 의무를 포기하거나 소멸 또는 유지시킬 수 있다. (ii) 의무 이행자가 의무를 어기거나 어기려고 위협할 때, 권리 소유자는 그것을 배상하도록 고소하거나 혹은 어떤 상황에서는 차후의 계속되는 의무 불이행의 자제를 유도하기 위한 명령 또는 강제 명령을 내리도록 고소함으로써 '집행'(enforce)하거나, 아니면 그것을 집행하지 않은 채 유보할 수 있다. 그리고 (iii) 권리 소유자는 의무 불이행으로 인한 배상 의무를 포기하거나 소멸시킬 수 있다.[35]

민법은 권리 소유자가 상응하는 의무를 지닌 사람에게 완전한 통제력을 가질 수 있는 전형적인 경우이다.[36] 만약 선택 이론이 위에 기

---

33 이후 두 이론의 문제점에 대한 비판은 주로 조성민, 「권리의 근거」 pp. 26-36을 참조한 것임.

34 H. L. A. Hart, "Bentham on Legal Rights", in D. Lyons(ed.), *Rights*, p. 141

35 H. L. A. Hart, ibid., p. 141

36 하트에 의하면, 선택 이론은 의무에 상응하는 권리(요구권)뿐만 아니라, 다른 유형의 권리 즉 자유권(예컨대, 이웃을 바라다볼 수 있는 권리)과 권한(예컨대, 재산을 양도할 수 있는 권리)에도 적용될 수 있다. (상게서, pp. 144-145)

술된 것처럼 이해된다면, 권리의 이름으로 형법을 설명하는 것은 불가능한 것처럼 보인다. 왜냐하면 "형법으로 보호받는 사람은 그 의무로부터 어떤 사람을 방면할 힘이 없기 때문이다."[37] 형법으로 보호받는 생명권은 그 상응하는 의무로 살인해서는 안 될 의무가 있다. 생명권을 지닌 사람이 다른 사람의 살인 금지 의무를 포기하거나 소멸 또는 유지시킬 수 있는 재량권이 있는 것이 아니다. 이에 대해 하트는 "사람은 다른 사람을 죽여서는 안 되는 의무가 있다."라는 진술을 "개인은 살인을 당하지 않을 권리를 갖는다."라는 진술로 번역하거나, 혹은 "사람이 살인을 당할 때 살인 당하지 않을 권리가 침해되었다고 말함으로써 의미나 명료성의 측면에서 나아질 것은 아무것도 없다."라고 주장한다.

그럼에도 불구하고 하트는 "살인이나 폭행을 금하는 법이 생명권과 신체안전권을 보장하는 것으로 고려되고 기술되는 것은 적절하다."라고 인정한다.[38] 개인 선택의 개념은 그러한 기본권을 설명하는 데에는 협소한 개념이다. 노예가 되지 않을 권리는 요구권 이상의 권리이다. 내가 노예가 되지 않을 권리는 다른 사람이 나를 노예로 만들어서는 안 되는 의무로 이해하기보다는, 나와 다른 사람이 나 자신을 노예로 만들 수 있는 권한이 없다고 말하는 것이 적절하다. 설령 내가 다른 사람과 노예가 되기로 계약했을지라도, 법적인 효력이 없다. 노예가 되지 않을 권리는 나와 다른 사람이 나의 법적 지위를 변화시킬

---

37   H. L. A, Hart, ibid., p. 141
38   H. L. A, Hart, 상게서, p. 148

수 있는 권한이 없다는 의미에서 단순한 요구권이 아니라 면제권으로 이해된다. 노예가 되지 않을 권리는 내가 그것을 포기하고 노예가 될 수 있는 선택이 있는 것이 아니다. 노예가 되지 않을 권리의 "법률적 효력은 정부나 다른 사람에게 타인을 노예로 만들어서는 안 되는 의무를 부과하는 것이 아니라, 노예를 만드는 계약이나 법령을 법적으로 무효화하기 위한 것이다." 하트의 선택 이론은 그와 같은 면제권에는 적용될 수 없다. 왜냐하면 "그 핵심에 개별 권리 소유자가 통제할 법적 권한을 가질 수 없는 헌법적 면제권이 자리 잡고 있기 때문이다."[39] 하트는 권리를 개인 선택의 개념으로 설명하는 일반 이론은 "한 수준, 즉 '일상적인' 법의 운용에 관심을 두는 법률가의 수준에서만 만족스러운 이론"이라는 것을 인정한다.[40] 선택 이론은 어떤 규정적 특성으로 한 개념을 설명하려고 시도하는 일반 이론의 한계를 지닐 수밖에 없다. 즉 그것은 선택의 개념으로 전체적인 권리를 설명해 주지 못하는 한계가 있다.[41]

이익 이론도 유사한 비판을 받을 수 있다. 이익 이론에 의하면 내가 권리(요구권)를 갖는다는 것은 타인의 상응하는 의무 이행으로 이익을 얻는다는 것을 의미한다. 개인이 권리를 갖는지를 결정하려면 그가 다른 사람의 의무 이행으로 인한 수익자인가를 아는 것만으로 충분하다. 만약 이익 이론이 수용된다면, 우리에게 더 친근한 '이익'이나 '의무'로 권리를 설명하는 것이 가능할 것이다. 그러나 이익 이론

---

39   C. Wellman, *A Theory of Rights* (1985), pp. 79-80.

40   H. L. A. Hart, 상게서, p. 148.

41   조성민, 「권리의 근거」 pp. 28-29.

은 피할 수 없는 반론에 직면한다. 갑이 을에게 십만 원을 빚지고 있다고 가정해 보자. 그리고 을은 그 돈을 받을 경우 그리고 그 경우에만 병에게 개인적으로 그 돈으로 선물을 사주기로 결정했다고 가정해 보자. 을은 병에게 빚지고 있지 않고 그에게 어떤 것을 주기로 약속한 적도 없지만, 이익 이론에 의하면 병은 을과 마찬가지로 권리를 갖는다. 왜냐하면 병은 갑의 의무 이행으로부터 이익을 얻게 되기 때문이다. 그러나 병이 갑의 의무 이행과 관련된 권리를 갖는다고 생각하는 것은 불합리하다. 그리하여 이익 이론의 관점에서 라이언스(D. Lyons)는 '수익자'의 개념에 제한을 가할 필요가 있다고 본다. 수익자를 의무 이행의 직접적이며 의도된 수익자로 제한하면 병은 갑의 의무 이행과 관련된 권리를 갖지 않을 것이다. 왜냐하면 병은 갑의 의무 이행으로 인한 직접적이며 의도된 수익자가 아니기 때문이다.[42]

수익자를 직접적이며 의도된 수익자로 제한하더라도 여전히 문제가 남는다. 제삼자 수익자의 경우를 생각해 보자. 약속은 그것이 타당하고 구속력이 있을 때 약속받은 사람에게 권리를 그리고 약속한 사람에게는 의무를 생성시킨다. 약속받은 사람은 대체로 약속의 이행으로부터 이익을 얻게 된다. 그러나 약속이 제삼자(합의 당사자가 아닌 사람)에게 이익이 가도록 이루어질 때, 약속받은 사람은 직접적이며 의도된 수익자가 아닐지라도 권리를 획득한다. 예를 들어 갑의 연로한 어머니를 그의 부재중에 친구인 을이 돌볼 것을 갑에게 약속했다고 가정해 보자. 을은 갑에게 약속한 것이기 때문에, 갑의 어머니가 아니라

---

42   David Lyons, "Rights, Claimans, and Beneficiaries", in D. Lyons(ed.), *Rights* (1979), p. 62.

갑이 직접적이며 의도된 수익자가 아닐지라도 을에 대하여 권리를 갖는다. 이에 반해 제한된 이익 이론에 의하면 어머니가 의무 이행의 직접적이며 의도된 수익자이기 때문에 권리를 갖는다. 그러나 이 경우 갑이 친구인 을에 대하여 그의 어머니와 **관련하여** 권리를 갖는다고 말하는 것이 더 적절하다. 왜냐하면 을은 갑에게 약속했고 그 약속은 어머니의 돌봄과 관련해서 한 것이며 어머니에게 한 것이 아니기 때문이다.[43] 어머니에 대한 언급은 단지 친구의 의무 또는 아들의 권리의 **내용**을 지시하고 있을 뿐이다.

이처럼 제삼자 수익자의 경우를 검토함으로써 개인이 의무의 직접적이며 의도된 수익자라는 사실로부터 그가 권리를 갖는다는 것이 반드시 귀결되는 것은 아니라는 것을 알 수 있다. 그러나 제삼자 수익자가 권리를 갖는 경우가 있다. 예컨대 부인이나 자녀가 수익자로 지정된 생명보험은 제삼자가 권리를 갖는 대표적인 경우일 것이다. 생명보험의 경우에는 두 당사자가 지정된 제삼자에게 보험금 수령 권리와 계약을 집행할 수 있는 권한을 부여할 수 있도록 계약을 맺는다. 계약에 따라 보험회사는 수익자(그리고 보험계약자)에게 보험금을 지급할 의무가 있고, 수익자는 보험회사에 대해 권리가 있다. 요컨대 계약을 통해 제삼자 수익자에게 권리를 부여하는 경우에만 그가 권리를 지니며, 단지 직접적이며 의도된 수익자의 지위만으로 권리를 갖는 것이 아니다.

---

43   M. G. Singer, "The Basis of Rights and Duties", in *Philosophical Studies,* Vol. 23, 1972, p. 50;
       J. Feinberg, *Rights, Justice, and the Bounds of Liberty* (Princeton University Press, 1980), p. 132
       참조.

제한된 이익 이론(직접적이며 의도된 수익자로 제한된 이익 이론)의 또 다른 문제는, 이익 이론자인 라이언스도 인정한 바와 같이, '정치적 의무' 즉 어떤 사회적 규칙에 따라야 할 의무에 상응하는 도덕적 권리들을 설명할 수 없다는 점이다. 하트에 의하면 이러한 권리와 의무들은, 앞의 제1절 2) (1) '권리와 의무의 도덕적 상관성'에서 간단하게 언급하였지만, 구체적으로 기술하면 다음과 같은 상황에서 발생한다.

> 많은 사람이 규칙에 따라 어떤 공동의 기획을 수행하면서 그들의 자유를 제한할 때, 자유의 제한이 요구되는 상황에서 그러한 제한 사항을 준수하는 사람은 그러한 제한으로 이미 이익을 얻은 사람에게 유사한 준수를 요구할 권리가 있다. 규칙들은 관리들이 (구성원들에게) 복종을 강요하고 추가적인 규칙을 만들 수 있는 권한을 갖도록 규정할지 모른다. 그리고 이것이 법적인 권리와 의무의 구조를 생성할 것이다. 그러나 그러한 상황에서 규칙들을 준수할 도덕적 의무는 사회의 협동적인 구성원들에게 행해야 할 의무이며, 그리고 이들은 (다른 구성원들에게) 규칙의 준수를 요구할 수 있는 상응하는 도덕적 권리를 갖는다.[44]

위에서 설명한 것처럼, 규칙이 부과하는 의무들과 그러한 의무를 준수해야 할 도덕적 의무는 직접적이며 의도된 이익을 주는 것이 아니다. 그러한 규칙을 한 번 위반하는 것으로 인해 어떤 사람이 직접 손실을 보았다고 말하기는 어렵다. 규칙들이 요구하는 의무의 이행

44　H. L. A. Hart, "Are There Any Natural Rights?" in D. Lyons(ed.), *Rights* (1979), p. 21.

은 상응하는 권리를 갖는 사람의 이익에 직접 기여하지는 않는다. 어떤 종류의 사회적 규칙, 예컨대 교통법규가 확립되어 있을 때 사람은 그러한 규칙을 준수해야 할 도덕적 의무가 있으며, 다른 사람은 그가 그러한 규칙을 준수하도록 요구할 권리가 있다. 그런데 제한된 이익 이론은 그러한 권리를 설명할 수 없다. 왜냐하면 문제의 법적 의무는 직접적이며 의도적으로 어떤 주체에게 이익을 주는 것이 아니라 단지 사회적으로 유용할 뿐이고 따라서 상응하는 권리가 없으며, 마찬가지의 주장이 그러한 규칙을 준수해야 할 도덕적 의무에도 타당하기 때문이다.[45]

지금까지 의지 혹은 선택 이론과 이익 이론은 둘 다 권리의 본성을 설명하는 데 한계가 있다는 것을 설명하였다. 마치 게임 간에 유사성은 있지만 그것들에 공통적인 속성을 찾기가 어려운 것처럼, 권리 간에도 유사성은 있지만, 그것들을 꿰뚫는 공통적인 속성을 찾아내기는 어려울 것이다. 권리에 관한 대략적인 설명을 할 수는 있어도, 그것의 특징을 정확하게 한마디로 기술함으로써 권리에 대한 정의를 내리기에는 어려움이 있다. 앞에서 본 것처럼, 선택이나 이익과 같은 어떤 특성 중 하나로 권리를 설명하려고 하면 그것이 들어맞지 않

45　David Lyons, "Rights, Claimant, and Beneficiaries", ibid., p. 76 참조. Lyons는 '유용한'(useful) 의무와 '유익한'(beneficial) 의무를 구별한다. 소득세 납부, 병역을 요구하는 규칙들은 단지 유용한 의무를 부과한다. 궁극적으로 개인들에게 돌아올 수 있는 의도된 이익들이 그러한 의무들을 이행함으로써 발생하지는 않지만, 그러한 의무를 어길 경우 해로운 결과가 나온다고 할지라도 직접 영향을 주지는 않는다. 그러나 살인이나 폭행을 금하는 규칙들은 유익한 의무를 부과한다. 그것들이 부과하는 의무는 직접 개인의 이익을 확보, 증진, 보호하도록 되어 있다. 단순히 유용한 의무는 제한된 의미에서의 직접적인 수익자를 수반하는 것이 아니다. 권리는 단지 유용한 의무가 아니라 유익한 의무에 상응한다. 상게서, pp. 67-69 참조.

은 반대 사례가 언제든지 나올 수 있다. 따라서 권리의 특징을 드러내어 그것에 대한 정확한 정의를 내리려고 시도하는 것보다 관행적으로 널리 통용되는 권리들이 어떻게 사용되는가를 보는 것이 더 유용할 것이다. 다음에 호펠드적 권리체계에 따라 권리가 다양한 맥락에서 어떤 의미로 사용되는지를 보기로 한다.

4) 권리의 유형: 호펠드의 권리 유형

일반적으로 내가 '권리'가 있으면 상대방은 '의무'를 갖는다. 채무가 없는 채권이 없는 것처럼, 내가 권리가 있으면 상대방은 의무가 있다. 그러나 나의 정당방위권에는 상대방에게 의무가 따르는 것이 아니다. 내가 정당방위권이 있다는 말은 **내가 정당방위를 할 수 있는 자유가 있다**는 뜻이고, 이것은 **내가 정당방위를 금해야 할 의무가 없다**는 말이다. 이 말은 **상대방**이 나에게 정당방위를 금하도록 요구할 **권리가 없다**는 말과 같다. 즉 정당방위권에서의 나의 권리는 상대방의 의무가 수반되는 요구권이 아니고, 내가 정당방위 행위를 금할 의무가 없는 권리 즉 상대방이 그것을 금하도록 나에게 요구할 권리가 없는 자유권이다.

'권리'라는 개념이 그에 상응하는 논리적 관계가 여러 가지 다른 방식으로 형성될 수 있다는 것을 명료하게 분석해 낸 사람은 미국의 법철학자인 호펠드(W. Hohfeld)이다.[46] 호펠드는 '자유'의 의미가 있는 권

---

46   Wesley N. Hohfeld, *Fundamental Legal Conceptions* (Yale University Press, 1919) 참조.

리로부터 상관적 의무를 추론하는 법률가나 판사를 다수 인용하였다.[47] 그는 '권리'가 서로 다른 의미로 사용되고 있음에도 불구하고, 그 것을 구분하지 못함으로써 법률적인 추론에서 오류가 발생할 수 있다는 것을 지적하였다. 그는 권리를 네 가지 유형으로 구분하고, 그에 상응하는 네 가지 기본적 법률개념을 대치시켰다. 그의 8가지 기본적 법률개념은 그가 처음으로 생각해 낸 것이 아니며, 법에 내재해 있고 법에 대해 우리가 생각할 때 함축된 개념이다. 살몬드(J. Salmond) 등과 같은 법학자도 같은 생각을 했지만, 호펠드는 그 선구자들을 넘어선 분석을 한 것이다. 각 개념은 다른 것들과 논리적으로 구별되기 때문에 호펠드는 각 개념이 단순하고 더 환원할 수 없는 것으로 보았다. 그는 그의 용어에 대한 형식적이거나 언어적인 정의를 피하고, 그 대신 여러 법적인 경우들로부터 사례를 제시함으로써 실물 지시적인 외연적 정의(ostensive definition)를 제공하였다.[48]

도덕의 영역에도 호펠드가 확인한 법적 지위와 유사한 도덕적 지위가 있다. "도덕은 법이 법적 지위를 규정하는 것과 매우 똑같은 방식으로 도덕적 지위를 규정한다."[49] 따라서 호펠드의 구분법은 법적인 권리뿐만 아니라 도덕적인 권리 또는 인권에도 적용될 수 있을 것이다.

---

47   C. Wellman, *A Theory of Rights* (1985), p. 55.

48   C. Wellman, *A Theory of Rights* (1985), p. 17.

49   C. Wellman, ibid., p. 131.

(1) 호펠드의 권리체계

호펠드는 그의 기본적인 법률개념들을 통해 권리의 언어에 내재하는 여러 가지 애매성을 제거하려고 하였다. 법원의 판결과 법학의 문헌에서 발견되는 법률 용어에 대한 세부적인 검토를 통해, 호펠드는 "'권리' 용어가 어떤 법적인 이익을 지칭하기 위해 일반적으로 그리고 무차별적으로 사용되고 있다."라는 것을 보여주었다.[50] '권리'라는 말이 사용되고 있는 수많은 다른 경우를 자세히 검토해 보면 그 말이 처음과 나중에 서로 다른 개념으로 얘기되어 가끔 사고의 혼란을 야기한다고 말했다.[51] 그는 그러한 개념적인 혼란을 피하려고 네 가지 기본적인 법률개념을 엄격하게 구별하였다. 그는 권리를 엄격한 의미의 권리(right) 혹은 요구권(claim), 특권(privilege) 혹은 자유(liberty), 권한(power), 그리고 면제권(immunity)의 네 가지 유형으로 구별하였다. 그리고 이들 권리에 상응하여 각각 의무, 무권리(no right), 책임(liability), 그리고 무권한(no power)을 대치시킴으로써, 그들 권리의 상호간 논리적 관계 혹은 다른 기본적인 법률개념과의 관계를 분석하였다.[52]

---

50 W. N. Hohfeld, *Fundamental Legal Conceptions* (Yale University Press, 1919), p. 71.

51 W. N. Hohfeld, ibid., p. 6.

52 W. N. Hohfeld, ibid., p. 36. Hohfeld는 'privilege'의 사용을 선호하였지만, 현대의 철학자나 법률가들은 'privilege' 대신에 'liberty'를 더 자주 사용한다. 특권은 경찰의 범인 체포 특권에서 볼 수 있는 것처럼, 할 수 있는 자유와 해야 할 의무를 동시에 포함할 수 있다. 경찰은 범인을 체포해서는 안 될 의무가 없다는 의미에서 체포할 자유가 있으면서 동시에 체포하지 않을 자유가 없다는 의미에서 체포해야 할 의무가 있다. 이처럼 특권은 반드시 양면적 자유, 즉 하거나 하지 않을 자유를 포함하는 것이 아니다. 또한 특권은 어떤 행동을 규제하는 규칙이 있다는 것을 전제하고, 그러한 규칙이 제시하는 의무로부터 예외적으로 자유롭다는 것을 암시한다. 그러나 자유는 어떤 규칙이 있다는 것을 전제하는 것은 아니다.

호펠드의 권리체계가 도덕적 권리 또는 인권에 적용될 수 있으려
면, 그가 사용하는 '특권'(privilege)을 '자유'(liberty)로 대치하는 것이 좋을
것이다. 왜냐하면 특권은 일면적 자유(unilateral liberty)를 의미한 반면에,
언론의 자유나 종교의 자유에서 의미하는 자유는 어떤 행위를 하거
나 하지 않을(하지 말아야 할 의무도 해야 할 의무도 없는) 양면적 자유(bilateral liberty)
를 의미하기 때문이다.[53] '특권'은 일반적으로 금지 의무가 있는 행위
를 예외적으로 할 수 있는 경우에 사용한다. 경찰이 범인을 체포할 수
있는 특권이나, 구급차가 차선을 무시할 수 있는 특권 등이 그러한 예
가 될 것이다. 하거나 하지 않을 양면적 자유의 의미가 있는 '자유'를
염두에 두고 호펠드의 기본적 법률개념 간의 논리적 관계를 제시하
면 다음과 같다.[54]

(1) A는 B에 대하여 B가 X를 할 것을(X를 하지 않을 것을) 요구할 **권리
가 있는** 경우에 그리고 그 경우에만 B는 A에 대하여 X를 해야
할(X를 해서는 안 될) **의무를 갖는다.**

(2) B는 A에 대하여 X를 할 수 있는(X를 하지 않을 수 있는) **자유가 있는**
경우에 그리고 그 경우에만 A는 B가 X를 하지 않도록(X를 하도록)
B에 대하여 요구할 **권리가 없다.**

(3) A는 B에 대하여 X를 할 수 있는 **권한**(power)이 있는 경우에 그리
고 그 경우에만 A가 X를 함으로써 B가 그의 법적 지위를 변화

---

53 일면적 자유와 양면적 자유의 구별에 대해서는, H. L. A. Hart, "Bentham on Legal Rights",
in D. Lyons(ed.), *Rights* (1979), p. 129.

54 이후 사용하는 'liberty'는 양면적 자유의 의미로 사용하겠다.

시킬 **책임**(liability)이 있다.

(4) B는 A가 X를 하는 것에 대하여 **면제권**(immunity)를 갖는 경우에 그리고 그 경우에만 A는 X를 함으로써 B의 법적 지위를 변화시킬 수 있는 **권한이 없다**.

위의 논리적 관계를 도표로 표현하면 다음과 같다.[55]

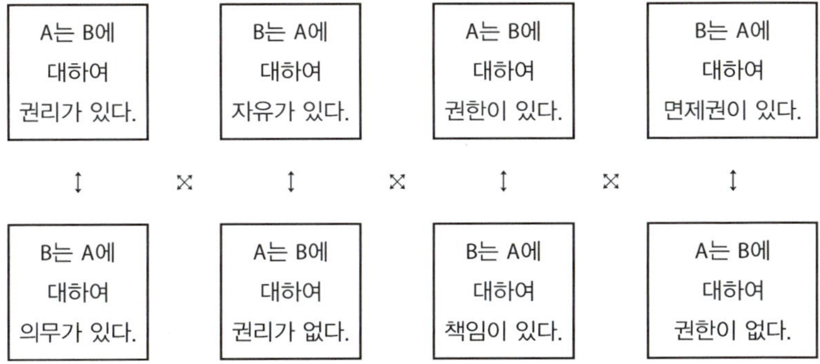

이 도표에서 수직선 화살표는 논리적 상응(논리적 동치) 관계를 나타내며, 대각선 화살표는 반대(혹은 모순) 관계를 나타낸다. 위에서 보여준 바와 같이 네 가지 유형의 권리, 즉 권리(요구권), 자유(자유권), 권한, 그리고 면제권에는 이것들에 상응하는 개념으로 각각, 의무, 무권리(no right), 책임, 그리고 무권한(no power)이 있고, 그 반대되는 개념으로는 각각 무권리, 의무, 무권한, 그리고 책임이 있다.

(1)과 (2)의 경우를 예로 들어 설명해 보겠다. ① "A가 B에 대하여

---

55   조성민, ibid., pp. 52-53.

100만 원을 받을 수 있는 권리를 가지고 있다."라는 진술은 ② "B는 A
에 대하여 100만 원을 갚아야 할 의무를 갖는다."라는 진술과 동일한
규범적 의미를 지닌다. 그리고 진술②는 ③ "B는 A에 대하여 100만
원을 갚지 않을 자유가 없다."라는 진술과 같다. 그런데 진술③은 ④
"B는 A에 대하여 100만 원을 갚지 않을 자유가 있다."라는 진술을 부
정한 것이다. 그리고 진술④는 "A는 B에 대하여 100만 원을 갚으라고
요구할 권리가 없다."라는 진술과 동일한 규범적 의미를 지닌다.[56]

(3)과 (4)의 경우로, 호펠드 자신이 제시한 대리인의 경우를 살펴
보자. "대리인 관계의 형성은 특히 소위 대리인에게 법적인 권한을
부여하며, 그에 상응하여 본인에게 책임을 발생하게 한다."[57] B가 A에
게 B의 재산을 제삼자에게 양도하도록 위임했다고 가정해 보자. 그럴
경우 A는 B의 재산을 양도할 수 있는 권한, 즉 소위 계약적 의무를 B
에게 부과할 수 있는 권한을 갖는다. 따라서 ① "A는 B에 대하여 B의
재산을 양도할 수 있는 권한을 갖는다."라는 진술은 ② "B는 A에 의
해 B의 법적인 관계가 변경되도록 하는(의무가 발생하도록 하는) 책임이 있
다."라는 진술과 동일한 규범적 의미가 있다. 그런데 진술②는 ③ "B
는 A에 대하여 B의 재산을 양도하는 것에 대한 면제권을 갖는다."라

---

56 여기서 주목할 것은, 자유(혹은 특권)와 그 반대 개념인 의무는 서로 반대되는 내용을 부
　　정한다는 점이다. "X를 할 자유가 있다."라는 진술은 "X를 하지 말아야 할 의무가 없다."
　　라는 진술과 같고, "X를 하지 않을 자유가 있다."라는 진술은 "X를 해야 할 의무가 없다."
　　라는 진술과 같다. "X를 해야 할 의무가 있다."라는 진술은 "X를 하지 않을 자유가 없다."
　　라는 진술과 같고, "X를 하지 말아야 할 의무가 있다."라는 진술은 "X를 할 자유가 없다."
　　라는 진술과 같다. 자유와 권리 간에도 서로 간 반대 내용을 부정한다. Wesley N. Hohfeld,
　　Fundamental Legal Conceptions, p. 39 참조.

57 Wesley N. Hohfeld, ibid., p. 52.

는 진술을 부정한 것이다. 진술③은 "A는 B에 대하여 B의 재산을 양도할 권한이 없다."라는 진술과 동일한 규범적 의미가 있다.[58]

　호펠드의 권리 유형이 기본권 또는 인권에 적용되는 경우를 살펴보자. 나의 생명권은 다른 사람의 의무가 상응하는 요구권이다. 내가 생명에 대한 권리를 갖는다는 것은 다른 사람이 나의 생명을 해쳐서는 안 되는 의무를 갖는다는 것을 의미한다. 언론의 자유는 본질적으로 요구권이 아니라 자유권이다. 내가 정부에 대해 정부를 비판할 수 있는 자유가 있다는 것은 내가 정부를 비판해서는 안 될 의무가 없다는 것을 의미하고, 이것은 결국 권리와 의무의 상관성에 의해 정부가 정부를 비판하지 말라고 나에게 요구할 권리가 없다는 것을 의미한다. 언론 자유권은 법적 의무에 의해 보호받지만, 상관적 의무를 함축하지 않는다. 그 법적 의무는 예컨대 폭압에 의해 침묵하도록 해서는 안 될 의무와 같은 것으로, 이러한 의무는 언론의 자유뿐만 아니라 모든 자유권을 보호하기 위한 의무이며 언론의 자유에 상응하는 의무는 아니다. "이 보호적 의무의 내용은 그것이 보호하는 권리의 내용에 개념적으로 상관된 것이 아니다."[59]

58　사람이 책임(liability)이 있다는 것은, 의무를 가질 때처럼 일반적으로 불이익을 받긴 하지만, 반드시 그렇다는 것을 의미하지는 않는다. Hohfeld가 말한 것처럼, "일상적인 유형의 (tangible) 개인 재산의 소유주는 그것의 포기를 통해 자기 법익(legal interest: 권리, 권한, 면제권 등등)을 소멸시킬 수 있는 권한을 갖는다. 동시에 그리고 상응하여, 타인에게 그 포기한 대상과 관련된 특권과 권한을 발생시킬 수 있는 권한, 즉 타인이 그것을 사유화함으로써 그것에 대한 권리를 획득하도록 하는 권한을 갖는다." (W. Hohfeld, 상게서, p. 51) 여기서 재산 소유주의 권한에 상응하는 개념은, 재산과 관련하여 타인에게 특권과 권한이 발생하도록 하는 책임이다. 따라서 책임이 보통 의무가 발생하도록 하는 책임이지만, 어떤 경우에는 특권과 권한이 발생하는 것과 같이 이익이 될 수 있다.

미국의 제1차 수정헌법은 "의회는 언론의 자유를 축소시키는 법을 만들어서는 안 된다."라고 규정함으로써 언론의 자유를 축소시키는 입법으로부터의 면제권을 부여하고 있다.[60] 다시 말해 의회는 입법을 통해 언론의 자유를 축소시킬 수 있는 권한이 없다. 그러나 세계인권선언이나 국제인권규약이 미국의 헌법처럼 언론의 자유를 제한 없이 허용해야 한다는 입장을 취하지는 않는다. "기본적 자유가 규제로부터 일반적으로 면제된다는 생각은 잘못이다. 모든 인권 조약에서 핵심적인 자유는 관대한 제한이 수반된다."[61] 타인의 명예를 심각하게 훼손하는 등 다른 인권을 침해하는 경우에는 언론의 자유를 제한하는 권한을 인정할 수 있을 것이다. 다시 말해 언론의 자유에 대한 절대적인 면제권이 허용되지 않는다는 의미이다. 그러나 자유민주주의 체제하에서 국민이 정부를 비판하는 언론의 자유는, 그것을 제한하는 정부의 권한이 없다는 의미에서 면제권이 부여될 수 있을 것이다.

노예가 되지 않을 권리는 사람을 노예로 만들어서는 안 되는 의무에 상응하는 요구권이라기보다는 노예 계약이나 입법이 법적인 효력이 없다는 의미에서 본질적으로 면제권이다. 즉 노예가 되지 않을 권리의 호펠드적 권리의 핵심 요소는 요구권이 아니라 면제권이다. 그러나 생명권이나 언론의 자유와 같이 대부분의 기본권이나 인권의 핵심 요소는 요구권이거나 자유권이다. 그것들의 핵심 요소는 요구

---

59   C. Wellman, *A Theory of Rights*, p. 57.

60   C. Wellman, ibid., p. 78.

61   James Nickel, *Making Sense of Human Rights* (2nd ed., Blackwell, 2007), p. 134.

권이거나 자유권이지만, 입법부의 권한에 영향을 받지 않는다는 의미에서 또한 면제권이다. 이 면제권의 요소는 그들 권리의 본질적인 핵심 요소는 아니지만, 주변적 권리(peripheral right)로서 핵심 요소를 지원하고 보호하는 역할을 한다. 의회는 입법권을 행사하여 법을 만듦으로써 국민에게 권리와 의무를 부여한다. 의회의 입법 권한은 국민의 자유를 제한하지만, 그러한 권한의 영향을 받지 않는 면제권의 성격을 지닌 기본권을 침해하는 정책이나 입법이 위헌판결에 따라 무효화될 수 있을 것이다.

호펠드의 권리체계와 관련하여 가장 논쟁적인 문제 중 하나는 요구권과 자유권 간에 진정한 구별이 있느냐 하는 것이다.[62] 의무는 요구권뿐만 아니라 자유권에도 상응하는 개념이라고 반론을 제기할 수 있다. 자유에는 상응하는 개념으로 다른 사람이 방해하지 않을 의무가 수반된다는 생각 때문이다. 예를 들면 내가 영업을 할 수 있는 자유는 다른 사람이 그것을 방해하지 말아야 할 의무가 수반된다고 생각할 수 있다. 만약 다른 사람이 자유롭게 나의 영업을 방해한다면 어떻게 내가 영업의 자유를 누린다고 말할 수 있겠는가? 그러나 특히 자유 경쟁 사회에서 다른 사람은 똑같은 영업을 함으로써 나의 영업을 방해할 수 있다. 내가 그 영업을 독점하도록 놔두어야 할 의무가 다른 사람에게 없다. 물론 경쟁 과정에서 살인이나 폭행 등을 금해야 할 의무와 같이 준수해야 할 많은 일반적인 의무가 있을 수 있다. 그러나 이러한 의무들은 문제 되는 자유 즉 영업의 자유에 상응하는 의

---

62   이 논쟁에 대한 논의는 조성민, 「권리의 근거」 pp. 56-58 참조.

무가 아니라, 다른 요구권 즉 살해나 폭행을 당하지 않을 권리에 상응하는 의무이다. 그러한 의무들은 "배후에서 자유가 존재하고 행사될 수 있도록 해주는 보호막(protective perimeter) 구실을 한다."[63] 그런데 자유권에 이처럼 보호적 의무가 수반될 수 있지만 반드시 그럴 필요가 없다.[64] 예를 들어, 정당방위권을 생각해 보자. 이 권리는 침해자를 공격하지 말아야 할 의무가 없다는 의미에서 자유권이다. 정당방위권이 살해나 상해를 가하지 말아야 할 침해자의 의무에 의해 보호받아야 한다고 말하는 것은 이치에 맞지 않는다. 왜냐하면 바로 그러한 행위가 물리쳐야 할 행위이기 때문이다. 한편 일반적인 보호적 의무에 의해 보호받을 뿐 아니라 다른 사람이 방해해서는 안 되는 상응하는 의무에 의해 보호받는 자유권이 있는 것처럼 보이는 경우가 있다. 예를 들면 통행권(right of way)은 자유권으로 간주한다.[65] 사람들은 자기가 원하는 특정 지역을 통과할 수 있다. 우리는 폭력을 금하는 의무와 같은 보호적 의무를 위반함으로써가 아니라 단순히 통행을 막음으로써 다른 사람의 통행권을 방해할 수 있을 것이다. 그러나 형사적이거나 민사적인 범법행위가 없으면 자유의 방해가 허용되는 경제적 경쟁에서의 자유권과 달리, 통행권은 이 권리의 특성상 그러한 방해가 있는 경우에 존재하기 어려울 것이다. 따라서 통행권과 같은 자유권에는 다른 사람이 방해해서는 안 되는 상응하는 의무가 있다고 말할 수 있을

---

63 H. L. A. Hart, "Bentham on Legal Rights," in *Rights* (D. Lyons, ed.) (1979), p. 132.

64 James Brady, "Law, Language and Logic: The Legal Philosophy of Wesley Newcomb Hohfeld", *Transactions of Charles S. Peirce Society* Vol. 8, 1980, p. 249.

65 G, Williams, "The Concept of Legal Liberty," *Columbia Law Review*, Vol. 56, 1956, p. 1142.

것이다.

그러나 설령 그와 같이 상응하는 의무가 수반되는 특정 자유권이 존재할지라도, 그것이 요구권과 자유권의 구별을 쓸모없게 만들지는 않는다. 대부분의 특정 권리는 호펠드적 권리들의 복합체(complex)이다. 통행권도 자유권이나 요구권 또는 다른 권리가 합해진 복합체이다.[66] 다른 사람이 방해해서는 안 되는 의무는 통행권의 '요구권 부분'(claim-rights part)에 상응한다.[67] 그러나 통행권은 자유를 그것의 본질을 규정하는 호펠드적 권리의 핵심 요소로 삼기 때문에 자유권으로 불린다. 그리고 이 자유에 상응하는 것은 다른 사람이 방해해서는 안 되는 의무가 아니라, 특정 지역을 통과하거나 하지 말 것을 다른 사람이 요구할 권리가 없다는 것이다. 따라서 다른 사람이 방해하지 말아야 할 의무가 수반되어야만 존재하는 자유권 즉 '자유권'이라 칭하는 특정 권리(예컨대 통행권)가 있을 수 있다 할지라도, 그것이 의무와 상응 관계에 있는 권리 즉 요구권과 그리고 무권리(no right)와 상응 관계에 있는 자유권 간에 구별이 있다는 생각에는 영향을 주지 않는다.

(2) 호펠드적 권리 요소들의 복합체

생명권, 신체안전권, 재산권, 언론의 자유권과 같은 특수한 권리들은 호펠드적 권리 요소들의 복합체(complex)이다. "호펠드적 요소들의 복합체만이 진정한 법적 권리를 구성한다."[68] 어떠한 권리도 그 핵심

---

66 W. Cook은 통행권은 권리(요구권), 특권, 권한 그리고 면제권의 복합체라고 주장한다. "Introduction" in W. Hohfeld, *Fundamental Legal Conceptions*, p. 12.

67 T. D. Perry, "Reply in Defense of Hohfeld", *Philosophical Studies*, Vol. 37, 1980, p. 204.

(core)에는 그것의 본질을 규정하는 호펠드적 요소가 있으며, 그 핵심 요소의 주변(perimeter)에는 다양한 관련 요소들 즉 다른 호펠드적 요소가 있다.[69]

생명권의 핵심 요소는 다른 행위 주체의 의무 즉 생명을 해쳐서는 안 되는 의무가 수반되는 요구권이다. 권리 유형의 핵심 요소에 의해 특수한 권리가 규정되기 때문에 생명권은 요구권이라 불린다. 그 생명권의 주변적 권리(peripheral right)로 자유권인 정당방위권이 생명권을 보호하는 역할을 한다. 생명이 위협을 받을 때 그러한 자유권을 행사함으로써 생명권을 보호할 수 있다.[70] 기본권으로서 생명권이 적법절차 없이 임의로 박탈당하는 것에 대한 면제권도 주변적 권리에 포함될 수 있을 것이다.

신체안전권도 그 핵심 요소는 요구권으로, 개인의 심신(body or mind)에 상처나 위해를 가해서는 안 되는 다른 행위 주체의 의무가 수반된다. 생명권과 마찬가지로 자기 심신에 다른 행위 주체가 상처나 위해를 가하려고 할 때 저항할 수 있는 자유권은 주변적 권리이다. 복싱과 같은 게임에서 신체에 손상을 받지 않을 권리를 철회할 수 있는 권한이나, 외과 의사의 수술에 의한 신체 손상에 동의할 수 있는 권한도 주변적 권리이다.[71]

---

68   C. Wellman, *A Theory of Rights*, p. 63.

69   C. Wellman, ibid., p. 102.

70   C. Wellman, ibid., p. 83 참조. 자살할 자유권도 주변적 권리로 인정할 것인지는 논쟁거리가 될 수 있다. 이 문제에 대해서는 다음에 자세히 논의할 것이다.

71   C. Wellman, ibid., p. 164 참조. 여기서 Wellman은 '신체안전권'(right to security of the person)으로 설명하고 있는데, 이 맥락에서는 '신체안전권' 대신 '신체 완전권'(right to

재산권 또는 소유권의 규정적 핵심도 요구권이다. 사람은 타인의 소유물을 침해해서는 안 되는 상관적 의무를 지닌다. 그리고 핵심 요소인 요구권과 관련되는 여러 가지 주변적 권리로 그 소유물을 임의로 사용할 수 있는 자유가 있고, 그것을 타인에게 팔거나 양도할 수 있는 권한이 있으며, 그것을 소유자의 동의 없이 타인이 사용하거나 처분하거나 변경시키지 못하게 하는 면제권이 있다.[72]

언론 자유권의 핵심은 양면적 자유이며, 이 핵심 요소가 그 권리의 본질적 내용을 규정한다.[73] 어떤 국가는 통치자를 비판하는 사람을 처벌하거나 협박을 가함으로써 언론의 자유를 위축시키거나 침해한다. 처벌이나 협박으로 자유를 방해해서는 안 되는 의무는 언론의 자유에만 관련되는 것이 아니다. 부당한 처벌이나 협박 등의 폭력 행위를 금하는 것은 모든 권리를 보호하기 위한 일반적 의무이다. 그러한 일반적인 보호적 의무는 언론의 자유에 상응하는 것이 아니라 폭력을 당하지 않을 권리에 상응하는 의무이다. 부당한 처벌이나 협박 등의 폭력을 당하지 않을 권리는 언론 자유권만이 아니라, 다른 권리도 보호하는 것과 마찬가지로 배후에서 언론의 자유를 보호해 주는 일반적인 '보호막' 역할을 한다. 그런데 언론의 자유는 결사의 자유, 학

---

integrity of the person)을 사용해도 무방하다. '신체안전권'은 일반적으로 신체나 마음의 상처를 당하지 않을 권리로 이해되는데, '신체의 자유'와 결합해서 쓰이는 경우도 있다. ICCPR(국제인권규약 B)는 '신체의 자유 및 안전권'(right to liberty and security of the person)을 규정하고 있다. ICCPR에서의 신체의 자유 및 안전권은 "어떠한 사람도 임의적 체포나 구금을 당해서는 안 된다. 법에 의하지 않고는 자유를 박탈당할 수 없다."라고 명시하고 있는 점에서, 그 권리는 국가에 대한 권리(요구권)를 의미하고 있다.

72   W. A. Edmundson, *An Introduction to Rights* (Cambridge University Press, 2004), p. 93 참조.

73   C. Wellman, 상계서, p. 81.

문 또는 예술의 자유, 종교의 자유 등과 같은 다른 기본적 자유와 마
찬가지로, 다른 사람의 권리를 침해하지 않는 한, 제한해서는 안 된
다는 규칙에 자유민주주의 체제하의 국민은 합의하고 그것을 존중한
다. 따라서 국가는 국민의 언론 자유를 방해해서는 안 되는 의무를 지
며 국민은 국가에 대하여, 다른 사람의 권리를 침해하지 않는 한, 언
론의 자유를 방해하지 말도록 요구할 권리를 갖는다. 이처럼 요구권
이 언론 자유권을 보호하는 주변적인 권리로서 인정될 수 있을 것이
다.[74] 언론 자유권을 보호하는 주변적 권리로 면제권을 또한 들 수 있
다. 이 면제권으로 인해 언론의 자유를 부당하게 제한하거나 침해하
는 입법은 무효화될 수 있다.[75]

이처럼 특정 권리는 호펠드적 요소 중 하나가 그 권리의 본질을
규정하는 핵심 요소가 되며, 다른 호펠드적 요소들은 그 권리를 주변
에서 보호하는 주변적 권리의 역할을 한다. "어떠한 종류의 권리도
그 핵심 요소 이상의 것이다. 따라서 모든 권리는 그 핵심 요소보다
더 강력하다."[76]

---

74 이에 대한 보다 자세한 논의는 조성민, 「권리의 근거」, pp. 124-125 참조.

75 이러한 주장은 기본권이 제한될 수 없다는 것을 암시하는 것이 아니다. 기본권은 다른 기
본권이나 기본적인 가치와 충돌할 경우 그 '제한이 정당화'되거나 '우선순위가 밀려날' 수
있다. 권리의 '정당화되는 제한'과 '정당화될 수 없는 제한'(unjustifiable infringement) 또
는 '침해'(violation)는 서로 구별되어야 한다. 이들 개념의 구별에 대해서는 A. Gewirth,
"Absolute Rights", *The Philosophical Quarterly*, Vol. 31, 1981, p. 2.

76 C. Wellman, *A Theory of Rights*, p. 188.

5) 법적 권리와 도덕적 권리

　권리의 유형은 권리 간의 논리적 관계 측면에서 구분한 것이다. 그러나 권리를 그것의 원천 또는 기원의 측면에서 구분할 수 있다. 크게 보면 권리를 법적 권리와 비법적인 권리로 나눌 수 있을 것이다. 비법적인 권리에는 도덕적인 권리, 종교적인 권리, 관습적인 권리 등 여러 가지가 있을 수 있다.[77] 그러나 여기서는 법적 권리와 도덕적 권리로 한정해서 그것들 간의 관계에 대한 논의에 초점을 맞추려고 한다. 인권은 일반적으로 법적인 권리이면서 도덕적인 권리로 이해되므로, 인권을 올바로 이해하기 위해서는 먼저 법적인 권리와 도덕적인 권리의 특성을 밝히고 그것들 간의 관계에 대해서도 알아보는 것이 중요하다.

　웰맨은 여러 다양한 비법적인 권리에도 적용되는 권리 일반 이론의 구성이 목표라면 호펠드적 법률개념으로부터 시작하는 것이 좋다고 보았다.[78] 그러한 관점에서 우리는 호펠드의 권리 유형을 먼저 검토하였다. "호펠드의 법률개념에 참인 것은 도덕적인 권리의 개념에도 타당한 것으로 생각된다."[79] 호펠드의 법적 권리 유형은 도덕적인

77　White는 권리를 도덕적, 법적, 종교적, 정치적, 법규적, 헌법적, 관습적(인습적), 인식론적, 논리적 권리 등으로 구별될 수 있다고 주장한다. "한 논증에서 이러이러한 가정을 하거나 이러이러한 결론을 내릴 수 있는 권리는 논리적인 권리이고, 방문객이 공손하게 대접받기를 기대하는 권리는 관습적인 권리이다. 특수한 상황에 그 기원을 갖고 있는 많은 권리들, 예컨대 비판하거나 불평하거나, 미소 짓거나, 놀라움을 표현하거나, 실망하거나, 즐거워하거나, 희망하거나, 기대할 수 있는 권리들은 보통 도덕적이거나 논리적이거나 헌법적이거나 인습적으로 분류하지 않는다." A. R. White, *Rights*, p. 16.

78　C. Wellman, ibid., p. 5.

권리에도 적용될 수 있다.

웰맨은 도덕적 권리 이론은 법적인 권리에 관한 고려를 통해 접근하는 것이 좋다고 보는 몇 가지 이유를 들고 있는데, 그 주요 이유를 정리하면 다음과 같다.[80] 첫째, 철학적 권리 이론들은 설명할 현상들의 사례에 비추어 검증하지 않은 채 구성되고 옹호될 때 아주 추상적이고 임의적인 이론이 될 가능성이 있다. 다른 삶의 영역에서보다 법에서 권리들의 전형적이고 분명한 사례들을 확인하는 것이 훨씬 수월하다. 세계인권선언에 규정된 인권 중 어느 것이 진정한 권리인지가 논란이 되어 왔고, 다른 종류의 도덕적 권리들도 마찬가지로 도전을 받는다. 둘째, 법적인 권리들의 내용은 소위 비법적인 권리들의 내용보다 훨씬 더 정확하게 규정된다. 생명권, 자유권, 재산권과 같은 전통적인 인권들이 존재한다는 것을 인정할지라도, 그러한 권리들의 내용이 무엇인지가 분명하지 않다. 많은 철학자들과 정치이론가들은 그러한 권리들을 매우 다르게 해석한다. 셋째, 법학의 문헌은 윤리학의 문헌이 필적할 수 없을 정도로 정확하고 자세하게 여러 대안적인 법적인 권리 이론을 포함하기 때문에 도덕철학의 경우보다 더 소득이 많은 출발점을 제공할 수 있다. 따라서 도덕적 권리에 대한 분석은 법적 권리에 대한 분석에 기초해서 이루어지는 것이 자연스럽고, 또 효과적이라고 생각된다.

법적인 권리와 도덕적인 권리는 그것들이 어떤 사회적 규범과 관

79　C. Wellman, ibid., p. 10.

80　C. Wellman, ibid., pp. 5-6.

계가 있다는 점에서 공통점을 지닌다. 법적인 권리는 헌법이나 법률
과 같은 법이 그 원천이고, 도덕적인 권리는 도덕적 원리 또는 규칙
이 그 원천이다. 라즈(J. Raz)에 의하면, 법적인 권리는 법으로 생성된
권리와 법으로 인정된 권리로 구별할 수 있다.[81] 만약 개인이 표현의
자유권을 갖는다면, 법적인 표현의 자유권은 선행하는 표현의 자유
권(소위 도덕적 권리)을 적절히 혹은 부분적으로 인정하는 것이다. 이러한
관점을 따르게 될 경우, 법적인 권리는 도덕적 권리와 똑같거나 혹은
거의 똑같은 내용을 갖는다. 그리고 어떤 권리는 법으로 새로이 생성
된다. 법으로 생성된 권리, 예컨대 국채 소유권은 법과 별개로 존재하
는 것이 아니다. 그것은 입법을 통해 처음으로 생성되는 권리이다. 법
적으로 생성된 권리는 도덕적 힘을 갖는 법적 권리 즉 도덕적 권리가
될 수 있다. "법을 준수해야 할 도덕적 의무가 있는 곳에 도덕적 구속
력이 있는 법이 생성한 권리는 도덕적 힘을 갖는다."[82] 다시 말해 도덕
적으로 구속력 있는 법이 생성한 권리는 법적인 권리이면서 도덕적
인 권리인 셈이다. 법적인 체계를 권리의 원천으로 가정하는 대신, 도
덕 원리나 규칙으로부터 유래하거나 그것에 의해 정당화되는 도덕적
권리가 있다고 많은 사람은 주장한다. 자연권 혹은 인권에 관한 견해
가 그러한 입장을 취한다. 법적인 보호가 없으면 그러한 도덕적 권리
를 향유하거나 행사하기는 어려울 것이지만, 그럼에도 불구하고 그

---

81 Joseph Raz, "Human Rights in the Emerging World Order," in R. Cruft, S. Liao, and M.
    Renzo(eds.), *Philosophical Foundations of Human Rights* (Oxford University Press, 2015), p.
    219.

82 J. Raz, ibid., 219.

러한 권리들이 존재한다고 주장한다.[83] 그런데 도덕적 권리에는 두 종
류가 있다. 인습적 도덕(conventional morality) 또는 실증적 도덕(positive morality)
에 존재하는 도덕적 권리와 비판적 도덕(critical morality) 혹은 정당화되
는 도덕에 존재하는 도덕적 권리로 나눌 수 있다.[84] 윤리학자들은 두
종류의 도덕을 구분하고, 인습적 또는 실증적 도덕은 "특정 사회에
서 일반적으로 수용되고 비공식적으로 제재를 가하는 행위와 덕성을
위한 실제적 규칙체계"이고, 비판적 도덕은 "특정 사회가 수용하고
제재를 가하는 것이 합리적으로 정당화되는 이상적인 도덕 규칙의
체계로 구성된다."라고 설명한다.[85] 실증적인 실제 도덕에 존재하는
권리는 공식적인 법적 체계에 의해 인정되고 강제될 수 있다. 권리는
종종 실제적인 도덕적 권리이면서 실정법적인 도덕적 권리가 될 수
있다.[86]

그런데 인습적 혹은 실증적 도덕과 비판적 도덕은 상호 배타적인
것이 아니다. 개념적으로 구분될 수 있어도, 실제적으로는 상호 중첩
적일 수 있다. 예를 들면 살인을 금하거나 도둑질이나 거짓말을 금하
는 것은 인습적인 도덕이면서 또한 동시에 비판적 도덕에 의해 합리
적으로 정당화될 수 있다. 인습적인 도덕 규칙 체계는 사회에 따라 다
르고 따라서 그에 따른 도덕적 권리가 다를 수 있으나, 합리적으로 정
당화되는 비판적인 도덕 규칙 체계에 따른 권리는 모든 사회에 보편

83   David Boersema, *Philosophy of Human Rights* (Westview Press, 2011), p. 87.

84   James Nickel, *Making Sense of Human Rights* (2007), p. 28.

85   C. Wellman, ibid., p. 126.

86   J. Nickel ibid., p. 28.

적으로 통용될 수 있다. 예를 들면 자유세계의 여성과 달리 일부 이슬람 국가의 여성에게는 특정 권리(예를 들어, 혼자 바깥 세계에서 이동할 수 있는 권리)가 거부된다. 그러나 생명권이나 신체안전권은, 사회에 따라 그 보장 정도에 차이가 있긴 하지만, 모든 사회에서 모두에게 인정될 수 있다. 이들 권리는 인습적으로 통용되는 도덕적 권리이면서 합리적으로 정당화되는 도덕적 권리로, 모든 사회의 법체계에서 인정되고 있다. 이들 권리는 법적인 권리이면서 또한 도덕적 권리이다. 법이 인정하는 도덕적 권리는 인습적인 실제 도덕에 존재하는 도덕적 권리이지만 모든 인습적인 도덕적 권리를 법이 인정하는 것이 아니다. 자유민주주의 사회의 법이 불합리하거나 차별적인 인습도덕에 기인하는 도덕적 권리를 인정하는 것을 기대하기는 어려울 것이다. 생명권이나 신체안전권 또는 표현의 자유권(적절히 제한된)과 같이 합리적으로 정당화되는 인습적인 도덕적 권리만을 법이 인정할 수 있고, 실제로 인정하는 경우 그것이 동시에 법적인 권리가 될 수 있다.

모든 권리이론가들이 법적 권리와 도덕적 권리 간의 구별을 수용하는 것은 아니다.[87] 법실증주의자들은 법적인 권리만이 권리의 전형이며, 도덕적 권리에 대한 관념은 잘못된 것이라고 주장한다. 벤담(J. Bentham)은 자연권 또는 도덕적 권리는 넌센스라고 주장한다. 프레이(R.

---

87 법적 권리와 도덕적 권리를 구별하지 않는 사람도 있다. 톰슨(J. Thomson)은 법적 권리 자체가 도덕적 기원과 정당화를 갖고 있고, 따라서 그러한 구별을 하는 것은 실제로 중요한 결과를 낳지 않는다고 보기 때문에 법적 권리와 도덕적 권리의 구별을 거부한다. 그녀는 '법적', '도덕적'의 형용사를 빼고 단순히 '권리'에 대해 말하는 것이 더 낫다고 주장한다. David Boersema. ibid., p. 88.

Frey)는 도덕적 권리는 존재하지 않을 뿐 아니라 그러한 개념은 가치가 없다고 주장한다. 효용성, 정의 그리고 공정성이 도덕적 권리의 옹호자들이 원하는 바를 달성한다고 그는 주장한다. 도덕적 권리에 대한 정당화가 없이 도덕적 권리가 있다고 주장하는 것은 공허한 말이라고 그는 생각한다. 권리에 대한 논쟁은 실제로는 정당화의 수준에서 일어난다고 본다. 만약 그렇다면 진정한 문제는 (도덕적) 권리의 존재가 아니라 그러한 권리가 정당화되느냐의 문제라고 그는 말한다.[88] 예컨대, 임대료에 대한 법적인 청구권을 갖는다는 것은 임차인이 임대료를 신속하게 지불할 것을 요구할 권리를 갖는다는 것을 의미한다. 그뿐만이 아니라 그 요구권이 정당화된다는 것을 의미한다. 그것을 정당화하는 것은 임대인과 임차인 간의 계약 조건과 합의서가 있고, 그리고 법정에서 그것을 법적으로 강제할 수 있다는 점이다.[89] 프레이는 낙태할 수 있는 도덕적 권리를 예로 들면서, 도덕적 권리가 정당화되기 어렵다는 것을 주장한다. 도덕적인 낙태권이 근거하고 있는 도덕적 원리, 즉 "개인의 신체에 대한 통제와 권한을 다른 사람이 방해하는 것은 옳지 않다."라는 도덕 원리가 논쟁거리가 된다면, 그것에 근거한 도덕적인 낙태권도 정당화되기 어렵다는 것이다.[90] 설령 그러한 도덕적 원리에 대한 합의가 이루어진다고 할지라도, 이러저러한 도덕적 권리를 상정하는 것은 불필요하다. 어떤 도덕적 권리를 합의된 도덕 원리에 근거해 상정하는 것은 실제적인 이득이 없다고

---

88   D. Boersema, ibid., pp. 88-99.

89   D. Boersema, ibid., p. 95.

90   D. Boersema, ibid., pp. 95-96 참조.

본다.[91]

어떤 종류의 권리가 존재하는가를 주장하려면 그것을 정당화하는 근거가 있어야 한다는 점에 대부분의 사람들은 동의할 것이다. 법적인 권리는 법이 그것의 분명한 근거가 되고 또한 그것을 법적으로 강제할 수 있다. 그런데 프레이에 의하면 도덕적 권리에는 그러한 요소가 없다. 그는 도덕적 권리가 근거하고 있는 도덕 원리에 대한 합의가 어렵고, 도덕 원리에 대한 합의가 이루어진다고 할지라도 도덕적 권리는 불필요하다고 주장하는데, 이 두 가지 관점을 차례대로 검토해 보기로 한다. 어떤 문제 상황에서 특정 도덕 원리 또는 도덕 규칙에 따라야 할지를 합의하는 것이 항상 쉬운 일은 아니다. "개인의 신체에 대한 통제와 권한을 타인이 방해해서는 안 된다."라는 도덕 원리는 다른 도덕 원리 또는 도덕 규칙과 충돌할 수 있다. 낙태함으로써 태아의 생명이 희생되는 경우 두 가지 고려 사항을 저울질할 필요가 있을 것이다. 이와 같은 갈등 상황에서 그 도덕 원리를 따르는 것에 합의하기 어렵다고 해서 그것에 근거한 도덕적 권리에 의문을 제기할 이유가 없다. "개인의 신체에 대한 통제와 권한을 타인이 방해해서는 안 된다."라는 도덕 원리는 다른 도덕 원리와 충돌하지 않을 경우에는 그것에 따르기로 합의하는 것이 가능하다.[92] 이와 유사한 다른 예를 든다면, "살인해서는 안 된다."라는 도덕 규칙은 그 자체로서 누구나 합의한다. 그리고 다른 갈등 상황이 전개되지 않으면 언제나 지

---

91   D. Boersema, ibid., p. 97.
92   예를 들면 태아가 임신 초기에 있을 때는 그 도덕 원리를 따르는 것에 합의할 수도 있다.

켜야 한다는 것에도 합의한다. 그러나 나를 살해하려는 타인의 부당한 공격을 격퇴하지 않으면 내가 죽을 수 있는 부득이한 상황에서 그를 죽이는 경우에는 그 규칙이 "자기 생명을 지켜야 한다."라는 (타산적) 규칙과 충돌한다. 이 경우 정당방위로 나를 죽이려고 하는 사람을 죽인다 해도 여전히 "살인해서는 안 된다."라는 도덕 규칙에 누구든지 합의한다. 그리고 그 도덕 규칙에 근거해서 도덕적인 생명권이 정당화될 수 있는 것이다.

다음으로 어떤 도덕원리 또는 도덕규칙이 합의된다고 할지라도 그것에 근거한 도덕적 권리는 불필요한 것인지 보기로 한다. "살인해서는 안 된다."라는 도덕 규칙은 일반적으로 도덕적 의무를 규정한다. 도덕적 권리라는 개념이 없이도 도덕적 의무의 개념으로 그 규칙이 의도하는 목표를 충분히 달성할 수 있으므로 생명권의 개념이 불필요하다고 생각할 수 있다. "타인의 심신에 손상이나 위해를 가해서는 안 된다."라는 도덕 규칙에 따라 도덕적 의무를 이행하면 그 규칙의 목적을 충분히 달성할 수 있으므로 도덕적인 신체안전권의 개념을 별도로 상상할 필요가 없다고 생각할 수 있다.

그러나 하트는 법적인 권리와 별도로 도덕적인 권리가 존재한다고 주장한다.[93] 하트는 "사람은 다른 사람을 죽이거나 폭행해서는 안 되는 의무가 있다."라는 진술을 "개인은 살인이나 폭행당하지 않을 권리를 갖는다."라는 진술로 바꿈으로써 의미나 명료성의 측면에서

---

93 Hart에 의하면, 진정한 권리는 사회적 규칙에 의해 부여되어야 한다. 그런데 이 사회적 규칙은 실증적 도덕(positive morality)의 규칙으로, 도덕적 권리는 그 사회적 규칙에 따라 부여된다. C. Wellman, *A Theory of Rights*, p. 174 참조

나아질 것은 없다고 말하면서도, "살인이나 폭행을 금하는 법이 생명 권과 신체안전권을 보장하는 것으로 고려되고 기술되는 것은 적절하 다."라는 것을 인정한다.[94] 그는 "사람들이 사실상 법적 체계로 들어가 는 것을 옹호할 때 주로 도덕적 권리를 말한다."라고 주장한다.[95] "권 리를 갖는다는 것은 다른 사람의 자유를 제한하고 그가 어떻게 행동 해야 하는가를 결정하는 것에 대한 도덕적 정당화를 지니고 있다는 것을 의미한다."[96] 그러한 도덕적 정당화 이유는 선의지와 같은 도덕 적 덕목과는 다른 어떤 특별한 도덕적 가치들 즉 정의, 공정성, 권리, 의무들을 규정하는 원리들로, 이것들을 안전하게 보장하기 위해 법 으로 강제력을 사용하는 것이 적합하다.[97] 예컨대 내가 생명권을 갖는 다는 것은 다른 사람이 나를 죽일 수 있는 자유를 제한하는 것에 대 한 도덕적 정당화가 존재한다는 것을 의미한다. 이는 다시 말해 생명 권이 입법을 통해서가 아니라 도덕적 원리나 규칙에 따라 정당화되 는 권리 즉 도덕적 권리라는 것을 의미한다. 신체안전권이나 재산권 에 대해서도 마찬가지로 말할 수 있다. 신체안전권은 다른 사람이 나 의 심신에 상처나 위해를 가할 수 있는 자유를 제한하고, 재산권은 나 의 재물을 훔칠 수 있는 자유를 제한하는 것에 대한 도덕적 정당화 이유를 갖는다. 그리고 그러한 도덕적 권리들과 그것에 상응하는 의 무들을 보장하기 위해 법으로 강제하는 것이 정당하다.[98]

---

94   H. L. A. Hart, "Bentham on Legal Rights", in D. Lyons(ed.), *Rights*, pp. 140, 148.

95   H. L. A. Hart, "Are There Any Natural Rights?", in D. Lyons(ed.), *Rights*, p. 16.

96   H. L. A. Hart, ibid., p. 19.

97   H. L. A. Hart, ibid., pp. 16-17.

　도덕적 권리가 도덕적으로 정당화된다면, 그것을 법으로 강제하도록 주장하는 것은 자연스러워 보인다. 많은 권리 주장은 도덕적 권리에 관한 주장으로, 그것이 법으로 보장받도록 주장하면서 또한 법적인 권리가 되도록 촉구한다. 차별받지 않을 권리, 낙태할 권리, 동성 간 결혼할 수 있는 권리 등등은 도덕적으로 정당화되는 것과 상관없이 도덕적 권리로서 주장된다. 그것들이 도덕적으로 정당화된다면 입법을 통해 법적인 권리로 인정될 수 있을 것이다. 미국과 남아공의 인권운동은 인간으로서 마땅히 누려야 할 도덕적인 권리인 차별받지 않을 권리를 법적으로 인정받도록 요구했던 운동이다. 만약 도덕적인 권리가 존재하지 않는다면 그러한 운동의 정당성도 결여될 것이다. 소수집단에 특수한 권리들을 부정함으로 인해 법과 헌법이 비판받는다는 것은 그것들의 법적인 제정과는 별도로 어떤 의미에서 그것들이 존재한다는 증거로 간주한다. 그러한 권리들의 존재는 법과 헌법의 비판을 위한 토대를 제공한다. 1987년 "남아공의 흑인들이 그들의 도덕적인 권리가 법적으로 인정받지 못했어도 그러한 도덕적 권리를 갖는다고 주장할 수 있다." 그리고 "그러한 권리를 법적인 체계를 변화시키는 도덕적인 이유라고 주장할 수 있다."[99]

　요컨대, 법적인 권리만이 진정한 권리인 것은 아니다. 인권은 "정

98　여기서 의미하는 권리는 의무가 상응하는 권리 즉 요구권이다. Hart에 의하면 그러한 요구권이 존재하면 자연권 즉 하거나 하지 않을 자유(자연권)가 있다. 나의 권리(요구권)는 타인의 자유에 대한 제한을 전제하기 때문에 권리가 존재하면 자유가 존재한다는 것도 이끌려 나올 수 있다.

99　L. W. Sumner, *The Moral Foundation of Rights* (Oxford: Clarendon Press, 1987), p. 13.

당화된 도덕 안의 도덕적 권리로서 가장 기본적으로 존재한다."[100] "도덕도 법과 마찬가지로 권리 언어에 관한 주장을 갖는다."[101] 앞에서 말한 것처럼 권리를 도덕적으로 정당화해 주는 것은 선의지와 같은 도덕적 덕목과는 다른 특별한 도덕적 가치들 즉 정의, 공정성, 권리, 의무들을 규정해 주는 도덕적 원리나 규칙이기 때문이다. 그런데 그러한 도덕적 원리나 규칙이 어떻게 정당화되는가에 대해서는 또 다른 논의가 필요하다.[102]

---

100   J. Nickel, *Making Sense of Human Rights* (2007), pp. 187-188.

101   T. Campbell, *Rights* (2006), p. 26.

102   이 권리를 정당화해 주는 원리나 규칙이 어떻게 정당화될 수 있는가에 대한 심층적인 논의는 제4장 '인권의 근거'에서 다루어질 것이다.

2. 인권의 성격

1) 인권의 기능

　어떤 대상의 성격은 그것을 보는 측면에 따라 다양하게 규정할 수 있다. 인권의 성격은 그것의 기능 측면에서 먼저 검토하는 것이 도움이 될 것이다. 인권은 법과 도덕처럼 인간이 구성한 산물이다. 인권은 인간의 본성과 사회적 또는 물질적 환경을 고려하면서 사람들이 그들의 기본적인 삶을 위해 합의한 사회적 규범이다. 인권은 인간의 구성물이기 때문에 법이나 도덕과 마찬가지로 인간의 요구에 맞는 기능이나 역할을 지닌다. 인권이 인간에게 왜 중요한가. 인권 담론이 왜 필요하며, 인권은 어떤 기능과 역할을 지니고 있는가? 인권의 본성이나 근거 또는 내용을 살피기 전에 인권의 기능에 대해 먼저 생각해 보는 것이 그것들을 논의하는 데 도움이 될 것이다. 인권은 다음과 같은 기능을 갖는다.

　첫째, 인권은 인간의 존엄성과 가치를 고양하며 인간의 기본적 이익을 보호하고 필요 욕구를 충족시킴으로써 인간으로서 품위 있는 생활을 하게 하는 역할을 한다. 인권은 인간의 존엄성과 최소한의 품위를 유지하기 위한 수단으로 기능한다. 인간은 다른 동물과 달리 자신의 존엄성과 가치가 외부로부터 위협을 받을 때 강한 거부감을 느끼고 품위가 손상된다는 느낌을 받게 된다. 그러한 위협을 받게 되는 경우 인권은 인간으로서의 품위 있는 삶을 지켜주는 역할을 한다.

둘째, 인권은 다수자와 권력자의 횡포로부터 소수자와 사회적 약
자를 보호하는 데 기여한다.[103] "인권은 희생자와 소외된 사람들의 언
어이다."[104] 재력과 권력을 가진 힘 있는 사람이 보통 힘없는 사람들
을 억압하고 희생시킨다. 인권은 일반적으로 사회적 약자들이 힘 있
는 사람들의 그러한 횡포에 맞서 스스로를 지키는 역할을 한다. 인권
언어는 다른 도덕적 언어에 비해 강한 호소력과 강제력이 있다.[105] 그
리핀(J. Griffin)은 인권 언어를 사용함으로써 자기 이익을 지키는 세네
갈 여인의 이야기를 소개한다. 자기 남편이 그녀를 떠나면서 아이들
을 데리고 갔는데, 이것은 그 나라에서는 남편이 법적으로 그럴 자격
이 있었다. '인권'이라는 말이 불과 몇 년 전에서야 그 나라에서 사용
되었다. 그 여인은 그것에 자극받아, 자기 아이들을 볼 수 있는 권리
가 있다고 강력하게 공개적으로 불평을 하였다. 어른들이 그녀를 도
울 것이라는 기대를 하지는 않았지만, 집요하고 믿을 만한 그녀의 불
평이 그들의 마음을 움직임으로써 결국 아이들과의 면회를 허락받았
다.[106] 우리나라에서도 2018년부터 본격적으로 시작된 성폭력 피해자

---

103   Andrew Clapham, *Human Rights - A Very Short Introduction* (Oxford University Press, 2015), pp. 3-4 참조.

104   Jack Donnelly and Daniel J. Whelan, *International Human Rights* (5th ed., Westview Press, 2018), p. 23.

105   '인권'(human rights)이라는 말은 1910년 Howards End 소설에서 Forster가 처음 사용하였다. 결혼하지 않고 임신한 Helen Schlegel이 사회로부터 부당하게 대우받는 것(부정의)를 표현하기 위해 사용하였다. (A. Clapham, *Human Rights - A Very Short Introduction*, p. 165) 프랑스 인권선언의 '인간의 권리'(rights of man)는 인권(human rights)을 말하는 것으로 이해된다. 왜냐하면 영어의 'man'과 같이 프랑스어 'homme'은 인간과 남성을 구별하지 않기 때문이다. C. Douzinas & C. Gearty (eds), *The Meanings of Rights* (Cambridge Press, 2014), p. 15 참조.

들의 '미투' 운동은 사회적 약자인 여성에 대한 인권 침해를 부각시
킴으로써 여성의 권익을 보다 더 적극적으로 보호하게 된 계기가 되
었다. 다수가 소수에게 정의를 행할 때는 권리에 대한 요구가 없다.
그러나 불의가 득세할 때 권리는 필수적이다. 우리의 변화무쌍한 역
사가 확인해 주듯이, 불의가 권리를 발생시킨다.[107] 정부가 그 시민에
게 잔인하고 부당한 행위를 할 때 그것이 부당하고 부도덕하거나 야
만적이라고 말하는 대신, 이제는 인권 침해 행위로 기술하는 경향이
있다. 압제적인 정부의 행위를 기술하고 비판하기 위해 인권에 호소
하는 것이 20세기 후반의 일반적 현상이 되었다. 자연권과 헌법적 권
리에 대해 말하는 것이 철학자와 법률가 사이에 오랫동안 일반적이
었지만, 1948년 이후 인권 관념이 점점 기자, 정치인, 일반대중에 의
해 세계의 많은 곳에서 채택되었다.[108]

　셋째, 인권은 국가의 기본법인 헌법과 기타 법의 기초가 된다.[109] 인
권은 정부로부터 개인을 보호하는 헌법적 권리와 동일시되는 경우가
있다. 인권은 정부가 정당하게 행위하도록 제한하는 역할을 갖는다
고 생각된다. 이러한 접근법은 인권이 발전되어 나온 자연권 전통과
일치한다. 전통적으로 그러한 권리는 생명권이나 투표권과 같은 인
간의 기본적 이익을 침해하는 법을 정부가 입법하지 못하도록 하는
보편적 면제권으로 인식되었다. 인권은 이러한 관점에서 헌법으로

106　　James Griffin, *On Human Rights* (Oxford University Press, 2008), p. 19.

107　　A. Dershowitz, *Rights from Wrongs* (Basic Books, 2005), p. 90 참조.

108　　J. Nickel, *Making Sense of Human Rights* (2007), p. 2.

109　　T. Campbell, *Rights*, pp. 37-38 참조.

보호받는 권리이어야 한다. 인권은 또한 차별 반대와 기회균등, 적절한 보편적 의료와 같은 인권 목표를 증진하기 위한 입법 운동에 도움을 주기 위해 사용된다. 인권이 도덕에서 매우 중요하다는 믿음이 널리 퍼져 있다. 그래서 어떤 집단이 아주 중요하다고 간주하는 것을 인권으로 선언하는 경향이 강하다. 인권으로 널리 수용되면 그것이 법적인 권리가 되는 첫 번째 단계라는 일반적 믿음이 있다. 이러한 인권 담론은 바람직하지만, 이로 인해 인권 담론 자체의 팽창(ballooning)이라는 현상이 나타날 수도 있다.[110]

넷째, 인권은 불합리하거나 부도덕한 제도 및 관행을 폐지 또는 수정하도록 하는 데 기여한다. 인권은 정의롭지 못한 제도나 관행에 저항하는 명분과 수단을 제공한다. "인권 주장은 특별히 기존의 제도, 관행, 규범, 특히 법적 관행에 도전하거나 변화를 주려고 한다." 인권 주장이 효과적이고 성공하게 되면 "일상의 법적인 권리 주장으로 대치된다."[111] 1950-60년대 미국의 흑인 인권운동이 흑인들에 대한 차별적인 제도와 관행을 철폐하도록 한 것이나, 1990년대 초에 남아공의 인종 분리 정책인 아파르트헤이트(Apartheid)를 철폐하도록 한 것에는 인권 주장의 역할이 컸다. 그리고 우리나라에서 동성동본 금혼을 8촌 이내의 혈족으로 제한한 것에는 혼인의 자유를 주장한 사람들의 인권 주장이 큰 역할을 하였다.

다섯째, 인권은 국제정치 도덕규범의 역할을 한다. 인권의 역할에

110　J. Griffin, *On Human Rights* (Oxford University Press, 2013), p. 92.

111　Jack Donnelly, *Universal Human Rights* (3rd ed., Cornell University Press, 2013), p. 12.

대한 이러한 관점은 특히 정치론적 인권관의 특징이다.[112] 인권은 국가의 정치적 정당성을 판단하는 도덕적 기준을 제공할 뿐 아니라 또한 국제정치적 정당성의 기준을 제공한다. 다시 말해 인권을 심각하게 그리고 체계적으로 위반하는 체제는 그것의 정당성이 훼손된 것으로 받아들여진다.[113] 인권은 국제적 평가 및 비판의 기준이 된다. 정치론적 관점은 많은 철학자가 국제 인권운동과 그 문서에 대한 언급이 없이 권리 이론을 구성해 왔다고 본다. 그렇게 하는 이유는 "국제 정치 도덕보다는 인간 상호 간 도덕에 관심을 두거나, 아니면 단순히 정치인이나 외교관들의 믿을 수 없는 결정에 따라 구속받지 않은 도덕적 견해를 구성하고자 했기 때문이다."[114] 그러나 "인권은 현대 국제사회의 주도적 정치 담론"이며, '정착된 규범'이 되었다. 다시 말해, 인권은 국제사회 안에서 권위적인 것으로 널리 수용되고 있는 원리이다. 국가적으로나 국제적으로나 완전한 정치적 정당성이 점점 인권에 의해 판단되고, 인권의 이름으로 표현된다. "오늘날 인권은 양 국가 간 그리고 다국가 간 외교정책의 기준이 되었다."[115] 이에 따라 인권은 국가의 주권 또는 자기결정권을 제한하는 역할을 한다. 인권을 침해하는 국가에 대해 다른 나라가 간섭하는 것을 정당화하는 근거를 제공한다. 롤스는 인권을 합당한 제국민법(The Law of Peoples)에서

---

112 Rawls, Ratz, Beitz 등이 대표한 현대의 정치론적 관점은 전통적인 자연론적 관점과 대비된다. 두 이론에 대한 구체적인 논의는 제4장 '인권의 근거'에서 다루어질 것이다.

113 J. Donnelly and D. Whelan, *International Human Rights* (5th ed., Westview Press, 2018), p. 23.

114 J. Nickel, *Making Sense of Human Rights* (2007), p. 1.

115 J. Donnelly, *Universal Human Rights* (3rd ed., Cornell University Press, 2013), p. 55.

특별한 역할을 하는 권리로 본다. 즉 인권은 전쟁과 그 행위에 대한 정당화 이유를 제약하며, 체제의 내적인 자율성에 제한을 가한다. 전쟁은 정당방위의 경우 혹은 인권을 보호하기 위한 중대한 개입의 상황에서만 정당화된다.[116] 롤스에 의하면, 인권은 국내의 정치적 · 사회적 제도가 품위를 갖추기 위한, 필요한 그러나 충분하지 않은 기준을 설정한다. 그렇게 함에 있어 인권은 수용이 가능한 국내법을 제한하며, 이에 따라 특별한 종류의 인권들이 다음과 같은 세 가지 역할을 한다.[117]

1. 인권의 충족은 사회의 정치제도와 법질서의 품위를 위한 필요조건이다.
2. 인권의 충족은 다른 국민의 정당화된 강제적인 간섭, 예를 들면 외교적, 경제적인 제재 혹은 중대 상황인 경우 군사력 개입을 배제하기에 충분하다.
3. 인권은 국민 간의 다원주의에 제한을 가한다.

롤스에 의하면, 인권은 다른 국가가 그 시민에 대해 한 행위에 대하여 그 주권을 제한하거나 간섭 또는 개입하는 기준이 된다. "현대의 국제 인권 체계는 국가와 시민 간의 관계를 감시하는 감독 장치이다."[118] 도넬리에 의하면, "이웃에 의해 구타당하면 일상적 범죄라

116　J. Rawls, *The Law of Peoples* (Harvard University Press, 1999), p. 79.

117　J. Rawls, ibid., p. 80.

118　J. Donnelly, ibid., p. 32.

고 말하지, 인권 침해라고 하지 않는다."[119] 그러나 롤스의 견해와 같은 정치론적 관점은 인권의 역할을 너무 협소하게 본다는 비판을 받는다.[120] 인권의 기능은, 거의 모든 보편적 견해에 의하면, 그보다 훨씬 더 광범위하다. 인권은 국내적으로는 반란을 정당화하고, 평화적 개혁을 위한 주장을 확립하며, 독재자를 제어하고, 인종이나 민족 또는 소수자에 대한 다수자의 대우를 비판할 때 사용된다. 그뿐만 아니라 병원과 같은 비정부 기구의 행위에 대해 비판할 때도 인권 언어를 사용하며, 부모가 자기의 성숙한 아이의 자율성과 자유를 침해하는 것에 대해 비판할 때도 인권을 동원할 수 있다.[121]

인권의 역할 또는 기능은 인권의 본성과 근거(정당화) 그리고 범위(내용)를 어느 정도 규정하는 데 도움을 줄 수 있을 것이다. 이제 인권의 또 다른 측면의 성격을 차례대로 검토해 보기로 한다.

2) 인권의 본성

인권의 본질적 특성을 알려면 인권 주장을 할 때 그것이 어떤 구조를 갖는가를 이해하는 것이 도움이 될 것이다. 권리 주장은 일반적

---

119   J. Donnelly, ibid., p. 33.

120   롤스가 인권의 역할을 좁게 봄으로써 인권의 범위 혹은 내용을 축소시키게 된 것은 국가 간의 평화에 인권을 연계시킨 결과라고 본다. 그리하여 예컨대 품위 있는(품격 있고 위계적인) 이슬람 국가와의 평화 공존을 위해 정치적 자유를 인권의 범위에 넣지 않고, 어느 정도의 성차별을 인정한 결과를 낳았다. 보다 자세한 논의는 제4장 '인권의 근거'에서 다루어질 것이다.

121   J. Griffin, *On Human Rights*, p. 24.

으로, "X는 Y에 대하여 G에 근거해서 O에 대한 권리를 갖는다."라는 구조를 갖는다. 이 구조를 인권에 적용하면, 모든 사람(X)은 다른 사람 또는 국가(Y)에 대하여 인간의 본성 또는 기본적인 도덕 규칙이나 정치적 규범(G)에 근거해서 인간의 기본적이고 필수적인 이익(O)에 대한 권리를 갖는다.

인권에 관한 표준적 설명에 의하면, 인권은 모든 사람이 인간이기 때문에 갖는 권리이다. 여기서 인권 소유자인 '모든 사람'(X)에 대한 설명이 필요하다. 인권의 주체로 일반적인 성인은 포함되지만, 영아는 인권 소유자에 포함되지 않는다고 주장하는 사람도 있다. 이러한 주장은 인권의 근거로서의 '인간 본성'(G)에 대한 해석에 의존한다. 자율성과 행위능력(agency)을 인간성(personhood)의 필수조건으로 보는 입장에서는 영아는 그러한 능력이 없으므로 인권의 주체가 될 수 없다.[122] 그러나 인간의 고유한 본성 즉 인간만이 갖는 본성만을 고려한다면 자율성과 행위능력이 결여된 영아는 인권의 주체가 될 수 없지만, 다른 동물과 공유하는 인간의 본성 예컨대 고통의 회피 등과 같은 기본적인 이익이나 필요 욕구(needs)를 또한 고려한다면 영아도 그러한 기본적인 이익이나 욕구를 지니므로 인권의 주체가 될 수 있을 것이다. 앞에서 본 것처럼, 인권이 자율성을 포함한 인간의 기본적인 이익이나 필요 욕구의 충족에 기여하는 것을 그 기능 중의 하나로 간주한다면 영아도 인권의 주체가 될 수 있다.

---

122 Alan Gewirth, James Griffin이 이러한 입장의 대표자이다. 제4장 2절 1) '규범적 행위능력' 에서 자세히 다루어질 것이다.

인권 주장이 향하는 객체 즉 의무담지자(Y)는 다른 사람 또는 국가가 해당된다. 인권의 역할 또는 기능을 롤스처럼 협소하게 보는 정치적 관점에서 본다면 의무담지자는 국가로 제한될 것이며, 전통적인 관점을 따른다면 국가를 포함하여 모든 개인이 의무 담지자가 될 것이다. 내가 생명권을 가지면 다른 모든 사람 또는 국가가 나의 생명에 해를 끼쳐서는 안 되는 의무를 갖는다.

인권의 근거(G)와 관련하여, 모든 사람이 단지 인간이기 때문에 인권을 주장하면서 인간의 지위(human standing) 또는 인간의 본성(human nature)을 고려하는 입장은 근대 계몽기의 인권 관념이다. 그러나 이들 개념의 의미에 대한 분명한 합의가 결여되어 있다.[123] 자연법 전통에서는 인권의 근거를 자연법에서 찾는다. 자연법은 자연적 경향성에 바탕을 두고 있는데, 이 경향성이 인간에게 적용될 때는 인간의 본성이다. 인간은 자기보존의 본성 또는 경향성이 있으므로 다른 사람을 살해해서는 안 된다는 자연법을 인간의 이성이 파악할 수 있다. 자연법은 일반적으로 도덕법으로 통용된다. 이에 따라 자연법 전통에 따르면 인권은 기본적인 도덕법 또는 도덕 규칙에 근거한다고도 말할 수 있다. 세계인권선언에서는 인권의 근거로 막연하게나마 인간의 존엄성(dignity)을 언급한다.

인권의 범위와 관련하여, 인권은 권리 소유자로서 자격이 있는 모든 사람에게 기본적이고 필수적인 이익(O)을 보호하는 권리이다. 치명적인 위협으로부터 보호, 영양실조를 피함, 기본교육을 받음, 생활

---

123   J. Griffin, *On Human Rights*, p.16.

임금을 받음 등등 이런 것들은 모든 사람에게 필수적인 이익이다. 그것이 필수적일수록 그만큼 모든 사람에게 똑같이 충족되는 것이 중요하다. 이러한 이유로 우리는 공과나 능력에 기초해서 인권을 제한하는 것에 거부감이 든다.[124]

이상으로 인권 주장의 구조에 맞춰 인권의 본질적 특성을 간략하게 언급하였다. 다음에 일반적으로 인권의 본질적 특성으로 언급되는 두 가지 개념 즉 불가침 혹은 불가양(inalienable)과 보편성(universal)에 대해 잠깐 언급하고자 한다.

인권은 압제적 정부가 그 국민의 권리를 박탈하거나 혹은 그 국민이 자발적으로 양도할 수 없다는 특성을 갖는다고 일반적으로 주장한다.[125] 인권은 박탈하거나 양도할 수 없는가? 인권은 정부의 통제 밖에 있는 권리 즉 호펠드적 면제권의 요소를 지닌다. 따라서 범죄를 저지르지 않는 한, 정부가 임의로 인권을 박탈하거나 침해할 수 없다. 그런데 인권을 양도할 수 없다는 것은 논의의 여지가 있다. 로크와 같은 "일부 18세기 권리이론가들은 자연권의 불가양을 주장하였다. 그

---

124 Zofia Stemplowska, "Can Moral Desert Quality or Justify Human Rights," in R. Cruft, S. Liao, and M. Renzo(eds.), *Philosophical Foundations of Human Rights* (Oxford University Press, 2015), p. 176 참조.

125 J. Nickel, *Making Sense of Human Rights* (2nd ed., 2007), p. 45. 일반적으로 'inalienable'을 '불가양'으로만 번역하는데, 이는 불완전한 번역이다. 'inalienable'에는 '불가침'의 뜻도 포함하므로 두 가지 의미를 모두 고려하는 것이 좋을 것이다. 박탈하거나 양도할 수 없는 권리로 미국 독립선언서는 생명권, 자유권, 행복추구권을 예로 들었다. 로크의 영향을 많이 받은 미국 독립선언서는 "모든 인간은 평등하게 창조되었고, 박탈하거나 양도할 수 없는(inalienable) 권리를 신이 인간에게 부여하였다."라고 선언함으로써 천부인권을 주장하였다.

들은 홉스의 주장을 반박하고자 했다."[126] 안전과 자유에 대한 최소한
의 권리들은 양도할 수 없고 그것들을 영원히 포기할 권한이 없다는
것에 동의할 수 있다. 예를 들면 노예가 되기로 하고 자신의 자유를
포기하는 계약을 맺었다 할지라도 그것으로 인해 계약 당사자 서로
간에 권리와 의무가 형성되는 것이 아니다. 사람이 자유를 영원히 포
기할 권한이 없으므로 그러한 계약은 무효가 된다. 그러나 수도원이
나 군 복무에 들어갈 때 많은 기본적 자유의 포기를 선택한다. "정보
관련 일을 하기 위해서는 어떤 주제에 대해 말하거나 출판할 수 있는
자유에 영원한 제한을 받는 것을 수용할 수 있다."[127]

인권은 법이 존중해야 하는 도덕적 권리일 뿐 아니라 특별한 종류
의 도덕적 권리이다. 그렇게 생각하는 이유는 "인권이 예외적으로 중
요하고 보편적"이기 때문이다.[128] 전통적인 인권관에 의하면 인권은
그것을 모든 사람이 인간으로서 갖는 권리이기 때문에 보편적이라고
주장한다.[129] 그런데 모든 사람이 옛날이나 오늘날이나 똑같은 인권을
갖는다고 말할 수는 없다. 오늘날에는 세계인권선언에 규정된 것과
같은 교육받을 권리가 있지만 옛날에는 없었다. 인권은 동시대적으
로(synchronically) 즉 현시대적으로 보편적이다.[130] 다시 말해 오늘날 살고
있는 모든 사람이 똑같이 인권을 갖는다고 말할 수 있다. 모든 사람이

---

126 J. Nickel, *Making Sense of Human Rights* (2nd ed.), p. 45.

127 J. Nickel, ibid., p. 45.

128 J. Raz, "Human Rights in the Emerging World Order" in R. Cruft, S. Liao, and M.
     Renzo(eds.), *Philosophical Foundations of Human Rights* (2015), p. 224.

129 J. Raz, ibid., p. 224.

130 J. Raz, ibid., pp. 224-225.

똑같이 인권을 갖는다는 말은 사실적으로가 아니라 규정적인 의미로 이해되어야 한다. 사람들이 오늘날 실제로는 인권을 서로 다르게 누리고 있다. "모든 사람이 인권을 똑같이 누릴 수 없음에도 불구하고 모든 사람은 똑같은 인권을 갖는다."[131] 다시 말해 오늘날 모든 사람은 똑같은 인권을 누려야 한다.

그런데 오늘날 어느 사회에서나 모든 사람이 똑같은 인권을 갖는다(누려야 한다)고 말할 수 있을까? 사회에 따라 물리적 또는 사회적 환경이 다르다면 그에 따라 인권의 수준도 차이가 날 수 있을 것이다. 선진국 사회의 인권 수준이 후진국의 그것과 같을 수는 없을 것이다. 오늘날 모든 사람이 똑같은 인권을 갖는다는 말은 한 사회의 구성원들은 똑같은 인권을 누려야 한다는 규정적 의미로 받아들여야 한다. 생명권이나 신체안전권은 모든 사람이 똑같은 인권을 갖는다. 그러므로 생명이나 신체 안전에 위협을 많이 받는 사람은 그만큼 더 많은 보호를 받는다. 그런데 많은 인권은 상황에 따라 조건적으로 진술될 필요가 있다. 어떤 인권의 경우에는 '조건이 충족되면' 모든 사람은 똑같은 인권을 갖는다고 말하는 것이 적합하다. 예컨대 모든 인권을 어른과 아이가 똑같이 갖는다고 말하기는 어렵다. 성인은 정치적 참여권을 갖지만, 미성년자는 갖지 않는다. 따라서 모든 사람은 성인이 되면 정치적 참여권을 갖는다고 말해야 한다. 일반적으로 모든 사람이 자율권이나 프라이버시권을 갖지만 아주 어린 나이의 아동은 그러한 권리를 갖는다고 말하기 어렵다. 그러므로 모든 사람은 일정한

---

131   J. Donnelly and D. Whelan, *International Human Rights* (5th ed.), p. 23.

나이가 되면 자율권이나 프라이버시권을 갖는다고 말하는 것이 적합할 것이다. 중학교 또는 고등학교 시기까지는 기본적인 교육을 받을 권리를 모든 사람이 갖는다고 말하는 것도 특정 시기를 말하지만, 모든 인간에게 적용되는 보편적인 권리를 말하는 것이다.

장애인의 인권이나 여성의 인권은 인간의 보편적인 권리가 아니라 특정 집단의 사람에게만 관련되는 특수한 권리가 아닌가? 그러나 장애인이나 여성의 인권에 대해 특별히 언급하는 것은 그들이 어려움을 겪는 취약점을 제거하고 그들을 특별히 보호함으로써 모든 사람이 인간으로서 누려야 할 동등한 권리를 갖도록 하는 데 목적이 있다. 그러한 취약점을 제거하고 보호하지 않으면 장애인이나 여성으로서가 아닌 인간으로서 품위 있는 삶을 유지하기 어렵기 때문이다. 아동의 권리나 노동자의 권리가 인권으로서 언급되는 것도 마찬가지로 설명할 수 있다. 아동이나 노동자의 권리는 그들의 지위에서 취약한 조건을 보완하지 않으면 인간으로서의 품위 있는 삶을 유지하기 어렵기 때문에 그들을 보호하기 위해 규정되는 최소한의 권리이다. 범죄혐의자의 공정한 재판을 받을 권리나 가난한 사람의 복지권도 마찬가지로 설명할 수 있다. 그들 권리는 모두 일부 사람들에게만 관련되는 특수한 권리가 아니라 취약한 삶의 조건을 보완함으로써 모든 사람이 품위 있는 기본적인 삶을 유지하기 위해 요구되는 보편적인 권리 즉 인권이다.[132]

132　교사의 교육권, 판사의 판결권은 교사나 판사의 특정 직업에 종사하는 사람만이 갖는 특수한 권리이다. 그런데 모든 사람이 누구나 교사나 판사가 되면 그러한 권리를 갖게 되므로 그들의 권리는 보편적 권리가 아닌가? 그러나 그러한 권리는 인간으로서 품위 있는

3) 인권의 근거

어떤 근거에서 인권을 주장할 수 있는가? 인권을 어떻게 정당화할 수 있는가? 내가 어떤 인권을 갖고 있다고 할 때, 그것에 대한 근거나 정당화를 묻는 것은 당연해 보인다. 세계인권선언에서는 인권의 근거에 관한 명시적인 조항은 없지만, 인권은 인간의 존엄성과 관련이 있다는 것을 제1조에서 암시하고 있다. 제1조는 "모든 인간은 태어날 때 자유롭고 존엄성과 권리에서 평등하다."라고 규정하고 있다. 그리고 모든 인간은 자유롭고 평등하다는 것을 전제하고 있다. 인권규약들(A규약과 B규약)의 서문에서는 인권은 인간의 고유한 존엄성에서 이끌려 나온다고 말하고 있다. 인간의 존엄성과 자유 그리고 평등은 근대 계몽사상기에 자연권 이론가들이 자주 주장했던 가치이다. 현대의 인권선언이나 인권규약들은 그러한 자연권의 전통을 이어받은 것임에는 의심의 여지가 없다.

존엄성과 자유 그리고 평등의 가치는 인권의 전제이긴 하지만, 구체적인 인권이 어떻게 나오는가를 설명해 주지 못한다. 전통적인 자연권 이론에 따르면 자연권은 인간의 본성(human nature)에 기초한다. 자연권은 자연법과 밀접하게 연관되는데, 자연법은 인간의 본성 또는 경향성을 따르는 것이 옳은 것이라고 본다. 그러므로 자연권은 궁극적으로 인간의 본성에 근거한다고 보는 것이다. 자연권의 기초가 되는 자연법은 도덕법으로 인식된다. 예컨대 생명 보존의 경향성으로

삶을 위해 요구되는 보편적인 권리 즉 인권이 아니다.

부터 생명을 해쳐서는 안 된다는 도덕법이 나오고 이로부터 생명권이 이끌려 나온다. 이러한 관점에서 자연권 또는 인권은 도덕적 권리라고 한다. 로크(J. Locke)는 자연권을 신으로부터 부여받은 권리, 즉 천부인권이라고 생각했다. 신이 인간을 창조하였기 때문에 그의 본성도 신이 부여한 것이다. 자연권의 기초가 되는 자연법은 인간이 그의 본성을 따라 행동해야 한다는 것을 가르친다.

전통적인 자연권 이론을 계승한 현대의 자연론적 인권관은 전통적인 자연권의 맥을 이어간다.[133] 그러나 현대의 자연론적 인권관은 신을 전제하지 않는다. 인권은 단지 인간의 본성이나 기본적 이익 또는 욕구를 전제하고 그로부터 인권을 끌어내려고 한다. 인간은 자율성이나 행위능력을 지니는 존재이다.[134] 그리고 모든 인간은 삶을 유지하기 위해 충족해야 할 기본적 이익이나 필요가 있다.[135] 자유권이나 생명권 또는 생존권 등 인권은 자율성이나 행위능력 또는 인간의 기본적 이익이나 필요를 충족하는 데 필수적으로 요구된다. 이처럼 인권은 인간의 본성이나 기본적 이익 또는 필요로부터 이끌려 나온다.

인간의 본성이나 기본적 이익으로부터 인권을 직접 끌어내는 자연론적인 관점에 대비되는 관점으로, 현대의 인권 담론을 신생 관행

---

133 현대의 자연론적 인권관에 대해서는 정치론적 인권관과 함께 제4장 '인권의 근거'에서 자세하게 논의할 것이다.

134 A. Gewirth, J. Griffin이 이러한 입장을 취한다. 특히 Griffin의 관점은 제4장 2절 1) '규범적 행위능력'에서 자세히 논의될 것이다.

135 기본적인 필요나 이익에 의해 인권을 정당화하는 입장은 제4장 2절 3) '기본적인 필요 또는 이익'에서 자세히 논의될 것이다.

으로 보는 정치론적인 관점이 있다. 정치론적 관점에서는 인권은 현대 인권 관행의 특징에서 그 기원을 찾는다. 정치론적 관점에서는 인권은 정치적 규범에 기초하고, 어떤 형태의 공적 이성 혹은 공적 추론에 의해 확립된다고 주장한다.[136] 정치론적 관점을 따르는 베이츠(C. Beitz)에 의하면, "'자연권' 혹은 '기본적 권리'를 기본적인 도덕적 관념으로 생각하듯이 인권의 관념을 이해하는 것은 최고의 방법이 아니다."[137] 신생의 인권 관행은 특수한 기능 즉 국가의 주권 또는 자기결정권을 제한하는 기능을 갖는다. 만약 인권을 신생의 세계적 관행의 본질적 규범으로서 이해한다면 "인권의 기초를 한둘의 명료한 도덕적 관념에서 발견하려고 기대하거나 권리의 표준적인 목록을 공식화하는 것은 잘못이다."[138] 정치론적 인권 이론이 달성하려고 하는 것은, 국제정치적 생활의 담론에서 인권이 어떻게 사용되는가를 명료화하고, 인권의 내용과 적용에 관해 숙고할 때 그러한 용법에 비추어 적절한 고려 사항을 확인하고 그것을 구조화하는 것이다. 그것은 인권 관행에 함축된 규범적 질서를 해석하려고 한다. 정치론적 인권 이론은 인권 관행의 바깥에 존재하는 것이 아니다.[139] 베이츠에 의하면, 인권의 근거와 내용 그리고 적용은 신생의 세계적 관행 즉 세계인권선언과 인권규약들 그리고 그것을 집행하는 각종 기구와 관련 규정들

---

136   Fabienne Peter, "A Human Right to Democracy?" in R. Cruft, S. Liao, and M. Renzo(eds .), *Philosophical Foundations of Human Rights*, p. 484.

137   Charles. Beitz, *The Idea of Human Rights* (Oxford University Press, 2009), p. 212.

138   C. Beitz, ibid., p. 212.

139   C. Beitz, ibid., p. 212.

이 어떻게 사용되는가를 봄으로써 이해할 수 있다. 그는 인권의 근거를 인간의 본성이나 그것에 기초한 도덕법에서 찾는 것은 잘못이라고 본다. 인권의 근거는 실제로 실행되고 있는 세계인권선언과 인권규약에서 찾아야 한다고 본다.

롤스에 의하면, 인권은 도덕 이론이 아닌, 정치적·법적·사회적 이론의 범주에 속하는 정치적 정의 관념이다.[140] 매우 다른 그리고 심지어 양립하기 어려운 포괄적 이론들의 옹호자들이 정치적 정의 관념에 대한 중첩적 합의(overlapping concensus)에 도달할 수 있다.[141] 이러한 합의는 정치적 정의 관념으로 제한된다. 중첩적 합의의 보편성은 국제법적 보편성을 설명하는 데 도움을 준다. 국제법적 인권을 지지한다는 것은 대부분의 포괄적인 주요 이론들의 옹호자들이 사실상 국제

140　인권은 도덕이론의 범주에 속하는 것이 아니라고 할 때 '도덕 이론'은 포괄적인 의미에서의 도덕이론이다. 인권은 "도덕적 토대로부터 떨어져 나온 한 수준"으로, 그러한 분리가 인권을 약화하는 것이 아니라 강화한다. (ibid., p. 41) 인권은 정치적 정의 관념이지만, "그 관념(정치적 관념)은 물론 도덕적 관념이다. 그러나 그것은 특수한 종류의 주제 즉 정치적, 사회적, 그리고 경제적 제도를 위해 만들어낸 도덕적 관념이다." (J. Rawls, *Political Liberalism*, p. 11.) 따라서 인권은 도덕적 권리이지만, 특수한(sui generis) 도덕적 권리라고 말할 수 있다. "인권은 특수한 종류의 권리로, 그것은 최고의 도덕적 권리이다. 그것은 또한 국제법에서 인정된 권리이다. 대부분의 국가는 또한 그들의 국내법에서도 그것들 중 많은 것을 인정한다." J. Donnelly and D. Whelan, *International Human Rights* (5th ed.), p. 23.

141　포괄적 이론들(comprehensive doctrines)은 철학적, 종교적, 이념적 세계관들, 예컨대 칸트주의, 공리주의, 신아리스토텔레스주의, 기독교, 무슬림, 유교, 불교, 마르크스주의 등을 의미한다. 롤스는 이들 이론들을 그의 소위 정치적 정의 관념 즉 "정치적 정당성의 기본 요소에 대한 협의의 헌법적인 설명"과 구별한다. (J. Donnelly and D. Whelan, *International Human Rights* (5th ed), p. 41 참조) 롤스는 중첩적 합의의 관념을 Donnelly가 해석한 것처럼 인권의 정당화를 위해 사용하는 것보다는, 정의 원리의 안정성을 확립하기 위한 것처럼 인권의 안정성을 확립하기 위해 사용한다. 이것에 대한 자세한 논의는 다음에 이루어질 것이다.

인권을 옹호한다는 사실을 반영한다. 제2차 세계대전이 끝난 이후 포괄적 이론들은 각기 서로 다른 이유로 세계인권선언의 권리들에 대한 중첩적 합의에 참여하게 되었다. 그러나 중첩적 합의의 보편성에는 한계가 있다. 오늘날 인권을 지지하는 포괄적 이론들의 모두가 그들의 역사 전체를 통해 중첩적 합의를 통해 인권을 지지한 것은 아니다. 인권에 관한 국제적인 중첩적 합의는 2차 대전 이후에 즉 유엔의 인권선언과 그에 따른 인권규약에 대체로 나타났다.[142]

롤스는 인권의 주제를 국가에 대한 간섭을 정당화하는 역할과 직접 관련짓는다. 그는 그의 저서 〈정의론〉에서 자유민주주의의 기초를 설정하고 헌법적 보호를 받는 기본적 권리를 포함시키고 있다. 그러나 그는 이들 권리를 인권과 동일시하지 않았다. 그는 인권을 보편적으로 적용되는 특수한 유형의 권리로 본다. 인권의 존중은 다른 국민에 의한 강제적 간섭 즉 경제적 제재나 혹은 심한 경우에는 군사적 개입을 배제하는 데 충분하다. 다시 말해, 국가가 인권을 침해하는 경우에만 다른 나라의 간섭이 정당화되며, 인권을 존중하면 다른 나라의 간섭을 받는 것이 정당화되지 않는다. 롤스는 인권을 자유민주주의의 헌법적 권리 즉 기본권과 구별하였다. 그리고 그 인권 관념에 도달하기 위해 자유민주주의의 규범적 구조를 결정하기 위해 사용한 것과 똑같은 방법론 즉 사회계약 모델을 적용하였다. "여기서 사용한 사회계약 모델의 형태는 국가의 크기, 부의 정도, 자유주의 사회인지 혹은 위계적인 사회인지에 대해 알지 못하는 무지의 베일 하에서 간

---

142   J. Donnelly and D. Whelan, ibid., pp. 41-42 참조

섭으로부터의 면제를 정당화할 수 있는 조건으로서 무엇을 합의하게
될 것인지를 상상하는 계약이다."[143] "인권을 확보하는 '제국민법'에
대한 합의는 자유주의 사회에만 한정되는 합의가 아니다."[144] 그것은
품격 있는 위계 사회도 수용하는 합의이다. 롤스는 국내적 정의 관념
즉 자유민주주의의 기본구조를 구성하기 위해 사용한 계약론적 방법
론을 국제적 정의 관념을 구성하는 데에도 적용한 것이다.[145]

4) 인권의 내용

오늘날의 인권 관념이 자연권의 관념에 따라 영향을 받았을지라
도, 인권은 단순히 생명, 자유, 재산과 같은 넓고 추상적인 권리가 아
니며, 특수한 수많은 권리이다. 세계인권선언 이후의 조약들은 재판
없는 투옥과 같은 특수한 문제까지 언급하는 특수한 권리의 목록이
다. 세계인권선언이 "모든 인간은 태어날 때 자유롭고, 존엄성과 권
리에서 평등하다."라고 주장할 때, 법률가가 사용하는 수많은 특수한
권리들을 선언한다. 그 선언에는 역사적인 권리장전들이 주요한 영
감을 준 것이다.[146]

세계인권선언은 나중에 시민적 · 정치적 권리에 관한 국제규약(B규

---

143 T. Campbell, *Rights*, p. 116.

144 J. Rawls, *The Law of Peoples* (Harvard University Press,1999), p. 68.

145 계약론적 관점은 정치론적 관점 그리고 자연론적 관점과 함께 제4장 '인권의 근거'에서
      자세한 논의를 하면서 비판적으로 검토할 것이다.

146 J. Nickel, *Making Sense of Human Rights*, p. 7 참조. 그 권리장전은 특히 프랑스의 인권선
      언과 미국의 권리장전(미 수정헌법 제1조부터 제10조까지)을 포함한다.

약)과 경제적 · 사회적 · 문화적 권리에 관한 국제규약(A규약)으로 구분되어 그 내용이 세분되고 구체화됨으로써 국제법적 효력을 갖게 된다. 일반적으로 자유권 규약은 B규약, 사회권 규약은 A규약이라고 일컬어진다. 두 개의 인권규약들에 규정된 인권의 내용을 중요한 권리를 중심으로 간단하게 정리하겠다.[147]

자유권 규약(B규약)에서는 서문에서 모든 인간의 고유한 존엄성과 동등한 불가침의(inalienable) 권리들을 인정하는 것이 자유, 정의 그리고 평화의 기초이고, 이러한 권리들은 인간의 고유한 존엄성에서 나온다는 것을 전제한다. (이 전제는 사회권 규약에도 포함되어 있다) 자유권 규약에서 규정한 권리들은 다음과 같다: 국가(국민)의 자기결정권과 천연자원을 자유로이 처분할 권리(1조), 이 규약에 열거한 권리들을 행사함에 있어, 인종, 피부색, 성별, 언어, 종교, 정치적 혹은 다른 견해, 국적, 재산, 출생 등의 이유로 차별받지 않을 권리(2조), 생명권(6조), 고문 또는 잔인하거나 비인도적이거나 모욕적인 대우나 처벌을 받지 않을 권리(7조), 노예가 되거나 강제노역을 당하지 않을 권리(8조), 신체의 자유와 안전에 대한 권리(임의적 체포나 구금을 당하지 않을 권리)(9조), 자유가 박탈당한 사람(형사피고인)이 인도적이며 존엄하게 대우받을 권리(10조), 단순히 계약적 의무의 이행 능력이 없다는 이유로 구속당하지 않을 권리(11조), 자국 내에서의 이동의 자유권과 주거 선택의 자유(12조), 공정하고 공개적인 재판을 받을 권리(무죄 추정에 대한 권리, 변호인의 조력을 받을 권리 등)(14조), 형벌 불소급에 대한 권리(15조), 사생활, 가정, 통신, 명예에 대한 불법

147　인권의 내용에 대해서는 제3장의 2절과 3절에서 보다 자세하게 설명될 것이다.

적인 침해를 받지 않을 권리(17조), 사상, 양심, 종교의 자유(18조), 의견 표현의 자유(19조), 평화로운 집회의 권리(21조), 결사의 자유권(노동조합 결성 및 참여의 권리 포함)(22조), 가정이 사회와 국가로부터 보호받을 권리(결혼이 가능한 나이의 남녀가 결혼해서 가정을 꾸릴 권리 포함)(23조), 아동이 차별 없이 가족과 사회 그리고 국가로부터 보호받을 권리(24조), 공무에 참여하거나 정치에 참여할 수 있는 권리(투표권과 피선거권)(25조), 법 앞에 평등하고 차별 없이 동등한 법의 보호를 받을 권리(26조), 민족, 종교, 언어 소수자가 그들 자신의 문화를 누리거나 종교를 공언 또는 실천하거나 언어를 사용할 권리(27조).

사회권 규약(A규약)에서 규정한 권리들은 다음과 같다. 국가(국민)의 자기결정권과 그들의 천연자원을 자유롭게 처분할 권리(1조), 이 규약에 열거한 권리들을 행사함에 있어, 인종, 피부색깔, 성별, 언어, 종교, 정치적 혹은 다른 견해, 국적, 재산, 출생 등의 이유로 차별받지 않을 권리(2조), 여성과 남성이 이 규약에 설정된 모든 경제적, 사회적 그리고 문화적 권리를 동등하게 향유할 권리(3조), 일할 권리(6조), 공정하고 적합한 노동 조건에서 일할 권리(7조), 노동조합 결성 및 참여권(8조), 사회보장권(9조), 가정이 보호와 지원을 받고 아동이 경제적 사회적 착취로부터 보호받을 권리(10조), 의식주에서 적절한 생활 수준을 누릴 권리(11조), 달성이 가능한 최고 수준의 육체적 및 정신적 건강을 누릴 권리(12조), 기본교육을 무료로 받을 권리(13조), 문화생활에 참여하고, 과학의 진보와 그 적용의 이익을 누리며, 과학적 및 문예적 산물로부터 나오는 이득을 보호받을 권리(지식재산권)와 과학 연구와 창조적 활동의 자유(15조).

　자유권 규약은 전통적인 인권관 즉 자유주의적 전통을 대부분 이어받았다. 자유주의 전통에서 중시한 재산권은 세계인권선언(17조)에 '자기 재산을 소유할 권리'의 표현으로 포함되어 있지만, 자유권 규약이나 사회권 규약에는 명시적으로 포함되어 있지 않다. 단지 사회권 계약에서 '과학적 및 문예적 산물로부터 나오는 이득을 보호받을 권리를 명시하고 있는데, 이 권리가 지식재산권으로 이해된다면 재산권을 단지 전제하고 있을 뿐이다.

　자유권 규약에 포함된 권리들은 보통 소극적 권리의 성격을 갖는다고 말한다. 그리고 사회권 규약은 특히 19세기 말부터 20세기 초에 대두된 사회주의의 영향을 받은 복지권의 내용을 주로 규정한 것으로 이들 권리는 적극적 권리의 성격을 갖는다고 보통 말한다. 자유권 규약의 내용들은 대부분 국가나 다른 사람이 단지 권리를 침해하거나 방해하지 않으면 그 권리가 실현된다. 예를 들면, 생명권이나 표현의 자유는 다른 사람 또는 국가가 침해하거나 방해하지 않으면 그것으로 그 권리가 존중된다. 그러나 사회권의 내용은 대부분 국가의 적극적인 의무가 수반된다. 예컨대 적절한 수준의 생활을 누릴 권리나 기본 교육을 받을 권리는 국가가 개인이 적절한 수준의 생활을 유지하거나 기본 교육을 받을 수 있도록 지원해야 할 의무가 있다. 그런데 자유권 규약에 포함된 권리들이 모두 소극적인 권리이고, 사회권 규약에 규정된 권리들이 모두 적극적인 권리라고 꼭 말할 수는 없다. 자유권 규약에 들어 있는 정치적 참여권의 일부, 예컨대 투표권 또는 피선거권은 국가로부터 자격을 부여받아야 하므로 적극적인 권리이다. 재판에서의 절차적 권리로, 예컨대 변호인의 조력을 받을 권리는 적극적인 권리이다. 그리고 사회권 규약에 들어 있는 권리 중에서 노동조합 결성 및 참여의 권리와 과학 연구 및 창조적 활동의 자유는 소극적 권리에 해당된다.[148]

일반적으로 적극적 권리와 소극적 권리를 구분하지만, 슈(H. Shue)는 그러한 구분에 대해 반대하는 입장을 취한다.[149] 그는 모든 권리는 적극적인 요소와 함께 소극적인 요소를 지니고 있다고 본다. 예컨대 생존권은 보통 국가의 지원 의무가 수반되는 적극적인 권리로 구분하지만, 개인이 독자적으로 생존을 위한 노력을 할 때 다른 사람이 방해해서는 안 되는 소극적 의무가 수반될 수도 있다. 대기업이 자영업자의 생계 수단을 위협함으로써 생존권을 침해하는 경우가 대표적이다. 예를 들면 영세 상인들이 주로 장사하는 지역에 대형 쇼핑몰을 건립하게 되면 자영업자들의 생존이 위협받을 수 있다. 이 경우 자영업자들은 그 대기업에 자신들의 생존권을 침해하지 말라고 요구할 수 있다.[150]

보통 인권을 세계인권선언과 그로부터 발전된 두 규약에 규정된 권리로 보고, 많은 법률 지향적인 사람들은 실제로 그것들을 동일시한다. 그러나 이것은 만족스럽지 못하다. 왜냐하면 유엔은 인권을 발명했다고 주장할 수 없고 주장하지도 않기 때문이다. 오히려 유엔과 다른 기구는 인권을 성문화하고 시행하려고 했다. 더군다나 국제권리장전은 그것의 성취에도 불구하고 결함을 갖고 발전하는 인권

---

148 노동조합 결성 및 참여의 권리는 자유권 규약에도 같은 표현으로 명시되어 있다.

149 H. Shue, *Basic Rights* (Princeton University Press, 2020) 참조

150 적극적 권리와 소극적 권리 간의 구별에 대해서는 제3장에서 자세히 논의될 것이다.

의 표현이다.[151] 인권은 선언적 권리의 의미로 도덕적 권리이다. 따라서 그것은 국제법이건 특정 국가의 헌법이건 간에 어떤 형태의 실정법과 동일시될 수 없다. 인권은 인간이 기본적으로 동등하다는 관점, 즉 모든 차이점에도 불구하고 그들의 삶은 동등한 가치가 있다는 관점을 구체화한 권리이다.[152] 인권은 "법으로 생성된 권리가 아니고, 법으로 인정된 권리이다. 그것은 법과 상관없이 우리가 갖는 도덕적 권리이다. 그러므로 법이 그것을 인정하고 강제해야 한다."[153] 세계인권선언과 인권규약들은 "국민과 정부 간의 관계에서 정당화되는 도덕의 내용을 구체적으로 제시하는 국제적인 시도"라고 볼 수 있다.[154] 국제 인권을 규정한 주요 인권문서로는 세계인권선언과 두 개의 인권규약(세 문서를 '국제인권장전' 또는 '국제권리장전'이라 함) 이외에, 특히 사회적 약자들을 위해 채택된 협약들이 있다. 인종차별철폐협약, 여성차별철폐협약, 고문방지협약, 아동권리협약 등이 대표적이다.

인권의 내용은 변화하는 사회 및 자연환경의 경험과 함께 변화하고 발전된다고 보는 입장도 있다. 그러한 입장은 인권의 내용을 국제인권법에 규정된 것처럼 고정된 것으로만 보지 않고 유동적인 것으로 인식한다.[155] 또 한편으로 인권의 내용은 인권관에 따라 차이가 날

---

151 인권규약들은 다른 법률들과 마찬가지로 수정 가능하다고 두 규약에서 명시하고 있다. 총회의 3분의 2의 찬성으로 수정안이 승인되면 법률적 효력이 발생한다.

152 T. Campbell, *Rights*, pp. 38-39 참조.

153 J. Raz, "Human Rights in the Emerging World Order," in R. Cruft, S. Liao, and M. Renzo, *Philosophical Foundations of Human Rights*, p. 224.

154 J. Nickel, Making Sense of Human Rights, pp. 47-48.

155 Dershowitz는 인간의 변화하는 경험으로 인해 권리도 변화하고 발전될 필요가 있다고 본

수 있다. 자연론적 관점에 비해 정치론적 관점은 인권을 국민과 국민 간의 관계보다는 주로 국민과 국가 간의 관계로 보기 때문에 그 범위가 좁은 것으로 해석된다. 예를 들면 정치론적 관점에서 제시한 롤스의 인권 내용은 '극최소주의'(ultraminimalism)라고 일컬어질 정도로 인권의 범위를 최소한으로 좁혀 보고 있다. 그러한 입장은 정치론적 관점에서 본 인권의 역할에 비추어 자연스러운 것처럼 보인다. 정치론적 관점은 인권이 국가의 주권을 제한하는 역할을 지니고 있다고 보기 때문에, 국민 개인들 간의 관계에서 발생하는 기본적 이익에 대한 위협보다는 국가가 그 국민에게 가하는 인간의 기본적 이익에 대한 위협이나 국가적 폭력에 주로 관심을 둔다. 따라서 예를 들어 직장 내에서 발생하는 성차별이나 성폭력, 개인 간에 발생하는 물리적 폭력이나 명예훼손 등의 문제는 인권의 관심사라기보다는 국내의 형사적인 범죄 문제로 다루어진다. 정치론적 관점에서 본 인권은 국제법적 인권이고 국제적 관심사이기 때문에, 국가 내에서 국민 개인 간에 발생하는 기본적 이익의 침해는 주요 관심사가 아니다.[156]

그러나 정치론적 관점은 국가 내에서 개인 간에 발생하는 기본적 이익의 침해를 국가가 제도적으로 어떻게 다루느냐 하는 문제에 관

다. 권리는 영원하거나 고정된 것이 아니라는 것을 역사가 보여주고 있다는 것이다. A. Dershowitz, *Rights from Wrongs* p. 92.

156 롤스가 예로 든 인권은 자유민주주의 사회에서의 기본권보다 좁은 최소한의 기본권으로 제한한다. 롤스가 예로 든 인권은 특별한 종류의 절박한 권리(urgent rights)로, 생명권(생존의 수단과 안전에 대한 권리), 자유권(노예 신분 및 강제노동으로부터의 자유, 종교와 사상의 자유를 확보할 수 있는 양심의 자유), 사적 재산권, 형식적 평등(같은 경우는 같게 대우하는)을 제시한다. J. Rawls, *The Law of Peoples*, pp. 65, 78-80 참조.

해서는 관심을 가질 수 있다. 개인 간에 발생하는 성차별이나 성폭력 행위 또는 아동 학대 문제와 관련하여 국가가 제도적으로 관련 피해 당사자들의 기본적 이익을 적절하게 보호하지 못한다면 국제적 인권의 관심 대상이 될 수 있을 것이다. 예를 들면 성차별이나 성폭력 또는 아동 학대에 대해 인권 보호 측면에서의 제도적인 미비가 있다면 국가 주권에 대한 국제적인 간섭이나 제재를 받을 수도 있을 것이다.

제2장

인권 담론의 역사적 배경

　인권 담론은 1948년 세계인권선언이 공표되고 나서부터 본격적으로 이루어진다. 인권선언문을 작성하기 위해 유엔인권위원회는 유네스코를 통해 세계 주요 문화권의 철학자들과 사상가들의 자문을 구하였다. 기독교, 유교, 불교, 이슬람교, 힌두교 등 주요 문화권 사상가들의 자문을 얻어 인권선언문이 작성되었지만, 초안의 작성자 중 주요 인물인 카생(Rene Cassin)은 프랑스인으로서 인권선언문을 작성하면서 서양 문화의 영향을 주로 받은 것은 사실이다.[1]

　인권은 근대 서양의 자연권 전통으로부터 유래된 것이기 때문에 가끔 자연권과 거의 같은 개념으로 통용되기도 한다.[2] 그런데 자연권 개념은 자연법과 밀접하게 연관되어 있다. 자연법 전통은 고대 그리스와 중세 기독교 사회로 거슬러 올라간다. 그러나 고대와 중세의 자연법사상은 근대의 자연법사상과 차이가 있다. 두 전통 간에는 차이가 있음에도 불구하고 어느 정도 연결되어 있기 때문에 먼저 고대와 중세의 자연법 전통부터 검토해 보기로 한다. 특히 아리스토텔레스와 스토아학파로부터 영향을 받은 토마스 아퀴나스의 자연법사상은 현대에 부활하여 기독교 인권사상의 토대가 되었고, 중세 후기의 주의주의적(voluntaristic) 자연법사상은 근대 자연권 이론에 중요한 디딤돌 역할을 하므로, 고대와 중세의 자연법사상을 먼저 검토해 볼 필요가 있다.[3] 이어서 17, 18세기의 자연권 사상가로 홉스, 로크, 루소의 자연권 이론을 차례대로 검토한 다음, 그들의 영향을 받은 미국 독립선언과 프랑스 인권선언의 내용을 분석하고, 근대 계몽 사상의 완성자인 칸트의 자연권 이론을 알아볼 것이다. 그리고 마지막으로 19세기 자본주의 문제점과 함께 사회권이 등장한 역사적 배경을 설명할 것이다.

1　Rene Cassin(1887-1976)은 프랑스의 법률가로, 파리대학을 졸업하고 1920년에 릴 대학 교수를 지냈다. 1948년에 채택된 세계인권선언의 초안 작성에 참여하였으며, 1962년 이후 유럽 인권재판소 장관으로 활약하였다. 1968년 노벨평화상을 받았다.

2　앞으로 특별히 구별하지 않는 한, '권리', '자연권', '인권'이 혼용될 것이다. 근대 이전에는 특별히 법적인 권리라는 말을 쓰지 않는 한, '권리'는 도덕적인 권리 또는 자연권을 의미한다. 현대에는 그냥 '권리'라는 말을 쓸 때 인권을 의미하는 경우가 많다. 대부분 인권 관련 조약들의 문서들은, 예컨대 '아동의 권리에 관한 협약', '장애인의 권리에 관한 협약'에서처럼, '인권'이라는 말 대신 단순히 '권리'라는 말을 사용한다.

3　"20세기에 들어와 가톨릭교회는 토마스주의 혹은 신토마스주의 접근법을 사용하면서 권리에 대한 철학적인 그리고 신학적인 옹호론을 내세웠다. 비록 토마스 아퀴나스 자신은 권리에 대해 말한 바가 없지만, 그의 자연법 이론은 인간이 권리의 소유자라는 주장을 떠받드는 데 사용되어 왔고 현재에도 사용되고 있다."(Henrik Syse, *Natural Law, Religion, and Rights*, St. Augustine's Press, 2007, p. 36). 예컨대 현대의 토마스주의자인 마리탱(Jacques Maritain)은 유네스코 인권자문위원회 회원 중 한 사람이다.

1. 고대와 중세의 자연법 전통

1) 고대의 자연법 사상

고대 그리스의 비극작가인 소포클레스(BC 496 - BC 406)의 〈안티고네〉에는 자연법 관념이 포함되어 있다. 안티고네는 오이디푸스의 딸로 그의 오빠들이 왕위 다툼으로 전쟁에서 죽자, 테베왕 크레온은 한 오빠(에테오클레스)에 대해서는 종교의식에 따라 정식으로 매장하도록 하지만, 테베의 반대편에서 싸운 다른 오빠(폴리니체스)는 그의 시체를 새와 개들이 먹도록 명령을 내렸다. 이에 안티고네는 왕의 명령을 거역하고 사랑하는 오빠의 시신을 거둬 장례를 치러주게 된다. 안티고네는 테베왕의 명령 즉 인간이 만든 법(실정법)을 위반한 죄로 체포되었을 때 다음과 같이 크레온에게 항변한다. "나는 그 법이 제우스의 법도 아니고, 정의 즉 사자의 신들 가운데에 깊숙이 존재하는 정의가 명하는 법도 아니기 때문에 그것을 어겼다. 신들이 명하는 것은 태고 적부터 내려온 것으로 우리 모두에게 구속력이 있는 것이다."[4] 이처럼 안티고네는 영원한 신의 법, 정의의 법, 자연법이 인간의 법보다 우선한다고 주장한다. 여기서 우리는 인습적인 법(conventional law)과 자연법(natural law) 간의 분명한 갈등을 본다. 안티고네는 신들이 명하는 법에 따라 행동할 수도 있고 안 할 수도 있다. 안티고네가 적절한 매장 관습을 준수하는 것은 옳은(right) 것이다. 여기서 '옳음'은 권리(a right)의 의미를 지니는 것이 아니다. 그렇게 행동하는 것은 객관적으로 옳은 것이며, 주관적인 의미의 '권리'가 아니다.[5] 자연법의 체계적인 관념을 수용한 대표적인 철학자는 아리스토텔레스라고 볼 수 있다. 자연법과 자연적 정의는 아리스토텔레스에게서 거의 역할을 하지 못한다고 주장한 해설가도 있지만, 그를 "자연법의 아버지"(the father of natural law)라고 부른 해설가도 있다.[6] 그가 중세의 토마스 아퀴나스의 자연법사상에 미친 영향을 고려할 때, 자연법 전통에서 그의 위치와 중요성을 무시할 수 없을 것이다.

아리스토텔레스(BC 384 - BC 322)는 도시국가 자체의 자연성(naturalness)을 강조한다. 도시국가의 기원(남녀의 결합)과 목적(단순히 사는 것이 아니라 잘 사는 것)은 자연에 따르는 것이다. 도시국가의 성장력은 마치 나무가 성장하고 사자가 포효하는 것처럼 자연적으로 발생한다. 이와 같은 방식으로 그는 본성상 옳은(right by nature) 것을 옹호한다. 도시국가는 인간의 공동체에 대한 자연적 욕구에 그 뿌리를 두고 있다.[7] 인간은 공동

---

4 Seamus Heaney, *The Burial at Thebes* - Sophocles' Antigone, 20-21 (1st ed. 2004).

5 Michael Boylan, *Natural Human Rights* (Cambridge University Press, 2014), p. 39 참조. 'right' 의 객관적 의미와 주관적 의미에 대해서는 나중에 자세히 논의할 것이다.

6 Henrik Syse, *Natural Law, Religion, and Rights* (St. Augustine's Press, 2007), p. 90.

체 안에서 다른 사람과 함께 사는 것이 본성적으로 옳은 것이다. 공동체 안에서 함께 산다는 것은 인간에게 자연스러운 것이고, 따라서 아리스토텔레스에게 있어서 정치적 정의는 사회계약의 산물로서의 정의가 아니라 자연적 정의(natural justice)를 말하는 것은 타당하다.[8]

아리스토텔레스에 의하면 자연 즉 본성은 기존의 부당한 법을 비판하는 기능을 한다. 그는 특히 앞에서 말한 소포클레스를 언급하면서, 기존의 법이 자연에 반한다면 비판받을 수 있다고 보았다.[9] 아리스토텔레스는 실제적인 법 즉 실정법과 자연법 간의 간극이 있을 수 있다는 것을 인정한다. 자연법은 국가 안의 공동체를 활성화하고 인간 번영을 가능하게 한다. 자연법은 모든 곳에서 똑같은 힘을 갖는다. 아리스토텔레스에 의하면 자연법은 본성상 옳음 또는 자연적 정의의 다른 표현이다. 그런데 자연법 혹은 자연적 정의는 고정된 영원한 기준을 표현한 것이 아니다. 영원히 고정된 것은 자연적인 것이 아니다. 자연법 또는 자연적 정의가 변화할 수 있다는 사실은 아리스토텔레스의 윤리학에 적용된 생물학의 표현이다. 그에게 있어서 자연법의 관념은 실제 상황에서 구체화되어야 할 지도적 원리를 표현하는 것이다. 그것은 단지 비판적 기능을 갖는다. 자연법에서 의미하는 자연의 구조적 경향성 또는 목표가 정치와 윤리의 안내가 될 수 있다.[10]

---

7   H. Syse, ibid, p. 92.

8   H. Syse, ibid, p. 94 참조. 아리스토텔레스에게 있어서 자연적 정의는 인간의 본성과 이성을 바탕으로 한 정의이다. 자연적 정의의 실현을 위한 구체적인 방법으로 그는 분배적 정의와 교정적 정의를 들었다.

9   H. Syse, ibid, p. 97.

10   H. Syse, ibid, pp. 99, 101 참조.

아리스토텔레스의 사상을 포함하여 희랍의 정치사상은 객관적 의미의 옳음(right)에 관한 관념만을 사용하며 주관적 의미의 권리(a right)는 포함하지 않는다. 아리스토텔레스의 도덕적 혹은 정치적 사상의 목적론은 공동선 혹은 자연적 선으로부터 인간의 권리를 완전히 분리하는 것을 거부한다. 각 개인에게 속하는 권리의 의미로서의 자연권, 즉 선의 관념으로부터 분리하여 존재하는 자연권은 아리스토텔레스의 사상에는 어울리지 않는다.[11]

고대의 자연법사상은 스토아학파의 자연법사상에서도 분명하게 나타난다. 로마의 정치인이며 대표적인 스토아 철학자인 키케로(BC 106-BC 43)는 〈법률론〉에서 다음과 같이 말하고 있다.

> 우리의 현재 연구에서 소위 시민법은 작고 협소한 영역에만 한정되어 있어, 보편적인 정의와 법의 전체 영역을 다루려고 한다. 왜냐하면 정의의 본성을 설명해야 하는데, 이것은 인간의 본성에서 찾아야 하기 때문이다. 우리는 또한 국가들을 통치해야 하는 법들을 고려해야 한다. …법은 본성 즉 어떤 행위를 해야 할지를 명령하고 그 반대 행위를 금지하는 본성에 심어져 있는 최고의 이성이다. 이 이성은 인간의 정신에 확고히 고정되어 있고 완전하게 발달되어 있을 경우 법이 된다. 그래서 사람들은 법은 지성이며, 그것의 자연적 기능은 옳은 행위를 명령하고 나쁜 행위를 금하는 것이라고 믿는다. (De Legibus, I.v.17-19)[12]

---

11   H. Syse, ibid, p. 109.

12   Cicero, *De re Publica and De Legibus*, ed. and trans. Clinton Walker Keyes(Harvard, MA:

위의 구절은 '보편적' 정의와 법을 말하고 있다. 따라서 이것들은 입법부에서 통과되는 법이 아니며 실재론적이거나 유신론적으로 (theistically) 정초되는 원리들이다. 정부가 통과시키는 인습적인 법은 조그마한 영역에 한정되는 시민법이며, 인간의 본성에 의존하는 자연법과 자연적 정의보다 질적으로 열등하다. 자연법과 자연적 정의의 특성을 알려면 인간의 본성이 무엇인지를 알아야 한다. 국가들이 어떤 법을 만들어야 하는가를 결정하려면 인간 이성이 자연법을 인식하는 것부터 시작해야 한다. 그러한 인식 과정을 통해 인간의 본성에 심어져 있는 최고의 이성인 법을 찾아낼 수 있다. 그리하여 모든 인간 사회에 구속력이 있는 이 자연법은 적극적인 의무와 소극적인 의무를 명령할 수 있다.[13]

키케로에게 있어 타당한 최선의 시민법은 인간의 본성에 기반을 둔 자연법 또는 자연적 정의와 구별되지 않는다. 그것들은 모두 인간의 본성에 근거하고 있으므로 시민법은 자연법과 동일하다고 볼 수 있다. 동일하지 않은 법은 타당한 시민법이 될 수 없으며, 그러한 법은 자연법으로 바로잡아야 한다.[14]

고대 유럽에서는 '옳음'(right) 혹은 '법'(law)으로 번역되는 단어들은 실재론적인 혹은 유신론적인(theistic) 기준과 관련되어 있다.[15] '옳음'의

Harvard University Press, 1928). Michael Boylan, *Natural Human Rights* (Cambridge University Press, 2014), p. 43 재인용.

13 M. Boylan, *Natural Human Rights*. p. 44 참조.

14 M. Boylan, *Natural Human Rights*, p. 45.

15 도덕에 관한 실재론적 형이상학은 세계와 인간의 지위에 관한 관점으로 그 안에서는 도덕 규범이 세계 구조(fabric)의 일부로서 존재한다고 본다. 그러한 관점 안에서는 권리가 도덕

객관적인 의미는 "내가 그러한 신념을 표현하는 것은 옳은 것이다."
와 같이 형용사적으로 사용된다. 나의 신념을 표현하는 것이 객관적
자연의 질서에 부합하거나 신의 명령에 따르는 것이라면 나의 행위
는 옳다. 옳음의 객관적 의미에 대비하여, 옳음의 주관적 의미는 "나
는 그러한 신념을 표현할 권리(a right)가 있다."와 같이, 주체가 소유하
는 선을 의미한다. 여기서 '옳음'은 형용사적 술어에서 명사를 포함하
는 술어로 변형된다. 이처럼 '옳음'의 형용사적 의미가 명사적 의미로
이동하는 것은 고대 유럽 세계에서는 발생하지 않는다.[16]

2) 중세의 자연법 사상

사도 바울(Paul)은 중세 기독교에 자연법사상이 전파되는 데 역할을
한 것으로 알려져 있다. 토마스 아퀴나스를 포함한 많은 후대의 저술
가들은 자연법사상을 성서의 관점에서 뒷받침하기 위해 바울의 발언
을 언급한다. 폴 시그먼드(Paul Sigmund)는 스토아학파의 자연법사상을
언급한 바울에 대해 다음과 같이 말하고 있다.

기독교는 스토아학파의 자연법사상을 전파한 또 다른 수단이었다.
… 스토아 사상의 요소는 기독교 사상과 닮아있고, 어떤 경우에는

이나 의무와 관련하여 일차적일 수 있다고 보기 어렵다. 아리스토텔레스나 키케로에게 있
어서 사회는 사람들의 동의와 별도로 존재하며, 각자는 차지하는 지위와 역할이 있다. 이
것들은 사람의 욕구에 의존하지 않는다. H. Syse, ibid., p. 35.

16   M. Boylan, ibid., p. 46 참고.

기독교의 신성한 저술에 직접 수용되기도 하였다. 사도행전(17)에 기술된 것처럼, 사도 바울은 아테네 아레오파고스 언덕에서 행한 불가지의 신에 관한 연설에서 스토아학파의 시인을 인용하면서 "모든 인간은 한 핏줄"이라고 말한다. 갈라디아 서간(3)에서 바울은 유대인도 그리스도인도 없으며, 노예도 자유인도 없으며, 남성도 여성도 없다; 왜냐하면 당신들은 예수 그리스도 안에서 모두가 한 사람이기 때문이다."라고 주장하였다. 무엇보다 중요한 것은, 그의 로마서(2. 14-15)에서 한 유형의 자연법이론을 기독교 교훈에 수용했다는 점이다. 이 구절에서 바울은 인간은 양심의 자극으로부터 도덕법을 배울 수 있다고 말한다. 그러나 그 주제에 관한 스토아학파의 저술과 달리 이성의 특별한 역할에 대해 언급한 것은 없다.[17]

위의 서간에 자연법의 교훈이 있다는 것을 우리가 인정할지라도, 바울은 주지주의자(intellectualist)라기보다는 주의주의자(voluntarist)로 보인다. 주지주의자는 자연법에 접근하는 데 있어서 아리스토텔레스나 스토아학파처럼 이성을 강조하는 입장이고, 주의주의자는 둔스 스코투스나 오컴처럼 의지를 강조하는 입장이다.[18]

교부철학자인 아우구스티누스(AD. 354-430)는 죄를 지은 인간은 그에게 가장 좋은 것이 무엇인지를 모르기 때문에 인간의 권리는 아주 제한되어야 한다고 본다. 만약 신이 좋은 존재이고 인간을 창조할 때

---

17 Paul Sigmund, *Natural Law in Political Thought*, p. 27. H. Syse, *Natural Law, Religion, and Rights*, p. 46 재인용.

18 주지주의와 주의주의 그리고 둔스 스코투스와 오컴에 대해서는 다음에 더 자세히 논의할 것이다.

어떤 목적이 있다면, 그리고 인간이 신의 도움이 없이 그러한 목적을 알 수 없다면, 인간이 자기 삶을 결정할 자연권을 갖는다는 것은 있을 수 없다. 오히려 신에 대한 의무가 권리보다 우선해야 한다. 신만이 자연적이고 우선적인 권리를 갖는 유일한 존재이다. 만약 인간이 정치적으로 자유롭고 시민적 정치적 권리가 있다면, 그러한 권리는 신의 자연법 즉 영원한 법으로부터 이끌려 나온다.[19]

토마스 아퀴나스(1224?-1274)는 중세의 주지주의 자연법이론을 주창한 사람으로, 그에 의하면 자연법은 인간이 신의 영원한 이성(eternal reason)에 참여하는 것으로 이해된다.[20] 토마스 아퀴나스에 의하면 자연법은 신의 이성(이성의 명령)이며, 모든 인간의 선(공동선)을 목표로 하고, 자연의 경향성과 실천이성의 올바른 사용을 통해(부분적으로 성서와 십계명을 통해) 신에 의해 세상에 전파된다.[21] 토마스 아퀴나스에 의하면 자연법을 따르는 것은 인간의 본성 즉 자연적 경향성에 따르는 것이다. 그는 자연법에 따라 행위하는 것 즉 인간의 본성을 따르는 것이 인간의 선과 사회의 공동선에 기여하기 때문에 합리적이며, 의무라고 생각했다. 그리고 인간의 이성이 그러한 자연법의 기본적 원리들을 파악할 수 있다고 보았다. 만약 인간이 어떤 구체적인 계시의 도움이 없이

---

19   H. Syse, *Natural Law, Religion, and Rights*, p. 36 참조

20   H. Syse, ibid., p. 124. 토마스 아퀴나스는 자연법을 최고의 이성(summa reason)으로 본 스토아학파와 함께 주지주의 자연법이론으로 분류된다. 이성을 중시하는 주지주의 자연법이론은 의지를 중시하는 중세후기의 둔스 스코투스와 오캄의 주의주의 자연법이론과 대비된다. 토마스 아퀴나스는 자연법의 기초로서의 신의 의지를 강조하는 주의주의자들과 달리 신의 이성 즉 자연법의 합리성을 강조한다. H. Syse, ibid., p. 130.

21   H. Syse, ibid., p. 129.

자연법의 기본적 원리들을 파악할 수 있는 능력을 갖추고 있다는 것을 인정한다면, 그리고 신이 모든 인간으로 하여금 서로 평화롭고 조화롭게 살 수 있도록 한다면, 이것이 개인의 권리들을 보다 쉽게 활성화할 수 있지 않을까? 그러나 토마스 아퀴나스는 자연법을 이야기하면서 '자연권'에 대해 말하지 않았다. 그가 말하는 권리들은 자연법에 예속되고 의존하는 권리들이다.[22] 개인이 어떤 권리를 갖고 있건 그것은 신의 영원한 이성과 일치해야 한다. 따라서 그가 말하는 권리들은 근대 자연권 전통에 따른 의미의 '자연적인' 권리가 아니다. 그것들은 어떤 의미에서 '파생적인' 혹은 '법적인' 권리이다. 그러한 권리들은 근대 자연권 전통에서처럼 다른 사람의 권리에 의해 제한되는 것은 불가능하다. 그것들은 공동선과 자연법에 의해서만 제한되고 심지어 폐지될 수 있다.[23]

아우구스티누스와 토마스 아퀴나스 간에, 자연법에 관해서는 의미 있는 차이가 없다. 그럼에도 불구하고 아우구스티누스의 자연법사상은 분명하게 신학적인 가르침에 얽매여 있지만, 토마스 아퀴나스의

---

22 20세기에 가톨릭교회는 토마스적 혹은 소위 신토마스적 접근법을 사용하면서 철학적이고 신학적인 권리 옹호 이론을 발전시켰다. 이처럼 토마스 아퀴나스는 자연권에 대해서는 말하지 않았지만, 그의 자연법사상은 20세기에 인간이 권리의 소유자라는 주장을 뒷받침하기 위해 사용되어 왔다. 그의 자연법사상은 20세기 가톨릭교회의 인권이론의 기초가 되었다. Henrik Syse, ibid., pp. 36-37, 126 참조.

23 H. Syse, ibid., p. 133. 토마스 아퀴나스의 관점에서는 살인과 절도는 그러한 행위들이 다른 사람의 권리를 침해하기 때문에 금하는 것이 아니다. 그러한 행위들에 대한 자제가 신에 대한 의무이기 때문에 그것들을 금한다. 토마스적 권리 목록이 '자유주의적' 자연권 혹은 인권의 목록과 크게 다르지 않을지 모른다. 그러나 그러한 목록은 인간이 자기 생존을 안전하게 지키고 삶의 방식을 보존하기 위해 무엇이든지 할 수 있는 홉스적 혹은 로크적 '자연적 자유'(natural freedom)에 관한 관념에 기초하지 않는다. ibid., p. 145.

경우에는 덜 얽매여 있다. 그에 따르면 자연법은, 비록 그것이 궁극적으로는 똑같은 원천 즉 신의 영원한 법에서 기원한 것이긴 하지만, 신이 계시한 신성한 법과 개념적으로는 독립되어 있다. 요컨대 토마스 아퀴나스의 자연법과 그로부터 이끌려 나올 수 있는 권리들은 아우구스티누스보다 더 '세속적인' 것으로 보인다.[24]

일반적으로 중세 기독교 철학에서 그리고 특히 토마스 아퀴나스의 자연법사상에서는 분명한 권리 이론이 없다. 중세의 전통에서는 개인들이 갖는 권리들은 자연법의 결과이거나 단순히 시민법 즉 실정법의 산물일 뿐이다.[25] 대부분의 중세 학자들은 'ius'(right)를 독일의 전통에서 '객관적인' 옳음(objektives Recht)으로 이해했다. 그것은 옳음 또는 법률의 체계로, 그에 따라 행위를 할 수 있고, 재산을 주장할 수 있다. 이것과 달리 '주관적인' 옳음(subjektives Recht)은 행위할 수 있는 권리(a right)로, 이것은 자유(liberty) 혹은 권한(power)으로 이해된다. 주관적 의미의 권리가 법률적 문서에서는 역할을 했지만, 중세의 주요 철학자들에게서는 거의 중요한 역할을 하지 못했다. '주관적인' 권리의 의미에서 권리의 개념은 중세 후기에 점차 발전된다.[26] 근대 자유주의 관점에서 볼 때 권리에 관한 진정한 철학은 중세의 기독교적 관점에서는

---

24   H. Syse, ibid., p. 37.

25   H. Syse, ibid., p. 24.

26   H. Syse, ibid. p. 122 참조. 중세 후기의 주의주의자인 Ockham(1287-1347)이나 스콜라철학자인 Francisco Suarez(1548-1617) 등은 주관적 의미의 권리를 자유(liberty) 또는 권한(power)으로 이해했다. (M. Boylan, *Natural Human Rights*, pp. 52-53 참조.) 이처럼 중세 후기에 권리를 주관적인 의미인 자유 또는 권한으로 이해한 것은 계몽사상기의 자연권이론의 발전에 발판을 마련해주었다.

거의 기능할 수 없다. 자연법적 관점은 개인주의적 관점이 아니다. 그
것은 선택보다 소속을 강조하며, 개인의 권리보다 의무와 책임을 강
조한다.[27]

중세 후기에 나타난 주의주의(voluntarism)는 중세의 전통적인 자연법
이론에 중대한 도전을 한다. 주의주의는 근대 권리 이론에 중요한 디
딤돌 역할을 한다. 의지에 대한 강조가 자연법 관념에 어느 정도 변화
를 가져온다는 점에서 이전의 이성을 강조한 주지주의적 자연법 이
론과 차이가 있다. 이러한 변화는 계몽사상기의 자연권 사상과 기본
적으로 다르긴 하지만, 개인의 권리와 자연권의 개념을 수용하기 좋
게 만들었다. 유명론자이면서 주의주의자인 둔스 스코투스(Duns Scotus:
1265-1308)와 오컴(William of Ockham: 1287-1347)은 자연법의 철학에서 잠재적
으로 급진적인 변화를 위한 기초를 놓았다.[28] 그러나 그들 사상의 신
학적이고 목적론적인 요소들은 초기의 자연법 이론가들로부터의 급
격한 분리를 어렵게 한다.

둔스 스코투스의 형이상학에는 윤리학과 마찬가지로 강한 개인주
의적 성격이 있다. 이 점에서 이전의 자연법사상의 특징인 공동체 중
심주의적 성격과 대비된다. 스코투스의 정치사상에는 정치적 통치

27　여기서 우리는 오늘날 가장 치열한 논쟁 중의 하나인 '자유주의자'와 '공동체주의자' 간의
　　논쟁의 윤곽을 엿볼 수 있다. 후자의 경우에 속하는 많은 사람들은 Alasdair MacIntyre가 대
　　표하듯이, 본질적으로 권리 혹은 적어도 자연권은 없다고 주장한다. 왜냐하면 사람이 공동
　　체에 속하는 것이 언제나 우선하는 도덕적 사실이기 때문이다. H. Syse, ibid., p. 37.

28　H. Syse, ibid., 80. 유명론(nominalism)은 실재론에 대비되는, 중세 스콜라 철학의 보편논쟁
　　중의 하나이다. 보편자(universal)는 개체에서 추상하여 얻은 단순한 개념에 불과할 뿐, 실
　　재하지 않는다는 이론. 예를 들면 보편자인 '인간'은 실재하지 않으며, 세종대왕이나 이순
　　신과 같은 개체들만이 실재한다는 이론이다.

의 권위가 피치자의 의지(동의)로부터만 나온다고 보는 경향이 분명하
다. 정치적 사회는 우주 구조의 결과로 주어진 '자연적' 혹은 '유기적'
인 사회가 아니다. 그것은 궁극적으로 신이 부여한 자유로운 의지를
가진 개별 인간들이 창조한 것이다. 그러나 스코투스에게는 개별적
인 자연적(주관적) 권리의 분명한 개념이 없다. 그렇지만 그는 자연법
이론으로부터 정치적 권위에 대항하는 피치자의 어떤 권리로 관심의
방향을 돌리는 데 많은 일을 한다. 이러한 스코투스의 이론은 인간이
정치적 생활과 관련하여 절대적으로 자유롭다는 것을 의미하는 것이
아니다. 그는 인간의 자유를 가능한 한 강력하게 옹호했지만, 어떠한
곳에서도 인간이 자유롭게 정치적 사회로 들어갈지를 선택한다고 암
시하지는 않았다. 사회에의 참여가 어떤 의미에서 자발적이라는 생
각은 분명히 홉스나 로크의 '자연권' 패러다임 안에 속한다. 그러한
생각은 스코투스에게 낯설다고 보인다.[29]

오컴의 정치적 저술에서는 근대의 자연권 개념에 유사한 개념 혹
은 적어도 주관적 의미로 사용하는 'ius'(라틴어로 법 또는 권리)를 발견한
다.[30] 오컴에게 있어 행위의 도덕성은 의지의 동의에 있으므로 그는
아우구스티누스나 토마스 아퀴나스보다 더 나아갈 준비가 되어 있었
다. 토마스 아퀴나스에게는 행위가 자연법에 따르면, 다시 말해 궁극
적으로 신의 영원한 이성에 따르면 옳은 것이다. 인간은 신의 영원한
이성에 참여한다. 그리고 인간에게는 선의 방향으로 우리를 자연스

---

29   H. Syse, ibid., p. 59 참조.

30   H. Syse, ibid., p. 64.

럽게 이끄는 경향성이 있다. 그런데 토마스 아퀴나스의 이러한 이론은 오컴의 도덕 이론과 맞지 않는다. 왜냐하면 그러한 자연적 경향성이 인간에게 있다면 인간의 자유(의지)는 불가능하기 때문이다. 그런데 여기서 오컴은 인간 의지의 자유에 신학적인 제한을 두고 있다는 점에 주목해야 한다. 왜냐하면 신만이 절대적으로 자유롭고, 그리고 인간은 원죄의 영향을 받기 때문이다.[31] 오컴에 의하면, 자연법은 자연이성의 불변의 명령을 지칭한다. 이것은 '죽이지 마라,' '간통하지 마라.'와 같은 명령을 포함한다. 자연법은 신의 의지에 기초한다. 그리고 신의 의지는 성서에 포함되어 있다. 그에 의하면 십계명에 표현된 신의 계시적 의지로부터 인간은 결코 자유로울 수 없다.[32]

주관적 의미에서의 '자연권'이라는 말이 오컴에서 사용되었던 것으로 보인다. 그는 암묵적으로 자연법('ius'의 객관적 사용)을 다루다가도, 권리를 심지어 자연권('ius'의 주관적 사용)을 다루기도 한다. 그가 자기 권리를 타인에게 양도할 가능성을 고려했다면 자연권에 관해 말하고 있다고도 볼 수 있다.[33] 그러나 그러한 권리들은 자연법이 규정하는 것을 구체화하는 권리들이다. 그가 어느 정도의 개인적 자유에 관한 관심을 두고 있음으로 인해서 그가 말하는 권리가 후대의 자연권과 약간 유사성을 지니고 있는 것은 사실이다. 그러나 이러한 관념을 3세기 후의 홉스의 관념과 비교한다면 차이가 있다. 홉스의 자연권

---

31 H. Syse, ibid., p. 71 참조.

32 H. Syse, ibid., pp. 72-74 참조.

33 Brian Tierney, *The Idea of Natural Rights* (Scholars Press, 1997), pp. 175, 180-81, H. Syse, ibid., p. 76 재인용.

(rights of nature)은 개인에 내재하는 정치 이전의 권리로, 시민법으로부터 뿐만 아니라 궁극적으로는 자연법으로부터 독립해 있는 권리이다.[34]

오컴이 살던 14세기에는 없고 17세기 있었던 것은 개인의 권리가 속박이 없는 정치 이전의 자연 상태이다. 둔스 스코투스와 오컴은 인간을 기본적으로 자유롭고 다소 자발적인 사회의 개별 구성원으로 본다. 두 사람에게는 인간이 사회에 들어갈지를 선택하는 자유로운 인간의 관념이 없고, 어떤 자연권 즉 사회계약의 기초와 정당화를 형성하는 자연권의 원래 소유자로서의 인간에 관한 관념이 없다.[35]

----

34 H. Syse, ibid., pp. 76-7.
35 H. Syse, ibid., p. 87 참조.

2. 17, 18세기 자연권 사상과 자유권

사회계약을 정당화하고 그 기초를 제공하는 자연권에 관한 관념은 17세기에 들어서야 나타난다. 그로티우스(Hugo Grotius, 1583-1645)[36]는 인간은 사회적 본성을 갖고 있다고 보았다. 사회성과 이해력이 사람들 사이에서 결합하여 단순한 동정에 대비되는 정의를 가능하게 한다고 보았다. 따라서 정의는 인간 본성의 표현이다. 인간은 평화로운 사회생활을 위한 강력한 욕구로 인해 "인간의 본성인 자연법"을 숙고하지 않을 수 없다고 그는 보았다.[37] 여기서 의미하는 자연법은 유신론적인(theistic) 가정에 기초하고 있지 않다. 그로티우스는 신과 연관되지 않는 자연적 인권을 고려하고자 했다.[38] 그로티우스는 정의를 개인의 권리를 존중하고 행사하는 문제로 간주하였으며, 권리의 연구를 신학으로부터 분리하려고 하였다는 점에서 큰 혁신을 가져왔다.[39] 그런데 그러한 움직임은 사무엘 푸펜도르프(Samuel von Pufendorf, 1632-1694)[40]

---

36 Hugo Grotius는 네덜란드의 법학자로, 그의 〈전쟁과 평화의 법〉(1625)은 근대국제법에 최초로 큰 영향을 끼쳤다.

37 William Edmundson, *An Introduction to Rights* (Cambridge University Press, 2004), p. 17 참조.

38 Michael Boylan, *Natural Human Rights* (Cambridge University Press, 2014), p. 53.

39 W. Edmundson, ibid., p. 22.

40 Pufendorf는 인간의 본성을 연구하여 사회계약론을 바탕으로 자연법 체계를 구축한 독일의 계몽사상기의 법학자이며 정치철학자. Pufendorf는 그로티우스와 홉스에 관해 세심히 검토하고 많은 세심한 부분에서 도전하고 수정하였다. 그는 홉스가 부주의하게 자연 상태에 있는 인간에게 권리를 귀속했다고 비판했다. Pufendorf에 의하면 모든 자연적 능력 즉 어떤 것을 할 수 있는 능력이 권리인 것은 아니다. 오직 어떤 도덕적 영향(effect)과 관련되는 것만이 권리이다. 다른 사람이 소위 권리소유자에 대한 의무가 없이는 어떠한 것도 정당하게 권리라고 부를 수 없다. Pufendorf는 요구권(claim right)만이 권리라고 본 것이다.

를 놀라게 했다. 그는 그로티우스의 이론이 "불경하고 바보스러운 이론"이라고 공격했다.[41] 푸펜도르프에 따르면, 그러한 그로티우스의 이론은 신이 인간사에 관심이 없다는 것(이신론적 가정; deistic hypothesis)을 의미하기 때문이다.[42] 현대적 관점에서 볼 때 유신론적 세계관을 제거하려고 하는 움직임은 고대와 중세의 세계관 안에서의 점진주의에 급진적인 변화를 가져오려고 하는 특징을 보여준다. 만약 우리가 신에 근거한 객관적인 의미로부터 거리를 둔 주관적 의미의 자연법과 자연권을 생각한다면, 이제 계몽사상기의 시간을 맞이하게 된다.[43]

개인주의적 관점은 유럽 계몽주의 프로젝트를 형성하는 한 부분이 된다. 존 밀턴(John Milton, 1608-1674)의 〈실낙원〉은 개인이 주어진 공동의 질서에 대항하는 것을 강조하는 세계관의 통찰력 있는 한 사례라고 볼 수 있다. 〈실낙원〉에서 밀턴은 새로운 계몽사상을 대변하는 사탄의 입을 통해 교회와 국가의 확립된 공동 연합체에 대항하여 개인의 자유를 주장하였다. 로마와 영국 가톨릭교회들의 공동체적 질

그는 권리의 중요한 측면 즉 진정한 권리(상관적 의무가 있는 요구권)의 측면을 주목한 첫 번째 사람이다. (W. Edmunson, ibid., 25) 그러나 호펠드가 분석한 것처럼, 홉스가 염두에 둔 자유도 권리의 한 유형이라는 것을 앞 장에서 논의하였다.

41 Samuel Pufendorf, *De jure naturae et gentium*. Libri. Octo. Lib. II. Cap 3, 19, trans. C. H. and W. A. Oldfather, 2 vols. (Oxford: Oxford University Press, 1943): II, 215, Michael Boylan, ibid., p. 54 재인용.

42 Michael Boylan, ibid., p. 54. 이신론(deism)은 18세기 계몽주의 시대에 등장한 자연신론이다. 세계를 창조한 하나의 신을 인정하되, 그 신은 세계와 별도로 존재하며 세상을 창조한 뒤에는 세상, 물리 법칙을 바꾸거나 인간에게 접촉하는 인격적 주재자로 보지 않는다. 계시, 기적 등이 없다고 보는 종교관으로, 인간은 이성을 가지고 있으므로 이 신의 존재나 우주의 법칙을 이성으로 알 수 있다고 보았다.

43 M. Boylan, ibid., p. 54 참조.

서는 개인들이 복종하는 것을 중요시했다. 그러나 밀턴은 사탄의 입을 통해 개인은 스스로 지식을 추구하고 그에 따라 행동할 권리가 있다는 계몽주의 논증을 펼친다. 만약 보통 사람들이 글을 깨우쳐 스스로 텍스트를 읽고 자기 행동을 결정하는 경우에는 그것이 고대로부터 중세까지 내려온 확립된 공동체적 세계관에 대한 위협으로 간주되었다. 사탄이 이브에게 한 말은 효과가 있었다. 만약 무지와 맹목적인 충성이 삶을 끌어가는 유일한 길이라면 그러한 삶은 살 만한 가치가 있는가? 그러한 질문은 개인주의적 입장을 취할 경우에만 의미가 있는 것이다.[44]

각 개인에게 자연적으로 내재하는 권리의 관념은 17세기 철학자들 즉 그로티우스, 홉스, 푸펜도르프, 로크, 루소 등의 철학에서 여러 형태로 발견된다. 그것은 18세기 미국과 프랑스의 혁명 운동에서 열렬히 옹호된 '인간의 권리'라는 계몽주의 관념의 철학적 기초가 되었다.[45] 다음에 그로티우스의 계약이론의 영향을 받은 홉스와 홉스로부터 자연 상태의 관념을 이어받은 로크, 그리고 홉스와 로크의 이론을 절충한 루소의 자연권이론을 차례대로 검토하고, 로크의 이론에 특히 영향을 받은 미국 독립선언과 루소의 영향을 받은 프랑스 인권선

44　M. Boylan, ibid., pp. 55-6 참조.

45　H. Syse, *Natural Law, Religion, and Rights*, p. 2 참조. '자연권'의 관념은 원래 훨씬 오래된 자연법 전통의 구조 안에서 형성되었다. 오늘날에도 자연권의 관념을 고대와 중세적 자연법의 가르침에서 직접 유래된 것으로 보는 것이 일반적이다. (ibid., p. 2 참조) 20세기 기독교적 관점에서의 자연권 또는 인권 이론은 토마스 아퀴나스의 자연법사상을 배경으로 발전되었다. 그러나 그러한 객관적 의미의 자연권 관념은 계몽사상기의 주관적 의미의 자연권 관념과 차이가 있다.

언의 내용을 알아볼 것이다. 마지막으로 홉스, 로크, 루소 등의 자연법과 자연권 사상가들의 전통 안에서 자기 이론을 내세운 '계몽주의 철학의 완성자' 칸트의 자연권이론을 살펴볼 것이다.

1) 홉스의 자연권

토마스 홉스(Thomas Hobbes, 1588-1679)는 국가와 국법의 정당성이 국민들의 계약으로부터 나온다는 그로티우스의 생각을 정교화하였다. 그러나 홉스는 인간의 자연적 사회성(sociability)에 대한 그로티우스의 신념이 없이 그의 이론을 전개하였다.[46] 홉스의 경우에는 고대와 중세의 고전적인 자연권의 객관적인 의미로부터 주관적인 의미로의 이동이 분명하게 나타난다. 그리고 이전의 자연법사상과 달리 그에게 있어서는 자연법과 자연권의 분리가 분명하다. 고대와 중세의 자연법사상에서는 'natural law'와 'natural right'가 혼용되고 같은 의미로 사용되었다.[47] 그런데 홉스는 자연법과 주관적 의미의 자연권(a natural right)을 분명히 구별한다. 홉스는 다음과 같이 권리(ius, right)를 법(lex, law)과 구별해야 한다고 주장한다.

그러한 주제를 말하는 사람들이 'Ius'와 'Lex'를 그리고 'Right'와

---

46 W. Edmundson, ibid., p. 22.

47 H. Syse, ibid., p. 4 참조. 로마법의 'ius naturale'는 영어로 'natural law'와 'natural right'로 번역될 수 있다. 독일어로는 'Naturrecht'로 번역된다. 독일어의 'Recht'는 법과 동시에 권리의 의미도 지니고 있다.

'Law'를 혼동하면서 사용할지라도 그것들을 구별해야 한다. 왜냐하면 Law는 사람들에게 구속력이 있는 반면에 Right는 행동을 하거나 금할 자유에 있기 때문이다. 따라서 Law와 Right는 의무와 자유가 다르듯이 서로 다르다.[48]

홉스에게 있어서 권리는 어떤 것을 하거나 하지 않을 수 있는 자유(liberty)를 의미한다. 그러한 권리는 다른 사람의 의무가 수반되는 요구권이 아니라 호펠드적 권리체계에서의 자유권을 의미한다. 이제 'natural right'은 더 이상 신에 의해 설정되는 목표나 기준의 관점에서 보는 모든 사람의 보편적 의무로 이해되는 것이 아니라, 인간들 각자가 자기 목표를 설정하고 충족할 수 있는 권리 즉 자유로 이해된다. 홉스는 전통적인 자연법사상의 목적론적 야망을 포기한다.[49]

홉스는 〈리바이어던〉에서 자연권(right of nature)을 다음과 같이 정의한다.

> 저술가들이 일반적으로 'ius naturale'라고 부르는 자연권은 각자가 자기 본성 즉 자신의 생명을 보존하기 위해 자신의 힘을 자기가 원하는 대로 사용할 수 있는 자유이며, 따라서 그것은 자신의 판단과 이성에 입각해서 그러한 목적을 위한 최적의 수단이라고 생각하는 어떠한 것도 할 수 있는 자유이다.[50]

---

48 Thomas Hobbes, *Leviathan*, XIV (1991), p. 91.

49 H. Syse, ibid., p. 6 참조.

50 Thomas Hobbes, *Leviathan*, XIV (1991), p. 91. 홉스의 이러한 주장에 따르면 자연법(law of nature)은 자연권을 안전하게 하고, 필요한 경우 그것을 제한하는 법이 된다. 홉스의 자연

홉스의 자연권은 토마스 아퀴나스의 'ius naturale'(natural right)와 다르다.[51] 토마스 아퀴나스의 'ius naturale'는 사람들이 올바르게 행동할 때 따르는 규범(norm)이다. 그것은 특정인이 갖는 어떤 권리 이전에 존재하는 규범이다. 그러나 홉스에게 있어서 'ius naturale'는 규범 이전에 어떤 것을 하거나 하지 않을 수 있는 권리 즉 자유이다.[52]

사회 이전의 상태 즉 '자연 상태'(state of nature)는 계몽사상기에 특히 홉스가 본격적으로 논의하는 새로운 개념이다. 고대와 중세에는 인간이 사회 속에서 사는 것이 자연스럽고 당연시된다. 그리고 그러한 사회를 규제하는 객관적 질서가 있어 그것을 발견하기만 하면 된다. 그러나 계몽사상가들은 인간을 구속하는 사회 규범과 질서를 어떻게 정당화하는가에 관심을 둔다. 그리하여 홉스는 도덕적 의무가 없는 가상적 상황 즉 자연 상태를 설정하고, 어떻게 인간이 자연 상태를 벗어나 시민사회 즉 국가를 갖게 되는가를 설명한다. 인간이 서로를 규제하는 사회적 규범과 그것을 집행하는 국가가 없는 자연 상태는 '만인에 대한 만인의 전쟁 상태'와 다름없다. 이러한 전쟁 상태에서는 어

법과 자연권의 관계에 대해서는 나중에 논의할 것이다.

51 토마스 아퀴나스에게 있어서 ius naturale(natural right, the right of nature)는 개인의 권리(a right)가 아닌 자연적 규범(natural norm)이라는 점에서 lex naturalis(natural law)와 거의 같다고 본다. 전자는 본성상 정의로운 것으로, 인간 각자에게 옳은 것을 규정하는 질서이고, 후자는 단순한 정의의 영역을 넘어 영원한 법에 각자가 참여하는 것으로 정의된다. ius naturale에 속하는 것은 보다 더 높은 질서에 속하는 lex naturalis의 한 부분이다. 둘이 모두 인간의 선(good)에 관련되며 권리에 관련되는 것이 아니다. 이에 반해 홉스는 토마스 아퀴나스와 달리 순수한 주관적 권리의 방향으로 나아간 것이다. H. Syse, ibid., pp. 159, 161 참조.

52 H. Syse, ibid., p. 158 참조.

떠한 문명이나 자아실현도 달성될 수 없으며, 삶은 외롭고, 빈곤하고, 끔찍하고, 잔인하고, 짧은 것이 될 것이라고 홉스는 말한다. 자연 상태에서는 인간의 이기적인 본성과 사용할 수 있는 자원의 결핍 때문에 인간은 끊임없는 갈등과 전쟁 상태에 빠지게 된다. 자연 상태에서는 누구든지 자기 생명을 보존하기 위해 무엇이든지 할 수 있는 자유가 있다. "모든 인간은 태어나면서부터(by nature) 똑같이 자유롭다."[53] 인간의 이성은 자연 상태에서 자기 생명을 보존하기 위해 취할 수 있는 일반적 규칙을 파악할 수 있다. 이성이 파악한 그러한 규칙을 자연법이라고 부른다.[54]

홉스는 자연권과의 대비를 통해서 자연법을 소개한다. 자연권은 자연법의 기초를 형성한다. 이 점에서 중세의 자연법 이론가들과 차이점을 보인다. 예컨대 토마스 아퀴나스의 경우에 자연권(객관적 의미의)은 자연법에 의존하고 이것으로부터 이끌려 나오지만, 홉스의 경우

53　Thomas Hobbes, Leviathan, XXI. p. 166. W. Von Leyden, *Hobbes and Locke* (St. Martin's Press, 1982), p. 74 재인용.

54　홉스는 자연법이 신의 의지를 표현한 것이라고 말한다. 이 점에서 홉스는 중세 말의 주의주의 입장을 수용한다. 홉스에게 있어서 신은 '자연의 창조주'(author of nature)라는 의미에서 절대적 권한을 지닌다. 그러나 그러한 견해는 신과 그의 의지에 대한 전통적인 기독교적 의무의 견해와 매우 다르다. 홉스에게 있어서 인간의 자연권(평화와 생명의 안전을 누릴 권리)은 종교적인 진리(그리스도에 대한 믿음을 공언할 권리)보다 우선한다. (H. Syse, *Natural Law, Religion, and Rights*, p. 177) 그에게 있어 자연법의 파악은 신의 계시(성서에 나타나는)를 통해서가 아니라 이성이라고 본 점에서 중세의 사상가들과 차이를 보인다. 홉스와 로크를 포함한 근대의 자연법이론가들이 고대와 중세의 용어들을 사용한 것은, 레오 스트라우스가 지적한 것처럼 로크가 말한바 "매우 이상한 이론"의 혁명적인 내용을 숨기려고 한 것이기 때문이었을 것이다. 홉스는 공개적으로 기독교 이론을 따를 수밖에 없었다. 기독교 국가를 포함한 어느 국가에서건 복종은 절대적이었다. H. Syse, ibid., pp. 7-8, 179 참조.

에는 자연법이 그것에 선행하는 자연권 즉 자기보존의 권리를 보호하는 역할을 한다. 홉스의 자연법은 다음과 같이 정의된다.

> 자연법(lex naturalis)은 인간에게 그의 생명을 파괴하는 것을 하지 말도록 금하거나, 생명을 보존하는 수단을 제거하는 것을 금하고 그것을 가장 잘 보존할 수 있다고 생각되는 것을 제외하는 것을 금하는 계율 혹은 일반적 규칙으로, 이성에 의해 발견된다.[55]

요컨대, 자연법은 인간에게 자기 생명을 파괴하거나 그 보조수단을 제거하고 제외하는 것을 금함으로써 자기 생명을 보호하는 일반적 규칙이다. 그리고 그러한 자연법을 신의 계시를 통해서가 아니고 이성이 파악한다. 자연법은 자연권 못지않게 인간의 자연적 경향성의 구현이며, 이성을 암시한다. 모든 사람의 모든 사람에 대한 전쟁상태에서 자신을 방어하고 평화를 추구하는 것은 자연적인 것이며 이성을 따르는 것이다. 자연법은 고대와 중세의 자연법처럼 도덕적 법칙이 아니라, 자기 이익을 위한 법칙 즉 '타산적 법칙'(laws of prudence)이다. 그것은 가장 중요한 개인의 이익인 자기 생존을 위해 어떤 행동을 취할 것인가를 지시한다.[56] 홉스의 자연법은 올바른 이성의 명령이다. 올바른 이성은 인간의 실제적인 욕구 즉 자기 생명의 보존이라는 최고선(the highest good)이 주어질 때 그것의 수단을 발견한다. 홉스의 최

---

55 Thomas Hobbes, *Leviathan*, XIV, ed. Richard Tuck (Cambridge: Cambridge University Press(1991), p. 91.

56 Robert Arrington, *Western Ethics* (Blackwell, 1998), p. 162 참조.

고선은 이전의 자연법 전통에서의 도덕적 완성이나 신에 대한 사랑
에 관심을 두는 것이 아니라, 인간이 실제로 욕구하는 것에 관심을 둔
다. 자연법의 계율은 자기 생명의 보존이라는 최고선으로부터 이끌
려 나온다. 따라서 이전의 자연법 전통에서처럼 도덕적인 덕이 자연
법의 기초가 되는 것이 아니라 홉스에게는 자연권이 자연법의 기초
가 되는 것이다.[57]

자연법은 자연권 즉 자기보존의 권리를 보호하는 역할뿐만 아니
라, 필요한 경우에 그러한 자연권을 제한하는 역할을 한다. 자연 상태
에서 사람들이 무제한의 자유를 행사하게 되면 끊임없는 긴장과 불
안 그리고 갈등 속에서 살아야 한다. 최악의 경우에는 갑작스러운 죽
음의 공포와 위험 속에 빠지게 된다. 그러한 전쟁의 상태에서는 모든
사람이 각자 자기 자신을 보존할 수 없을 것이다. 따라서 우리의 이
성은 자연 상태에서 전쟁과 같은 상황을 포기하고 평화를 추구하도
록 안내한다. 이성은 "평화를 추구하라."라는 첫 번째 자연법을 명령
한다. 평화를 달성할 수 있는 희망이 있는 한, 모든 사람은 평화를 위
해 노력해야 한다. 그러나 평화가 가능하다고 생각할 이유가 없다면
자신을 방어하기 위해 전쟁의 이점을 이용할 수 있다. "평화를 추구
하라"라는 첫 번째 자연법이 각자의 생존을 위한 최고의 방법이지만,
그러한 전략이 작동하지 않을 수 있다는 것을 홉스는 인정한다.[58]

그리하여 홉스는 "자연권을 내려놓기로 계약하라."라는 두 번째

---

57   H. Syse, ibid., p. 187 참조.
58   Robert Arrington, ibid., p. 163 참조.

자연법으로 나아간다. 이 두 번째 자연법은 "평화를 추구하라."라는 기본적인 첫 번째 자연법으로부터 이끌려 나온다. 두 번째 자연법은 평화와 자기방어를 위해 다른 사람도 그렇게 한다는 조건에서 자신이 모든 것을 할 수 있는 무제한적인 자유를 포기하도록 요구한다. 그렇게 해서 자연 상태에서의 전쟁상태를 피하기 위해 무제한의 자유를 다른 사람과 함께 포기하기로 상호 합의 즉 계약하는 것이다. 각자는 모든 자유를 포기하는 것이 아니라 평화를 달성하고 이로써 자신들을 보호하는 데 필요한 정도만큼의 자유를 포기한다. 우리가 포기하는 자유의 양을 확인하는 데 있어서 홉스는 복음서의 황금률(다른 사람이 당신에게 해주기를 바라는 대로 그렇게 행동하라)에 호소한다.[59] 이 규칙은 당신에게 허용되기를 바라는 만큼의 자유를 다른 사람에게도 허용하도록 요구한다.

각자가 무제한적인 자유를 내려놓을 때 그것을 포기하거나 혹은 그밖의 다른 사람 즉 군주나 의회와 같은 집단에 양도한다. 이렇게 자연권을 내려놓을 때 상호 합의 즉 계약하게 되는데, 그렇게 함으로써 약속을 지킬 의무를 각자가 스스로에게 부여하는 것이다. 사회계약은 사람들 상호 간에 자유를 제약하는 합의이기 때문에 서로에 대한 의무와 함께 상관적인 권리(엄밀한 의미의 권리 즉 요구권)가 발생하게 됨은 말할 필요가 없다. 내가 다른 사람을 죽이는 자유를 제약함으로써 나에게 의무를 부과하면 다른 사람도 똑같은 의무를 갖게 되므로 나는 그에 따른 상관적 권리(요구권)를 갖게 된다. 여기에서 비로소 도덕이 발생한

---

59   R. Arrington, ibid., p. 164.

다. 자연 상태에서는 도덕이 없다. 왜냐하면 자연 상태에서는 모든 사람이 자기 보전을 위해 무엇이든 할 수 있는 권리 즉 자유가 있기 때문이다. 모든 것을 할 수 있는 자유가 있다는 것은 어떠한 것도 금해야 할 의무가 없다는 것을 의미한다.[60] 사회계약을 통해 자유를 제약함으로써 의무와 권리(요구권)가 생성되고 비로소 도덕이 발생한다.

자연 상태에서 다른 사람과 계약할 때 포기하거나 양도할 수 없는 권리(자유)가 있다. 사람은 그를 폭력으로 공격하거나 그의 생명을 빼앗으려고 하는 사람에게 저항할 수 있는 권리(정당방위권)를 포기할 수 없다.[61] 계약의 목적은 자기 생명을 보호하는 것이기 때문에 그러한 생명을 방어하는 권리를 포기하는 것은 계약의 목적에 부합하지 않는다. 마찬가지로 타격받는 것에 저항하고 피하거나 감금 혹은 자기 부죄(self-incrimination)에 저항할 수 있는 권리(자유)를 포기할 수 없다. "사람이 자기 권리를 양도하거나 포기할 때는 언제나 어떤 권리가 그에게 상호적으로 양도되는 것이 고려되거나 아니면 그 대가로 그가 바라는 어떤 다른 선이 있을 경우이다."[62] 사람은 자기 생명과 신체의 안전을 달성하는 수단으로 사회계약을 한다. 사회계약으로 구성된 국가 안에서도 사람들은 그러한 것들에 대한 기본적인 권리를 유지한다.

---

60 내가 어떤 것을 할 수 있는 '자유가 있다'라는 것은 내가 그것을 금할 '의무가 없다'라는 것을 의미한다. (제1장 1절 4 '권리의 유형: 호펠드적 권리 유형' 참고)

61 정당방위권은 상대방이 공격을 금해야 할 의무가 있는 요구권이 아니라, 내가 공격을 금해야 할 의무가 없는 자유권이다. 제1장 1절 4 '권리의 유형: 호펠드의 권리 유형' 참고

62 Thomas Hobbes, *Leviathan*, XIV, 8, ed. Edwin Curley (Indianapolis and Cambridge: Hackett Publishing Co., 1994).

세 번째 자연법은 "계약을 이행하라."이다. 세 번째 자연법은 "사람들이 맺은 계약을 이행하는 것이다. 그것이 없이는 계약은 공허하며 빈말에 불과하다. 그리하여 모든 사람의 모든 것에 대한 권리가 남아 있어 우리는 여전히 전쟁 상태에 있게 된다." "부정의, 혹은 불의(injustice)는 계약 불이행 이외의 다른 것이 아니다."라고 홉스는 말한다.[63] 따라서 정의는 우리의 계약에 따라 사는 것을 요구한다고 그는 본다.[64]

계약에 따른 의무의 속박은 정의를 이 세상에 실현하는 데 충분하지 않다. 정의는 국가 권력이 계약을 따르도록 강제할 때만 실현될 수 있다. 그리하여 국가의 존재만이 정의가 실현될 수 있는 조건 즉 계약이 지켜질 수 있는 조건을 확보하게 된다. 따라서 우리의 계약을 지키도록 강제할 수 있는 권력을 만들어야 한다. "외국인의 침략과 국가 구성원들 상호 간의 침해로부터 그들을 방어할 수 있는 공동권력 수립의 유일한 길은…그들의 모든 권한을 한 사람 혹은 의회(assembly)에

---

63 Thomas Hobbes, *Leviathan*, XV, 2, ibid.

64 감사(gratitude)의 규칙을 포함한 그 밖의 많은 자연법의 계율을 홉스는 언급한다. 우리를 도와준 사람에게 감사를 표시하는 것은 그러한 행위나 태도가 서로 평화롭게 지내고 전쟁의 상태를 피하기 위해 요구된다는 사실에 기초해 있다. 친목(sociability), 모욕(contumely) 금지 등도 자연법의 계율에 포함된다. 인간은 태어나면서부터 사실상 평등하지 않지만, 서로를 평등하게 대우할 것을 요구하는 자연법의 계율도 있다. "만약 자연이 인간을 평등하게 만들었다면 그 평등이 인정되어야 한다. 혹시나 만약 자연이 인간을 불평등하게 만들었다면 자신을 평등하다고 생각하는 사람들이 평등한 조건이 아닌 경우에는 평화의 조건에 들어가지 않을 것이기 때문에 그러한 평등이 인정되어야 한다. 따라서 모든 인간은 다른 사람을 태어나면서부터 그와 평등한 것으로 인정해야 한다는 것을 나는 아홉 번째 자연법으로 제시한다. 이러한 계율을 어기는 것은 교만(pride)이다." Thomas Hobbes, *Leviathan*, XV, 21, ibid.

부여하는 것이다."[65] 다시 말해 우리는 군주와 같은 한 사람 혹은 의회와 같은 한 집단의 사람들에게 우리들의 삶을 통제하고 평화의 조건들을 집행할 수 있는 권한을 부여해야 한다는 것에 합의한다. 이렇게 함으로써 우리는 국가를 구성하게 되는데, "이로써 우리에게 평화와 방어의 혜택을 주는…그 위대한 리바이어던(Leviathan)이 탄생하게 된다."[66] 리바이어던은 한 사람이건 집단이건 단일의 권력을 가진 주권자(sovereign)이다. 우리는 그 주권자에게 우리의 권한을 자발적으로 양도하기로 합의했으므로 그 주권자의 행위는 우리의 행위이다. 즉 그는 우리를 대표하는 대리인이다. 주권자는 주권 생성의 계약을 위반할 위치에 있지 않다. 왜냐하면 주권자는 계약당사자가 아니기 때문이다.[67] 주권자의 권력은 타인에게 양도할 수 없으며 나눌 수도 없다. 그의 나눌 수 없는 권력은 절대 권력에 가깝다.[68]

홉스는 억압적인 형태의 전제정치를 권고하고 있다는 인상을 주지만, 그의 이론은 자유주의의 창시자로 인정될 수 있다. 미국의 정치철학자 레오 스트라우스(Leo Strauss)는 홉스의 자연법 이론의 기본구조를 다음과 같이 요약하면서, 홉스를 자유주의의 창시자로 보아야 한다고 주장한다.

만약 자연법이 자기보존의 욕구로부터 이끌려 나온다면, 다시 말해

---

65   Thomas Hobbes, *Leviathan*, XVII, 13, ibid.

66   Thomas Hobbes, *Leviathan*, XVII, 13, ibid.

67   Robert Arrington, ibid., p. 173.

68   R. Arrington, ibid., p. 175.

자기보존의 욕구가 모든 정의와 도덕의 유일한 뿌리라면, 기본적인 도덕적 사실은 의무가 아니라 권리이다. 모든 의무는 자기보존의 기본적이며 박탈할 수 없는(inalienable) 권리로부터 이끌려 나온다. …만약 우리가 의무와 구별되는 인간의 권리들을 기본적 정치적 사실로서 간주하고 그리고 국가의 기능을 그러한 권리들을 보호하는 것으로 보는 정치이론을 자유주의라고 부른다면 자유주의의 창시자는 홉스라고 우리는 말해야 한다.[69]

레오 스트라우스는 홉스의 자연권 이론과 후기 '인권' 이론을 서로 연결한 후, 인권의 보호를 국가의 기능으로 보는 정치이론이 자유주의라면 홉스를 자유주의의 창시자라고 생각할 수 있다고 본 것이다.

홉스에게 있어 자연 상태에서의 권리는 호펠드적 권리체계에서의 자유이다. 자연 상태에서의 자유는 단순히 의무가 없는 상태의 자유에 머무는 것이 아니라, 권한(power)을 또한 함축한다. 권한은 자신에게뿐만 아니라 다른 사람에게도 권리와 의무를 부여하는 힘을 지닌다. 자연 상태에서 이성을 가진 사람들은 자율적인 존재로서 자기보존을 위해 사회계약을 하는데, 그 계약을 통해 주권자에게 권력을 부여하고 자신의 자유를 제약한다. 그렇게 함으로써 계약에 따른 의무를 자신에게 부여하고 동시에 다른 사람에게도 그 의무를 부과한다. "홉스의 모든 것에 대한 자연권은 시민사회에서의 권리와 의무의 기초이다."[70] 자연권이 권리와 의무를 생성하는 힘을 갖고 있다는 것이 홉스

69　Leo Strauss, *Natural Right and History* (University of Chicago Press, 1953), pp. 181-82.

70　H. Syse, ibid., p. 169. "홉스의 모든 것에 대한 자연권은 시민사회에서의 권리와 의무의 기

와 중세 자연법이론가들의 근본적인 차이이다.

2) 로크의 자연권

존 로크(John Locke, 1632-1704)는 홉스와 마찬가지로 정치적 의무의 근
거를 규정하기 위해 자연 상태에 의존한다. 로크는 자연 상태에 대한
홉스의 관념을 사용한다. 즉 자연 상태에 대한 개선을 통해 국가를 정
당화한다. 로크는 홉스와 마찬가지로 인간은 태어나면서부터 모두가
자유롭고 평등하다고 본다. 그러나 로크는 자연권이 무엇인가에 관
한 규정에서 홉스와 차이가 있다.[71] 로크는 '자연권'이라는 말을 별로
사용하지 않는다. 그리고 홉스와 달리 자연권 개념에 대한 정의를 내
리지 않는다. 그러나 '자연적 자유'와 함께 자연 상태와 관련하여 '권
리'라는 말을 사용한다. 그리고 그 두 개념의 종합인 '자연적 자유에
대한 권리'라는 말을 사용한다. 따라서 로크는 인간이 시민사회 이전
의 어떤 권리를 갖는 것이라고 본 것은 의심의 여지가 없다.[72]

로크는 스토아학파나 토마스 아퀴나스로부터 많은 영향을 받았다.
자연법은 "자연이 우리에게 심어준 빛(이성)으로만 발견할 수 있는 법
칙"이라는 스토아학파의 자연법 관념을 로크는 선호한 것으로 보인

초이다."라고 말할 때, '자연권'은 호펠드 권리체계에서의 권한을 함축하는 '자유'를 의미
하고, '권리'는 '요구권'을 의미한다. 이처럼 홉스에게 있어서는 사회계약을 통해 자연권
(자유)을 제약함으로써 권리와 의무가 생성되고, 도덕이 발생하게 되는 것이다.

71   W. Edmusdson, *An Introduction to Rights* (Cambridge University Press, 2004), pp. 27-9 참조.

72   H. *Syse, Natural Law, Religion, and Rights* (St. Augustine's Press, 2007), pp. 221-2 참조.

다.[73] 그러나 로크는 이전의 자연법 전통을 일정 부분 수용하면서 그것을 홉스의 통찰과 융합하려고 하였다. 홉스의 정치사상은 인간은 원래 자유롭다는 생각으로부터 출발한다. 홉스 정치철학의 목표는 이러한 자연적 자유를 제한해서 평화와 안전 속에서 살 수 있도록 하는 것이다. 평화롭고 질서 있는 삶은 로크의 목표이기도 하다. 그러나 로크는 자연 상태에서 인간은 자유롭다는 홉스의 생각에 동의하면서도 무제한적인 자유를 갖는 존재로 인간을 묘사하지 않는다. 자연 상태에서 인간은 홉스가 말한 것처럼 자연권을 갖지만, 그 자연권은 홉스의 경우처럼 무제한적인 자유가 아니라, 사람들 상호 간 의무가 수반되는 자연권이다. 홉스의 경우에는 자연 상태에서 인간은 자기보존을 위해 무엇이든지 할 수 있는 자유가 있지만, 즉 도덕적 의무가 없지만, 로크의 자연 상태에서 사람들은 "살인해서는 안 된다." 또는 "도둑질해서는 안 된다."라는 등과 같은 자연법 즉 도덕법의 지배를 받는다. 로크의 자연 상태는 단지 정치적 질서와 그것을 규제하는 정부가 없을 뿐이며, 결혼이나 계약 등의 사회적 관계가 이루어지는 정치 이전의(pre-political) 사회이다.

자연법은 로크의 *Second Treatise*에서 '이성'과 단순히 동일시된다. 그것은 반드시 각자의 이성을 의미하는 것이 아니라 스토아학파의 올바른 이성(recta ratio)과 비슷한 개념이다.[74] 자연법의 내용은 다음과 같이 기술된다. "[자연법]은 모든 인류에게 … 모든 사람이 평등하고 독

---

73   ibid., p. 200.

74   H. Syse, ibid. p. 200.

립적이기 때문에, 어떠한 사람도 다른 사람의 생명, 건강, 자유, 혹은 소유를 해쳐서는 안 된다고 가르친다."[75] 홉스의 자연권과 자연법은 서로 양립하기 어려운 측면이 있다. 자연권 즉 무제한적 자유의 허용은 평화 추구의 자연법과 양립하기 어렵다. 따라서 평화와 안전 즉 자기보존을 위해서는 무제한적 자유의 포기가 요구된다. 그러나 로크의 경우에는 자연법이 자연권을 표현하고 있다. 자연법이 의무의 내용으로 표현되긴 하지만 자연권의 실질적 내용을 제시해 주고 있으므로 그 둘은 거의 동일하다고 볼 수 있다. 그것들은 같은 규범적 내용의 다른 측면이며, 어느 하나가 충족되면 다른 것도 충족된다.

그런데 로크가 자연권에 주안점을 두었느냐 아니면 자연법에 주안점을 두었느냐에 대해 학자들은 서로 다른 해석을 제시한다.[76] 레오 스트라우스와 맥퍼슨(C. B. Macpherson)에 의하면, 로크는 급진적인 개인주의자로, 이러한 해석에 따르면 로크는 홉스와 본질적으로 같은 자연권 이론가이며 자연법 이론가가 아니다. 그들의 해석은 로크가 자연법을 자기보존에 대한 자연권의 결과로만 본다는 것을 함축한다. 로크에 의하면 자연 상태에 있는 인간은 주로 자기보존에 대한 강렬한 욕구를 지니고 있다. 그것이 기독교적 의미의 자연법보다, 로크 이론의 핵심에 있는 자기보존의 자연권이라고 레오 스트라우스는 주장

---

75 John Locke, *Two Treatises of Government*, ed. Peter Laslett, 2nd ed. (Cambridge: Cambridge University Press, 1967), p. 271. 로크는 푸펜도르프로부터 영감을 받은 것으로 생각된다. 푸펜도르프는 모든 사람이 평등하고 인간은 사회성이 있다는 점을 그의 자연법 이론의 기초로 삼았다. H. Syse, ibid., p. 200.

76 H, Syse, ibid., pp. 207-210 참조.

한다. 이러한 견해에 따르면 로크는 인간은 기본적으로 자유롭다고 보는 그로티우스와 푸펜도르프의 전통을 따르고 있다.

다른 한편으로 툴리(James Tully)는 로크에 대해 정반대의 견해를 내놓는다. 툴리는 로크를 권리와 무제한적인 자유보다 의무와 자연법을 옹호하는 사람으로 본다. 로크에 따르면 자연법은 신이 부여하고, 모든 인간이 식별할 수 있으며, 그들에게 적용되고, 그리고 모든 권리의 기초가 된다고 해석된다. 여기서 로크는 홉스 등에 반대하여 적어도 토미즘(Thomism)의 어떤 측면을 부활하려고 하는 사상가로 이해된다.

절충적인 입장으로, 시몬스(A. John Simmons)는 로크의 자연법 이론이 순수한 토미스트의 입장이라고 볼 수도 없다면서, 로크가 자연법 이론가가 아니라는 레오 스트라우스 등의 해석도 실제 텍스트와 부합하지 않는다고 주장한다. 로크의 많은 논의가 자연법과 의무에 관련되며, 권리와 관련되는 것은 아니라고 시몬스는 주장한다. 그러나 로크의 자기보존 의무는 자아를 초월하며 그것은 모든 인류를 보존하는 의무이다. 그러한 구조 안에서는 의무나 권리 중 어느 하나가 우선한다고 볼 수 없다고 그는 주장한다.

로크에 대한 세 가지 방향의 해석 중 시몬스의 해석이 타당해 보인다. 로크의 많은 논의가 권리보다는 의무의 형식으로 표현된다고 할지라도, 시몬스가 주장한 것처럼 그 의무가 모든 사람의 의무라면, 그것은 또한 모든 사람에 '대한' 의무이다. 모든 사람의 모든 사람에 대한 의무는 의무와 권리를 동시에 내포하고 있는 것으로 볼 수 있다. "모든 사람이 다른 사람의 생명을 해쳐서는 안 된다."라는 자연법은 서로 간에 상대방의 생명을 해쳐서는 안 된다는 의미이다. 그것은 서로 간에 생명 존중의 의무와 동시에 생명 존중에 대한 권리(생명권)를 지닌다는 것을 의미한다.[77] 어느 하나가 더 우선한다고 볼 수 없다. 같은 규범적 내용을 다른 측면에서 이야기하고 있을 뿐이다.

로크에 대한 다양한 해석은 그가 자기 정치이론을 위해 여러 가지 설명 전략, 즉 성서 기반의 전략, 계약론적 전략 그리고 인식론적 전략을 결합하려는 시도로 인해 발생한 애매성 때문이다. 로크가 다양한 전통들 특히 중세의 자연법 전통(주의주의적 전통, 주지주의적 전통)과 근대의 자연권 전통(홉스, 스피노자, 푸펜도르프)을 끌어들여 종합하려고 시도한 점에서 그의 이론의 애매성이 더 심화되었다고 볼 수 있다.[78] 그의 이론의 애매성에도 불구하고 분명한 것은 그가 모든 인간은 자유롭고 평등하다고 보고, 그러한 관점에서 홉스와 마찬가지로 국가의 권위가 어떻게 정당화될 수 있는가를 밝히려고 시도했다는 점이다. 국가 또는 정부의 정당성은 자유롭고 평등한 사람들이 맺은 계약에 따라 부여된다. 자연 상태에서 정치 공동체에 들어간다는 합의 또는 계약은 개인들이 그렇게 합의할 수 있는 자유 또는 권한을 갖고 있다는 것을 의미한다. 계약론적 관점에서 본다면 로크의 이론은 자연법보다는 자연권에 더 무게 중심이 옮겨갈 수 있다고 본다.[79]

---

77 이러한 해석은 로크가 황금률을 권리의 근거로 생각한 것으로도 뒷받침할 수 있을 것이다. "권리에 대한 로크의 근거는 '네가 대접받고자 하는 대로 남을 대접하라'의 반영이다." 그것은 동등한 존중(equal respect) 즉 똑같이 상호 존중하는 것을 표현한 것이다. James Griffin, *On Human Rights* (Oxford University Press, 2013), p. 214 참조.

78 James Griffin, ibid., p. 211.

79 로크를 사회계약론의 관점에서 본다면, 모든 권리의 기초를 자연법이라고 보고 로크의 이론을 토미즘의 부활로 해석하는 툴리의 관점은 약화될 수밖에 없을 것이다. 왜냐하면 토마스 아퀴나스에게는 사회계약론적 관점이 없기 때문이다.

자연 상태에서의 자연권을 보호하기 위해 사람들은 태어나면서부터 누구나 갖는 자유권을 행사하여 사회계약을 맺고 자연 상태를 벗어나 시민사회로 들어간다. 그러나 자유권을 포함하여 생명권과 재산권 등의 자연권은 어디에서 유래하는가? 이 물음은 그러한 권리들이 규정된 자연법이 어떻게 기원하는가와 같은 물음이다. 로크는 자연법 즉 자연권을 이성이 파악한다고 본다. 이성이 홀로 그러한 기본적 도덕 원리를 확립할 수 있다고 생각하였다. 인생의 목적에 대한 견해에 호소할 필요가 없다고 보았다. 합리적 인간은 인생의 목적에 대해 의견의 불일치를 보일 것이라고 로크는 생각했다. 그에게 있어서는 고대 혹은 중세기의 사유에서 핵심이었던 최고선(summum bonum)의 관념은 고작해야 주변적 관심사에 불과했다. 왜냐하면 그것은 보편적 동의를 얻을 수 없고, 이질적인 사회구성원들을 효과적으로 안내할 수 없다고 보았기 때문이다. 물론 로크는 가끔 신을 언급하였다. 그러나 이때의 신은 이신론자(deists)의 신이다. 이신론에 의하면 신은 거대한 기계를 작동하도록 설정하고 현장을 떠났기 때문에 인간사에 대해 어떠한 관여도 계시도 없다.[80]

로크의 주된 관심은 통치자의 자의적인 행위에 대한 도덕적 제약이었다.[81] 군주가 적법절차 없이 신민들을 그의 통제 하에 둔 가장 일반적인 방식은 생명, 자유, 재산의 박탈이었다. 그리하여 로크는 그들 세 가지 권리에 주로 관심을 둔 것이다.[82] 인간의 이성이 자연권 즉 생

---

80 James Griffin, *On Human Rights* (Oxford University Press, 2013), p. 11 참조.

81 이러한 관점은 그의 정치철학의 주저인 *Two Treatises of Government*에서 주로 나타난다.

82 J. Griffin, ibid. p. 11.

명, 자유, 재산에 대한 권리를 파악한다고 할지라도, 로크는 그것의 기원을 이신론적 신이긴 하지만 결국 신에 의존할 수밖에 없었다.[83] 자연법이 신에 의해 부여되고, 그 자연법의 요소가 자연권이다. "로크에게는 신의 권리와 인간의 권리 간의 분명한 연속이 있다. 신과 인간은 둘 다 사람이 사는 데 의지하는 규범을 정의할 수 있는 자유를 갖는다. 신은 이 권한을 절대적으로 갖지만, 인간은 신으로부터 그 권한을 '부여'(grant)받은 덕분에 그것을 갖는다."[84] 모든 인간은 전능하고 무한히 현명한 신의 창조물이다. 자연법 또는 자연권은 인간의 본성인 이성과 같은 것이며, 이성을 따르는 것이다. 그런데 인간과 마찬가지로 인간의 이성 또한 신의 창조물이므로 결국 자연권은 신으로부터 부여받은 것(a grant from God)으로 이해할 수 있다.[85]

로크가 주로 언급한 자연권 즉 생명, 자유, 재산에 대한 권리는 일반적으로 타인이 침해하는 것을 금하는 소극적인 권리로 이해된다.[86] 예를 들면 생명권은 타인이 생명을 박탈하는 것을 금하기만 하면 생

---

83 로크는 그의 *Second Treatise*에서 자기 이론에 관해 "매우 이상한 이론"(very strange doctrine) 이라는 표현을 사용하였는데, 그것은 그만큼 그의 이론이 당시 사회에는 혁명적인 내용을 담고 있었기 때문이다. 로크는 그러한 이상한 이론의 혁명적인 내용을 숨기기 위해 고대와 중세의 기독교적 용어를 사용한 것으로 생각된다. Leo Strauss, *Natural Right and History* (University of Chicago Press, 1953), p. 222 참조.

84 H. Syse, ibid., p. 196.

85 자연권 또는 인권을 일반적으로 '천부인권'(God given rights)이라고 표현한다. 로크 자신은 그 용어를 직접 쓰지 않았지만, 그가 자연권을 '신으로부터 부여받은 것'(a grant from God)이라고 해서 후대의 사상가들이 '천부인권'이라는 말을 쓰기 시작한 것으로 보인다.

86 로크는 생명, 자유, 재산(asset)에 대한 자연권을 간명하게 언급하기 위해 그것들을 포괄적으로 묶어서 재산(property)이라고 부르기도 하였다. 우리가 건강을 재산이라고 하는 것처럼, 생명, 자유도 재산이라고 한 듯하다. 그는 자신을 소유한다는 의미에서 자기 소유(self-ownership)라는 말을 사용하기도 한다.

명권이 존중되는 것으로 생각한다.[87] 그러나 생명권에 관한 로크의 견해가 순전히 소극적인지는 분명하지 않다. 로크는 "자신의 보호가 경합 상태에 있지 않을 때, 가능한 한 타인을 보호해야 한다."라고 말한다.[88] 가능한 한 타인을 보호해야 한다고 말하는 것은 생명권의 소극적 측면뿐만 아니라 적극적 측면도 포함하고 있는 듯이 보인다.[89] 만약 다른 사람을 보호해야 한다면, 로크가 말한 것처럼 자기 생존이 달린 상황이 아니라면 다른 사람을 구조하거나 도움을 줘야 할 것이다. 따라서 로크에 따르면 다른 사람이 생명이 위태로울 때 구조 받을 적극적인 권리가 있다고 말할 수도 있을 것이다. 로크는 권리의 근거로 황금률을 반영하였는데, 그렇다면 우리가 극히 위험한 상황에 빠져 있을 때 누구든지 구조나 도움을 받기를 원할 것이다. 로크는 모든 진정한 자연권들이 반드시 소극적인 권리라고 생각한 것은 아니다. 로크는 사람이 궁핍할 때 '먹고 마실 수 있는' 자연권 즉 적극적인 권리가 있다는 것을 인정하였다.[90]

---

87   로크는 자연권 안에 생명권을 포함했지만, 이것을 더 넓은 신체안전권(right to personal security)으로 확대하지 않았다. 블랙스톤(W. Blackstone. 1723-1780)은 신체안전권 안에 생명권을 포함하여 사지를 훼손당하지 않을 권리와 생명을 지탱하는 데 필요한 자원에 대한 권리(생존권)까지 포함하였다. Liora Lazarus, "The Right to Security" in *Philosophical Foundations of Human Rights,* ed. Rowan Cruft, S. Matthew Liao, and Massimo Renzo, p. 429 참조. 블랙스톤은 〈영국법의 해설〉을 쓰고, 18세기 영국 보통법의 구조를 체계적으로 설명하였으며, 미국의 헌법 제정에 큰 영향을 준 영국의 법학자이다. 그는 "열 명의 범죄자가 도망치는 것이 한 명의 무고한 사람이 고초를 겪는 것보다 더 낫다."라는 법언을 남긴 사람으로 유명하다. 이 법언은 무죄 추정의 원칙의 형성에 영향을 주고, 세계인권선언과 각국의 헌법에 반영된 '무죄 추정의 권리'를 일찍이 표명한 것으로 여겨진다.

88   John Locke, *Second Treatise*, chap. II, sect. 6.

89   James Griffin, ibid., p. 214.

90   ibid. p. 214 참조.

로크는 소유에 대한 권리 즉 재산권을 어떻게 정당화하는가? 로크에 의하면, 신의 창조물인 인간은 신의 재산이면서 동시에 자기 신체에 대한 소유권(self-ownership)을 갖는다. 그러므로 인간은 자신의 육체노동에 대한 소유권을 갖는다.[91] 따라서 '자연의 공유물'(common things of Nature)에 자신의 노동을 섞으면 그것에 대한 재산권을 갖는다. 창조주인 신은 모든 인류에게 공동으로 사용하도록 지상의 모든 것을 부여하였다.[92] 사람들은 대지에 자신의 노동을 섞어 농작물을 생산하고, 가축을 길러 자기 소유로 한다. 다른 사람이 사용할 수 있도록 공동 소유물을 '충분히 그리고 좋은 상태로'(enough and as good) 남겨 놓는 한, 그리고 자기가 획득한 것을 손상시키지 않는 한, 각자는 그러한 사적 재산에 대한 자연권을 갖는다.[93] 로크는 생명권에 대한 고려는 있었지만, 생존권에는 관심이 없었다고 생각하는 경향이 있다. 그러나 '충분히 그리고 좋은 상태로' 자원을 남겨 놓음으로써 다른 사람도 생존할 수 있도록 해야 한다고 로크가 생각한 것으로 보아, 현대에 와서 많은 논의가 되고 있는 것과 같은 생존권 또는 복지권에 대한 고려도 있었던 것으로 보인다.[94]

---

91 W. Von Leyden, *Hobbes and Locke*, pp. 102-4 참조.

92 로크는 재산이 진정으로 공동 재산이라는 것을 주장하기 위해 토마스적 전통에 의존하였다. 그리고 이것이 사적 재산의 가능한 사용과 축적을 제한하게 하는 요인이다. H. Syse, *Natural Law, Religion, and Rights*, p. 215.

93 John Locke, *Second Treatise*, sect. 27. W. Edmundson, *An Introduction to Rights*, p. 28 참조.

94 '충분히 그리고 좋은 상태로' 남겨 놓는다는 조건과 같이, 사유재산 사용과 축적을 제한하는 것을 '로크적 단서'(Lockean Proviso)라고 한다. 그런데 로크의 자유주의 이론을 현대에 와서 계승한 로버트 노직(R. Nozick)은 재분배를 위한 과세를 반대하였다. 그는 복지권 실현을 위한 과세는 재산권의 침해라고 보았다. 그는 빈자들의 복지는 재분배를 위한 과

　　로크에게 있어 자유권은 홉스의 경우에서처럼 태어나면서부터 모든 사람이 누구나 평등하게 갖는다. 그러나 홉스에게 있어 자유는 자연 상태에서 자기보존을 위해 무엇이든지 할 수 있는 무제한적인 자유이지만, 로크의 경우에는 자연 상태 안에서 자유가 제한받는다. 자연 상태에서 "인간의 자연적 자유의 행사는 자연법의 계율에 의해 제한받아야 한다."라고 로크는 본 것이다.[95] 자연 상태 안에서 사람들은 자신의 자유를 상호 간에 제약한다. 자연 상태 안에서 자기 자신의 생명을 보존해야 할 의무가 있을 뿐 아니라, 다른 사람의 생명과 재산을 침해해서는 안 된다. 즉 다른 사람의 생명과 재산을 침해할 자유를 제약해야 하는 것이다. 홉스의 자연 상태와 달리 로크의 자연 상태에서는 각자가 타인의 생명과 재산을 침해해서는 안 되는 의무와 함께 자기 생명과 재산을 침해하지 말도록 다른 사람에게 요구할 권리(요구권)가 있다. 로크의 경우에는 홉스와 달리 다른 사람의 자유를 침해해서도 안 된다. 즉 홉스와 달리 로크의 자유권도 생명권과 재산권처럼 다른 사람이 그 자유를 방해하지 말아야 할 의무가 수반되는 요구권이다. 홉스의 자유권에는 그러한 의무가 다른 사람에게 없다.

　　만약 우리가 자유를 '절대적으로 제약이 없는 것'으로 정의하면, 안전, 건강, 그리고 교육이 그것과 조화를 이루기 어려울 것이다. 게

　　세를 통해서가 아니라 다른 사람들의 인도주의 정신에 호소함으로써 실현되어야 한다고 보았다.

95　W. Von Leyden, *Hobbes and Locke*, p. 140. 홉스의 경우도 자연권 즉 자유가 자연법의 제한을 받지만, 자연 상태 안에서의 삶에서 제한을 받는 것이 아니라, 무제한적인 자유를 포기하고 시민사회로 들어갈 때 자유가 자연법의 제한을 받는다. 로크의 경우에는 자연 상태 안에서의 삶에서 자유가 자연법의 제한을 받는다는 점에서 홉스와 차이가 있다.

다가 모든 제약이 없는 자유는 방종이거나 변덕이다. 로크는 자유가 "모든 사람이 각자가 열거하는 것을 하고, 마음 내키는 대로 살고, 어떠한 법에도 얽매이지 않는 자유"라는 것에 대해 부정적인 입장을 취한다.[96] 진정한 자유는 제약이 없는 것이 아니라 불필요한 제약이 없는 것이다. 진정한 자유는 '적절한 정도의 제약'으로 정의되어 왔다.[97] 자유가 자연법에 의존하는 관계는 시민사회의 법에도 똑같이 적용된다. 시민사회의 법의 목적은 "자유를 폐지하거나 제한하는 것보다는 그것을 보호하고 확장하는 것이다."[98]

홉스의 경우와 마찬가지로 로크의 경우에도 자유는 권한(power)을 내포한다. 자연 상태에서의 원초적 자유는 단순히 불필요한 제약이 없는 것으로 끝나는 것이 아니라 다른 사람이나 정부에 권리나 권한을 부여하는 힘을 또한 지닌다. 시민사회의 정치적 권력은 자연 상태에서의 원초적 자유 또는 권한으로부터 이끌려 나온다. 정치적 권력은 자유롭고 평등한 사람들의 동의를 통해서 정당화된다. 로크의 자연 상태는 홉스의 자연 상태에 비해 반드시 전쟁 상태는 아니지만 불편한 상태이다. 확정된 실정법과 분쟁을 결정하고 그 결정을 집행할 공평한 재판관이 없으므로, 재산(생명, 자유, 재산을 포괄하는 개념)의 안전이 위협받게 된다. 자연법은 "사람은 시민사회에 들어감으로써 그의 자유와 재산 그리고 안전의 조건을 증진하기 위해 노력해야 한다."라

---

96 John Locke, *The Second Treatise of Government*, in Locke's *Two Treatises of Government* (2nd ed), ed. P. Laslett (Cambridge, 1970), sect. 22.

97 W. Von Leyden, *Hobbes and Locke* (St. Martin's Press, 1982), p. 143.

98 W. Von Leyden, ibid., pp. 140-41.

는 것을 요구한다.[99] 개인들은 생명, 자유, 재산에 대한 자연권을 누리는 데 있어서 동등하다. 또한 개인들은 같은 정도로 자기보존에 대한 자연권을 갖는다. 이 자기보존의 권리는 각자가 자신의 '재산'에 대한 침해를 처벌하고 감시할 수 있는 집행권을 포함한다. 사람들은 자신의 자유와 재산을 최대한으로 누리기 위해 시민사회로 들어간다. 자연 상태에서 시민사회로 들어갈 때 사람들은 자신의 집행권(executive right)을 포기한다. 그렇게 함으로써 자신의 생명과 자유 그리고 재산을 더 잘 보존할 수 있기 때문이다.[100] 이처럼 사람들은 다른 자연권들은 유지하면서 자신의 집행권을 포기하고 '정치사회 혹은 시민사회'(political or civil society)를 구성하기 위해 사회계약을 맺게 된다. "사람들은 태어나면서부터 자유롭고 평등하며 독립적이기 때문에 어떠한 사람도 그의 동의 없이 다른 사람의 정치적 권력에 종속될 수 없다."[101] 동의를 보류하는 사람은 자연 상태에 남아 있지만 동의하는 사람들은 그들의 대표자에게 입법권과 집행권을 부여한다. 동의는 명시적일 필요는 없으며, 암묵적일 수 있다. 암묵적인 동의는 정부의 지배하에 있는 어떤 부분을 소유하거나 향유함으로써 이루어진다.[102]

---

99   W. Von Leyden, ibid., p. 139.

100 Liora Lazarus, "The Right to Security" in Rowan Cruft, S. Matthew Liao, and Massimo Renzo(eds.), *Philosophical Foundations of Human Rights,* pp. 425-6 참조.

101 John Locke, *The Second Treatise of Government*. ed. Thomas P. Peardon (Indianapolis: Bobbs-Merrill) sect. 54.

102 W. Edmundson, *An Introduction to Rights*, pp. 28-9 참조.

3) 루소의 자연권

장 자크 루소(Jean-Jacques Rousseau, 1712-1778)의 정치철학은 홉스와 로크의 이론을 절충한 것으로 보인다. "루소의 정치적 저술들은 자연법 이론을 자연권 이론으로 일부 변형한 움직임이 드러난다. 그것들은 홉스의 절대주의와 로크의 자유주의 사이의 중간 지점에 있다."[103] 홉스나 로크와 마찬가지로 루소도 사회계약을 통해 법적 및 정치적 의무를 확립하는 것에 관심을 둔다. 루소 역시 가상적인 자연 상태와 사회계약의 개념을 언급함으로써 국가이론을 설명한다.

대부분의 사회계약에서 출발점은 시민사회 또는 국가 이전의 원초적인 자연 상태를 상정한다. 루소의 자연 상태에 관한 기술은 홉스나 로크의 경우와 어떤 측면에서는 유사하면서 다른 측면에서는 약간의 차이가 있다. 유사한 측면은 자연 상태에서 인간은 누구나 자유롭고 평등하다는 점을 가정한다는 점이다. 인간은 누구나 태어나면서부터 자유와 평등의 생득적인 자연권을 갖는다. 홉스의 자연 상태에서는 모든 사람이 누구나 똑같이 자기보존을 위해 무엇이든 할 수 있는 무제한적인 자유를 가지며, 자기보존을 위해서라면 다른 사람의 생명이나 소유물을 박탈할 자유가 있다. 이러한 전쟁 상태를 예방하고 평화를 유지하기 위해 사람들은 그러한 자유를 제약하기로 서로 합의하고 절대군주에게 그들의 권한을 양도한다. 그러나 로크의

103　T. Carbonneau, "The Implicit Teaching of Utopian Speculations: Rousseau's Contribution to the Natural Tradition," in *3 U. Puget Sound L. Rev.* 123, 1979, p. 137.

경우에는 자연 상태에서 모든 사람이 다른 사람의 생명, 자유, 재산을 침해해서는 안 된다. 생명, 자유, 재산에 대한 권리를 유지하면서 그것을 보호하기 위해 시민사회를 구성하고 정부를 갖는 사회계약을 맺는다.

여기서 용어의 혼동을 피하기 위해 용어의 정의를 분명히 할 필요가 있다. 루소가 말하는 '시민사회' 또는 '사회'는 로크가 말한 사회계약을 통해 생성되는 시민사회가 아니다. 루소의 '시민사회' 또는 '사회'는 대체로 로크의 자연 상태를 의미한다. 루소가 말하는 시민사회 또는 사회는 의무가 있는 점에서 로크적 자연 상태와 거의 비슷하다. 루소의 시민사회 또는 사회는 '새로운 자연 상태'(new state of nature)로, 그것은 '원초적 자연 상태'와 구별된다. 루소의 원초적 자연 상태는 의무가 없는 상태이며, 그 점에서 홉스의 자연 상태와 거의 비슷하다.[104]

루소의 경우에는 원초적 자연 상태에서 "인간은 천성이 평화적이고 소심하다; 자연 상태가 적어도 위험하기 때문에 그의 첫 번째 반응은 도망가는 것이다; 그는 오로지 습관과 경험의 힘을 통해서만 싸운다."[105] 원초적 자연 상태에 사는 사람들은 "도덕적인 관계나 확실한 의무도 없기 때문에 선하거나 악하다고 할 수도 없고, 유덕하거나 사악하다고 할 수도 없다."[106] 인간은 '도덕 이전의'(premoral) 혹은 순진무

---

104 J. MacAdam, "The Discourse on Inequality and The Social Contract", *Philosophy*, XLVII(182), 1972, p. 308 참조.

105 J. J. Rousseau, "The State of War"(English Translation) in Brown, C., Terry Nardin and Nicholas Rengger(eds.), *International Relations in Political Thought: Texts from the Ancient Greeks to the First World War* (Cambridge: Cambridge University Press, 2002), p. 417.

106 J. J. Rousseau, "A Dissertation – On the Origin and Foundation of the Inequality of

구한(innocent) 존재이다.[107] 그는 고독한 존재로, 자신의 개인적인 욕구를 만족시키면서 오로지 자신의 복지와 행복에 관심을 둔다.[108] 이러한 자기애(self-love, amour de soi)는 단지 우연히 좋거나 나쁠 수 있다. 인간은 아직 이성이 발달하지 않아 권리에 대해서는 모르며, 본능에 입각해서 행동한다.[109] 인간의 행동은 즉각적인 필요욕구로 제한된다. 그러나 다른 동물과 달리, 인간은 연민(pity)을 느끼며 자기완성의 잠재적인 능력을 소유한다. 즉 적절한 환경이 주어지면 그들의 이성을 사용할 수 있다.[110]

개인이 다른 사람과 첫 번째로 만나는 것은 루소의 저술에서 중요한 전기가 된다. 상호이익이 되는 경우에 사람은 다른 사람과 협동하고 그에게 의존할 수 있다.[111] 가벼운 인간관계가 형성될 수 있지만, 절대적인 전환점은 가족과 살기 시작할 때이다. 가족 안에서 재산에 대한 이해가 생기고, 재산의 소유가 자신의 복지에 중요하다는 것을 알

Mankind"(English Translation) in *The Social Contract and Discourses* (Middletown, RI: BN Publishing, 2007), p. 113.

107　C. Brown, T. Nardin, and N. Rengger, *International Relations in Political Thought: Texts from the Ancient Greeks to the First World War* (Cambridge: Cambridge University Press, 2002), p. 384.

108　R. Grimsley, *The Philosophy of Rousseau* (Bungay, Suffolk: Oxford University Press, 1973), p. 116 참조.

109　F. C. Green, *Rousseau and the Idea of Progress, The Zaharoff Lecture for 1950* (Oxford: Clarendon Press, 1950), p. 16.

110　T. Carbonneau, "The implicit Teaching of Utopian Speculations: Rousseau's Contribution to The Natural Tradition," in *3 U. Puget Sound L. Rev.* 123, 1979, pp. 140-41 참조.

111　J. J. Rousseau, "A Dissertation – On the Origin and Foundation of the Inequality of Mankind"(English Translation) in *The Social Contract and Discourses* (Middletown, RI: BN Publishing, 2007), p. 119.

게 된다.[112] 가족과 살면서 사랑을 깨닫게 되고 아름다움의 관념을 개발한다.[113] 또한 사랑과 함께 시기심이 생기고 불화가 확산된다. 그리고 사람들은 협동을 통해 더 많은 것을 생산하기 위해 사회에 들어간다.[114] 그때부터 사람들은 도덕적으로 그리고 합리적으로 행동할 수 있는 능력을 가지며, 자신의 견해를 선택하고, 더 이상 본능만을 따르지 않으며, 의지와 이성과 양심에 따라 행동한다.[115] 이성을 통해 현명한 사람은 자기애를 인간애(humanity)와 덕으로 승화시킨다. 그러나 다른 사람과 끊임없는 비교를 하고 다른 사람의 위에 자신을 놓고 보게 됨으로써 자만심(pride, amour-propre)에 빠질 수 있다. 사람들은 그의 환경의 영향을 받아 타락하게 된다.[116] 홉스와 로크의 원자론적 인간관(인간이 사회에 들어가기 전에 형성된다는 관념)과 달리, 루소는 인간이 사회 속에서 심리적으로 변형된다는 것을 묘사하고, 그의 사회적 환경의 중요성을 강조한다.[117]

일단 사람이 사회에 들어가면 사람들 간에 의존 관계가 형성된다. 사적 재산의 형성과 노동의 구분은 부와 권력과 지위의 차이를 발생

---

112   T. Carbonneau, ibid., p. 141.

113   J. J. Rousseau, ibid., pp. 119-20.

114   T. L. Knutzen, "Re-reading Rousseau in the Post-Cold War," *Journal of Peace Research*, 32(3), 1994, p. 248. 여기서 말하는 '사회'는 로크적 '자연 상태'와 거의 비슷한 개념이다. 로크의 자연 상태는 홉스의 자연 상태와 달리, 사람들 간에 의무와 권리가 있는 사회가 형성되어 있다. 단지 사람들 간의 갈등을 조정해 주는 국가가 없을 뿐이다.

115   R. Grimsley, ibid., p. 116.

116   J. Voisine, "Amour de soi/Amour-propre" in Trousson, R. and Frederic S. Eigeldingeer(eds.), Dictionnaire de Jean-Jaques Rousseau (Paris:Editions Champion, 1996), pp. 32-3.

117   H. P. Chapman, *Rousseau -Totalitarian or Liberal?* (New York: AMS Pres, 1968), p. 98

시킨다.[118] 루소의 추론에 따르면, 불평등은 사회를 구성하는 타락한 상호의존성 때문에 형성된다. 사람들은 원래 사회가 그들의 자유를 증대시킬 것이라 생각했지만, 그것을 잃어버렸다. "모든 사람이 자유를 지킬 것이라는 희망 속에서 정신없이 뛰었지만, 속박(chains) 속에 살고 있다."[119] "인간은 자유롭게 태어났지만, 모든 곳에서 속박 상태에 있다."[120] 사람들은 원초적 자연 상태로부터 억압(oppression)의 특징이 있는 '새로운 자연 상태'(시민사회)로 이동한 것이다.[121]

홉스나 로크와 달리, 루소는 시민사회를 원초적 자연 상태로부터 반드시 더 나아간 진보라고 보지 않는다. 그는 당대의 사회 형태를 비판했다. 사회는 인간을 타락시켰다. 그러나 원초적 자연 상태로 돌아갈 길이 없다고 루소는 보았다. "시민사회는 역사의 불가피한 산물이다; 인간은 시간의 장벽을 무너뜨릴 수 없으며 자연 상태로 복귀할 수는 없다."[122] 시민사회는 이제 원초적 독립성을 상실한 상태로 변했다. "새로 탄생한 사회 상태(새로운 자연 상태)는 무서운 전쟁 상태를 야기했다. 이처럼 시달리고 타락한 사람들이 이제 (원초적 자연 상태로) 되돌아가거나 생명 유지에 필요한 획득물들을 포기할 수 없었다. ⋯ 그들은 파멸의 벼랑으로 내몰렸다."[123] 루소는 사회의 불가피한 타락

---

118   T. L. Knutzen, ibid., 1994, p. 249.

119   J. Rousseau, ibid., p. 118.

120   J. Rousseau, "The Social Contract or Principles of Political Right" in *The Social Contract and Discourses* (Middletown, RI: BN Publishing, 2007), p. 28.

121   J. MacAdam, "The Discourse on Inequality and The Social Contract", *Philosophy*, XLVII(182), 1972, p. 308.

122   T. Carbonneau, ibid., p. 143.

의 비극을 비난하는 것으로 끝나지 않고, 왜 시민사회가 인간의 도덕적 잠재력을 수용하고 완성시키지 못했는지 사람들에게 생각해 보도록 하였다.[124]

조직된 규제 체계가 없을 경우에 재산은 강자의 지배에 따라 분배되고 그리하여 인류는 영원한 전쟁 상태에 빠지게 된다. 그들의 부를 보존하기 위해 강자는 약자와 가난한 사람을 속여 시민사회를 확립하고 그렇게 해서 물질적 및 경제적 불평등을 신성시한다. 불평등한 상태에서 사는 사회적 존재로서 사람들은 그들의 도덕 발달의 원초적 잠재 능력을 상실하게 된다.[125] 그래서 인간은 재교육을 받아야 한다고 〈에밀〉에서 루소는 주장하고 있다. 그는 여전히 본질적으로 인간은 자기완성이 가능하고, 교육이 스스로 자신을 부양하며 생각할 수 있는 새로운 사람으로 만들 수 있다고 믿었다.[126]

새로운 형태의 교육에 덧붙여, 루소는 보다 나은 정치 체계를 만들어 내려고 했다. 그는 당대 사회의 도덕적 타락을 교정할 수 있는 정치적 해결책의 가능성을 모색했다. "루소는 개인의 자연적 자유 및 독립성과 법적 및 정치적 질서의 부과라는 역사적 필연성 간의 간극을 메꾸려고 시도한다."[127] 루소는 다시금 인간의 불가침의 권리

123　J. Rousseau, "A Dissertation – On the Origin and Foundation of the Inequality of Mankind"(English Translation) in *The Social Contract and Discourses* (Middletown, RI: BN Publishing, 2007), p. 123.

124　T. Carbonneau, ibid., p. 143.

125　T. Carbonneau, ibid., p. 142.

126　J. Rousseau, *Emile*(English Translation) (Whitefish, MT: Kessinger Publishing, 2004), p. 248.

127　T. Carbonneau, ibid., pp. 143-4.

(inalienable rights)와 도덕적 본성을 옹호하는 대변인의 역할을 한다. 다시 말해 정당한 국가에 관한 이론을 제시하는 것이다. 루소에 의하면 정당한 국가는 그 구성원 모두의 합의에 기초하며 그들의 선(the good)을 증진해야 한다. 한마디로 그것은 사람들에게 역사의 과정 즉 당대 사회의 도덕적 타락을 교정할 가능성을 제공하고 그들의 도덕적 잠재력을 발달시킬 수 있도록 허용해야 한다.[128]

왕권신수설은 절대왕권을 옹호하기 위해 왕권과 신이 명령한 부권적 권력을 동일시했다. 홉스는 그러한 절대주의 전통의 대변자 중의 한 사람이다. 그러나 홉스는 인간과 역사에 관한 신학적인 견해에 분명히 의존하기보다는, 시민사회가 개별 계약당사자들이 그들의 권리를 절대군주에게 양도하는 사회계약에 기초한다고 주장하였다. 그러한 권리의 양도에도 불구하고 시민사회는 사람들의 자발성에 기초하기 때문에 정당한 것이다. 그런데 루소의 경우에 절대왕권은 정당한 국가와 대비되는 관계에 있다. 그의 견해에 따르면 정당한 국가는 인간의 불가침의 자연권을 강제적으로 포기하는 것을 용인할 수 없다. 국가는 그 지배자의 이익을 위해서가 아니라 구성원들의 이익을 위해 존재한다. 권리는 오직 자발적으로만 그리고 구성원들의 선을 위해서만 양도할 수 있다.[129]

루소는 사회계약의 전통을 비판하면서 동시에 정당한 국가를 어떻게 확립할 수 있는가를 보여주기 위해 사회계약 이론에 호소했다.

---

128 T. Carbonneau, ibid., p. 144.

129 T. Carbonneau, ibid., pp. 144-5.

사회계약은 인간을 평등하고 자유롭게 한다. 루소는 자유의 보호가 가장 중요하다고 보았다.[130] "문제는 총체적인 공동의 힘으로 각 구성원의 신체와 재화를 방어하고 보호할 수 있는 어떤 형태의 결사체(association), 그리고 그 안에서 각자가 모든 사람과 결합하면서 스스로 복종하고 이전처럼 여전히 자유로울 수 있는 결사체를 발견하는 것이다."[131] 자유로워지기 위해 각자는 모든 사람에게 똑같은 조건 즉 평등한 조건을 만들어 주는 정치공동체 즉 국가에 자신의 모든 자연적 권리를 포기해야 한다.[132] 루소는 사회계약을 통해 자연권 즉 무제한의 자유를 포기하지만, 새로운 자유 즉 시민적 자유를 얻게 된다고 다음과 같이 주장한다.

> 사람이 사회계약으로 잃게 되는 것은 그의 자연적 자유와 그를 유혹하는 것이면 무엇이든지 할 수 있는 무제한의 자유이다. 그가 얻는 것은 시민적 자유와 그가 소유하는 모든 재산이다. 이러한 보상관계를 오해하지 않기 위해, 개인 힘의 범위만을 아는 자연적 자유와 일반의지에 의해 제한되는 시민적 자유를 분명히 구별해야 한다. … 선행하는 것을 넘어서, 시민국가의 이득에 사람이 진정으로 자기 주인이 되도록 하는 도덕적 자유를 추가할 수 있다. 왜냐하면 욕망의 충동은 예속(slavery)이며 우리 자신에게 규정하는 법에 대한 준수는

---

130 R. Grimsley, *The Philosophy of Rousseau* (Bungay, Suffolk: Oxford University Press, 1973), p. 93.

131 J. Rousseau, "The Social Contract or Principles of Political Right" in *The Social Contract and Discourses* (Middletown, RI: BN Publishing, 2007), p. 32.

132 J. Rousseau, ibid., pp. 32-3 참조.

자유이기 때문이다.[133]

　사람들은 사회계약을 통해 형성된 일반의지(general will)의 제약을 받
는다.[134] 일반의지는 자연적 자유 및 독립성과 그것에 대한 국가의 제
약 간에 존재하는 긴장을 해결하는 역할을 한다.[135] 일반의지의 생성
과 국가 및 그 기능의 확립은 정치적 질서를 가져오는 두 개의 주요
단계이다.[136] 국가(body politic)와 일반의지 및 법과의 관계를 루소는 다음
과 같이 말하고 있다. "국가는 의지를 갖는 도덕적 존재이다. 그리고
이 일반의지는 언제나 전체 및 각자의 보존과 복지(well-being)를 향하는
경향이 있으며, 그리고 법의 원천이다."[137]

　사회계약의 합의를 통해서 각자는 전체 국가를 생성하는 정치질
서의 기본 원리인 일반의지를 형성하기 위해 자신의 의지를 모든 다
른 계약당사자의 의지와 융합한다.[138] 그와 같은 사회계약을 통해 "우
리 각자는 자기 신체와 자신의 모든 권한을 일반의지의 최고 지시 하
에 두게 된다."[139] 사람들은 자신의 자연적 독립성으로부터 벗어나 불

133　J. Rousseau, *Discours Sur l'Economie Politique*, in 1 *Oeuvres Completes*, (ed. Integrale)(M. Launay ed.), 1971, p. 524, T. Carbonneau, ibid., pp. 152-3 재인용.

134　루소는 자발적인 사회계약을 통해 국가를 형성하고 일반의지 또는 법의 지배를 받음으로써 다시 속박 속에서 살지만 그렇게 함으로써 자유를 얻게 된다. 여기서 우리는 자유와 인간 억압 사이의 패러독스를 보게 된다. 이러한 패러독스는 루소의 전체적인 정치 도덕 철학에 반영되어 있는데, 그러한 애매성 때문에 루소는 많은 비판을 받아왔다.

135　T. Carbonneau, ibid., p. 140 참조.

136　T. Carbonneau, ibid., p. 147.

137　J. Rousseau, *Discours Sur l'Economie Politique*, in 2 *Oeuvres Completes*, (ed. Integrale)(M. Launay ed.), 1971, p. 278, T. Carbonneau, ibid., p. 148 재인용.

138　T. Carbonneau, ibid., p. 148.

변의 새로운 정치적 질서를 확립하기 위해 공동의 자발적인 합의를 하게 된다. 그렇게 함으로써 스스로 도덕적인 정치공동체의 일원이 되고 동시에 상호적인 권리와 의무를 획득하게 된다.[140]

일반의지는 공동선(common good)의 표현이며, 그것은 전체 정치 질서를 최고의 위치에서 지배하는 의지이다. 일반의지는 모두의 의지로부터 나오는 핵심적인 국가의 원리이며 정의의 규칙이고 모두의 행동에 적용된다. 일반의지의 계율을 국가의 활동으로 바꾸어 놓은 법을 개인들이 따르게 함으로써 시민들은 이성의 권고와 의무의 명령을 존중하고 집단적인 권리와 의무로부터 이익을 얻게 된다.[141]

일반의지는 모든 개인 또는 다수의 의지가 아니다. 그것은 언제나 공공의 이익(public interest)과 '보다 큰 선'(greater good)을 향한 의지이다.[142] 일반의지에 따르기를 거부하는 사람은 국가에 의해 따르도록 강요되어야 한다. 이것은 자유롭도록 강요되어야 한다는 것을 의미한다.[143] 이것은 다시금 인간은 모든 곳에서 속박 상태에 있다라는 것을 우리에게 상기시킨다. 각자는 다른 사람의 자유를 위태롭게 할 수 없으며, 법을 그리고 무엇보다 일반의지를 따라야 하며 그렇게 해서 질서 있는 사회를 유지해야 한다.[144] 인간은 법과 일반의지의 준수를 통해서

---

139   J. Rousseau, *Discours Sur l'Economie Politique*, in 1 *Oeuvres Completes*, (ed. Integrale)(M. Launay ed.), 1971, p. 523, T. Carbonneau, ibid., p. 152 재인용.

140   T. Carbonneau, ibid., p. 151.

141   T. Carbonneau, ibid., p. 152.

142   J. Rousseau, ibid., p. 33.

143   J. Rousseau, ibid., p. 34.

144   R. Grimsley, *The Philosophy of Rousseau* (Bungay, Suffolk: Oxford University Press, 1973),

만 자유로울 수 있다. 다시 말해서 독립적인 사람이 되기 위해 법에
의존해야 한다.[145]

　실정법적 그리고 정치적 제도의 정당성을 위한 궁극적 원천으로
서의 일반의지와 그것의 지위에 대한 관념을 공식화함으로써 루소
는 자연법 전통에 참여하였다. 고대 그리스인들, 중세의 스콜라 철학
자들, 그리고 근대의 일부 자연법이론가들처럼 루소는 정치공동체가
사람들의 행동과 그들의 실정법적 제도로 하여금 초월적 정의(일반의
지)의 계율에 따르도록 함으로써 최고의 도덕 발달을 가져오게 할 수
있다고 믿었다.[146]

　루소의 일반의지 이론에 대한 반론도 언급할 필요가 있다. 비록
루소적 정치 질서 안에서 도덕적으로 행동할 수 있는 자유와 평등
을 누린다고 할지라도 도덕적 정치공동체의 제도는 분명히 사람들
의 개인적 정체성의 희생 하에 달성된다고 카보노는 주장한다. 그
에 의하면 일반의지의 형성 이전에 사람들은 분명한 개별적 존재이
다. 일반의지의 형성 이후에는 그들의 자연적 독립성과 개별성을 잃
게 된다. 시민들은 분명히 평등하지만, 그들의 자유는 국가의 비인간
적인 질서 안으로 포섭됨으로써 거의 완전하게 제한을 받는다. 정치
질서의 도덕적 기준으로부터 이탈할 모든 가능성이 제거된다.[147] 일반

<hr>

p. 93.

145　J. MacAdam, "The Discourse on Inequality and The Social Contract", *Philosophy*,
　　XLVII(182), 1972, p. 309.

146　T. Carbonneau, ibid., pp. 154-5.

147　T. Carbonneau, ibid., pp. 155-6.

의지가 정치공동체의 모든 구성원에게 똑같은 의무를 부과한다는 점
에서 평등주의적 이념과 분명히 일치한다고 할지라도, 그것이 민주
주의적 원리들과 조화를 이룰 수 있을지는 의문이다. 루소의 이론은
시민의 도덕적 이상으로부터의 개인적 이탈을 수용하기 어려울 것처
럼 보인다. 그것은 정부에 시민의 정신을 통제하고 형성할 수 있는 권
리를 주기 때문이다.[148] 이러한 반론은 루소의 일반의지 개념이 정확
하게 무엇을 의미하는지 모호하고 불분명하다는 것에 기인한 측면
도 있다. 일반의지를 공동선이나 공공이익 또는 보다 큰 선(greater good)
을 향한 의지로 막연하게 규정한다면, 그리고 그것이 개인의 행동과
제도를 규율하는 최고원리의 역할을 한다면, 정부가 공동선 또는 공
동의 이익이라는 미명하에 개인의 자유를 위축시킬 가능성이 있을
것이다.

4) 미국의 독립선언과 프랑스 인권선언

자연권이론은 프랑스 인권선언, 미국의 독립선언 그리고 미국 헌
법의 조항들에 스며들어 있다.[149] 이 말은 자연권 이론이 서구 민주주

---

148 T. Carbonneau, ibid., p. 148.

149 T. Carbonneau, ibid., p. 128. 인간의 자연권은 단순하며 논쟁하기 어려운 원리들이고 자
     명한 진리이다. 모든 사람은 불가침의 권리를 부여받았다. 인간은 태어나면서부터 자유
     롭고 권리가 평등하다. 결국 이러한 문서들은 억압적인 정부 형태를 폐지하도록 선언
     하였다. 미국의 정치적 전통에 미친 자연법은 매우 잘 기록되어 있다. 권리장전, 적법절차
     의 관념, 법의 동등한 보호, 억제와 균형의 체계는 자연법 전통으로부터 이끌려 나온다.
     ibid. 각주

의 전통의 토대를 형성하는 데 중요하다는 것을 의미한다. 토마스 제퍼슨은 1776년 미국의 독립선언서를 작성하는 데 로크의 자연권이론으로부터 상당한 영향을 받았다. 1762년에 출간된 루소의 〈사회계약〉은 1789년 프랑스 혁명의 선도 역할을 하였으며 인권선언에 영향을 주었다. 자연권이론의 영향을 받아 민주주의 발달에 큰 영향을 미친 서양의 두 역사적 사건에 자연권이론이 어떤 모습으로 반영되었는지를 살펴보는 것은 의미가 있을 것이다.

근대사회에서 도시의 생성은 인권의 발달에 영향을 주었다. 상품 교역을 확실히 하기 위해 균질화되고 구조화된 도시의 생성은 인권의 발달을 위해 필수적이었다. 그러한 공간은 사람들이 모이고 절대주의 정권에 대항할 가능성을 제공하였다.[150] 시민사회는 자연권의 영역으로서 정당화되었고, 국가는 이러한 보편적 권리를 집행하는 한에서만 정당화되었다. 가장 중요한 권리는 사적 재산권과 정치적 자유권이었다.[151] 시민사회와 공적인 공간에서의 활동은 미국과 프랑스 혁명의 발발과 함께 최고조에 이르게 된다. 미국 혁명기에는 출판의 자유, 집회의 자유에 대한 요구가 유럽을 휩쓸었다. 그리고 그러한 요구는 혁명기의 프랑스가 수용하였고, 1789년 인권선언은 "사상과 의견의 자유로운 소통을 인간의 가장 귀중한 권리"라고 발표하였다.[152]

---

150   M. Ishay, *The History of Human Rights* (University of California Press, 2008), p. 325 참조.

151   M. Ishay, ibid., p. 326.

152   M. Ishay, ibid., p. 327.

(1) 미국의 독립선언과 권리장전

영국의 식민지인 북아메리카 13개 주 대표자들은 1776년 7월 4일 조지 3세의 통치로부터 독립을 선언하였다. 독립선언서는 주로 토마스 제퍼슨이 입안한 것으로 알려져 있다. 그가 로크로부터 많은 영향을 받았다는 것은 특히 독립선언서의 첫 부분에 나온 내용에 미루어 짐작할 수 있다. 독립선언서의 일부를 옮기면 다음과 같다.

> 우리는 다음과 같은 사실을 자명한 진리라고 주장한다. 모든 사람은 평등하게 창조되었고, 창조주로부터 몇 개의 불가침의(unalienable) 권리들을 부여받았다. 그 권리 중에는 생명, 자유, 그리고 행복 추구가 있다. 이러한 권리들을 확보하기 위해 사람들은 정부를 구성하는데, 그것의 정당한 권력은 피치자의 동의로부터 나온다. 어떤 형태의 정부이건 간에 그러한 목적을 파괴한다면 그 정부를 바꾸거나 폐지하고 새 정부를 구성하는 것은 국민의 권리이다.[153]

위의 선언문 내용은 거의 대부분 로크의 자연권 사상을 반영한 것이다.[154] 모든 사람이 평등하게 창조되었다거나 창조주로부터 불가침의 권리들을 부여받았다는 내용은 분명히 로크의 생각을 반영한 것

---

153 미국 독립선언서보다 한 달여 전(6월 12일)에 버지니아 식민지 제헌회의에서 채택한 버지니아 권리선언(버지니아 권리장전)에는 생명, 자유, 재산에 대한 권리가 포함되며, 추가로 행복과 안전을 추구할 권리도 들어가 있다. 버지니아 권리선언은 조지 메이슨이 작성한 것으로, 15년 뒤 채택된 미 수정헌법 제1조-10조인 미국 권리장전의 모델이 된다.

154 로크는 자연권을 재산 있는 백인 기독교인 남성이 소유하는 것으로 생각했다. 여성, 야만인, 하인, 임금노동자는 17세기 말에는 자연권의 소유자로 생각되지 않았다. J. Donnelly, *Universal Human Rights,* 3rd ed. (Cornell University Press, 2013), p. 91.

이다.[155] 그리고 생명, 자유, 행복 추구에 대한 권리는 로크의 생명, 자유, 재산에 대한 권리 중, 재산권을 생략하고 그 대신 행복추구권을 넣었다.[156] 정부의 정당한 권력은 국민의 동의로부터 나온다거나, 위의 자연권들을 침해하는 정부는 국민이 새로운 정부로 교체할 수 있다는 것도 로크의 생각을 반영한 것이다.[157]

미국의 독립선언은 자연권에 기초해 있다. 프랑스 인권선언(1789)과 함께 미국의 권리장전(1791)은 기본적이며 중요한 자연권 혹은 인권의 포괄적인 목록을 제시하였다. 프랑스 인권선언과 미국의 권리장전 그리고 이들의 인권 목록들은 정치 생활의 핵심적인 요소들을 채택했다. 18세기 말의 인권 개념은 오늘날 우리가 갖는 개념이다. 국제연맹은 인권의 국제적 보호를 위한 기본 기구를 발전시키고, 유엔은 인권선언과 후속 기구들을 통해 널리 합의된 인권 목록을 만들어 냈다.[158] 그러나 18세기의 많은 사람은 미국과 프랑스의 인권선언이 들

---

155 여기서 'unalienable' 또는 'inalienable'을 대부분의 경우 '양도할 수 없는' 또는 '불가양의'로 번역하는데, 그것은 '빼앗을 수 없는' '박탈할 수 없는'의 의미도 있다. 행복 추구의 권리를 '양도할 수 없는' 권리보다는 '불가침의' 권리'로 번역하는 것이 타당할 것 같다. 그리고 많은 문헌들에서 'inalienable'이나 'unalienable'이 사용되는 맥락을 보면 자연권 또는 인권이 '양도할 수 없는'의 의미보다는 '빼앗을 수 없는' 또는 '침해할 수 없는'의 의미로 쓰인다는 생각이 들었다. 나중에 Bentham이 프랑스 인권선언을 비판할 때, 'unalienable rights'을 'imprescriptible rights'(불가침의 권리)로 해석하고 있다. 고문받지 않을 권리도 기본적 인권인데, 이 권리도 양도할 수 없는 권리보다는 침해할 수 없는 권리로 이해하는 것이 옳다고 본다. 로크에 있어서 중요한 자연권인 재산권을 양도할 수 없는 권리라고 말하는 것은 이치에 맞지 않는다.

156 재산권은 세계인권선언에 들어가 있지만, '시민적·정치적 권리에 관한 규약'에는 명시적으로 들어가 있지 않다. 행복 추구의 권리는 포괄적인 기본권으로 우리 헌법에도 반영되어 있다.

157 W. Edmundson, *An Introduction to Rights*, pp. 30-31 참조.

먹인 모든 자유를 누릴 만큼 지성적인 것으로 간주되었지만, 무산계급의 남성 시민들이나 여성들은 이차적이며 수동적인 시민으로 간주되고, 투표권이나 정치참여가 거부되었다.[159] 미국 헌법의 기초에 참여하고 모든 사람의 평등을 강하게 믿었던 벤자민 프랭클린은 토지가 없는 사람에게 투표권을 허용하는 것은 부적절하다고 보았다. 미국 제4대 대통령인 제임스 매디슨은 투표권을 모두에게 허용하면 재산권은 다수의 무산자들에게 지배된다고 보았다.[160] 계몽주의는 점차 권리의 보편적 약속의 한계를 드러냈다. 생명권, 의견의 자유, 재산권과 같은 권리가 모든 사람에게 확장되지 못한 것이다.[161]

계몽사상기 영국 여인들의 사회적 조건은 유럽의 다른 지역 여성들보다는 나았지만, 남성들보다는 열악하였다. 처벌의 형태도 다르고, 교회에서는 남편과 같은 벤치에 앉지도 못하고 가끔 맞기도 하였다.[162] 푸펜도르프, 홉스, 로크 같은 계약론자들은 자연 상태에서 어떤 형태의 여성 동등권을 인정하였으나, 시민사회에서의 여성의 지위를 고려할 때는 그러한 생각을 받아들이지 않았다. 사회계약에 들어갈 때 보호의 대가로 여성은 남편에게 동의할 것이라고 간주했다.[163]

1788년에 비준된 미국 헌법에서 정치적 참여권은 보장(물론 유산층의 백인 남성에게만 보장)되었지만, 프랑스의 경우처럼 시민들의 권리를 완

---

158   J. Griffin, *On Human Rights*, pp. 13-4.

159   M. Ishay, *The History of Human Rights*, p. 108.

160   M. Ishay, ibid., p. 96.

161   M. Ishay, ibid., p. 108.

162   M. Ishay, ibid., p. 110.

163   M. Ishay, ibid., p. 110.

전한 형태로 열거하지는 않았다.[164] 초기에 새로운 헌법에 대한 반대 의견이 있었는데, 그중 대부분은 개인의 권리에 대한 구체적인 내용이 부족하다는 지적이었다. 그래서 제임스 매디슨과 미 하원의원은 1791년 12월 권리장전으로 불리는 10개의 수정 조항을 새로 통과시켰다. 1791년 채택된 미국 권리장전(수정헌법 제1조-10조)은 많은 권리를 열거하였다.[165] 미국 수정헌법의 권리장전 내용들은 나중에 유엔이 인권선언을 채택할 때 대부분 수용되었다. 권리장전에 열거된 중요한 권리들을 소개하면 다음과 같다.

수정헌법 제1조는 국교 금지를 포함해, 종교, 언론, 출판, 집회의 자유와 청원권을 보장하고 있다. 제2조는 무기를 소장하고 소지할 수

---

164 미국 제헌회의의 뉴욕 대표(1787)인 Alexander Hamilton(1755-1804)은 〈연방주의자〉의 주요 작성자로서, 신생 미국에 강력한 정부가 수립되어야 함을 역설하였다. 해밀턴은 Federalist#84로 알려진 소논문에서 특수한 권리를 단순히 열거하면 열거되지 않은 다른 권리들이 거부될 수 있다고 주장하였다. W. Edmundson, *An Introduction to Rights*, p. 75

165 미국의 헌법(1789년 발효) 본문은 7개 조항으로 구성되어 있는데, 주로 국가 구성을 위한 필수적인 요소들(입법부, 행정부, 사법부 등의 구성)로 이루어져 있어, 개인의 권리 보장에 대한 충분한 내용이 없다는 불만이 제기되었다. (저작권이나 발명권, 소급 처벌을 받지 않을 권리와 같이 극히 일부의 권리만이 보장되었다) 이에 따라 마그나 카르타, 영국의 권리장전, 그리고 특히 버지니아 권리선언(권리장전)을 참고하여 제임스 매디슨(미국 제4대 대통령)이 12개의 수정안을 기초하였는데, 그중에서 1791년 12월 15일 미국 의회가 10개 수정안을 가결하여 수정헌법 제1조-10조에 해당되는 권리장전(Bill of Rights)이 되었다. 12개 수정안 중 권리장전에 포함되지 않은 두 번째 수정안은 의회 의원 세비 변동을 제한하는 조항으로, 대통령처럼 임기 중에 세비를 인상하거나 인하하지 못하도록 규정한 것이다. 이 수정안은 1992년 비준될 때까지 200년 이상이 걸렸는데, 수정헌법의 마지막 조항인 제27조로 채택되었다. 이 수정안은 텍사스 오스틴의 학부생 그레고리 왓슨이 비준 기한이 없으므로 각주들이 비준하면 수정헌법에 포함될 수 있다고 법학 레포트에 제안(1982)해서 우여곡절 끝에 채택된 것이다. "사문화된 조항이 각 주의 비준을 거쳐 수정헌법에 포함될 가능성은 극히 낮다."라며 왓슨은 레포트에서 C학점을 받았지만, 수정안이 채택된 후 2016년 34년 만에 A학점으로 정정 받았다고 한다.

있는 권리를 인정하고 있다.[166] 제4조는 신체, 가택, 서류, 동산의 안전을 보장받을 권리를, 제5조는 이중 처벌을 받지 않을 권리(일사부재리의 원칙), 묵비권을 행사할 수 있는 권리, 적법절차에 의하지 않고는 생명, 자유, 재산을 박탈당하지 않을 권리를, 제6조는 신속한 공개재판을 받을 권리, 공소의 성격과 이유를 통보받을 권리, 변호인의 조력을 받을 권리를, 제8조는 잔혹한 처벌을 받지 않을 권리를 규정하고 있다. 그리고 제9조는 특정 권리가 열거되지 않은 이유로 다른 권리들이 부정되거나 경시되어서는 안 된다고 규정하고 있다. 그리고 남북전쟁 이후 채택된 수정헌법 제13조(1865)는 노예제도를 폐지하였다. 수정헌법 제14조(1868)에서 흑인들에게 시민권이 주어지고, 수정헌법 제15조(1870)에서 비로소 흑인들에게 투표권이 주어졌다. 수정헌법에서 흑인들의 투표권은 여성보다 50년 먼저 주어졌지만,[167] 남부 주는 짐 크로법, 문맹 검사 시험, 투표세를 도입해 사실상 그들의 투표권을 제한하였다.[168] 수정헌법 제24조(1964)는 미국 시민의 선거권이 인두세나 기타 조세를 납부하지 않은 이유로 제한되지 않는다고 규정함으로써, 흑인들의 선거권이 제한받지 않도록 하였다.

---

166 제2조에서의 무기를 소장하고 소지할 권리는 미국의 특수 상황과 관련되는 권리로, 보편적 인권으로 인정되기는 어려울 것이다.

167 미국 여성의 투표권은 1920년 수정헌법 제19조에 의해 부여되었다. 여성의 피선거권은 1970년대에 와서야 완성되었다.

168 짐크로 법(Jim Crow laws)은 1876년부터 1965년까지 시행했던 미국의 주법으로, 옛날 남부 연맹에 있는 공공기관에서 합법적으로 인종 간 분리를 하도록 한 법이다. 예를 들면 공립학교, 공공장소, 대중교통에서의 인종 분리, 화장실, 식당, 극장에서의 백인과 흑인의 분리 등이 시행되었다. 1950~60년대 흑인 민권운동의 결과로 채택한 1964년 민권법 그리고 1965년 선거권법으로 인해 그 법의 효력이 상실됐다.

(2) 프랑스 인권선언과 비판적 관점

영국과 미국에서처럼 17, 8세기 프랑스 중산층 계급의 투쟁들은 자유주의 이상을 추구한 것이며, 인권의 세속적인 정초를 위한 매우 중요한 사건들이다. 이러한 중요한 사건들은 종교의 자유, 의견의 자유를 위한 투쟁으로부터 시작되었다.[169] 몽테스키외, 루소, 볼테르 등은 미국 혁명 이전에 표현의 자유와 그 밖의 시민적 권리의 중요성을 강조했다. 그들은 미국의 혁명 운동으로부터 오는 자유의 바람을 환영했다.[170]

프랑스의 부르주아들이 봉건 체제를 붕괴시킨 프랑스 혁명에서 주도적 역할을 한 라파예트(Lafayette)는 토마스 제퍼슨의 도움을 받아 프랑스 인권선언문의 초안을 작성하였다.[171] 그러한 이유로 미국과 프랑스의 혁명적 문서의 원천은 분리하기 어려운 측면이 있다.[172] 혁명 중에 프랑스 국민의회는 '인간과 시민의 권리에 관한 선언'(1789)의 이름으로 선언문을 공표했다. 프랑스 인권선언문은 자유, 평등, 박애가 보편적 규범이 되는 새로운 세계를 선언했다.[173]

프랑스 인권선언문은 그 내용 중 많은 부분이 세계인권선언이나 국제인권규약(자유권 규약)에 포함되므로 여기에 소개한다.

---

169   Micheline R. Ishay, *The History of Human Rights*, p. 75.

170   M. Ishay, ibid., p. 81.

171   라파예트(Marquis de Lafayette, 1757-1834)는 미국 독립전쟁 때 영국에 대항해 식민지 아메리카 편에서 싸운 혁명전쟁의 영웅이며, 나중에 프랑스의 혁명 부르주아들과 손을 잡고 프랑스 혁명 초기에 영향력을 발휘하였다.

172   M. Ishay, ibid., p. 203.

173   M. Ishay, ibid., p. 64.

국민의회는 신의 가호 하에 다음과 같은 인간과 시민의 권리를 인정하고 선언한다.

제1조. 인간은 태어나면서부터 자유롭고 권리에서 평등하다. 사회적 구별은 일반적 유용성에 기초해서만 이루어질 수 있다.

제2조. 정치적 결사체의 목표는 자연적인 불가침의 인간 권리(inalienable rights of man)의 보존이다. 이 권리들은 자유, 재산, 안전, 그리고 압제에 대한 저항이다.

제3조. 모든 주권의 원천은 본질적으로 국민에게 있다. 어떠한 집단이나 개인도 명백하게 그로부터 나오지 않는 권력을 행사할 수 없다.

제4조. 자유는 타인에게 해가 되지 않는 것이면 무엇이든지 할 수 있는 힘(power)으로 이루어진다.

제5조. 법은 사회에 해를 끼치는 행위만을 금할 수 있는 권리를 갖는다. 법으로 금지되지 않는 것은 방해받을 수 없으며, 어떠한 사람도 법이 규정하지 않은 것을 하는 것에 규제받을 수 없다.

제6조. 법은 일반의지의 표현이다. 일반의지의 형성에 모든 시민은 직접 또는 대표를 통해서 동의할 권리를 갖는다. 법은 (시민을) 보호하건 혹은 처벌하건 모두에게 (적용됨에 있어) 똑같다. 모든 시민은 법 앞에 평등하므로, 그들의 능력에 따라 모든 공직, 지위, 고용에 똑같은 자격이 주어져야 하며, 덕목과 재능의 능력 이외의 다른 구별이 있어서는 안 된다.

제7조. 어떠한 사람도 법이 정한 경우를 제외하고 기소, 체포, 구금될 수 없으며, 이것은 법이 규정한 형식을 따라야 한다. 임의적인 명령을 요구 또는 촉구하거나 집행 또는 집행하게 하는 사람은 처벌받는다. 그러나 법의 집행 과정에서 소환되거나 체포되

는 시민은 즉각 복종해야 하며 저항하면 죄를 짓게 된다.

제8조. 법은 절대적으로 그리고 명백히 필요한 처벌만을 설정해야
한다. 어떠한 사람도 범죄 이전에 설정되고 공표되고 적용되는
법에 의하지 않고는 처벌받을 수 없다.

제9조. 모든 사람은 유죄 선고를 받을 때까지는 무죄로 추정되기 때
문에, 만약 체포가 불가피한 경우 피고인의 신체를 확보하기 위
한 불필요한 모든 가혹행위는 법으로 엄격히 금지된다.

제10조. 어떠한 사람도 자신의 의견을 표명함으로 인해, 법이 설정
한 공공질서를 교란하지 않는다면, 자신의 의견(종교적 의견 포함)으
로 인한 불안감을 겪어서는 안 된다.

제11조. 생각과 의견의 자유로운 소통은 인간의 권리 중 가장 소중
한 것 중 하나이다. 따라서 모든 시민은 자유롭게 말하고 쓰고 출
판할 수 있는 자유가 있으며, 법이 정한 경우에 그러한 자유를 남
용하는 것에 대한 책임을 져야 한다.

제12조. 인간과 시민의 권리를 보장하려면 공권력이 필요하다. 따라
서 그러한 공권력은 위임받은 사람의 특수한 이익을 위해서가
아니라 모든 사람의 이익을 위해 설정된다.

제13조. 공권력의 유지와 그 운영비를 위해 공동의 세금이 불가피하
다. 그것은 수입에 비례해서 모든 시민에게 균등하게 산정되어
야 한다.

제14조. 모든 시민은 개인적으로 혹은 대표를 통해서 공적인 출연
(contribution)의 필요성과 관련하여 결정하고, 이것을 자유롭게 허
가하며, 어떤 용도로 그것을 사용할지를 알고, 세금의 비율, 사정
방식, 징수 그리고 기간을 결정할 권리가 있다.

제15조. 사회는 모든 공무원에게 그의 행정에 대한 설명을 요구할

권리가 있다.

제16조. 법의 준수가 보장되어 있지 않거나 권력의 분리가 규정되어
있지 않은 사회는 헌법이 없는 사회이다.

제17조. 재산은 신성하고 불가침의 권리이기 때문에, 법적으로 확립
된 공적 필요성이 분명하게 요구되고, 그리고 미리 공정한 보상
이 이루어지는 조건이 아니라면, 어떠한 사람도 그의 재산을 박
탈당할 수 없다.

이러한 혁명적인 선언은 인권을 새로운 국가 헌법의 지도 원리로
서 확보하려고 하였다.[174] 제1조는 인간의 생득적인 권리인 자유와 평
등의 권리를 말하고 있다. 사회적 구별 즉 정당한 차별은 일반적 유용
성(예를 들면 업무 능력)과 관련 없는 신분이나 성별, 인종 등과 같은 요소
에 근거해서는 안 된다는 것을 말하고 있다. 제2조에서는 자유와 평
등 이외에 추가로 재산권과 안전권 그리고 압제에 대한 저항권을 들
고 있다. 여기서 안전권은 신체뿐만 아니라 생명의 안전권 즉 생명권
을 포함한 것으로 이해된다. 제4조에서는 자유의 정의를 내리고 있
고, 제5조는 입법에 적용되는 자유 제약의 원리인 존 스튜어트 밀의
해악의 원리를 예고하는 조항이다. 제6조는 법은 일반의지의 표현이
라는 루소의 관념과 법 앞의 평등을 강조하고 있다. 제7조는 인신구
속은 적법절차를 따라야 한다는 것을 언급하고 있다. 제8조는 과잉
처벌의 금지와 형벌 불소급의 원칙을, 제9조는 무죄 추정의 원칙과
가혹행위의 금지를 말하고 있다. 제10조는 의견 표현의 자유, 종교의

---

174   A. Clapham, *Human Rights, A Very Short Introduction* (Oxford University Press, 2015), p. 9.

자유를 말하고 있으며, 제11조는 언론과 출판의 자유를 말하고 있다. 제12조는 공권력의 정당한 사용에 대해서 언급하고 있다. 제13조는 수입에 비례하는 과세를 말하고 있다. 제17조는 재산권에 대한 박탈은 불가피한 공적 필요성과 공정한 보상이 따를 때만 가능하다고 규정하고 있다.

위의 선언문의 내용에서 미국의 권리장전의 내용과 마찬가지로 특히 적법절차에 관한 권리들(제7조, 8조, 9조에 규정된 권리들)이 세계인권선언과 국제인권규약(자유권 규약)에 반영된 것이 주목된다. 세계인권선언과 국제인권규약의 내용 구성에는 미국의 권리장전과 더불어 프랑스 인권선언이 많은 영향을 주었다. 그것은 세계인권선언의 기초위원이었던 프랑스 법학자 르네 카생(1887-1976)의 영향 때문이라고 이해된다.[175]

프랑스는 사회적 약자들에 대해 영국이나 미국에 비해 비교적 더 많은 배려를 한 것으로 보인다. 동성애자, 노예, 유대인의 지위를 상당히 개선시켰다. 나폴레옹 치하의 형법 개정으로 동성애자들은 영국이나 미국과 달리 다른 사람들과 똑같은 권리를 누렸다.[176] 프랑스는 노예해방, 동성애 처벌 폐지, 유대인 해방의 첫 번째 국가가 되었다.[177] 그러나 투표권이 유산계급의 남성에게만 제한되자, 프랑스에

---

175 세계인권선언 제1조인 "모든 인간은 태어나면서부터 자유롭고 존엄성과 권리에서 평등하다."라는 문장은, 프랑스 인권선언 제1조의 "인간은 태어나면서부터 자유롭고 권리에서 평등하다."라는 문장에 '존엄성'을 새로 넣었지만, 두 문장의 형태는 똑같다.

176 M. Ishay, ibid., p. 111.

177 M. Ishay, ibid., p. 114. 프랑스 혁명은 1년간 노예제도를 폐지했으나 본질적으로 변화가 없었다. J. Donnelly, *Universal Human Rights* (3rd ed., Cornell University Press, 2013), p. 90.

서 구제도에 대한 투쟁으로 처음에 희미해졌던 사회적 구분이 영국과 미국의 사례를 따라서 다시 나타나게 된다.[178] 프랑스 사회에서 여성이나 무산계급은 여전히 영국이나 미국과 마찬가지로 선거권이 주어지지 않는 등 차별적인 대우를 받았다. 프랑스의 인권선언은 모든 인간이 평등하게 권리를 지닌다고 선언했지만, 실제로는 제도상으로 많은 사람이 모든 인간에게 적용되는 보편적인 인권을 누리지 못했다. 인권이 신분, 재산, 성별, 인종 등에 상관없이 모든 사람에게 똑같이 적용되는 '보편적인' 인권의 중요성은 유엔의 인권선언이 있은 후부터 특히 강조되었다.[179]

미국의 독립선언에 대해서는 옹호하면서도 프랑스 인권선언에 대해서는 비판적인 견해가 많았다. 18세기 말엽의 권리 담론은 기존의 정치 도덕적 질서를 위태롭게 할 정도로 사람들을 고무하고 움직이는 힘을 가졌다. 영국의 식민지였던 미국의 정부 헌장으로 완성된 권리장전은 실험적이긴 하지만 궁극적으로 인류 역사에서 가장 성공적인 헌장이 되었다. 그러나 프랑스에서는 인권선언으로 혁명이 공포정치로 퇴화하는 것을 예방할 수 없었다. 식민지 미국의 국민들에게 동조했던 영국인들, 예컨대 에드먼드 버크, 제러미 벤담, 존 오스틴은 권리(자연권, 인권, 도덕적 권리)를 강조하는 담론에 비판적이었다. 버크는 전

178　M. Ishay, ibid., p. 74 참조

179　모든 사람에게 차별 없이 적용되는 보편적 인권의 제도화가 오늘날에도 공산권 국가나 이슬람 국가 등에서 실현되고 있지 않아, 보편적 인권의 실현은 인류의 영원한 숙제일지 모른다. 보편적 인권이 제도적으로 보장되어 있다 할지라도 실제 적용에서는 그 실현이 한참 못 미치는 국가들도 많다.

반적인 정치 도덕적 개혁에 호의적이지 않았다. 벤담과 오스틴과 같은 공리주의자들은 사회 개혁을 옹호했지만, 사회 개혁을 위한 개념적 열쇠로 권리 개념이 아니라, 유용성을 생각했다.[180] 자연권 관념에 대한 버크와 벤담의 비판을 간단히 소개하면 다음과 같다.

버크는 영국 의회 의원으로서 아메리카식민지 주민들의 대의명분을 옹호하고 그들의 독립을 지지했다. 그러나 그는 〈프랑스 혁명에 대한 반성〉(Reflections on the Revolution in France, 1790)에서 프랑스 인권선언을 강력하게 비판했다.[181] 만약 권리가 미국 사람들에게 좋은 것이었다면, 왜 그것이 프랑스 사람들에게는 적절한 것이라고 생각하지 않았을까? 버크는 권리가 있다는 것을 부정하지 않았다. 그가 문제 삼은 것은 권리의 근거와 지향성이다. 혁명 사회와 프랑스 인권선언의 기초자들에게 권리는 자연적인 권리이고, 확립된 정부 밖의 '아르키메데

---

180 W. Edmundson, *An Introduction to Rights*, pp. 41-2 참조

181 에드먼드 버크(Edmund Burke, 1729-1797)는 미국 독립을 지지한 영국의 정치사상가, 의회 의원. 그는 규칙공리주자로 전통과 관습이 중요하다고 보았다. (W. Edmundson, ibid, p. 46) 영국의 급진적 작가인 토마스 페인(Thomas Paine)(나중에 미국으로 이주하여 펜실베이니아 헌법에 관여하고 노예제도 폐지를 위해 노력함.)은 〈인간의 권리〉(1791)에서 프랑스 혁명을 옹호하면서, 바르세이유 감옥에서 고통받고 있는 사람에 대한 연민의 감정을 못 느낀 버크를 공격하였다. 정부가 개인의 자연권을 침해하는 정책에 호소할 때의 의분(sense of injustice)과 함께 타인의 고통에 대한 연민(sympathy)의 감정을 강조한 페인에게서 인권운동의 진정한 씨앗을 엿볼 수 있다. (Andrew Clapham, *Human Rights, A Very Short Introduction*, pp. 8-9) 페인은 누진세, 산모 수당, 빈민 가족 혜택, 퇴직연금 등을 주장하여 프랑스혁명 이후 인기가 있었다. 그는 좌파 운동에 영향을 주었다. (T. Campbell, *Rights*, p. 163) 페인의 저서인 〈인간의 권리〉의 출판을 도와준 윌리암 고드윈(Godwin)도 프랑스 혁명에 동정적이었는데, 고드윈의 부인인 메리 월스톤크래프트(Mary Wollstonecraft)는 버크에 대한 반응으로서 〈남성의 권리에 대한 옹호〉와 함께 〈여성의 권리에 대한 옹호〉(1792)를 저술하였다. 이 책은 양성평등을 옹호하면서 교육과 정치적 참여에 대한 여성의 권리를 주장하였다. Edmundson, *An Introduction to Rights*, p. 47 참조.

스의 점'(Archimedean point), 즉 정부를 움직이고 심지어 권리 소유자가 정부를 전복시킬 수 있는 기준을 제공한다. 이것은 단순히 로크적 사유와 관련되는 권리의 본성이다. 버크가 부정한 것은 권리가 그러한 성격을 갖고 있다고 보는 견해이다. 권리는 혁명적인 비판가들이 인습 자체를 밀어내는 데 지레 받침으로 사용하는 외적인 아르키메데스의 점으로 기능할 수 없다.[182] 버크는 자연권을 비판한 것이지 법적인 권리를 비판한 것이 아니다.

버크는 로크적 권리에 대해 두 가지 방식의 공격을 가하고 있다. 첫 번째 공격은, 권리가 법이나 혹은 적어도 지역적 혹은 국가적 전통에 근거한 인습적인 '실증적' 권리로서가 아니라 추상적으로 이해된다면, 권리가 확정적이지 못하다는 점이다. 두 번째는, 권리는 유용성(utility)과 적대적 관계에 있다는 생각에 대한 공격이다. 버크는 인습주의적 관점과 규칙공리주의적 관점에서 자연권 관념을 비판하였다. 버크는 권리와 관련해 도덕적 상대주의자이면서, 공동체주의적 비판의 선구자로 간주될 수 있다.[183]

공리주의자인 벤담은 버크와 함께 미국 독립을 지지하였지만, 버크와 달리 개혁을 옹호하였다.[184] 그러나 버크와 함께 신생 자연권 담론에 대해서는 회의적이었다. 그는 법적인 맥락에서의 권리만을 인정하는 법실증주의자이다. 실증적 법의 맥락을 벗어나는 권리 언어

---

182   W. Edmundson, ibid., pp. 42-3.

183   ibid., pp. 45-6 참조.

184   제러미 벤담(Jeremy Bentham, 1748-1832)은 영국의 법학자이면서 공리주의 철학자이다. 대표적 저작은 〈도덕과 입법의 원리 서설〉

는 단순한 허구이다. 벤담은 자연권 관념이나 법적 맥락을 벗어난 도덕적 권리에 관한 관념에 어떤 의미를 부여하려고 하지 않았기 때문에 공리의 원리에 의해 권고되는 법적 권리에 대비되는 공리주의적 도덕적 권리에 대해서도 언급하지 않았다.[185]

그가 자연권에 대한 공격 자료로 삼은 것은 버크와 마찬가지로 프랑스 인권선언이었다. 벤담은 그 선언문이 진화 과정을 겪었다고 주장한다. 권리가 박탈할 수 없는(inalienable) 것이라면서도, 1791년과 1795년 사이에 권리의 목록에 변화가 생겼다. 박탈할 수 없는 권리가 불안정했다는 것을 인정해야 할 것이라고 그는 주장했다. 그가 관찰한 바에 의하면, 1791년에는 두 개의 권리 즉 자유와 평등만이 있었다. 1791년 선언문의 두 번째 조항이 형성될 때는 세 개의 새로운 권리들 즉 재산, 안전, 억압에 대한 저항이 나타나게 된다. 1791년과 1795년 사이에 평등이 사라졌다 다시 나타나게 된다.[186]

벤담이 프랑스 인권선언문에서 무일관성보다 더 나쁘게 본 것은 그것의 프랑스적 오만(Gallic impertinence)이 혼합된 무정부적 경향성이다. 자연권은 추상적이고, 이기적 욕망을 자극하고, 혼란스럽고, 거짓되고, 의미가 없다고 주장하면서 벤담은 자연권 개념 자체를 혹평하였다. 벤담은 "정부의 확립 이전에 자연권과 같은 그러한 권리는 없다. 법적인 권리에 대비되는 자연권과 같은 것은 없다."라고 주장하였다.[187] 벤담은 완전한 자유 상태로서의 홉스적인 정치 이전의 상태를

185 　W. Edmundson, ibid., pp. 51-2 참조
186 　ibid., pp. 52-3.
187 　ibid., p. 53.

수용하였다. 그러한 상태에서 권리는 아주 바람직한 혁신이다.[188] 벤담
은 "그러나 그러한 권리와 같은 것이 있으면 하고 바라는 이유는 권
리가 아니다. 욕망은 공급이 아니다. 굶주림은 빵이 아니다.…자연권
은 단순히 넌센스일 뿐이다. 자연적인 그리고 불가침의(imprescriptible) 권
리는 수사학적인 넌센스, 과장된 넌센스(nonsense on stilts)이다."라고 주장
하였다.[189] 불가침의 권리는 유용성에 상관없이 사회의 손을 영원히
결박하는 결과를 가져올 것이라고 보았다. 더 나아가 사회계약에서
자연권의 원천을 찾는다는 생각은 지지할 수 없는 허구라고 보았다.
"계약은 정부로부터 나오는 것이지, 정부가 계약으로부터 나오는 것
이 아니다."라고 벤담은 주장하였다.[190]

벤담은 소위 자유권(right to liberty)에 대해 특별히 반대 입장을 제시하
였다. "모든 권리는 자유의 희생하에 이루어진다.…상응하는 의무가
없는 권리는 없다."라고 그는 주장하였다.[191] 즉 다른 사람의 자유에 대
한 상응하는 제약이 없이는 권리가 없는 것이다. 만약 나에게 일반적
자유권이 인정된다면, 어떠한 경우에도 다른 사람이 나의 자유를 제
약하거나 방해해서는 안 된다. 로크는 자연 상태에서 다른 사람의 생
명, 재산과 더불어 다른 사람의 자유를 해쳐서는 안 된다고 주장하며,

---

188   벤담은 홉스적 자연 상태에서 무엇이든 할 수 있는 자유의 개념 즉 호펠드적 자유의 개
       념을 인정한다. 그러나 그 자유는 순수한 자유(liberty)로, 다른 사람의 의무가 수반되는
       자유권(right to liberty)이 아니다. 즉 다른 사람의 의무가 수반되는 요구권으로서의 권
       리가 아니다. 벤담이 반대한 것은 호펠드적 요구권으로서 이해되는 로크적 의미의 자유
       권이다.

189   W. Edmundson, ibid., pp. 53-4 참조

190   ibid., pp. 54-5.

191   ibid., p. 55.

자연권으로서의 자유권을 이야기하였다. 벤담에 의하면, 자연권이론은 딜레마에 빠진다. 만약 사람의 자유를 제약하거나 방해해서는 안 된다면, 즉 만약 어떤 식으로든 정부로 하여금 사람의 자유를 제약하지 못하도록 한다면 무정부(anarchy) 상태를 수용해야 한다. 또 만약 자유에 관한 그러한 사실을 인정하고 다른 사람의 침해로부터 그것을 확보하는 데 필요한 만큼의 법적인 제약을 허용하여 자유권을 제한한다면, 소위 자연권을 어떻게 제약할 것인지 자연권론자들은 설명해야 한다. 이러한 논증이 함축하는 바는, 그러한 제한이 기존의 정치적 구조를 전제하는 조건에서만 기술될 수 있다는 점이다. 요컨대 자연권으로서의 자유권이 무정부 상태를 초래할 수 있기 때문에 제한되어야 하는데, 이 후자의 경우에는 실정법의 질서를 전제해야 한다. 그리하여 벤담은 로크의 자연권이론을 단순히 무시해 버린다.[192]

---

192   ibid., p. 55 참조. 존 스튜어트 밀은 공리주의자이면서도 다른 공리주의자들과 달리 법적인 권리뿐 아니라 도덕적 권리를 인정한다. "문명사회(civilized community)의 구성원에게 그의 의지에 반하여 권력이 정당하게 행사될 수 있는 유일한 목적은 다른 사람에게 가해지는 해악(harm)을 예방하는 것이다. 물질적이든 도덕적이든 그 자신의 선은 (그의 자유를 제한하는) 충분한 정당화 근거가 아니다." (J. S. Mill, *On Liberty*(1859), C, Shields(ed.), New York: Liberal Arts, 1956, p. 16) 자유를 제한하는 유일한 경우는 그 자유가 타인에게 해악 또는 피해를 주는 경우이다. (해악의 원리) Mill은 개인에게 어떤 이익이 된다고 할지라도 그의 동의 없이 자유를 제한하는 부권적 간섭(paternalistic intervention)은 허용될 수 없다는 입장을 취하였다. Mill에 의하면 개인은 도덕적인 자유권(moral right to liberty)을 지니고 있다고 보고, 그러한 권리는 '모든 윤리적 문제의 궁극적 호소처'인 공리의 원리(principle of utility)와 조화를 이루고 심지어 그 원리로부터 이끌려 나온다고 주장한다. 자유권은 양심의 자유와 언론의 자유를 포함한다. 그러나 Mill의 자유권은 그보다 더 광범위하다. 그 자유권은 "다른 사람으로부터의 방해가 없이, 다른 사람들을 해치지 않는 한, 심지어 우리의 행동이 어리석거나 사악하거나 그르다고 다른 사람들이 생각할지라도, … 우리 자신의 성격에 적합한 생활 계획을 형성하고 자신이 원하는 대로 할 수 있는 취향과 추구의 자유"를 요구한다. Mill의 자유권은 국가의 행위뿐만 아니라 사회 내

5) 칸트의 자연권

칸트(Immanuel Kant, 1724-1804)는 자연권으로서의 자유권이 무정부 상태를 초래할 수 있다는 벤담의 주장에 대해 자연권 담론 안에서 어떤 답변을 제시해 줄 수 있을까? 인권 관행에 대해 칸트가 미친 영향과 관련하여 회의적인 시각도 있지만,[193] 칸트는 인권 관행의 형성에 단초를 마련한 홉스, 로크, 루소 등의 자연법과 자연권 사상가들의 전통 안에서 그의 이론을 세운 것은 의심할 여지가 없다. 특히 칸트는 루소의 영향을 많이 받은 것으로 알려져 있다. 칸트는 인간의 평등과 인간 존중에 관한 신념을 형성하는 데에 있어, 특히 루소의 영향을 받았다는 것을 인정하였다.

나는 아무것도 모르는 사람을 경멸했다. 루소는 그 점에 관해서 나를 바로잡아 줬다. 이러한 맹목적인 편견이 사라졌다. 나는 인간을 존중하게 되었다. 나의 그러한 태도가 인간의 권리들을 확립하는 데

의 개인들의 행위와 관련된다는 점에서 단순히 정치적인 권리를 넘어 도덕적인 권리라는 것이 Mill의 설명으로부터 명백하다. 더군다나 Mill의 자유권은 Hobbes와 Locke의 경우처럼, 개인들이 자연 상태로부터 시민사회로 들어갈 때 포기하는 자유권이 아니다. W. Edmundson, *An Introduction to Rights*, p. 68 참조.

193 예를 들면, Katrin Flikschuh는 "칸트 자신은 인권의 개념을 갖고 있다고 믿지 않는다."라고 주장한다. ("Human Rights in Kantian Mode" in Rowan Cruft, et al. (eds) *Philosophical Foundations of Human Rights,* p. 656). Andrea Sangiovanni는 "많은 인권옹호자들은 칸트에게서 영감을 얻는다. 인권에 관한 세속적인 설명을 하는 가장 유망한 토대는 칸트에게서 발견될 수 있다고 주장한다. (그러나)⋯그는 인권 주장에 그냥 단지 무관심한 게 아니라 인권에 대하여 아주 회의적이다."라고 주장한다. ("Why There Cannot be a Truly Kantian Theory of Human Rights" ibid, p. 671.)

있어서 모든 다른 사람들에게 가치를 부여할 수 있다고 내가 믿지
않는다면 나는 나 자신을 일반 노동자보다 더 쓸모없는 사람이라고
생각할 것이다.[194]

　칸트는 홉스와 로크 등의 자유주의 사상의 전통을 이어받기는 했
지만, 그의 '자유'의 관념은 루소의 생각을 주로 계승하였다.[195] 자유는
"타인의 선택에 의한 제약으로부터의 독립"에 있다고 칸트는 주장하
였다.[196] 그러한 주장은 자유의 관념 중의 하나와 관련된다. 자유의 관
념 중 하나의 갈래는 광의적으로 홉스적 관념인데, 그 관념에 따르면
외적인 자유는 '방해의 부재'(absence of interference)에 있다. 대체로 볼 때 나
는 나의 선택에 대해 어떠한 사람도 적극적으로 방해하지 않는 한 나
는 자유롭다. 자유의 다른 갈래는 루소적 관념으로, 그 관념에 따르면
외적인 자유는 '타인의 선택으로부터의 독립'의 형태를 지닌다. 대체
로 볼 때 나는 어떠한 사람도 나를 위해 결정하려 들지 않는 한 나는
자유롭다. 칸트의 견해는 루소의 견해에 가깝다.[197]
　칸트는 홉스의 관념이 어느 정도 이점이 있다는 것을 부정하지 않

194　I. Kant, *Immanuel Kants Schriften* 20:44. A. Wood, *Kant's Ethical Thought* (Cambridge University Press, 1999), p. 3 재인용.

195　칸트가 그의 권리론을 형성하는 데 있어서, 수용적인 입장이건 비판적인 입장이건 간에, Achenwall, Hobbes, Locke, Grotius, Pufendorf, Montesquieu, Rousseau, Adam Smith 등의 영향을 많이 받았다. B. Byrd and J. Hruschka, *Kant's Doctrine of Right* (Cambridge Univerty Press, 2010), p. 20.

196　I. Kant, *Doctrine of Right*, pt. 1 of *The Metaphysics of Morals*, in *Practical Philosophy*, ed. and trans. Mary J. Gregor (Cambridge: Cambridge University Press, 1996), 6:237.

197　L. Hodgson, "Kant on the Right to Freedom: A Defense", *Ethics*, Vol. 120, No. 4 (July 2010). p. 806 참조.

는다. 분명히 나의 선택을 타인이 적극적으로 방해함으로써 나의 행위가 약화될 수 있다. 그러나 그것이 자유 개념이 갖는 의미의 전부가 아니다. 주인의 친절한 성향 때문에 자신이 하고자 하는 것을 무엇이든지 하는 '행복한 노예'는 주인이 얼마나 친절하냐 와는 상관없이 자유가 없다. 노예가 아무리 자신이 원하는 것을 하려 한다고 할지라도 그의 주인이 그를 위해 결정할 권한을 지니고 있기 때문이다. 자유에 관한 루소의 관념은 그러한 경우를 위해 맞춰져 있다. 왜냐하면 루소의 관념은 자유를 노예제도에 대비해서 이해해야 한다는 생각, 즉 자유인은 스스로 결정하는 사람, 자신이 주인이라는 생각으로부터 출발하기 때문이다. 행복한 노예의 사례는 그러한 일반적인 관점이 정치적 자유에 관한 직관을 홉스적 관념보다 더 잘 포착한다는 것을 암시한다. 이와 같은 루소적 자유 관념이 칸트가 옹호하는 자유 중심의 접근에 특별히 더 많은 이점을 제시한다.[198]

칸트가 권리 이론을 제시한 〈도덕 형이상학〉(Metaphysics of Morals)(1797)은 그가 정언명법의 세 가지 정식을 중심으로 논의한 〈도덕 형이상학의 정초〉(Groundwork for the Metaphysics of Morals)(1785)를 내놓고 12년이 지나서야 그의 학문 인생의 말년에 내놓은 저술이다. 〈도덕 형이상학〉은 크게 〈권리 이론〉(Doctrine of Right)과 〈덕이론〉(Doctrine of Virtue)의 두 부분으로

---

198 ibid., pp. 806-7 참조. 루소적 관념은 방해의 부재로서의 자유 관념보다 훨씬 더 넓은 범위의 이상과 명분을 뒷받침한다. 전통적으로 페미니즘과 사회주의 운동에 연관되는 이상들은 남편(혹은 다른 남자)의 선택에 좌우되지 않는 여성, 고용주의 은총과 자비에 의존하지 않는 노동자와 같이 주인에 대해 모르는 사람의 이미지로 재구성된다. 페미니즘과 사회주의의 핵심적인 이상들은 가사 노예제와 임금 노예제와 같은 부분적인 노예제 형식에 관한 관심으로부터 나온 것이다. ibid., p. 807.

나뉜다. 그중 〈권리 이론〉의 목표는 영속적인 평화를 확보하는 것이다. 평화는 개인의 권리를 보장하고 보호함으로써 확보된다고 칸트는 보았다. 〈권리 이론〉은 평화 프로젝트에 대한 그의 가장 성숙한 사상을 전개하고 있다.[199]

권리 이론과 덕이론 간의 구분에 대해 칸트는 다음과 같이 말한다. "도덕 이론 전반의 주요 구분이 또한 기초하고 있는 이 차이는 이것에 바탕을 두고 있다: 자유의 개념은 두 구분에 공통으로 들어가 있는데, 그것이 의무들을 외적 자유(outer freedom)의 의무와 내적 자유(inner freedom)의 의무로 구분하는 것을 필요하게 만든다."[200] 권리 이론은 외적 자유의 의무 즉 외적 행위의 자유를 제약하는 의무(법적 의무)와 관련되고, 덕 이론은 내적 자유를 제약하는 의무(윤리적 의무)와 관련된다.

칸트는 자연의 법칙(과학의 법칙)과 자유의 법칙을 구별한다. 자유의 법칙은, 그것이 법률적이거나 윤리적이거나 간에, '도덕법칙'이라 불린다. 〈도덕 형이상학〉(Metatphysics of Morals)의 주제로서의 자유는 내적 자유(의지의 자유)이건 아니면 외적 자유에 대한 권리이건 간에 감각세계의 현상이 아니다. 자유는 그 자체에 법칙들을 부여하는데, 이 법칙들은 자연의 법칙들과 아주 다르다. 나는 자유로운 본체적 인간(homo noumenon)으로서 나 자신에게 홀로 혹은 다른 사람과 함께 내가 따르는 자유의 법칙들을 부여한다.[201] 이 자유의 법칙들은 모든 자유의 법

199　B. Byrd and J. Hruschka, *Kant's Doctrine of Right* (Cambridge University Press, 2010), p. 1 참조.

200　I. Kant, *Metaphysics of Morals*, 6:407.

201　칸트는 인간(human being)을 본체적 인간(homo noumenon)과 현상적 인간(homo

칙 중 최상위의 법칙인 정언명법(Categorical Imperative)에 국한되지 않는다. 칸트는 특히 〈권리 이론〉에서 우리의 이성이 어떤 자유의 법칙들을 명령하는지를 반복적으로 묻는다. 칸트는 이성에 의해 선험적으로 인식되는 자유의 법칙들을 정식화한다. 그러고 나서 그것들을 '자연법'(도덕법칙)이라 부른다. 자연법뿐만 아니라 구속력 있는 실정법들이 법치국가(juridical state)에서의 자유의 법칙들이다. 권리 이론은 우리의 권리와 법적인 의무에 관련되며, 따라서 그것은 그 권리와 의무들이 자연법에서 나오건 아니면 실정법에서 나오건 간에 상관없이 도덕 형이상학의 일부로 간주된다.[202]

칸트는 자연 상태에서 모든 인간은 원초적 자유권(right to freedom)을 갖는다고 가정을 한다. 인간이 자연 상태에서 갖는 원초적 자유권 즉 자연권은 유일한 생득적 권리(innate right)이다.[203] 자유권이 유일한 원초

---

phaenomenon)으로 나누어 구별한다. 현상적 인간은 Linne의 'homo sapiens'에 대한 칸트의 별칭이다. 현상적 인간은 자연의 법칙에 의해 지배를 받는다. 현상적 인간은 '이론적' 능력으로서의 이성의 특성을 갖는다. 단순히 합리적인 자연적 존재로서의 인간은 지적으로 생산적일 수 있다. 그는 과학, 수학, 논리 등에 관여함으로써 이론적 능력으로서의 이성을 사용한다. 그의 목적을 달성하기 위한 최선의 수단을 계산할 때 이론이성을 또한 사용한다. 그러나 그가 설정한 목적은 동물적 본성에 의해 그에게 주어진다. 그의 감각적 충동과 욕구가 그러한 목적을 선택할 때 관여한다. 현상적 인간은 의무나 권리도 도덕적 능력도 없다. 현상적 인간의 세계에서는 가언적 명법만이 있다. 칸트는 의무와 권리 그리고 도덕적 능력으로 인간의 본성을 설명하기 위해 현상적 인간을 초월하는 세계를 설정한다. 만약 인간의 선택이 오로지 감각적 충동이나 욕구에 의해서만 결정된다면 인간은 정언명법을 따를 수 없다. 정언명법의 세계는 도덕적 실천이성의 세계이다. 칸트는 도덕적 실천이성의 세계에 있는 인간을 본체적 인간이라고 부른다. 본체적 인간은 자유(내적 자유)를 위한 능력과 정언명법을 따르는 능력을 지닌다. B. Byrd and J Hruschka, *Kant's Doctrine of Right* (Cambridge University Press, 2010), p. 4, 280-02 참조.

202   B. Byrd and J Hruschka, *Kant's Doctrine of Right*, pp. 4-5 참조.

203   자연 상태에서 인간이 갖는 자연권에는 원초적 자유권과 같은 생득적 권리뿐만 아니라

적인 생득적 권리라고 말하는 것은, 그것이 권리를 확립하는 어떤 행위와도 상관없이 인간의 본성 때문에 인간이 갖는 유일한 권리라는 것을 의미한다. 칸트에 의하면 "자유(타인의 선택에 의한 억제로부터의 독립)는, 그것이 보편적 법칙에 따라 모든 다른 사람의 자유와 양립할 수 있는 한, 인간성 때문에 모든 사람에게 속하는 유일한 원초적 권리이다."[204] 모든 다른 권리들은 원초적인 자유권과 조화를 이루면서 획득되어야 한다.

여기서 의미하는 자유는 자유의 특수한 측면 즉 외적 자유와 관련된다. 외적 자유는 칸트의 도덕철학의 토대인 자유의 다른 측면 즉 내적 자유와 대비된다. 내적 자유와 외적 자유 간의 구별은 대체로 각각 의지의 자유와 행위의 자유 간의 구별에 상응한다. 합리적 행위자의 내적 자유는 감각적 충동이나 욕구의 영향을 받지 않는 소극적 측면과 어떤 행동을 할 것인가를 순수 이성에 의해 결정하는 적극적 측면이 있다.[205] 내가 담배를 끊겠다는 약속을 했음에도 불구하고 담배를 피우고자 하는 욕구를 이겨낼 수 없다면 나는 내적인 자유가 결여된 것이다. 내가 이성에 따라 행동하면 나는 자유롭게 행동한다. 이것이 내적 자유의 적극적 측면이다. 나의 자유는 자연의 법칙과는 다른 종류의 법칙을 따른다. 그것은 이성의 법칙 또는 자유의 법칙이다. 자유

재산권이나 계약권과 같이 그것이 확립되기 위해 인간의 행위가 요구되는 획득적 권리(acquired rights)도 있다.

204   I. Kant, *Doctrine of Right*, 6:237.

205   L. Hodgson, "Kant on the Right to Freedom: A Defense," *in Ethics*, Vol. 120, No. 4 (July 2010), p. 793 참조.

의 법칙 중 최고의 법칙이 정언명법이다. 내적 자유는 그것의 적극적 측면이 없이는 상상할 수 없다. 내적 자유의 적극적 측면은 정언명법으로부터 실제 적용할 수 있는 규칙들을 생성하는 것을 의미한다.[206] 내적 자유는 감각세계로부터의 '독립'('independence' from the sensible world)이면서 동시에 도덕법칙에의 '의존'('dependence' on the moral law)이다.[207]

외적 자유는 내적 자유의 법칙처럼 자유를 가능하게 하는 규칙들의 제약을 받는다. 외적 자유는 타인의 강요적 선택으로부터의 독립이면서 동시에 '법치국가의 법에의 의존'(dependence on law in a jurical state)이다. 자유롭게 운전하기 위해 우리는 도로 규칙을 만들고 따르는 것처럼, 우리는 자유롭게 행동하기 위해 규칙을 만들고 그것에 따른다. 규칙이 없다면 서로 다른 사람의 자유를 방해하여 결국 자유가 사라지게 된다. 법률 또한 자유의 법칙이다. 내가 타인에 의해 강요되지 않을 때 나는 소극적 의미에서 자유롭고, 나의 권리가 공적인 법으로 확보되는 법치국가로 이동할 때 외적 자유의 적극적 의미에서 나는 자유롭게 된다. 외적 자유는 자연 상태를 벗어나 법치국가로 이동할 때만 보장된다.[208]

두 측면의 자유 즉 내적 자유와 외적 자유는 원리상 서로 독립되어 있다. 나는 나의 자유와 권리가 변함없이 존중되는 이상적인 국가

---

206   L. Hodgson, ibid., p. 793; B. Byrd and J. Hruschka, *Kant's Doctrine of Right*, pp. 85-7 참조.

207   B. Byrd and J. Hruschka, ibid., p. 87.

208   B. Byrd and J. Hruschka, ibid., pp. 88-9 참조. 자유는 독재국가에서 보장되지 않는 것처럼, "단지 '국가'라 부르는 체계에서는 보장되지 않는다. 법치국가는 완전한 국가는 아니며, 단지 이상적 국가에 접근해 가는 국가이다." ibid., p. 89.

에서 살면서도 나의 성향(충동이나 욕구)에 굴복하는 노예가 될 수 있다. 그리고 나의 자유와 권리가 끊임없이 침해되고 있는 독재국가에서 사는 동안에 나는 도덕적 성인이 될 수도 있다. 칸트의 법철학이나 정치철학은 오로지 외적인 자유에 관련된다.[209]

칸트에 의하면 권리는 외적 자유의 제한 즉 외적 강제의 허용적 사용(permissible use of external coercion)을 다룬다.[210] 자유가 제한되거나 강제력이 허용되는 것을 규제하는 원리를 '권리의 원리'(principle of right)라는 이름으로 칸트는 다음과 같이 제시한다.

> 어떤 행위이건 간에 보편적 법칙에 따라 모든 사람의 자유와 공존할 수 있다면, 다시 말해 그 행위의 준칙에서 각자의 선택의 자유가 보편적 법칙에 따라 모든 사람의 자유와 공존할 수 있다면, 그것은 옳은 것이다.[211]

이 권리의 원리는 정언명법의 첫 번째 형식인 "당신이 보편적 법칙이 되는 것을 동시에 의욕할 수 있는 그러한 준칙에 따라서만 행동하라."라는 '보편적 법칙의 정식'(The Formula of Universal Law)과 표면상으로 유사하지만, 우리에게 무엇을 하거나 하지 말도록 직접 명령하지 않는다. 그것은 단지 무엇이 옳은지, 즉 무엇이 외적으로 정의로운지를 말할 뿐이다. 권리의 명령은 도덕적 이유에 의해 내려지는 것이 아니

---

209   L. Hodgson, ibid., p. 793. 참조.

210   A. Wood, *Kant's Ethical Thought* (Cambridge University Press, 1999), p. 322.

211   I. Kant, *Metaphysics of Morals*, 6:230.

라 그러한 명령을 사람들이 따르도록 보장하는 강제력 있는 권위체에 의해 내려지기 때문이다. 우리는 옳은 행위를 따라야 할 도덕적 의무가 있지만, 그 의무는 권리의 원리에 속하는 것이 아니다. 권리의 원리는 윤리적 의무와 구별되는 법적 의무만을 근거 지운다.[212]

권리의 원리에 관한 진술에서 명시한 것처럼 '어떤 행위가 옳다'라고 말하는 것은 그 행위가 외적으로 정의롭다는 뜻이며, 그 말은 단지 법적인 기준에 비추어 그것이 강제적으로 방해받을 수 없다는 것을 의미한다. 이러한 법적인 허용성(permissibility)의 기준은 보편적인 법칙에 따라 외적인 자유의 보호라는 측면에서 볼 때 권리(외적인 정의)가 무엇을 요구하는가에 의해 전적으로 결정된다. 권리의 영역은 도덕을 증진하기 위해서가 아니라 단지 외적인 자유를 보장하기 위해서 존재한다.[213]

권리의 원리는 권리 혹은 외적인 자유가 우리에게 가치가 있다는 것을 암시한다. 이것은 분명히 정언명법에 표현되기도 한다. 우리가 정언명법의 두 번째 형식인 "당신 자신의 인격에서든 다른 사람의 인격에서든 인간성을 언제나 동시에 목적으로서 여기고 결코 단순한 수단으로 여기지 않도록 행동하라."라는 '목적 자체로서의 인간성의 정식'(The Formula of Humanity as End in Itself)을 생각해 본다면 그것을 쉽게 이해할 수 있다. 왜냐하면 인간성에 대한 존중은 모든 사람에게 외적인 자유를 인정해 주도록 요구하기 때문이다. 외적인 자유는 사람이

---

212   A. Wood, *Kant's Ethical Thought*, p. 322 참조.
213   A. Wood, ibid., p. 322 참조.

이성에 따라 목적을 설정할 수 있는 능력을 의미 있게 사용할 때 필수적으로 요구된다. 그러한 이유로 칸트는 모든 권리의 유일한 근거인 "'생득적 자유권'(innate right to freedom)이 인간성 때문에 모든 인간에게 속한다."라고 말한다.[214] 외적인 자유가 인간에게 가치 있는 이유는 그것이 목적 자체로서의 인간의 존엄성을 유지하도록 하는 데 기여하기 때문이다. 그리고 인간의 존엄성은 권리의 체계들을 위한 그리고 실정법을 판단하고 교정하는 자연권의 기준을 위한 합리적 기초가 된다.[215]

인간을 수단보다는 목적으로 만드는 인간 존엄성의 원천은 "인

---

214 I. Kant, Metaphysics of Morals, 6:237.

215 A. Wood, ibid., p. 323 참조. 인권 관행의 핵심에서 가장 널리 퍼져 있는 관념 중 하나는 인간 존엄성의 관념이다. 세속적인 형태로 그러한 관념을 가장 드러나게 옹호한 사람은 칸트이지만, 인간 존엄성 관념은 권리의 영역을 규율하지 않는다고 주장하는 사람도 있다. Sangiovanni는 그렇게 주장한 이유로 〈도덕 형이상학 정초〉와 〈덕이론〉에서는 인간 존엄성 개념이 널리 사용되고 핵심적인 개념이지만, 그의 모든 정치적 저술들 즉 〈권리론〉, 〈영구평화〉, 〈보편적 역사〉 등등에서는 목적 자체로서의 인간 존엄성 개념을 체계적으로 사용한 게 없다는 점을 근거로 들고 있다. 그러면서 그는 '내적인' 도덕의 영역과 '외적인' 권리의 영역 간의 칸트의 구분을 받아들인다면, 존엄성은 칸트에게 있어 인권 이론의 근거가 될 수 없다고 주장한다. A. Sangiovanni, "Why there Cannot be a Truly Kantian Theory of Human Rights?" in R. Cruft, S. Liao, and M. Renzo(eds.), *Philosophical Foundations of Human Rights*, pp. 684-85. 그러나 인간 존엄성 개념을 널리 사용하고 있는 〈도덕 형이상학의 정초〉가 〈도덕 형이상학〉의 기본 원리를 포괄적으로 제시하고 있다고 간주한다면 그 개념이 내적인 도덕 영역뿐만 아니라 외적인 도덕 영역 즉 권리의 영역에도 적용된다고 보는 것이 온당한 해석이다. 유엔 인권선언이 인권의 근거로 인간 존엄성을 제시할 때 칸트적인 개념을 배제해야 할 이유는 없다. Donnelly가 주장한 것처럼, "개인적 도덕과 정치적 권리의 기초에 있는 것은 각자의 인간성의 내재적인 존엄성이다. 유엔 인권선언은 물론 다른 관념의 인간존엄성과 양립할 수 있다. (인간존엄성에 대한 중첩적 합의의 적용이 가능하다) 그러나 칸트적 관념은 인권이 인간의 내재적 존엄성에 의존하고 인권선언에 영감을 준 것 중 하나"이다. J. Donnelly, *Universal Human Rights*, p. 128.

간이 자신에게 부여하는" 법들만을 따르는 자유 즉 '자율'(autonomy)이
다.[216] 〈도덕 형이상학의 정초〉는 "모든 가치를 결정하는 입법 자체는
그 이유로 존엄성 즉 비교 불가능한 무제한적인 가치를 가져야 한다.
…따라서 자율성은 인간의 그리고 모든 합리적 본성의 존엄성 근거
이다."라고 말한다.[217] 현상적 인간으로서의 인간성은 자연적 인간의
본질적 특성을 지니지만, 본체적 인간은 인간 자체(도덕적 존재로서)의 관
념이다. 인간이 의무를 갖는다는 것은 본체적 인간이 현상적 인간을
초월한다는 것을 의미한다. 인간이 이러한 의무를 부과한다는 것은
그가 존엄성을 갖는다는 것을 의미한다.[218] 인간은 다른 동물과 달리
스스로 자신에게 부과한 법칙(법률적 및 윤리적 법칙 혹은 법적인 및 윤리적 의무)
을 만들고 따를 수 있는 능력 즉 자율성을 지니고 있으므로 존엄성을
갖는다.

칸트는 〈도덕 형이상학의 정초〉에서 권리와 도덕철학의 모든 것
을 제안하였다. 푸펜도르프의 영향하에 칸트는 권리의 내용은 의무
의 내용과 연계되어 있다는 것(권리와 의무의 논리적 상관성)을 인식하였다.
그리하여 〈도덕 형이상학의 정초〉의 직접적인 초점은 의무의 기초를
확립하는 데에 있었다. 자유 즉 자율은 스스로 부여한 법에 의해 사는
것에서 성립한다. 우리의 의무와 권리는 이성적 존재로서 우리 자신
에게 우리가 부여하는 법에 따라 설정된다.[219]

---

216   P. Guyer, *Kant on Freedom, Law, and Happiness* (Cambridge University Press, 2000), p. 240.

217   I. Kant, *Groundwork for the Metaphysics of Morals*, 4:436, P. Guyer, ibid., 97 재인용.

218   B. Byrd and J. Hruschka, *Kant's Doctrine of Right*, p. 286.

219   W. Edmundson, *An Introduction to Rights,* p. 32 참조.

칸트에게 있어서 권리는 "다른 사람에게 의무를 지우는 도덕적 능력"이다. "내가 다른 사람이 특정 방식으로 행동하거나 금하도록 요구한다면 그에 대한 권리를 갖는다."[220] 자연권 혹은 인권은 사람들 상호 간에 의무를 지운다. 개인이 생명권을 갖는다는 것은 서로 간에 다른 사람에게 생명을 존중하도록 의무를 지우는 것이다. 그리고 모든 권리는 유일한 근거인 원초적인 생득적 자유권으로부터 나온다. 자유(다른 사람의 선택에 의한 제약으로부터의 독립)는 보편적 법칙에 따라 모든 다른 사람의 자유와 공존하는 한, 인간성 덕분에 모든 사람에게 속하는 유일한 원초적 권리이다. 유일한 생득적 권리인 (외적) 자유권은 몇 가지 다른 권리들을 포함한다.

(1) 법 아래 동등한 대우를 받을 권리.

(2) 법적 독립성의 권리.

(3) 반대가 증명되기 전에는 무죄로 추정되는 권리.

(4) 표현의 자유권.

이 모든 권리는 "외적 자유는 다른 사람의 강요적 선택으로부터 자유로움을 의미한다."라는 칸트적 관념으로부터 이끌려 나온다.[221]

(1) 법 아래 동등한 대우를 받을 권리는 '법 앞의 평등'을 말한다. 아헨발(G. Achenwall)은 모든 사람의 권리와 의무는 '원초적 상태'(the original state) 즉 자연 상태에서는 똑같다고 말하였는데, 칸트가 말한 '법 아래 동등한 대우를 받을 권리'는 바로 아헨발

---

220   B. Byrd and J. Hruschka, ibid., p. 3.

221   ibid., p. 81.

이 말한 '자연적 평등'(natural equality)을 의미한다. 칸트가 평등을 사람들 상호 간에 똑같은 의무를 지우는 것(따라서 똑같은 권리를 갖는 것)이라고 성격을 규정한 것은 아렌발이 의미한 것과 같은 의미를 갖는다. 다른 사람은 내가 그에게 부과할 수 있는 행동 유형만을 나에게 하도록 의무를 지울 수 있다. 법 아래 평등하지 않다고 말하는 것은 내가 똑같이 가질 수 없는 권리(특권, privileges)를 다른 사람이 갖는다고 말하는 것이다. 이것은 그 다른 사람이 나에게 내가 자발적으로 선택할 수 없는 행동을 하도록 강요할 수 있다는 것을, 그리고 그들의 외적 자유의 행사는 나의 그것과 양립할 수 없다는 것을 의미한다.[222]

(2) 법적 독립성의 권리는 각자가 자기 주인이 될 수 있는 권리를 의미한다. 만약 법 아래 동등한 사람들 간에 내가 외적으로 자유롭다면 나는 그리고 나만이 내가 어떤 행동을 할 것인가를 결정한다. 어떠한 사람도 내가 자발적으로 선택한 행동을 하도록 나에게 강제할 수 없으며, 따라서 나의 주인 역할을 할 수 없다. 법적 독립성의 권리는 칸트의 '외적 자유의 공리'(axiom of external freedom) 즉 "모든 사람은 외적 자유의 권리를 갖는다."라는 공리로부터 직접 도출된다.[223]

(3) 칸트는 무죄 추정의 원칙을 제시하고 있다. 푸펜도르프는 무죄 추정의 원칙과 유사한 형식을 사용하였다. 푸펜도르프는 "모

---

222   ibid., p. 81 참조.

223   ibid., pp. 78, 82 참조.

든 사람은 반대가 증명되지 않는다면 착하다고 추정된다."라고 정식화하였다. 푸펜도르프의 이 정식은 비판받게 되는데, 아헨발은 그러한 비판을 고려하여, "모든 사람은 반대가 증명되기 전에는 정의로운(iustus) 것으로 추정되어야 한다."라고 주장하였다. 법에서는 사람이 적극적으로 착하다는 것을 추정하기보다는 단지 그가 나쁜 사람이 아니라는 것만 소극적으로 추정할 필요가 있다. 칸트는 푸펜도르프에 대해서 똑같은 비판을 한다. 칸트의 주장에 의하면, 내가 우연히 만나는 사람은 '외적으로 정의로운' 사람이라고 추정해야 한다는 것이다. 그러한 추정은 원초적 상태에서는 어떠한 사람도 그른(wrong) 것을 하지 않았다는 관념에 근거한다. "법적으로 관련된 행위 이전에는" 그가 "어떤 사람에게도 나쁜 행위를 하지 않았다."라고 칸트는 주장한다.[224]

(4) 다른 사람에게 단지 어떤 것을 말하거나 약속할 권리는 칸트의 외적 자유에 대한 권리로부터 나온다. 자기 생각을 말할 권리는 보통 표현의 자유권으로 알려져 있다. 단지 말하는 것 자체는 타인의 선택 자유를 제한하는 것이 아니기 때문에 그것은 외적 자유권으로부터 이끌려 나온다. 그러나 다른 사람에게 사기를 치는 것은 법적으로 금지된다. 사기는 다른 사람에게 피해를 끼칠 의도로 거짓말을 하거나 거짓 약속을 하는 것이기 때문이다. 그것을 법적으로 금지하는 이유는 "어떠한 사

---

224   ibid., p. 83.

람에게도 피해를 주어서는 안 된다."라는 생각으로부터 이끌려 나온다. 왜냐하면 어떤 사람에게 거짓말을 함으로써 피해를 주는 것은 그의 권리를 직접 침해하는 것이기 때문이다. 마찬가지로 밀집된 극장 안에서 불이 나지 않은 상황에서 '불이야' 하고 외치거나 다른 사람의 명예를 훼손하는 것을 제한하는 것처럼 표현의 자유권이 일반적으로 제한될 수 있다. 그러한 경우에 표현의 자유를 제한하는 것이 정당화되는 것은 그러한 언어 행위가 다른 사람들에게 피해를 주기 때문이다. 이러한 생각은 칸트의 법체계에서나 오늘날의 법체계에서나 마찬가지로 적용된다.[225]

앞에서 말한 네 가지 경우의 권리들, 즉 법 앞에 동등한 대우를 받을 권리, 법적 독립성의 권리(자기 결정권), 무죄 추정에 대한 권리, 표현의 자유(언론의 자유, 사상의 자유)는 세계인권선언이나 국제인권규약에도 명시된 중요한 권리들이다. 권리의 원리가 규정하는 것처럼, 자유권은 다른 사람의 자유와 양립하는 한 법적으로 허용된다. 나의 자유가 법적으로 허용되려면 다른 사람의 자유를 침해해서는 안 된다. 나의 자유가 다른 사람의 자유와 양립하기 어려우면 제한받을 수 있다. 이때의 자유는 모든 권리가 이끌려 나오는 아주 포괄적인 의미를 지니고 있는 권리이다. 칸트에게 있어 "자유권은 신체의 완전성(bodily integrity)에 대한 권리, 혹은 저항 불가능한 물리력으로부터 자유

---

225 ibid., p. 84 참조.

로울 수 있는 권리를 포함한다."[226] 신체적 완전성에 대한 권리에는 생명권이나 신체안전권(신체적 상해를 받지 않을 권리)도 포함된다. 따라서 다른 사람을 죽이거나 상해를 입힐 수 있는 자유는 그의 생명권이나 신체안전권과 양립할 수 없으므로 제한된다. 생명권이나 신체안전권도 태어날 때부터 타고난 생득적 권리로 이해된다. 생명이나 신체의 안전이 보장되지 않는다면 자유의 행사가 불가능하다는 점에서 생명권이나 신체안전권은 인간의 자유권 행사를 위한 기본 전제라고 볼 수 있다.[227]

자유권이나 생명권 등은 생득적인 자연권이지만 재산권은 획득적인 자연권이다. 모든 사람은 외적 자유에 대한 생득적인 권리를 갖지만, 외적 대상에 대한 소유권 또는 재산권은 생득적인 권리가 아니라 나의 특수한 행위를 통해 획득되는 권리이다. 칸트에 의하면 특정한 지상의 토지를 나의 행위를 통해 소유할 권리는 보편적인 자유권으로부터 나온다. 그것은 우리가 살고 있는 토지가 희소하다는 사실과 함께 자유권으로부터 귀결되는 것이다. 자유권은 어떠한 사람도 무엇보다 나를 죽이거나 나의 신체에 상해를 입힐 수 없다는 것을 의미한다. 나에게 토지를 부정하는 것은 나를 대양이나 혹은 공중에 내던지는 것을 의미하는데, 이것은 나의 죽음을 가져온다. 따라서 모든 사

---

226 ibid., p. 79.

227 생득적인 자유권과 그로부터 이끌려 나오는 방계적인 권리들은 실정법 제정의 대상이 될 수 없다. 그러한 권리들은 입법을 벗어나 있다. 그러나 Kant의 권리론에서 인권이론을 끌어내는 것에 회의적인 Flikschuh는 생득적인 권리(외적 자유권)가 너무나 비확정적이고 형식적이어서 인권의 기초가 될 수 없다고 주장한다. K. Flikschuh, "Human Rights in Kantian Mode", R. Cruft, et al. (eds), *Philosophical Foundations of Human Rights*, pp. 660ff.

람은 다른 사람에 대해 이 지상의 어떤 부분에 대한 권리(다른 사람의 의무가 수반되는 요구권)를 갖는다. 즉 지상의 특정하지 않는 어떤 부분을 자기 소유로 하는 것을 방해하지 않도록 요구할 권리가 있다. 이 권리를 보편적인 자유권으로부터 끌어내는 것은 또한 지상의 토지에 대한 소유가 원초적 권리 즉 자연권이라는 것을 암시한다.[228] 자녀에 대한 권리 즉 부모의 권리도 획득적인 자연권이다.

자연 상태에서 우리는 잠정적이긴 하지만 원초적 자유권과 그 밖의 획득적 권리를 갖는다. 그러한 권리들은 그것들을 방어하는 권위체 즉 국가에 연결되지 않는다면 의미론적으로 볼 때 의미가 없다. 따라서 그 권리들을 방어하는 한도 안에서 권리를 집행하는 강제력을 국가가 사용하는 것이 허용된다. 자연 상태에서의 원초적인 권리들은 국가에 의해 제도적으로 보호받고 보장되기 전에는 확실하게 안정적으로 누리기 어렵기 때문에 잠정적인 권리이다.[229] 자연권을 결정적인 권리로 확실하게 보장받기 위해 사람들은 자연 상태에서 법치국가로 들어가기 위한 계약을 맺는데, 이것을 '원초적 계약'이라고 한

228　B. Byrd and J. Hruschka, ibid., p. 129 참조. 칸트는 대지의 원초적인 공동소유라는 자연법적 허구(fiction)와 자기 신체 소유권에 재산권을 근거 지우려는 Locke의 전략을 모두 거부했다. 그러한 관념은 신 중심적 세계관에 뿌리를 두고 있는데, Grotius가 정치철학은 신학에 의존하지 않고 형성되어야 한다는 것을 주장함으로써, 유럽의 정치 문화에서 쇠퇴하기 시작했다. 개인의 재산권은 여러 가지 별개의 요소들을 포함하는 복잡한 권리 다발(package of rights)이다. (P. Guyer, *Kant on Freedom, Law, and Happiness*, pp. 89-90.) 말하자면 재산권은 요구권, 자유권, 권한, 면제권 등과 같은 호펠드적 요소들이 포함된 복합체이다.

229　B. Byrd and J. Hruschka ibid. 171. 참조. '원초적'(original)이라는 말은 '법적 관련성을 가진 행위 이전'을 의미한다. 따라서 '원초적 권리'는 자연 상태에서의 권리이며, 자연권을 의미한다.

다.[230] 법치국가는 나를 포함한 모든 사람의 권리가 안전하게 보장되는 국가이다. 권리들의 안전 보장은 상호적(reciprocal)이다. "어떠한 사람도 다른 사람이 그에게 가해진 똑같은 제약 조건을 준수할 것이라는 보장을 주지 않는 한 그의 소유에 대한 방해를 금지한 의무가 없다."[231] 모든 사람이 법치국가에 들어감으로써 서로 간 의무의 준수가 보장되어야만 각자의 권리를 보장받을 수 있다. 따라서 우리는 다른 사람들과 함께 법치국가에 들어가야 한다. 우리는 자유롭고 평등한 사람들이 오직 합의를 통해 또는 계약을 맺음으로써 법치국가에 들어간다고 생각한다. 왜냐하면 합의는 원초적 자유권과 양립할 수 있는 연합의 유일한 기초가 되기 때문이다. 칸트는 이러한 합의를 '원초적 계약'이라고 부른다. 원초적 계약은 국민이 국가를 형성하는 행위이다.[232]

원초적 계약은 자유를 보장받기 위해 국가를 형성한다. 만약 자유의 보장이 모든 국가 강제의 유일한 조건이라면, 국가는 각자의 자유가 보편적 법칙하에 타인의 선택의 자유와 양립할 수 있는 한, 각자의 선택의 자유를 보호하는 데 필요한 정도로만 강제력을 행사할 수 있다. 많은 유형의 정당한 국가의 강제는 법치국가에서 질서를 유지하

230　칸트는 로크가 주로 사용하는 '시민사회'보다는 '법치국가'(Rechtsstaat, juridical state)라는 말을 주로 사용한다. 칸트는 '적법절차'(due process of law)를 보장하는 국가 즉 '법치국가'(a state under 'the rule of law') 관념의 창시자(father)이다. (B. Byrd and J. Hruschka, ibid., p. 1.) 그리고 그는 '사회계약' 대신에 '원초적 계약'이라는 말을 선호하고, 가끔 '사회계약' 또는 '원초적 사회계약'이라는 말을 사용한다. ibid., p. 174

231　B. Byrd and J. Hruschka, ibid., p. 169.

232　ibid., p. 171 참조.

기 위해 혹은 법치국가 자체를 유지하기 위해 사용된다. 왜냐하면 우리의 자유는 궁극적으로 법치국가의 유지로 인해 우리가 얻게 되는 안전 보장에 달려 있기 때문이다. 그러나 국가의 강제가 개인의 자유를 보호하기 위해 정당화되는 것이 아니라면 행사될 수 없다. 나의 자유권에 대한 불필요한 제한은 국가 권력의 과잉 행사이다. 국가 권력이 과대한 법치국가는 전제국가로, 그것은 순수한 공화국이 아니며 원초적 계약의 관념과 맞지 않는다.[233]

칸트가 모든 인간은 자유롭고 평등하다고 주장하면서도 인종과 성별에 대한 편견을 가지고 있었던 것은 당시 시대적 상황의 영향에서 벗어나지 못했다는 것을 말해준다. 그는 인종을 백인종, 황색 인디언, 흑인종 그리고 갈색 아메리칸으로 구별하고, 그중 인간 본성의 완성을 위한 타고난 재능에서 백인이 가장 우월하고 갈색 아메리칸이 가장 열등하다고 주장하였다. 그리하여 인간의 진보는 오로지 백인종으로부터 기대할 수 있다고 생각했다. 여성은 비록 합리적인 존재이지만 기질상 혹은 지적 능력으로 볼 때 공적 영역에서 완전한 성인으로 대접받기에는 부적절하다고 생각했다. 칸트는 또한 정치적 참여에 재산상 그리고 직업상의 제한을 두는 것을 수용하였다. 이러한 제한은 모든 여성과 함께 임금노동자, 하인, 소작농을 '수동적 시민'의 지위로 격하시켰다. 그들은 시민권을 지녔지만, 시민사회의 입법부나 정부에 참여하지 못했다.[234] 그러나 그들 집단이 정치적 참여로

---

233   ibid., p. 185 참조.

234   A. Wood, *Kant's Ethical Thought*, p. 3 참조.

부터 배제되는 것이 수용된다고 주장한 사람은 칸트만이 아니었다.

칸트가 개인의 권리를 보장하고 보호함으로써 평화를 유지할 수 있다고 생각한 것은 평화 유지와 개인의 인권 보호를 목표로 한 국제연맹과 유엔의 창설에 영향을 준 것으로 알려져 있다. 칸트의 프로젝트를 실행하려는 첫 번째 시도는 국제연맹(1920)이었지만 실패로 끝났고, 두 번째 의미 있는 시도는 유엔(1945)이었다. 유엔은 국제법에서 개별 인권의 도덕성을 구체화하였다. 유엔의 합의로 채택된 국제인권장전은 인간의 자유와 존엄성이 그 핵심이고, 그로부터 다차원적이고 보편적으로 타당한 인권 체계가 이끌려 나올 수 있었다.[235] 칸트가 인권 사상뿐 아니라 인권 증진과 평화 유지를 위한 유엔의 창설에 영향을 준 점으로 볼 때 그가 인권 관행에 미친 영향을 간과할 수 없다.

235　E. Dememchonok, "Learning from Kant: On Freedom", *Revista Portuguesa de Filosofia*(2019). p. 223.

3. 19세기 자본주의의 문제점과 사회권의 등장

19세기 산업화가 진행되고 자본주의가 발달해 감에 따라 엘리트 계층을 제외한 대다수 대중은 여전히 곤궁한 삶을 헤어나지 못했다. 프랑스 혁명으로 보편적인 인권이 모든 사람에게 보장될 것이라는 희망은 좌절감으로 바뀌었다. "산업혁명과 세계자본주의가 인류를 안전, 자유, 재산을 향유하는 엘리트 계층과 그러한 권리를 누리지 못한 참정권이 없는 다수 대중을 갈라놓음"으로써, 인권을 모든 사람에게 보장해 줄 것이라 믿었던 국가에 대한 희망은 도전받았다.[236] 생명권, 자유권, 재산권의 보호가 국가를 정당화하기에는 충분하지 않다고 생각할 정도로 산업혁명은 새로운 문제 상황을 야기하였다. 자본이 국가의 경계를 점점 벗어나자 어떤 사람들은 자유로운 국가와 자유시장 경제가 프랑스 혁명 동안 옹호되었던 보편적 권리의 실현을 방해했다고 주장하기 시작했다. 사회주의자들은 이제 재산권의 무제한 추구가 처음부터 유리한 소수 계층을 주로 이롭게 한다고 주장하였다. 즉 국가 권력의 도구는 자본가 계층의 안전을 보호하는 반면, 일반 노동자의 안전과 다른 인권을 박탈하는 데 사용된다는 것이었다.[237]

19세기에 자본주의의 발전은 인권을 위한 투쟁의 전선으로 사회주의를 끌어들였다. 계몽사상의 세계주의적 정신을 수용하면서 그것

---

236   M. Ishay, *The History of Human Rights*, p. 286.

237   ibid., p. 286 참조.

의 추상적 합리주의의 신화성을 제거(demythologize)하려고 한 마르크스
와 엥겔스 등은 경제적 힘, 역사적 변화, 갈등하는 계급 이익에 민감
한 권리를 유물론적으로 이해하도록 제안하였다. 새로운 접근법으로
무장한 그들은 초기 계몽사상의 가정에 도전하면서, 왜 유산자 계급
만이 투표권을 갖는지, 자본주의 국가가 사람들의 이익을 진정으로
대변할 수 있는지를 물었다.[238] 1815년 빈 회의(Congress of Vienna)[239] 이후
유럽 군주들이 조직한 종교적 부흥에 반대하면서 사회주의자들은 인
권에 대한 역사적 유물론적 접근을 제안하였다. 그들은 투표권에 대
한 귀족주의적 자유주의적 제한을 거부하였으며, 재산권에 의해 생
성된 불평등에 의문을 제기하였다.[240] 산업화 과정은 점차 사회적 곤
궁을 초래하였다. 농촌의 가난한 사람들은 일거리를 찾아 대거 산업
단지로 이동하여 도시의 빈곤을 악화시켰다. 빈부 격차의 확대는 민
중 봉기에 부채질하고 인권 담론의 부활을 촉진하게 되었다.[241] 1830-
32년의 영국, 프랑스, 벨기에에서의 혁명적 동요는 귀족계급에 대하
여 신흥 자본가 계급이 결정적인 승리를 가져오도록 하였다.[242] 그런

---

238   ibid., p. 118.

239   나폴레옹 전쟁 이후 유럽 재편을 논의한 국제회의. 프랑스 혁명 이후 나폴레옹이 등장하
       여 유럽 대륙을 정복하였다. 프랑스의 영향을 받은 지역에 프랑스 혁명 정신이 전파되었
       고 유럽 각국에서 자유주의 운동이 일어났다. 나폴레옹이 몰락하자 유럽을 나폴레옹 이
       전의 상태로 되돌려 놓기 위해 오스트리아의 수도 빈에서 빈 회의가 개최되었다. 빈 회의
       결과 빈 체제가 성립되었는데 그 영향으로 옛 왕조나 통치자가 다시 집권하였고 각국의
       영토도 프랑스 혁명 이전 상태로 돌아갔다.

240   M. Ishay, ibid., p. 119.

241   ibid., pp. 120-21.

242   ibid., p. 123.

데 부르주아가 자본을 축적하고 공장을 세우며 국부를 증대시켰지만, 그 부의 극히 일부만이 소외된 노동자 계급으로 돌아갔다.[243] 열악한 노동조건, 불안정한 노동, 정치적 참여에서의 배제로 좌절된 노동자 계급은 1830년 이후 점차 사회주의로 기울게 되었다.[244]

1848년 프랑스 2월 혁명은 헛되지 않았다.[245] 차티스트들(노동자 중심의 참정권운동가)과 함께 사회주의자들이 19세기 인권 투쟁에 주도적 역할을 하면서 복지 개혁과 인권을 위한 희망이 더욱 강렬하게 타올랐다. 유럽 전역에 걸쳐 사회주의자들은 반노예운동에 참여하고, 여성의 정치적 · 사회적 권리를 지지하였다. 아동농장과 노동자의 상황을 비난하고, 모든 아동의 공교육 권리를 요구하였다. 안전한 노동환경에 대한 권리를 내세우고 노동시간 단축을 압박하였다.[246] 생시몽, 푸리에

---

243 당시 사회에서 귀족계급에 대항하여 부르주아와 노동자 계급이 연합했지만, 나중에는 부르주아가 노동자 계급의 투쟁 대상이 되었다. 처음에는 왕당파나 봉건 잔재에 대항하여 노동자와 부르주아가 연합하였으나, 나중에는 자본가의 탐욕과 산업화의 부작용에 대항하여 부르주아 계급에 맞서 노동자들이 연합하였고, 마지막으로 여성들이 노동 현장과 공적 장소에 들어가 그들의 권리를 위해 싸우면서 서로 규합하게 된다. M. Ishay, ibid., p. 334.

244 M. Ishay, ibid., pp. 123-4.

245 프랑스의 군주제가 1840년대에 국민을 더욱 억압하는 쪽으로 돌아서자 새로운 자유주의 운동이 일어났다. 장인들도 급속한 경제적 변화로 노동조건이 달라지고 옛날에 누리던 지위를 잃게 되자 민감한 반응을 보이면서 활발하게 움직이기 시작했다. 1846-47년의 불경기가 민중의 동요를 부채질했으며, 일부 사회주의 사상이 장인 지도자들 사이에 퍼졌다. 이들이 좀 더 광범위한 참정권과 정치개혁을 요구하는 대규모 선전 활동을 펼치자 1848년 2월 경찰이 동원되었다. 그러나 이런 조치는 오히려 전형적인 거리 폭동을 일으켰다. 프랑스는 군주제가 폐지되고, 모든 성인 남자에게 참정권을 부여한 공화제 정권이 임시로 수립되었다. 1848년 2월은 마르크스와 엥겔스가 〈공산당선언〉을 내놓은 시기이기도 하다.

246 M. Ishay, ibid., p. 125.

그리고 오웬은 사회주의에로의 길을 열었지만, 그들은 자본주의하에
서 계급 간의 평화적인 협동이 가능하다고 본 점에서 유토피아적이
었다. 그러나 1848년 민중 항의의 진압을 목도한 마르크스와 엥겔스
등은 당시까지 발전된 인권의 이상은 부르주아의 특수한 이익을 위
장한 보편적인 자유주의적 그리고 종교적 도덕과 관련된다고 주장하
였다.[247] 마르크스는 구체적 평등으로 이끌 수 없는 추상적 개념으로
서의 인권의 보편적 형태를 신랄하게 비판하였다. 왜냐하면 "그것은
법적 형태의 부르주아적인 사적 이기적 재산권을 이념적으로 반영한
것이기 때문이다."[248]

　인간의 필요에 대한 마르크스의 이론은 사적 재산과 상품 교환
의 체계를 넘어 권리를 사회주의식으로 재구성할 수 있었다. 그리고
그의 이론은 유엔의 '경제적·사회적·문화적 권리에 관한 국제규
약'(ICESCR)에 규정된 경제적·사회적 권리(사회권)의 중요한 이론적 기
초가 되었다. 제2세대 인권인 경제적·사회적 권리가 사회주의 헌법
에 구체적인 권리로서 확립됨으로써 부르주아 개인의 단순한 추상적

247　ibid., p. 130.

248　Pheng Cheah, "Second-generation Rights as Biopolitical Rights", in C. Douzinas and C
　　　Gearty(ed.), *The Meanings of Rights* (Cambridge University Press, 2014), p. 220. 프랑스의
　　　무정부주의적 사회주의자인 프루동(1809-1865)은 산업화에 의해 강화된 재산권이 불평
　　　등을 심화시킨다면서, "재산은 도둑이다."(Property is theft)라고 강렬하게 재산권을 공격
　　　하였다. 그는 프랑스 인권선언이 찬양하는 대부분의 기본권들 즉 자유, 평등, 안전에 대
　　　한 권리를 호평하면서도 재산권이 양도할 수 없는 불가침의(inalienable) 권리라는 관념에
　　　는 거부 입장을 보였다. 재산은 반사회적 권리(an asocial right)로, 그것은 교정적 조처가
　　　없으면 불평등을 강화한다고 주장하였다. "부유한 사람의 재산에 대한 욕구는 가난한 사
　　　람의 재산에 대한 욕구를 무시하고 끊임없이 보호되어야 한다. 이것이 얼마나 모순인가."
　　　Pierre-Joseph, Proudhon, *What Is Property?* vol. I, 48, M. Ishay, ibid., p. 138 재인용.

인 제1세대 인권인 시민적 · 정치적 권리(자유권)와 구별되게 되었다.[249] 자유주의자들은 자유에 집착하는 동안, 차티스트들[250]과 함께 사회주의자들은 경제적 불평등이 자유를 공허하게 할 가능성에 주목하면서 경제 · 사회적 권리와 자유권 사이의 밀접한 관련성에 관심을 가지게 되었다.

오늘날 시민적 · 정치적 권리는 자유주의적 전통과 연관되고, 경제적 · 사회적 권리는 사회주의적 이념과 연관된다고 보통 주장한다. 이러한 관념은 유엔의 두 인권규약들로 뒷받침된다. 그러나 19세기를 자세히 들여다보면 대부분의 사회주의자들에게 정치적 권리와 경제적 권리들은 서로 밀접히 연계되어 있다. 정치적 권리인 투표권은 궁핍한 사람들의 상황을 개선하고 경제적 · 사회적 권리들을 증진하는 수단이 되었다. 따라서 정치적 권리를 추구하는 움직임은 경제적 · 사회적 권리들을 증진하기 위한 활동과 직결되었다.[251] 사회주의자들은 경제적 · 사회적 권리뿐만 아니라 정치적인 권리를 포함한 포

---

249 Pheng Cheah, ibid., pp. 220-21. 제2세대 사회주의적 권리 즉 경제 · 사회적 권리와 제3세대 문화적 권리를 혼합하는 것('경제적 · 사회적 · 문화적 권리에 관한 규약'(ICESCR))은 두 전통 간에 존재하는 차이를 무시한다. 제2세대 인권을 주장한 사회주의자들은 제3세대 인권인 문화적 권리 즉 집단의 권리 혹은 자기결정권을 오랫동안 비판해 왔다. M. Ishay, ibid., p. 10 참조

250 차티스트(Chartist)는 1838-1848년 영국에서 노동자 계층이 주체가 되어 정치적 권리, 특히 보통선거권의 획득을 목표로 싸운 참정권운동가를 일컫는다.

251 M. Ishay, ibid., p. 160 참조. 미국의 루스벨트 대통령은 경제적 · 사회적 권리(복지권)와 자유 간의 관계를 역으로 주장했다. 그는 연두교서(State of the Union)(1944)에서 "개인의 진정한 자유는 경제안정과 독립 없이는 존재할 수 없다. 궁핍한 사람은 자유인이 아니다."라고 주장했다. 사회주의자는 자유권(참정권)의 실현이 복지 실현에 필수적이라고 주장한 반면, 루스벨트는 복지권의 실현이 자유 실현에 필수적이라고 주장한 것이다. 어쨌든 복지와 자유는 그 실현을 위해 서로가 필요하다고 볼 수 있다.

괄적인 정치 어젠다를 만들었다. 그들은 보편적 참정권(보통선거권), 재산권의 폐지, 교육권, 급진적인 누진소득세, 상속권의 폐지, 노동시간의 단축, 건강 개선과 안전한 노동조건, 아동노동의 제한, 여성의 해방, 노예제 폐지 등을 옹호하였다.[252] 많은 사회민주주의자들, 예컨대 스테펀 류크스는 마르크스 사상의 혁명적인 흐름에 반대하는 비판론을 제기하면서 마르크스주의자들이 인권을 진정으로 찬성하였는지 의문을 제기하였다. 미셸 푸코 등과 같은 구조주의자들은 마르크스적 이상의 제도화는 징계적(disciplinary)이고 억압적(repressive)이라고 비난하였다.[253] 그러나 이후의 공산주의 체제의 인권 남용이 있었다고 해서 19세기 마르크스주의(혹은 사회주의)의 역사적 기여를 간과하는 것은 옳지 않다. 시민적 권리에 대한 기여로 칭송받을 수 있는 자유주의가 식민지 유산 때문에 비난받을 수 없는 것처럼, 힘없는 가난한 노동자들의 권리를 옹호한 사회주의가 스탈린주의나 모택동주의의 잘못으로 비난받을 수 없다.[254] "인권의 이름으로 공산주의 체제가 저지른 만행에도 불구하고, 보통선거권, 노동자의 권리, 사회정의(세계인권선언과 2개의 인권규약에서 옹호되는 원리)는 그 기원상 사회주의적이다."[255]

한편 미국에서도 유럽과 같이 노동자, 여성, 노예 등 소수자의 권리를 증진하기 위한 운동이 전개되었다. 헨리 소로(Henry Thoreau)는 부당한 법에 반대하는 시민불복종을 선동하면서 노동조합, 여성의 참정

---

252   M. Ishay, ibid., p. 333 참조.

253   ibid., p. 119, 381 각주 참조.

254   ibid., p. 119 참조.

255   ibid., p. 9.

권, 반노예투쟁을 선동하였다.[256] 여성투표권에 관한 투쟁은 특히 미국과 영국에서 19세기 중엽부터 활발하게 일어났다. 미국에서 노예제는 1865년 13차 수정헌법에 따라 폐지되었고, 1868년 14차 수정헌법에 따라 연방법에 의해 법의 동등한 보호가 보장되었다. 그러나 여성의 권리는 여전히 부정되었다. 여성에게 참정권은 1893년 뉴질랜드에서 맨 먼저 주어졌고, 대부분의 나라들에서는 20세기 초와 중엽에 주어졌으며, 이슬람국가의 경우에는 21세기에 들어와서야 주어진 경우도 있다.[257]

유엔의 경제적 · 사회적 · 문화적 권리에 관한 규약(ICESCR)에 규정된 무료 교육권, 노동권, 안전 노동권, 공공 의료권, 자유로운 결사 및 노동조합 결성권은 유럽과 미국의 광산과 공장의 열악한 조건에서 기원한 것이다. 그러한 사회권이 19세기에 처음으로 주장되었지만, 입법을 통한 사회적 보호는 20세기에 더 큰 관심을 얻었으며, 그리하여 오늘날과 같은 복지국가의 발전을 보게 된 것이다.[258]

---

256 M. Ishay, ibid., p. 127. Henry Thoreau(1817-1862)는 "국가나 법이 비양심을 요구한다면 저항하라."라고 주장한 〈시민불복종〉(1849)을 저술하였다.

257 주요 국가의 여성 선거권이 주어진 해는 다음과 같다. 오스트레일리아(1902), 핀란드(1906), 노르웨이(1913), 소비에트 러시아(1917), 영국, 캐나다(1918), 독일(1919), 미국(1920), 프랑스, 일본(1946), 대한민국(1948, 남녀 동시), 스위스(1971), 사우디아라비아(2015)

258 M. Ishay, Ibid., p. 144 참조.

제3장

세계인권선언과 국제인권규약의 채택과 내용 분석

　　세계인권선언과 국제인권규약(자유권규약과 사회권규약)을 채택하게 된 배경을 먼저 설명할 것이다. 인권선언문과 두 인권규약의 성격을 설명하고 이들 문서에 포함된 인권목록을 세부적으로 분석하고 해설할 것이다. 시민적·정치적 권리(자유권)와 경제적·사회적 권리(사회권)를 구분하고 자유권의 우선성을 주장하는 사람들은 소극적 권리와 적극적 권리의 일반적인 구분을 전제하였다. 그런데 헨리 슈(Henry Shue)는 이처럼 권리를 소극적 권리와 적극적 권리로 구분하는 이분법에 문제가 있다는 것을 지적하고 의무 중심으로 권리를 분석하였다. 슈의 입장을 소개한 다음, 그의 논증을 비판적으로 검토할 것이다. 마지막으로 모든 인권은 상호 의존하며 불가분의 관계에 있다는 것을 설명할 것이다. 자유권과 복지권의 인권 범주들 사이에서뿐만 아니라 개별 인권들 사이에서도 상호의존하며 불가분의 관계가 유지된다는 것을 설명할 것이다.

1. 세계인권선언과 국제인권규약의 채택 배경

유엔의 '인권의 보편적 선언'(Universal Declaration of Human Rights) 즉 세계인권선언은 자연권과 인권의 개념에 대한 이전의 논증과 인권 증진을 위한 운동에 의존한다는 것은 더 말할 필요가 없다.[1] 노예무역과 노예제도에 대한 19세기의 반대 운동은 오늘날 인권 옹호라고 할 수 있는 의미를 지니고 있다. 제1차 세계대전 이후 노동자들의 권리와 소수자의 권리는 새로이 형성된 국제노동기구(ILO)와 국제연맹에 의해 언급되었다. 그럼에도 불구하고 제2차 세계대전 이전에는 인권이 국제 관계의 주요 관심사가 아니었다. 예를 들면 국제연맹 규약은 '인권'이라는 개념을 포함하지도 않았다.[2] 그런데 제2차 세계대전과 특히 히틀

1 　세계인권선언의 초안을 주도적으로 작성한 르네 카생은 "인권은 종교적 · 이념적 차이를 초월한다고 주장하면서도 종교적 그리고 자연법적 기초를 인정하였다." "프랑스 혁명에 의존해서 르네 카생은 세계인권선언의 핵심을 '존엄성, 자유, 평등, 우애'로 인식했다." M. Ishay ibid., pp. 3, 19.

2 　J. Donnelly and D. Whelan, *International Human Rights* (5th ed., Westview Press, 2018) p. 3 참조.

러의 유대인 대학살(홀로코스트, holocaust)로 인해 인간 존엄성과 인권의 가치가 인류의 중요한 관심사가 되었고, 그러한 사건들이 인권선언 채택의 결정적인 계기가 되었다. 제2차 세계대전이 끝난 후 유엔에 가입한 국가들(소련 등 일부 국가를 제외한)이 인권선언문의 합의를 보게 되었다. 유엔은 인권선언문을 1948년에 공표하고, 1966년에는 그것의 법률적 효력을 유지하기 위해 인권선언문에 명시된 권리들을 보다 더 구체화한 두 국제인권규약(시민적 · 정치적 권리에 관한 국제규약과 경제적 · 사회적 · 문화적 권리에 관한 국제규약)을 채택하였다.[3]

연합국들이 히틀러 치하 독일과의 전쟁의 성격을 생각했을 때, 그리고 그들의 시민과 나머지 세계 사람들에게 그 전쟁을 어떻게 정당화하는가에 대하여 생각했을 때 인권에 대한 존중이 점차 핵심적인 주제가 되었다. 미국이 전쟁에 개입하기 1년 전에 1941년 연두교서(State of the Union) 연설에서 프랭클린 루스벨트 대통령은 연합군의 전쟁 목적을 네 가지 기본적인 자유 즉 언론과 종교의 자유 및 궁핍과 공포로부터의 자유를 확보한다는 관점에서 구성하였다. 이 최초의 진술은 1941년 8월 대서양 헌장에서 연합군의 목표에 대한 진술을 협상한 루스벨트와 처칠 수상에 의해 더욱 정교화되었다. 1942년 후반부터 인권의 증진은 두 지도적인 연합국인 미국과 영국의 정부 안에서 전후 추진할 과제의 일부분이 되었다.

전쟁 전에는 독일과 그 주변국에서 탈출하려는 유대인들에게 거의 도움을 주지 않았다. 미국을 포함한 연합국 정부는 유대인들에게

---

3   세계인권선언과 두 국제인권규약을 묶어 '국제인권 (권리) 장전'이라고 보통 일컫는다.

피난처를 제공하는 것도 거부하였다. 세계는 6백만의 유대인, 오십만의 집시, 수만 명의 공산주의자, 사회민주주의자, 동성애자, 교회 활동가에게 눈을 감았다. 연합국 정부들과 일반대중의 홀로코스트에 대한 반성은 국제적인 행위에 즉각적으로 영향을 미치기 시작했다.[4] 홀로코스트 범죄는 국제적인 행위에 대한 광범위한 지지를 끌어내는 데 중요한 계기가 되었다. 그러나 그러한 범죄는 빙산의 일각이었다. 많은 기구와 개인들은 전시의 잔인성이 수년간의 국가에 의한 기본적인 권리의 침해가 체계적으로 가해진 행위에 기반을 두고 있었다는 것을 인지하게 되었다.[5] 유대인과 동성애자들은 그들이 지닌 시민적 · 정치적 · 경제적 권리를 히틀러 이전에 박탈당하였다. 게다가 세계 경제 침체와 그 후 1930년대 경제 불안이 권리침해 체계에 기여하였다. 따라서 기본권의 보호를 위한 제안은 전후 국제기구의 핵심적인 초점이 되었고, 이것이 인권을 유엔헌장(1945년 여름 샌프란시스코에서 채택함)에 수용하도록 만들었다.[6]

유엔헌장의 서문은 유엔의 네 개의 주요 목표 중 두 개로, "기본적인 인권, 인간의 존엄성 및 가치, 남녀 및 대소 국가의 평등권에 대한

---

4   J. Donnelly and D. Whelan, ibid., p. 4 참조.

5   ibid., p. 5 참조.

6   ibid., p. 5 참조. 유엔헌장을 마련할 즈음에 처음에는 인권이 무시되고, 특히 소수자와 식민지 국민들의 권리가 간과되었는데, 중소국들과 NGO가 주요 강대국가들에 압력을 가하여 헌장과 그 서문을 수정하도록 함으로써 인권이 유엔 활동의 주요 부분이 되도록 하였다. 그러나 헌장이 인간의 존엄성과 가치 그리고 권리의 동등성을 강조한 반면, 회원국의 국내 사법권 문제에 대해 유엔 기구가 간섭하지 않는다는 원리를 재확인함으로써 인권 보호를 위한 국제적인 간섭을 배제한 모습을 보였다. M. Ishay, *The History of Human Rights* (University of California, 2008), pp. 214-5.

신념을 재확인하는 것"과, 그리고 "더 많은 자유 속에서 사회적 진보와 생활 수준의 향상을 촉진하는 것"을 열거하고 있다.[7] 그리고 유엔헌장의 제1조는 위와 같은 목표를 실현하기 위해, "경제적, 사회적, 문화적 혹은 인도주의적 성격의 국제적 문제들을 해결하는 데 있어서, 그리고 인종, 성별, 언어, 혹은 종교의 구별 없이 모두에게 인권과 기본적 자유에 대한 존중을 권장하는 데 있어서 국제적 상호 협력을 달성할 것"을 언명하고 있다. 이러한 진술은 그 자체가 혁신적이었다. 이로부터 더 발전된 것은 1946년 유엔의 경제사회이사회의 후원 하에 유엔인권위원회를 창설한 것이다.

최초의 인권위원회는 유엔의 51개 회원국의 대표인 18명의 선출직 위원으로 구성되었으며, 그것의 첫 번째 과제는 '국제권리장전'(세계인권선언과 법적 구속력이 있는 두 인권규약들)과 함께 그것을 실행할 기구와 절차를 위한 초안을 마련하는 것이었다. 그러나 인권 기준에 대한 각 정부의 준수 여부를 감시할 "국제실행기구"의 설치에 대해서는 소규모 국가와 비정부기구는 옹호하였지만, 미국과 소련은 반대하였다. 그리하여 위원회는 국가의 인준이 필요 없는 권장하는 선언으로부터 시작하는 점진적인 전략을 채택하였다.[8] 인권위원회는 즉각 국제권리장전의 첫 번째 부분 즉 세계인권선언의 초안을 마련하는 데 초점을 맞

---

7   서문에서 밝힌 나머지 두 개의 목표로, "우리 일생 중에 두 번이나 말할 수 없는 슬픔을 인류에 가져온 전쟁의 불행에서 다음 세대를 구하고", "정의와 조약 및 기타 국제법의 연원으로부터 발생하는 의무에 대한 존중이 계속 유지될 수 있는 조건을 확립하는 것"을 언급하고 있다. 유엔헌장의 목표는 인권과 자유의 신장을 통해 사회적 진보와 생활 수준의 향상을 증진하고 세계평화와 안보를 유지하는 것이라고 볼 수 있다.

8   C. Beitz, *The Idea of Human Rights* (Oxford University Press, 2009), p. 18.

추었다. 인권선언의 초안은 캐나다의 법학자인 존 험프리와 프랑스
의 법학자인 르네 카생이 작성하였다. 그러나 초안을 마련하는 데 서
양뿐만 아니라 그밖에 중국(인권위원회 부의장), 레바논, 칠레 등 비서구권
국가의 대표자들도 핵심 위원으로 참여하여 주요 역할을 담당하였
다. 인권위원회와 기초위원회 의장인 미국의 엘레너 루스벨트(루스벨트
대통령의 부인)는 세계인권선언뿐만 아니라 이후의 국제인권규약을 채택
하는 데도 큰 역할을 하였다.[9] 문화적 다양성과 뿌리 깊은 이념 대립
으로 인한 장애를 극복하기 위해, 인권선언의 초안을 마련하기 전에
인권위원회는 유네스코에 인권에 관한 다양한 권리 전통을 연구하도
록 의뢰하였다. 연구하기 위해, 유네스코 철학자위원회는 회원국들의
여러 사상가와 작가들에게 설문지를 돌렸다. 중국, 이슬람 국가, 힌
두 국가, 미국, 유럽의 관습적이거나 법률적인 관점뿐만 아니라 인권
에 관한 세계관의 70개 답변이 저명한 학자와 지도자로부터 돌아왔
다. 그중에는 인도의 간디, 이탈리아 철학자이며 역사학자 크로체, 이
슬람교도, 중국 철학 교수, 영국의 소설가 등이 포함되었다. 이와 같
이 철학자위원회는 여러 종교적, 문화적 그리고 지적인 배경으로부
터 이끌려 나오는 인권에 관한 다양한 관념을 연구하였다.

　유네스코 위원회 위원 중 한 사람이면서 프랑스 토미스트 철학자

9　J. Donnelly and D. Whelan, ibid., pp. 5-6; M. Ishay, *The History of Human Rights* (University
　of California Press, 2008), pp. 16-7 참조. 초안 작성을 주도한 르네 카생은 홀로코스트에서
　29명의 친척을 잃은 유대인이며, 유대 국가 건설의 옹호자로 1968년에 노벨평화상을 수상
　하였다. 위원회의 보고자(rapporteur) 역할을 한 레바논의 찰스 말리크(Charles Malik)는 아
　랍연맹(Arab League)의 대변인으로 실존철학자이다. 그는 이슬람 문화권을 대표한 것으로
　이해된다.

인 자크 마리탱은 "세계의 네 문화권으로부터 나오고, 상이한 문화와 문명에 속할 뿐 아니라 적대적인 정신계와 사상계에 속하는 사람들 간에 어떻게 생각의 합의를 이룰 수 있으리라고 상상할 수 있겠는가?" 하고 물었다. 그러나 인권위원회가 다수의 문화적, 종교적 그리고 정치적 전통으로부터 공통의 인권 언어를 도출하려고 할 때 그러한 합의를 발견하는 것은 위원회의 의무였다. 선언문 기초위원회를 자문한 철학자들은 인권 목록을 합의하는 데 어려움이 없었다. 그렇게 다양한 집단이 인권 목록에 합의한 것에 사람들이 놀라움을 표시할 때, "우리는 권리들에 합의하며 누구도 왜라고 묻지 않는 조건에서 한 것이다."라고 자크 마리탱은 보고하였다.[10] 그리핀(James Griffin)이 말한 것처럼, 그것은 마치 법 규범의 많은 것들을 정당화할 때 침묵하는 것과 같다. 형법에서 사회구성원들이 주요 범죄 목록을 합의하는데 어려움이 없지만, 왜 그것을 범죄로 규정하는가에 대해서는 상당한 의견 불일치가 있는 것과 같다.[11] 하지만 그가 지적한 것처럼, 인권의 목록에만 합의하고 그것에 대한 이유에 대해 합의가 없는 것은 중대한 결함이 있다. 목록의 정당화에 대한 보다 더 많은 합의는 인권의 진정한 증진을 가져오고 내용에 대한 불일치가 적고, 권리 간의 더 적은 논쟁을 가져올 것이다.[12] 인권의 근거(정당화)에 대한 논의는 제4장에서 자세하고 다룰 것이다.

---

10 M. Ishay, ibid., pp. 17, 220; C. Beitz, *The Idea of Human Rights* (Oxford University Press, 2009). pp. 20-21; J. Griffin, *On Human Rights* (Oxford University Press, 2008), p. 25 참조.

11 J. Griffin, ibid., p. 25.

12 J. Griffin, ibid., p. 26.

새로운 보편적 윤리인 인권을 탐색하는 데 있어서, 위원회 위원들은 인권의 철학적 전통의 역사가 좁은 서양 전통의 한계를 넘어, "서양과 동양에서의 그 철학적 전통의 시작이 철학의 시작과 일치한다는 것"을 확인하였다고 마리탱은 주장하였다.[13] 그런 관점에서 본다면 위원회 위원들은 그들의 작업으로부터 보편적인 인권이 18세기 유럽의 계몽주의로 거슬러 올라가는 순전히 서구적인 발명이라는 전제에 도전한 것이라고 볼 수도 있다. 그런데 그보다 그들은 계몽주의 인권론자들에게 영감을 준 공동선의 보편적 관념을 찾기 위해 세계의 모든 위대한 종교와 문화에 시선을 돌려본 것이라고 말할 수 있다.[14]

인권선언에서 권리의 우선성과 실행 방법과 관련해 유엔 회원국 간에 특히 미소 양 진영 간에 약간의 갈등이 있었다. 소련 대표는 경제적·사회적 권리와 그에 따른 의무에 우선적 가치를 둔 반면, 미국

---

13   J. Maritain, *Human Rights*, p. 260, M. Ishay ibid., p. 17 재인용.

14   M. Ishay, ibid., p. 17 참조. 앞 장에서 논의했듯이, 엄밀한 의미에서 개인의 권리 또는 인권은 공동선에 의해 정당화될 수 있는 개념이 아니다. 마리탱과 같은 토미스트는 현대에 와서 공동선에 입각한 토마스주의적 인권을 주장한다. 그러한 인권관은 현대 기독교적 인권관을 대표하고 있다. 이와 같이 인권을 공동선에 기초하는 경우, 공동선에 기초한 의무와 같이 아리스토텔레스의 철학을 포함한 고대 그리스의 철학뿐만 아니라, 동양의 전통적 사상에 의해서도 인권이 정당화될 수 있을 것이다. 인권이 정당화되는 사상적 또는 철학적 근거가 무엇이냐에 대해서는 논쟁이 야기될 수 있다. 그러나 어떠한 사상적 또는 철학적 배경을 지니고 있건 간에 대부분의 사람들은 인권의 관념을 지니고 있다. 인권 기초위원들은 인권선언문에서 "왜 사람들이 이러이러한 인권을 갖는가?"와 같이 이유를 묻지 않고, 여러 철학적, 종교적, 도덕적 전통들이 공통으로 합의할 수 있는 인권의 목록을 제시한 것이라고 일반적으로 말한다. (이것은 롤스를 따라 인권에 관한 '중첩적 합의'라고 말할 수도 있다) 자크 마리탱이 표현한 것처럼, "우리는 권리에 관한 합의를 하지만 어느 누구도 우리에게 왜 그런 것인지 묻지 않는 조건 하에서 그렇게 한다." (UNESCO 1949:10) 만약 인권의 근거를 문제 삼는다면, 인권선언에 표현된 것처럼, 막연한 개념인 '인간의 존엄성'만이 전제되고 있다고 말할 수 있다.

의 대표는 시민적 · 정치적 권리에 우선적 가치를 두었다. 소련은 미국 내 흑인의 시민적 · 정치적 · 경제적 권리의 박탈을 지적하였다.[15] 국내 정치에의 간섭을 두려워한 소련은 국가가 인권을 보장하는 데 일차적인 책임이 있다고 주장하였다. 한편, 인도와 이집트 등의 가난한 국가의 대표는 경제적 · 사회적 권리의 포함에 동정적이면서도 그러한 권리를 점차 실행하기를 희망하였다. 1948년 엘레너 루스벨트는 절충점을 시도하였다. 망설이는 트루먼 행정부를 설득하여 사회적 · 경제적 권리가 자기 남편(루스벨트 대통령)의 뉴딜 정책 및 '네 가지 자유'의 관점과 일치한다고 설득하였다. 인권선언은 58개 회원국 중 50개국이 찬성하여 1948년 12월 10일 채택했다. 소련 진영의 6개국과 사우디아라비아, 남아프리카는 기권하였는데, 이들 나라는 권리 개념이 '개인주의적'이며, 법적으로 구속력이 있는 유엔헌장이 보장하는 국내 사법권의 신성성에 도전한다고 보았기 때문이다.

인권선언의 주도적인 기초위원인 르네 카생이 인권들은 분리될 수 없다고 끊임없이 주장했음에도 불구하고, 인권위원회 의원들 간에 시민적 · 정치적 권리와 경제적 · 사회적 권리 간의 관계에 대한 논쟁이 계속 일어났다. 게다가 인권들을 실행하고 감시하고 보호할 적절한 수단에 대한 논쟁이 거기에 추가되었다. 인권의 분리안이 도전받을 때 인도의 결의안이 제출되었는데, 그 결의안은 "똑같이 기본적이고 중요한 경제적 · 사회적 · 문화적 권리들은 정당화될 수 있는 권리이며 그것들의 실행 방법이 다르다는 점에서 시민적 · 정치적 권

---

15   M. Ishay, ibid., p. 221.

리와는 구별된 권리 범주를 형성한다."라는 것을 지적하였다.[16] 위원
회 위원장인 엘레나 루스벨트는 유엔총회에서 인도의 결의안을 지지
하였으며, 마침내 1966년에 두 개의 분리된 인권규약이 유엔총회에
서 채택되고, 1976년에 발효되었다. 이 두 개의 규약은 '시민적·정치
적 권리에 관한 국제규약'과 '경제적·사회적·문화적 권리에 관한
국제규약'으로, 각각 자유권 규약(B규약)과 사회권 규약(A규약)으로도 통
용된다.

이들 인권규약에 가입한 국가들은 이제 인권이 국내의 관할권 안
에 단순히 머무른다고 더 이상 주장할 수 없게 되었다. 국제인권규약
은 실정법의 효력을 갖는 국제법의 지위를 지니기 때문에 규약에 가
입한 국가는 인권규약을 어기는 경우 다른 나라의 간섭을 받을 수밖
에 없다. 북한을 포함하여 세계 대부분의 국가들은 두 규약에 가입해
있다.[17]

---

16   E. Roosevelt, "Statement on Draft Covenant on Human Rights," in *Courage in a Dangerous World*, p. 168, M. Ishay, ibid., p. 223 재인용.

17   북한은 남한(1990)보다 먼저(1981) 두 규약에 가입했다. 규약에 가입하면 5년에 한 번씩
      인권 실태에 관한 국가보고서를 내야 하는데, 북한은 1994년 이후 보고서를 내지 않고 있
      다. 그러나 유엔인권위원회(2006년 '유엔인권이사회'로 개편)가 이런 문제를 지적하자 북
      한은 내정간섭이라며 자유권 규약의 탈퇴를 선언했다. 북한이 자유권 규약을 탈퇴하려고
      시도했지만, 탈퇴권이 인정되지 않아(규약에 탈퇴에 관한 언급이 없어) 뜻을 이루지 못하
      고 있다. 중국, 사우디아라비아, 미얀마 등은 자유권 규약에 아직 가입하지 않고 있다. 중국
      은 규약에 서명하였지만 가입하지 않았다. 미국은 사회권 규약에 서명하였지만, 상원이 비
      준해 주지 않아 사회권 규약에 가입하지 않은 상태에 있다. 이슬람 국가인 사우디아라비아
      는 자유권 규약뿐만 아니라 사회권 규약에도 가입하지 않았다.

2. 세계인권선언의 분석

세계인권선언은 전체주의적 이데올로기를 파괴할 수 있는 가장 생명력 있는 도구이다. 그것은 인간존엄성을 위한 필요조건이다.[18] 인권선언은 인권 근거의 일부로서 서문에서 인간의 '고유한 존엄성'(inherent dignity)을 언급하는 것으로 시작한다. 또한 서문에서 인권이 무시되고 경멸받음으로써 이것이 법의 보호로도 피할 수도 있는 '야만적 행위'로 귀결되었다는 것을 언급한다. 서문은 인권에 대한 존중이 국가 간의 우호적인 관계의 발전을 증진할 것이라고 제안한다. 그러나 인권선언의 서문은 인간 존엄성이 인간 본성이나 신에 의해 주어진다는 것을 추가로 주장하지는 않는다. 단지 "모든 사람은 태어나면서 자유롭고 존엄성과 권리에서 동등하다."(제1조)라고 언명한다. 미국독립선언에서는 창조주가 인간에게 어떤 권리를 부여한다고 보고, 프랑스 인권선언에서는 인권이 '자연적'이고 '신성한' 것이라고 주장한 것과 달리, 인권선언에서는 인간의 존엄성은 단순히 기본적 가치 그 자체로서 주장된다.[19] 인권선언문 기안자들은 서로 다른 나라들을 대표할 뿐 아니라 상이한 종교적·철학적 전통과 정치적 입장을 대표하였기 때문에 달리 방법이 없었다. 비록 인권 관념에 대한 공유된 입장이 있었어도 왜 이러한 권리들이 국제적인 인정과 보호를 받아

---

18 M. Ishay, *The History of Human Rights*, XX.

19 M. Ignatieff, *Human Rights as Politics and Idolatry* (Princeton University, 2001), pp. 77-8, C, Beitz, *The Idea of Human Rights*, p. 20 재인용.

야 하는지, '인간존엄성'의 가치에 추상적으로 호소하는 것 이외에는 권리들의 이유에 대한 공유된 철학적 관점은 없었다. '본성상' 혹은 '창조주가 부여한 것'으로 인간이 그 권리들을 소유한다는 합의는 없었다. 그러한 관념들은 어느 것이건 간에 광범위하게 수용되어야 하는 선언문에서는 적절하지 않은 편협한 신학적인 입장을 불러들인다고 보았다.[20]

인간의 태생적 존엄성은 그것이 향유되기 위해 여러 권리에 의해 보완되어야 한다. 인권 초안의 마련에 주도적인 역할을 한 르네 카생은 프랑스 혁명의 정신에 영향을 받아, 인권선언의 네 가지 핵심 가치를 '존엄성, 자유, 평등, 우애'로 인식했다.[21]

첫 번째 핵심 가치는 존엄성(제1-2조)으로, 존엄성은 종교, 신념, 인종, 성별과 관계없이 모든 인간이 갖는 가치이다.

두 번째 핵심 가치는 자유로, 제1세대 권리(제3-21조)에 해당하며, 시민적·정치적 권리(계몽주의 시대에 쟁취한 권리)로, 자유권을 언급하고 있다.

세 번째 핵심 가치는 평등으로, 제2세대 권리(제22-26조)에 해당하며, 사회적·경제적 권리(산업혁명기에 옹호된 권리)로, 사회권(복지권)을 언급하고 있다.

네 번째 핵심 가치는 우애로, 제3세대 권리(제27-29조)에 해당하며, 공동체 및 국가 연대와 관련되고, '연대의 권리'(solidarity rights)를 언급하

---

20   C. Beitz, *The Idea of Human Rights*, pp. 19-21 참조.
21   '자유'와 '평등'의 개념은 인권선언의 조항들에 주로 반영되어 있고, '우애'는 서문에 "국가 간의 우호적인 관계(friendly relations)의 증진과 발전"을 강조함으로써 그 뜻이 반영되어 있다.

고 있다. 집단의 권리 혹은 자기결정권(탈식민지시대에 강조된 권리)이 그 안
에 포함된다.[22]

식민지 지배를 받은 국가들이 독립하여 1960년대에 유엔에 가입
하기 시작하자 문화적 권리의 개념이 집단의 권리인 자기결정권과
연결되었다.[23] 이러한 연관성은 인권선언의 제27조에서 표현되는데,
그 조항은 "모든 사람은 공동체의 문화생활에 자유롭게 참여하여 예
술을 향유하고 과학적 진보와 그 이익을 공유할 수 있는 권리가 있
다."라고 규정하고 있다. 인권선언에는 제1세대 권리와 제2세대 권리
중심으로 내용이 구성되어 있고 집단의 권리인 자기결정권에 대한
분명한 언급은 없다. 그러나 개발도상의 약소국가나 소수집단의 구
성원들이 그 집단의 경제적 사회적 문화적 발전을 자유로이 추구할
수 있고 자원을 자유로이 처분할 수 있는 자기결정권을 인권규약(자
유권, 사회권 규약 제1조)에서는 명시하고 있다. 인권선언의 제27조와 함께

22　M. Ishay, ibid., pp. 3-4, 222-23; J. Nickel, *Making Sense of Human Rights*, p. 95 참조. 인권
　　을 3세대로 처음 구분한 사람은 체코 태생의 프랑스의 법률가인 카렐 바작(Karel Vasak)이
　　다. 그는 프랑스 혁명의 모토인 자유, 평등, 우애를 따라 인권을 3세대 개념으로 구분하였
　　다. 그는 슈트라스부르크의 국제인권연구소(International Institute of Human Rights)에서 그
　　개념을 1979년에 처음으로 제안하였다. 자기결정권이 분명하게 규정된 두 국제규약이 채
　　택(1966)된 이후이다. 제3세대 권리는 문화적 전통에 참여할 권리, 집단의 권리, 자기결정
　　권 이외에 경제적 사회적 발전에 대한 권리, 건강한 환경에 대한 권리, 천연자원에 대한 권
　　리, 세대 간 형평과 지속가능성에 대한 권리 등을 포함한다. 대부분 식민지 지배를 받은 아
　　프리카 국가들이 채택한 아프리카인권헌장(African Charter on Human and People's Rights)
　　은 위의 권리 중 많은 권리를 규정하고 있다. (제20, 21, 22, 그리고 제24조) 환경의 질을 강
　　조하는 제3세대 권리에는 자연스럽게 미래세대의 권리도 포함된다. (W. Edmundson, *An
　　Introduction to Rights*, p. 177 참조) 제3세대 권리는 "개발도상국가의 세계(제3세계), 박탈
　　당한 소수자, 그리고 억압당한 집단의 열망을 표현한다." T. Campbell, *Rights*, p. 138.

23　M. Ishay, ibid., p. 196 참조.

제29조에서 "공동체에 대한 의무"가 규정됨으로써 국제인권규약들에 집단의 권리 혹은 자기결정권이 구체적으로 언급될 수 있도록 단초를 마련하였다. 두 국제인권규약의 제1조는 보편적 자기결정권을 확인하고 있고, 1986년의 아프리카 인권선언은 그 구절을 반복하고 있다.

3세대 권리론은 1970년대 말까지 국제사회에 의해 널리 인정받았다. 그러나 도넬리와 윌랜은 적어도 세 가지 심각한 문제점이 있다는 것을 다음과 같이 지적하고 있다.[24] 첫째, 그것은 역사적으로 정확하지 않다. 서구의 자연권(인권) 관념은 경제적 권리를 포함하였다. 예를 들면 로크의 짤막한 대표적인 권리 목록은 생명, 자유 그리고 재산을 포함하였다. 제퍼슨은 마찬가지로 생명, 자유 그리고 행복 추구의 권리를 강조하였다.[25] 19세기에 특히 무산계급의 노동자들을 위한 경제적·사회적 권리 개념의 발달은 사회주의보다 선행하였으며, 비록 사회주의와 연대하기는 했지만 대체로 사회주의와 독립적으로 진행되었다. 예를 들면 독일 복지국가의 토대는 보수주의자인 비스마르크 총리에 의해 마련되었다. 그리고 두 세계대전 사이 그리고 제2차 세계대전 후 현대 복지국가가 시작될 때 서구국가들은 경제적·사회적 권리를 정교화하고 실행하는 데 주도적 역할을 하였을 뿐 아니라 사회주의 국가권의 경우보다 훨씬 더 우월한 결과를 성취하였다.[26] 둘

---

24 J. Donnelly and D. Whelan, *International Human Rights*, pp. 66-7 참조.

25 재산권은 경제적 권리로 분류될 수 있고, 행복추구권은 포괄적인 권리로 경제적·사회적 권리를 함축하고 있는 것으로 이해된다.

26 제2차 세계대전 이후 1929년 대공황으로 인한 사람들의 고통은 국가의 불간섭주의와 제

째, 3세대 권리의 공식은 소위 제3세대 권리를 지나치게 강조하고 있다. 제3세대 권리는 국제적으로 인정된 인권의 극히 일부를 차지한다. 그것은 또한 자기결정권을 제외하고 실제적으로는 그 영향력이 미미하다. 그것은 다른 인권과 질적으로 다르며, 제3세계 국가들이 그것을 인정하도록 압력을 가하는 데 중심적인 역할을 하였다. 셋째, 인권의 통합 문제와 직접 관련되는 문제로, 3세대 권리 모델은 인권의 상호의존성, 상관성, 그리고 불가분성과 근본적으로 긴장 관계에 있다.[27]

니켈(James Nickel)은 인권선언의 권리 목록을 더 세분화하여 다음과 같이 여섯 갈래로 분류하고 있다.[28] 대분류는 그의 제안을 따르고, 세부 목록을 일부 수정 · 보완하여 제시하면 다음과 같다.[29]

1) 안전권

① 생명과 신체의 자유 및 안전에 대한 권리(제3조)

한된 역할에 회의감을 갖게 했다. 1930년대 미국의 루스벨트 대통령의 뉴딜정책을 따라 영국과 프랑스 또한 경제적 위기와 대량 실업에 대응하기 위해 복지정책을 채택했다. 루스벨트 대통령 부인인 엘레나 루스벨트(인권위원회 위원장)는 남편의 영향을 받아, 주저하는 트루먼 대통령을 설득하여 인권선언에 경제적 · 사회적 권리를 넣었다. (M. Ishay, ibid., pp. 179, 222 참조)

27 인권의 상호의존성 등에 대해서는 다음 5절에서 논의하겠다.

28 J. Nickel, ibid., p. 11 참조.

29 3) '기본적 자유'에서 니켈의 분류는 ⑪ '직업선택의 자유'(23조 1항)를 포함하지 않은데, 그것을 새로 추가하였다. 6) '경제적 · 사회적 권리'에서 '노동할 권리'(노동권)(23조 1항)를 추가하였다. 그리고 ⑧ '과학적, 문학적 혹은 예술적 창작물로부터 나오는 도덕적 그리고 물질적 이익을 보호받을 권리'(27조 2항)는 니켈의 원래 분류에서는 2) '적법절차권' 안에 들어가 있으나, '경제적 · 사회적 권리'로 재분류하였다.

② 고문이나 잔인한 또는 모욕적인 대우나 처벌을 받지 않을
권리(제5조)

2) 적법 절차권

① 기본권 침해에 대해 유효한 배상을 받을 권리(제8조)

② 임의적 체포, 구금, 추방을 당하지 않을 권리(제9조)

③ 형사사건에서 공정하고 공개적인 재판을 받을 권리(제10조)

④ 형사사건에서 무죄 추정의 권리(제11조 1항)

⑤ 형벌 불소급의 권리(제11조 2항)

⑥ 임의적 국적 박탈을 당하지 않을 권리(제15조)

⑦ 임의적 재산 박탈을 당하지 않을 권리(제17조 2항)

3) 기본적 자유

① 노예 또는 예속 상태로 있지 않을 권리(제4조)

② 사생활, 가족, 가정 혹은 통신에 대한 임의적 방해와 명예에
대한 공격을 받지 않을 권리(제12조)

③ 자국 내에서의 이동 또는 거주의 자유(제13조 1항)

④ 자신의 나라를 떠나거나 돌아올 자유(제13조 2항)

⑤ 박해로부터 피난처를 타국에서 찾거나 누릴 수 있는 자유(제
14조)

⑥ 성인이 되면 결혼해서 자기 뜻에 따라 가정을 이룰 자유(제16조)

⑦ 개별적으로 혹은 다른 사람과 함께 재산을 소유할 자유(제17
조 1항)

⑧ 사상, 양심, 그리고 종교의 자유(제18조)

⑨ 의견과 표현의 자유(제19조)

⑩ 평화적인 집회와 결사의 자유(제20조)

⑪ 직업선택의 자유(제23조 1항)

⑫ 노조 결성과 참여의 자유(제23조 4항)

⑬ 부모가 자녀 교육의 종류를 선택할 자유(제26조)

⑭ 문화생활에 참여할 자유(제27조)

4) 정치적 참여의 권리

① 직접적으로 혹은 자유로이 선출된 대표자를 통해 정부에 참여할 권리(제21조 1항)

② 자국 내에서 동등하게 공무를 담임할 수 있는 권리(제21조 2항)

⑤ 정기적이고 진정한 선거에서 투표할 권리(제21조 3항)

5) 평등권

① 기본적 권리와 자유를 평등하게 누릴 권리(제1, 2조)

② 모든 곳에서 법 앞에 인간으로서 인정받을 권리(제6조)

③ 법 앞에 차별받지 않고 동등한 보호를 받을 권리(제2, 7조)

④ 동등한 노동에 동등한 보수를 받을 권리(제22조)

⑤ 혼외 출생아의 동등한 사회적 보호를 받을 권리(제25조 2항)

6) 경제적 · 사회적 권리

① 사회보장에 대한 권리(제22조)

② 노동할 권리(제23조 1항)

③ 노동자가 정당하고 적절한 보수를 받을 권리(제23조 3항)

④ 휴식과 여가를 즐길 권리(제24조)

⑤ 의식주와 의료를 포함한 복지를 위해 적합한 수준의 삶을 누릴 권리(제25조)

⑥ 모성과 아동기에 특별한 보호와 지원을 받을 권리(제25조 1항)

⑦ 교육 기회에 대한 권리(제26조)

⑧ 과학적, 문학적 혹은 예술적 창작물로부터 나오는 도덕적 그리고 물질적 이익을 보호받을 권리(제27조 2항)

안전권, 적법절차권, 기본적 자유 그리고 정치적 참여의 권리는 자유주의 전통에서 강조되어 온 자유권으로 분류된 권리들이다. 반면에 경제적·사회적 권리는 사회주의 전통에서 옹호되어 온 사회권의 범주에 속한다. 그런데 위의 분류에서 3) 기본적 자유에 포함된 ⑪ 직업선택의 자유, ⑫노조 결성과 참여의 자유, ⑬자녀 교육을 선택할 자유, ⑭문화생활에 참여할 자유는 자유권이면서도 사회권의 범주에 속해 있는 권리들이다. 자유권과 사회권의 구분을 짓는 것이 어려운 경우도 있을 수 있다는 것을 보여주는 대목이다. 위의 자유권들은 사회권 즉 사회적·경제적 권리에 일반적으로 수반된다고 여겨지는 국가의 '적극적인' 의무가 요구되기보다는 국가가 단지 침해하지 말아야 할 '소극적' 의무가 더 요구된다. 그런 관점에서 본다면 위의 권리들은 내용상으로는 사회권으로 분류되지만, 국가로부터 방해받지 않을 권리인 자유권으로도 분류될 수 있다고 볼 수 있을 것이다.

평등권은 5)의 ① '기본적 권리와 자유를 평등하게 누릴 권리'를 인권선언 제2조에서 특별히 규정하고 있지만, 실제로는 거의 모든 권리와 자유에 전제된다고 보아야 한다. 생존권을 모든 사람이 누구나 똑같이 누리는 것처럼, 생명권이나 표현의 자유도 누구나 똑같이 누린다. 그런 점에서 평등권은 사회권(2세대 권리)에만 적용되는 것이 아니라 자유권(1세대 권리)에도 적용된다고 볼 수 있다.

3. 국제인권규약의 분석[30]

'시민적 · 정치적 권리에 관한 국제규약'(International Covenant on Civil and Political Rights: ICCPR, B규약)과 '경제적 · 사회적 · 문화적 권리에 관한 국제규약'(International Covenant on Economic, Social and Cultural Rights: ICESCR, A규약)의 각 서문은 그 내용을 공유하고 있다. 두 규약의 서문에서 모든 사람의 고유한 존엄성과 불가침의 동등한 권리의 인정이 이 세상의 자유와 정의 그리고 평화의 기초가 된다는 것을 강조하고 있다. 그러한 권리들은 인간의 고유한 존엄성에서 나온다는 것을 다시 강조한다. 공포와 결핍이 없는 인류의 이상은 시민적 · 정치적 권리뿐만 아니라 경제적 · 사회적 · 문화적 권리를 함께 누릴 경우에만 달성될 수 있다는 것을 언급함으로써 두 권리 간의 불가분의 관계를 강조한다. 인권 및 자유의 존중과 준수를 증진할 의무가 국가에 있고, 개인들도 다른 개인과 공동체에 그렇게 할 의무가 있다는 것을 언급함으로써, 권리에 따른 의무는 국가뿐만 아니라 개인도 지니고 있다는 것을 강조한다.[31]

30　인권에 관한 유엔의 주요 조약은 2개의 국제규약(1976년 발효)과 5개의 국제협약으로 이루어진다. 2개의 국제규약을 포함해서 인종차별철폐협약(1969년 발효), 여성차별철폐협약(1981), 고문방지협약(1987), 아동권리협약(1990), 장애인 권리협약(2008) 등 5개의 협약은 유엔의 160개국 이상의 회원국이 가입(2018년 기준)된 7개 주요인권법이다. (장애인 권리협약을 제외한 4개의 협약과 국제인권장전-인권선언, A규약과 B규약-의 7개 문서를 국제인권정책의 '핵심' 문서라고 한다. (C. Beitz, *The Idea of Human Rights*, p. 26) 그밖에 이주노동자권리협약, 강제실종자방지협약, 원주민권리협약, 노인권리협약, 난민협약 등 많은 유엔협약이 있다. 유엔협약 이외에도 권역별로, 유럽인권협약, 미주인권협약, 아시아인권헌장, 아프리카인권헌장 등이 있다. 유엔의 국제협약들과 권역별 협약들은 인권선언이나 두 개의 국제인권규약에 기반을 두고, 이것들을 확장하고 세분화한 것이기 때문에 여기서는 두 개의 인권규약을 중심으로 논의하겠다.

두 규약은 제1조에서 자기결정권 혹은 자결권(right to self-determination)을 확인하고 있다. 이로써 자기결정권 즉 집단의 권리가 인권의 목록으로 분명하게 규정된다.[32] 국가의 자기결정권을 바탕으로 모든 국민들은 그들의 정치적 지위를 결정하고 자유로이 그들의 경제적·사회적·문화적 발전을 추구할 수 있다는 것을 규정하고 있다. 그들의 천연자원을 그들의 목적에 맞게 자유로이 처분할 수 있고 어떠한 경우에도 그들의 생존 수단을 박탈당할 수 없다고 주장한다. 두 규약이 제2조에서는 인종, 피부색, 성별, 언어, 종교, 혹은 정치적 혹은 다른 견해를 근거로 어떠한 차별도 금지하는 조항을 공유하고 있다. 이 두 조항은 다른 인권들의 실현에 기본적으로 요구되는 사항으로 인식된다.

그러나 인권의 실행과 관련해서는, B규약의 제2조는 각 규약 당사국이 자기 나라의 헌법적 절차와 B규약의 조항에 따라 그 규약에서 인정되는 권리들을 실행하는 데 필요한 법과 절차들을 즉각 갖추도록 요구하는 반면, A규약의 제2조는 국가별로 특히 경제적이고 기술적인 분야에서의 국제적인 원조와 협조를 통해 그 규약에서 인정되

---

31 B규약에 규정된 권리들은, 예컨대 생명권이나 사생활권처럼, 국가뿐만 아니라 개인이 그 것들을 침해하지 말아야 할 의무가 있는 반면에, A규약에 규정된 권리들 예컨대 생존권 이나 건강권은 주로 국가 또는 국제사회가 그 실현에 책임이 있는 것으로 일반적으로 간 주된다.

32 유엔 인권선언에 포함되지 않은 자기결정권 즉 집단의 권리가 인권의 새로운 목록으로 추 가됨으로써, 타국의 간섭을 배제하고 주권의 중요성을 강조하는 측면도 있지만, 사회지배 층이 억압적인 전통문화를 고수함으로써 여성 또는 소수자의 권리가 오히려 침해되는 문 제점도 있다. 집단의 권리 또는 자기결정권에 대해서는 제5장 2절 5) '집단의 권리'에서 자 세히 논의할 것이다.

는 권리들을 점진적으로 실현하도록 규정하고 있다. B규약은 인권선언의 제3-21조에 규정된 시민적 · 정치적 권리에 관한 내용을, 그리고 A규약은 인권선언의 제22-27조에 규정된 사회적 · 경제적 · 문화적 권리에 관한 내용을 구체화하고 확장하였다.

두 인권규약에 규정된 권리들은 대부분 인권선언에 규정된 권리목록들을 상세하게 규정하고 있기 때문에 여기서 반복하지 않겠다.[33] 다만 인권선언에 규정된 권리로서 두 규약에 동시에 규정된 권리와 두 규약에서 제외된 권리, 그리고 인권선언에는 없지만 규약에 추가된 권리를 제시해 보기로 한다.

1) 두 규약에 동시에 규정된 권리

① 차별 없이 평등하게 보호받을 권리(인권선언 제2, 7조, A규약 제2, 3조, B규약 제2, 3조)

② 결혼하여 가정을 이룰 권리(인권선언 제16조, A규약 제10조, B규약 제23조)

③ 노조 결성과 참여의 권리(인권선언 제23조, A규약 제8조, B규약 제22조)

④ 아동이 특별보호를 받을 권리(인권선언 제25조, A규약 제10조, B규약 제24조)

2) 두 규약에서 제외된 권리

① 재산을 소유할 권리(인권선언 제17조)[34]

33　두 규약의 내용은 인권선언과 함께 부록에 제시하였다.

34　소련의 압력으로 인해 두 규약에서 재산권을 배제하였다.

3) 규약에 새로이 추가된 권리

① 모든 국민의 자기결정권(A규약 제1조, B규약 제1조)

② 구속 또는 수감된 상태에서 인도적인 대우를 받을 권리(B규약 제10조)

③ 채무불이행으로 인한 수감을 당하지 않을 권리(B규약 제11조)

④ 외국인이 임의적 추방을 당하지 않을 권리(B규약 제13조)

⑤ 국가적 · 인종적 · 종교적 혐오 발언으로부터 보호받을 권리(B규약 제20)

⑥ 소수집단이 자신의 문화를 향유할 권리(B규약 제27조)

두 규약은 대부분의 경우 인권선언의 권리들을 확장하거나 상세화하였는데, 예를 들면, 인권선언은 모든 사람에게 자국 정부에 참여할 권리를 보장하고 있지만, 식민통치에 관해서는 분명한 입장을 취하고 있지 않는데, 두 규약은 특별히 자기결정권을 인정하고 있다. 인권선언은 또한 "건강과 복지에 맞는" 의료권(right to medical care)을 이야기하지만 A규약은 "신체적 및 정신적 건강의 달성 가능한 최고의 수준"을 누릴 권리를 요구하고 있다.[35] 인권선언은 또한 "모든 사람은 자기

---

35 그리핀은 '신체적 및 정신적 건강의 달성 가능한 최고의 수준'에 대한 권리는 없다고 주장한다. J. Griffin, *On Human Rights*, p. 209. Wolff는 그러한 권리는 '유토피아적인 기준'을 설정하고 있는 것이라고 비판한다. '달성 가능한 최고 수준의 건강'의 관념을 취한다면, 임상적으로 효과적인 방법을 취하지 않는 경우 인권 위반이 될 것이고, 그리고 그것은 자원을 건강 분야에 심하게 전환하는 것을 의미한다고 그는 주장한다. J. Wolff, "The Content of the Human Right to Health", in R. Cruft, S. Liao, and M. Renzo(eds.), *Philosophical Foundations of Human Rights* (Oxford, 2015), pp. 491-3 참조.

의 장점(merit)에 기반을 둔 고등교육을 똑같이 받을 권리가 있다."라고
주장하지만, A규약은 "무상 고등교육의 점진적인 도입"을 요구하고
있다.

　네 개의 '핵심적인' 국제협약[36]은 인권선언과 두 국제규약에 규정
된 권리들의 범위를 더욱더 확장하였다.[37] 예를 들면 인종차별철폐협
약 제4조는 조약당사국으로 하여금 법과 공적제도의 관행에서 인종
차별을 철폐할 뿐 아니라, 국가권력으로 하여금 인종적 우수성이나
혐오에 기반을 둔 공개적 표현을 금지 또는 처벌하도록 하였다. 여성
차별철폐협약 제5조는 가입당사국으로 하여금 양성 중 어느 하나의
우열에 근거한 편견이나 관습 또는 관행을 철폐하기 위해 남성과 여
성의 사회적 및 문화적 행동유형을 수정하도록 요구하였다. 위의 두
협약은 가입당사국으로 하여금 관련된 차별을 '지체 없이' 철폐하도
록 요구하고 있다. 아동권리협약 제3조는 아동에게 영향을 미치는 공
공정책에서 일차적인 고려 사항은 아동에게 최선의 이익이 되도록
해야 한다는 원리를 확립하고, 제8조와 13조 그리고 30조는 아동의
정체성을 보존할 수 있는 권리, 원주민 아동이 그들의 문화를 실천할
수 있는 권리, 모든 종류의 정보와 생각을 탐색하고 받고 알리는 자유
를 포함하는 표현의 자유권과 같은 권리들을 열거하고 있다. 또한 제
32조는 조약 당사국으로 하여금 아동의 착취와 교육에 방해가 될 수
있는 노동으로부터의 보호를 위해 아동 고용을 위한 최저나이와 시

36　네 개의 핵심 국제협약은 주로 소수자 혹은 약자의 권익을 특별히 보호하기 위한 협약으
　　로, 인종차별철폐협약, 여성차별철폐협약, 고문방지협약, 아동권리협약이다.

37　C. Beitz, *The Idea of Human Rights* (Oxford University Press, 2009), pp. 28-9 참조.

간 규정을 채택하도록 요구하고 있다. 제17조와 24조는 아동서적의 생산과 배포를 권장하는 정책을 채택하고, 아동의 건강과 영양 그리고 모유 양육의 이점에 대해 부모를 교육하는 조치를 취하도록 요구하고 있다.

이와 같이 핵심적인 주요 국제협약들이 인권선언과 두 규약의 미비점을 보완하고 인권의 범위를 확장하는 데 기여하고 있다. 인권은 고정적인 것이 아니고, 자연현상의 변화(기후변화), 과학기술의 발달, 의식의 변화 등에 따라 그 범위가 확장되거나 인권의 목록이 수정될 수도 있다. 두 국제규약이 그 점을 인정하고 있다는 것을 각 규약에 설정된 조항에서 밝히고 있다. A규약 제29조와 B규약 제51조에서는 조약 당사국은 규약에 대한 수정을 제안할 수 있다는 것을 확인하고, 구체적인 수정 절차를 안내하고 있다. 당사국의 과반수 찬성에 따라 채택된 수정안은 승인을 받기 위해 유엔총회에 제출된다. 유엔총회가 승인하고 당사국의 3분의 2가 찬성하면 수정안은 발효된다.

인권에 대해 비판하는 사람들은 인권선언의 제22조-27조항의 권리들과 A규약에 규정된 사회적 · 경제적 권리들은 '선언적 의미'(manifesto sense)의 이상적인 권리라고 주장한다.[38] 그리고 특히 '유급 정기 휴가'(periodic holidays with pay)에 대한 권리를 대표적인 예로 들어 공

---

38 Feinberg는 사회적 · 경제적 권리를 '선언적 권리'(manifesto rights)로 기술한다. 시민적 · 정치적 권리와 달리 사회적 · 경제적 권리는 다른 사람의 의무와 상관적인 관계를 가질 필요가 없는, 세상을 향해 요구하는 선언적 의미의 권리라고 주장한다. 자연적 필요 욕구(natural needs)에 근거한 그러한 요구들은 권리가 생성되어 나오는 '자연적 씨앗'(natural seed)이라고 본다. J. Feinberg, *Social Philosophy* (Prentice-Hall, 1973), pp. 67, 94-5 참조.

격한다.[39] B규약에 규정된 권리들의 실현은 대부분의 경우 국가나 타인의 의지에 좌우되지만, A규약의 권리들은 대부분 특정 국가의 자원이나 경제력 등 국력 수준에 의해 좌우된다. 국가의 실현 의지가 있다고 할지라도 경제 수준이나 국력이 뒷받침되지 않으면 그것들이 실현되기 어렵다. 그러므로 B규약은 즉각 실현하도록 요구하는 반면, A규약은 특히 개발도상국의 경우에는 점진적인 실현을 허용하고 있다.[40]

사회권적 성격의 권리뿐만 아니라 자유권적 권리까지 포함하여, 권리 주장이 실현되기 어려운 상황일지라도 그것의 실현을 위해 '인권'으로 주장하는 경우가 많다. 인권의 주장이 단지 선언적인 의미를 지니고 있지만, 인권으로 주장하는 가치나 필요의 중요성을 강조하기 위해 '인권'의 이름으로 주장하는 경향이 있다. 인권선언이나 두 규약은 인권의 범위와 내용에 한계를 두지 않았다. 기존의 국제협약들에서 더 나아가 앞으로도 더 많은 인권 관련 협약들이 채택될지 모른다. 인권 범위의 "발전적인 확장"은 종종 "인권의 효과성을 떨어뜨

---

39 Wellman은 비록 정기적인 유급휴가에 대한 권리가 인권선언(24조)에 공식적으로 규정되어 있을지라도 거의 모든 사람이 그것을 회의적으로 보았다는 것을 지적하고 있다. C. Wellman, *The Proliferation of Rights: Moral Progress or Empty Rhetoric* (Boulder, Colorado: Westview Press, 1999), p. 2.

40 이러한 관점은 B규약의 자유권적 성격의 권리들은 정부나 타인의 방해나 침해가 없으면 실현될 수 있는 소극적 권리인 반면에, A규약의 사회권적 성격의 권리들은 정부나 사회의 적극적인 지원이 요구되는 적극적 권리라는 전제가 깔려 있다. 그러나 자유권으로 분류되는 생명권이나 신체안전에 대한 권리도 그 실현을 위해 권리를 보호하는 경찰이나 사법기관 그리고 그것들을 유지하는 재원에 의존하기 때문에 정부의 적극적인 지원이 요구된다. 따라서 A규약의 권리는 적극적 권리이고, B규약의 권리는 소극적 권리라는 단순한 일반화는 잘못이라는 것을 지적하는 사람도 있다. (H. Shue, *Basic Rights*, pp. 6-8, 35-63, 155-61 참조) 소극적 권리와 적극적 권리의 구분에 대해서는 제3장 4절에서 자세히 논의될 것이다.

리는 것으로 비난을 받기도 한다."[41] 현대에 와서 제기되는 인권의 '팽창'(inflation) 현상은 인권을 오히려 사소한 것으로 만들 소지가 있다는 비판을 받는다. 크랜스턴이 특히 걱정한 것처럼, 너무 많은 권리를 설정하는 것은 권리 통용의 가치를 떨어뜨린다. 그는 정기 유급휴가의 권리를 설정하면 사람들은 공정한 재판을 받을 권리가 유급휴가처럼 중요하지 않은 것으로 생각할 수도 있다고 걱정한다.[42]

인권의 중요성과 가치를 드높이기 위해서는 그것의 한계가 이론적으로 어느 정도는 분명하게 그어질 필요가 있다. 다시 말해 인권이 어떻게 정당화되느냐 혹은 인권의 근거가 무엇이냐 하는 문제가 논의될 필요가 있다. 그러한 이론적 논의에 기초하여 생성된 인권만이 신뢰성을 얻을 수 있을 것이다.[43] 인권의 근거(정당화)와 생성에 대한 이론적 논의에 들어가기 전에, 두 규약의 구분에 대해 보다 더 자세하게 논의할 필요가 있다. 우선 두 규약에 규정된 권리들이 서로 구분될 수 있는가를 적극적 권리와 소극적 권리의 구분 측면에서 그리고 인권의 상호의존성 측면에서 논의해 보기로 한다.

---

41   C. Beitz, *The Idea of Human Rights*, p. 31.

42   C. Cranston, "Human Rights, Real and Supposed," in D. Raphael(ed.), *Political Theory and the Rights of Man* (London: Macmillan, 1967), J. Nickel, *Making Sense of Human Rights*, p. 96 재인용. 인권의 팽창 문제에 대해서는 제5장 1절에서 자세하게 논의될 것이다.

43   인권의 근거(정당화)와 생성 문제에 대해서는 제4장과 제5장에서 구체적으로 논의할 것이다.

4. 소극적 권리와 적극적 권리의 구분

미국의 일부 철학자들과 많은 보수주의자들은 경제적 · 사회적 권리들이 진정으로 권리의 지위를 갖는지에 대해 회의적인 입장을 보였다. 그러한 회의론은 소극적 의무를 갖는 권리 즉 시민적 · 정치적 권리만이 보편적 인권으로서 인정되어야 한다는 생각을 반영한 것이다.[44] 그러한 회의론이 있었음에도 불구하고 세계인권선언 목록은 경제적 · 사회적 권리들을 반영하였으며, 인권선언은 미국 측의 권고에 따라 두 개의 독립된 규약 즉 시민적 · 정치적 권리에 관한 규약과 경제적 · 사회적 · 문화적 권리에 관한 규약으로 분리되었다.

시민적 · 정치적 권리와 경제적 · 사회적 권리를 구분하고 시민적 · 정치적 권리의 우선성을 주장하는 사람들은 소극적 권리와 적극적 권리의 일반적인 구분을 전제하고 있다.[45] 그런데 헨리 슈(Henry Shue)는 이처럼 권리를 소극적 권리와 적극적 권리로 구분하는 이분법에 문제가 있다는 것을 지적하고 의무 중심으로 권리를 분석함으로써 현대의 인권 담론에 많은 영향을 주었다.[46] 따라서 이 절에서는 슈의

---

44   J. Donnely and D. Whelan, *International Human Rights* (5th ed., Westview Press, 2018), pp. 26-7 참조.

45   권리를 실현하는 데 필요한 의무가 (전적으로) 소극적이면 그 권리는 소극적인 권리이고, 의무가 (적어도 부분적으로) 적극적이면 그 권리는 적극적인 권리로 보통 이해한다. H, Shue, *Basic Rights*, p. 155.

46   슈의 통찰은 유엔에 의해 모든 인권으로 일반화되어 왔다. 그의 관점은 권리의 전 영역에 걸쳐서 유엔의 인권이론의 발전에 막대한 영향을 주었다. J. Wolff, "The Content of the Human Right to Health", in R. Cruft et al. (eds.), *Philosophical Foundations of Human Rights*, p. 494.

입장을 소개한 다음, 그의 논증을 비판적으로 검토하고자 한다.

인권을 시민적 · 정치적 권리와 경제적 · 사회적 권리로 구분하고 시민적 · 정치적 권리가 경제적 · 사회적 권리에 우선한다는 일반적 통념을 헨리 슈는 논박한다. 그러한 이분법에 따라 경제적 · 사회적 권리는 구속력이 덜하다고 생각하는 것은 소극적 권리와 적극적 권리의 구분을 전제하는데, 이러한 구분법은 사람들을 잘못된 길로 이끌 수 있다고 그는 경고한다. "어떤 권리의 모든 실현이 오로지 적극적이거나 혹은 소극적인 것으로 요약될 수 있을 정도로 권리 집행의 구체적인 실제가 그렇게 단순한 것이 아니다."라고 그는 주장한다.[47] 어떤 권리는 어느 하나의 범주로 분류되기 어려운 경우가 있다. 노조 결성권과 사적 재산의 소유권은 경제적이며 또한 정치적이다. 그것들은 자유권으로 해석될 수도 있고 경제제도의 기본구조와 관련될 수도 있다. 인권의 이분법은 불행하게도 두 개의 분리된 국제규약으로 굳어졌으며, 이것은 인권선언의 주제를 분리시키려 한다고 슈는 주장한다.

종종 사람들은 신체안전권(시민적 · 정치적 권리 또는 자유권)과 생존권(경제적 · 사회적 권리 또는 복지권) 사이의 아주 의미 있는 차이가 전자는 '소극적' 권리이고 후자는 '적극적' 권리라고 주장하거나 전제한다.[49] 그리고

47　H. Shue, *Basic Rights*, pp.160-61.

48　H. Shue, *Basic Rights* (Princeton University Press, 2020), pp. 7-8 참조.

49　앞으로 '시민적 · 정치적 권리' 대신에 '자유권'을, '경제적 · 사회적 권리' 대신에 '복지권'을 가끔 사용하겠다. '최소한의 품위 있는 생활을 누릴 권리', '복지권', '사회권', '기초생활권', '생존권'이라는 용어들을 일반적으로 혼용해서 사용하는 경향이 있다. '생존권'은 주로 경제적 안전(economic security)을 의미하며, 위의 다른 개념들보다 그 외연이 좁은 것으

그러한 권리 구분의 전제하에 생존권이 신체안전권에 비해 우선성이 결여된다고 주장한다. 신체안전권은 단순히 신체안전을 해치지 않는 소극적인 의무의 충족만으로도 실현되지만, 생존권은 최소한의 생활 수단이 결여된 사람에게 그것을 지원해 줘야 할 적극적인 의무가 수반된다고 보기 때문이다. 그런데 신체안전권은 순전히 소극적이고, 생존권은 순전히 적극적인가? 슈는 신체안전권이 일반적으로 생각하는 것보다 더 '적극적'이고, 생존권이 일반적으로 생각하는 것보다 더 '소극적'이라고 주장한다. 신체안전권의 침해는 단순히 그것을 금지함으로써 피하는 것이 가능하지만, 적극적인 행위를 취하지 않고 신체안전권을 보호하는 것은 불가능하다. 신체안전권의 보호는 경찰력이 필요하며, 그밖에 형사 법정, 감옥, 경찰 훈련학교, 변호사, 경비원 등이 필요하다. 그리고 그러한 것들을 지원하는 거대한 시스템을 뒷받침하는 세금이 요구된다.[50] 또한 시민적·정치적 권리로 분류되는 법 앞에 동등한 대우를 받을 권리도 차별 금지의 소극적인 요소뿐만 아니라, 경찰력의 훈련과 감시, 판사와 변호사의 교육 등의 적극적인 요소가 포함되며, 여기에는 많은 경비가 필요하다. 투표권의 행사는 선거 홍보와 함께 문맹자 등 장애인에게는 특별한 투표 장치가 필요하다. 보행권 또는 이동권은 신체장애인들에게 원활한 이동이 가능하게 하는 장치가 필요하다. 투표권이나 보행권은 시민적·정치적

로 이해된다. '자유권'(liberty rights)과 대비해서는 일반적으로 '사회권'(social rights)이라는 용어를 쓰기도 하지만, 학자들은 '복지권'(welfare rights)이라는 용어를 더 자주 사용하는 것 같다.

50   H. Shue, ibid., pp. 37-8.

권리이면서 국가의 적극적인 지원을 요구한다.

생존권은 생존 수단이 결여된 사람이 지원받는다는 의미에서 일반적으로 '적극적인 권리'로 통용되지만, 생존에 방해받지 않아야 한다는 의미에서 소극적인 요소를 또한 포함한다. 생존권은 다른 사람이 어떤 생필품을 제공하지 않고도 완전히 충족될 수 있다. 가끔 필요한 것은, 생존의 위협을 받는 사람들에게 의도적 혹은 비의도적 피해를 가하는 개인이나 제도로부터 그들을 보호하는 것이다. 생존권의 실현에 대한 요구는 생필품의 공급에 대한 요구가 아니라, 단지 스스로 자립할 기회를 제공받도록 요구하는 것을 포함한다. "그 요구는 지원받는 것이 아니라, 자신의 노동에 기반을 두고 자립할 수 있도록 허용하는 것이다."[51] 예를 들어 자본을 가진 기업체가 농토를 매입해 화훼사업을 벌여 빈농의 생존이 어렵게 되는 경우에는 빈농의 생존권이 침해받는다. 이 경우에는 빈농의 자급 능력이 훼손됨으로써 생존권이 침해당하는 것이다. 이 경우의 생존권은 국가가 생필품을 지원해야 한다는 적극적 의미보다는 자발적인 생존 능력을 훼손 받지 말아야 한다는 소극적인 의미의 생존권이다.[52] 조선 후기에 탐관오리로부터 농민들이 수탈당해 생존권이 위협받은 경우나 일제강점기에 우리 농민들이 농지와 양곡을 수탈당해 생존권이 위협받은 경우가 이에 해당한다. 또한 대기업이 동네 상권이 형성된 지역 사회에 대형 마트를 설립함으로써 영세 상인들의 생존이 위협을 받는다면 그들의

---

51   ibid., p. 40.

52   ibid., p. 43 참조.

생존권이 침해된다고 볼 수 있다. 이러한 경우들에는 생존권이 적극적인 의미보다는 소극적인 의미를 지닌다. 개인이나 기관 또는 정부는 생존 수단의 박탈을 피해야 할 소극적 의무를 갖지만, 그러한 의무를 이행하지 않는 경우에는 정부가 생존권의 침해를 예방하고 그것을 보호해야 할 적극적 의무를 지닌다. 더 나아가 필요한 경우에는 생존권이 실현되도록 생존 수단을 지원해야 할 적극적 의무를 지닌다. 복지권으로 분류되는 건강권과 환경권의 경우도 마찬가지로 말할 수 있다. 이들 권리가 단순히 '적극적인 권리'로 이해되면 슈가 경고한 것처럼 사람들의 생각을 잘못된 길로 이끌 수 있다. 건강권은 일반적으로 생각하는 것처럼, 정부가 국민에게 최소한의 의료 혜택을 제공해야 할 적극적 의무로만 이해되지 않는다. 내가 건강권을 갖는다면 나의 건강을 해칠 수 있는 행위를 금해야 할 소극적 의무를 개인이나 기관 또는 정부가 또한 갖는다. 예를 들면 옆집 사람이 담배를 피워 내 집으로 담배 연기가 스며들어 와 나의 건강을 해친다면 나의 건강권이 침해된다고 말할 수 있다. 정부는 다른 사람이 나의 건강을 해치지 않도록 예방해야 하고, 더 나아가 나의 건강이 망가지면 최소한의 치료를 제공해야 할 적극적인 의무를 지닌다. 환경권도 마찬가지로 말할 수 있다. 환경권은 환경이 지니는 권리가 아니라, 인간이 지속 가능하고 쾌적한 환경에서 살 수 있는 권리 즉 건강한 환경에 대한 인간의 권리를 의미한다. 환경오염 방지는 환경권의 소극적 측면이고, 오염된 환경의 정화는 적극적 측면이 될 것이다.

모든 기본권(basic rights)에는 그리고 대부분의 도덕적인 권리에는 하나의 의무만이 아니라 다음과 같이 회피(존중), 보호, 그리고 지원(제공)

의 세 가지 유형의 상관적 의무가 있다고 슈는 주장한다.[53]

1) 박탈을 피해야 할 의무(회피 또는 존중)[54]

2) 박탈로부터 보호해야 할 의무(보호)

3) 박탈된 사람을 지원해야 할 의무(지원 또는 제공)

유용한 구별은 '소극적 권리'와 '적극적 권리'와 같은 권리 간의 구별이 아니라, 의무 간의 구별이다. 각 종류의 권리를 완전히 실현하는 것은 다양한 종류의 의무 이행을 포함한다. 세 유형의 의무는 모든 권리에 대해 단 하나의 상관적 의무가 있다는 가정을 넘어선다.[55] 그리

---

53 ibid., p. 52. Shue가 말한 '기본권'은 '기본적인 인권'을 의미한다고 여겨진다. 슈에 의하면 권리는 "모든 다른 권리의 향유에 필수적인 경우에만" 기본권이다. (H. Shue, ibid., p. 19) 그는 모든 인권이 기본권이라고 주장하지 않는다. 예컨대, 문화적인 그리고 예술적 표현의 자유는 인권선언(27조)에 의하면 인권에 속하지만, 기본권이 아니다. "그러한 자유의 행사가" 안전권이나 생존권처럼 "다른 권리의 행사에 필수적인 것이 아니라면 그러한 자유는 기본권이 아니다." H. Shue, ibid., p. 70.

54 슈는 권리의 소극적인 요소를 지칭하기 위해 '회피'(avoid)라는 말을 사용하지만, 권리의 내용을 침해하지 않고 존중해야 한다는 의미를 담고 있기 때문에 '존중'(respect)이라는 말을 쓰는 것이 더 적절할 것 같다. '회피'라는 말은 "아이가 공부를 회피한다."에서처럼, 일반적으로 '싫어하는 것'을 피한다는 의미가 있다. 따라서 침해 대상인 권리 내용(생명, 재산, 프라이버시 즉 좋은 것)의 박탈을 '회피'한다는 말은 적절하지 않다. 권리의 소극적 요소를 지칭하기 위해 '회피'라는 말 대신에 '존중'을 사용하는 것이 더 적절할 것이다. '회피' 대신 '존중'을 사용하는 사람도 있다. J. Donnelly, *Universal Human Rights*, 2013, p. 36 참조.

55 H. Shue, ibid., p. 52. 이 주장은 권리(엄밀한 의미의 권리 즉 요구권)는 하나의 의무가 논리적으로 수반된다는 호펠드적 분석에 대한 반론인 셈이다. 호펠드에 의하면 나의 생명권에는 다른 사람이 나의 생명을 해치는 것을 금하는 '소극적' 의무가 논리적으로 수반된다. 호펠드에 따르면, 만약 나의 생명을 위협하는 것을 예방하는 적극적인 의무를 다른 사람이나 국가가 수행한다면, 이 의무는 생명권에 '논리적으로' 수반되는 것이 아니라, 주변에서 생명을 보호해주는 주변적 의무(peripheral obligation)로 이해된다. (조성민,『권리의 근거-호펠드의 권리 유형에 따른 계약론적 접근』(한국학술정보, 2021) pp. 55-58 참조) 말하자면

고 그것은 "모든 기본적 권리에 대해, 그리고 또한 많은 다른 권리에 대해서도, 세 종류의 의무가 있다는 것을 암시한다. 그리고 기본적 권리가 완전히 존중되려면 이 의무들 모두가 이행되어야 하는데, 그 모두가 동일한 인간이나 기관에 의해 이행되어야 하는 것은 아니다."[56]

존중, 보호, 지원의 의무를 신체안전권과 생존권에 각각 적용하면 다음과 같다.[57]

신체안전권

1) 개인의 안전을 제거해서는 안 될 의무(존중)

2) 안전의 박탈로부터 사람을 보호해야 할 의무(보호)

3) 스스로 안전 제공이 불가능한 사람에게 안전을 제공해야 할 의무(지원)

생존권

1) 가용한 유일한 생존 수단을 제거해서는 안 될 의무(존중)

2) 다른 사람의 유일한 생존 수단을 박탈하는 것으로부터 보호해야 할 의무(보호)

3) 스스로 그러한 생존 수단을 공급할 수 없는 사람에게 생존 수단을 제공해야 할 의무(지원)

그 적극적 의무는 생명권 '개념'에 논리적으로 수반되는 의무가 아니라, 생명권의 '실현'에 수반되는 의무라고 말하는 것이 정확하다.

56   H. Shue, ibid., p. 52.

57   ibid., pp. 52-3.

위의 세 가지 의무 중에서 존중의 의무는 소극적인 의무에 해당하고, 보호와 지원은 적극적 의무에 해당한다. 만약 이러한 제안이 정확하다면, 권리가 소극적 권리와 적극적 권리로 구분될 수 있다는 일반적 사고는 슈가 주장한 것처럼 오도되어 있다고 볼 수 있다. 회피(존중), 보호, 지원으로 구분될 수 있는 것은 권리가 아니라 의무이다. 그리고 모든 기본적 권리는 세 가지 유형의 의무 모두를 함축한다. 아무리 '소극적'이라 해도, 어떠한 기본적 권리도 모든 세 유형의 의무가 충족되지 않으면 충분히 보장될 수 없다. 가장 '소극적인' 것처럼 보이는 '자유권(right to liberty)도 사회가 그것을 보호하는 적극적 행위를 요구한다. 그리고 존중과 보호가 실패할 때 그것을 사회가 회복하는 적극적 행위를 요구한다. 자유권을 포함한 모든 기본권은, 그리고 대부분의 도덕적 권리는 세 유형의 의무를 포함한다.[58]

권리에 수반되는 존중의 소극적 의무는 개인이나 기관 또는 국가 등 모든 사회적 행위자가 지닌다. 생명권을 존중하는 의무 즉 생명을 박탈해서는 안 되는 의무는 개인이나 조직 또는 국가가 지닌다. 그러나 현대 세계에서 보호 또는 증진의 적극적 의무는 거의 대부분의 경우 국가 또는 정부에 할당된다. 생명이 박탈될 위험성이 있거나 위태로운 상황에서 그것을 예방하고 생명을 보호하는 의무를 지닌 주체는 주로 국가나 정부이다. 이 경우 문제 되는 권리는 생명권 자체가 아니라, 국가로부터 생명(권)을 '보호받을 권리'이다. 사람이 물에 빠져 생사의 기로에 있는 사람을 도와줘야 할 의무는 국가뿐 아니라, 구

---

58   ibid., pp. 53-4.

조 행위가 자신의 희생을 요구하지 않는 경우 개인에게도 있다고 볼 수 있다. 이 경우에 생사기로에 있는 사람은 인명구조대뿐만 아니라 주변의 특정 개인에게도 구조받을 권리를 요구할 수 있고, 구조의 의무를 이행하지 않는다면 사회인들은 그를 비난하는 것이 옳다고 여겨진다. 그러나 이 경우에도 관련된 권리는 생명권이 아니라, 논란이 있긴 하지만 특정 개인으로부터 '구조받을 권리'(right to rescue)이다. 그리핀은 생명권의 내용으로 소극적 요소뿐만 아니라 적극적인 요소를 포함한다고 본다. 자신에게 희생이 거의 없는 상황에서 위험에 빠진 사람의 생명을 구하지 않는 것은 살인 이상으로 생명을 포기하는 것이 될 것이라고 그는 주장한다. 그는 생명권의 내용으로 생명 존중뿐만 아니라 생명 구조까지 포함한다.[59]

슈는 '기본권' 자체와 기본권을 '보호받을 권리'를 혼동하는 것이 아닌가 하는 비판을 받을 수 있다. 슈도 그러한 비판을 염두에 둔 것처럼 보인다. 그는 신체안전권과 다른 권리들 즉 신체 안전에 대한 공격으로부터 보호받을 권리를 모호하게 하는 것이 아닌가 하는 의문을 제기할 수 있다고 말하고 있다.[60] 그러한 구분에 따르면 전자는 소극적인 권리이고 후자는 적극적인 권리이다. 그러나 슈에 의하면, 조직화된 사회에서 단순한 신체안전권에 많은 관심을 가질 사람은 없다. 사람들이 필요한 것은 그러한 권리의 보호이다. 사회에 요구하는 것은 공격으로부터 보호받을 권리이다. 일상 위협으로부터 보호받을

---

59   J. Griffin, *On Human Rights* (Oxford University Press, 2013), pp. 97-8 참조.

60   H. Shue, ibid., p. 38.

사회적 보장에 대한 요구이다.[61] 그에 의하면, 권리가 무엇인가에 대한 지식은 어떻게 그것을 보장하는가를 말해주는 데 충분하지 않다. 개념적인 분석(권리의 범위, 내용)만으로는 권리 실현에 관한 판단을 뒷받침하는 정보로는 부적절하다.[62]

슈의 관점에 따르면, 소극적인 성격을 가진 권리를 포함하여 모든 권리는 결국 적극적인 권리가 되는 셈이다. 우리는 전통적으로 소극적 권리로 분류된 생명이나 자유에 대한 권리도 정부에 의해 '보호받는 것에 대한' 기본적인 권리를 갖는다고 믿기 때문이다. 그러나 슈는 권리의 '개념' 자체와 권리의 '실현' 방식을 혼동하고 있다. 권리의 실현 이전에 권리 자체가 어떤 성격을 갖는가가 전제되어야 한다. 권리의 실현은 상관적 의무를 통해서 이루어지기 때문에 의무의 세 유형에 관련된 실현 방식을 제시할 수 있다. 권리의 실현은 소극적 의무인 존중만으로도 달성될 수 있다. 만약 그것이 실패할 경우 보호나 지원이라는 국가의 적극적인 의무의 이행을 통해 실현될 수 있다. 생명이나 자유에 대한 권리는 개인이나 국가가 방해만 하지 않으면 개인은 그러한 권리를 누릴 수 있다. 그런데 생명이 위협받을 때 국가의 보호가 필요하므로 생명권이 또한 적극적이라는 주장은 생명권 자체와 생명권을 '보호받을 권리'를 혼동하고 있다. 국가의 권리 보호는 권리 개념을 규정하는 것이 아니고 국가의 역할을 규정하는 것이다. 기본권의 보호는 정부의 핵심적인 역할이다. 국가는 비단 생명권이나 자

---

61   ibid., pp. 38-9.

62   ibid., p. 161.

유권뿐만 아니라 모든 권리를 보호한다. 그런데 기본권 중에는 국가의 적극적인 보호나 지원의 역할이 전제되지 않고도 생명권이나 자유처럼 그 개념이 형성될 수 있는 권리가 있는 반면에, 국가의 적극적인 지원을 전제해야만 개념이 형성되는 권리가 있다. 기본적인 의무교육을 받을 권리(인권선언 제26조 1항, 사회권 규약 제13조 2항)는 국가나 부모 등의 적극적인 지원이 없이는 그러한 권리의 개념 자체가 형성될 수 없다. 사회보장권도 실업, 질병, 노령, 장애 등으로 인해 스스로 생활을 유지할 수 없는 사람들에게 국가가 지원하는 적극적 의무가 전제된다.[63] 그러한 권리들은 어떤 종류의 지원을 전제하고 있으므로 순전히 적극적인 권리로 분류될 수 있다.

그런데 한편으로 개념 자체가 소극적인 요소와 동시에 적극적인 요소를 또한 포함하는 권리가 있다. 투표권이나 생존권이 그러한 권리들이다. 투표권은 정부나 다른 사람이 투표행위를 방해하지 말아야 할 소극적 의무가 수반되면서, 투표를 할 수 있는 자격과 함께 투표와 관련된 물리적 조건(시간, 장소, 기구나 장치)의 적극적인 제공이나 지원이 주어져야만 실현될 수 있다. 생존권은 모든 사람이 자신의 생존을 위해 스스로 노력하는 행위를 다른 사람이나 정부가 방해해서는 안 되는 소극적 의무가 수반되며, 그러한 능력이 없는 사람에게는 정부가 지원을 해주어야 할 적극적 의무가 있다. 법 앞에 평등한 대우를

63　사회보장권(a right to social security)은 생활 능력이 없는 사람들이 최소한의 생활수준을 향유할 수 있도록 그들에게 국가가 적극적 지원을 한다는 의미에서, 자기 능력으로 생존을 추구할 자유를 포함하는, 즉 소극적 요소도 고려하는 생존권(a right to subsistence)과 구별될 수 있다. 사회보장권은 생존권의 적극적 요소를 의미한다고 볼 수 있다.

받을 권리(인권선언 제7조, 자유권 규약 제26조)도 부당한 차별을 해서는 안 된다는 소극적 의무뿐 아니라, 적극적 의무를 포함한다. 예컨대 그러한 권리의 구체적인 사례로, 변호사의 조력을 받을 권리(자유권 규약 제14조 3항)를 들 수 있는데, 이 권리는 변호사 비용을 지불한 능력이 없는 사람에 대해서는 국가가 지불하는 적극적인 의무가 요구된다.

고문당하지 않을 권리(자유권 규약 제7조)는 전형적인 소극적 권리로 통용되는데, 도넬리(J. Donnelly)는 슈의 관점을 옹호하는 입장에서 그러한 권리도 "경찰과 보안요원의 교육, 감독, 통제하기 위한 적극적 프로그램을 요구한다."[64]라고 보기 때문에 국가의 적극적인 의무가 수반되어서 순수한 소극적 권리가 아니라고 주장한다. 권리에 대한 이와 같은 확대적인 해석에 따르면 국가의 적극적인 의무가 요구되지 않는 기본권은 없을 것이다. 왜냐하면 모든 기본권의 침해를 예방하며 그것을 보호하고 필요한 경우 지원하는 것이 국가의 기능이기 때문이다. 변호사의 조력을 받을 권리는 법 앞에 평등한 대우를 받을 권리의 하나의 구체적인 사례이지만, '경찰과 보안요원의 교육, 감독, 통제하기 위한 적극적 프로그램에 대한 요구'는 고문당하지 않을 권리를 구성하는 요인이 될 수 없다. 그러한 요구는 고문당하지 않을 권리를 완전하게 실현하도록 주변에서 보조해 주는 장치이다. 그러나 많은 인권이 소극적 권리와 적극적 권리의 어느 하나로 분류되지 않고, 소극적 요소와 함께 적극적 요소를 포함한다는 것은 인정해야 할 것이다. 요컨대 기본권은 전적으로 소극적인 권리, 전적으로 적극적인 권리,

---

64   J. Donnelly, *Universal Human Rights* (3rd ed., Cornell University Press, 2013), p. 43.

그리고 소극적이면서 동시에 적극적인 권리로 구분해 볼 수 있다.

생존권은 안전권과 함께 모든 다른 권리의 향유에 필수적으로 요구되는 기본권으로, 특히 생존권은 적극적인 요소뿐만 아니라 일상적인 통념과 달리 소극적인 요소가 있다는 것을 슈가 밝혀낸 것은 인정할 만하다. 그리고 소극적 권리와 적극적 권리의 구분 하에 시민적·정치적 권리는 소극적 권리이고 경제적·사회적 권리는 적극적 권리라는 단순한 이분법적 사고는 사람들을 오도할 수 있다고 주장한 것도 설득력이 있다. 그러나 그렇다 할지라도 자유권을 포함한 모든 기본권이 그 자체 회피(존중), 보호, 지원의 세 유형의 의무를 모두 포함한다고 주장하는 것은 설득력이 떨어진다. 기본권의 '실현'이 정부의 적극적인 보호나 지원에 따라 달성될 수 있다 할지라도, 여전히 권리 '개념' 자체는 소극적인 권리 아니면 적극적인 권리로 분류될 수 있으며, 어떤 권리는 소극적이며 동시에 적극적인 권리로 분류될 수 있다. 일부 기본권의 '실현'이 소극적인 의무와 함께 적극적인 의무를 수반한다고 해서 모든 기본권이 소극적인 의무(존중)와 적극적인 의무(보호와 지원)를 모두 포함한다고 보는 것은 성급한 일반화이다. 권리의 '개념' 자체와 권리의 '실현'을 위한 보조적인 장치는 서로 구별되어야 한다.[65]

---

65   인권의 실현에 대해서는 제6장 '인권의 실행을 위한 노력'에서 자세히 다룰 것이다.

5. 인권의 상호의존성

인권의 상호의존성과 불가분성은 권리 간의 범주적 우선성을 금한다. 인권들이 서로 간에 다른 권리들에 의존한다는 것은, 특히 전통적으로 받아들여진 통념처럼 시민적 · 정치적 권리가 경제적 · 사회적 권리들의 범주보다 우선한다는 생각을 부정하도록 한다. 물론 특수한 상황에서 어떤 인권이 다른 인권보다 더 많은 주목을 받는다는 것을 부정하지는 않는다. 모든 인권은 인간이 존엄성을 유지하도록 하는 데 필수적이다. 그러나 그것은 각 권리가 모든 순간에 똑같이 중요하다는 것을 의미하는 것은 아니다.[66]

인권의 상호의존성은 자유권과 복지권의 서로 다른 범주 사이뿐 아니라 같은 범주 내의 인권들 사이에서도 존재한다. 1993년 비엔나 선언이 주장한 것처럼, 범주의 구분 없이 "모든 인권은 보편적, 불가분의, 상호의존적, 상호관련적"이다.[67]

인권이 '보편적'이라는 말은 인권이 모든 장소에 걸쳐 모든 사람에게 똑같이 적용된다는 의미이다. 인권의 내용이 시대에 따라 다를 수

---

66   J. Donnelly and D. Whelan, *International Human Rights* (5th ed., Westview Press, 2018), p. 70 참조.

67   비엔나 선언 및 행동 계획은 1993년 6월 25일 오스트리아 비엔나에서 열린 세계 인권 회의에서 합의에 따라 채택된 선언이다. 비엔나선언은 간과된 광범위한 부정의 특히 여성에 대한 폭력으로 인한 인권 침해 문제를 부각시켰다. 유엔 인권고등판무관(High Commissioner for Human Rights)의 직위가 이 선언에 따라 건의되었고, 이후 유엔총회의 결의에 따라 신설되었다. 1993년 말의 유엔 인권고등판무관 신설은 국가 간의 감시 범위와 깊이를 확대하는 중요한 걸음이 되었다. J. Donnelly and D. Whelan, ibid., p. 13 참조.

있으므로 모든 시대에 걸쳐 보편적이라고 할 수는 없지만, 현대 세계의 모든 사람에게 똑같이 적용된다(적어도 적용되기를 바란다)는 의미에서 "인권은 현재 우리에게 (비교적) 보편적"이라고 할 수 있다. 여기서 '우리'는 사실상 지구상의 모든 사람을 의미한다.[68]

인권의 불가분성, 상호의존성, 상관성의 개념들은 가끔 상호 교환적으로 다루어지지만 상호 교환될 수 있는 개념들이 아니다. 그것들은 국제적으로 인정된 인권의 통일성(unity)에 대한 다른 접근법의 다른 측면들을 기술한다.[69] 인권의 '상호관련성'은 자유권과 사회권 규약 사이에 공통적인 요소가 있다는 것을 의미한다. 두 규약이 국제법(인권조약)이고 국제적인 합의를 감시하기 위한 기구들이 포함되어 있다. 유엔총회가 1952년 '인권규약'을 자유권규약과 사회권규약으로 분리하기 위해 투표할 때 '가능한 한 많은 조항'을 넣어야 한다고 주장하였는데, 이로 인해 두 규약에 동일한 서문과 자기결정권이 포함되었다.[70]

인권의 '불가분성'이라는 말은 1968년 유엔인권회의의 테헤란 선언에 다음과 같이 나타난다.

인권과 기본적 자유는 불가분의 관계에 있으므로, 시민적 · 정치적

---

68 J. Donnelly and D. Whelan, ibid., p. 44 참조.

69 ibid., pp. 57-8.

70 ibid., pp. 58-9. 최초의 '인권규약'(Covenant on Human Rights) 초고가 1949년 영국에 의해 인권위원회에 제출되었는데, 시민적 · 정치적 권리로 한정되었다. 이에 많은 나라들 특히 탈식민지 국가들로부터 반대가 있었다. 경제적 · 사회적 권리를 배제하는 것은 시대착오적이고, 인권선언의 통일성을 저해한다고 주장하였다. ibid., p. 60.

권리는 경제적 · 사회적 · 문화적 권리의 향유가 없이는 완전하게 실현될 수 없다. 인권의 실행에서 계속적인 진보가 이루어지려면 국내적 그리고 국제적인 경제 및 사회 발전 정책이 건전하고 효과적이어야 한다.[71]

이 진술에서 불가분성은 경제적 · 사회적 권리의 실현이 실천적으로 우선해야 한다는 주장과 같은 선상에 있다. 그러나 1970년대와 80년대에는 사회적 · 경제적 권리의 우선성으로의 방향 선회에 반대가 일어났다. 시민적 · 정치적 권리에 대한 더 많은 강조가 특히 미소 냉전기의 유럽에서 다시 나타나기 시작하였다.[72] 이처럼 냉전 시대에는 시민적 · 정치적 권리와 경제적 · 사회적 · 문화적 권리 간의 관계가 치열한 논쟁거리였다. 소련과 제3세계 지도자들은 대부분의 시민적 · 정치적 권리를 무시했다. 반대로 대부분의 영미 보수주의자들과 철학자들은 – 국가 중에는 미국 정부만이 – 대부분의 경제적 · 사회적 권리를 무시했다. 그러한 논쟁이 국제적 논의에서 잠잠해지긴 했어도 미국에서는 여전히 경제적 · 사회적 권리에 대한 회의가 남아 있다. 미국은 의료, 음식, 주거, 소득 지원 등 사회보장을 보편적 인권에 의해 부여되는 기본적 의무로 보기보다는 정부가 우연히 제공하는 문제로 다룬다.[73]

---

71 Proclamation of Teheran, Final Act of the International Conference on Human Rights, Teheran, April 22–May 13, 1968, U.N. Doc A/CONF/32/41(1968).

72 J. Donnelly and D. Whelan, ibid., p. 63.

73 J. Donnelly, *Universal Human Rights* (3rd ed., Cornell University Press, 2013), pp. 31-2 참조. 미국은 경제적 · 사회적 · 문화적 권리에 관한 국제규약에 아직 가입하지 않은 상태에 있다.

　　19세기 대부분의 서구권 국가의 정부와 상류층은 사실 재산권과는 다른 경제적 · 사회적 권리를 반대해 왔다. 그러나 유엔의 인권선언이 나올 즈음에는 어떠한 서구권 국가도 경제적 · 사회적 권리에 대하여 국내적으로나 국제적으로 심각한 이론적 혹은 실제적인 반대를 하지 않았다. 경제적 · 사회적 권리는 시민적 · 정치적 권리와 마찬가지로 보편적 권리이다. 그것은 종교, 문화, 세계관에 상관없이 현대 사회에서 인간 존엄성의 관점에서 필수적인 부분이다.[74]

　　인권의 상호의존성은 인권이 서로 간에 의존하기 때문에 인권이 서로 불가분의 관계에 있다는 것을 의미한다. 시민적 · 정치적 권리는 경제적 · 사회적 권리의 향유가 없이는 완전하게 실현될 수 없는 것처럼, 경제적 · 사회적 권리도 시민적 · 정치적 권리의 실현 없이는 완전하게 실현되기 어렵다. 마치 머리와 장기가 신체의 부분으로서, 서로 분리할 수 없고 상호 의존하듯이, 두 범주의 인권들도 인권 체계의 부분들을 구성하고 상호 의존한다고 볼 수 있다. 싱가포르 리콴유 수상은 품위 유지 수준의 생활에 대한 인권은 제1세대 권리보다 우선한다고 보았다. 그러나 센(Amartya Sen)을 포함한 다른 사람들은 제1세대 권리를 침해하는 국가는 경제적 재난을 초래한다는 경험적 사실을 들면서 그의 주장을 반박하였다. 기근은 독재 정부가 언론 자유를 부정함으로써 분배가 제대로 이루어지지 않기 때문에 발생하는 것이며, 식량부족의 문제가 아니라고 센은 주장하였다. 제1세대 권리가 이론적으로 우선하느냐와는 상관없이 "그것들은 제2세대 권리의 충

74　　J. Donnelly, ibid., pp. 251-2 참조.

족에 장애라기보다는 필요한 수단이다."[75]

빈곤, 광범위한 문맹, 소득과 부의 국내 분배에서 격차를 겪고 있는 제3세계 국가에서 헌법에 보장된 비판의 자유는 절망, 질병, 박탈로부터의 자유만큼 중요하지 않을 수 있다고 볼 수도 있다. 대중은 빈말보다 입에 더 많은 것을 넣을 수 있다면 훨씬 더 행복할지 모른다. 군사통치 반대자이며 필리핀 상원의원인 디오크노(Diokno)는 그러한 관점에 대해 반대하는 견해를 피력했다. 아시아 개발도상국가에서 권위주의에 대한 두 가지 정당화 근거가 있는데, 그 하나는 아시아의 굶주린 대중은 가족에게 음식, 피복, 주거를 제공하는 것에 너무나 관심을 가지기 때문에 시민적 자유와 정치적 자유에 관심이 없다는 것이다. 그리고 아시아의 자유 관념은 서양의 그것과 다르며 아시아는 민주주의에 적합하지 않다는 것이다. 다른 하나는, 개발도상국가는 급속한 경제성장을 위해 잠시 자유를 희생해야 한다는 것이다.[76] 첫 번째 정당화는 인종주의 넌센스이고 두 번째 것은 거짓말이라고 그는 주장하였다. 독재주의는 발전을 위해 필요한 것이 아니라 현상을 영속화하기 위해 필요하다는 것이다.[77]

우리나라에서도 과거 박정희 정권에서 경험했듯이, 나라의 경제가 발전하고 국민이 잘살도록 하기 위해서는 기본적 자유와 권리의 제한이 어느 정도 필요하다는 것이 독재의 정당화 논리였다. 독재 정권이 부당한 임금과 노동 조건을 개선하기 위한 노동자들의 노동운동

75　W. Edmundson, *An Introduction to Rights* (Cambridge University Press, 2004), pp. 175-6.

76　박정희가 '유신헌법'을 만들면서 '한국적 민주주의'를 내세운 논리와 통한다.

77　H. Shue, *Basic Rights*, p. 66 참조.

이나 노조 활동을 억압하였으며, 그들의 정당한 의사 표현을 억누르고 그러한 운동이나 활동을 옹호하는 사람이나 언론을 탄압한 것을 우리는 경험하였다. 경제성장의 파이를 늘리기 위해 국민의 자유와 인권을 유보해야 한다면서 자유와 인권을 탄압하였고, 탄압의 대가로 얻은 경제성장의 파이를 독재 권력 유지를 위한 정치자금이나 개인적 축재로 부당하게 유용하였다. 그로 인해 노동자들에게 돌아가는 몫은 줄어들 수밖에 없었고 그들의 생활은 핍박한 삶을 면치 못하였다. 만약 국민에게 정부의 부당한 정책에 대해 비판할 수 있는 자유가 허용된다면 독재 권력에 의한 부의 부당한 유용은 사라지거나 줄어들 것이고 국민은 그만큼 더 균등한 분배의 혜택을 받고 더 풍요로운 생활을 향유할 수 있을 것이다. 그리고 국민의 생활이 더 풍요로워지면 국민 각자가 자유와 인권을 향유할 기회와 범위는 더 확대될 것이다. 따라서 개인의 자유가 먼저냐 복지가 먼저냐를 논하는 것은 적합하지 않으며, 그 둘이 서로에게 영향을 준다는 것을 알 수 있다. 다시 말해 자유권과 복지권은 상호의존적인 관계라고 말할 수 있다.

인권 범주 간의 상호의존성뿐 아니라 개별 인권 간의 상호의존성도 고려해 볼 수 있다. 이동의 자유는 다른 시민적 권리인 집회의 자유, 정치적 권리인 투표권, 경제적·사회적 권리인 노동권의 행사에 필요 불가결하다. 교육을 받을 권리는 표현의 자유, 정치적 참여의 자유, 생존권 등에 필수적이다. 교육받을 권리를 누리지 못한 사람 즉 교육을 충분히 받지 못한 사람은 자기 생각을 효과적으로 표현할 수 있는 능력이 부족할 뿐 아니라, 자신의 생존을 위한 유용한 방법을 찾아내는 데도 제한을 받을 수 있을 것이다. 반대로 생존권을 누리지 못하는 사람은 정치적 자유 등 기본적 자유를 누리는 데 장애를 받을 수 있을 뿐 아니라 교육을 받을 권리도 충분히 누리기 어려울 것이다. 슈가 주장한 것처럼 기본적 권리인 안전권과 생존권 그리고 자유권 간에도 상호의존적인 관계를 유지한다. 그러나 이 경우 상호의존성은 완전히 대칭적인(symmetrical) 관계는 아니다. '모든' 자유에 대한 권리의 향유는 안전권과 생존권에 의존하지만, 안전권과 생존권의 향유는 단지 '어떤' 자유의 향유에 의존한다. 예를 들면 이동의 자유와 달리 예술적 표현의 자유는 안전권과 생존권에 필수적인 자유는 아니다. 예술적 표현의 자유는 안전권과 생존권에 의존한다. 그러나 안전권과 생존권은 이동의 자유에는 의존하지만, 예술적 표현의 자유에는 의존하지 않는다.[78] 이처럼 개별 인권 간에는 서로 의존적인 관계가 존재하나, 모든 개별적 인권 간에 대칭적인 관계에서의 엄격한 상호의존성이 존재하는 것은 아니다.

---

78   H. Shue, ibid., pp. 70-71 참조. Shue에 의하면, 예술적 표현의 자유는 모든 다른 권리에 필수적인 권리가 아니기 때문에 안전권이나 생존권과 달리 기본적인 권리가 아니다. 그의 해석에 따르면 다른 도덕적 권리의 향유에 필수적인 이동의 자유와 같은 어떤 자유들만이 기본권이 될 수 있다.

제4장

인권의 근거

많은 법률 지향적인 사람들은 인권을 인권선언이나 국제인권법에 제시된 인권과 동일시한다. 그러나 인권은 인권 문서에 성문화되고 확립된 후 고정된 채로 있는 것이 아니다. 국제권리장전(인권선언과 국제인권규약들)은 그것의 성취에도 불구하고 결함을 갖고 발전하는 인권을 표현하고 있다.[1] 인권은 변화하고 발전하는 과정에 있다고 볼 수 있다.

일반적인 관점에서 인권의 근거 또는 정당화에 대해서는 정치철학자나 권리 이론가들을 제외하고 일반인들은 대체로 문제 삼지 않는다. 우리가 특정 인권을 어떻게 갖게 되는가를 물을 때 일반적으로 인권선언이나 국제인권규약과 같은 인권 문서에 의존해서 그러한 권리가 있다는 것을 정당화한다. 그러나 개별 인권이 변화하고 발전할 수 있다는 것을 염두에 둔다면, 인권 자체 또는 인권 일반의 정당성을 문제 삼는 것은 당연하다. 왜냐하면 개별 인권은 인권의 정당화 이론에 의해 확립되어야 하기 때문이다. 인권 일반의 근거가 무엇인가 또는 인권을 어떻게 정당화하느냐의 문제에 대한 답변은 인권선언이나 국제인권규약에 구체적으로 제시되고 있지 않다. 단지 인권선언이나 국제인권규약 등 인권 문서에서는 인권이 인간의 존엄성에서 이끌려 나온다는 정도로 간단하게 언급하고 있을 뿐이다.

국가들이 인권 문서에 합의한 사실로 인권을 정당화할 수 있는 것이라고 말할 수도 있을 것이다. 그러나 국가들이 합의했다는 사실이 인권에 대한 심층적인 정당화가 될 수는 없다. "국가의 유엔 가입과 인준이 심층적인 정당화를 제공하지 않는다."[2] 국가의 유엔 가입과 국제인권법에 대한 인준은 인권 실행을 위한 첫 번째 단계에 지나지 않는다. 만약 인권을 국제적 합의나 입법의 대상으로만 본다면 이후의 국제적 합의나 입법에 의해 인권이 폐지될 수 있을 것이다. 인권은 법으로 규정되어 있지 않을지라도 사람들이 서로에게 그리고 특히 국가나 그 관리에게 주장할 수 있는 정당한 도덕적 요구로 간주된다. 인권은 모든 인간이 단지 인간이기 때문에 갖게 되는 '도덕적 권리'라고 일반적으로 말한다. 이러한 관점에서 보게 되면 이전의 자연권이나 인간의 권리 옹호자들처럼 인권의 옹호자들은 보다 심층적이고 어려운 정당화 과제에 직면하게 된다.[3]

이 장에서는 "인권이 인간의 고유한 존엄성에서 이끌려 나온다."라는 인권 문서상의 표현이 인권의 정당화와 관련하여 어떤 의미를 지니고 있는지

---

1   T. Campbell, *Rights*, pp. 38-9 참조.

2   O. O'Neill, "Response to John Tasioulas," in R. Cruft, et al. (eds.), *Philosophical Foundations of Human Rights*, p. 71.

3   O. O'Neil, ibid., p. 71 참조.

를 먼저 검토할 것이다. 이어서 자연론적(naturalistic) 접근과 정치론적(political) 접근의 관점을 살펴볼 것이다. 자연론적 접근은 인간 본성의 특징에 근거해서 인권을 정초하려고 한다. 자연론적 접근은 인권 문서에서의 인간 존엄성에 의한 정당화에 비교적 친근한 접근법이다. 그러나 자연론적 접근처럼 인간의 본성에 정초하려는 정초주의(foundationalism)와 달리 정치론적 접근은 인권의 실제적인 관행 안에서의 그 기능에 의해 인권의 본성을 분석하려고 한다. 정치론적 접근은 우리가 단지 인간이기 때문에 인권을 갖는다는 관념에 도전하고, 인간의 어떤 특성에 근거해서 인권을 정당화하는 것을 거부한다. 정치론적 관점은 실제적인 인권 관행에서 인권의 역할이나 기능이 무엇인가에 초점을 맞추어 인권을 설명한다. 이러한 두 가지 접근법은 인권의 정당화에 대한 완전한 접근으로 보기에는 한계가 있다. 두 접근법을 보완하는 방식으로 계약론적 접근법을 마지막에 소개하려고 한다.

1. 인권의 기초로서의 인간 존엄성

인권선언과 국제인권규약들은 인간의 존엄성을 인권의 기초로 삼았다. 인간 존엄성은 자유 및 평등과 상호 밀접한 관련성을 지니면서 인권의 기초를 형성하고 있다. 인간 존엄성은 인권 문서의 여러 인권을 통합하고 그것들에 통일성을 부여하는 근본 개념으로서 역할을 하는 것으로 지금까지 인식되었다. 이 절에서는 인간 존엄성 개념이 역사적으로 어떻게 발전해 왔는가를 먼저 살펴볼 것이다. 인권 문서에 보이는 인간 존엄성 개념이 현대에 와서 갑자기 생성되어 나온 것이 아니고 역사적인 단계를 거쳐 발전되어 나온 것이기 때문에 그것의 역사적인 발전 과정을 살펴볼 필요가 있다. 이어서 인권 문서에 명시된 인간 존엄성을 이해하기 위해, 인권 문서에 함의된 인간 존엄성의 기능과 의미가 무엇인지를 탐색해 볼 필요가 있다. 인권 문서에서 의미하고 있는 인간 존엄성과 인권 간에는 개념적으로 어떻게 연결되는가를 살펴볼 것이다. 마지막으로 인간 존엄성의 두 가지 측면으로서 지위 존엄성과 상황 존엄성을 구별하고, 지위 존엄성이 인권을 정당화한다는 견해를 비판적 관점에서 검토할 것이다.

1) 존엄성 개념의 역사적 배경

18세기 후반 즉 미국과 프랑스 혁명 이전의 서구에서 '존엄성'은 보편적 개념이라기보다는 위계적 특수주의적 개념이다. 오직 일부의 인구만이 존엄성을 가졌다. 존엄성 관념은 대부분 사회에서 정치적 관념의 밑바탕을 이루고 있는데, 근세 이전의 세계에서 존엄성은 모든 인간의 고유한 특성으로서가 아니라 일부 사람의 속성으로 이해되었다. 존엄성은 평등의 보편적 원리라기보다는 위계질서의 특수한 원리로서 기능하였다.[4]

로마적인 존엄성 관념은 다음과 같은 세 가지 상호 관련된 특징을 지니고 있다.[5] 첫째, '존엄성'은 위계적 구별의 용어이며, 서민 대중으로부터 존경을 요구하는 성질을 지니고 있다. 둘째, '존엄성'은 덕 또는 덕의 결과 혹은 보상을 의미한다. 이것은 인간의 탁월성을 실현하는 습성 혹은 성향을 의미하며, 아리스토텔레스적 의미를 담고 있다. 어떤 사람들은 덕의 잠재력을 갖는다. 덕의 잠재력을 실현한 사람은 존경받을 만한 사람이다. 존엄성은 사람들로부터 존경을 받을 만한 덕 혹은 탁월성을 지칭한다.[6] 셋째, '존엄성'은 공적인 모습과 연관

---

4 J. Donnelly, *Universal Human Rights*, p. 2 참조. 존엄성을 의미하는 영어의 'dignity'는 라틴어 'dignitas'(worth)에서 유래한다.

5 J. Donnelly, ibid., p. 122.

6 존엄성의 이 측면은 유교의 존엄성과 일맥상통한다고 여겨진다. 인(仁)의 덕을 실현한 사람

되어 있다. "로마에서 존엄성(dignitas)의 원래 의미는 획득된 사회적 및 정치적 지위를 지칭하는데, 이 지위는 일반적으로 공적 영역과 도덕적 완전성에서 중요한 개인적 성취를 의미한다."[7] 비록 존엄성이 내적인 기반을 지니고 있지만, 그것은 특히 공직이나 직위 혹은 인격에 내재하는 존경과 존중을 불러일으키는 "개인의 사회적 역할의 외적 측면"을 특히 지칭하였다.[8] 요컨대, 로마적 관념에서의 존엄성은 특별히 명예와 탁월성이 있다고 인정되는 위대한 사람들의 덕이었다. 최고의 선은 본성과 이성에 따르는 유덕한 삶이라고 본 키케로에 의하면, 존엄성은 모든 사람에게 공통적인 것보다 최선의 인간에게서 가장 탁월하고 존중받을 만한 것에서 확인된다. 존엄성은 인간의 고차적인 본성을 지칭하는데, 이러한 본성은 소수의 사람에 의해서만 실현될 수 있다.[9]

성서적 관념의 존엄성은 비평등적인 사회적·정치적 관행을 뒷받침하는 특수주의적 구별을 강조하였다. '존엄성'(kavod)은 성서에 널리 발견되지만, '인간 존엄성'의 조합은 성서에 발견되지 않는다. 창세기(제1장 27절, 28절)에 의하면, "하나님이 그의 형상에 따라 인간(남자)을 창조했다. 남자와 여자를 창조했다. 그리고 축복을 내렸다. 땅을 지배하고 대양의 고기를 지배하고…지상의 움직이는 모든 살아 있는 것을

은 다른 사람들의 존경을 받을 만한 존엄한 사람이라고 볼 수 있을 것이다.

7 I. Englard, "Human Dignity: From Antiquity to Modern Israel's Constitutional Framework," *Cardozo Law Review* 21 (1999), p. 1904; J. Donnelly, ibid., p. 122 재인용.

8 J. Donnelly, ibid., p. 122.

9 J. Donnelly, ibid., p. 123 참조.

지배하라고 말했다." 하나님 아래 그리고 인간을 나머지 피조물 위에 배치하는 것은 인간에게 어떤 존엄성을 부여하는 것이다. 이러한 기독교적 이해에 따르면 존엄성은 내재적이고 어떤 의미에서 보편적이지만 그럼에도 불구하고 여전히 위계적이다. 중세와 근세 초기의 기독교 사회는 대단히 위계적이었다. 그 시기의 기독교 사회에서는 키케로의 세계에서와 마찬가지로 귀족과 고위 관리의 존엄성은 인간의 고유한 존엄성보다 실제로 우위에 있었다.[10]

계몽사상기 이전의 서양에서는 완전한 정도의 존엄성과 자기결정에 대한 권리의 행사는 상층계급으로 제한되었다. 고대 그리스에서는 도시국가의 여성, 비시민, 노예, 비그리스인을 제외한 남성 시민만이, 로마에서는 여성, 비시민, 하층계급의 남성, 노예를 제외한 상층계급의 남자만이, 중세 유럽에서는 여성, 농노, 도시의 하층계급, 비기독교인을 제외한 귀족계급의 남자와 고위성직자만이 완전한 정도의 존엄성과 자기결정권을 누렸다.[11] 인간의 내재적 가치의 관념과 평등권의 관행을 거부한 것은 18세기 그리고 그 이후에까지 확대되었다.[12]

존엄성의 근대적 관념에서는 '존엄성'(dignitas)의 의미에 내재한 위계적 요소를 떨쳐버리고 모든 인간이 그들의 덕성, 장점, 사회적·정

---

10   J. Donnelly, ibid., pp. 124-5.

11   M. Lewis, "A Brief History of Human Dignity: Idea and Application," in J. Malpas and N. Lickiss(eds.), *Perspectives on Human Dignity: A Conversation*(Dordrecht: Spring Netherlands, 2007), p. 96, Donnelly, ibid., p. 129 재인용.

12   J. Donnelly, ibid., p. 129.

치적 지위 등과 상관없이 평등하게 가질 수 있도록 그 용어를 사용한
다.[13] 칸트에 이르러서야 비로소 우리는 인권선언의 인간 존엄성과 비
슷하고 도덕적 · 정치적 이론의 핵심에 있는 인간 존엄성에 관한 완
전한 형태의 설명을 발견한다. 칸트는 인간 존엄성의 개념을 자주 이
용한 푸펜도르프와 함께 키케로와 스토아 전통에 의존한다. 그러나
칸트의 관념은 보다 포괄적일 뿐만 아니라 인권선언을 포함한 후대
의 관념에 상당한 영향을 준다.[14] 미국과 프랑스 혁명기와 같은 시기
에 집필한 칸트는 미국과 프랑스 혁명이 정치를 민주화한 것처럼 그

---

13 J. Donnelly, ibid., pp. 29-30 참조.

14 Sangiovanni는 칸트적인 인권 이론에 대해 부정적인 견해를 피력한다. 그에 의하면 칸트
    의 초월적인 인권 관념은 인권 관행으로부터 너무 멀리 나갔다면서 진정으로 칸트적인 인
    권 이론은 없다고 주장한다. 그의 주장을 요약하면 다음과 같다. 인권 관행의 핵심에서 가
    장 널리 퍼져 있는 관념 중 하나는 인간 존엄성의 관념이다. 인권선언은 모든 인간의 고유
    한 존엄성을 선언한다. 그러나 칸트 체계에서 존엄성은 우리의 '내적' 태도, 이유, 행위의
    성격을 규율하는 '도덕적' 관념이다. 그것은 우리의 '외적' 영역을 규율하지 않는다. 권리
    의 '외적' 영역은 우리의 행위에 제한을 가하지만, 그러한 행위들에 대한 태도의 성격에 대
    해서는 침묵을 유지한다. 칸트의 모든 정치적 저술, 즉 '권리(법)의 이론', '영구평화', '보편
    적 역사의 관념' 등등에서는 목적 자체로서의 인간 존엄성 관념을 체계적으로 사용한 게
    없다. 이것은 '기본 원리'와 '덕의 이론'에서는 그 개념이 널리 사용되고 있는 것과 대비된
    다. 우리가 '내적인' 도덕의 영역과 '외적인' 권리의 영역 간의 칸트의 구분을 받아들인다
    면, 존엄성은 인권 이론의 근거가 될 수 없다. 왜냐하면 인권은 단지 권리의 영역에 속하
    기 때문이다. (Andrea Sangiovanni, "Why there Cannot be a Truly Kantian Theory of Human
    Rights," in R. Cruft, S, Liao, and M. Renzo(eds.), *Philosophical Foundations of Human Rights,*
    pp. 680-85) 그러나 '도덕 형이상학의 정초(기본 원리)'는 후기 저술인 '도덕 형이상학'의
    기본 원리를 다루고 있다고 보이고, '도덕'이 권리(법)와 윤리(덕)를 포괄하는 개념이므로,
    '기본 원리'에서 주로 사용되고 있고 인간의 존엄성과 주로 관련된 '인간성의 정식'(자신
    을 포함한 모든 사람의 인격을 단순한 수단으로서가 아니라 목적으로 대우하라)은 '도덕
    형이상학'의 '권리(법)의 이론'에도 적용된다고 보아야 한다. Byrd와 Hruschka가 주목한 것
    처럼, 실제로 '권리(법)의 이론'에서는 '보편 법칙의 정식'뿐 아니라, '인간성의 정식'이 적
    용되고 있는 것을 볼 수 있다. 칸트는 법의 관점을 취하는 것을 '인간성의 정식'으로 설명
    하고 있다고 그들은 본다. B. Byrd and J. Hruschka, *Kant's Doctrine of Right*, p. 11 참조.

와 동시에 존엄성을 민주화하였다. 근대 후기의 서양에서 보편적 권리와 보편적 존엄성이 함께 발전함으로써 서로를 강화하였다.[15]

칸트에 의하면, 자연의 체계에서 인간은 대지의 자손으로서 기타 동물과 일상의 가치를 공유하지만, 본체적 인간(homo noumenon) 즉 도덕적 피조물로서는 존엄성의 영역에 존재한다.[16] "인격체(person)로서 간주되는 사람은… 단순한 수단으로 평가되어서는 안 되며 존엄성(절대적인 내적 가치)을 지닌다; 존엄성에 의해 그는 세상의 모든 다른 합리적 존재로부터 그에 대한 존중을 끌어낸다."[17] 이것은 그의 인간성의 정식(자신을 포함한 모든 사람의 인격을 단순한 수단으로서가 아니라 목적으로 대우하라)을 재진술한다. 우리와 모든 다른 사람에게 있는 인간성의 존엄성은 존중을 요구한다. 이러한 존엄성 때문에 "모든 사람은 그의 동료 인간으로부터 그에 대한 존중을 정당하게 요구할 수 있고 거꾸로 모든 다른 사람을 존중해야 한다."[18] 각자의 인간성은 그가 모든 다른 사람에게 요구할 수 있는 존중의 대상이다. 칸트는 인간성의 존엄성과 관련해서 이러한 의무를 권리와 연결 짓는다.[19]

칸트에게 있어 인간 존엄성은 모든 인간에 내재해 있다. 인간의 행동은 그에게 또 다른 종류의 도덕적 가치를 부여하지만, 이러한 성취된 도덕적 지위는 내재적 가치와는 별개의 것이다. 개인적 도덕과 정

---

15 J. Donnelly, ibid., pp. 126-27 참조.

16 I. Kant, *The Metaphysics of Morals*, p. 434.

17 I. Kant, *The Metaphysics of Morals*, pp. 434-35.

18 I. Kant, *The Metaphysics of Morals*, p. 462.

19 J. Donnelly, ibid., pp. 127-28.

치적 권리의 기초에 있는 것은 각자 인간성의 고유한 존엄성이다. 물론 인권선언에서 언급된 존엄성은 반드시 칸트적 의미의 존엄성만을 의미하는 것은 아니며, 다른 관념의 인간 존엄성과도 양립할 수 있다.[20] 그러나 칸트적 관념은 인권이 인간의 고유한 존엄성에 의존하고 인권선언에 영감을 준 것 중 하나라는 것은 역사적으로 중요한 사실이다.[21]

2) 인권 문서에 명시된 인간 존엄성과 인권과의 관계

인권 문서에 나타난 인간 존엄성이 무엇인가를 이해하기 위해 인권 관행에서 인간 존엄성 관념에 호소하는 취지가 무엇인가를 먼저 알 필요가 있다. 인간 존엄성 관념의 내용은 그것이 작동하는 인권 관행 안에서 그것이 수행하는 기능에 의존한다. 따라서 인간 존엄성을 이해하기 위해 인권 관행 안에서 달성할 그 개념의 기능이 무엇인가를 알 필요가 있다. 인간 존엄성은 국제 인권의 기본개념이며, 인권에 통일성을 제공하는 궁극적 가치이다.[22] 인권선언 기초 이후 그 관념이 어떻게 작동했는지로부터 단서를 찾을 수 있다. 인간 존엄성은 인권

---

20 인권선언을 포함한 인권 문서는 인간 존엄성이 어떤 의미이고 어떤 기초를 갖는가에 대해서는 침묵을 지킨다. 인간 존엄성의 개념 자체에 대해서는 대부분의 문화권이 동의하지만, 그것이 어떻게 정초되는가에 대해서는 문화권에 따라 의견이 다를 수 있기 때문에 인권선언이나 인권법에 대한 전체적인 동의를 끌어내기 위해서 인간 존엄성에 대한 정의나 그 근거에 대해서는 애매한 상태로 놔두는 전략을 택했다.

21 D. Dennelly, ibid., pp. 128-29 참조.

22 D. Luban, "Human Rights Pragmatism and Human Dignity" in R. Cruft, S, Liao, and M. Renzo(eds.), *Philosophical Foundations of Human Rights*, p. 277.

프로젝트의 핵심적이며 실질적인 규범적 관념으로서 언급되었다. 구체적으로 말하면, 인간 존엄성은 형이상학적 및 도덕적인 근본원리들에 관한 지지자들 간의 심각한 의견 차이에 직면하여 인권 프로젝트에 근거를 제공하고 통일성을 부여할 수 있는 공유적인 규범적 관념으로서 역할을 하였다.

그러면 인권 문서에 나타난 인간 존엄성이 어떤 의미를 지니고 있으며, 인간 존엄성과 인권 간에는 개념적으로 어떻게 연결되는가? 인권선언과 국제인권규약 등을 포함한 주요한 인권 문서들에는 인간 존엄성 개념이 인권의 기초로서 전제되고 있지만, 분명하게 정의되고 있지는 않다. 인권선언의 첫마디에서 "모든 인간의 고유한 존엄성과 그리고 평등하고 침해할 수 없는 권리를 인정하는 것은 자유, 정의, 세계평화의 기초"라고 언명하고 있다. 그리고 인권선언의 제1조는 "모든 인간은 태어나면서부터 자유롭고 존엄성과 권리에서 평등하다. 그들은 이성과 양심을 부여받고, 서로 간에 우애의 정신으로 행동해야 한다."라고 규정하고 있다. 1966년의 국제인권규약들은 서문에서, "이러한 권리들은 인간의 고유한 존엄성에서 이끌려 나온다."라고 명시하고 있다. 1993년의 비엔나선언도 모든 인권은 인간의 고유한 존엄성과 가치에서 나온다고 확언한다.

인권 문서들의 이러한 주장들은 인간에게 고유한 존엄성 때문에 인간이 인권을 지닌다고 주장하고 있다. 그러나 인간의 존엄성이 어떤 의미에서 인권을 정당화하는지는 분명하지 않다. 만약 그것이 분명하지 않다면 인간 존엄성 개념을 통한 인권의 정당화 작업은 기대하기 어려울지 모른다. 인간의 존엄성에 대한 분명한 정의는 없어도 인권선언에는 인간의 어떤 특성 때문에 인간이 존엄성을 지닌다는 것을 암시하고 있다. 인간은 "태어나면서부터 자유롭고 …평등하다." 또는 "이성과 양심을 부여받았다."라는 표현들은 인간이 존엄성을 지녔다고 말할 수 있는 인간의 고유한 특성을 암시한 것으로 간주된다. 전통적으로 인간의 존엄성은 인간이 지니는 고유한 특징으로 설명되어 왔다. 기독교적 전통에 따르면 인간은 신의 형상에 따라 창조되었다는 것이 인간 존엄성의 기초이다. 그리고 칸트에게 있어서는 인간의 도덕적 능력 또는 충동이나 경향성에도 불구하고 원리에 따라 행동하는 능력 즉 자율성이 인간 존엄성의 기초가 된다. 인권선언에서는 인간 존엄성을 그 관념에 관한 전통적인 이론과 연결시켜 표현하지는 않았지만, 인간 존엄성이 언급된 맥락에서 선천적인 자유나 평등의 관념 또는 이성이나 양심의 개념을 인용한 것은 인간 존엄성에 관한 전통적인 관념을 어느 정도 암시하고 있다고 보인다.[23]

인권 문서들에 제시된 인간 존엄성의 관념이 인권의 기초로서 간주됨으로써 근래에 인간 존엄성 개념과 인권 간의 관계에 관한 연구가 특히 철학자들 사이에서 활발하게 이루어져 왔다. 인권의 근거로 인간 존엄성의 개념에 단순히 호소하는 것은 너무나 막연해서, 어떤

---

23 인권선언 초안자들은 의도적으로 '인간 존엄성'을 이론에 의존하지 않도록 모호하게 암시적으로 표현하였다. 그렇게 한 것은 인권선언에 전체적인 동의를 끌어내는 것이 중요했으며, 형이상적, 종교적 논쟁에 빠져드는 것을 피하고자 했기 때문이다. 인권선언 초고 회의에서 어떤 대표자는 인권이 신으로부터 나온다는 분명한 선언을 포함하는 것을 원했다. 그러나 '인간 존엄성'을 언급하는 것이 논쟁을 줄일 수 있는 대안으로 선택된 것이다. 그렇게 함으로써 서로 다른 문화권들이 인간 존엄성의 개념에 자기들이 원하는 이론적인 내용을 적용할 수 있었다. D. Luban, ibid., pp. 275-76.

의미에서 인간 존엄성이 인권을 정당화하는지를 알 필요가 있다.

월드론(J. Waldron)은 어떤 개념(인간 존엄성)이 다른 개념(인권)의 기초가 되다는 것의 의미를 네 가지 방식으로 정리하는데, 그것을 인간 존엄성과 인권에 적용해서 제시하면 다음과 같다.[24]

(1) 역사와 계보의 문제로서, 인권이 인간 존엄성으로부터 생성되었다.

(2) 타당성의 원천으로서, 인간 존엄성은 인권의 원천이다.

(3) 연역적으로 혹은 경험적인 전제의 도움을 받아 인권이 인간 존엄성으로부터 도출될 수 있다.

(4) 인간 존엄성이 인권에 불가결한 조명을 제공하거나 인권을 해석하는 데 도움을 준다.

(1) 역사와 계보의 문제로서 보는 관점은 이미 존재한 인간 존엄성 담론으로부터 인권 담론이 나오게 되었다는 입장이다. 그러나 인권이 존엄성 담론으로부터 나왔다고 가정하는 것은 설득력이 없다. 샥터(O. Schachter)는 다음과 같이 주장한다.

> 헬싱키최종결의안(The Helsinki Final Act) 제7원칙은 모든 인권과 기본적 자유는 "인간의 고유한 존엄성으로부터 나온다."라고 선언한다. 이 진술은 역사적인 의미보다는 철학적인 의미로 이해되어야 한다. 역사적으로는 그 반대로 이야기하는 것이 더 정확할 것이다. 즉 존엄

---

24 J. Waldron, "Is Dignity the Foundation of Human Rights?" in R. Cruft, S, Liao, and M. Renzo(eds.), *Philosophical Foundations of Human Rights,* p. 125 참조.

성의 관념이 기본적 권리와 자유의 사회 역사적 관념을 반영하며,
존엄성이 그러한 권리와 자유를 생성한 것이 아니다.[25]

물론 기존의 존엄성 담론이 인권 담론의 출현에 어떤 영향을 준 것은
사실이다. 그러나 현대의 존엄성 담론은 1948년 이후에 나타난 인권
담론으로부터 더 많은 영향을 받고 있다.[26]

(2) 인권 타당성의 원천으로서 인간 존엄성을 보는 관점은, 마치
법체계의 '근본규범'(Grundnorm)이 법적인 타당성의 원천인 것처럼, 인
간 존엄성과 관련된 규범이 인권 규범의 정당성을 위한 궁극적 원천
이라고 보는 입장이다.[27] 국제인권규약들에 규정된 인권이 인권을 생
성하는 것이 아니며, 그것은 이미 인간이 가지고 있는 권리를 인정하
고 선언하는 것이다. 인간 존엄성에 호소하는 것은 인간의 특별한 본
성 즉 인간의 고유한 가치를 언급하는 것으로, 이것은 왜 규약들이
규정하는 권리들을 인간이 실제로 갖고 있는가를 설명한다. "인권법

---

25 O. Schachter, "Human Dignity as a Normative Concept" in *American Journal of International
    Law*, Vol 77, 2017, p. 853.

26 J. Waldron, ibid., p. 126.

27 이 관점은 디키(Klaus Dicke)가 그의 논문 "The Founding Function of Human Dignity in the
    Universal Declaration of Human Rights" in Kretzmer and Klein(eds.), *The Concept of Dignity
    in Human Rights Discourse* (Kluwer Law International, 2002), pp. 111, 118에서 제안하였다.
    그는 Hans Kelsen의 '근본규범'의 관념에 호소한 듯 보인다. (J. Waldron, pp. 126-27 참조.)
    Kelsen에 의하면, 모든 법규범의 정당성은 근본규범으로부터 유래한다. 근본규범은 경험적
    증거나 실제 존재하는 법률 문서가 아니라, 법체계의 일관성을 유지하기 위해 가정된 규
    범이다. 그것은 '헌법을 따르라' 또는 '국가의 기본 규칙을 준수하라'와 같은 추상적인 형
    태로 이해될 수 있다. 그리고 그것은 법체계를 하나의 통일된 체계로 만드는 역할을 한다.
    그것은 각기 다른 법규범들이 서로 연결되어 하나의 일관된 법체계를 형성하는 데 필요한
    기초가 된다.

의 정당성은 인간 존엄성을 존중하는 고위법, 예컨대 신의 법 혹은 어떤 자연법의 관념으로부터 이끌려 나온다." 그러한 고위법에 대한 믿음은 인권규약들을 기초하고 서명한 많은 사람의 입법 행위를 설명한다.[28]

(3) 인간 존엄성으로부터 인권을 연역적으로 끌어내는 관점은 권리의 기초가 무엇인지를 안다면 그로부터 인권 주장을 생성하거나 끌어낼 수 있다는 입장이다. 이러한 정초주의(foundationalism)는 인권에 관해 우리가 말하는 것을 평가하는 기준을 제공할 수 있다. 인권의 기초 즉 존엄성 관념이 다양하면 그로부터 생성되는 권리에 관한 주장에서 차이가 발생할 수 있다. 사람들은 자신이 이미 선호하는 권리들을 생성하기 위해 기초 역할을 하는 가치를 임의대로 제시할 가능성도 있다.[29]

연역적인 접근법에서는 기초적 가치 즉 인간 존엄성의 관념으로부터 시작한다. 그리고 그 관념에 무엇이 포함되어 있는가를 알기 위해 그것을 분석적으로 해명해 낸다. 그리핀(J. Griffin)은 '인간성'(personhood) 혹은 '규범적 행위능력'(normative agency)의 관념에 호소함으로써 그러한 작업을 수행한다. 인간의 고유한 특성을 발견하기 위해 인간의 삶을 비인간적 동물의 삶과 구별시켜 주는 특징을 알 필요가

---

28   J. Waldron, ibid., p. 128.

29   J. Waldron, ibid., pp. 128-29 참조. 태아가 생명권이 있는가의 문제에 대해 생명권이 있다고 주장하는 가톨릭의 입장에서는 생명권의 기초로서 인간 존엄성을 인간이 하나님의 형상에 따라 창조한 것에서 찾을 수 있는 반면, 인간의 자율성을 인간 존엄성의 근거로 여기는 입장에서는 태아에 생명권을 부여하는 것에 부정적인 입장을 취할 수 있다.

있다고 그리핀은 주장한다. 이러한 특징들은 사람들이 좋은 삶에 관한 관념을 결정할 수 있고 스스로 선택한 좋은 삶에 관한 관념을 추구할 수 있는 능력과 관련된다. 그리핀은 좋은 삶에 관한 관념을 스스로 선택하여 결정할 수 있는 능력을 자율(autonomy)이라 하고, 그러한 관념을 추구할 수 있는 능력을 자유(liberty)라고 하여 자율과 자유를 구별한다. 그리고 그러한 자율과 자유를 '규범적 행위능력'이라고 한다.[30] 인간이 존엄성을 지니는 것은 그러한 규범적 행위능력을 지님으로써 가능하다. 인권은 규범적 행위능력을 보호함으로써 결국 인간 존엄성을 보호하는 것이다. 왜냐하면 규범적 행위능력을 위협하는 것은 '인간 삶' 즉 존엄한 삶을 살아갈 가능성을 위협하기 때문이다.[31] 인권은 인간 존엄성을 보호하기 위한 수단적 역할을 함으로써 정당화된다. 그리핀의 논증은 다음과 같이 요약될 수 있다. 모든 인간은

30　Griffin은 칸트의 자유(자율) 개념에 내재한 형이상학적인 의미를 거부한다. 칸트의 자유(자율)는 현상계(phenomenal world)의 인과법칙에 좌우되는 것이 아니라 인과법칙으로부터 독립된 본체계(noumenal world)에 속한다. 칸트에게 있어 자율적 행위는 인과적 관계를 벗어나서 일어난다. 감정, 욕구, 쾌락, 고통에 의해 결정되지 않는다. 그러한 요소에 의해 결정되는 행위는 타율적인 행위이다. Griffin에 의하면 "칸트의 자율은 달성할 수 없는 합리성의 순수성을 요구한다." (G. Griffin, *On Human Rights*, p. 154) Griffin은 자율은 현상계에서 발견하는 대로 설명되어야 한다고 주장한다. "우리는 자율이 인과적 구조 안에 깊이 내재되어 있다는 것을 안다. 우리가 관심을 두는 자율의 종류는 특히 인간적으로 세계를 경험하고 관념화하는 방식을 반영할 것이다."라고 그는 말한다. (G. Griffin, ibid., pp. 34-5) Griffin에 의하면 규범적 행위능력은 스스로 행위를 할 가치가 있는 것을 결정하는 것(자율)뿐 아니라, 그것을 추구하는 데(자유)에 있다. 그에 의하면 자율과 자유는 서로 구별되는 가치이다. 사람은 자유로울 수 있지만, 자율성이 없을 수 있다. 인습적으로 양육 받아 생각 없이 사회의 가치에 빠져 있는 경우가 이에 해당한다. (G. Griffin, ibid., pp. 150-51). 그러나 대체로 철학자들은 '자유'(freedom or liberty)라는 말을 자율과 자유의 둘을 포함하기 위해 사용한다. J. Griffin, *On Human Rights*, p. 149.

31　J. Griffin, *On Human Rights*, pp. 32-6 참조.

존엄성을 지니고 있다. 인간이 존엄성을 지니는 것은 인간의 특성 즉 규범적 행위능력(자율과 자유)을 지니기 때문이다. 존엄성을 지니려면 규범적 행위능력과 그리고 그것들의 실현을 위한 최소한의 수단 즉 복지를 보장해야 한다. 규범적 행위능력과 복지는 '인간적' 삶 즉 인간 존엄성 유지에 필수적이다. 그런데 규범적 행위능력의 보장을 위해서는 인권(특수한 인권들)이 요구된다. 따라서 모든 인간은 인권을 지닌다. 이처럼 인권은 인간 존엄성으로부터 연역적으로 도출할 수 있다고 그리핀을 주장한다.[32]

(4) 앞의 연역적인 접근법과 달리, 귀납적인 혹은 '상향식'(bottom-up) 접근법을 택할 수 있다. 이 접근법은 이미 널리 수용되고 있는 인권 목록의 권리들에 대한 이해로부터 시작한다. 그리고 그러한 권리 목록이 이해되기 위해 전제되어야 할 가치들을 고려함으로써 그것을 이해하려고 노력한다. 어떤 권리를 우리가 갖는가, 그리고 왜 그것들을 갖는가를 원리적으로 설명하기 위해 앞서 제시한 연역적 접근을 취할 필요는 없다. "왜 우리가 인권을 갖는가를 이해하는 것은 우리가 갖고 있는 권리들의 특징(point)을 이해하는 것과 관련된다."[33]

그러나 권리의 관념은, 인권은 말할 것 없고, 단순한 관념이 아니다. 권리 담론에서 인권을 포함한 권리의 특징은 본질적으로 개인의 이익 또는 선택과 관련되는 방식으로 제시된다.[34] 인권의 이러한 특징

32　J. Griffin의 인권 정당화 이론은 제4장 2절 1) '규범적 행위능력'에서 자세히 다루어질 것이다.

33　J. Waldron, ibid., p. 130.

34　권리의 선택 이론과 이익 이론에 대해서는 제1장 1절 3) '권리의 본성'을 참조할 것.

들은 인권 개념의 분석을 통해 확립될 수 있다. 그것들은 그 중요성과 보편성으로 인해 기초적인 요소로 우리가 착각하기 쉽다. 그러나 이익이나 선택이 모든 권리에 성격을 부여하는 구조적 요소이긴 하지만 그러한 특징들에 근거해서 어떤 기초를 추론해 내는 것은 잘못이다. 예컨대 권리의 이익 이론(benefit theory)이 참이라 할지라도 이익이 권리의 기초라고 추론하거나, 권리의 선택 이론(choice theory)이 참이라 할지라도 자유로운 선택이 권리의 기초라고 추론하는 것은 잘못이다.[35] 존엄성이 인권의 기초라는 주장도 마찬가지의 오류에 기반을 두고 있다. 인권들의 공통적인 특징이 인간 존엄성이라 할지라도 인간 존엄성이 인권의 기초라고 추론하는 것은 잘못이다.

그러한 오류를 밝혀내는 월드론은 존엄성은 가치개념이 아니고 지위 개념(status-concept)이라고 주장한다.[36] 월드론에 의하면, "법에서 지위는 한 인간이 처한 상황이나 지위로 인해 그에게 발생하는 권리, 권한, 무능, 의무, 특권, 면제권, 그리고 책임의 특수한 꾸러미(package)이다."[37] 지위 개념으로서의 파산은 독특한 무능(disabilities)을 포함하며, 지위 개념에 속하는 아동은 성인이 갖는 법적인 권리를 거의 갖지 않는다. 지위 개념은 한 인간이 어떤 상황에서 갖는 권리, 권한, 의무, 책임 등으로 구성된 목록의 축약 개념처럼 작용한다. '파산'이나 '아동'과

35　J. Waldron, ibid., p. 132 참조.

36　J. Waldron, ibid., p. 133.

37　J. Waldron, ibid., p. 134. Austin의 견해에 따르면, "지위 용어는 단지 권리, 권한, 무권한 (무능), 의무, 특권, 면제권, 그리고 책임으로 구성되는 목록의 약어(abbreviation)이다." ibid., p. 135.

같은 지위 개념은 그러한 지위를 갖는 사람의 법적 지위에 대한 상세한 사항을 그 안에 포함하고 있다.

만약 이 모든 것이 사실이고 존엄성이 지위 개념이라면, "존엄성이 인권의 기초다."라고 말하는 것은 범주적 오류(category mistake)라고 월드론은 주장한다.[38] 존엄성이 인권의 기초라고 말하는 대신, 존엄성은 특정 권리들로 구성되는 지위라고 말하는 것이 적합하다고 그는 본다. 마치 아동의 지위가 어떤 권리(보호받을 권리)와 무권한(계약할 권한이 없음)으로 구성되는 것과 같다. 어떤 실체가 인간 존엄성의 지위를 갖는다고 말하는 것은 그것이 인권들을 갖는다는 것을 함축하는 것이다. 지위로서의 인간 존엄성은 그 정보 즉 인권들을 갖는다는 것을 전달하는 축약적인 방식이다. 다른 모든 지위 개념처럼 그것은 권리의 목록을 축약하는 약어이다. 우리가 인간 존엄성을 갖는다는 것은 우리가 인권들을 갖는다는 것을 약식으로 표현하는 것이다. 우리가 인간 존엄성을 갖기 '때문에' 인권들을 갖는 것이 아니다. 따라서 인간 존엄성이 인권의 기초라고 말하는 것은 범주적 오류이다.[39]

---

38 J. Waldron, ibid., p. 134. '범주적 오류'란 특정 범주에 속하는 대상이 마치 다른 범주에 속하는 것처럼 제시되는 의미론적 혹은 존재론적 오류, 또는 한 속성이 그 속성을 가질 수 없는 대상에 귀속될 때의 오류를 말한다.

39 국제인권규약들의 서문은 "이러한 권리들이 인간의 고유한 존엄성에서 이끌려 나온다."라고 명시함으로써 인간 존엄성이 인권의 기초인 것처럼 주장하지만, 또 한편으로 인권선언의 제1조는 "모든 인간은 태어나면서부터 자유롭고 존엄성과 권리에서 평등하다."라고 주장함으로써 인권이 인간 존엄성으로부터 이끌려 나오는 관계가 아니라 그 두 개념이 동등한 지위를 갖는 것으로 보았다. 두 개념이 동등한 지위를 갖는 것으로 인식된다면, 그중 하나로부터 다른 것이 이끌려 나온다고 보는 것은 범주적 오류가 될 수 있다. '인간의 존엄성'은 인권들의 꾸러미를 표현하는 축약어라고 한다면, 인간의 존엄성이 인권의 기초라고 말하는 것은 마치 '인권들의 꾸러미'(인간 존엄성)는 인권이 기초라고 말하는 것이나 마찬

인간 존엄성이 지위 개념이라면, 지위 개념의 특성은 무엇인가? 아동의 지위 개념이 이해되려면 임의적인 내용이 그 개념 안에 들어 가서는 안 되며 의미 있는 내용들이 들어가야 한다. 예컨대 아동은 스스로 돌볼 수 있는 능력이 부족하고 다른 사람에게 약탈이나 착취를 당할 가능성이 높다는 특징이 있다. 이러한 특징은 아동 개념의 근저 관념(underlying idea)이다. 아동 개념은 그러한 근저 관념과 관련되어 이해될 수 있다. 이와 마찬가지로 인간 존엄성이 지위 개념이라면 그것은 인간이라는 지위 때문에 인간이 갖는 권리와 책임의 특수한 꾸러미이며 그러한 지위에 특성을 부여하는 근저 관념을 포함하고 있다. 인간 존엄성은 일련의 인권들로 구성되어 있을 뿐만 아니라, 우리가 인간이라는 점과 관련해 이 권리들의 각각이 중요하다는 것을 설명해 주는, 그리고 이와 관련하여 그 권리들을 함께 통합하는 것이 중요하다는 것을 또한 설명해 주는 근저 관념을 포함한다.[40] 존엄성은 인

가지인데, 이것이 범주적 오류라는 것이다. 어떤 것이 다른 것의 정당화 이유 즉 기초가 되려면 그 둘은 동일한 대상이 아니라 서로 다른 대상을 지칭하는 개념 또는 범주가 되어야 한다. 그리핀 등과 같이 인간 존엄성으로부터 인권이 도출된다고 보는 입장은 인권규약의 주장에 초점을 맞춘 반면에, 월드론은 인간 존엄성과 인권을 동등한 지위로 보는 인권선언의 주장에 초점을 맞추어 인간 존엄성과 인권의 관계를 조명한 것이라고 볼 수 있다.

40 월드론이 말한 인간 존엄성의 근저 관념이 구체적으로 무엇인지가 분명하지 않다. 그러나 어린이의 근저 관념을 '스스로 돌볼 수 있는 능력이 부족하고 다른 사람에게 약탈이나 착취를 당할 가능성이 높다는 특징'을 들고 있는 것으로 보아, 인간 존엄성의 근저 관념은 인간성의 어떤 특징을 염두에 두고 있는 것으로 보인다. 그는 "인간 존엄성은…인간이라는 점과 관련해 이 권리들의 각각이 중요하다는 것을 설명해 주는…근저 관념을 포함한다."라고 말하고 있다. 그렇다면 월드론이 인간 존엄성의 근저 관념을 언급하는 것은 그리핀이 인간 존엄성을 근거 지우기 위해 인간성의 특징을 언급하는 접근법과 결국에는 크게 차이가 있어 보이지 않는다. 단지 월드론은 실제 통용되고 있는 '인간 존엄성'의 의미는 인권 관행에서의 사용법에 의해 결정된다고 본 반면, 그리핀은 그 개념을 철학적으로 분석하는 차이점이 있다고 보인다.

권의 기초라기보다는, 일련의 인권들을 축약하면서 그것들을 그 근저 관념으로 통합하는 약어적 관념이다.[41] "그 근저 관념은 인간 존엄성이 궁극적으로 이르게 되거나, 인간 존엄성이 궁극적으로 기초하고 있거나, 혹은 인간 존엄성을 구성하는 권리들이 궁극적으로 기초하고 있는 그러한 관념이라고 생각할 수 있다."[42]

인권의 목록들은 모두가 하나의 공통 근거인 인간의 존엄성 하에 통합되면서 자체의 근거를 지닌 여러 하위 집단을 포함한다. 그리하여 인권은 주로 개인 복지의 증진, 개인의 안전, 적법절차, 개인의 자유, 정치적 평등, 집단의 복지 등등의 하위 집단을 갖는다. 이들 권리 범주는 구별되는 자체적인 하위 근거를 가질 수 있다. 그 모두는 "완전히 인간적인" 삶, 즉 비인간 동물과 대비되는 인간의 삶, 다시 말해 존엄한 삶(life of dignity)에 필수적인 것들이다. 인간 존엄성의 보호와 촉진이 인권의 하위 집단을 통합하면서 인권 목록의 전체적인 근거로서 기여한다.[43]

월드론은 인권이 인간의 존엄성에 기초한다는 주장을 탐구하면서 그러한 주장을 논박하는 것이 아니라 그러한 주장이 직면하는 장애물이 무엇인가를 보려는 데 그의 목적이 있다고 말한다. 시먼스가 주장하는 것처럼, 그의 접근법은 논리적 연역을 통한 접근법과 서로 조화를 이룰 수 있다. 만약 인간 존엄성의 지위를 적절히 이해함으로써

---

41   J. Waldron, ibid., pp. 135-36.

42   J. Waldron, ibid., p. 137.

43   A. Simmons, "Human Rights, Natural Rights, and Human Dignity" in R. Cruft, S. Liao, and M. Renzo(eds.), *Philosophical Foundations of Human Rights,* p. 142 참조.

인권 목록의 추가적인 인권을 끌어낼 수 있다면, 월드론의 인간 존엄성의 분석을 수용하면서도 그리핀 등의 논리적 연역을 통한 정초 작업을 동시에 추구하는 것이 가능하다. 인간 존엄성의 개념은 인권 개념에 '불가결한 조명'을 던짐으로써 월드론의 네 번째 기초로서 기여하면서 동시에 원래의 인권 목록이나 그것에 가감된 목록을 끌어내는 논증의 세 번째 기초로서 기여할 수 있다.[44]

월드론은 어떤 실체가 인간 존엄성의 지위를 갖는다는 것은 그것이 인권들을 갖는다는 것을 함축하는 것이라고 말한다. 어떤 존재가 인간 존엄성을 갖는다면 그가 인권을 갖는다고 말할 수 있지만, 그가 존엄성을 갖기 '때문에' 인권을 갖는다. 즉 인간 존엄성이 인권의 기초라고 말할 수 없다는 것이다. 그런데 만약 인간이 존엄성을 갖는다는 것이 확립될 수 있다면, 그리핀의 논리적 연역에 의한 접근에서처럼 인간 존엄성이 인권의 기초라는 것을 논리적으로 연역해 낼 수 있다. "인간이 존엄성은 갖는다면 그는 인권을 갖는다. 인간은 존엄성을 갖는다. 따라서 인간은 인권을 갖는다." 이 논증에서 월드론은 "인간이 존엄성은 갖는다면 그는 인권을 갖는다."라는 전제를 수용한다. 그러나 그것만으로 인간 존엄성이 인권의 기초라고 말할 수 없다. "인간은 존엄성을 갖는다."라는 전제가 또한 확립되어야 한다. 그리핀은 이 전제를 확립하기 위해 철학적으로 접근하면서 인간의 존엄성이 인간의 고유한 속성인 자율성으로부터 나온다고 주장한다. 월드론은 그리핀과 달리, 인간 존엄성이 실제로 어떻게 사용되

---

44   A. Simmons, ibid., pp. 140, 144.

는가에 초점을 맞추는 화용론적 관점에서 인간존엄성의 의미를 분석해 낸다.

인권의 정당화에 관한 정치론적 혹은 인권 화용론적 접근에서는 인간 존엄성이나 인권을 고려하는 경우에 인권 관행에서 그러한 개념들이 어떻게 실제로 사용되고 있는가의 관점에서 접근한다. 인권을 인간 존엄성으로부터 끌어내는 인권 정초론과 달리, 인권 화용론에 의하면 '인간 존엄성'의 의미는 철학 이론에 의해 정의되는 것이 아니라 인권 관행에서의 사용법에 따라 결정된다고 본다.[45] 인권 화용론에 따르면 인간 존엄성의 의미가 상당 부분 인권 문서의 권리 목록에 의해 주어지기 때문에 인권을 인간 존엄성 개념으로부터 도출하는 것은 순환논법이 될 수 있다.[46] 그럼에도 불구하고 월드론은 인권 화용론적 관점에서 인간 존엄성과 인권을 분석하고 해명하고 있다. 월드론은 현대의 인권 문서들(인권선언과 인권규약들)에 바탕을 두고 인간

45　D. Luban, "Human Rights Pragmatism and Human Dignity" in R. Cruft, S. Liao, and M. Renzo(eds.), *Philosophical Foundations of Human Rights,* p. 275. 인권 정초론(human rights foundationalism)에 속하는 자연론적 혹은 인성론적 접근은 "인권은 우리가 인간이라는 사실로부터 이끌려 나온다."라고 본다. 그러한 인권을 "도덕적 인권"이라고 한다. 도덕적 인권을 발생시키는 인간성의 특징이 인권의 기초에 있다. 따라서 그러한 인간성의 특징에 관한 철학적인 탐구가 인권의 도덕적인 혹은 철학적인 기초에 대한 탐구가 된다. 인권 정초론은 법적인 인권은 도덕적인 인권의 발자취를 따라가야 한다고 주장한다. 인권 화용론(human rights pragmatism)은 국제법적인 인권에 대한 제도적 관점을 제공한다. 인권 화용론은 인권에 관한 도덕적 기초로부터 국제법적 인권을 분리시킨다. (Allen Buchanan, Charles Beitz). 국제인권은 인권의 현재 관행(ongoing practice) 자체 이외의 다른 기초가 필요하다는 인권 정초론에 대해 부정적이다. 광의적으로 인권 화용론적 접근은 방법론적으로 이론이 관행에 답한다는 입장이다. 인권 화용론은 '인권'이나 '국제 인권'과 같은 용어의 의미는 그것들의 용법(use)에 답해야 한다고 본다. 그것들의 의미는 용법이다. David Luban, ibid., pp. 263-66 참조.

46　D. Luban, ibid., p. 276.

존엄성과 그 근저 관념을 해명해 내고, 인간 존엄성의 근저 관념이 인간 존엄성을 구성하는 여러 인권을 통합하는 것이라고 주장한다. 반면에 자연론적 또는 인간성의 관점을 취하는 철학자들은 그러한 기본적 개념들이 원리적 또는 근원적으로 어떻게 정당화되는가를 고려한다. 그리핀은 자연론적 또는 인간성의 관점에서 인간 존엄성이나 인권이 어떻게 정당화되는가를 논의한다. 그는 인간 존엄성은 인간의 특징인 자율성으로부터 나온다고 주장함으로써 인간 존엄성을 인간성으로부터 끌어낸다. 인권의 정당화에 대한 자연론적 혹은 인간성의 접근과 정치론적 혹은 화용론적 접근에 대해서는 다음의 제2절과 3절에서 자세히 논의될 것이다.

3) 지위 존엄성과 상황 존엄성

길러버트(Pablo Gilabert)는 능력의 관점에서 두 측면의 인간 존엄성을 말하고 있다. 어떤 일반적인 인간 능력은 지위 존엄성의 근거가 되고, 보다 특수한 인간 능력의 존재는 상황 존엄성을 구성한다.[47] 인권 문서의 어떤 진술은 인간의 고유한 속성 즉 인간이 항시 소유하는 지위 존엄성을 언급한다. 인권선언 서문의 첫 번째 문장은 인간의 고유한 존엄성을 언급한다. 제1조는 "모든 인간은 태어나면서부터 자유롭고 존엄성과 권리에서 평등하다."라고 말한다. 그리고 국제인권규약

47　Pablo Gilabert, "Human Rights, Human Dignity, and Power" in R. Cruft, S, Liao, and M. Renzo(eds.), *Philosophical Foundations of Human Rights,* p. 196.

들 또한 인간의 고유한 존엄성에 대해 언급한다. 지위 존엄성은 인간의 고유한 특징 덕분에 모든 인간이 갖는다. 인권선언 제1조에서 모든 인간은 "이성과 양심을 부여받고 서로에게 우애의 정신으로 행동해야 한다."라고 언급하고 있다. 지위 존엄성을 결정하는 인간의 특징으로 이성, 양심, 우애의 정신을 암시하고 있다. 인권 문서에서 인권은 인간 존엄성 즉 지위 존엄성으로부터 나온다고 주장한다. 국제인권규약들 서문의 세 번째 문장은 "이러한 권리들은 인간의 고유한 존엄성으로부터 이끌려 나온다."라고 주장하고, 비엔나선언 서문의 세 번째 문장은 "모든 인권은 인간에게 고유한 존엄성과 가치로부터 이끌려 나온다."라고 주장한다.

상황 존엄성은 어떤 상황에서 인권이 충족됨으로써 누릴 수 있는 존엄성을 말한다. 인권 문서의 어떤 진술은 인간이 향유할 수 있는 상황 존엄성을 언급한다. 인권선언 제23조는 "경제적·사회적·문화적 권리들은 (인간의) 존엄성과 인성의 자유로운 발달에 필요불가결한" 것으로 언급한다. 인권선언 제23조는 노동으로부터의 공정하고 적합한 보수가 존엄한 인간 생존을 노동자와 가족에게 보장해야 한다는 것을 언급한다. 자유권규약(ICCPR) 제10조는 "자유가 박탈당한 사람들은 인간의 고유한 존엄성에 대한 존중으로 대우받아야 한다."라고 규정하고 있다. 사회권규약(ICESCR) 제13조는 교육은 "인성과 존엄감의 완전한 발달을 지향해야 한다."라고 언급한다. 상황 존엄성은 특수한 상황에서 인권이 충족됨으로써 누리는 존엄성이다. 상황 존엄성 개념을 통해 인권은 인간 존엄성 실현을 위한 수단이라는 것을 알 수 있다. 여러 특수한 인권들은 상황 존엄성 실현을 위해 요구된다.

인간은 인간의 일반적 특성 덕분에 지위 존엄성을 갖고, 어떤 상황에서 인권이 충족됨으로써 상황 존엄성이 실현된다. 길러버트는 이들 개념의 연관성을 다음과 같이 정리한다.[48]

(1) 인간은 다소 일반적이고 항구적인 특징 덕분에 존엄성을 지닌다. (지위 존엄성)

(2) 인간은 지위 존엄성을 지니고 있으므로 인권을 지닌다.

(3) 인간은 인권을 충족함으로써 존엄한 삶을 확보한다. (상황 존엄성)

(4) 인간은 인권을 존중, 보호, 증진할 의무를 지닌다.

인간 존엄성의 관념은 인권의 개념, 인권의 기초, 그리고 인권의 내용을 이해하는 데 핵심적인 역할을 한다. 인간 존엄성에 대한 설명은 지위 존엄성을 낳는 인간의 어떤 특징을 지적하며, 인권을 정당화하는 데 중요하다. 그리고 인권의 충족은 상황 존엄성을 구성한다. 인간 존엄성이 모든 인권을 정당화하는 데 필요하다면 그것은 체계적인 핵심 개념이고, 일부의 인권을 정당화하는 데 기여하는 원천이라면 부분적인 핵심 개념이다.[49]

길러버트는 지위 존엄성을 발생시키는 특징이 합리적 행위능력(이성)이나 규범적 행위능력(그리핀의 자율 또는 자유)으로 이해된다면, 그러한 존엄성만으로 모든 인권을 정당화할 수 없다고 주장한다. 지위 존엄성을 발생시키는 것이 인간의 합리적 행위능력이라면 고통을 느끼

---

48   P. Gilabert, ibid., p. 200.

49   P. Gilabert, ibid., p. 203.

는 능력과 같은 절박한 인간 이익의 어떤 분명한 원천을 포함하지 않을 것이다.[50] 모든 인간이 지니는 절박한 이익에 초점을 두는 것이 아니라 인간만이 지니는 절박한 이익에 초점을 두게 되면 인권을 정당화할 때 고통을 피하는 것과 같은 중요한 이익을 언급하지 않을 수도 있다. 이것은 너무 제한적이다. 길러버트는 인간의 지위 존엄성의 중요한 기초는 인간의 중요한 능력들(capabilities)로 구성되어 있다고 본다. 그러한 능력에는 합리적(타산적 및 도덕적) 행위능력뿐 아니라 다른 능력 예컨대 고통과 쾌락을 느끼는 능력도 포함된다. 고통과 쾌락을 느끼는 능력은 신체적 완전성과 건강 의료에 대한 권리를 표현하는 데 중요하다.[51] 인간이 지니는 고통과 쾌락을 느끼는 능력은 다른 동물이 또한 지니면서도 인간 존엄성의 지위를 발생시키는 구성요소로서 간주된다. 그것은 인간 존엄성이 그리핀의 규범적 행위능력처럼 오로지 다른 존재가 공유하지 않는 인간의 특징에 기초해야 한다는 것을 부정한다. 비록 다른 동물이 또한 그러한 특징을 갖는다고 할지라도 그것은 마찬가지로 인간적인 특징이다.[52]

능력 중심의 관점은 인권과 존엄성을 설명하는 데 도움을 줄 수 있다.[53] 인간은 지위 존엄성을 정당화해 주는 어떤 능력을 지니고 있다. 그리고 인간은 상황 존엄성을 구성하고 보장하는 어떤 능력을 지

---

50   P. Gilabert, ibid., p. 203.

51   P. Gilabert, ibid., p. 204.

52   P. Gilabert, ibid., p. 205 참조.

53   Gilabert는 Nussbaum의 능력 중심의 접근법을 따르고 있다. 인권의 정당화에 관한 능력 중심의 관점에 대해서는 제4장 2절 2) '기본적 능력'에서 자세히 논의할 것이다.

녀야 한다. 인권은 상황 존엄성을 보장하는 장치이다.[54] 그러나 그리 핀의 연역적인 접근과 마찬가지로 길러버트의 능력 중심의 접근도 그 자체로 모든 인권을 끌어내기에는 어려움이 있다. 길러버트도 인정한 바와 같이, 어떤 인권은 능력의 보장과 직접 관련이 없는 경우가 있다. 예컨대 적법절차의 권리(rights to due process)는 평등 혹은 공정성이라는 독립적인 고려에 기초한다.

사실 인권의 관념은 평등주의의 성장과 함께 나타났다. 평등은 인권의 한 근거이거나 그 근거의 깊은 수준에서 작용한다. 어떤 철학자들은 동등한 존중 즉 평등한 대우를 그 자체 인권으로서 보았다. 드워킨은 동등한 관심과 존중에 대한 추상적 권리(기본적이고 공리적 권리)로부터 정치적 권리들을 끌어낸다.[55] 도넬리는 동등한 관심과 존중은 인권이 인간 존엄성으로부터 나온다는 주장을 확장한 것이라고 다음과 같이 주장한다.

> 인권선언과 규약들의 권리 목록들은 국가에 모든 사람을 동등한 관심과 존중으로 대우해야 한다고 요구하는 그럴듯하고 매력적인 철학적 설명으로부터 이끌려 나올 수 있다. …동등한 법의 보호에 대한 권리, 인종적, 성적, 그리고 다른 형태의 차별로부터의 보호는 '동등한' 존중에 필수적이다. …동등한 관심과 존중의 관념은 철학적으로 논쟁거리이지만 어떤 내재적 타당성을 지닌다. 그것은 인권이 동등하고 불가침적이라는 기본적 사실과 밀접히 관련되어 있다. 그리

---

54   P. Gilabert, ibid., p. 207 참조.

55   J. Griffin, *On Human Rights*, pp. 39-40 참조.

고 그것은 국제적으로 인정된 인권이 인간 고유의 존엄성으로부터 나온다는 주장을 매력적으로 확장한 것이다.[56]

부캐넌도 평등을 독립적인 인권의 근거로 여긴다. 그는 인권법에서 비차별, 동등한 지위 규정은 행위능력, 복지, 혹은 기본 욕구에 의한 접근으로 설명할 수 없다고 본다. 왜냐하면 카스트 제도하에서 차별받으면서 어느 정도 합당한 행위능력을 지닐 수 있고 훌륭한 삶을 살 수 있기 때문이다. 그렇다면 지위의 평등, 비차별이 독립적인 인권의 근거로 인정되어야 한다고 그는 주장한다.[57] 평등의 관념은 자유의 관념과 함께 인권의 기본 전제라고 할 수 있다. '보편적 인권'이라 할 때 '보편적'이라 함은 현대 사회에서 동시대에 살고 있는 모든 인간에게 인권이 '똑같이'(equally) 적용된다는 것을 의미한다. 인간을 '다르게' 대우할 때는 그것에 대한 정당화가 요구된다. 그런 점에서 평등은 인권의 기본 전제라고 볼 수 있다.[58] 이처럼 모든 인간은 평등하게 대접받아야 한다는 것이 모든 인권에 기본적으로 전제된다.

길러버트가 주장한 것처럼, 인간의 중요한 능력 덕분에 인간이 지위 존엄성을 지니고 그러한 존엄성 때문에 인권을 지닌다고 할지라도, 중요한 인간 능력과 관련된 이익들의 확인으로부터 권리들의 확

---

56 J. Donnelly & D. Whelan, *International Human Rights* (5th ed.), p. 25.

57 A. Buchanan, "Egalitarianism of Human Rights" in *Ethics* 120(2010), pp. 679-710.

58 그리고 인권이 생성되기 위해서는 자유의 제한으로부터 출발하기 때문에 자유도 인권의 기본 전제라고 할 수 있다. 그러한 자유의 제한이 정당화되지 않으면 자유는 기본적으로 존재한다. 이러한 관점에 대해서는 나중에 인권의 정당화 관점 중의 하나인 제3절 '계약론적 접근'에서 자세히 논의될 것이다.

인으로 이동하기 위해서는 의무 담지자의 관점도 고려해야 한다. 어떤 능력을 소유함으로써 생기는 이익이 그것을 만족시켜야 할 상관적 의무와 연결되는지를 결정하기 위해 그것의 실행 가능성을 특히 고려할 필요가 있다. 이러한 요소를 명료화하기 위해 권리 소유자뿐만 아니라 의무 담지자의 관점이 또한 고려되어야 한다.[59] 이러한 관점에서 다음에 소개할 정치론적 또는 화용론적 접근과 자연론적 혹은 인간성의 접근이 권리의 실행 가능성이 있는지를 살펴볼 것이다. 다음의 절들에서는 인권의 정당화에 대한 자연론적 접근(인간성의 접근)과 정치론적(화용론적) 접근에 대해서 자세하게 고찰한 다음 그러한 접근법들의 한계에 대해서 논의하고 실행 가능성 측면에서 보다 설득력 있는 계약론적 접근을 제시하고자 한다.

---

59   P. Gilabert, ibid., p. 212 참조.

2. 자연론적 접근

자연론적(naturalistic) 접근 또는 인간성의 접근은 인간의 본성(nature)이나 특징에 근거해서 인권을 정당화하는 입장이다. 인권 문서들에는 인권이 인간의 존엄성으로부터 이끌려 나온다고 막연하게 주장하고 있지만, 존엄성이 구체적으로 무엇을 의미하는지는 밝히지 않고 있다. 인권 문서에 존엄성의 의미를 분명하게 밝히지 않고 있으므로 각 나라는 자신의 문화권에서 의미하고 있는 존엄성에 기반을 두고 인권 목록에 합의한 것으로 이해된다. 인권의 근거로 인간 존엄성의 개념에 단순히 호소하는 것은 너무나 막연해서 어떤 의미에서 인권이 인간 존엄성으로부터 이끌려 나오고 그것을 보호하는지를 설명하지 않는다면 인권에 대한 실질적인 정당화 작업을 하기 어렵다. 그리핀(J. Griffin)은 '인간성' 혹은 '규범적 행위능력'의 관념에 호소함으로써 그러한 작업을 시도한다.

자연론적 접근에서 가장 영향력 있고 널리 논의되고 있는 그리핀은 인간성(personhood) 즉 인간의 본성을 자율성으로 보고 그 자율성이 인간 존엄성의 근거가 된다고 주장하였다. 그는 좋은 삶의 관념을 선택하는 자율성(autonomy)과 그것을 방해 없이 추구하는 자유(liberty)를 규범적 행위능력이라고 했다. 인권은 그러한 행위능력을 실현하고 증진하는 장치이다. 그러나 그러한 방식으로 인권을 해석하고 정당화하는 것은 영아나 치매 환자 또는 식물인간을 인권 소유자로부터 배제하는 결과를 가져온다. 그뿐만 아니라 자율권이나 자유권 이외의 권리, 예컨대 복지권은 그 자체 독자적인 지위를 누리는 것이 아니라, 그러한 권리들을 누리도록 하는 데에 요구되는 권리 즉 파생적인 권리의 지위를 갖게 된다는 문제점이 있다. 누스바움(M. Nussbaum)은 행위능력뿐 아니라 인간의 다양한 기본적 능력(capabilities)에 기반을 두고 인권을 정초하려고 함으로써 그러한 문제를 해결하려고 하였다. 그러나 그녀 역시 인권의 범위를 지나치게 확장한다는 비판을 받는다.

한편 인권을 인간의 기본적 필요(needs)에 기초해서 설명하는 사람도 있다. 또 한편으로 어떤 사람은 인권을 인간의 보편적인 기본적 이익(interests)으로 설명하기도 한다. 이러한 접근법은 규범적 행위능력 또는 기본적인 인간 능력까지 포함하는 포괄적인 접근법이라고 볼 수 있다. 인간의 자율성이나 자유는 인간으로서 최소한의 품위 있는 기본적 삶을 유지하기 위해 필요한 이익이라고 본다면 그리핀의 규범적 행위능력이나 누스바움의 인간 능력은 인간의 기본적인 필요나 이익으로 해석될 수도 있다. 다음에 자연론적 접근으로 분류될 수 있는 규범적 행위능력에 의한 접근법(Griffin), 인간의 기본적 능력에 의한 접근법(Nussbaum), 기본적 필요 또는 이익에 의한 접근법(Renzo, Tasioulas)을 구체적으로 논의하려고 한다.

1) 규범적 행위능력(James Griffin)

그리핀은 인권 문서에서 명시하고 있는 바와 같이 인권은 인간의 존엄성에서 나온다고 본다. 그런데 인간의 존엄성은 어디에 근거

하는가? 그리핀에 의하면 인간의 존엄성은 인간의 본성 즉 자율성
(autonomy)에 기인한다. 인간은 자율적인 존재이므로 존엄하다는 것이
다. 인권은 결국 인간의 본성(인간성, personhood)인 자율성에 기초하는 것
이다. 자율성은 가치 있는 삶의 관념을 숙고하고 선택해서 결정하는
능력이다. 그리고 그렇게 해서 결정하는 삶의 관념을 방해 없이 추구
하는 능력을 그리핀은 자유(freedom)라고 부른다. 일반적으로 철학자들
은 '자유'라는 말을 자율과 자유의 둘을 포괄하기 위해 사용한다. 그
러나 그는 자율과 자유를 구별한다.[60] 자율성은 숙고와 결정이 특징
이고, 자유는 행위가 특징이다. 자율과 자유를 그리핀은 규범적 행위
능력(normative agency)이라고 한다.[61] 인권은 이러한 가치 있는 삶의 관념
을 결정(자율)하고 추구(자유)하는 능력 즉 규범적 행위능력을 보호하는
장치이다.[62] 자율과 자유는 특별히 가치 있는 인간 이익(human interests)이

---

60 ` 자율과 자유는 그 반대 개념을 대비하면 그 차이를 보다 쉽게 이해할 수 있다. 자율의 적은
   교화, 세뇌, 주입, 지배, 조작, 순종, 인습 존중, 거짓 의식, 미성숙이고, 자유의 적은 강제, 제
   한, 삶의 선택지 빈곤이다. (J. Griffin, *On Human Rights*, p.151) Griffin의 자율성은 자기결
   정(self decision)으로 이해된다. 그것은 Kant와 Rousseau의 정신으로 '자치'(self-rule), '자기
   입법'(self-legislation)이라고 부를 수도 있다. 그런데 마찬가지로 '자기결정'으로 번역되는
   영어의 'self-determination은 가치 있는 삶의 관념을 형성하는 것뿐 아니라 그것을 어느 정
   도 실현하는 것까지 암시한다. (J. Griffin, ibid., p. 156) 낙태 옹호론자들이 낙태의 자유를
   자기결정권이라고 주장할 때는 이 후자의 의미로 이해된다. 즉 그것은 Griffin이 의미하는
   자율(선택)과 자유(추구)를 동시에 포함한다고 볼 수 있다.
61 규범적 행위능력은 "가치 있는 삶을 사는 데 관련되는 행위능력"으로 단순한 행위능력이
   아니다. 다른 고등동물도 행위능력이 있지만 규범적 행위능력을 갖지는 않는다. 규범적 행
   위능력은 인간의 고유한 능력이다. G. Griffin, ibid., p. 45.
62 Griffin은 인권을 규범적 행위능력을 보호하는 것이라고 제안함으로써, 인권을 논리적 필연
   성으로 연역하려고 하는 Gewirth와 자신을 구별하려고 한다. (J. Griffin, ibid., p. 4) Gewirth
   도 Griffin과 마찬가지로 인간의 행위능력(human agency)을 인권을 끌어내는 데 있어 중요
   한 요소로 본다. Gewirth는 인권을 자유와 복지에 대한 도덕적 권리로 보고, 그러한 권리를

기 때문에 권리가 그들로부터 이끌려 나온다. 인권은 그것들을 강력히 보호하는 장치이다. '인간의 본성'(human nature)과 '인간 행위자'(human agent)의 관념은 이미 규범적 영역에 포함되어 있다. 이처럼 평가적으로 풍부한 관념으로부터 인권을 끌어내는 데에 오류는 없다고 그리핀은 본다.[63]

그리핀에 의하면 인간성 즉 규범적 행위능력으로부터 대부분의 전통적인 인권 목록을 끌어낼 수 있다. 생명권은 그것이 없이는 인간성 즉 규범적 행위능력이 불가능하다. 생명권은 규범적 행위능력의 행사를 위해 필요하며, 신체안전권도 마찬가지이다. 정치적 참여권은 자율성의 핵심적 행사이다. 표현의 자유, 집회의 자유, 결사의 자유, 종교의 자유는 자유의 특수한 경우이다. 그리고 그러한 자유권이

다른 사람에게 또한 인정하지 않으면 논리적으로 일관성이 없게 된다고 주장한다. Gewirth 는 인간을 '미래의 목적적 행위자'로 본다, 즉 인간을 좋다고 보는 목적을 위해 행위하는 합리적 행위자로 본다. 사람들은 그들의 행위의 필요조건으로서 자유와 복지를 스스로 요구해야 한다. 그 '해야 함'이 그러한 조건에 대한 행위자의 권리를 갖는다고 주장하는 것을 뒷받침한다. 한 단일 행위자의 타산적 관점으로부터 시작하여 관련 측면에서 유사한 모든 다른 행위자도 똑같이 그러한 조건을 요구하는 것이 논리적 일관성의 문제라는 점에서 그러한 주장은 보편화될 수 있다. Gewirth는 그러한 보편화가 모든 다른 사람들도 인권으로서의 자유와 복지에 대한 권리를 갖는다는 도덕적 관점을 생성한다고 주장한다. A. Gewirth, *The Community of Rights* (The University of Chicago Press, 1998), pp. 16-19.

63 J. Griffin, ibid., p. 35. 여기서 그리핀은 Hume처럼 사실과 가치 간의 엄격한 구분을 하는 것에 관해 부정적으로 보고 있으므로 자연론적 오류를 범하지는 않는다고 본다. 우리의 기본적 이익 중 하나는 고통을 피하는 것이다. 만약 내가 고통스럽다고 말한다면 나는 사실적 진술과 평가적 진술을 동시에 말하고 있다. 인간의 어떤 이익이 충족되느냐의 문제는 사실의 문제이면서 가치의 문제이다. 따라서 Griffin은 취향 모델(이모티비즘)에 존재하는 사실과 가치의 분리에 반대한다. Griffin의 입장은 가치를 사실로부터 끌어낼 수 없다는 Hume의 축소적 자연론(reductive naturalism)이 아니라, 사실과 가치를 분리하지 않는 확장적 자연론(expansive naturalism)이다. 권리들은 확장적 자연론에 근거한다. ibid., pp. 35-6, 123-5.

없이는 자율성의 행사가 공허하다. 다시 말해 어떤 가치 있는 삶의 관념을 자율적으로 선택한다 해도 그러한 자유를 방해 없이 행사함으로써 그것을 추구할 수 있어야 한다. 그리고 인간성 즉 규범적 행위능력을 행사하기 위해서는 다양한 최소한의 물질적 조건과 기회가 요구된다. 인간 생존을 위한 최소한의 물질적인 공급(예컨대, 음식, 주거, 식수 등)과 기본적인 교육이 없이는 규범적인 행위능력을 행사할 수 없다. 복지권은 규범적인 행위능력을 보장하는 데 필수적인 수단이다.[64] 복지권의 향유 없이 자유를 누릴 수 없다.[65] 고문 등 잔인한 대우를 받지 않을 권리도 규범적인 행위능력을 보호하는 데 요구된다. 고문은 신념의 철회, 비밀의 누설, 범죄의 고백, 명분의 포기를 유도하기 위해 사용하면서 사람의 의지를 위태롭게 하고 원하지 않는 것을 하도록 강요함으로써 규범적 행위능력을 공격한다.[66] 사생활권도 규범적 행위능력에 필수적이다. 다른 사람이 엿보거나 엿듣고 비난이나 조롱하는 것을 대부분의 사람들은 두려워하기 때문에 사생활의 보호가 없이는 자율성이 위협을 받는다.[67] 무죄 추정의 권리와 같은 절차적 권리는 생명, 자유, 재화 등을 보호하는 중요한 장치이다. 이것들은 규범적 행위능력의 필수적인 요소이다.[68]

---

64 J. Griffin, ibid., pp. 33, 193.

65 J. Griffin, ibid., p. 180. 미국의 루스벨트 대통령은 그의 연두교서(1944)에서 "개인의 진정한 자유는 경제안정과 독립 없이는 존재할 수 없다. 궁핍한 사람은 자유인이 아니다."라고 말했다. ibid., p. 177.

66 J. Griffin, ibid., pp. 33. 52.

67 J. Griffin, ibid., pp. 193, 223, 226.

68 J. Griffin, ibid., p. 64.

자율과 자유 그리고 그것들의 효과적인 행사를 위해 요구되는 최소한의 물질적인 조건들 즉 복지가 다양한 인권들의 근거가 된다. 모든 특수한 인권들이 세 개의 최고 수준의 권리 즉 자율권, 자유권 그리고 복지권으로부터 이끌려 나온다. 그러나 추상적이고 일반적인 자율권과 자유권 그리고 복지권으로부터 이끌려 나오는 권리가 인권이 되기 위해서는 또 다른 조건이 필요하다. 실행 가능성(practicalities)의 조건이 요구된다.[69] 인간성 또는 규범적 행위능력(그리고 복지)은 많은 인권을 확정되지 않은 채로 남겨놓는다. 고문받지 않을 권리처럼, 인간성 홀로 권리의 내용을 결정할 수 있는 경우도 있지만, 많은 권리의 후보가 진정한 권리가 되기 위해서는 실행 가능성이 또한 고려되어야 한다. 권리가 존재하려면 그것이 효과적이고 사회적으로 관리할 수 있는 정도의 내용을 가질 만큼 의미상 충분히 그 개념이 확정적이어야 한다.[70] 실행 가능성의 기준은 인권이 지나치게 팽창하는 것을 제어할 수 있다. 개인의 자율과 자유가 개인의 가치 있는 삶을 살아가는 데 중요하지만, 사회가 감당할 수 있을 정도의 자율과 자유가 허용되어야 할 것이다.[71] 개인의 복지가 각 개인에게 중요한 이익이긴 하

---

69   J. Griffin, ibid., p. 38. Griffin은 자율, 자유, 복지의 규범적 행위능력과 그 필수요소를 인권의 첫 번째 근거로 보았다. 모든 인권은 그 세 가지 추상적인 요소로부터 나온다고 보았다. 그리고 실행 가능성을 인권의 두 번째 '근거'로 제시한다. 그러나 실행 가능성은 어떤 요소가 인권이 되기 위한 근거라기보다는 '조건'으로 보는 것이 더 적합할 것 같다.

70   J. Griffin, ibid., p. 38 참조.

71   동성결혼의 자유가 허용되어야 하는가? 그것을 법으로 기본적 인권으로 인정하는 나라도 있지만, 우리 사회에서는 그것을 법으로 보장할 인권으로 인정할 정도로 준비되어 있지 않다. 우리 사회에서는 실행 가능성이 없다고 보기 때문에 그것이 인권으로 인정되기 어렵다고 많은 사람은 생각한다.

지만, 국가의 자원이 감당할 수 있을 정도만큼의 복지에 대한 권리를 각자가 누리는 것이 인정될 수 있다. 이처럼 실행가능성은 인권의 개수뿐만 아니라 인권의 내용을 한정하는 데에도 기여한다. 권리의 실현은 그것에 수반되는 의무를 감당할 수 있는가에 의해 결정된다. 따라서 인권의 실행 가능성은 감당할 수 있는 의무를 동시에 고려해야 한다. 인권 의무를 어떻게 결정하는가는 결국 사회구성원 간의 합의에 따라 이루어질 수밖에 없을 것이다.[72]

규범적 행위능력에 의해 인권을 정초하려고 하는 그리핀의 인권론은 자율과 자유를 중심에 두는 자유주의적 '인간' 규정을 전제하는 자유민주주의 사회 중심의 관점이라는 비판을 받는다.[73] 스스로 선택하고 결정하는 능력이 없는 영아, 식물인간, 중증 치매환자, 심한 정신장애인은 인권을 소유하는 주체가 될 수 없다.[74] 그리핀은 그러한 사람들은 자기 삶의 관념을 숙고하고 평가하고 선택할 수 있는 규범적 행위능력이 없으므로 인권 소유자가 될 수 없다고 생각한다. 그리핀의 이러한 "배제적인 설명은 문제가 될 수 있다. 왜냐하면 세계적으로 법적 및 사회적 변화의 강력한 무기인 인권 개념의 힘을 빼앗기

---

72 Griffin은 실행 가능성과 그리고 그것을 위한 의무 개념을 상정할 수밖에 없으므로 사회구성원 간의 '상호협동'과 '상호의존성'을 말하지 않을 수 없다. 그는 복지권에 대한 근거는 개인들이 사회구성원이 됨으로써 관련되는 상호협동과 상호의존성이라고 본다. (J. Griffin, ibid., 178) Griffin의 인권론이 완결성을 갖추려면 결국 계약론적 접근에 따라 보완되어야 할 것이다. 이러한 관점에 대해서는 나중의 계약론적 접근에서 자세히 다룰 것이다.

73 J. Ci, "Liberty Rights and the Limits of Liberal Democracy," in R. Cruft, et al. (eds) *Philosophical Foundations of Human Rights*, pp. 591, 600 참조.

74 J. Griffin, ibid., p. 95.

때문이다."[75] 포악한 독재 정권하에서 고문받아 심한 정신이상자가 된 사람이 자기 인권을 주장할 수 있는 주체가 될 수 없는 것인가? 자기 인권을 주장할 수 있는 정신은 없다 해도 인권의 주체는 될 수 있다. 인권은 자기 생각을 대변하기 어려운 사회적 약자에게 그들을 보호하기 위한 무기를 제공한다. 인권은 사회적 약자가 그들의 절박한 필요나 이익이 충족되어야 할 때 호소하는 강력한 무기이다. 영아나 식물인간, 치매환자, 정신장애인 등은 그러한 인권의 보호를 받아야 할 주체이다. 누구나 영아의 단계를 거치고, 정신이상자 또는 치매환자가 될 수 있고, 영구적인 식물인간이 될 수 있다. 물론 그들은 스스로 사고하고 선택할 수 있는 능력이 없기 때문에 자율권과 자유권이 없다고 볼 수 있다.[76] 그러나 생존에 필요한 기본적인 필요나 이익은 충족되어야 하므로 그들도 그런 점에서 인권을 소유한다고 볼 수 있을 것이다. 그리핀의 견해는 인권이 모든 인간에 의해 지니게 된다는 의미에서 보편적이라는 공유된 관념을 설명하지 못한다는 문제가 있다. 그의 견해에 따르면 인권은 합리적 행위자만이 소유한다.

---

75 C. Gould, "A Social Ontology of Human Rights", ibid., p. 180.

76 영아 단계를 벗어난 어린이는 나이가 들어감에 따라 점차 자율권과 자유권이 확대될 수 있지만 완전한 의미의 인권소유자가 아니다. Griffin은 "어린이들이 권리를 인권의 한 종류로 갖는 것처럼 취급하는 것은 아마 잘못일 것"이라고 말한다. 그 대신 그러한 권리들은 그 자체의 권리 즉 어린이들이 단지 어린이이기 때문에 갖는 일반적 도덕적 권리를 형성한다고 그는 말한다. (J. Griffin, ibid., p. 91) 그에 의하면, 유엔아동권리협약은 아동의 잠재능력이 아니라 취약성을 강조한다. 그것은 아동에게 많은 권리를 귀속시킨다. 그러나 아동이나 다른 영아에게 귀속시키는 것이 의미 있는 유일한 권리들은 생명권과 복지를 위해 필요한 보호와 보살핌이다. 그리고 '최대한의 발달'에 대한 권리이다. 그리핀에 의하면 아동의 취약성 그 자체가 아동에게 인권소유자라는 것을 확립하지 않는다. 아동은 완전한 의미의 인권소유자가 아닌 셈이다. J. Griffin, ibid., p. 85.

그리핀은 오늘날 인권의 팽창은 인권 담론의 가치를 떨어뜨린다고 걱정하면서 그러한 인권 팽창을 예방하기 위해서는 규범적 행위능력으로 인권의 근거를 삼는 것이 좋다고 제안한다. 최소한의 기본적인 교육을 받지 않으면 규범적 행위능력을 효과적으로 행사할 수 없으므로 그러한 능력을 보장하기 위해 기초교육을 받을 수 있는 권리가 생성된다. 그러나 자기 생각을 표현할 수 없는 사회적 약자가 인권을 소유하고 그 대리인을 통해 그것을 주장하고 그들의 이익을 보호한다고 해서 인권의 팽창이 문제 되는 것은 아니다. 오히려 인권의 팽창은 자율과 자유의 영역이 인권의 이름으로 지나치게 주장되고 확대됨으로써 더 문제가 될 수 있다. 물론 자율과 자유가 무한정 존중되지는 않는다. 개인의 자유가 타인의 자유나 권리와 충돌할 수 있으므로 자유권 내용에 대한 형식적 제한이 필요하다. 그리핀에 의하면, 칸트와 유사한 방식으로 "각자의 자유는 모든 사람의 동등한 자유와 양립할 수 있어야 한다."[77] 개인의 자유는 타인의 자유와 양립하는 범위 내에서 존중되어야 한다. 낙태 금지는 자기결정권 또는 사생활권을 침해한다면서 어떠한 경우에도 낙태를 허용해야 한다고 주장하는 사람들이 있다. 이러한 주장은 개인의 규범적 행위능력을 최대한 실현하는 것이므로 그리핀의 입장에서 반대할 이유가 없다. 더군다나 태아는 규범적 행위능력을 지니고 있지 않기 때문에 태아의 '생명권'과 충돌할 가능성은 없다. 동성애자의 혼인도 반대할 이유가 없다. 동성애 혼인은 동성애자들이 그들의 삶의 계획을 스스로 선택하고 결

---

77   J. Griffin, *Human Rights*, p. 58.

정하는 자율성을 최대한 존중하고 보호하는 것이므로 동성애자의 혼인권도 타인의 자유권과 충돌하지 않는다면 인정될 수 있을 것이다. 물론 규범적 행위능력을 인권의 근거로 삼는다 해도 무제한적인 자율과 자유가 허용되지는 않는다. 인권의 실행 가능성의 기준을 적용해서 어떤 것이 진정한 인권이 될 수 있는지를 결정해야 할 것이다.

앞에서 본 것처럼, 그리핀은 생명권과 복지권 등 많은 권리를 그 자체 독립적인 지위를 갖지 못하고 파생적인 권리로 취급한다. 그것들은 자율성 행사를 위한 수단적인 권리로서만 인정된다. 그리핀은 또한 적법절차의 권리, 차별받지 않을 권리, 법 앞에 평등한 대우를 받을 권리 등을 생명권과 함께 자율권으로부터 파생된 것으로 봄으로써 그러한 권리들의 정당화를 위태롭게 한다. 그러나 전통적인 자연권 이론가들이 그러한 것처럼, 만약 생명권을 기본적인 것으로 간주하게 되면 그것을 자율성으로부터 끌어내려고 하는 시도는 불필요하다.[78] 그리고 중요한 이익이 관련될 때 공평한 대우의 요구사항을 기본적인 것으로 간주하게 되면, 자율성을 인권의 출발점으로 간주하는 것처럼, 논쟁이 없을 것이다. 그리고 그것은 적법절차의 권리나 법 앞에 평등한 대우를 받을 권리를 자유권처럼 핵심적이고 비파생적인 권리로 허용할 수 있다.[79]

---

78 Hobbes나 Locke 등 자연권 이론가들에게는 자기보존 즉 생명의 보존이 주요 관심사였다. 생명이 일차적이며 기본적인 가치이고, 자율성이나 자유는 인간으로서 누리는 이차적인 가치이다. 따라서 생명권이 오히려 자유권보다 기본적이라고 볼 수 있다. 홉스의 경우에는 생명을 보존하기 위해 자유를 주권자인 권력자에게 양도할 수 있다고 본 점에서 생명권이 자유보다 우선한다는 것을 분명하게 드러낸다.

79 J. Nickel, *Making Sense of Human Rights* (Blackwell, 2007), pp. 53-4 참조.

2) 기본적 능력(Martha Nussbaum)

능력접근법(capabilities approach)은 합리적인 능력뿐 아니라 광범위한 일상적 삶에 중요한 능력을 포함하는 포괄적인 인간성에 바탕을 둔 접근법으로, 인간의 핵심적인 기본능력(basic capabilities)이 인권의 기초라고 본다. 능력접근법은 이성 능력과 같은 합리적 능력뿐만 아니라 감각이나 정서 등과 같은 인간의 지각 능력까지도 포괄하는 인간 능력에 기초해서 인권을 설명한다.

능력접근법은 센과 누스바움이 개척하였다.[80] 경제학자이면서 철학자인 센(Amartya Sen)이 구상한 능력 개념은 1993년 이래 유엔개발프로그램(UNDP)의 인간개발보고서 척도를 구성하는 데에 큰 영향을 미쳤다. 인간개발보고서는 사람들의 능력(capabilities) 즉 '가치 있다고 생각되는 어떤 것을 할 수 있고 또 그것이 될 수 있는 능력'(abilities to do and to be a certain things deemed valuable)의 개념을 사용하면서 세계 각국의 삶의 질을 평가하였다. 센의 영향 아래 그 보고서는 국가 간의 비교와 공공정책의 목표를 표현하는 데 기본적인 것으로 그 개념적 구조를 선택하였다.[81] 센과 함께 누스바움은 능력접근법이 특히 국제적인 개발 상황에서 공공정책의 중요한 이론적 구조라고 주장하였다. 그들은 능력접근법이 효용성 또는 욕구 만족으로 해석되는 일인당 GNP 또는 복지에 초점을 맞추는 접근법에 비해 어떤 이점이 있다고 이론가들과 실

---

80   Amartya Sen(1933~)은 노벨경제학상(1998)을 받은 인도 출신의 경제학자이면서 철학자로, 하버드대 교수를 역임하였으며, 현재 영국 케임브리지대 트리니티 칼리지 교수.

81   M. Nussbaum, "Capabilities and Human Rights", in *Fordham Law Review*, Nov. 1997, p. 2.

천가들에게 권장하였다.[82] 인간 능력에 관한 설명이 삶의 질은 무엇인가와 같은 물음에 대답하기 위해 사용되었다. 그뿐 아니라 능력접근법은 또한 정의 이론에 대한 논의와 밀접하게 연관되어 있다. 능력접근법을 가장 잘 조명해 주는 사고방식은 그 접근법을 통해 개인들과 국가들이 어떻게 잘살고 있는가에 관해 그들 간의 비교를 할 수 있다는 점이다. 이러한 관념은 정의론의 관념과 밀접하게 연결되어 있다. 왜냐하면 정의론의 핵심적인 목표는 전형적으로는 사람들의 어떤 바람직한 상태를 증진하는 것이고, 정부의 고유한 목표에 대한 설명과 밀접하게 연결되며, 모든 시민에게 기본적 능력의 최소 수준을 유지하도록 해주는 것이기 때문이다.[83] 센과 누스바움은 삶의 질에 대한 가장 적절한 비교 기준은 능력이라고 주장한다. 개인이 얼마나 만족한가 또는 자원을 얼마나 거느리는가 하고 묻는 대신, 그가 실제로 무엇을 할 수 있고 무엇이 될 수 있는가를 묻는다. 능력에 초점을 맞추는 것은 GNP나 총체적 효용성과 달리 사람들을 한 사람씩 보고 그가 실제로 무엇을 할 수 있고 무엇이 될 수 있는지를 본다.[84]

센은 인간 능력에 대한 일반적인 옹호에 초점을 맞추었다. 그리고 인간개발보고서에 사용하는 척도를 구성할 때 인간 삶의 일부 영역에만 초점을 맞춤으로써 핵심적인 인간 능력이 무엇인가에 대한 공식적인 설명을 하지 않았다. 이와 달리 누스바움은 인간 능력의 목록을 산출하고, 그러한 목록을 정당화하고, 상대론자나 전통주의자들의

---

82 M. Nussbaum, ibid., p. 2.

83 M. Nussbaum, ibid., p. 4.

84 M. Nussbaum, ibid., p. 6.

반론에 대응하는 데 초점을 맞추었다.[85] 그 목록은 정치적 기획에 초점이 맞추어져 있으며, 인간 삶에 핵심적으로 중요한 인간 능력을 선택한다. 핵심 능력은 다른 추구에 단지 수단적인 것이 아니라, 완전히 인간적인 삶을 형성하는 데 있어서 그 자체 가치를 지니는 능력이다. 그것은 우리가 계획하고 선택하는 모든 것에서 특히 핵심적으로 중요한 것들이다. 그런 의미에서 핵심적인 능력들은 롤스가 말한 기본선과 같은 역할을 한다. 그것들은 다양한 전통과 다양한 선의 관념을 가진 사람들이 그들의 좋은 삶을 추구하는 데 필요한 기초로서 동의할 수 있는 어떤 것을 제시한다는 점에서 롤스와 기본적인 취지에서는 같다.[86]

누스바움은 인간 삶에 핵심적으로 중요한 기본능력의 목록을 제시하는데 이러한 기본능력이 인권의 기초가 된다. 기본적 능력은 인권에 의해 보호되는 선과 기회를 명시하기 위한 분석적 장치로서, 인권의 적절한 범위를 규정하기 위한 기초로 사용된다.[87] 기본능력의 목록은 광범위한 문화에 걸친 탐구로부터 발견한 경험적인 결과를 요약한 것이다. 누스바움은 우선 "우리의 공통적인 인간성의 특징", 즉 "인간으로서 인식하게 하는 특징"이 무엇인가 하고 묻는다.[88] 이러한 물음에 대해 누스바움은 고대 그리스 철학과 문학적인 문헌을 읽고

85　M. Nussbaum, ibid., pp. 6-7.

86　M. Nussbaum, ibid., p. 7.

87　C. Beitz, *The Idea of Human Rights*, p. 63 참조.

88　M, Nussbaum, "Aristotelian Social Democracy", in B. Douglas, G. Mara, H. Richardson(eds), *Liberalism and the Good* (Routledge, New York, 1990), p. 219.

인간성에 관한 설명을 발전시킨다. 동물과 신들의 삶과의 비교를 통해 우리는 인간에게 고유한 어떤 특징들이 있다는 것을 알게 된다. 예를 들면 모든 인간은 죽음에 직면하며 대체로 살기를 원한다. 이러한 이유로 삶의 기본적 능력을 목록에 포함한다. 유사한 논증이 누스바움의 다른 아홉 개의 능력에 대해서도 이루어진다. 예를 들면 우리는 "동물들을 마치 돌처럼 다루는" 생명체를 인간으로 인정하지 않는다.[89] 따라서 우리는 동물, 식물 등과 같은 존재에 적합한 방식으로 관계를 맺을 수 있는 능력을 지닌다.[90] 인간성에는 공격적인 특성도 있지만 그러한 특성은 인간 능력의 목록에 포함되지 않는다. 공격성을 인간 능력의 목록에서 제외한 것에 대해, 누스바움은 "모든 실제적인 능력이 도덕적 보호를 요구하지 않는다. 오직 윤리적 관점에서 평가된 것만이 그러한 요구를 행사한다. 따라서 논증은 윤리적 전제들로부터 시작되며 그것들로부터 윤리적 결론을 끌어낸다."라고 말한다.[91] 목록의 요소들은 지역적인 신념과 환경에 따라 보다 구체화될 수 있다. 그런 의미에서 논증이 끌어내기를 바라는 합의는 롤스가 기술한 '중첩적 합의'의 많은 특징들을 지니고 있다.[92]

---

89 M. Nussbaum, ibid., p. 222.

90 이러한 능력과 관련성이 있는 인권이 무엇일까? 흔히 '동물권'이 암시하는 것처럼 동물과 같은 대상이 지니는 권리를 의미하지는 않는다. 여기서 권리는 인간이 갖는 권리 즉 인권을 의미한다. 여기서 권리는 주변의 자연환경에 대한 권리 즉 환경권을 생각할 수 있을 것이다. 그러나 환경권은 환경이 소유하는 권리가 아니다. 인간이 환경과 관련하여 갖는 인간의 권리를 의미한다.

91 M. Nussbaum, *Women and Human Development, The Capabilities Approach* (Cambridge University Press, 2000), p. 83.

92 M. Nussbaum, ibid., p. 7. 누스바움의 중첩적 합의는 롤스의 관념을 끌어들인 것이다. 원

다음은 누스바움이 인도의 개발프로젝트를 위한 방문을 마치고
나서 수정한 능력 목록이다.[93]

1. 생명. 인간이 정상적인 수명을 다할 때까지 살 수 있는 능력.

2. 신체 건강. 생식적인 건강을 포함하여 좋은 건강을 유지하고, 적
   절한 영양 공급을 받을 수 있으며, 적절한 주거 환경에서 살 수
   있는 능력.

3. 신체 완전성(bodily integrity). 이리저리 움직일 수 있는 능력. 성폭력
   과 가정폭력을 포함하여 폭력으로부터 안전할 수 있는 능력. 성
   적 만족의 기회와 생식의 문제에서 선택의 기회를 가질 수 있는
   능력.

4. 감각, 상상, 사고. 감각을 사용할 수 있고, 상상할 수 있으며, 생
   각하고 추론할 수 있는 능력. 종교적, 문학적, 예술적, 정치적 활
   동과 관련하여 자신의 정신을 사용할 수 있는 능력. 이런 일을
   할 수 있기 위해 읽기, 쓰기, 수학, 과학 등의 기본적인 교육이
   필요하다.

5. 감정. 우리 밖의 대상과 사람들에 대하여 애정을 가질 수 있는 능
   력. 우리를 사랑하고 돌보는 사람을 사랑하고, 그들이 없는 것에

래 롤스의 중첩적 합의는 그의 공정으로서의 정의의 안정성(stability)에 관한 관심에서 제
시된 것으로, 실질적인 정확성을 위해 제시된 것이 아니다. 누스바움은 그녀의 이론이 안
정적일 뿐 아니라 정확하고 그리하여 세계적으로 적용될 수 있는 보편적인 이론을 목표로
하므로 중첩적 합의가 능력 목록을 정당화하는 방법으로서는 부적절하다고 보고 그녀의
초기 방법인 자기 확증(self-validation)이 더 유망하다고 주장하는 사람도 있다. R. Claassen
and M. Duwell, "The Foundations of Capability Theory: Comparing Nussbaum and Gewirth",
Ethical Theory and Moral Practice, June 2013, Vol. 16, No. 3, p. 501.

93   M. Nussbaum, ibid., pp. 7-8.

슬퍼하는 능력. 일반적으로 사랑하고, 슬퍼하고, 갈망, 감사, 정당한 분노를 경험할 수 있는 능력. 공포와 근심으로 정서 발달이 장애를 입지 않아야 하며, 이러한 능력을 뒷받침하기 위해 그러한 발달에서 중요한 여러 형태의 인간 교제를 뒷받침해야 한다.

6. 실천이성(practical reason). 선의 관념을 형성하고 자기 삶의 계획에 관하여 비판적 사고를 할 수 있는 능력. 이것을 위해 양심과 종교적 준수의 자유를 보호해야 한다.[94]

7. 관계 형성(affiliation).

   A. 우정. 다른 사람에 대해 관심을 가지며, 여러 형태의 상호작용을 하고, 다른 사람의 상황에 공감하며, 정의와 동시에 우정을 가질 수 있는 능력. 그러한 능력을 보호하기 위해 집회와 정치적 발언의 자유를 보호해야 한다.

   B. 존중. 다른 사람과 동등한 가치를 갖는 존엄한 존재로서 대우받을 수 있는 능력. 그러한 능력을 보호하기 위해 자존과 모욕 금지의 사회적 기초가 필요하다. 이것은 인종, 성별, 민족, 계급, 종교 그리고 국적에 근거해서 차별하는 것을 금지하는 조항을 부과한다.

8. 다른 종과의 관계. 동물, 식물 그리고 자연계에 관심을 가지면서 그들과 관계를 맺고 살 수 있는 능력.

9. 놀이. 웃고 놀고 오락 활동을 할 수 있는 능력.

---

94 실천이성의 능력은 그리핀의 자율성 즉 자기 삶의 계획을 형성할 수 있는 능력의 관념과 유사하다고 볼 수 있다. 이처럼 그리핀의 규범적 행위능력은 누스바움의 여러 능력 중 하나일 뿐이다.

10. 자신의 환경에 대한 통제.

    A. 정치적 통제. 자기 삶을 지배하는 정치적 선택에서 효과적으로 참여할 수 있는 능력. 정치적 참여의 권리와 언론 및 결사의 자유에 대한 보호를 누릴 수 있어야 한다.

    B. 물리적 통제. 재산(토지와 동산)을 소유할 수 있는 능력. 고용권과 부당한 수색 및 압수로부터의 자유를 갖는다.

이 모든 인간 능력의 요소는 핵심적으로 중요하며, 질적으로 구별된다. 실천이성과 관계 형성은 둘 다 모든 다른 능력들을 조직하고 그것들에 포함되어 들어 있으므로 특히 중요하다. 목록의 요소들은 많은 복잡한 방식으로 서로 관련된다. 예를 들면 여성이 자신의 환경에 대한 통제를 증진하는 가장 효과적인 방법의 하나는 여성이 읽고 쓰는 능력을 증진하는 것이다. 가정 밖에서 직장을 찾을 수 있는 여성은 가정 안에서의 공격으로부터 자신의 신체적 완전성을 더 잘 보호받을 수 있다.

그렇다면 능력은 인권에 어떻게 관련되는가? 인권은 특정 국가, 계급, 성별, 민족 혹은 종교 집단의 구성원이 되는 것과는 상관없이 모든 사람이 갖는 절박하고 도덕적으로 정당화되는 요구이다. 우선 인권들에 대해 생각하는 가장 좋은 방식은 그것들이 여러 방식으로 기능하는 통합적 능력(combined capabilities) 즉 외적으로 적합한 조건이 결합된 내적 능력으로 보는 것이다.[95] 정치적 참여의 자유, 종교의 자유,

---

95   통합적 능력은 개인 자신이 지닌 내적인 능력(internal capabilities)과 그 내적인 능력이 잘

언론의 자유, 집 밖에서 직장을 구할 수 있는 자유 그리고 부당한 수색과 압수로부터의 자유는 특수하게 규정하는 방식으로 기능하는 인간 능력이다. 추가로 특수하게 규정하는 방식은 보통 내적인 능력과 외적인 요소 즉 그것들이 발휘되기 좋도록 해 주는 외적 조건을 포함한다. 내적인 능력만으로는 충분하지 않다. 모든 성인은 내적인 능력으로 정치적 참여를 할 수 있는 능력 즉 자유가 있지만, 장애가 있는 사람이 투표할 수 있는 외적 조건이 갖추어져 있지 않으면 정치적 참여의 자유가 있다고 말할 수 없다. 집 밖에서 일할 능력이 있는 여성이 성별 때문에 체계적으로 직업이 거부당하거나 집 밖에 나가려고 하는 경우 구타를 당한다면 직업을 구할 권리가 없다. 요컨대 그러한 영역에서 시민에게 권리를 보장하는 것은 그가 원하는 경우 그로 하여금 그의 내적인 능력이 발휘될 수 있도록 해주는 것이다.[96] 그런데 그의 외적 환경이 권리를 분명히 보장하지 않을지라도 즉 통합적 능력이 없을지라도 그는 집 밖에서 직장을 구할 '권리'가 있다고 우리는 말한다. 우리가 이런 식으로 '인권'을 말할 때 개인이 인간이라는 사실로 인해 그는 능력 보장에 대한 정당화된 권리를 갖는다고 우리는 말한다. 이러한 의미의 권리는 능력의 보장을 위한 근거가 된다. 이런 의미로 사용되는 '인권'은 기본적 능력과 매우 가깝다.[97]

여기서 '권리'의 두 가지 용법을 구별할 필요가 있다. "갑은 X에 대

발휘될 수 있도록 해주는 외적인 적합한 조건이 결합된 능력을 의미한다. M. Nussbaum, ibid., p. 9.

96 M. Nussbaum, ibid., p. 10.

97 ibid., p. 11.

한 권리를 갖는다."라는 문장과 "어떤 국가의 시민들은 X에 대한 권리를 갖지 않는다."라는 문장에서 사용하는 '권리'의 용법을 구별해야 한다. 모든 인간은 첫 번째 의미에서 어떤 것에 대한 권리를 갖는다고 주장할 수 있는데, 그러한 권리를 보장하지 않는 국가에 살고 있으면서도 그러한 권리를 가질 수 있다. 만약 품위 있는 생활 수준에 대한 권리가 인권이라면, 두 번째 의미에서 어떤 국가가 그러한 권리를 보장하지 않을지라도 첫 번째 의미에서 그 국가의 시민들은 그러한 권리를 갖는다.[98] 이러한 구별을 언론의 자유나 종교의 자유와 같은 자유권에 대해서도 할 수 있다. 독재국가의 시민들은 두 번째 의미에서 언론의 자유나 종교의 자유가 없을지라도, 첫 번째 의미에서 그 국가의 모든 시민은 인간이라는 사실로 인해 마땅히 언론의 자유나 종교의 자유를 갖는다.

그런데 만약 우리가 '능력'의 언어를 갖는다면 '권리'의 언어가 필요한가? '권리'의 언어는 공적 담론에서 중요한 역할을 발휘한다. "갑이 정부가 보장하는 기본적 정치적 자유를 가질 권리를 갖는다."라는 문장에서처럼 첫 번째 의미로 사용될 때, '권리' 언어는 우리 주변의 세계가 어떻게 전개되든 상관없이 사람들은 어떤 유형의 긴급한 대우를 요구할 정당화되고 절박한 권리를 갖는다는 것을 우리에게 상기시킨다. '권리' 언어의 이러한 역할은 앞에서 말한 것처럼 '기본적 능력'에 매우 가깝다. 왜냐하면 사람들이 그러한 인권을 갖는다는 것에 대한 정당화는 그를 둘러싼 세계가 어떠하건 간에 적어도 기본

---

98   ibid., p. 11.

적 수준에서 사람들이 실제로 지니는 능력과 같은 어떤 인간의 특징을 지적함으로써 보통 진행하기 때문이다. 그런데 사람들의 기본적 능력을 인정하면서도 여전히 사람들이 정당화된 요구로서 어떤 유형의 대우를 받을 권리를 갖는 것이 함축되지 않는다고 생각할 수 있다. 따라서 권리에 호소하는 것은 기본적 능력에 호소하는 것 이상을 전달한다. 권리에 호소하는 것은 기본적 능력의 사실로부터 우리가 끌어내는 규범적 결론을 말한다.[99] 권리의 두 번째 의미 즉 국가가 보장하는 권리에 대해 말할 때도, '권리'의 언어는 그것의 중요성과 기본적 역할에 강조점을 둔다. "여기에 사람들이 할 수 있어야 하고 될 수 있어야 할 것들(능력)의 목록이 있다."라고 말하는 것은 막연한 규범적 의미를 지닌다. "여기에 기본적 권리의 목록이 있다."라고 말하는 것은 상당히 많은 것을 의미한다. 그것은 사람들에게 모든 사람이 인간이기 때문에 그러한 것에 대한 정당화된 요구가 있다는 의미로 특별히 긴급한 기능들을 다루고 있다는 것을 말하고 있다.[100]

왜 기본적 능력의 보호가 우리에게 규범적 힘을 지니는가? 능력접근법이 어떻게 정당화되는가? 도덕 및 정치철학에서 능력접근법은 (신)아리스토텔레스적인 그리고 계약론적 이론과의 관계에서 가장 자주 논의된다.[101] 인간적 삶의 다양한 측면을 반영하는 누스바움의 능력은 그녀가 확립하고자 하는 도덕적 혹은 정치적 권리와 의무

---

99   ibid., p. 12.

100   ibid., p. 12.

101   R. Claassen and M. Duwell, "The Foundations of Capability Theory: Comparing Nussbaum and Gewirth", *Ethical Theory and Moral Practice*, June 2013, Vol. 16, No. 3, p. 494.

가 아니라 단순히 인간학적인 관찰을 제시한 것이다. 기본적 능력들의 목록을 옹호하고자 하는 능력접근법은 그러한 능력들의 선별을 안내하는 규범적 기준이 필요하다. 그녀는 '인간성'(humanity, 인간의 본성, 인간적 삶)으로 언급되는 기준을 옹호한다. '인간성'은 '진정으로 인간적인' 삶에 속하는 능력들을 간략하게 표현한 것이다. 그런데 인간의 그러한 능력들이 어떻게 정치적 보호를 받을 권리 즉 인권을 생성하는가? 그러한 특성이 왜 도덕적 보호를 요구하는가에 대해서는 누스바움은 분명하게 답을 하고 있지 않다.[102] 누스바움은 인간의 어떤 능력들은 도덕적 수준에서 인정받을 권리가 있다고 전제한다. 그리고 이러한 능력 중 어떤 것은 정치적 보호를 받을 인권으로서 자격이 있다고 본다. 그러나 인간의 본성에 관한 판단이 왜 도덕적 권리를 발생시키는가, 그리고 그러한 권리가 왜 정치적 보호를 받을 인권으로서 자격이 있는가를 그녀는 말해주고 있지 않다.[103] 왜 인간이 생각하고, 감정들을 갖고, 다른 종과 접촉하고, 놀이를 할 수 있는 능력이 있다는 등등의 사실이 그렇게 할 수 있는 도덕적 권리를 낳는 것인가? 더 나아가 정치적으로 보호받는 인권으로서 자격이 있는 것인가? 누스바움은 그러한 문제에 대해 침묵하고 있다. 그녀는 반복적으로 인간성의 본질적 특징이 그것을 '윤리적'이고 '평가적'인 것으로 간주하게 한다고 주장한다.[104] 그러나 왜 인간성의 본질적 특징이 사람들에게

---

102   ibid., p. 497.

103   ibid., pp. 497-8 참조.

104   M. Nussbausm, *Frontiers of Justice*, (The Belknap Press, 2006), pp. 162-3, 166. 181, 366. R. Claassen and M. Duwell, ibid., p. 498.

권리를 생성하고, 다른 사람들이 그러한 권리를 존중할 의무를 갖게 되는지는 분명하지 않다.[105]

이러한 문제를 명료화하기 위해 우리는 권리 또는 인권의 유형으로서 자유권과 요구권 간의 구별을 다시 상기할 필요가 있다. 인간이 기본적인 능력 즉 어떤 것을 할 수 있고 될 수 있는 능력은 기본적으로 자유권이다.[106] 내가 나의 생명과 건강을 유지할 수 있는 능력, 이리저리 움직일 수 있는 능력, 상상하거나 비판적 사고를 할 수 있는 능력 놀이를 할 수 있는 능력, 다른 사람과 관계를 형성할 수 있는 능력 등등은 모든 인간이 본래 가지고 있으므로 그러한 능력을 발휘하고 행사할 수 있는 선천적인 자유가 있다. 그러한 자유권은 자명한 것으로 어떤 정당화가 요구되지 않는다. 누스바움의 '자기 확증'(self-validation)에 의해 확립될 수 있을 것이다. 그러한 자유권은 다른 사람이 그러한 자유를 제한할 수 있는 타당한 근거가 없다면 나는 그러한 자유를 갖는다. 그러한 권리들은 국가의 지원 의무가 수반되는 요구권 즉 교육권이나 생존권처럼 다른 사람의 의무가 수반되는 권리가 아니다. 이처럼 요구권으로 분류되는 인권과 그에 수반되는 의무는 단순히 인간의 기본적 능력으로부터 이끌려 나오지는 않는다.[107] 내가 요구권으로서

---

105   R. Claassen and M. Duwell, ibid., p. 498.

106   Nussbaum은 "권리 언어는 사람들의 선택과 자율성을 강조하기 때문에 중요하다. 능력의 언어는 선택의 여지가 있도록 고안되어 있다."라고 주장함으로써 능력의 자유권적 성격을 강조하고 있다. M. Nussbaum, ibid., p. 12.

107   Griffin의 인권론도 마찬가지이지만, 능력접근법은 절차적 인권들은 능력으로 설명할 수 없다는 한계가 있다. 예를 들면 무죄 추정에 대한 권리나 형벌 불소급에 대한 권리와 같은 "적법절차의 권리는 공정에 관한 독립된 고려에 기초한다." P. Gilabert, "Human Rights, Human Dignity, and Power" in R. Cruft, et al. (ed.), *Philosophical Foundations of*

의 인권을 갖는다는 것은 다른 사람 또는 정부에 의무를 요구하는 것인데, 다른 사람 또는 정부에 의무를 지우는 것은 정당화가 요구된다.

인권을 인간 능력으로 설명하는 능력접근법은 인간이 지니는 기본적 능력을 존중받고 보호받을 권리가 있다고 본다. 특히 사회적 약자의 능력이 발휘되지 못하거나 억압당할 때 그들의 능력이 발휘될 수 있도록 옹호한다. 여성 할례의 관습은 여성에게 성적 기능을 선택할 기회를 박탈하는데, 능력접근법은 그러한 관습을 인권의 관점에서 비판할 수 있는 효과적인 무기를 제공할 수 있다.[108] 그리고 능력접근법은 소수자 우대정책(affirmative action)을 옹호하는 것처럼, 그들의 능력과 인권을 증진하는 데 특히 관심을 두고 있다는 점에서 그 접근법의 특징과 함께 장점이 드러난다.[109] 그러나 능력접근법이 보다 설득력이 있으려면 그것이 어떻게 정당화되어야 하는지를 설명해야 할 때는 다른 방법론으로 보완될 필요가 있다. 예컨대 단순히 인간의 특징으로서 인간 능력으로만 인권을 설명하고 정당화하는 것이 아니라, 사회적 맥락에서 그러한 능력이 어떻게 존중되고 보호되며 증진되어야 하는지를 계약론적 관점에서 보완될 수 있을 것이다. 이 점에 대해서는 나중에 자세히 논의할 것이다.

Human Rights (Oxford University Press, 2015) p. 212 참조.

108　M. Nussbaum, Capabilities and Human Rights, 66 Fordham Law Review, 273, 1997, p. 9 참조. Griffin의 규범적 행위능력에 의한 접근법은 여성의 그러한 권리를 옹호하는 데 한계가 있을 것이다.

109　능력접근법은 소외된 사람들이 완전한 능력을 지니도록 도와주는 특별 프로그램, 예컨대 소수집단 우대정책에 대한 근거를 보다 더 잘 이해하도록 해준다. M. Nussbaum, ibid., pp. 11-2; J. Alexander, "Capabilities, Human Rights and Moral Pluralism" in *International Journal of Human Rights*, Vol. 8, No. 4, 2004, p. 459. 참조.

3) 기본적인 필요 또는 이익(Massimo Renzo, John Tasioulas)

인간의 기본적인 필요(needs)는 결국 기본적 이익(interests)에 관련되는 것이므로 가끔 상호 교환적으로 그 개념들을 혼용하겠다.[110] 앞에서 검토한 그리핀의 규범적 행위능력으로서의 자율이나 자유 그리고 누스바움의 기본적 능력도 넓게 보면 기본적 이익으로 해석할 수 있다.[111] 그러나 여기서는 인권을 특별히 인간의 기본적 필요 또는 기본적 이익이라는 구별된 개념으로 설명하는 접근법을 검토하겠다. 렌조는 그리핀이 인권을 규범적 행위능력에 근거 지우려는 시도는 편협적이라고 비판하면서, 인간의 기본적 필요(basic human needs)를 인권의 정당화 근거로 삼는다. 그리핀의 이론은 영아, 심한 정신장애인, 치매 환자, 식물인간 등을 인권 소유자에서 제외한다. 그리핀에 의하면 고통받을 수 있는 능력은 그들에게 고문받지 않을 '도덕적 권리'를 부여하지만 고문받지 않을 '인권'은 부여하지 않는다. 그러나 그리핀의

110　'needs'는 욕구, 필요, 필요 욕구 등으로 해석되는데, 어떤 상황에서는 기본 욕구를 충족하기 위해 요구되는 것 즉 '필요'로 번역하는 것이 적합하고, 어떤 상황에서는 기본적 선(goods)에 대해 개인이 지닌 욕구 측면이 더 강해서 '필요 욕구'로 번역하는 것이 더 적합하다. 상황에 따라 '필요' 또는 '필요 욕구'로 표현하겠다.

111　Griffin 자신도 그의 접근법이 일종의 필요 접근으로 보일 수 있다는 것을 인정한다. 즉 규범적 행위자로서 기능하기 위해서는 자율과 자유뿐 아니라, 음식, 주거, 휴식, 건강, 교제, 교육 등등이 필요하다고 본다. J. Griffin, p. 90. 자율과 자유는 '특별히 중요한 인간 이익'이기 때문에 권리가 그들로부터 이끌려 나온다. 자율과 자유는 기본적 이익 중 일부분이라고 볼 수 있다. (ibid., 35 참조) Nussbaum도 기본적 능력은 자유롭고 존엄한 인간 즉 선택하는 사람으로서 시민의 이상 실현을 하는 데에 중요한 이익이라고 본다. 두 사람 다 인권은 인간 자체에 속하는 이익의 보호라고 주장한다. C. Beitz, *The Idea of Human Rights* (Oxford University Press, 2009), p. 64 참조.

이론은 인권은 모든 인간이 소유한다는 의미에서 보편적이라는 널리 공유된 관념을 설명해 주지 못한다고 렌조는 비판한다.[112] 또한 그리핀의 이론은 서구적 문화제국주의 또는 자유주의 사회에 호소력이 있지만 비자유주의 사회에는 매력이 없어 편협적이라는 비판을 받을 수 있다. 이러한 편협주의를 벗어나서 모든 인간에게 그리고 모든 지역에서 두루 보편적으로 통용될 수 있는 인권의 정당화 근거로 인간의 기본적인 필요를 렌조는 제안한다.

렌조에 의하면 인권은 특히 강력한 규범적인 보호장치이다. 이러한 이유로 인권에 관한 타당한 자연론적 설명으로, 특히 중요한 인간이익 즉 기본적 필요에서 인권의 근거를 찾아야 한다. 자율적인 행위자로서 행동하는 이익은 편협주의라는 반론을 이겨내지 못하기 때문에 거부되어야 한다. 적합한 인권 이론은 보다 포괄적으로 영아, 정신지체자, 치매환자 등과 같은 합리적 행위능력이 없는 사람도 포함하면서 비자유주의 도덕이 거부할 수 없는 인간의 특징들에 의존하는 설명을 제공해야 한다. 렌조에 의하면 최선의 정당화 방식은 인간의 필요 욕구 개념에 의한 정당화이다.[113]

렌조에 의하면, 특수한 목표와 별개로 단순히 인간으로서 갖는 필

---

112 M. Renzo, "Human Needs, Human Rights", in R. Cruft, et al. (ed.), *Philosophical Foundations of Human Rights* (2015), p. 575.

113 인권이 필요 욕구에 근거한다는 관념은 David Miller의 *National Responsibility and Global Justice*(Oxford University Press, 2007) Ch. 7; "Grounding Human Right", *Critical Review of International Social and Political Philosophy*, 15, 2012, pp. 407-27에도 제시되어 있다. 필요 접근법은 Martha Nussbaum의 능력 접근법(*Women and Human Development: The Capabilities Approach*(Cambridge University Press, 2000)과도 어느 정도 중첩된다. M. Renzo, ibid., p. 576 각주 참조.

요가 있다. 인간으로서 기능하기 위해 우리는 음식, 공기, 물, 주거, 최소 수준의 건강, 최소 수준의 사회적 상호작용 등등이 필요하다. 그러한 필요를 충족할 기회를 심각할 정도로 박탈당하면 최소한의 품위 있는 인간 삶을 누릴 수 있는 능력이 훼손된다. 이러한 필요들을 기본적 필요라고 하는데, 그러한 개념 하에서 인권에 대한 타당한 정당화가 이루어진다.[114] 렌조는 인간 삶의 관념이 기본적 필요 안에서 이해되는 방식이 그리핀의 인간 삶의 관념보다 더 풍부하다고 본다. 왜냐하면 그것은 최소한의 품위 있는 삶을 누리기 위해 충족해야 할 욕구로, 생물학적이며 심리적인 필요 욕구뿐만 아니라 많은 사회적 필요 욕구를 포괄하기 때문이다. 적어도 최소한의 사회적 상호작용과 최소 수준의 인정에 대한 욕구와 같이 사회적 차원을 지니는 이러한 필요 욕구의 존재는 인간 삶을 주로 생리적인 필요 욕구의 충족을 목표로 하는 동물의 삶과 구별을 짓도록 한다. 이러한 사회적 필요 욕구의 중요성을 주목한다면 종교의 자유가 최소한의 품위 있는 삶을 누리기 위해 보장되어야 한다는 생각은 전혀 문제 될 것이 없다.[115]

만약 영아가 인권을 갖는다면 이 권리는 그리핀처럼 자율성과 같은 인간성에 근거하기보다는 어떤 특별히 중요한 필요 욕구에 근거할 것이다. 영아나 식물인간은 확실히 필요 욕구를 갖는다. 영아나 식물인간 또는 치매환자도 최소한의 품위 있는 삶을 위한 기본적인 욕구를 지니므로 그러한 욕구가 충족되어야 할 인권을 갖는다. 하지만

---

114   M. Renzo, ibid., p. 577.

115   M. Renzo, ibid., p. 578.

그러한 기본적인 필요 욕구가 모든 인권을 지지할 만큼 충분하지 않다는 비판이 제기된다. 예컨대 법 앞에 평등할 권리, 공정한 재판을 받을 권리와 같은 적법절차의 권리는 기본적 필요 욕구를 보호한다고 보기 어렵다는 것이다. 이러한 비판에 대해 필요 접근법의 옹호자들은 그러한 권리들이 '연계 논증'(linkage arguments)에 의해 정당화된다고 주장한다. 즉 그러한 권리들의 행사가 신체 안전이나 생존과 같은 기본적 필요 욕구를 충족하는 데 필요하다는 것을 보여줌으로써 옹호될 수 있다고 주장한다.[116]

그러나 연계 논증에 의존하지 않더라도 법 앞에 평등할 권리나 공정한 재판을 받을 권리는 필요 욕구 자체에 호소함으로써 정당화될 수 있다고 본다. 평등이나 공정성의 관념은 인간이 본래 지닌 관념으로, 사람은 같은 상황에서 다른 사람과 다르게 대우받을 때 그러한 대우에 대한 정당한 이유가 없을 경우에는 언짢아한다. 사람은 아주 어렸을 때부터 배우지 않았어도 평등하게 대우받아야 한다는 관념을 지닌 듯하다.[117] 사람들은 같은 상황에서는 달리 대우받아야 할 정당한 이유가 없을 때는 똑같이 혹은 공정하게 대우받기를 욕구한다. 이

116　R. Cruft, et al., "The Philosophical Foundations of Human Rights, An Overview", in R. Cruft, et al. (eds.), *Philosophical Foundations of Human Rights*, p. 14. 이러한 연계 논증은 그리핀의 규범적 행위능력에 의한 접근법에서도 마찬가지로 적용될 수 있다. Griffin의 이론에 따르면, 생존권뿐만 아니라 적법절차의 권리도 연계 논증에 따라 옹호된다. 최소 수준의 생계 수단은 인간성 즉 규범적 행위능력의 보호를 위해 필요하므로 정당화되며, 고문은 규범적 행위능력을 위태롭게 하므로 고문받지 않을 권리가 정당화된다. J. Griffin, *On Human Rights*, pp. 42-3.

117　어린이들은 또래들끼리 놀면서 선물을 받을 경우 항상 자신이 받은 선물이 다른 애들의 것과 같은지를 비교한다. 애들은 자신들이 받은 선물이 똑같아야 한다고 생각한다.

처럼 평등이나 공정성에 대해 원초적인 관심을 둔다는 것은 모든 사람이 평등하게 또는 공정하게 대우받고자 하는 기본적 욕구가 있다는 것을 보여준다.

타시오울라스는 기본적 이익의 개념에 기초해서 인권을 정당화하려고 한다. 그는 다음과 같이 기본적 이익에 기반을 둔 구조를 인권의 존재를 확립하는 기본 논증으로 제안한다.[118]

1. 특정의 역사적 맥락 안에서 모든 사람이 단지 인간성(humanity) 덕분에 X(권리의 대상)를 갖는 것이 하나 또는 그 이상의 기본적 이익(건강, 신체 안전, 자율성, 이해, 우정, 성취, 놀이 등)에 기여한다.[119]

2. X 소유의 이익은 각자의 경우에 그리고 단지 인간성 덕분에 다른 사람에게 그 X 이익을 존중, 보호, 증진해야 할 의무를 부과하는 것을 정당화하기에 충분할 정도로 중요하다.

3. 2에서 생성된 의무는 인간의 본성과 구체적인 역사적 맥락 안 사회생활의 확고한 일반적인 사실에 의해 제한되는, 다른 사람에 대한 실행이 가능한(feasible) 요구이다.

4. 따라서 특정 역사적 맥락 안의 모든 인간은 X에 대한 권리를 갖는다.

---

118 J. Tasioulas, "On the Foundations of Human Rights", in R. Cruft, et al. (eds.), *Philosophical Foundations of Human Rights*, pp. 50-1.

119 이 기본적 이익의 범주 안에 Griffin이 규범적 행위능력이라고 말하는 '자율성', Nussbaum이 능력의 예로 든 '우정'이나 '놀이'가 들어가 있는 것을 주목할 필요가 있다. 여기서 우리는 Tasioulas는 인권의 근거를 한두 가지로만 보는 것이 아니라 다원론적인 관점을 취하고 있다는 것을 알 수 있다.

요약하면, 특정 역사적 맥락 안에서 각자가 어떤 대상을 소유하는 것
이 인간성에 비추어 볼 때 인간의 기본적 이익에 기여하고, 그 소유의
이익을 존중, 보호, 증진하는 의무를 다른 사람에게 부과하는 것이 실
행 가능하다면, 그 역사적 맥락 안의 모든 사람은 그 대상에 대한 권
리를 갖는다.

타시오울라스에 의하면, 건강, 신체 안전, 자율성, 우정, 놀이 등과
같은 기본적 이익에 기반을 둔 다원론적 정당화 도식은 인간 존엄성
에 의존한다. 인간 존엄성은 인권을 생성하는 데 인간의 기본적 이익
과 긴밀하게 작용한다. 다원론적 설명이 의존하는 이익은 개별 인간
의 이익이다. 그것들의 규범적 의의를 이해하려면 모든 인간이 똑같
이 지니는 본래적 가치가 있는 지위, 즉 그들이 인간이라는 사실에 근
거를 둔 지위로서의 인간 존엄성을 이해해야 한다. 인간의 존엄성과
보편적 인간 이익은 그것들이 함께 묶여 있으면서 똑같이 기본적인
인권의 근거가 된다.[120] 앞에서 우리는 인권의 기초로서 인간 존엄성
을 논의했다. 그러나 인간 존엄성은 그 자체로서 인권의 근거가 되기
어렵고 인간의 기본적 이익과 결합하여 인권의 근거를 이룬다고 타
시오울라스는 주장하고 있다.

여기서 우리는 특정 역사적 맥락 안에서의 인권을 말하고 있다는
것을 또한 주목해야 한다. 인권은 모든 시대에 걸쳐 살고 있는 모든
사람이 갖는 보편적 권리가 아니라, 특정 시대 즉 현시대 안에서 살

---

120   J. Tasioulas, ibid., pp. 53-4.

고 있는 모든 사람이 지니는 보편적 권리를 의미한다.[121] 그리고 인권의 요구 즉 의무가 그 시대적 맥락 안에서 인간의 본성과 그 시대의 사회적 상황에 비추어 실제 실행이 가능한지를 확인할 필요가 있다. 만약 그러한 조건에서 그러한 요구 즉 기본적 이익을 존중하고 보호하고 증진해야 할 의무를 실행하기 어렵다면 인권의 요구는 다른 사람에게 그것을 의무로 부과할 수 없다. 사람들의 기본적 이익의 존중과 보호 그리고 증진을 다른 사람이나 정부가 실행할 수 있어야 그 이익의 존중, 보호 그리고 증진이 인권으로 인정될 수 있다는 말이다. 여기서 우리는 그리핀이 말한 인권의 실행 가능성(practicality)을 상기하게 된다. 인권에 수반되는 의무가 실행할 수 없는 요구라면 인권 주장은 한갓 이상에 불과할 것이다. 그리핀의 경우와 마찬가지로 타시오울라스에게서도 실행 가능성은 권리와 그에 수반된 의무를 위한 제한 조건이라고 볼 수 있다. 예컨대 생존권이나 건강권과 같은 복지권은 특정 사회의 경제적 조건의 범위 내에서 정부 의무가 규정되거나 안 될 수 있고, 만약 규정된다면 그러한 조건에서 그 권리들이 충족될 것이다. 생명권이나 신체안전권에 의해 보호되는 기본적 이익도 어느 정도만큼 누릴 수 있느냐는 특정 사회의 경제적 혹은 사회적 조건에 따라 달라질 수 있을 것이다. 기본적 이익에 대한 존중, 보호, 증진의 의무를 실행 가능성의 관점에서 먼저 검토하는 것은, 인권을 단순히 기본적 이익으로 정당화된다고 주장하는 것으로 끝나는 것이 아

---

121 이러한 입장은 Raz의 주장을 반영한 것으로 보인다. Raz에 의하면 인권의 보편성을 말할 때의 보편성은 통시대적인 즉 모든 시대에 걸친 보편성이 아니라, 현시대적인 (contemporary) 보편성 즉 현시대에 모든 사람이 갖는다는 의미의 보편성이다.

니고, 그것에 수반된 의무의 실행 가능성을 통해 인권이 단순한 이상이 아니라 현실성이 있다는 것을 보여주기 위한 노력으로 보인다.[122] 밀러(David Miller)도 주장한 바와 같이, 기본적 이익으로부터 권리로의 이동이 간단하지는 않다. "제안된 권리를 실행할 비용을 고려해야 한다. 권리는 의무를 부과하고 의무를 이행하는 것은 자원의 희생과 개인의 자유를 희생시키는 것을 요구한다. 따라서 이익이 권리의 근거가 될 때 실행 가능성의 조건이 부여되어야 한다."[123]

그런데 여기서 또한 주목해야 할 것은 위에서 말한 권리들은 호펠드적 자유권이 아니라 요구권으로 분류되는 것들이라는 점이다. 다른 사람의 희생이나 부담이 요구되는 요구권에는 의무가 수반된다. 모든 기본적 이익에 그러한 요구권적 권리가 관련되는 것은 아니다. 예를 들면 표현의 자유나 양심의 자유 또는 결사의 자유는 다른 사람이나 정부가 간섭하지 않으면 실현되는 자유권이다. 그러한 권리의 실현은 다른 사람의 지원이나 자유의 희생을 요구하지 않으며 다른 사람에게 부담을 지워야 할 필요도 없다. 그러한 자유는 다른 사람이나 정부가 그것의 행사에 대해 아무것도 하지 않는 것만으로도 실현된다. 정부가 할 수 있고 해야 하는 것은 그러한 기본적 자유를 다른 사람이 침해하지 못하도록 보호하는 의무만을 갖는다. 그러한 자유

---

122 Tasioulas가 인권 의무를 존중, 보호, 증진의 의무로 분석한 것은 H. Shue의 관점을 따른 것으로 보인다. Shue는 인권을 주로 의무의 관점에서, 즉 존중, 보호, 증진 의무의 관점에서 분석한다. Shue의 관점에 대해서는 제3장 4절 '소극적 권리와 적극적 권리의 구분' 참조

123 D. Miller, "Joseph Raz on Human Rights," in R. Cruft, et al. (ed.), *Philosophical Foundations of Human Rights* (Oxford University Press, 2015), p. 233.

권 자체에 수반되는 다른 사람의 의무는 없다. 물론 어떤 자유권에는 정부의 적극적인 의무가 수반된다. 예를 들면 집회의 자유는 공공장소에서 집회가 이루어지기 때문에 정부는 집회할 수 있는 공공장소를 제공해야 할 의무가 있다. 집회의 자유권에는 그것의 실현을 위해 정부의 공공장소 제공의 의무가 수반된다. 이처럼 특별한 종류의 자유권을 제외하고 대부분의 자유권은 그것의 기본적 이익을 실현하기 위해 실행이 가능한 의무가 있는지를 검토할 필요가 없다.

4) 자연론적 접근의 한계

인간 삶에 필요한 기본적 조건, 즉 규범적 행위능력, 기본적 능력, 기본적 필요 및 이익에 의한 접근법은 인권은 단순히 인간이라는 것 때문에 우리가 갖게 되는 권리라고 가정한다. 그러므로 그러한 관점은 자연론적 관점에 속한다. 자연론적 관점은 그러한 기본적 조건의 보장이 인권으로서 향유되려면 그것에 수반되는 의무가 실행 가능해야 한다. 인권을 그리핀의 경우처럼 규범적 행위능력에 의해 정당화하건 아니면 누스바움의 기본적 능력에 의해 정당화하건, 그러한 능력이 인권으로서 인정되려면 다른 사람이나 정부가 그것을 의무로서 실행할 수 있는지를 보아야 한다. 기본적 필요나 이익도 그것들을 보장하는 인권에 따르는 의무가 실행 가능해야 한다는 제한을 받는다.

의무가 실행이 가능할 뿐 아니라, 권리의 요구로 의무를 부담하는 모든 사람에게 구속력이 있어야 한다. 권리에 따른 의무가 실행 가능하다는 것은 권리가 단순한 이상에 그치지 않고 현실성이 있다는 의미이고, 의무가 구속력이 있다는 것은 의무가 나에게 부과된다 해도 내가 그것이 도덕적 당위성이 있어 그것을 이행할 각오가 되어 있다는 의미이다. 의무의 구속력은 나에게 그 의무를 이행하도록 요구하는 도덕적 강제성이다. 의무의 구속력은 다른 사람도 나와 같은 상황에 처해 있을 때 나와 마찬가지로 그 의무를 이행할 것이라는 기대감이 있을 때 생성된다.

의무의 실행 가능성은 의무의 구속력에 의존한다고 볼 수 있다. 의무가 구속력이 없다면 즉 그것을 실행하도록 나에게 요구하는 도덕적 강제력이 없다면 의무의 실행 가능성은 감소한다. 한편 의무를 강압적으로 강제해서 실행한다면 그것은 정당성이 결여된다. 의무의 실행 가능성과 구속력은 사회구성원들의 상호이익을 위한 사회적 협동의 관계가 형성되어야 가능하다. 사회적 협동은 개인들 간에도 가능하지만, 국가 간에도 가능하다. 국제인권법은 국가 간의 관계에서 맺어진 조약이다.

인권에 대한 또 다른 접근법인 정치론적 접근법은 국제인권법과 같은 국제적 관행에 의해 인권을 설명하는 접근법이다. 정치론적 접근법도 인권은 개인의 절박한 이익을 보호하는 것으로 본다.[124] 인간

---

124 정치론적 접근법을 주장하는 Beitz는 인권은 현대 국가의 통제주의적 세계질서에서 발견할 수 있는 표준적 위협에 대하여 절박한 개인 이익을 보호한다고 말한다. C. Beitz, *The Idea of Human Rights*, p. 109. 그리고 역시 정치론적 접근을 취하는 Raz는 개인의 도덕적 권리를 확립하는 데 충분한 개인 이익이 있다고 주장한다. J. Raz, "Human Rights without Foundations," in S. Besson and J. Tasioulas(ed.), *The Philosophy of International Law* (Oxford University Press, 2010), p. 336.

의 이익이 그 자체로서 인권을 생성시키지 못하는 문제점을 정치론
적 접근이 보완해 준다고 볼 수 있다. 즉 먼저 기본적 이익에 호소함
으로써 인권을 잠정적으로 먼저 설명하고, 그러한 이익을 가장 잘 효
과적으로 보호할 권리를 규정한다. 그러고 나서 권리 위반이 국가의
주권을 간섭할 정도로 중요한 권리인지를 확인한다.[125] 국가가 권리를
침해하는 경우 그 국가의 주권을 간섭할 정도의 중요한 권리의 유형
들에 우리는 '인권'이라는 이름을 붙인다. 이와 같이 정치론적 접근
법으로 자연론적 접근법을 어느 정도 보완할 수 있다고 보는 관점도
있다.[126]

---

125   D. Miller, "Joseph Raz in Human Rights," in R. Cruft, et al. (eds), *Philosophical Foundations of Human Rights*, p. 236 참조.

126   그러나 그러한 정치론적 관점은 인권의 범위를 좁히는 문제점이 있다. (D. Miller, ibid., p. 236) 그 문제에 대해서는 3절 '정치론적 접근'에서 논의하겠다.

3. 정치론적 접근

자연론적 관점은 인권을 제도적 질서나 특수한 관행과 상관없이 모든 사람이 소유하는 권리라고 본다. 이러한 자연론적 관점은 두 가지 이유로 비판을 받았다고 렌조는 분석한다.[127]

첫 번째 문제로, 그것은 인권의 정치적 차원을 무시했다는 점이다. 최근에 많은 이론가들은 인권은 주로 정부 관리나 특수한 제도적 구조의 구성원에 대해 요구하는 권리라고 주장하였다. 인권은 제도적 맥락을 벗어나 존재하지 않는다. 인권의 기능은 정치적 권위의 내적 정당성이나 외적 정당성을 설정함으로써 정치적 권위의 한계를 짓는다. 내적 정당성은 국가가 그 국민에게 의무를 부과할 권리이며, 외적 정당성은 국가가 그것의 주권을 간섭받지 않을 권리이다.[128]

자연론적 관점의 두 번째 문제는, 인권이 궁극적으로 비서구 문화권에서 수용할 수 없는 논쟁적인 형이상학적 그리고 도덕적인 인간성에 관한 가정에 의존하는 한, 그러한 관점은 편협한 구성물이라는 반론이다. 인권선언 채택 이전에 미국 인류학회가 준비한 '인권에 관

127　M. Renzo, "Human Needs, Human Rights," ibid., p. 571.

128　내적 정당성은 국가가 국민의 인권을 존중하고 보호하는 경우에 한하여 국민에게 의무를 부과할 권리가 있다는 것을 의미한다. 외적 정당성은 국가가 국민의 인권을 존중하고 보호하는 한, 다른 나라나 외부 행위자로부터 주권을 간섭받지 않을 권리가 있다는 것을 의미한다. 다시 말해 국가의 인권 위반은 다른 나라가 주권을 간섭할 수 있는 이유가 된다. 자연론적 관점은 정치론적 관점과 달리 내적 정당성에만 관련되고 외적 정당성에는 관련되지 않는다. 정치론적 관점이 외적 정당성을 인정하는 것은 그것이 인권을 국제법적 인권으로 보기 때문이다. 국제인권법은 일종의 국제법으로 조약에 따라 인권을 위반하는 다른 나라의 주권을 제한할 수 있다.

한 진술'에 제기된 문제점 중 하나는 "제안된 선언이 어떻게 모든 인간에게 적용될 수 있는가? 서구 유럽과 미국에 우세한 가치들로만 사유되는 권리들의 진술이 아닌가?"였다.[129] 이와 같이 자연론적 관점이 직면한 문제들이 어떤 이론가들로 하여금 인권에 관한 정치적 설명으로 방향을 돌리게 한 이유가 되었다.

인권에 관한 정치론적 접근은 인간의 본성이나 특징에 근거해 인권을 정당화하는 정초주의적(foundational) 접근의 자연론적 관점을 거부하고, 국제정치적 관행에서의 인권의 역할을 통해 인권을 설명한다. 인권에 관한 정치론적 접근은 롤스(John Rawls)로부터 시작한다. 롤스가 〈정치적 자유주의〉에서 그의 정의론을 철학적, 종교적, 도덕적 관념의 포괄적 이론에 의존하는 것이 아니라 정치적 관념에 기초한 것처럼, 〈제국민법〉(Law of Peoples)에서 제시한 그의 인권론도 자연론적 관점에서처럼 "인간 본성에 관한 포괄적인 종교적, 철학적 이론에 의존하는 것이 아니라", 정치적 관념에 기초하고 있다.[130] 자연론적 관점은 근대의 자연권이론을 이어받아 발전시킨 이론으로, 인권은 모든 인간이 인간성 때문에 모든 시간과 장소에서 갖는 도덕적 권리이다. 최근에 와서 정치론적 관점은 인권에 관한 이러한 자연론적 관점의 특징들에 대해 반론을 제기하고 대안적인 이론을 제시해 왔다. 롤스로부터 시작하여, 특히 라즈(Joseph Raz)와 베이츠(Charles Beitz)가 정치론적 관점을 옹호한다.[131] 정치론적 관점의 옹호자들은 인권이 인간성의 어떤

---

129   M. Renzo, ibid., p. 571.

130   A. J. Simmons, "Human Rights, Natural Rights, and Human Dignity," in Cruft, et al. (eds.) ibid., pp. 146-47 참조.

특징에 기초하는 것이 아니라고 주장한다. 그들의 주장에 따르면, "인권의 특성은 현대의 국제정치 관행에서 그것이 지니는 역할이나 기능에 비추어 이해되어야 한다."[132] 예를 들면, 롤스는 "인권은 합당한 제 국민법에서 특별한 역할을 하는 권리의 유형이다. 인권은 전쟁과 그 행위의 정당화 이유를 제약하고, 한 체제의 내적 자율성에 대한 제한을 규정한다."라고 주장한다.[133] 롤스에 따르면, 인권의 규정적 특징은 만약 사회가 인권을 존중하지 않으면 외부 행위자가 어떤 상황에서 예컨대 경제적 혹은 정치적 제재나, 또는 강제적인 개입을 통해 그 사회의 내부 문제에 간섭하는 것이 허용될 수 있다는 것이다.[134] 라즈 또한 인권은 한 사회의 내적 자율성에 제한을 가하는 것을 특징으로 한다.[135] 베이츠의 견해도 대체로 유사하다. 그에게 있어 인권은 개인의 이익이 단지 국내 문제 즉 개인 간의 도덕적인 문제가 아니라 특히 '국제적 관심'의 문제인 경우 그 이익을 보호하는 것으로 규정된다.[136]

---

131   인권에 관한 '자연론적'(naturalistic) 관념과 '정치론적'(political) 관념은 Charles Beitz가 구별한 것이다. 정치론적 관점의 대표자로 John Rawls(*The Law of Peoples,* 2002), Charles Beitz(*The Idea of Human Rights,* 2009), Joseph Ratz("Human Rights without Foundations," in S. Besson and J. Tasioulas(eds.), *The Philosophy of International Law*, 2010, and "Human Rights in the Emerging World Order," in R. Cruft, et al. (eds), *Philosophical Foundations of Human Rights,* 2015) 등을 들 수 있다. M. Renzo, ibid., p. 571 각주 참조.

132   R. Cruft, S. Liao, and M. Renzo, "The Philosophical Foundations of Human Rights," in R. Cruft, et al. (eds.), *Philosophical Foundations of Human Rights*, p. 6.

133   J. Rawls, *The Law of Peoples*, p. 79.

134   J. Rawls, ibid., p. 81.

135   J. Raz, "Human Rights without Foundations," in S, Besson and J. Tasioulas(eds.), *The Philosophy of International Law* (Oxford University Press, 2010), ibid., p. 328.

136   C. Beitz, *The Idea of Human Rights*, pp. 109-17 참조.

법적인 권리와 관련 없이 그 자체 도덕적 권리의 지위를 갖는다고 보는 자연론적 관점에 대해 정치론적 관점은 대체로 부정적이다. 베이츠는 "국제 인권을 특수한(sui generis) 권리로 봄으로써 그것을 더 잘 이해할 수 있다."라고 주장하였다.[137] 라즈는 인권은 도덕적 권리 가운데 오직 법으로 인정되고 강제되는 권리라고 본다. 그것은 법이 존중해야 하는 도덕적 권리일 뿐 아니라 특별한 종류의 도덕적 권리이다.[138] 부캐넌(Allen Buchanan)은 많은 인권은 법 이전의(pre-legal) 도덕적 권리라기보다는 도덕적으로 정당화된 법적인 권리라고 주장하였다.[139]

정치론적 관점의 옹호자들은 인권이 모든 시대에 걸쳐 모든 장소에서 모든 사람이 갖는 권리라고 주장하는 것에 대해 부정적이다. 인권선언의 기초자들은 그것이 고대 그리스인이나 중국의 진나라 또는 중세 유럽 사회에 적용되도록 의도하지 않았을 것이라고 베이츠는 주장한다.[140] 라즈도 마찬가지로 모든 시대의 모든 사람이 인권을 갖

---

137   C. Beitz, ibid., p. 197.

138   J. Raz, "Human Rights in the Emerging World Order," in R. Cruft, et al. (eds.) ibid., p. 224.

139   Buchanan도 정치론적 관점을 지지하는 것으로 이해된다. 그에 따르면 "인권을 국제적 인권으로 만드는 것은 [보편성이라기보다는] 그것을 국제사회의 일로 만드는 정치적 결정이다. 그 결정은 제도들이 인권을 정의하고, 성문화하고, 모니터링하며, 강제하게 되는 사법권적(jurisdictional) 결정이다." (D. "Luban, Human Rights Pragmatism and Human Dignity," in R. Cruft, et al. (eds), ibid., p. 263). 도덕적 권리로부터 이끌려 나오는 보편적 인권이 법적인 인권 문서에 성문화되어야 한다는 '반영 관점'(Mirroring View)을 그는 거부한다. 반영 관점은 법적인 인권은 도덕적인 인권을 따라가야 한다는 정초주의 입장 즉 도덕적 인권을 생성하는 인간성의 특징들이 인권의 기초에 있다는 입장(자연론적 관점)에 서 있다. (ibid., p. 262 참조) Buchanan에 의하면 인권은 법으로 생성된 권리(국제법적 인권; international legal human rights)로, 도덕적으로 정당화되는 법적 권리이지만, 자연론의 관점에서처럼 법적 권리를 평가하는 도덕적 권리의 지위를 갖는 것이 아니다.

140   C. Beitz, ibid., p. 57.

는다기보다는, 오늘날 생존하고 있는 모든 사람이 그것을 갖고 있다
고 보는 것이 보다 더 설득력이 있다고 본다. 그것이 현대 인권 관행
에 전제되고 있다고 그는 주장한다.[141]

정치론적 관점은 인권 의무의 준수가 개별적인 사람에게보다는
주로 국가나 정치공동체에 요구되고 있다고 보는 점에서 자연론적
관점과 차이가 있다. 베이츠가 설명한 바와 같이, 인권 관행의 기준들
은 우선, 국가에 적용되며, 인권을 보장하는 주요 주체인 국가에 그것
들이 의존한다. 이것은 인권이 다른 행위자에게 제한을 가하지 않는
다거나 오직 국가만이 인권을 보장하는 주체로서 책임을 진다는 것
을 의미하지는 않는다. 그러나 인권 관행에서 국가가 핵심이 된다는
것은 부정할 수 없다.[142] 자연론적 관점에 따르면 인권 의무가 개인, 집
단, 국가에 부과되지만, 정치론적 관점은 그 의무를 특히 국가나 정부
에 부과한다.[143] 그것은 정치론적 관점이 인권을 '국제 인권'으로 주로
언급하고 있는 것에서 볼 수 있듯이, 인권이 국제인권법 즉 국제법에
규정되고 있기 때문이다.[144] "국제인권법을 포함한 국제법은 대체로

---

141 J. Raz, ibid., p. 225.

142 C. Beitz, ibid., p. 128 참조.

143 그러나 인권선언이나 국제인권법은 인권 의무를 국가나 정부에뿐만 아니라 개별적인 인
     간에게도 부과한다는 것을 확인할 수 있다.

144 Buchanan에 의하면 인권의 개념은 두 가지로 분석될 수 있다. 즉 국내법이건 국제법이
     건 실정법에 인정되는 것과 상관없이 모든 인간의 일반적 도덕적 권리로서의 인권과 국
     제법적인 인권이다. "전자의 경우는 17, 8세기의 자연권에서 분명하며, 이때 전자의 개념
     은 국가 주권의 한계를 기술하고 정당화된 혁명의 이론을 공식화하는 데 사용되었다. 그
     리고 19세기에는 노예제 폐지와 초기 여성 해방 운동에서 분명히 전개되었다." 도덕적 권
     리로서의 인권 개념은 현대에 발전된 자연론적 관점이 계승하고 있다. 국제법적 인권으
     로서의 개념은 "제2차 세계대전이 끝날 때 현대의 인권 체계의 시작과 함께 분명해졌다.

국가들이 수용해 왔던 주권의 행사에 대한 제약의 기록이다. 조약은 상호 의무를 수용하는 국가 간의 계약 즉 주권에 대한 제약이다."[145] 국제인권법은 국가 간의 관계에서 국가들이 서로 간에 인권 의무를 부과함으로써 국가의 내적 자율성(주권)을 제한한다. 그것은 각 국가로 하여금 인권 의무를 준수하도록 요구하고, 그 의무를 위반하는 경우에는 간섭이나 적절한 제재를 가할 수 있는 것이 국제법적 관행이다. 국가가 우선적으로 인권에 수반된 의무를 가진다는 정치론적 관점이 우세하게 된 것은, "아마도 인권법에서 국가의 의무가 우선하고 그 의무에 대해 사법적 판단을 가할 수 있다는 것에 기인한 부분이 있을 것이다."[146]

정치론적 관점에서 중요시하는 인권 관행은 국제인권법을 비롯해 그것을 실행하기 위한 기구나 절차 등을 포함한다. "롤스는 국제인권에 관한 사고의 역사, 그것에 관한 현대적 견해, 국제적 관행의 본성과 발전에 관해 언급하지 않고 있다. 제국민 사회(society of peoples)에서 인권의 역할은 단순히 규정되고 있다."[147] 롤스는 정치론적 관점의 선구자이긴 하지만, 그는 정치론적 관점에서 중요시하는 인권 관행과 역할을 분석하기보다는 관행에 내재하는 국제질서의 한 원리인 인권이

그리고 초기의 개념에 부족한 국제법적인 요소를 도입하였다." 국제법적인 인권은 정치론적 관점에서 분명히 드러나는 인권 개념이다. A. Buchanan, "International Legal Human Rights," in R. Cruft, et al. (eds) *Philosophical Foundations of Human Rights.*, pp. 244-45 참조.

145   J. Donnelly & D. Whelan, *International Human Rights* (5th ed., Westview Press, 2018), p. 30.

146   R. Cruft, et al., "The Philosophical Foundations of Human Rights," R. Cruft, et al. (eds.), ibid., p. 7.

147   C. Beitz, ibid., p. 101.

제국민법 안에서 어떻게 정당화되는가를 계약론적 방법을 통해 확립하려고 하였기 때문에 그의 인권론에 대해서는 다음 제4절 '계약론적 접근'에서 자세히 논의하기로 한다.[148] 여기서는 자연론적 관점에 대해 보다 체계적으로 반론을 전개한 라즈와 베이츠를 중심으로 논의하겠다.

1) 법으로 강제되는 주권 제한적 도덕적 권리(Joseph Raz)

라즈는 도덕적 권리 가운데서 법으로 인정된 권리를 인권이라고 말한다. 그는 법으로 생성된 권리와 법으로 인정된 권리를 구별한다. 법으로 생성된 권리는 입법기관이 생성한 권리이고, 법이 인정한 권리는 법 이전의 권리가 법에 수용될 경우의 권리를 말한다.[149] 라즈에 의하면 인권은 법으로 인정된 도덕적 권리이기 때문에 그것은 도덕적이면서 법적인 권리이다. 그러나 자연론적 관점에서처럼 인권이 법적인 지위와 관련 없이 그 자체 도덕적인 권리의 지위를 갖는 것이

---

148 자연론적 관점의 정초주의에 회의론적인 접근이 있지만, Rawls의 정치론적 접근은 그 논쟁을 회피한다. 그는 "인간 존엄성의 분석을 통하건 자연권이론을 통하건 인권에 접근하는 정초주의적 프로젝트에 대한 실질적 비판을 그의 인권 논의에 포함하지 않는다." 물론 정초주의적 프로젝트(자연론적 관점)에 대한 비판이 "정의 이론의 기초로서의 '포괄적' 도덕적 견해에 호소하는 것을 거부함과 함께 '정치적' 자유주의의 기본 논증 구조의 제국민법에서의 재배치에 함축되어" 있긴 하지만, "그 비판은 가치이론에서 정초 작업에 관한 진정한 회의주의 형태를 취하는 것은 아니다." 이 점에서 롤스의 정치론적 접근은 자연론적 정초주의 접근에 대해 노골적으로 비판적인 견해를 취한 Raz나 Beitz의 정치론적 접근과 다르다고 볼 수 있다. A. J. Simmons, "Human Rights, Natural Rights, and Human Dignity," R. Cruft, et al. (eds.), ibid., pp. 146-47 참조.

149 J. Raz, "Human Rights in the Emerging World Order," in R. Cruft, et al. (eds.), ibid., p. 219.

아니다. 오직 '예외적으로 중요한' 특별한 종류의 도덕적 권리만이 법으로 강제되어 인권이 될 수 있다.[150]

'전통적인' 이론들[151]은 인권은 모든 인간이 인간으로서 갖는 권리이기 때문에 보편적이라고 주장하지만, 현대 유엔헌장의 시대에 그리고 소위 신생 세계질서의 시대에는 그러한 주장을 뒷받침하기는 어렵다고 라즈는 주장한다. 만약 인간이 모든 시대에 모든 장소에서 교육을 받을 권리를 갖는다면, "석기시대 동굴인들은 그러한 권리를 갖게 될 것인데, 그것이 말이 되는가?"라고 반문한다. 인권은 모든 시대와 모든 장소에서 통용되는 통시대적 보편성이 아니라 오늘날 살고 있는 모든 사람이 갖는다는 의미에서 현시대적 보편성(synchronic universality)을 지닌다고 그는 주장한다.[152] 현시대적 보편성만을 선택한 인권 이론은 상이한 사람들은 상이한 인권을 갖는다는 것을 수용한다. 왜냐하면 인간이라는 요소 이외의 다른 요소가 사람이 어떤 인권을 갖는가를 결정하기 때문이다.[153] 예를 들어 교육받을 권리는 보람 있는 삶을 살 기회를 얻는 데 있어서 학교 교육이 필요한 사회적 조건과 교육의 제공에 정부가 책임지도록 하는 적절한 정치적 조건을 포함한다. 농경 중심의 국가와 고도산업 국가의 국민이 누리는 교육받을 권리는 그 범위와 내용이 상이할 수밖에 없을 것이다.

150　J. Raz, ibid., p. 224.

151　현대에 발전된 자연론적 관점은 '전통적인' 이론을 계승하고 있으므로 같은 맥락에서 이야기될 수 있다.

152　J. Raz. ibid., p. 225.

153　J. Raz, ibid., p. 226.

그런데 만약 서로 다른 시기에 상이한 인권을 사람들이 가질 수 있다면 왜 오늘날의 사람들이 서로 다른 인권을 가질 수 없는가? 왜 인권이 현시대적으로 보편적이어야 하는가? 라즈는 인권을 오로지 현시대적으로 보편적인 인권과 동일시해야 할 원리적 근거는 없지만 중요한 실용적인 이유(pragmatic reasons)는 있다고 본다. 우리는 누구나 존중하도록 요구할 수 있는 권리를 인권으로 선택한다. 특히 한 국가의 거주민은 타국의 정부가 그 시민을 다루는 것과 관련하여 그 정부에 인권을 존중하도록 요구할 수 있다. 타국의 정부는 '그것은 당신이 관여할 사항이 아니야.'라고 말하면서 인권을 존중하라는 요구를 봉쇄할 수 없다. 국내 문제에 대한 간섭을 봉쇄할 수 있는 국가의 능력은 전통적으로 국가 주권으로 생각되어 왔다. 그러나 인권은 세계질서에서 기능하면서 주권에 제한을 가한다. 국가들은 국제법정과 국가 밖의 책임지는 행위자나 기구에 인권의 준수를 설명해야 한다.[154] 주권 혹은 자기결정권을 내세우면서 타국의 국내 문제를 간섭할 수 없다는 반응을 할 수 없는데, 그 이유는 인권이 오늘날 생존해 있는 모든 사람이 오늘날의 공통적인 생활 조건으로 인해 갖는 권리와 동일시되기 때문이다. 오늘날의 공통적인 삶의 조건으로 인해 그러한 권리를 갖기 때문에, 특정한 나라들의 시민들이 그러한 권리들을 갖는다는 것을 알기 위해 그 나라들의 환경에 관해 특별히 알 필요는 없다. 이러한 이유로 인권이 국가의 주권에 제한을 가할 수 있는 것이다. 즉 국가는 그 국경 밖의 사람들이나 기구 그리고 다른 나라들에

154　　J. Raz, ibid., pp. 226-27.

그러한 인권을 실행했는지를 설명할 수 있어야 한다.[155]

인권의 현시대적 보편성은 어떤 인권이 존재한다는 주장에 대해 기준을 높이는 역할을 한다. 인권을 주장하는 사람은 그 권리가 중요하다는 것을 지적하지만 다른 사람이 그 권리를 보장할 의무가 있다는 것을 확립할 필요성을 무시하는 경향이 있다. 라즈는 그러한 권리 주장을 확립하는 데 있어 두 가지 난점 즉 과정과 내용에 관련되는 난점을 지적한다. 과정의 문제를 고려할 때는 정당한 권위를 갖는 제도를 염두에 둔다. 모든 도덕적 권리가 법으로 강제되어서는 안 된다. 다양한 도덕적 권리에 대한 존중은 개인 양심의 문제로, 강요나 제도의 관여가 없어야 한다. 인권은 그러한 권리들이 아니다. 그러나 우리의 도덕적 권리 중에서 법으로 존중되고 강제되어야 하는 권리가 있는데, 그러한 권리들만이 인권으로서 인정될 수 있다. 물론 권리의 인정과 강제가 편파적이고 불공정한 제도에 맡겨지는 경우에는 불의가 발생하게 마련이다.[156] 공정하고 효율적이며 신뢰할 수 있는 제도가 인권을 집행하고 강제하는 데 있어서 극히 중요하다면, 인권 논증과 관련하여 다음과 같은 세 가지 결론이 제시될 수 있다. 첫째, 어떤 것에 대한 인권을 갖는다면 그것의 실행을 감시하며, 그것을 집행하고, 위반으로부터 그것을 보호하기 위해 공정하고 효율적이며 신뢰할 수 있는 제도를 확립하고 지원할 의무가 또한 있다. 둘째, 그러한 제도가 존재할 때까지는 일반적으로 그 권리를 집행할 강요적인 조치를 시

155　J. Raz, ibid., p. 227.

156　J. Raz, ibid., pp. 227-8.

도해서는 안 된다. 국제무대에서 강제적인 방법을 취하는 경우에는 일반적으로 심각한 피해가 수반된다. 셋째, 공정하고 효율적이며 신뢰할 수 있는 제도가 존재할 가능성이 없다면 그 권리는 인권이 아니다.[157] 어떤 도덕적인 권리가 법으로 강제되어서는 안 된다면, 그리하여 인권이 될 수 없다면, 그 이유는 그것이 효과적으로 집행될 수 없기 때문이다. 즉 그것의 집행이 불가능하거나 역효과를 낳기 때문이다.[158] 현대의 인권 관행은 법으로 강제되어야 하는 권리만을 인권으로 인정한다.

어떤 권리가 인권이라는 것을 확립하는 데 있어 내용과 관련된 난점을 또한 언급할 필요가 있다. 이 난점은 인권 주장이 문화 편견적 (culturally biased)이라는 의구심, 즉 인권은 서구의 관념이 이 세계를 지배해야 한다는 이데올로기적 주장을 표현한다는 의구심과 관련된다. 이러한 의구심은 문화 다양성의 개념으로 해소할 수 있다. 건강권의 예를 들어보자. 문화 다양성은 건강권의 경우에 잘 드러난다. 건강은 기능성(functionality)과 관련되며 기능성은 특수한 맥락에서 정상적인 생존을 위해 요구되는 활동들과 관련된다. 건강권은 신체장애나 다른 불이익에 걸쳐 있을 만큼 넓은 개념이며 문화 다양성의 분명한 예를 제공해 준다. 예를 들면 불임이나 안면 이상이 그것의 예방이나 제거

---

157 둘째 및 셋째 결론과 관련해 오해가 있을 수 있는데, 유럽에는 모든 인권의 승인과 강제를 위한 적절한 제도(유럽인권재판소)와 절차가 있지만, 세계의 다른 지역에는 없다. 국제형사재판소는 여전히 실험적으로 운영되고 있다. 그것은 아직은 아니지만 앞으로 시간이 지나면 공정하고 효율적이며 신뢰할 수 있는 재판소가 될지 모른다. J. Raz, ibid., p. 228 참조.

158 J. Raz, ibid., p. 228 참조.

하는 데 건강권이 관련될 수 있는 조건이 되는가는 문화에 따라 다르다. 정신병을 구성하는 정신 조건은 문화 상대적이다. 또 다른 난점으로, 경제적·사회적·문화적 권리에 관한 규약(ICESCR)에 표현되는 바와 같이 '최고로 달성할 수 있는 신체 및 정신 건강 수준을 향유할 수 있는' 권리에서 달성 가능성(attainability)이 충족되려면 권리에 수반되는 의무가 서로 다른 국가들의 경제적, 사회적 그리고 정치적 환경과 관련된다는 점이다.[159] 그뿐만 아니라 건강권의 실행은 다른 권리나 가치와 갈등을 빚는다. 예를 들면 건강권은 흡연할 자유나 건강을 해치는 다른 활동과 갈등을 빚는다. 각기 다른 문화들이 서로 충돌하지만, 그러한 갈등에 대해 합당한 태도를 보이는 것이 가능하다. 물론 건강과 다른 관심 사항 간의 균형을 맞출 단일한 방식은 없다. 그러나 많은 상이한 개인적인 태도와 공공정책은 비록 서로 일치하지는 않지만, 합리적이거나 적어도 수용이 가능하다.[160] 그런데 이처럼 인권의 문화적 다양성이 우리가 모두 똑같은 인권을 갖는다는 사실 즉 인권이 동시대적으로 보편적이라는 사실과 어떻게 조화를 이룰 수 있는가? 대한민국 국민의 건강권과 베트남 국민의 건강권은 다른데, 그것은 두 나라의 부의 수준이 다르기 때문이라기보다는 최고로 달성할 수 있는 건강 수준에 관한 서로 다른 견해를 두 나라가 갖고 있기 때문이다.[161] 건강권의 범위나 내용은 사회의 문화적 다양성에 따라 다를 수 있지만, 현대에 살고 있는 모든 사람은 건강권을 갖고 있다.

---

159   J. Raz, ibid., p. 229.

160   J. Raz, ibid., pp. 229-230.

161   J. Raz, ibid., p. 230 참조.

그러나 인권은 이게 전부가 아니다. 인권은 강제되어야 하며, 그것의 실행에 감시 책임이 있는 권위적인 제도를 요구한다. 그러한 제도는 실행과 감시의 두 측면에서 다양한 문화적 태도나 실천의 건전성을 확인하거나 그것의 부당성 혹은 부도덕성을 비난하는 결정을 내려야 한다. 관련된 국제기구들은 여러 나라들이 권리들과 다른 가치들을 절충하는 방식에 대해서 평가적 의견을 제시해야 한다.[162]

라즈의 주장을 요약하면 다음과 같다. 인권은 도덕적 권리 중에서 법에 수용되고 강제되는 권리이다. 인권은 공정하고, 효과적이며, 신뢰할 수 있는 제도에 의해 강제되어야 하며, 그러한 강제가 불가능하면 그 권리는 인권이 아니다. 인권은 모든 시대에 걸쳐서가 아니라 현시대에 살고 있는 모든 사람이 지니고 있다는 의미에서 동시대적 보편성을 띠고 있다. 인권에 대한 존중은 특히 다른 국가에 요구할 수 있다. 그러므로 한 국가가 인권을 위반하는 경우에 다른 국가가 그 나라의 주권을 간섭하고 제한할 수 있다.

라즈의 인권관에 대한 논평을 제시하면 다음과 같다. 석기시대 사람들이 교육권을 갖는 것은 말이 되지 않는다는 라즈의 주장에 대해 밀러(David Miller)는 석기시대 사람들도 인권을 가졌다고 말할 수 있다고 주장한다. 단지 이러한 권리를 취하는 형식은 오늘날의 형식과 다르다고 그는 본다.[163] 석기시대에도 일정한 사회를 형성하고 있다면, 오늘날과 같이 기능이 복잡한 사회에서 우리가 누리고 있는 다양한

---

162   J. Raz, ibid., pp. 230-31 참조.

163   D. Miller, "Joseph Raz on Human Rights," in R. Cruft, et al. (eds.), *Philosophical Foundations of Human Rights*, p. 239.

인권을 갖지는 않지만, 교육권뿐만 아니라 생명권이나 신체안전권과 같은 기본적인 인권을 갖는다고 볼 수 있다. 단지 사회에 따라 사람들이 누리는 인권의 범위와 내용에서 차이가 난다고 볼 수 있다. 밀러의 이러한 반론은, 앞에서 라즈가 인권의 문화 다양성으로 인권을 설명하면서도 그것의 현시대적 보편성을 설명하는 것처럼, 교육권과 기타 기본적인 인권이 시대에 따라 그 내용과 범위가 차이가 있기는 하지만 그것들의 통시대적 보편성을 주장할 수 있다는 의미로 받아들여진다.

라즈는 모든 도덕적 권리 가운데서 오직 법으로 인정되고 강제되는 권리만을 인권이라고 보는 점에서 법에 따른 강제는 도덕적 권리가 인권이 되기 위한 필요조건이라고 생각한다. 인권으로 인정되는 도덕적 권리는 법으로 '강제되어야' 한다는 의미에서는 법에 따른 강제가 필요조건이 될 수 있다. 인권으로 간주되는 도덕적인 권리는 실제로 법으로 강제되고 있지 않을지라도 중요한 권리로서 법으로 강제되어야 한다. 그러나 모든 인권이 반드시 법으로 '강제되고 있는' 것은 아니기 때문에 법에 따른 '실제적인' 강제가 인권이 되기 위한 필요조건은 아니다.[164] 물론 법에 따른 강제가 충분조건이 될 수는 없다. 도덕적인 권리가 법으로 강제된다고 그것이 인권이 되는 것은 아

---

164 국제인권법에 포함되어 있지 않은 인권이 있을 수 있다. 사회가 변하고 기능이 복잡해지면 그에 따라 새로운 인권들이 생겨날 수 있다. 국제인권법에 포함되어야 할 인권들의 후보가 있다면, 지금은 포함되어 있지 않지만 언젠가는 포함될 수 있다. 두 개의 국제인권 규약이 수정 조항(자유권 규약 제51조, 사회권 규약 제29조)을 포함하고 있다는 것은 그러한 가능성을 염두에 두었다고 보아야 한다.

니다. 예컨대 내가 갚겠다는 약속을 하고 다른 사람으로부터 돈을 빌린다면 다른 사람은 돈을 돌려받을 도덕적인 권리가 있다. 이처럼 약속에 따라 형성된 도덕적 권리가 법으로 강제된다면 그는 채권을 갖는다. 그러나 채권을 보통 인권이라고 말하지 않는다.

라즈는 어떤 권리에 대해 공정하고 효과적이며 신뢰할 수 있는 강제가 불가능하면 그 권리는 인권이 아니며, 그것의 강제를 요구해서는 안 된다고 주장한다. 이러한 견해는 인권의 무절제한 증식에 대하여 걱정하기 때문에 제시된 측면이 있다. 그러나 법의 강제를 통해서만 인권의 증식을 통제하는 방식에 대해 부정적인 입장을 취하는 사람도 있다.[165] 법적인 강제와 상관없이 인권을 도덕적 권리로 보는 자연론적 관점에서도 인권의 증식을 예방하기 위한 장치가 있다. 예를 들면 자연론자인 그리핀은 인권은 실행 가능성이 있어야 하며, 인권을 실행하기 위해서는 인권을 보장할 의무 담지자가 있어야 한다고 본다. 그런데 도덕적인 의무에도 법적인 의무처럼 그 강도는 덜할지라도 강제성이 부여된다.[166] 밀러가 주장한 것처럼, "법적인 강제는 인권을 증진하기 위한 유일한 수단이 아니며, 반드시 가장 중요한 것도 아니다."[167]

---

165   D. Miller, "Joseph Raz on Human Rights," R. Cruft, et al. (eds.), ibid., p. 238.

166   법적인 강제가 실효성이 있으려면 인권 위반 국가에 대해 국제형사재판소(ICC)와 같은 국제적인 기구가 제재를 가할 수 있지만, ICC는 전쟁범죄, 인도에 반하는 죄, 집단학살 등의 중대한 국제 범죄를 저지른 개인을 처벌할 목적으로 설립되었다. 현재 국제적 수준의 인권 관행은 각국의 인권 실태에 대한 감시를 통해 국제적인 비난을 유도함으로써 인권 위반 국가에 수치심을 유발하는 정도에 그치고 있다. 이것은 법적인 제재라기보다는 도덕적인 제재에 가깝다.

167   D. Miller, ibid., p. 243.

2) 국제정치 관행의 실천적 관념으로서의 인권(Charles Beitz)

베이츠는 라즈와 마찬가지로 모든 인간이 단지 그 본성 때문에 갖는 기본적 도덕적 권리로서 인권을 바라보는 자연론적 관점을 잘못된 것이라고 주장한다. 그는 자연론적 관점이 실제로 국제정치적 관행에서 수행하는 인권 관념의 기능을 고려하지 못하며 국제 인권 이론의 역사적 발전과도 일치하지 않는다고 본다.[168] 국제적 인권 관행은 정치적이며 담론적이다. 그것은 국가 행위의 규제를 위한 규범과 규범 위반을 다루는 전략으로 구성된다. 그 관행은 국제적인 담론 공동체에 존재하며, 그 구성원들은 어떻게 행동할 것인가에 대해 생각하고 주장할 때 관행의 규범이 이유를 제공한다고 인식한다. 그러한 규범들은 주요 국제 인권의 문서 즉 인권선언과 주요 조약들에 표현된다.[169]

국제 인권의 핵심 아이디어는 국가들이 그들 자신의 국민을 다룰 때 어떤 조건들을 만족시키는 데 책임이 있으며 그렇지 못하면 세계 공동체나 그 대리기관이 개선 혹은 예방적 행동을 하는 것이 정당화될 수 있다고 본다. 이러한 관념은 유엔헌장의 인권 관련 규정에 포함되어 있다. 이로써 현시대에 국가가 자국 시민들을 어떻게 다루느냐 하는 문제가 국제적인 관심사가 된 것은 분명해졌다.[170]

정치론적 관점의 선구자인 롤스는 국제정치적 관행에서 인권의

---

168 C. Beitz, *The Idea of Human Rights*, pp. 7-8.

169 ibid., p. 8.

170 ibid., p. 13.

역할을 강조하였지만, 인권의 역할에 관한 그의 견해는 현재의 관행에서 관찰되는 것에 비해 많은 점에서 부족한 면이 있다. 예를 들면 그는 인권을 인권선언 기초자들이 생각한 것처럼 국가의 헌법에서 강제될 수 있는 권리로 기술하지 않는다. 국제적인 감시, 보고, 그리고 비난의 관행에 대한 지원이 없다. 그는 인권이 위협받는 사회의 국내 문제에 영향을 주기 위해 다른 국가나 국제기구들이 사용하는 비강제적인 정치적 혹은 경제적인 광범위한 조치를 알고는 있었지만 수용하지 않았다. 심각한 인권 침해가 있는 경우에는 강제적인 간섭이 정당화된다는 입장을 취했지만, 심각성의 정도가 약한 인권 침해가 있을 경우 다른 형태의 행위(예컨대, 외교적 혹은 경제적 제재, 통상압력, 외교적 참여의 자제, 인권 존중을 증진하기 위한 원조 공여 등)가 정당화되는지에 대해서는 입장이 분명하지 않다. 이와 같이 볼 때 인권의 역할 또는 기능에 대한 롤스의 이해는 현행 국제 관행에서 발견되는 것보다는 협소하다고 볼 수 있다.[171]

베이츠의 목표는 롤스처럼 자유롭거나 품격 있는 위계 사회의 이상적인 세계질서를 위한 인권 관념보다는 현행 국제 관행에 존재하는 인권 관념을 파악하는 것이다. 베이츠에 의하면, 현존하는 인권 관행에 참여하는 능력있는 사람들이 인권관념을 어떻게 이해하는가를 살펴봄으로써 그 관념을 구성해야 한다. 인권의 관행은 규범적이고 추론적이다. 그 관행은 행동의 규제를 위한 일련의 규범과 그 규범이 이유들을 제공한다고 관행 참여자들이 생각하는 법적 정치적 행위의

---

171   ibid., p. 101.

여러 형태로 구성되어 있다. 사람들은 그 규범에 호소해서 여러 행위자의 주장을 정당화하고 그들의 행위를 평가한다. 이러한 관행의 이론적 토대는 세계인권선언과 이후의 두 규약 그리고 여러 다른 합의들에 기반을 둔다. 그 관행은 1975년의 헬싱키협정[172]과 1990년경의 냉전 종식 이후 발전해 왔다. 우리는 관행의 요소들이 국제법에서, 인권에 헌신하는 세계적인 그리고 지역적인 기구들의 모니터링과 보고 활동에서, 다른 국제기구들의 정책에서, 국가들의 외교정책 행위에서, 그리고 다양한 종류의 비정부기구 활동에서 표현되는 것을 볼 수 있다. 관행이 복잡하게 전개됨에도 불구하고 그 관행은 이제 출현한 신생 관행으로 간주된다. 왜냐하면 그것은 보다 성숙한 규범적 관행에서 발견되는 중요한 특징들이 결여되어 있기 때문이다. 예를 들면 인권 준수의 수준이 한결같지 않고, 관행이 그 규범을 해석하고 강제할 권위적인 제도가 결여되어 있기 때문이다.

베이츠는 인권 관행의 담론에서 인권 관념이 수행하는 역할을 탐구함으로써 그의 '실천적인' 인권 관념에 도달한다고 본다.[173] 이러한 목표를 위해 베이츠는 현행 관행의 두드러진 측면을 대표하는 것으로 '실천적인 관념'(practical conception)의 모델을 제시한다. 실천적 관념은 자연론적 관념이나 합의적 관념과는 다르다. 실천적 관념은 국제

---

172   제2차 세계대전 후에 형성된 국경선을 상호 인정하며, 협정에 조인한 35개국의 나라들이 인권과 자유를 존중하며 경제적, 과학적, 인류 공동체적 영역 등에서 서로 협력할 것을 촉구한 협정.

173   C. Beitz, "The Force of Subsistence Rights," in R. Cruft, et al. (eds.), *Philosophical Foundations of Human Rights*, pp. 538-9.

정치적인 삶에서 발견되는 바와 같은 인권 이론과 관행을 인권 관념을 구성하는 원천으로 삼는다. 그것은 국제사회에서의 인권의 지위와 별도로 선행하는 독립적인 기본권이 있어 그것의 본성과 내용이 발견될 수 있다는 가정을 하지 않는다. 실천적 관념은 그 대신 국제적 담론과 관행에서의 인권의 기능적 역할을 기본적인 것으로 본다. 즉 인권의 역할은 우리의 인권 관념을 처음부터 제약한다.[174] 이처럼 국제 인권 이론은 그것이 수행하는 공적인 정치적 역할에 적합해야 한다. 어떤 사회가 그 국민의 인권을 존중하지 않는 정도가 상당히 심한 것이라면 이것이 외부 행위자가 어떤 행동을 취할 수 있는 이유를 제공한다는 의미에서 인권은 국제적 관심의 문제가 된다.[175]

그러면 인권의 실천적 관념의 모델이 어떤 내용으로 구성되어 있는지 보기로 한다. 인권의 실천적 관념은 국제정치의 규범적 담론에서 인권이 수행하는 역할을 일반적 개념으로 기술하기 위해 특수한 경우들로부터 추상화한 모델이다. 인권은 다른 관행들과 마찬가지로 많은 참여자가 인권을 어떻게 사용하는가에 그 의미가 달린 사회적 관행으로, 그것의 원천은 특히 주요 국제문서와 이것에 의해 확립된 감시 및 보고 장치, 비판적인 공적 담론의 관찰 등을 포함한다.[176] 인권의 실천적 관념의 모델은 두 수준으로 구성되어 있다. 그 두 수준은 인권을 존중하고 보호하는 일차적 책임의 담지자로서의 국가와 그러한 책임을 보증해 주는 주체로서의 국제사회와 그 대리인 간의 역할

---

174   C. Beitz, The Idea of Human Rights, pp. 102-3.

175   ibid., pp. 105-6

176   ibid., pp. 106-7 참조.

구분을 표현하고 있다. 인권의 실천적 관념의 모델은 세 요소를 지니
고 있다.[177]

1) 인권은 국가들로 구성되는 현대 사회에서 전형적인 환경하에
노출되는 예상 가능한 위험("표준적인 위협")으로부터 절박한 개인
적 이익(urgent individual interests)을 보호하기 위한 요구사항이다.

2) 인권은 우선적으로 헌법, 법률 그리고 정책을 포함하는 국가의
정치제도에 적용된다. 이 첫 번째 수준의 요구사항은 세 가지
일반적인 형태가 있다. (a) 국가의 공적 업무 행위에서 기본적
인 이익을 존중하는 것, (b) 국가의 사법권과 그 통제하에 있는
비국가적 행위자의 위협으로부터 기본적 이익을 보호하는 것,
(c) 비자발적인 결핍의 희생자를 지원하는 것. 국가는 이들 중
어떠한 측면에서 실패하건 인권을 '위반'하는 것이라고 말할 수
있다.[178]

3) 인권은 국제적 관심의 문제이다. 정부가 그 첫 번째 수준의 책
임을 완수하지 못하면 이는 다음과 같은 세 가지 중첩적인 상황
에서 적절한 지위의 권한 있는 국외의 '두 번째 수준'의 행위자
가 행동할 수 있는 이유가 된다. (a) 국제사회는 그것의 정치적
제도를 통해 위에 제시되는 첫 번째 수준의 책임을 완수하는가
에 대하여 국가에 책임을 묻는다. (b) 효과적인 행동 수단을 가

---

177   ibid., p. 109.

178   국가의 인권 의무를 존중, 보호, 지원 의무로 구분해서 설명한 것은 기본권을 이와 같은
세 가지 의무의 관점에서 분석하는 Henry Shue의 관점을 채택한 것으로 이해된다. 제3장
4절 '소극적 권리와 적극적 권리의 구분' 참조.

진 국가와 비국가 행위자는 개별 국가가 스스로 행동할 수 있는 능력이 없는 경우에 인권 기준을 충족하기 위해 그 국가를 도와주는 '일견적'(pro tanto) 이유를 지닌다.[179] (c) 효과적인 행동 수단이 있는 국가와 비국가 행위자는 개별 국가가 행동할 의지의 부족으로 인권을 위반하는 경우에 인권을 보호하기 위해 그 국가를 간섭할 일견적 이유를 지닌다.

첫 번째 요소는 인권의 목표를 언급하고 있다. 인권의 목표는 현대 사회의 표준적인 위협으로부터 개인의 절박한 기본적 이익을 보호하는 것이라고 본다. 두 번째 요소는 인권 의무는 개인보다 국가 또는 그 제도에 적용된다는 것을 밝히고 있다. 세 번째 요소는 국가가 그러한 의무를 이행하지 않을 때는, 능력이 부족할 경우에는 국외의 외부 행위자가 도와주고, 행동 의지가 부족할 경우에는 그 국가를 간섭하는 것이 정당화된다는 것을 말하고 있다.

인권이 표준적인 위협으로부터 절박한 개인 이익을 보호한다고 할 때 절박한 이익의 예들에는 신체의 안전성과 자유, 적절한 식생활, 국가 권력의 남용으로부터의 보호 등이 포함된다. 이러한 점에서 '절박한' 개인 이익은 인간성의 일반적 특징으로서 모든 인간이 갖는

179　'pro tanto'는 '어느 정도의'(to a certain degree) 의미를 지니며 'conclusory'와 대비되는 용어로, 여기서는 'prima facie'(일견적)와 같은 의미로 사용된다. (C. Beitz, ibid., p. 117) '일견적 이유'는 반증이 없는 한 그것으로 충분한 이유를 말한다. 국가가 인권을 존중하지 못할 때 적절한 지위에 있는 외부 행위자가 도와줄 일견적 이유를 갖지만, 반드시 결정적인 이유를 갖는 것이 아니다.

'보편적' 인간 이익과 구별된다.[180] 대부분 인권의 정당화는 사회생활의 본성과 사회 정치제도의 행동에 관한 경험적 일반화에 의존하며, 이러한 일반화는 적용 범위가 다르게 나타날 수 있다. 인권은 현대 사회의 모든 구성원이 요구할 수 있으므로 비교적 광범위하지만, 모든 시대와 모든 장소의 사회생활에 관련될 필요는 없다. 베이츠는 '현대 세계에서' 예측할 수 있는 표준적 위협으로부터 절박한 개인 이익을 보호하는 것으로 인권을 제한하는 것은 불가피하다고 주장한다.[181] 인권이 모든 시대와 장소의 모든 사람에게 적용되지 않고 현시대에 살고 있는 모든 사람에게 적용된다고 보는 점에서 베이츠는 라즈와 같은 입장에 서 있다.

인권이 '개인 이익'을 보호하는 것으로 기술된다면 베이츠의 모델은 어떤 중요한 사회적 가치를 보호하기 위해 인권을 사용하는 것이 처음부터 배제되는 것이 아닌가? 그러나 현재의 인권 관행은 자기결정권(right of self-determination)과 어떤 사회집단의 독특한 언어적, 종교적, 그리고 문화적 관행에 참여할 권리와 같이 집단적 차원의 가치를 보호하는 것을 또한 목표로 하고 있다.[182] 베이츠는 그러한 집단의 권리를 자기 모델로 설명할 수 있다고 본다. 자기결정권이 그것을 향유하는 개인들에게 중요한 것은 그들이 집단의 구성원이라는 언급이 없이는 설명할 수 없기 때문이다. 자기결정의 가치는 집단적 차원을 지

---

180   C. Beitz, ibid., p. 110.

181   ibid., p. 112.

182   ibid., p. 112. 자기결정권은 '집단의 권리'로 이야기되며, 소위 인권의 '제3세대 권리'로 간주된다. ibid., p. 112 각주.

니지만, 여전히 개인적 가치를 지닌다. 그것은 자기결정권을 향유하는 개인들의 가치이다.[183]

베이츠의 모델에 따르면 인권은 우선적으로 국가에 적용되는 요구사항이다. '우선적으로 국가에 적용된다.'라는 말은 인권이 요구하는 제도적 보호가 시민들을 보호하는 국가의 법과 정책을 통해 제공되어야 한다는 것을 의미한다. 국가는 그 거주민의 인권을 충족시켜야 할 일차적이며 '첫 번째 수준'의 책임을 지닌다. 베이츠는 인권이 개별 인간 간의 상호적 관계에서 요구된다는 '상호적 이해'(interactional understanding)의 관념을 거부한다. 상호적 이해의 관념에 의하면 인권은 개별적인 인간들이 다른 인간에게 어떤 것을 요구하는 근거이다. 즉 모든 사람은 인권을 가짐과 동시에 권리를 존중할 책임이 있다.[184] 베이츠에 의하면, 현대 인권 이론이 제도를 위한 기준으로 구성된 것으로 이해된다면, 인권이 개별적인 행위자에 부과하는 의무의 본성이나 기초에 대해 더 살펴볼 필요를 느끼지 않는다.[185] 인권은 개별적인 인간보다 국가나 제도에 우선적으로 적용된다는 베이츠의 견해에 대해서는 다음 절에서 비판적으로 검토하겠다.

마지막으로, 베이츠의 모델은 국가가 그것의 '첫 번째 수준'의 책

---

183   ibid., p. 113.

184   상호적 이해의 관념은 인권이 국가의 제도에 직접 요구되는 것을 정당화하는 제도적 이해(institutional understanding)의 관념과 대비되는데, 이러한 구별을 제시한 Thomas Pogge는 상호적 이해의 관념을 거부한다. 베이츠도 그의 견해에 동의한다. 베이츠는 그러한 구별을 하지 않게 되면 국제 인권과 자연권의 전통을 혼합할 가능성이 있다고 주장한다. C. Beitz, ibid., pp. 114-5.

185   C. Beitz, ibid., p. 115.

임에서 실패할 때 적절한 지위의 권한 있는 외부 행위자가 행동할 일 견적 이유가 있다고 주장함으로써 인권을 국제적 관심의 문제로 기술한다. 이것은 "현대 인권 관행의 가장 두드러진 특징"으로, 인권선언과 인권규약들의 기초자들이 "어떤 국제적 역할"로서 생각했던 것으로 보인다. "그렇지 않다면 국제적 협동을 언급하고 국제적 감시를 위한 조항들을 설명할 수 없기 때문이다."[186] 간섭을 정당화하는 인권의 역할이 인권의 담론적 기능을 이해하는 데 중요하지만, 인권을 위한 간섭만이 인권 위반에 대한 행동의 이유를 제공하는 것은 아니다. 비교적 친근한 형태의 정치적 간섭뿐만 아니라 외부적인 지원이 또한 포함되어야 한다.[187]

인권에 관한 베이츠의 실천적 관념의 접근법은 인권을 개념화하는 문제와 인권의 기초를 파악하고 그 내용을 결정하는 문제를 구별한다. 앞에서 기술하고 설명한 실천적 관념의 두 수준의 모델은 첫 번째 문제인 인권의 개념화에 답한 것이며, 두 번째 문제인 인권의 기초와 내용의 문제에 답한 것이 아니다.[188] 인권의 기초를 이해하고 그 내용을 결정하는 두 번째 문제는 인권 관행의 목적과 관련되어 설명되어야 한다. 인권 관행의 목적이 인권의 기초와 그 내용을 결정하는 데 기여한다고 베이츠는 본다. 그는 인권 또는 인권 관행의 목적을 두 가지로 본다. 첫 번째 목적은 앞의 두 수준 모델에서 이미 언급한 것처럼 예측이 가능한 위협으로부터 중요한 개인 이익을 보호하는 것이

---

186   ibid., pp. 115–16.

187   ibid., p. 116.

188   ibid., p. 126.

고, 두 번째 목적은 정부가 국제질서를 위협하는 정책을 추구하지 못하도록 방해하는 것이다.[189] 인권의 두 번째 목적은 두 수준 모델의 두 번째 수준에 함축되어 있다. 두 번째 수준에서 베이츠는 첫 번째 수준에서 국가가 인권을 위반하는 경우에 국제사회의 외부 행위자가 지원하거나 간섭하는 것이 정당화된다고 주장하였다.

베이츠는 인권 관행의 두 가지 목적을 예방적 장치(precautionary apparatus)라는 일반적 개념으로 표현하고 있다. 국가 공권력의 예상 가능한 남용으로부터 개별 국민의 가장 중요한 이익을 보호하고 그러한 위협에 대처하기 위해 국제질서는 국가의 사법권 즉 자기결정권을 제한하거나 간섭한다.[190] 인권 관행의 이러한 예방적 목적은 인권의 기초와 내용을 결정하기 위한 배경이 된다. p에 대한 인권이 있다는 것을 결정하기 위해 인권 관행의 일반적 목적에 비추어 인권의 기능적 역할을 고려해야 한다. 두 수준의 모델은 p에 대한 인권이 있다는 주장을 수용하는 경우 우리가 관여하게 되는 요소들을 보여줌으로써 이러한 기능적 역할을 해명한다. p에 대한 인권이 있다는 주장에 대한 논증은 그 두 수준 모델의 세 요소에 응답해야 한다. 따라서 다음과 같은 세 부분으로 인권 이론의 내용에 관한 주장을 정당화하는 도식을 상상할 수 있다. 어떤 인권이 있다고 주장을 하려면 다음과 같은 세 가지 주장을 입증해야 한다.[191]

1) 권리에 의해 보호되는 이익은 보호받는 사람의 관점에서 볼 때

---

189 ibid., p. 131,

190 ibid., pp. 130-31 참조.

191 ibid., p. 137.

그것의 보호가 정치적으로 우선한다고 생각하는 것이 합당할
만큼 충분히 중요하다는 것.
2) 국가가 활용할 수 있는 법적 혹은 정책적 도구를 통해 기본적
이익을 보호하는 것이 이득이 된다는 것.
3) 중요한 상황에서 국가가 그 이익을 보호해 주지 못할 때는 적절
한 국제적 관심을 받는다는 것.

위의 각 주장에 대한 설명이 필요하다. 첫째, 이익의 중요성을 설
명하기 위해 이익을 보호받는 행위자가 그 이익이 위협받는 것이 왜
특별히 나쁘다고 생각하는지 그 이유를 설명해야 한다. 그 문제에 관
한 판단은 이익의 절박성(urgency)과 관련된다. 이것은 행위자가 왜 그
이익의 충족이 중요한 문제라고 간주하는가를 고려함으로써 가장 잘
설명된다. 또한 동시에 왜 이익이 정치적으로 우선해야 하는가를 설
명하기 위해 그 이익을 보호하도록 요구받는 사람이 인정할 수 있도
록 이익의 중요성을 설명해야 한다. 인권은 위반하는 사회 밖의 외부
행위자에게 행동할 이유를 제공하기 때문에 그 설명은 단일한 문화
나 삶의 방식에 특유한 신념이나 규범에 전적으로 의존해서는 안 된
다. 예를 들면 어떤 이익은 신체적 안전과 적절한 음식의 섭취에서의
이익처럼, 모든 사람이 그것의 중요성을 인식하는 것이 합당할 만큼
일반적이다. 자신의 종교를 따르는 경우처럼 널리 공유되지 않는 경
우도 있다. 가장 중요한 것은, 합당한 수혜자 즉 권리 소유자의 관점
에서 볼 때의 이익의 중요성이 그것을 보호하도록 요구받는 합당한

사람 즉 의무 담지자에게 이해되어야 한다는 점이다.[192] 자연론적 관점처럼 인권이 단일한 기본적인 이익을 보호하거나 그로부터 이끌려 나오는 것으로 이해하는 것은 잘못이라고 베이츠는 주장한다.[193] 그러한 방식으로 국제 관행의 인권을 생각하는 것은 타당한 것이 아니라고 본다. 인간의 존엄성, 인간성 등은 너무나 추상적이어서 인권 이론의 내용에 의견 불일치를 해결할 수 없다고 그는 주장한다.[194]

두 번째 주장에서 국제 인권은 공적인 조치로부터 보호받거나 그것에 의해 교정될 수 있는 '표준적' 위협에 대한 대응이라는 것을 언급하고 있다. 따라서 이 주장은 두 가지 요소를 지닌다. 그것은 a) 기본적 이익은 어떤 예측 가능한 위협에 노출되기 쉽다는 것을 보여주어야 하고, b) 국가가 헌법, 법률, 정책을 통해 그러한 위협으로부터 보호하거나 그것을 교정하는 것이 바람직하다는 것을 보여주어야 한다. 두 가지 요소는 인간의 사회적 행동과 사회제도의 능력 및 역동성에 관한 경험적인 일반화에 어느 정도 의존한다.[195]

마지막으로 인권은 그것을 위반한 사회 밖의 외부 행위자의 정치적 행위를 안내할 수 있으므로 제안된 인권은 국제적 관심의 적절한 대상이라는 것을 보여주어야 한다. 어떤 보호가 잠재적인 수혜자

---

192   ibid., p. 138.

193   자연론적 관점을 취하는 Griffin은 '실행 가능성'(practicability)을 인권을 결정하는 요소로 간주한다. 기본적 이익으로부터 인권이 즉각 이끌려 나오는 것이 아니라 실행 가능성이 또한 충족되어야 인권으로 주장할 수 있다. 실행 가능성은 주로 의무를 실행하는 사람의 관점에서 보는 것이다. 따라서 이 맥락에서 자연론자에 대한 Beitz의 비판은 Griffin에게는 적용되지 않는다고 본다.

194   C. Beitz, ibid., p. 138.

195   ibid., p. 139.

의 관점으로부터 볼 때 아무리 중요할지라도 그리고 국내 제도의 요
구사항으로서 아무리 적절할지라도 그 보호가 국제적 관심의 적절한
대상이 되지 못한다면 그것은 인권으로 간주될 수 없다. 인권으로서
보호받는 것이 국제적 관심사가 되려면 네 가지 요구사항을 충족해
야 한다. 첫째, 실행 가능성(feasibility)이 있어야 한다. 첫 번째 수준에서
요구사항의 충족이 실패하면, 즉 특정 국가가 국민의 인권을 위반하
면, 문제된 사회 밖의 정치적 행위자가 수행할 수 있는 일련의 행위로
교정 혹은 수정될 수 있어야 한다. 둘째, 그러한 행위들은 모두 허용
될 수 있어야 한다. 즉 정치 도덕의 일반 기준을 충족해야 한다. 셋째,
핵심적인 상황에서 그러한 행위를 수행할 외부 행위자가 있어야 한
다. 넷째, 핵심적인 상황에서 그 외부 행위자는 그 부담을 짊어질 이
유가 있어야 한다.[196]

　베이츠에 의하면 어떤 권리 주장이 인권으로 인정되기 위해서는
앞에서 설명한 바와 같이 세 가지 주장이 다 함께 증명되어야 한다.
즉 인권으로 보호받는 기본적 이익은 권리 소유자의 관점에서 볼 때
절박하게 중요하고 이 중요성이 의무 담지자에게 이해될 수 있어야
한다. 그뿐만 아니라 국제 인권에 의해 보호받는 기본적 이익은 특
히 국가의 공적인 조치에 위협당하기 쉽다는 것을, 그리고 국가의 법
이나 정책에 의해 그러한 위협으로부터 보호받거나 그것을 교정하는
것이 바람직하다는 것을 보여주어야 한다. 무엇보다 어떤 권리가 인
권의 지위를 갖기 위해서는 그것이 국제적 관심의 대상이 되어야 하

는데, 이를 위해서는 인권 위반을 외부 행위자가 교정할 수 있어야 하고, 그러한 행위가 정치 도덕의 기준에 합치하며, 그 행위자가 그러한 책임을 부담할 이유가 있다는 것을 증명해야 한다.

위에서 두 번째와 세 번째 주장에 특히 우리는 주목하고자 한다. 두 번째 주장은 인권의 보호에 있어 국가의 역할을 우선적으로 강조하고, 세 번째 주장은 국가가 인권 보호에 실패할 때 국가 밖의 외부 행위자의 역할을 강조하고 있는데, 이러한 주장은 베이츠로 하여금 자연론적 관점을 거부하고 정치론적 관점에 서게 하는 배경이 된다. "인권은 그 목표가 정부의 행위나 부작위로부터 발생하는 가장 중요한 이익에 대한 위협으로부터 개인을 보호하는 국제 관행의 필수적인 규범이다."[197]라는 주장에서 분명히 드러나듯이, 베이츠는 인권을 주로 개인과 개인 간의 관계에서가 아니라 개인과 국가 또는 정부 간의 관계에 적용되는 규범으로 본다. 그 국제 관행은 정부의 국내 행위를 정당한 국제적 관심의 측면으로 가져옴으로써 개인의 기본적 이익을 보호하는 인권의 목표를 달성하려고 한다. 정부의 행위를 감시하고, 규범 간의 갈등을 조정하고, 제재를 결정하여 적용하고, 원조의 제공을 조정할 수 있는 권위적인 국제기구가 없는 상태에서 '국제적인 관심'은 외부 행위자에 의해 비체계적으로 표현된다. 이 외부 행위자에는 일방적으로 행동하거나 서로 협동하는 국가들, 국제기구 그리고 그 밖의 행위자들이 포함된다.[198]

---

197   ibid., p. 197.

198   ibid., p. 197.

인권을 '자연권' 혹은 '기본적 권리'로 생각하듯이 자연론자들이 인권을 기본적인 도덕적 관념으로 이해하는 것은 적절하지 않다고 베이츠는 주장한다. 인권의 기초를 한둘의 명료한 도덕적 관념에서 발견하려고 기대하거나 권리의 표준적인 목록을 공식화하는 것은 잘못이라고 그는 본다. 인권 이론이 달성하려고 하는 것은 국제정치적 생활의 담론에서 인권이 어떻게 사용되는가를 명료화하고, 그러한 용법에 비추어 그것의 내용과 적용에 관해 숙고할 때 여러 적절한 고려 요소들을 확인하고 구조화하는 것이다. 인권 이론은 관행 속에 함축된 규범적 질서를 해석하는 것이기 때문에 그러한 이론은 관행 밖에 있는 것이 아니라고 베이츠는 결론 맺는다.[199]

3) 정치론적 접근의 한계

정치론적 관점은 인권 의무의 주체를 개인보다는 주로 국가나 정부로 이해한다. 그래서 베이츠는 실천적 관념의 두 수준 모델이 지나치게 '국가중심적'(state-centric)이라는 비판을 받는다. 두 수준 모델은 인권에 의해 보장된 국민 개인의 개별적 이익의 보호가 법과 정책에 의해 달성된다는 의미에서 우선적으로 국가에 적용된다. 그리고 두 수준 모델에서는 국가가 일방적인 행위나 국제기구의 협동적인 활동을 통해 다른 국가의 인권 이행의 주요 담보자가 된다. 이러한 특징은 베이츠의 모델이 지나치게 국가중심적인 게 아닌가 하는 의문을 제기

---

199   ibid., p. 212.

한다.[200] 인권 규범으로 규제되는 행위자가 여러 유형의 비국가적 행위자(기업, 정치 단체들)를 포함한다는 사실과, 집행의 책임을 지닌 주체가 비국가적 행위자(위의 주체와 비정부기구)를 포함한다는 사실을 베이츠의 모델은 고려하지 못한다고 반대자들은 주장한다. 이에 대해 베이츠는 인권 조약들은 모두 준수의 일차적 책임을 국가에 지우고, 비국가적 행위자들의 행위를 규제하기 위해 국가들에 의존한다고 베이츠는 주장한다.[201] 인권 위반을 감시하는 공식적인 장치는 국가들로 구성되고 그들의 보고 절차는 주로 국가에 의존한다. 따라서 국가중심적이라는 그의 모델을 수정할 이유를 느끼지 않는다고 그는 본다.

인권의 실행 의무를 개인들보다는 주로 국가나 정부에 부여한다고 강조하는 점에서 라즈도 베이츠와 같은 입장이다. 인권이 세계질서에서 기능하면서 국가의 주권에 제한을 가할 수 있다고 보는 라즈는 한 국가의 국민은 타국의 정부가 그 시민을 다루는 것과 관련하여 그 정부에게 인권을 존중하도록 요구할 수 있다고 본다. 국가는 그 국경 밖의 사람들이나 기구 그리고 다른 나라들에 인권을 실행했는지를 설명할 수 있어야 한다고 그는 주장한다.

정치론적 관점은 인권을 주로 '국제 인권'(international human rights) 또는 '국제법적 인권'(international legal human rights)으로 표현한다.[202] 인권선언, 인

---

200   ibid., p. 122.

201   ibid., p. 124. 인권의 요구사항이 국제기구 혹은 다국적 기업에도 적용되지만, 무역체제와 같은 국제기구는 국가들의 산물이다. 그것들은 국제협약의 결과이다. C. Beitz, "The Force of Subsistence Rights," in R. Cruft, et al. (eds.), *Philosophical Foundations of Human Rights*, p. 549.

202   Allen Buchanan의 견해를 해설하면서 David Luban은 그의 정치론적 견해를 다음과 같이

권규약 등으로 구성되는 국제 인권 관행에서 세계의 국가들이 서명한 인권선언이나 인권규약들은 국가들이 다른 국가와의 관계에서 인권과 관련하여 어떤 행동을 취할 것인가를 규정하는 국제규범이다. 국제인권법은 국가들의 주권이나 자기결정권을 제약하고, 국가 간에 어떤 종류의 의무를 규정하여 그것의 이행을 요구한다. 국가가 인권을 이행하는지 모니터링하고 위반하는 경우에는 개입하거나 간섭한다. 국제 인권 관행의 관점에서 보면 인권의 실행 의무는 주로 국가에 적용되는 것이 당연할지 모른다. 그러나 인권이 국제 관행 안에서만 분석된다면 그것의 본성과 내용을 왜곡할 가능성이 있을 것이다. 인권은 우리의 일상적인 삶에서 개인들끼리 적용되는 일상적 관행 안에서 또한 분석되고 설명되어야 한다. 물론 많은 인권은 국가나 정부에 대해 그것들의 실행을 요구하는 권리들이다. 예컨대, 기본적 자유에 대한 권리나 법 앞에 평등한 대우를 받을 권리, 고문을 받지 않을 권리, 복지권 등은 국가에 주로 적용되고 요구되는 권리이다. 그러나 일상적인 삶에서 존중을 요구받는 많은 인권은 국가나 정부에 대해서가 아니라 개인들에 대해서 그것들을 실행하도록 요구한다. 예컨대 직장에서의 성폭력이나 성추행, 성차별, 기업체에서의 임금 착취, 아동 학대, 인신매매, 학교 내 약자 괴롭힘 등은 국가나 정부가 인권 의무를 위반하는 것이 아니라 개인이 위반하는 경우이다. 니켈(James

---

적절히 정리하고 있다. "인권을 국제적 인권으로 만드는 것은 그것을 국제사회의 일로 만드는 정치적 결정이다. 그것은 제도들이 인권을 정의하고, 성문화하고, 모니터링하며, 강제하게 되는 사법권적(jurisdictional) 결정이다." D. Luban, "Human Rights Pragmatism and Human Dignity," in R. Cruft, et al.,(eds.), ibid., p. 263.

Nickel)이 주장한 바와 같이, 인권선언의 기초자는 국가와 개인이 인권과 관련되는 의무를 지닌다고 믿었다. "사람들은 인종차별, 노예화, 가정폭력, 정적 살해 등과 같은 인권 남용에서는 개인으로서 참여한다. 그 주요한 위반자는 정부가 아니다."[203] 인권선언의 제4조는 "어느 누구도 노예나 예속 상태에 묶여 있어서는 안 되며, 노예무역은 어떤 형태로건 금지된다."라고 규정하고 있다. 이 경우 그러한 권리를 위반하는 주요 행위자는 정부가 아니다. 노예 소유주는 노예제도를 지지하기도 했지만, 일반적으로 개인들이었다.[204] 물론 그러한 인권 위반을 하는 사람들에게 처벌을 내리고 위반을 교정하는 의무는 정부에 있다. 정부는 인권을 보호하고 인권 위반을 예방하거나 교정할 의무가 있다. 그러나 인권 존중의 의무는 국가나 정부뿐 아니라 개인들에게도 있다. 대표적인 인권인 생명권이나 신체안전권 또는 사생활권은 국가에 대해서뿐 아니라 모든 개인에게 그것의 존중을 요구한다. 베이츠가 주장한 것처럼 인권이 개별적인 인간보다 국가에 우선적으로 적용된다고 말하는 것은 무리가 있다. 정치론적 관점은 국제적인 인권 관행에 초점을 맞춘 나머지 일상적인 인권 관행에 관해서는 관심을 두지 않는다는 점에서 인권을 보는 관점이 제한적이라고 말할 수 있다.

정치론적 관점이 지향하는 것처럼 국제 인권 관행에 주목하려면 그 관행의 이론적 토대가 되는 인권선언이나 인권규약의 내용이 어

---

203   J. W. Nickel, *Making Sense of Human Rights*,(2nd ed.), p. 40.

204   ibid., p. 40.

떻게 기술되어 있는지를 또한 보아야 한다. 인권선언이나 인권규약의 서문에서도 규정하고 있는 것처럼, 이들 국제 인권 문서는 인권 의무를 국가나 정부로만 한정하지 않고, 국민 각 개인에게 또한 인권 준수 의무가 있으며, 국민 각자가 인권을 준수하고 존중하도록 교육이 이루어져야 한다는 점을 강조하고 있다.[205] 정치론적 관점은 인권 실행에서의 일차적 책임을 국가나 정부에 두고 있지만, 국제 인권 문서들은 인권의 실행에서 국민 각자의 역할을 무시해서는 안 된다는 점을 또한 확인시켜 주고 있다.

인권 실행의 의무를 주로 국가나 정부로 제한하는 경우에는 인권의 범위를 제한할 가능성이 있다. 개인들의 인권 의무를 고려하지 않는 것은 인권의 범위를 축소시킬 수 있다. 이렇게 인권의 범위를 좁게 보게 되면 인권 담론을 빈약하게 할 가능성이 있다. 인권의 팽창도 인권 담론의 진지성을 떨어뜨려 인권을 사소한 것으로 보게 할 가능성이 있지만, 인권 범위의 협소화도 인권의 역할과 가치를 축소시킬 수 있다. 일상 속 개인들 간의 많은 인권 침해 사례들은 중대한 사안이지만, 국가가 그 경우 인권을 보호하지 않거나 인권 위반을 교정하지 않는다고 국제사회가 관심을 두고 개입하거나 간섭해야 한다고 보지는 않는다. 국제적 관심사는 개인들 간의 인권 위반이 아니라, 개인에 대

205　인권선언 서문에서는 "모든 개인과 사회의 모든 기관이 이 선언을 항상 염두에 두면서 가르침과 교육을 통해 이러한 권리와 자유에 대한 존중을 증진하도록 노력할 것"을 목표로 하고 있다. 또한 자유권 규약과 사회권 규약의 서문에서는 동일한 내용으로, "인권과 자유에 대한 보편적 존중과 준수를 증진해야 한다는 유엔헌장 하에서의 국가의 의무"와 함께, "개인은 타인과 그가 속한 공동체에 대한 의무를 지니면서 이 규약에서 인정하는 권리들을 증진하고 준수하도록 노력할 책임이 있다."라고 규정하고 있다.

한 국가나 정부의 인권 위반이다.[206] 국가가 개인의 인권을 위반하는 경우에 국가 밖의 외부 행위자가 개입하거나 간섭하는 것은 이해할 수 있다. 그리고 이 경우에 외부 행위자가 개입하거나 간섭하는 것을 자연론자들도 부정하지 않을 것이다.

인권 실행에서 국가의 역할을 강조한 점이 정치론적 관점의 특징이라고 한다면, 자연론적 관점은 인권의 본성과 정당화에 논의의 초점을 맞추는 것이 특징이다. 그러면서도 자연론적 관점은 인권의 실행에서는 국가와 개인의 역할을 동시에 언급한다. 크러프트(Rowan Cruft)와 다른 논자들이 주장한 것처럼, 자연론적 관점은 인권이 우리가 사람이기 때문에 갖는 권리라고 보는 반면, 정치론적 관점은 그것이 한 사회의 내적 자율성에 제한을 가하거나, 국제사회가 현대 사회에서 보호할 책임을 갖는 권리라고 본다. 자연론적 관점은 인간의 어떤 중요한 특징이 인권의 근거가 되는가에 관심을 두는 반면에, 정치론적 관점은 누가 인권을 보호하거나 증진하는 데 책임을 갖는가에 주목한다. 정치론적 관점은 누가 인권을 떠받들고 강제하는 책임이 있는가의 문제에 그리고 언제 어떻게 그러한 지지와 강제가 허용되는가의 문제에 관심을 둔다. 이처럼 주목하는 점이 다르므로 두 입장은 서로 양립 가능하다고 크러프트는 주장한다.[207]

206　개인들끼리 원한 관계로 한 사람이 다른 사람을 죽였을 때 가해자를 처벌하지 않는다고 국가 밖의 외부 행위자가 간섭할 수는 없다. 국가가 인권 보호 의무를 소홀히 한 점에서 국제적인 인권 평가에서 낮은 등급을 받을 수는 있지만, 그것이 외부 행위자가 간섭할 문제는 아니다. 그러나 독재자가 정적을 살해하고 아무 일이 없는 듯이 지나친다면 국제사회가 관심을 두고 개입할 수도 있을 것이다. 국가 또는 통치자가 인권을 위반하는 당사자이기 때문에 국가 밖의 외부 행위자가 개입하고 간섭하는 것은 당연해 보인다.

그러나 두 입장은 인권의 지위에 관해 서로 다른 관점을 보인다. 자연론적 관점은 인권은 국내적이거나 국제적인 제도화와는 독립적으로 존재하는 도덕적 권리로 간주한다. 이러한 입장은 전통적인 자연권이론을 계승한 것으로 이해된다. 그러나 정치론적 관점에 따르면 인권은 제도와 독립적으로 존재하는 도덕적 권리가 아니라, 베이츠의 경우에는 '특별한'(sui generis) 권리의 지위를, 그리고 부캐넌의 경우에는 법적인 권리의 지위를 갖는다.[208] 라즈의 경우에는 도덕적 권리가 법적으로 인정되어야 비로소 인권의 지위를 얻을 수 있다. 그에 의하면 인권은 도덕적이면서 법적인 권리인 셈이다. 자연론적 관점은 도덕적 권리로서의 인권이 법적인 인권 도구에 성문화 즉 반영되어야 한다고 본다. 입법가들이 정초주의자들 즉 자연론들이 정당화하는 것 이상의 권리를 인권으로 포함하는 것은 잘못이라고 본다. 그러나 정치론적 관점은 그러한 반영 관점(mirroring view)을 거부한다. 정치론적 입장인 부캐넌에 의하면, 인권을 국제 인권으로 만드는 것은 정치적 결정이며, 그 결정은 제도들이 인권을 정의하고 성문화한다.[209]

207　R. Cruft, M. Lia, and M. Renzo, "The Philosophical Foundations of Human Rights," in R. Cruft, et al. (eds.), *The Philosophical Foundations of Human Rights*, pp. 7-8.

208　Beitz는 인권은 독특한(distinct) 종류의 규범이라고 본다. 그것들은 제도가 없는 상태에서 개인의 행동을 규제하는 원리(도덕적인 원리)가 아니다. (J. Beitz, *The Idea of Human Rights*, p. 160) 인권은 특별히 국제적 관심의 문제라면서, 인권에 도덕적 권리의 지위를 부정하고 '특별한 권리'(sui generis rights)라는 명칭을 부여하기는 했지만, 국가가 인권을 위반하는 경우에는 국제사회가 관행으로서의 국제 인권 규범(법)을 적용하여 개입할 수 있다고 본 점에서, 그가 말하는 인권은 결국 넓게 보면 법적인 권리로 분류될 수 있을 것이다. Buchanan은 인권은 "법 이전의 도덕적 권리보다는 도덕적으로 정당화되는 법적인 권리"라고 본다. R. Cruft, et. al., ibid., p. 6.

209　D. Luban, "Human Rights Pragmatism and Human Dignity," in R. Cruft, et al.,(eds.), ibid.,

그러나 루밴(David Luban)은 정치론적 관점에서 보는 국제 인권 또는 국제법적 인권은 도덕적 인권과 연관시켜야 한다고 주장한다. 그러한 연관이 없이는 국제법적 인권이 법적인 권리로서 실패할 것이기 때문이다. 그는 네 단계로 그 이유를 설명하고 있다.[210]

첫째, 국제법적 인권은 그것을 강제할 효과적인 제도가 없다. 국제 인권 주장은 재판할 수도 없다.

둘째, 강제력의 결함은 국제법적 인권을 법적인 개선(치유)이 없는 법적인 권리로 만든다. 개선이 없는 권리는 극히 예외적이어야 한다. 그것이 규칙이 되어서는 안 된다. 그렇지 않으면 그것을 법적인 권리로 부르는 것은 의미가 없다. 재판할 수 없고, 법적으로 강제할 수 없는 국제법적 인권의 체계는 문제가 있다.

셋째, 인권 관행과 관련되는 사람들은 국제 인권이 종종 강제될 수 없는 것이라는 것을 이해한다. 수치심에 의한 제재, 악평, 국제적 분노가 국제법적 인권에 대한 국가의 위반에 인권 관행이 제공해야 할 주요 치유 체계이다.

넷째, 어떻게 수치심이 유발될 수 있는가? 오직 국제법적 인권이 사람들에게 도덕적으로 문제 되는 경우에만 가능하다. 이것은 국제법상의 인권이 도덕적 인권과 유리될 수 없다는 것을 의미한다. 만약 법적인 인권이 단지 또 다른 실정법상의 권리에 지나지 않는다면 왜 국가 지도자들은 그것을 위반하는 것에 부끄러워해야 하는가?

---

p. 263.

210   D. Luban, ibid., pp. 266-8.

　　이러한 고려 사항은 인권에 도덕적 특성이 있다는 것을 인정하는
것이다. 인권의 도덕적 특성을 다른 방식으로도 설명할 수 있다. 인
권 정초주의(자연론적 관점)가 다른 취약성이 있음에도, "왜 어떤 것을 인
권이라고 부르는가?"에 대한 물음에 관해 대답을 가지고 있다. 그 대
답은 인권이 인간의 지위 자체로부터 모든 인간이 주장할 수 있는 도
덕적 요구라는 점이다. 만약 국제법적 인권이 인간의 지위와 필연적
인 관련이 없는 실정법적 권리라면 '인권'(human rights)이라는 용어를 구
태여 사용할 필요는 없을 것이다. 우리가 인권에 도덕적 중요성을 부
여하는 것은 인간성 자체와 관련된 기본적인 어떤 것과 긴밀히 연결
되어 있기 때문이다. 그 기본적인 어떤 것을 국제 인권 문서들이 모두
'인간의 존엄성'이라고 부른다. 국제법적 인권은 그것이 법적인 권리
이거나 국제적인 권리이기 때문이 아니라 인간 존엄성과 관련된 도
덕적 특성을 갖는 권리이기 때문에 수치심을 일으킬 수 있다고 말할
수 있다.[211] 위의 논의에서 볼 수 있듯이, 인권은 국제 관행에서 단순히
법적 권리로서의 지위를 갖는다기보다는 도덕적인 권리로서의 지위
를 우선적으로 갖는다는 것을 알 수 있다.

211　　D. Luban, ibid., pp. 268-9 참조.

4. 계약론적 접근

인권 이론을 주장한 사람들이 어느 하나의 정당화 이론에 근거해서 자신의 이론을 정립하는 경우도 있지만, 반드시 그런 것은 아니다. 롤스(John Rawls)는 정치론적 접근의 인권 이론에 다리를 놔준 선구자이긴 하지만, 그는 정치적 정의관념을 확립하는 데 사용했던 계약론적 접근법을 인권의 기초를 세우는 데로 확장한다. 롤스는 원초적 입장에서 인권을 정초하는 계약론적 접근을 상세하게 기술하는 것과 별도로 중첩적 합의(overlapping consensus)의 관념을 가끔 언급한다. 롤스는 정치적 인권 관념을 보다 안정적으로 확립하기 위해, 그의 저서 〈정치적 자유주의〉에서 정치적 정의 관념에 대한 안정성을 확보하기 위해 주로 사용한 중첩적 합의의 관념을 이용한다. 롤스에게 있어서 중첩적 합의는 정의 원리나 인권에 대한 직접적인 정당화 역할을 하지 않는다. 중첩적 합의 관념을 통해 자유민주주의 국가에서의 정치적 정의 관념의 안정성을 해결하려고 했듯이, 그는 그 관념을 통해 정치적 인권 관념의 안정성을 해결하려고 한 것이라고 볼 수 있다.[212]

---

212   J. Rawls, *The Law of Peoples*, pp. 32, 172-3; Charles, Beitz, *The Idea of Human Rights*, pp. 76-7 참조. '중첩적 합의'는 다양한 포괄적 이론들(기독교, 불교, 칸트주의, 공리주의 등)이 '정치적 정의 관념'에 중첩적으로 합의하는 것을 의미한다. 중첩적 합의는 헌법적 민주주의 체계가 "합당한 다원주의의 사실이 주어지는 경우 넓은 지지를 받아 안정성(stability)을 달성할 수 있도록 그것의 옹호를 구안"하려는 목적으로 제시한 관념이다. (Rawls, *Political Liberalism*, p. 40 참조) "정치적 관념으로서 공정으로서의 정의는 중첩적 합의의 초점이 되는 것을 목표로 한다. 즉 그 견해는 공적 정치적 문화에 내재하는 기본적 직관적 관념으로부터 작업하고, 포괄적 종교적, 철학적, 도덕적 이론들로부터 추출하면서 헌법 체계의 기본구조의 정당화를 위한 공적 기초를 분명히 표현하기를 희망한다."

중첩적 합의 관념의 원천을 제공한 롤스는 그 관념을 인권을 직접 정당화하는 역할로서 보지 않았지만, 일부 학자는 중첩적 합의 안에서 인권이 존재한다고 생각하였다.[213] 대표적으로 앞에서 자연론적 관점(능력)에서 살핀 누스바움을 예로 들 수 있다. 그들은 국내 사회 안에서의 정의에 관한 롤스의 설명과 다른 방식으로 중첩적 합의 관념을 사용한다. 적어도 두 가지 차이가 있다고 베이츠는 분석한다. 첫째, 롤스는 정치적 정의 관념을 사회 안의 '모든' 포괄적 이론(comprehensive theory)이 아닌 '합당한' 포괄적 이론의 지지를 끌어내는 관념으로 기술한다.[214] 그러나 누스바움 등의 인권에 관한 생각은 그와 똑같이 제

<hr>

(Rawls, ibid., p. 192) "합당한 포괄적 이론들의 중첩적 합의에서, 합당한 이론들은 각자 자기 관점으로부터 정치적 관념을 지지한다." (Rawls, ibid., p.134) 롤스의 중첩적 합의 관념은 세계인권선언의 인권들이 다양한 문화권에 존재하는 포괄적 이론들의 중첩적 합의로 지지될 수 있다는 의미로 학자들에 의해 자주 원용된다. 그러한 해석을 하는 대표적인 학자로 Jack Donnelly를 들 수 있다. 그는 세계인권선언에 뿌리를 내리고 있는 인권 체계에 대해 국제적인 합의(롤스적 관념의 중첩적 합의)가 있다는 자신의 주장은 비교적 논쟁이 없다고 말한다. 2차 대전 종말 이후, 많은 포괄적 이론의 옹호자들이 인권에서 그들의 심오한 가치들의 정치적 표현을 보게 되었다. 기독교, 이슬람교, 유대교, 불교, 유교, 무신론, 칸트주의, 공리주의, 신아리스토텔레스주의, 마르크스주의, 사회구성주의, 포스트모더니즘 등등을 믿는 모든 사람이 그들 자신의 다른 이유로 인해 세계인권선언의 권리에 대한 중첩적 합의에 참여하게 되었다. 그들은 기본적 도덕 이론에서 불일치해도 '정치적 정의 관념으로서의 인권'을 옹호한다. Jack Donnelly, *Universal Human Rights* (3rd ed), pp, 57-70; Jack Donnelly and Daniel Whelan, *International Human Rights* (5th ed), p. 41 참조.

213　Martha Nussbaum, "Human Rights Theory: Capabilities and Human Rights," in *Fordham Law Review* 66, 1997, p. 286; Charles Taylor, "Conditions of Unforced Consensus on Human Rights," in Joanne R. Bauer and Daniel A. Bell(eds.), *The East Asian Challenge for Human Rights* (Cambridge: Cambridge University Press, 1999), p. 124; Charles Beitz, *The Idea of Human Rights,* p. 76 각주 참고.

214　여기서 '포괄적 이론'은 기독교, 이슬람, 유교, 불교, 칸트주의, 공리주의, 자유주의, 보수주의, 마르크스주의 등과 같은 종교적, 철학적, 도덕적 이론을 의미한다. 그것은 특정 포괄적 이론과 관련 없이 정의된, 사회의 정치적 구조를 언급한 '정치적 정의 관념'(정의의

한받지 않는다. 그들의 생각은 인권은 실제로 존재하고 장시간 옹호를 받는 '모든' 포괄적 이론의 중첩적 합의로 지지를 받아야 한다고 본다. 둘째, 보다 근본적인 차이는 롤스의 설명에서는, 누스바움 등의 설명과 달리, 중첩적 합의가 인권에 대한 직접적인 정당화 역할을 하지 않는다는 점이다.[215] 누스바움의 중첩적 합의에 따른 인권의 정당화는 모든 포괄적 이론의 중첩적 합의이기 때문에 그 합의로부터 권위를 얻는다는 점에서 그녀의 인권 정당화 방식은 계약론적 접근으로도 이해할 수 있을 것이다. 누스바움의 인권관은 앞에서 다루었기 때문에, 여기서는 계약론적 접근을 활용한 롤스의 이론을 검토하기로 한다.

1) 롤스의 인권관

롤스는 인권의 근거를 인간의 본성이나 특징에서 찾는 것이 아니고 국제정치적 관행에서의 인권의 역할에 인권을 기초 지으려고 한

정치적 관념)과 구별된다. 여기서 말하는 정치적 관념은 일종의 '도덕적 관념'이다. "정치적 관념"(political conception)은 "물론 도덕적 관념(moral conception)이지만 그것은 특별한 종류의 주제 즉 정치적 사회적 경제적 제도를 위해 구성된 관념이다." (J. Rawls, *Political Liberalism*, Columbia University Press, 1993, p. 11) 정치적 정의 관념은 여러 합당한 포괄적 이론들의 중첩적 합의로 지지를 받는다. 롤스의 정치적 인권 관념도 모든 합당한 포괄적 이론들의 중첩적 합의로 지지를 받는 것으로 이해할 수 있다. 마찬가지로 인권이 '정치적 관념'으로 이해된다면 인권은 일종의 '도덕관념'이며, 특별한 종류의 '절박한' 도덕적 권리가 되는 셈이다. 이 점에서 정치론적 관점을 옹호한 베이츠가 인권은 '특수한'(sui generis) 권리이며 도덕적 권리가 아니라고 말한 것과 대비된다. 롤스에 의하면, "정치철학은 언제나 도덕철학의 일부로 간주된다." J. Rawls, ibid., p. 135.

215　Charles Beitz, *The Idea of Human Rights*, p. 76.

점에서 롤스는 앞에서 살펴본 라즈와 베이츠의 정치론적 관점과 같은 입장에 서있다. 여기서 롤스의 인권관을 별도로 논의하려고 하는 것은 라즈와 베이츠는 국제사회에서 통용되고 있는 인권의 역할에 관한 '실제적 관행'을 분석하는 데 주안점을 둔 반면에, 롤스는 인권 관행의 '원리'를 계약론적으로 정초하려고 했기 때문이다.[216] 라즈나 베이츠와 달리 롤스는 인권의 정초주의(foundationalism)에 회의적인 입장은 아니다. 단지 그는 인간의 본성에 관한 포괄적인 종교적, 철학적 이론에 기초해서 인권을 정초하지는 않지만, 계약론에 기반을 두고 인권을 '정치적' 자유주의의 기본 논증 구조 안에서 정초하려고 한다.[217] 〈정치적 자유주의〉에서 옹호되는 정의 관념이 '정치적' 관념인 것처럼, 〈제국민법〉(The Law of Peoples)에서 전개된 인권 이론은 인권의 '정치적' 관념이다.[218]

롤스는 인권 존중을 '국민들의 법'(제국민법, law of peoples)의 주요 원리 중 하나로 규정한다. 그는 인권을 직접 계약론적으로 정초하는 것이

---

216 Nickel에 의하면, Rawls는 인권의 역할에 관한 실제적인 관행을 있는 그대로 기술하는 것이 아니라, 가상적인 제국민사회(society of peoples)에서의 인권의 역할에 관해 규범적으로 접근하고 있다. 즉 롤스는 인권의 역할을 실제 관행보다 축소적인 형태로 규정하고 있다. 이에 따라 그는 현대 국제법과 국제관행에 의해 수용되는 많은 인권을 무시한다. B. Wilkins, "Rawls on Human Rights: A Review Essay," *The Journal of Ethics*, Vol. 12(2008), p. 117 참조.

217 A. John Simmons, "Human Rights, Natural Rights, and Human Dignity," in R. Cruft, et al. (eds.), ibid., p. 146 참조.

218 A. John Simmons, ibid., pp. 146-7. 〈제국민법〉(*The Law of Peoples,* Harvard University Press, 1999)은 롤스가 사망(2002)하기 전에 마지막으로 출간한 국제 관계와 국제 인권에 관한 저술이다. 그는 생애 마지막 10년이 되어서야 국제 인권에 대해 논의하고 사망 바로 전에 〈제국민법〉을 출간하여 국제 관계의 규범 철학을 제시했다. James Nickel, *Making Sense of Human Rights*, p. 98 참조.

아니라, 계약론적으로 정초하는 제국민법의 한 주요 요소로 규정함으로써 인권을 정초한다. 따라서 롤스의 인권관을 살펴보기 위해서는 제국민법의 성격과 역할이 무엇인지 그리고 그것이 어떤 절차를 걸쳐서 확립되는지 우선 밝혀내는 것이 중요하다. 롤스의 인권관을 제국민법을 중심으로 검토하고 그의 인권관의 한계를 논의한 다음, 인권을 위한 더 설득력 있는 계약 논증이 가능한지를 이후에 탐색해 보고자 한다.

(1) 제국민법[219]

제국민법은 "국제법과 국제관행의 원리들 및 규범들에 적용되는 옳음과 정의의 정치적 관념을 의미한다."[220] 롤스는 그의 저서 〈제국민법〉(1999)에서 제국민법의 내용이 그의 공정으로서의 정의와 유사한 자유주의적인 정의 관념으로부터 어떻게 발전되어 나오는가를 고찰한다. 제국민법은 정치적 정의 관념을 포함하고 있다. 〈정의론〉(1972)과 〈정치적 자유주의〉(1993)에서는 국내 사회에 적용되는 자유주의적인 국내 정의의 원리를 논의하고 있는 반면에, 〈제국민법〉에서는 그것을 확대하여 제국민사회(society of peoples)에 적용되는 국제 정의의 원리

---

219   'Law of Peoples'를 '만민법'으로 번역한 경우도 있으나, 여기서는 '제국민법'으로 번역하겠다. 'Law of Peoples'는 '국민들의 법'을 의미하는데, '국민들'의 개념이 분명히 드러나도록 제국민법으로 번역하는 것이 좋겠다는 생각이 든다. 'Law of Peoples'와 함께 롤스는 자주 'society of peoples'라는 용어를 사용하는데, 이 용어는 '제국민사회'로 번역하겠다.

220   John Rawls, *The Law of Peoples*(1999), p. 3. *A Theory of Justice*(1972)와 *Political Liberalism*(1993)이 국내 정의에 대해 논의한 것임에 반해, *The Law of Peoples*(1999)는 국제 정의론을 펼친 저술이다. 이 저술의 "기본 관념은 칸트의 〈영구평화〉(*Perpetual Peace*)(1795)에서 논의한 주요 관점을 따른다." *The Law of Peoples*, p. 10.

를 논의하고 있다. "제국민법은 정치적 자유주의 안에서 발전되었고, 그것은 국가체계를 위한 자유주의적 정의 관념을 제국민사회로 확대한 것이다."[221] 제국민사회는 "그들의 상호 관계에서 제국민법의 이상과 원리를 따르는 모든 국민을 의미한다. 이 국민은 자신의 내부적 정부를 갖는데, 그것은 입헌적 자유주의적인 정부 혹은 비자유주의적이지만 품격 있는(decent) 정부이다."[222] 제국민법에 의해 규제되는 제국민사회는 자유주의적인 국민과 품격 있는 국민이 함께 구성한다.[223] 제국민사회의 목표는 여러 국민이 다른 국민의 간섭이 없이 서로 평화롭게 교류하는 조건을 달성하는 데 있다. 제국민사회의 안정성을 확보하기 위해 제국민법은 정치적 정당화의 공유된 기초를 제공하려고 한다.[224]

제국민법은 자유주의적인 국민과 비자유주의적이지만 품격 있는

---

221   John Rawls, *The Law of Peoples*, p. 9.

222   ibid., p. 3.

223   비자유주의적인 품격 있는 위계 사회(가상적 사회인 '카자니스탄')는 그 법체계가 교회와 국가의 분리를 제도화하지 않는다. 오직 무슬림만이 높은 지위의 정치권력을 소유하며 정부의 주요 결정과 외교 문제를 포함한 정책에 영향을 미친다. 그러나 다른 종교에는 관용하며, 고위직의 정치적 사법적 지위를 가질 권리를 제외하고 대부분의 시민적 권리를 상실함이 없이 종교 생활을 할 수 있다. 이러한 배제가 품격 있는 위계 사회(카자니스탄)와 자유민주주의 체제 간의 기본적 차이이다. 다른 종교와 결사체는 자신의 문화적 생활을 융성하게 하도록 권장된다. 롤스는 품격 있는 위계 사회가 완전히 정의롭다고 주장하지는 않는다. 그 사회가 자유주의 사회만큼 정의롭다고 말하지 않는다. 자유민주주의 사회의 원리들에 의해 판단한다면 그 사회는 분명히 그 구성원들을 평등하게 대우하지 않는다. 그러나 그러한 사회가 그 구성원을 자유롭고 평등한 시민으로서 합당하거나 정의롭게 대우하지 않는다 해도 품격 있는 것처럼 보인다고 롤스는 주장한다. John Rawls, *The Law of Peoples*, pp. 75-8, 83.

224   Charles Beitz, *The Idea of Human Rights*, p. 100.

국민의 사회 즉 제국민사회의 기본구조를 규율하는 원리이다. 공정으로서의 정의 원리(두 정의 원리)가 자유민주주의 사회(국내 사회)의 기본구조를 규율하는 것처럼, 제국민법은 제국민사회의 기본구조를 규율하는 국제 정의의 원리이다. 공정으로서의 정의가 원초적 입장의 당사자들의 사회계약을 통해 확립되는 것처럼, 제국민법도 국제적인 원초적 입장에서 사회계약의 방법을 통해 확립된다. 롤스는 두 종류의 사회 즉 자유주의적 사회와 품격 있는 위계 사회가 사회계약을 통해 "똑같은 제국민법에 동의한다."라는 것을 보여주려고 한다.[225] "제국민법은 정치적 자유주의 안에서 발전되었고, 그것은 국가체계를 위한 자유주의적 정의 관념을 제국민사회에 확대한 것이다."[226] 롤스는 자유주의적 정의 관념 안에서 제국민법을 발전시킬 때, 우리는 정의로운 자유주의 외교정책을 위한 이상과 원리들을 끌어낸다는 것을 또한 강조한다. 그런데 자유주의 국민의 외교정책을 위한 이상과 원리들은 또한 품격 있는 비자유주의 국민의 관점에서 볼 때도 합당한 것이다.

제국민사회를 위한 제국민법을 선택하는 사회계약의 절차와 내용을 기술하면 다음과 같다. 입헌 민주 체제의 자유주의적 정치 관념의 사회계약적 관점에서 시작하여 두 번째 원초적 입장 즉 국제적 원초적 입장을 도입함으로써 그것을 확대한다. 거기서 자유주의적 국민

---

225 John Rawls, ibid., p. 5. 품격 있는 위계적인 사회의 대표로 롤스는 이슬람 사회를 들고 있다. 품격 있는 위계적 국민은 다른 국민에 대해 공격적이지 않다. 제국민법을 수용하고 따르며 인권을 존중한다. ibid., p. 5.

226 ibid., p. 9.

의 대표자가 다른 자유주의 국민과 합의한다. 제국민법은 두 개의 분리된 국제적 원초적 입장의 회의 결과로 확립되는데 첫 번째 회의에서는 자유주의 사회의 대표자들만이 참여하며, 두 번째 회의에서는 자유주의자와 비자유주의 사회의 양쪽 대표자가 참여한다. 두 경우에 그 합의 결과는 동일하다.[227] 무지의 베일 하의 원초적 입장에서 품격 있는 비자유주의 사회의 대표자는 자유주의 사회를 대표하는 당사자들이 채택하는 것과 같은 제국민법을 채택한다.[228] 자기들 사회의 크기, 인구, 군사력, 천연자원, 그리고 경제발달 수준에 대한 지식이 배제된 무지의 베일 하에서 대표자들은 다음과 같은 8가지 원리들을 합의한다.[229]

1) 국민은 자유롭고 독립적이며, 서로 자유와 독립을 존중한다.

2) 국민은 조약과 약속을 준수한다.

3) 국민은 평등하고, 합의 당사자가 된다.

4) 불간섭의 의무를 준수한다.

5) 정당방위의 권리를 가지며, 정당방위 이외의 전쟁을 부추기지 않는다.

6) 인권을 존중한다.

7) 전쟁 수행 시 특정 제한 사항을 준수한다.

8) 정의롭거나 품격 있는 정치사회 체제를 가로막는 불리한 환경

227　ibid., pp. 45-6, Chris Naticchia, "Human Rights, Liberalism, and Rawls's Law of Peoples," *Social Theory and Practice*, Vol. 24, No. 3(1998), pp. 346-7 참조.

228　John Rawls, ibid., p. 64.

229　John Rawls, ibid., pp. 37.

의 국민을 도울 의무가 있다.

제국민법을 위한 원리들의 선택은 자유주의적 정의 관념에 따라 주어지는 기본적 이익에 기초한다.[230] 롤스의 자유주의적 정의의 관점에서 사회는 상호이익을 위한 협동체제이며, 정의 원리는 시민들 간의 상호협동을 위한 공정한 조건으로 간주된다. "자유주의 국민은 국내 사회의 시민들처럼 합당하며, 합리적이다. 국내 사회의 합당한 시민들이 다른 시민들과 공정한 조건에서 협동하고자 제안하는 것처럼, 자유롭거나 품격 있는 합당한 국민은 다른 국민과 협동의 공정한 조건을 제안한다."[231] 제국민법은 제국민사회의 국민이 공정한 조건에서 상호협동하고 평화롭게 교류하기 위한 원리이다.[232] 그 원리는 국

230　John Rawls, ibid., p. 33.

231　John Rawls, ibid., p. 25. 롤스는 그의 저서들에서 '합당성'(reasonable)을 자주 언급하는데, '합당성'과 '합리성'(rational)을 그는 서로 구별한다. 합당한 사람은 자유롭고 평등한 사람으로서 모두가 수용할 수 있는 조건에서 다른 사람과 협동할 수 있는 세상을 바란다. 그들은 각자가 다른 사람과 함께 이득을 얻을 수 있도록 호혜성(reciprocity)이 충족되어야 한다고 주장한다. 이에 반해 합리성은 개인이건 아니면 법인이건 "특히 그 자신의 목적이나 이익을 추구하는 데서 판단과 숙고의 능력을 지니는 단일한 혹은 통합된 행위자에게 적용된다." 합리적 행위자에 결여된 것은, 다른 사람과 함께 공정한 조건에서 협동에 참여하는 욕구의 저변에 깔린 도덕적 감수성이다. (John Rawls, *Political Liberalism*, pp. 50-51) 요컨대 합리성은 단일한 행위자의 목적이나 이익의 추구와 관련되고, 합당성은 상호이익 즉 호혜성을 위한 협동의 공정한 조건을 수용하고 따르는 것과 관련된다. 합리성에는 합당성에 존재하는 도덕적 감수성이 결여되어 있다. "그들의 제안은 교섭에서의 유리한 입장을 놓고 볼 때 전적으로 합리적이지만 그럼에도 불구하고 매우 합당하지 않고 심지어 터무니없다."(ibid., p. 48)라는 말에 그것들의 의미가 함축되어 있다.

232　롤스가 제국민법에서 '국가'보다 '국민'을 사용하는 것은 전통적으로 생각되는 국가에 관한 생각과 그의 생각을 구별하고자 했기 때문이라는 것이 하나의 이유이다. 전통적인 국가에 관한 생각에 따르면 30년 전쟁(1618-1648) 이후 3세기 동안 국제법에는 주권의 힘이 내재한다. 주권의 힘은 또한 국가에 그 자신의 국민을 다룰 때 어떤 자율성을 인정한

제사회에서 정의로운 질서를 위한 원리이면서 또한 평화롭고 안정적
인 세계질서를 확보하기 위한 외교정책의 원리이기도 하다.[233]

(2) 인권의 역할과 목록 최소주의

'인권을 존중하는 것'은 제국민법의 8개 원리 중 주요 요소이다.
롤스는 인권을 국제적이고 보편적인 높은 우선성을 지닌 규범으로
본다는 점에서 대부분 이론가들의 입장에 동의한다. 인권은 국가가
국민을 대우하는 방식에 관해 최적의 기준보다는 최소한의 기준을
설정한다. 인권에 관한 그의 견해는 인권이 국가의 자율성을 제한하
는 데 있어서 '특별한 역할'을 발휘한다고 주장한 점에서 독특하다.[234]
인권의 목록은 제국민법에서의 인권의 역할에 의해 결정된다. 인권
의 역할은 제국민법의 원리들에 어느 정도 함축되어 있다. 롤스에 의
하면, "인권은 합당한 제국민법에서 특별한 역할을 하는 권리 유형이
다: 인권은 전쟁과 그 행위에 대한 정당화 이유를 제약하고 한 체제
의 내적 자율성에 한계를 설정한다."[235] 전쟁은 더 이상 정부 정책의

다. 롤스의 관점에서 보면 이러한 자율성은 그릇되어 있다. 제국민법은 국가의 주권이나
정치적 자율성, 즉 국경 안의 국민과 관련하여 국가가 마음대로 할 수 있는 권리를 제약
한다. John Rawls, ibid., pp. 25-6.

233 Rawls는 정의로운 질서보다 평화롭고 안정적인 세계질서를 확보하는 것에 일차적인 목
표를 두고 있다고 Brock는 해석하고 있다. Gillian Brock, "Recent Work on Rawls's Law of
Peoples: Critics versus Defenders," in *American Philosophical Quarterly*, Vol. 47, No.1(2010),
p. 91 참조.

234 John Rawls, *The Law of Peoples*, p. 79; James Nickel, *Making Sense of Human Rights*, p. 98
참조.

235 John Rawls, p. 79.

수용 가능한 수단이 아니고 정당방위의 경우에나 혹은 인권을 보호
하기 위해 개입을 해야 하는 중대한 경우에만 정당화된다. 국민은 서
로 인권을 존중하고 자유와 독립 즉 자율권을 인정하되, 인권을 침해
하면 간섭할 수 있다. 인권을 위반하지 않는 한, 다른 나라의 정치체
제와 생활방식을 간섭하지 않는다. "인권의 충족은 타 국가들에 의한
정당화된 그리고 강제적인 개입, 예를 들면 외교적인 그리고 경제적
인 제재 혹은 심한 경우에는 군사력에 의한 개입을 배제하는 데 충분
하다."[236] 만약 한 국가가 인권을 존중하지 않으면 외부 행위자가 어떤
상황에서 정치적 혹은 경제적 제재나 군사력에 의한 강제적인 개입
을 통해 국내 문제에 간섭할 수 있다. 국제법의 원리로 불간섭의 의무
가 있지만, "자주권(right to independence)과 자기결정권은 어떤 한도 안에서
만 타당하며, 일반적인 경우를 위해 제국민법에 의해 규정되어야 한
다." "국가의 제도가 인권을 위반하거나 소수자의 권리를 제한할 때
국제사회가 그들을 비난하는 것에 항의할 수 없다. 국민의 자주권과
자기결정권은 그러한 비난이나, 심각한 경우 타국민에 의한 강제적
인 개입에 대한 방패가 되지 않는다."[237] 롤스의 입장은 한 국가가 인
권을 위반하면 외부 행위자가 간섭할 수 있지만 인권을 존중하면 간
섭하는 것이 정당화되지 않는다는 것이다. 한 나라가 인권을 존중하
면 그 나라가 어떤 사회체제나 생활방식을 갖건 간에 관용해야 한다
는 입장이다.

---

236   John Rawls, ibid., p. 80.

237   John Rawls, ibid., p. 38.

인권의 역할에 따라 어느 정도의 선에서 간섭 또는 관용하느냐를 고려하면서 인권의 범위와 내용을 결정한다. 만약 간섭의 정도가 심하고 관용의 정도가 약하면 인권의 범위는 확대될 것이다. 롤스는 비자유주의적이지만 품격 있는 사회를 관용할 수 있도록 인권의 범위를 축소하였다. 만약 인권선언에 규정된 인권들을 있는 그대로 적용해서 롤스가 주장한 것처럼 경제적 혹은 외교적 제재나 심한 경우에 군사적 개입을 한다면 비자유주의적인 품격 있는 위계 사회를 관용할 수 없고 따라서 그들 나라와 안정적으로 평화를 유지할 수 없을 것이다. 롤스는 비자유주의적이지만 품격 있는 위계 사회를 관용하여 안정적이고 평화적인 세계질서를 유지하기 위해 인권의 범위를 최소화한 전략을 택했다. 롤스가 인권 목록을 최소한으로 유지하는 하나의 이유는, 자유주의적이며 평등주의적인 많은 권리를 거부하지만 '불법' 국가로 고려될 만큼 억압적이고 위험하지 않은 품격 있는 국가를 수용하려고 하기 때문이다. 롤스는 그러한 국가가 자유주의적인 국가 즉 민주적이며 자유롭고 평등한 국가의 존중을 받을 정도로 정의롭거나 수용 가능하다고 믿었다. 그러한 존중을 거부하게 되면 "품격 있는 비자유주의 국민의 자존감에 상처"를 줄 수 있고, "커다란 고통과 분노를 야기"할 수 있다고 보았다.[238] 더 나아가 그러한 국가의 인권 기록이 자유주의 국민의 기준에서 볼 때 빈약하더라도 한 국민의 자기결정권을 존중해야 한다는 입장이다.[239] 품격 있는 국

---

238   John Rawls, ibid., p. 61.

239   John Rawls, ibid., pp. 61, 85.

민을 존중하려면 '비난'과 '간섭'의 금지가 요구된다.[240] 품격 있는 위계 사회가 비난과 간섭을 받지 않고 제국민사회의 일원으로 존중받으려면 인권의 목록을 최소화할 필요가 있다.

어떤 사람들은 인권을 합당한 입헌민주체제에서 시민들이 갖는 권리와 대체로 같은 것으로 본다. 이러한 견해는 단순히 자유주의 정부가 보장하는 모든 권리를 포함할 수 있도록 인권의 종류를 확장한다. 롤스는 인권선언의 권리 목록은 너무나 자유주의적이고 민주적이며 평등주의적이어서, 널리 수용되기 어렵고, 품격 있지만 비자유주의적인 국민을 적절히 관용하고 존중하기 어렵게 된다고 본다.[241] 롤스는 인권의 목록을 최소한으로 한정한다면 국제적으로 더 타당성이 있다고 생각한다. 목록을 최소한으로 한정하면 품격 있는 국민을 수용할 수 있기 때문이다. 인권의 심각한 침해는 국제적 비난과 간섭을 허용할 수 있기 때문에 품격 있는 위계적 국민이 비난받지 않고 침범당하지 않는 유일한 방법은 인권의 목록을 최소화하는 것이다. 그리하여 제국민법에서의 인권 목록에는 특별한 종류의 절박한(urgent)

---

240 John Rawls, ibid., p. 81.

241 Beitz에 의하면, 국가의 헌법에 관련된 인권선언의 규정과 자유권 규약의 유사한 규정은 경쟁적 선거제도뿐 아니라 비경쟁적인 일당 제도에도 양립할 수 있도록 기안되었다. 그러나 냉전 종식 이후에는 국제법이 민주 정부에 대한 권리를 포함한다는 관념이 통용되기 시작하였다. 인권위원회는 규약을 민주주의에 대한 권리를 확립하는 것으로 해석하였다. 합의적 신념은 아니지만, 민주제도에 대한 인권이 있다는 관념은 이제 국제이론과 관행에서 일반적인 것이 되었다. (Charles R. Beitz, *The Idea of Human Rights*, p. 174) Beitz가 주장한 것처럼 인권선언과 인권규약이 민주주의에 대한 인권을 포함한다면, 자유주의적이며 평등주의적인 많은 권리를 거부하는 품격 있는 위계 사회를 수용하려는 롤스의 프로젝트는 민주주의에 대한 권리를 지지하는 인권 관행 즉 정치론적 관점이 중시하는 인권 관행과 조화를 이루기 어려운 것처럼 보인다.

권리들만이 포함된다.[242] 그 권리들에는 예를 들면, 생명권(생존과 안전의 수단에 대한 권리), 자유권(노예와 예속, 강요된 직업으로부터의 자유, 종교와 사상의 자유를 보장하기에 충분한 정도의 양심의 자유), 재산권(개인 재산), 자연적 정의의 규칙으로 표현되는 형식적 평등(즉 같은 경우에는 같게 대우하는 것) 등의 권리가 있다. 이렇게 이해한다면 인권은 특별히 자유주의적이거나 서구 전통에 특유한 것으로 볼 수는 없다.[243]

이러한 종류의 권리를 위반하면 합당하게 자유로운 국민과 품격 있는 위계적 국민에 의해 똑같이 비난받는다.[244] 그런데 제국민법이 자유주의적인 권리에 미치지 못한다고 비판하는 사람들이 있는데, 이들은 오직 자유민주주의 정부만이 제국민법이 규정한 인권마저도 그것을 보호하는 데 효과적이라고 주장한다. 그러나 롤스는 역사적 사실에 비추어 위계적 체제가 항상 혹은 거의 언제나 억압적이고 인권을 부정한 것은 아니라고 본다. 제국민법은 품격 있는 위계적 국민이 존재하거나 존재할 수 있다는 것을 가정하고, 왜 그들을 관용해야 하고 자유주의 국민에 의해 좋은 국민들로 받아들여야 하는지를 고려한다.[245]

자유주의 체제와 품격 있는 위계 체제가 존중하는 인권들의 목록은 다음의 두 가지 의미에서 보편적이다. 즉 "그 인권들은 제국민법의 본질적인 요소이며, 지역적으로 지지되는 것과 상관없이 정치적

---

242 John Rawls, ibid., pp. 78-9.

243 John Rawls, ibid., p. 65.

244 John Rawls, ibid., p. 79

245 John Rawls, ibid., p. 79.

인(도덕적인) 효과를 지닌다. 다시 말해 그것들의 정치적인(도덕적인) 힘은 모든 사회에 미치고, 불법국가(outlaw states)를 포함하여 모든 국민과 사회에 구속력이 있다."[246] 인권을 위반하는 불법국가는 비난을 받으며, 인권 위반이 심한 경우에는 강제적 제재와 개입까지도 가능하다. 자유주의 국민과 품격 있는 위계적 국민은 불법국가를 관용하지 않는다. 만약 정치적 자유주의의 정치적 관념이 건전하다면, 그리고 제국민법을 발전시킬 때 취한 단계가 또한 건전하다면 자유주의 국민과 품격 있는 국민이 제국민법 하에서 불법국가를 관용하지 않을 권리를 갖는다. 불법국가는 공격적이고 위험하다.[247]

롤스에 의하면 불법국가는 공격적이고 인권을 위반하기 때문에 관용의 대상이 되지 않지만, 품격 있는 위계적 국가는 인권을 보장하기 때문에 관용해야 한다. 관용한다는 것은, 롤스에 의하면, 국민의 생활방식을 변화시키기 위해 정치적인 혹은 다른 제재를 행사하는 것을 금하는 것뿐 아니라, 품격 있는 위계적인 비자유주의적인 사회를 제국민사회의 건전한 동등한 참여국으로 인정한다는 것을 의미한다.[248] 품격 있는 비자유주의 사회 즉 위계가 있는 상상 속의 이슬람 사회(카자니스탄)는 공격적인 목표를 갖지 않는다. 그리고 그것의 법체계는 모든 이에게 인권을 보장한다.[249] 품격 있는 위계 사회를 관용하

---

246 John Rawls, ibid., p. 80. 무법국가는 합당한 제국민법을 따르기를 거부한다. 무법국가는 전쟁이 그 체제의 합리적인 이익을 증진할 수 있다면 수행할 수 있다고 보기 때문에 공격적이고 위험한 국가이다. ibid., pp. 5, 81, 90.

247 John Rawls, ibid., p. 81.

248 John Rawls, ibid., p. 59.

249 인권을 존중하는 품격 있는 위계 사회의 법체계는 그 사회의 모든 사람의 기본적 이익을

기 위해 롤스는 인권을 최소화한다. 그가 생각하는 인권은 〈정의론〉에서 열거한 기본적인 권리와는 다르다. 그의 인권 목록은 자유민주주의 체제의 기본적인 자유와 권리 중 일부에 해당한다. 롤스가 생각하는 인권은 "합당하게 정의로운 자유주의 정치적 정의 관념에 속하는 것"이며 "입헌적 자유민주 체제 안의 모든 자유롭고 평등한 시민들에게 보장되는 권리와 자유의 적절한 부분 집합(subset)"이다.[250] 롤스는 인권 목록을 상당히 축소시키고 그것의 기능을 줄인다. 그의 인권 목록은 세계인권선언의 인권 목록에 비해 훨씬 축소되어 있다. 그의 목록은 표현의 자유, 종교 목적 이외의 결사의 자유, 민주적 정치참여의 권리, 그리고 단순한 생존을 넘어선 경제적 권리와 같은 전형적인 인권을 빠뜨린다.

(3) 롤스 인권관의 한계

롤스의 인권관에 대한 비판은 인권의 역할과 인권 목록의 최소주의(minim alism)에 집중된다.[251] 롤스에 의하면 인권의 역할 또는 기능은 인권의 범위와 내용을 결정한다. 인권의 기능과 범위는 서로 연관되어 있다. 롤스의 인권관에서 인권의 기능이 축소되어 있으므로 그에 따른 인권의 범위도 축소될 수밖에 없다. 인권의 기능을 롤스는 두 가

고려하는 공동선의 정의 관념(common good idea of justice)을 따른다. John Rawls, ibid., 67.

250 John Rawls, ibid., p. 68.

251 롤스가 인권 목록을 최소화하는 것을 일반적으로 '최소주의'라고 말한다. Nickel은 '극최소주의'(ultraminimalism)라는 용어를 쓰기도 한다. James Nickel, *Making Sense of Human Rights* (2nd ed.) p. 98.

지로 본다. 그는 인권의 기능을 전쟁의 규칙과 국제적 간섭의 근거를 확립하는 것으로 축소시킨다. 인권은 전쟁 규칙을 정하고, 타국에 대한 간섭을 정당화하는 데 역할을 한다. 전쟁은 정당방위의 경우 혹은 인권을 보호하기 위해 개입해야 하는 중대한 경우에만 정당화되며, 한 나라가 인권을 침해할 경우에 타국이 간섭 또는 강제적인 개입을 하는 것이 정당화된다. 이러한 인권 기능의 최소화는 인권 범위를 최소화하는 데 기여한다. 인권의 범위는 그 침해가 주권을 간섭하거나 강제적인 개입을 해야 할 정도의 침해냐에 의해 결정될 것이다. 예를 들면 어떤 나라의 독재자가 대량 학살을 하거나 정적에게 고문을 가한다면 다른 나라는 그 나라에 간섭하거나 강제적으로 개입하는 것이 정당화된다고 볼 수도 있다. 이 경우에 우리는 생명권이나 고문받지 않을 권리를 인권으로 인정할 것이다. 그러나 표현의 자유를 제한하거나 정치적 참여를 제한하는 경우 다른 나라가 간섭하거나 개입하는 것이 정당화된다고 보지는 않는다. 따라서 롤스에 따르면 표현의 자유나 정치적 참여권은 인권에서 배제된다. 이처럼 인권의 범위가 축소되면 품격 있는 위계 사회는 그만큼 간섭을 덜 받을 것이고, 확대되면 간섭받을 가능성은 더 커질 것이다. 인권 기능의 확대와 그에 따른 인권 범위의 확대는 위계 사회를 관용하지 않게 되므로 세계 평화와 안정을 이루는 데 장애가 된다. 그러므로 롤스는 품격 있는 위계 사회를 관용하기 위해 인권의 기능을 축소한 것이라고 본다.

그런데 이처럼 인권의 기능을 축소한 것에 대해 많은 학자는 비판적이다. 니켈(James Nickel)은 인권이 간섭 정당화 역할 이외에 다중의 역할이 있다고 주장한다. 인권들이 유럽평의회, 미주국가기구, 아프리

카연합, 그리고 유엔에서 어떻게 기능하는가를 본다면 적어도 다음
과 같은 역할들을 알 수 있다고 니켈은 주장한다. 훌륭한 정부 교육을
위한 기준, 국내 권리장전의 적절한 내용을 위한 안내, 국가의 이상,
개혁, 비판을 위한 안내, 그리고 다른 여러 가지 역할들이 있다.[252] 니
켈은 또한 롤스가 고려하지 않은 것으로 국가들이 서로에게 영향을
줄 수 있는 방식을 고려한다. 다양한 방식으로 불만을 표시할 수 있
는데, 여기에는 외교관의 분리와 배척, 문화 교류의 취소, 대사의 소
환, 대사관 폐쇄 등이 포함된다. 많은 인권조약은 인권 위반국을 온
건한 수단, 예컨대 의식 고양, 설득, 비판, 중재, 협상으로 다룬다. 권
고(jawboning)는 인권을 증진하기 위해 많은 역할을 했다. 그런데 롤스
는 그것의 잠재성을 적절히 평가하지 못한 것으로 보인다.[253] 그리핀
(James Griffin)도 인권의 역할에 관한 롤스의 설명이 설득력이 없다고 주
장한다. 보편적 견해에 의하면, 인권의 목적은 롤스가 제시한 것보다
훨씬 광범위하다. 국내적으로는 반란의 정당화, 평화적 개혁을 위한
주장의 확립, 독재자의 제거, 인종 혹은 민족 소수자에 대한 다수자의
대우를 비판하는 목적을 갖는다. 인권은 개별국가의 인권 기록에 대
해 주기적인 보고를 하는 데 유엔이나 비정부기구가 사용할 수 있다.
인권은 또한 단일한 사회의 제도를 비판하는 데에도 사용할 수 있다.

---

252   James Nickel, "Are Human Rights Mainly Implemented by Intervention?" in *Rawls's Law of
       Peoples*, ed. Marin and Reidy (Wiley-Blackwell, 2006), p. 270, Gillian Brock, "Recent Work
       on Rawls's Law of Peoples: Critics versus Defenders," in *American Philosophical Quarterly*,
       Vol. 47, No.1 (2010), p. 96 재인용.

253   James Nickel, ibid., p. 272, Gillian Brock, ibid.. p. 96 재인용,

그뿐만 아니라 성숙한 아이의 자율성과 자유를 부모가 침해하는 경우에도 인권의 이름으로 비판받을 수 있다.[254] 마찬가지로 학교생활의 어떤 부분에서 아동의 자율권이 지나치게 침해되면 인권의 이름으로 비판받을 수 있을 것이다. 요컨대 인권은 국가 간의 관계에서뿐 아니라, 국내의 제도나 관행의 평가에서 또는 국내 특정 집단 구성원들의 행동 방식에 대한 평가에서 발휘하는 역할이 있을 수 있다.

이와 같이 인권의 기능 또는 역할이 광범위하다고 볼 수 있다면 그에 따른 인권의 범위도 광범위하게 확장될 수 있다. 그러나 롤스의 인권 목록은 단순히 인권법의 관점에서 보면 너무 협소하다. "인권을 위한 강제 및 개입을 보장하는 권리로 인권을 규정하면서 롤스는 현대 국제법과 국제 관행에 의해 수용되는 많은 인권을 무시한다."[255] 롤스는 인권으로 우리가 생명권(생존 수단 및 안전에 대한 권리), 이민권과 노예, 예속, 강요적 직업으로부터의 자유, 종교와 사상의 자유를 보장해 주는 정도의 양심의 자유, 재산권, 형식적 정의(같은 경우에는 같게 대우)에 대한 권리를 가진다고 본다. 그런데 롤스의 인권 관념과 인권선언 간에는 자유권, 정치적 권리 그리고 평등권의 세 영역에서 가장 큰 차이가 발견된다고 니켈은 다음과 같이 분석한다.[256]

---

254   James Griffin, *On Human Rights*, p. 24.

255   Burleigh Wilkins, "Rawls on Human Rights: A Review Essay," in *The Journal of Ethics*, Vol. 12, No. 1(2008), p. 115.

256   James Nickel, *Making Sense of Human Rights*, pp. 99-100 참조.

A. 자유권

롤스는 인권선언에 보이는 것보다 훨씬 제한된 '기본적 자유'의 관념을 제안한다. 인권선언과 인권 조약들에 보이는 많은 기본적 자유는 롤스의 자유 목록에서 제외된다. 인권선언은 의견과 표현의 자유(제19조)를 포함하고, 평화적인 집회와 결사의 자유(제20조)를 포함하며, 그리고 자신의 결혼 상대자를 선택할 자유(제16조)를 포함한다. 그런데 롤스의 인권 관념에는 그러한 권리들이 제외된다.

B. 정치적 권리

롤스는 인권선언의 제20조와 제21조에 규정된 정치적 권리를 지지하지 않는다. 이 조항들은 정치 집회를 열거나 정당을 조직하고 참여하는 것을 허용하는 집회·결사의 권리, 국가 권력에 참여할 권리, 동등한 공직 참여권, 주기적인 보통 선거에 참여할 권리를 포함하고 있다. 롤스는 이러한 민주주의적 권리들을 정치지도자가 국가의 선거인 집단의 지도자들로부터 청원을 받거나 그들과 협의하는 것으로 대치한다.

C. 평등권

인권이 통치자가 합리적으로 그리고 공동선에 관한 관심을 가지고 통치해야 한다는 것을 요구하지만, 국제 인권은 정치적 위계나 여성과 소수 종교 집단의 정치적 종속(political subordination)을 금해서는 안된다고 롤스는 믿는다. 인권을 충족하는 법체계는 자연적 정의의 규칙으로 표현되는 형식적 평등(같은 경우에는 같게 대우하는 것)을 보여주어야 하지만, 이것은 위계적인 그리고 집단에 기초한 차이를 배제하지 않는다. 롤스는 한 종교 집단이 우대받을 수 있고, 종교적 자유의 불평등이 존재할 수 있으며, 정치적 사법적 고위직에서 종교적인 (그리고 아마도 성별 상의) 차별이 있을 수 있다고 본다.[257]

니켈이 지적한 것처럼, 롤스의 최소주의적 인권 목록은 많은 심각한 부정의를 다루지 못하고 있다. 물론 그것이 최악의 위험한 인권 위반을 봉쇄하는 것은 사실이지만, 자유와 민주주의 그리고 평등과 관련해서는 상당한 결함을 지니고 있다. 1948년 공인된 인권선언에 비추어 본다면 롤스의 목록은 적절한 것으로 생각되지 않을 것이다. 왜냐하면 그 목록은 "지난 2세기 동안의 중요한 정치적 진보의 영역을 수용하지 못하기 때문이다."[258]

롤스의 인권 관념은 분명히 그의 정치적 신념을 대표하지 않는다. 그런데 왜 그는 극최소주의적 인권 목록을 선택했을까? 니켈이 지적한 이유 중 하나는, 어떤 국가가 불법국가가 아니라면 그 국가의 자기 결정권을 위해 관용해야 한다는 광범위하고 강한 관용 이론을 롤스는 수용했기 때문이다. 자유주의 국가는 비자유주의적이고 비민주주의적이며 위계적인 '품격 있는' 국가에 대해서는 강한 관용 의무를 지닌다고 믿었다. 그러나 국가의 자기 결정권이 분명 존중받아야 하지만 다른 국제규범과의 관계에서 그러한 원리에 극도의 높은 우선성을 두는 것을 롤스는 적절히 옹호하지는 못하고 있다.[259]

---

257   John Rawls, *The Law of Peoples*, pp. 74-5.

258   James Nickel, ibid., p. 100.

259   James Nickel, ibid., p. 100.

롤스는 관용을 위해 인권을 희생한 것이라고 볼 수 있다. 많은 중요한 인권을 희생하는 롤스의 제안은 수용하기 어렵다. 하나의 대안은 비민주적이거나 위계적인 사회의 관행과 충돌하는 인권들을 강제하는 것을 완화하면서 인권선언의 목록을 어느 정도 다듬고 유지하는 것이다. "대체로 롤스가 유지하고자 하는 권리들은 가끔 국제적인 제재를 통해 강제될 수 있지만 그가 제외하고자 하는 권리들은 설득, 격려, 온건한 압력, 그리고 유엔이 조약들을 실행하기 위해 사용하는 보고 체계를 통해 구제되면서 일반적으로 증진될 수 있다."[260] 강한 관용 이론을 채택하는 대신 온건한 이론을 채택하면 품격 있는 위계 사회를 어느 정도 관용하면서 인권선언에 규정된 대부분의 권리를 수용할 수 있을 것이다. 유엔의 인권 목록은 대폭 변화될 수 없을 정도로 확고하게 자리 잡았다. 물론 여기저기 수정될 수 있지만 그 핵심 부분에서 롤스의 급진적인 수술을 받을 수 있는 것은 아니다.

〈제국민법〉에서 전개된 롤스의 인권론은 정의로운 질서보다 평화롭고 안정적인 질서의 확보에 더 중요성을 둔다. 자유주의적인 국민이 비자유주의적인 품격 있는 위계적 국민과 평화롭고 안정적인 관계를 유지하기 위해 관용이 요구된다. 롤스의 경우에는 관용을 위해

---

260 James Nickel, ibid., p. 102 참조. 인권의 역할로 강요나 강제에 의한 간섭보다는, 정부들로 하여금 그 시민들의 생명과 자유와 동등한 시민권과 관련하여 그들을 인도적으로 다루도록 설득하고 격려하는 것을 채택하는 것이 낫다. 인권 체계가 설득과 격려를 강조하는 이유는 현대의 국제 체제 안에선 공적 규범을 강력하게 집행하는 것이 높은 비용과 위험성이 따르기 때문이다. 강력한 집행은 비용이 들고 위험하기 때문에 그것은 아주 심각한 인권 위기 상황으로 제한하는 것이 합당하다. 그러한 상황은 대규모의 사람들이 살해되는 경우이다. ibid., p. 101.

서 인권 목록이 최소한으로 제한되지만, 관용 의무를 완화함으로써 인권 목록을 확장하게 되면 롤스가 제외했던 많은 인권이 수용될 수 있다. 이처럼 인권선언에서처럼 인권의 목록이 확장된다면 품격 있는 위계 사회는 인권을 어느 정도 보장하느냐에 의해 평가될 것이다. 품격 있는 위계 사회는 자유주의 사회보다 인권의 보장 정도가 낮은 사회 혹은 덜 정의로운 사회로 평가될 것이다. 이 경우에는 그러한 사회를 롤스의 인권 역할 관념에 따라 간섭하거나 개입하는 것이 아니고, 보다 정의로운 사회 혹은 인권이 더 보장되는 사회로 나아가도록 설득하거나 권고를 할 수 있다고 본다. 그렇다고 평화롭고 안정적인 세계질서를 유지하는 것이 어렵다고 보지는 않는다. 현행 인권 관행은 실제로 인권 위반국에 대해 인권 위반 상황을 개선하도록 유엔의 인권 보고서 체계를 통해 설득하거나 권고하고 있다.

베이츠나 다른 정치론적 관점의 지지자들은 롤스와 달리 실제로 시행되고 있는 인권 관행을 존중하고 인권선언의 인권 목록을 어느 정도 수정할 가능성을 인정하지만 대체로 수용한다. 롤스는 국제정치적 관행에서의 인권의 역할을 중요시한 정치적 관념의 인권론의 선구자이긴 하지만 다른 정치론적 관점의 옹호자들과 달리 인권의 역할이나 인권의 범위 그리고 실행 방식에서 급진적인 변화를 원한다. 롤스의 인권론이 완화된 관용 이론을 수용한다면 품격 있는 위계 사회를 어느 정도 수용하면서 세계인권선언에 규정된 대부분의 권리들을 수용할 수 있을 것이다. 그렇게 되면 그가 〈정의론〉에서 '기본권' 또는 '기본적 자유'로 제시한 권리들은, 그 일부가 〈제국민법〉에서 인권으로서 배제되지만, 모두 인권으로서의 지위를 누릴 수 있을 것이다.[261] 그가 〈정의론〉에서 정의 원리에 의해 요구되는 기본권들은 자유주의 전통에서 확고하게 뿌리내린 권리들이며 이것들은 모두 세계인권선언에 반영되어 있다.

세계주의자들(cosmopolitans)은 롤스의 두 정의 원리가 세계적으로 적용되어야 한다고 주장한다.[262] 왜냐하면 똑같은 국내 수준에서의 지지를 끌어낸 추론이 세계적으로 적용되어야 한다고 보기 때문이다. 만약 무지의 베일의 취지가 도덕적으로 임의적인 요소들을 배제하도록 하는 것이라면 사람이 어디에서 태어났는가는 도덕적 관점에서 볼 때 본질적으로 임의적인 요소 중 하나가 될 것이라는 것이다. 그러나 롤스는 두 정의 원리가 자유주의 사회에서 적용될지라도 세계적으로 적용되어서는 안 된다고 주장하였다.[263] 세계주의자들은 〈정의론〉의

261　〈제국민법〉에서는 제외되지만 〈정의론〉에서는 정의 원리에 의해 요구되는 기본적 자유들, 예컨대 언론과 집회의 자유, 정치적 자유(투표권, 공직 참여권) 등은 〈제국민법〉에서는 진정한 인권이 아니라 '자유주의적 열망'(liberal aspirations)으로 간주된다. (John Rawls, *The Law of Peoples*, p. 80 각주 참조.

262　세계주의적 입장을 취하는 사람은 정치론적 관점을 취하는 Charles Beitz와 그리고 Thomas Pogge를 예로 들 수 있다. Gillian Brock, "Recent Work on Rawls's Law of Peoples: Critics versus Defenders," in *American Philosophical Qurterly*, Vo.47. No.1(2010), p. 85. Pogge는 롤스가 사회의 불리한 조건들은 그 사회의 외부적인 요인들에 기인한다는 것을, 그리고 국가 간에는 도덕적으로 연관성이 있다는 것을, 특히 그들 나라가 가난하고 개발도상국의 이익을 무시한 채 부유하고 개발된 나라의 이익을 영구화하는 세계 경제 질서 하에 있다는 것을 무시한다는 점을 지적한다. 따라서 부유하고 개발된 세계에 사는 사람들은 세계의 불리한 입장에 있는 사람들의 불행을 외면할 수 없다. 왜냐하면 그들은 그 불행한 사람들을 빈곤에 빠뜨리는 것에 연루되어 있기 때문이다. 따라서 부유한 국가의 국민은 그 부당한 세계질서를 강요하는 것을 멈추고 세계의 가장 취약한 사람들에게 가한 해악을 완화시킬 책임이 있다. 그리하여 Pogge는 개발 도상에 있는 사회의 최빈민층의 삶을 향상시키는 재원 마련을 위해 세계 자원의 사용에 대해 대략 1%의 세계 자원세(Global Resources Tax)를 제안했다. (Thomas Pogge, "Priorities of Global Justice," *Metaphilosophy*, Vol. 32(2001), pp. 6-24 참조.

정의 원리에 의하면 차등의 원리가 특히 세계적으로 적용되어야 한다고 주장한다. 베이츠는 세계적인 협동체계가 국가 간에 이미 존재하므로 세계적인 차등의 원리가 국가 간에도 적용되어야 한다고 주장한다. 그러나 롤스는 그러한 주장에 반대한다. 그는 부는 그 기원과 유지를 자원 재고보다는 사회의 정치적 문화에 돌리는 것이 타당하다고 본다. 즉 부는 자원의 재고보다는 정치 문화에 영향을 받는다는 것이다. "국민의 부의 기원과 형태는 구성원들의 근면성과 협동 정신뿐만 아니라, 정치적 문화와 정치사회 제도의 기본구조를 뒷받침하는 종교적 철학적 도덕적 전통에 달려 있다."[264] 품위 있는 생활에 대한 권리나 건강권과 같은 경제적·사회적 권리를 세계적으로 적용하는 경우에 부유한 국가가 가난한 국가에 대해 일시적인 지원이 아니라 어느 정도 수준의 생활과 건강을 유지할 수 있도록 계속적인 지원을 해야 한다는 부담이 있다. 이러한 의무는 국민 간의 합의를 끌어내는 것이 쉽지 않을 것이다. 그러나 시민적·정치적 권리는 그러한 부담으로부터 자유롭기 때문에 세계적으로 적용될 수 있을 것이다.[265]

---

263 ibid., p. 85 참조.

264 John Rawls, *The Law of Peoples*, p. 108.

265 Rawls는 제국민법의 8번째 원리로, 정의롭거나 '품격 있는' 정치사회 체제를 가로막는 불리한 환경의 국민을 도울 의무가 있다는 것을 제시하고 있지만, 이 경우의 의무는 불완전한 의무 즉 자선적인 의무로 보는 것이 옳을 것이다. 어떤 사회가 "정치적 문화적 전통, 인적 자원과 노하우(know-how) 그리고 물질적 기술적 원천이 결여"(Rawls, ibid., p. 106)되어 있다면, "질서 있는 사회(well-ordered)가 그 사회를 질서 있는 사회의 일원이 되도록 도와줄 의무가 있다." "원조의 목표는 힘에 겨운(burdened) 사회가 자신의 문제를 합당하고 합리적으로 해결하고, 그리고 궁극에는 질서 있는 사회의 일원이 될 수 있도록 도와주는 것이다." "일단 목표가 달성되면 질서 있는 사회가 상대적으로 여전히 가난해질지라도 추가적인 지원이 요구되지 않는다." Rawls, ibid., p. 111.

세계주의자들이 주장한 것처럼 롤스의 정의 원리에 의해 요구되는 모든 기본권이 특히 복지권이 세계적으로 적용된다고 보기는 어려울지 모른다. 그러나 세계적 적용과는 상관없이 롤스의 정의 원리들이 요구하는 기본권들 즉 모든 자유권과 복지권(기초생활권)은 인권으로서 지위를 유지한다고 보는 것이 타당하다. 대부분의 학자들은 기본권과 인권을 거의 동일시하고 있다.[266] 헌법에서는 대체로 '기본권'이라는 용어를 주로 사용하지만, 헌법의 기본권은 대부분 세계인권선언의 인권들을 수용한 것이다. 포게(Thomas Pogge)가 주장한 바와 같이, 롤스는 새로운 세계질서에서 자유주의 정치철학을 대담하게 옹호하지 않고, 원칙 없는(unprincipled) 절충을 시도한 것이다.[267] 다시 말해, 〈제국민법〉에서 품격 있는 위계 사회를 제국민사회의 일원으로 수용하기 위해 관용과 인권을 무원칙하게 절충함으로써 인권의 범위를 축소시켰다고 볼 수 있다. 롤스의 〈정의론〉에 제시되는 기본권 또는 기본적 자유는 인권으로서 지위를 누린다고 보는 것이 좋을 것이다. 인권선언에 규정된 인권 목록은 롤스의 〈정의론〉에 제시된 기본권보다 훨씬 더 광범위하게 걸쳐 있다. 롤스의 〈정의론〉에 제시된 기본권을 인권으로 인정한다고 하더라도 그의 인권론은 인권의 역할과 범위 그리고 내용을 설명하는 데는 한계가 있다.

---

266 대표적으로 Henry Shue를 들 수 있는데, 그의 저서 *Basic Rights*(1980)에서 논의된 내용들은 실제로 인권에 관해 이야기하고 있다. Shue는 생존권이 안전권과 자유권과 함께 모든 다른 인권의 근거로서 기여한다고 주장한다.

267 Chris, Naticchia, "Human Rights, Liberalism, and Rawls's Law of Peoples," in *Social Theory and Practice*, Vol. 24, No. 3(1998), p. 349 재인용.

2) 설득력 있는 계약 논증의 가능성

(1) 중첩적 합의에 따른 정당화

인권은 중첩적 합의로 정당화된다고 주장하는 사람들이 있다.[268] 도넬리(Jack Donnelly)는 롤스적인 중첩적 합의가 인권선언의 인권들로 발전되었다고 주장한다. 그리고 그는 인권에 관한 중첩적 합의를 일종의 계약적 논증으로 본다.[269] 그에게 인권은 일종의 정치적 정의 관념이다. 정치적 정의 관념은 특수한 포괄적 이론과는 별개로 정의되면서, 사회의 정치적 구조에 대해 언급한다. 다양한 포괄적 이론들의 옹호자들은 정치적 정의 관념으로서의 인권에 대한 중첩적 합의에 이를 수 있다고 본다.[270] 그러나 롤스의 중첩적 합의는 인권을 정당화하는 개념적 장치가 아니라 다양한 포괄적 이론들이 주어지는 상황에서 정치적 정의 관념의 안정성을 달성하기 위한 장치이다. 중첩적 합의는 "자유롭고 평등한 시민들이 갈등하고 심지어 공통 기준이 없는 종교적, 철학적, 그리고 도덕적 이론들에 의해 서로 분리되어 있을 때 어떻게 안정되고 정의로운 사회가 가능할 수 있는가?"의 물음에 대답하려고 한다.[271] 중첩적 합의는 헌법적 민주주의 체계가 "합당한 다원주의의 사실이 주어지는 경우 넓은 지지를 받아 안정성을 달성할

---

268   앞에서 논의한 Nussbaum은 그 중의 한 사람이고, Jack Donnelly도 같은 입장이다.

269   "대체로 말해서, 인권은 계약론적 정치이론의 핵심에 있다."라고 Donnelly는 주장한다. Jack Donnelly, *Universal Human Rights*, p. 61.

270   Jack Donnelly, *Universal Human Rights*, p. 57 참조.

271   John Rawls, *Political Liberalism* (Columbia University Press, 1993), p. 133.

수 있도록” 고안된 장치이다.[272] 롤스에 있어서 중첩적 합의는 정의 원
리나 인권을 정당화하는 역할을 하지 않는다. 중첩적 합의 관념을 통
해 자유민주주의 국가에서의 정치적 정의 관념의 안정성을 해결하려
고 했듯이, 그는 그 관념을 통해 정치적 인권 관념의 안정성을 해결하
려고 한 것이라고 볼 수 있다.[273]

중첩적 합의가 정치적 정의나 인권 관념의 안정성을 달성하는 데
그치는 것이 아니라 그러한 관념을 정당화하는 장치로 인정한다 해
도 여전히 문제가 남는다. 도넬리는 롤스를 따라 ‘모든’ 포괄적 이론
들의 중첩적 합의가 아니라 ‘합당한’ 포괄적 이론들의 합의로 인권
이 정당화된다고 본다. 여기서 중첩적 합의는 ‘모든’ 포괄적 이론들
의 합의이건 아니면 ‘합당한’ 포괄적 이론들의 합의이건 딜레마에 빠
진다.[274] 전자의 경우에는 서로 다른 포괄적 이론들을 지니는 사회 간
에 인권의 내용과 해석에 있어서 실질적인 의견의 불일치가 있을 수
있다.[275] 예를 들면 이슬람 극단주의(Islamic Extremism)처럼 타 종교나 이념
을 반대하고 이들 종교나 이념을 신봉하는 사람들에게 테러를 가하
는 종교 극단주의와 자유주의 간의 합의는 불가능할 것이다. 또한 히

---

272   ibid., p. 40.

273   John Rawls, *The Law of Peoples*, pp. 172-3; Charles, Beitz, *The Idea of Human Rights*, pp.
       76-7 참조.

274   Rowan Cruft, et al., “The Philosophical Foundations of Human Rights,” in Rowan Cruft, et
       al. (eds.), *The Philosophical Foundations of Human Rights*, p. 21.

275   Nussbaum은 모든 포괄적 이론의 합의로 인권이 정당화된다는 입장을 취한다. 그러나
       Cruft 등은 모든 포괄적 이론의 합의는 현실에 반하고, 편협주의(혹은 문화제국주의)의
       반론에 직면한다고 주장한다. 그것은 그러한 반론에 대답하지 않고 단순히 그 반론의 힘
       을 거부함으로써 반론을 회피한다는 것이다. ibid., p. 21.

틀러 같은 유대인 박멸주의 옹호자는 유대인은 이 지구상에서 박멸해야 한다고 주장함으로써 그들의 생명권을 인정하지 않았다. 따라서 모든 포괄적 이론이 똑같은 인권을 정당화한다고 보기 어렵다. 이러한 난점 때문에 포괄적 이론을 예컨대 '합당한' 이론으로 제한해야 한다는 주장이 나올 수 있다. 도넬리가 생각한 것처럼, 중첩적 합의를 롤스처럼 합당한 이론들의 사회에서만의 합의로 해석한다면, '합당한' 이론들의 사회라고 인정하는 규범적 기준이 무엇인가 하는 문제가 제기된다. 합당성이 자유주의적일 필요는 없다. 롤스에 따르면 '품격 있는' 비자유주의적인 사회도 합당한 사회이다. 만약 합당한 이론들의 중첩적 합의가 궁극적으로 인권을 근거 지우는 것이라면, 합당성의 선행하는 기준이 무엇인가를 밝혀야 한다. 실제로 궁극적인 정당화 작업을 하는 것은 중첩적 합의라기보다는 합당성을 결정하는 어떤 선행 기준이 아닐까 하고 생각할 수 있다.[276]

'합당성'의 개념에 의존하지 않고도 히틀러의 사상이나 종교 극단주의처럼 인간의 존엄성을 파괴하거나 불평등을 옹호하는 이론들은 포괄적 이론에서 제외할 수 있는 근거가 물론 있다. 도넬리에 의하면, 인권규약에 있는 "권리들은 인간의 내재적 존엄성으로부터 나온다."라는 주장이나, 또는 비엔나선언에서의 "모든 인권은 인간에게 내재하는 존엄성과 가치에서 나온다."라는 주장은 중첩적 합의 안에서 가능한 포괄적 이론의 범위를 제한한다. 또한 인권은 모든 인간이 똑같이 소유하기 때문에 기본적으로 불평등한 포괄적 이론은 원리상 합

276　Rowan Cruft, et al. (eds.), ibid., pp. 21-2 참조.

의에서 배제된다.[277] 이러한 생각은 인권은 어떠한 성격의 관념을 갖는다는 것을 이미 전제하고 있는 것으로, 그러한 관념이 애당초 어떻게 설정될 수 있는지를 밝혀야 할 것이다.

(2) 원초적 입장에서의 계약

모든 인간이 존엄하거나 자유롭고 평등하다는 관념은 사회계약에서의 원초적 입장에서 설정될 수 있다.[278] 인권을 포함한 인간의 모든 권리가 애당초 어떻게 생성되고 정당화될 수 있는가? 이러한 물음에 답하기 위해 우리는 애당초 권리가 없는 상태를 상정해 볼 수 있다. 인간에게 권리가 없다면 의무도 없다. 나에게 어떠한 권리도 없다면 다른 사람은 나에 대해 어떠한 것도 할 수 있는 자유가 있다. 서로에 대해 권리(요구권)도 의무도 없는 상태는 자유만을 누릴 수 있는 상태 즉 자연 상태이다. 자연 상태는 나의 자유를 제약하는 어떠한 실정법도 없다. 자연 상태에서는 모든 사람이 오직 천부적인 자유권만을 지닌다.[279] 자연 상태에서는 또한 모든 사람이 평등하다. 세계인권선언에

---

277   Jack Donnelly, *Universal Human Rights*, p. 59.

278   계약론적 정치이론을 전개한 칸트에 의하면 인간의 존엄성은 인간의 특성인 이성과 자유 또는 자율에 근거한다고 본다. 칸트에 의하면 충동과 욕구로 좌우되는 '현상적 자아'(homo phaenomenon)와 달리 '본체적 자아'(homo noumenon)는 자유 또는 자율성의 능력을 지니고 도덕법칙을 따르는 능력을 갖춘다는 특징이 있다. 더 나아가 본체적 자아는 도덕법을 자율적으로 입법하며, 도덕법이 명령하는 바에 따라 행동하도록 능동적으로 자신에게 의무를 부과하고 현상적 자아로 하여금 그 의무에 따라 행동하도록 요구한다. 입법가로서의 본체적 자아의 자율성은 인간에게 존엄성을 부여한다. B. Sharon Byrd and Joachimm Hruschka, *Kant's Doctrine of Right*, p. 293 참조.

279   여기서 말하는 자연 상태는 홉스적인 자연 상태이다. 홉스적인 자연 상태에서는 모든 사람이 자신을 보존하기 위해 무엇이든지 할 수 있는 권리(자유권) 즉 어떤 것을 하거나 하

서도 이 점을 강조하고 있다. 인권선언 제1조에서는 "모든 사람은 태어날 때부터 자유롭고 존엄성과 권리에서 평등하다."라고 천명하고 있다.

인간이 지니는 본성 때문에 인간은 자유롭다거나 자율성을 지닌다고 보통 말한다. 일반적으로 철학자들은 '자유'라는 말을 자유와 자율을 포괄하기 위해 사용한다.[280] 인간은 이성 능력을 지니고 있으므로 자유를 지닌다고 말한다. 롤스는 "인간의 두 가지 도덕적 능력(정의감과 선의 관념을 가질 수 있는 능력)과 이성 능력(그러한 능력과 관련된 판단, 사고, 추론 능력) 때문에 인간은 자유롭다."라고 말한다. 그리고 "그러한 능력들

지 않을 자유를 갖는다. 로크나 칸트의 자연 상태에서는 모든 사람이 요구권인 생명권이나 재산권을 지닌다. 그러한 권리를 보호받기 위해 사회계약을 맺는다. 그러나 홉스의 자연 상태에서는 사회계약을 통해서만 그러한 권리가 확립될 수 있다. 홉스의 자연 상태는 어떠한 사회적 관계도 없는, 따라서 사람들 간의 권리와 의무가 없는 자유만이 있는 상태이다. 그러나 로크와 칸트의 자연 상태는 사회적 관계가 형성되어 있다. 이들이 말하는 자연 상태는 단지 자연 상태에서의 생명권이나 재산권 등을 보호해 줄 법치국가가 없는 상태이다. 그들의 자연 상태에서는 홉스의 자연 상태와 달리 사람들은 타인의 생명이나 재산을 침해하지 말아야 할 의무가 있다. 사회계약을 통해 그러한 의무를 국가의 법으로 강제함으로써 생명권과 재산권 등을 확실하게 보호받을 수 있다.

280 그러나 경우에 따라 두 개념을 구별해서 쓰는 경우도 있다. 칸트는 내적 자유와 외적 자유를 서로 구별하고, 내적 자유인 의지의 자유를 자율성이라고 한다. 자율성은 소극적 측면과 적극적 측면으로 나뉘는데, 자율성의 소극적 측면은 감각적 측면과 욕구에서 벗어나는 것을 말하고, 적극적 측면은 어떤 행동을 할 것인가를 결정하는 이성의 능력을 말한다. 인간의 존엄성은 인간의 이러한 자율성으로부터 기인한다. (B. Sharon Byrd and Joachim Hruschka, *Kant's Doctrine of Right,* Cambridge University Press, 2010, pp. 84-5, 293 참조) 칸트에게 있어서 외적 자유는 "타인의 강요적 선택으로부터의 독립"을 의미한다. "모든 사람은 외적 자유에 대한 권리를 갖는다."라는 가정은 칸트의 권리론이 출발점이다. 칸트가 생득적 권리로서 자연 상태에서 갖는 원초적 권리는 바로 그러한 외적인 자유권을 말한다. 표현의 자유권은 그러한 외적 자유권으로부터 귀결된다. (ibid., p. 78, 81 참조) James Griffin도 자율과 자유를 구별한다. 자율은 숙고하고 결정하는 능력이고, 자유는 행위하는 능력으로 본다. J. Griffin, *On Human Rights*, p.151.

을 완전히 협동적인 사회구성원이 되기 위해 최소한 요구되는 정도로 가지고 있으므로 사람들은 평등하다."라고 그는 말한다.[281] 이처럼 인간이 지닌 특성 때문에 모든 인간은 자유롭고 평등하다고 말할 수 있다.

홉스, 로크, 루소, 칸트 등 전통적인 사회계약론자들은 자연 상태에서 인간은 자유롭고 평등하다는 것을 전제한다. 계약론적인 전통을 이어받은 롤스는 원초적 입장에서 인간이 자유롭고 평등하다는 것을 이론적으로 정교화하려고 하였다. 그런데 인간이 자유롭고 평등하다는 관념을 우리는 직관적으로 인식하고 있는 것이 아닌가. 인간은 원초적으로 자유롭다는 것을 우리는 전제한다.[282] 인간이 자유롭다고 전제하는 것은 자유 추정 원칙의 기초를 제공한다. 자유 추정 (presumption of liberty)의 원칙은 "자유의 행사는 정당화를 요구하지 않지만, 자유에 대한 모든 제한은 정당화를 요구한다."라는 원칙이다.[283] 내

---

281 John Rawls, *Political Liberalism*, pp. 18-9.

282 칸트도 이러한 인식을 하고 있다. 그는 모든 인간은 원초적 자유권을 갖는다고 가정한다. 칸트의 원초적 자유권은 "자유(타인의 강요적 선택으로부터의 독립) 즉 그것이 보편적 법칙에 따라 타인의 자유와 공존할 수 있을 정도에 대한 자유는 인간성 때문에 모든 인간에게 주어져야 하는 유일한 원초적 권리이다."로 공식화된다. Sharon Byrd & Joachim Hruschka, *Kant's Doctrine of Right*, p. 10

283 "Libertarian Philosophy", *Britannica* 참조. 고전적 자유주의는 자유 추정의 원칙에 근거하고 있다. 자유 추정의 원칙은 예컨대 아담 스미스의 저서를 꿰뚫고 흐르고 있다. 정부의 간섭을 정당화하기 위해서는 어떤 증명의 부담이 있어야 한다. 자유 제한의 예외를 인정하기 위해서 충분한 증거와 논증이 제시되기 전까지는 자유를 가정해야 한다. 비록 자유의 추정이 어떤 예외와 제한을 허용하지만, 그것은 대체로 자유 사회를 증진한다. ("Adam Smith's Presumption of Liberty", Libertarianism. Org. 참조.) 자유 추정의 원칙에 따르는 자유 제한의 부담은 국가 권력, 법적인 논쟁에서의 원고뿐 아니라, 공공 입법이나 행정을 담당하는 어느 누구든지 짊어지게 된다. "Presumption of Liberty" ibid.

가 자유롭다는 것을 나는 증명할 필요가 없다. 나는 나의 자유를 누리는 이유를 제시할 필요가 없이 나의 자유를 누릴 수 있다. 어떤 행위자가 나의 자유를 제한할 때 왜 나의 자유를 제한하는가 하고 항의하는 것은 당연하다. 증명의 부담은 나의 자유가 있다는 것을 증명하는 나에게 있는 것이 아니라, 나의 자유를 제한하는 사람에게 있다. 일반적으로 'X의 추정'은 X를 뒷받침하는 논증이나 증거를 요구하지 않고 그것이 사실이라고 간주한다는 것을 의미한다. X를 반박하는 부담은 그러한 추정에 도전하는 쪽에 있다.[284]

이러한 추정에 관한 일반적인 도식은 평등의 관념에도 적용된다. 인간이 평등하다고 생각하는 것은 인간이 태어날 때부터 가지고 나오는 평등 의식이 있기 때문이라고 여겨진다.[285] 인간이 평등하다는 것은 증명을 요구하지 않고 단지 우리가 평등하다고 추정한다. 그것을 평등 추정의 원칙이라고 한다. 평등 추정(presumption of equality)의 원칙

---

284 "Presumption of Liberty" Libertarianism. Org. 참조. 무죄 추정(presumption of innocence)의 원칙도 같은 논리를 따른다. 유죄 판결이 확정될 때까지는 무죄로 추정한다는 무죄 추정의 원칙은 자유 추정의 원칙과 같은 바탕 위에 있다고 생각할 수 있다. 유죄 판결이 내려지면 신체의 자유를 포함한 대부분의 자유를 제한한다. 무죄 추정의 원칙은 유죄 판결로 인한 자유 제한이 증명될 때까지는 무죄 즉 자유인의 신분이어야 한다는 원칙으로 해석된다. "무죄 추정은 자유 추정의 쌍둥이 자매이다." ibid.

285 인간은 환경적인 요인을 통해서 평등 의식을 획득하는 것이라기보다는 태어날 때부터 그러한 의식을 가지고 태어났다는 것을 보여줄 수 있는 하나의 일화를 소개한다. 손주가 18개월 되었을 무렵이다. 쌀쌀한 초겨울 차 안에서 할머니가 손주에게 옆의 창문을 열지 말라고 하니까 할머니 쪽의 열린 창문을 손가락으로 가리켰다. 감기가 들 것 같아 창문을 닫은 채로 놔두라고 말한 것인데, 할머니 쪽 문도 열려 있는데 왜 열지 말라고 하느냐는 뜻이다. "같은 경우에는 같아야 한다."라는 평등 의식이 말도 하지 못하는 어린아이에게도 잠재적으로 있다는 것을 알 수 있다. 손주가 말할 줄 알았다면, "왜 할머니 쪽은 열어 놓으면서 내 쪽 문은 열지 말라는 거예요?" 하면서 이의를 제기했을 것이다. 아니면 "내가 창문을 닫아야 한다면 할머니도 닫아야 하지요."라고 말하고 싶었는지 모른다.

은 사람들을 차별할 적합한 정보가 없을 때는 그들을 똑같이 대우해야 한다는 원칙이다.[286] 평등 추정의 원칙은 모든 사람이 개별적인 차이에 상관없이 어떤 적합한 차이가 보편적으로 수용되는 근거에서 불평등한 분배를 정당화하지 않는다면 평등한 몫을 가져야 한다고 요구한다. 무죄 추정이 피고인이 단지 인간이기 때문에 무죄로 간주될 권리가 있다고 보는 것처럼, 평등 추정도 모든 인간이 단지 인간이기 때문에 애당초 평등할 권리가 있다고 본다. 그러므로 인권선언에서도 모든 인간은 태어날 때부터 자유로우며 존엄성과 권리에서 평등하고(제1조), 모든 사람이 인종, 피부색, 성별, 언어, 종교 등의 구별이 없이 모든 권리와 자유에 대한 자격이 있으며(제2조), 모두가 법 앞에 평등하고 어떠한 차별도 없이 똑같은 법의 보호를 받을 자격이 있다(제7조)고 규정하고 있다.

인권에 관한 계약론적 입장은 인간이 애당초 자유롭고 평등하다는 가정에서 출발한다. 인간이 자유롭고 평등한 상태에 있다는 것은 어떠한 속박이나 차별이 없다는 것을 의미한다. 그러한 상태를 우리는 '자연 상태'라고 말한다. 속박이나 차별이 있는 사회와 달리, 자연 상태에서는 사람들의 관계에서 서로를 속박하는 권리(요구권)나 의무가 없다. 사람들 서로 간에 권리나 의무가 없다는 것은 규범적인 의미에서 자기가 원하는 대로 무엇이든 할 수 있는 자유가 있다는 것

---

286 평등 추정의 원칙은 공공정책 결정자들뿐만 아니라 정치이론가들이 공공 분배의 과정에 적합하다고 생각하는 모든 재화의 평등한 분배를 위한 일견적(prima facie) 원리이다. Stefan Gosepath, *The Principles and the Presumption of Equality* (Oxford University Press, 2015), p. 167.

을 의미한다. 로크나 칸트의 경우에는 시민사회 혹은 법치국가 이전의 사회를 자연 상태라고 하였다. 그러한 자연 상태에서는 자연권이 존재하며 그러한 자연권을 보호하는 국가가 없을 뿐, 사람들 간의 관계가 어느 정도 형성되어 있다. 가족 관계나 사람들 상호 간의 거래가 있을 수 있다. 자연 상태는 단지 인간이 지닌 자연권을 보호할 국가 또는 정부가 없는 상태이다. 그러한 불편한 자연 상태를 벗어나기 위해 사람들은 자연권을 보호하기 위해 국가를 갖기로 계약을 맺는다. 그러나 여기서 이야기하는 자연 상태는 로크나 칸트적 의미의 자연 상태가 아니다. 우리가 의미하는 자연 상태는 어떠한 형태의 사회나 사회적 관계도 없는 상태이다. 인권이 어떻게 생성되는가를 알기 위해 우리는 어떠한 권리도 없는 상태를 가정한다. 내가 어떠한 권리도 없다는 것은 상관적으로 다른 사람이 나와의 관계에서 어떠한 의무도 없다는 것을 의미한다.[287] 모든 사람이 서로에 대하여 권리도 의무도 없다는 것은 누구나 모두 똑같이 다른 사람과의 관계에서 자기의 의지대로 무엇이든 할 수 있는 자유가 있다는 것을 의미한다.

모든 사람이 각자 자기의 의지대로 무엇이든지 할 수 있는 자유를

---

287 호펠드적 권리체계에서, 내가 다른 사람에 대하여 권리(요구권)가 있다는 것은 상관적으로 다른 사람이 나에 대하여 의무가 있다는 것을 함축한다. 그리고 다른 사람이 나에 대하여 의무가 없다는 것은 내가 그에 대하여 권리가 없다는 것을 함축한다. 권리와 의무는 상호 함축 관계에 있다. 즉 내가 권리가 있으면 다른 사람은 의무가 있고, 다른 사람이 의무가 있으면 나는 권리가 있다. 다른 사람이 나에 대한 의무가 없다면 나는 그에 대한 권리가 없다. 다른 사람이 나에 대해 어떠한 의무도 없다는 것은 다른 사람이 나에 대해 무엇이든지 할 수 있는 자유가 있다는 것을 의미하고, 이는 내가 그에게 어떤 것을 하도록 요구하거나, 또는 금지하도록 요구할 권리가 없다는 것을 의미한다. 제1장 1절 4) '권리의 유형: 호펠드적 권리 유형' 참조

갖는다면 누구나 자기 자신을 온전하게 보존하는 데 어려움을 겪을 수 있는 불안한 상태에 빠질 것이다. 자유 제한이 없는 자연 상태에서는 홉스가 암시한 것처럼 모든 사람이 잔인하고 생명의 위협을 느끼며 불안해할 것이다. 그와 같은 불안한 상태에서 모든 사람은 인간의 기본적 이익이나 필요, 예컨대 생명이나 신체의 안전 등을 보존하기 위해 서로 간에 자유를 제약하기로 합의할 것이다. 롤스가 의미한 것과 같은 '상호이익을 위한 협동체로서의 사회'를 갖기로 합의하게 될 것이다. 이와 같은 사회계약의 단계에서 모든 사람은 단지 인간으로서 갖는 기본적 인권을 비로소 갖게 된다. 그리고 그러한 권리로부터 상호 간 자유를 제약하는 의무가 생성된다. 자연론자들은 인간의 기본적 이익이나 필요라는 인간의 특징에만 초점을 맞추고 그로부터 인권을 끌어내면서 인권의 사회적 차원을 고려하는 데 등한시한다. 인권이 물론 인간의 기본적 이익이나 필요를 보호하고 충족하는 장치이지만, 사회적 맥락에서 인권이 발생한다는 점을 그들은 충분히 고려하지 않는다. 그러나 인권을 정당화하는 계약론적 관점은 자연론적 관점과 달리, 왜 우리가 인권과 그에 따르는 의무를 수용해야 하는가 하는 구속력의 문제를 설명해 줄 수 있다는 장점이 있다. 자연론적 관점은 인간의 기본적 이익이나 필요로부터 인권이 이끌려 나오기 때문에 왜 그것을 수용해야 하는가 하는 문제를 설명하는 데 어려움이 있지만, 계약론적 관점에서는 모든 사람이 각자 자연 상태에서의 자유를 스스로 제약하기로 합의하기 때문에 인권과 그에 따르는 의무의 구속력을 보다 쉽게 설명할 수 있다.

자연 상태에서 무제한적인 자유를 행사하게 되면, 사람들의 기본적인 이익이 보호받지 못하고 인간의 삶에 절박하게 요구되는 필요를 충족시킬 수 없는 상황에 빠질 수 있게 된다. 모든 사람이 각자 자기가 원하는 대로 행동을 하게 되면 누구나 자신의 생명, 신체의 안전, 소유, 인격 등에 위협을 받을 수 있다. 따라서 모든 사람이 자유롭고 평등한 자연 상태에서 합리적인 존재인 인간은 기본적인 인간 이익을 보호하기 위해 상호 무제한적인 자유를 제한하기로 합의한다. 다른 사람의 생명을 함부로 빼앗거나 심신의 안전을 해치거나 소유물을 탈취하거나 인격을 훼손하는 등, 기본적 이익을 침해하는 자유를 제한하기로 합의함으로써 인간의 기본적 이익의 보호에 대한 권리를 모든 사람이 갖게 된다. 이에 따라 각자는 다른 사람이 그러한 이익들을 침해하면 침해하지 말도록 요구할 권리가 있다. 그리고 상대방은 그 권리에 수반되는 의무를 지닌다. 이러한 자유 제한을 통해 권리와 함께 의무가 생성되는 것이다. 이러한 권리들은 타인이나 국가로부터 생명과 안전 등이 침해받지 않을 권리, 즉 전통적인 의미의 자유권에 속한다고 볼 수 있다.[288] 그러한 권리들은 유엔 자유권 규약(시민적 정치적 권리에 관한 규약)에 포함된 권리들이다. 또 한편으로 경제활

---

288 기본적 이익을 침해하는 자유를 제한함으로써 그러한 기본적 이익을 침해받지 않을 권리와 함께 침해해서는 안 되는 상관적 의무가 생성되므로 여기서 의미하는 권리는 호펠드적 권리 유형의 요구권(claim rights)에 해당한다. 이러한 권리들은 의무가 논리적으로 수반되기 때문에 호펠드적 권리 유형에 따르면 요구권이지만, 호펠드 권리 유형에 따르는 논리적인 의미의 자유권은 아니다. 왜냐하면 그러한 권리들은 언론의 자유나 결사의 자유처럼 '하거나 말거나 선택하는 자유'에 해당하는 것이 아니기 때문이다. 그러나 그러한 권리들은 내용상 전통적인 '자유권'으로 분류되어 언론의 자유나 결사의 자유 등과 함께 유엔 인권규약의 구분에서 '자유권'으로 분류된다. 이들 권리와 함께 예컨대 '무죄 추정에 대한 권리'와 같이 그들 권리를 보호하기 위한 절차적 권리들은 '시민적 정치적 권리에 관한 규약'(자유권 규약)에 규정되어 있다.

동에서의 자유가 무제한으로 행사되면 능력 있는 사람은 자신의 부를 축적하면서 삶을 여유 있게 누릴 수 있지만, 능력이 없거나 장애가 있는 사람은 인간다운 삶을 누릴 수 없는 수준으로 전락할 수 있다. 이처럼 사회적 약자들에게는 인간으로서 요구되는 최소한의 필요를 충족시켜 주는 것이 상호이익을 위한 협동체인 사회의 유지에 필요하다. 그들에게 최소한의 기본적인 삶의 조건이 충족되지 않는다면 사회 유지를 위한 협동은 의미가 없을 것이다. 그러므로 인간으로서 기본적인 삶을 유지하기 위한 조건에 대한 권리를 모든 사람이 갖는다고 볼 수 있다. 이러한 권리들은 일반적으로 복지권 또는 사회권으로 분류되며, 유엔 사회권 규약(경제적 사회적 문화적 권리에 관한 규약)에 포함되어 있다.[289]

인간의 기본적 이익이나 필요는 인권의 내용을 구성하지만, 그 자체로 인권이 되는 것은 아니다. 인권의 지위를 갖추려면 그것의 보호와 충족이 실행 가능해야 한다. 인권의 실행 가능성은 인권을 보호하고 충족하는 것이 실행 가능한지, 즉 그 의무를 부담하는 주체가 합의할 수 있는지에 의해 결정된다. 그러므로 기본적 이익이나 필요가 인권의 지위를 누리려면 권리의 주체이면서도 의무의 주체인 사회구성원 간의 합의가 있어야 한다. 표현의 자유, 결사·집회의 자유, 양심의 자유와 같은 기본적 자유와 마찬가지로, 생명권, 신체안전권, 재산

---

289 사회권 규약에 포함된 모든 권리가 정부의 지원을 받는 복지권으로 분류되지는 않는다. 예를 들면 노동조합 결성 또는 참여권은 노동자의 권익을 보장하기 위한 권리이지만, 국가나 정부 또는 기업의 간섭이나 방해를 받지 않고 그들의 권익을 위해 스스로 활동할 수 있는 자유권으로 분류될 수 있을 것이다.

권, 인격권 등의 기본적 권리는 타인 또는 국가의 간섭이나 방해가 없으면 일반적으로 실현된다.[290] 물론 기본적 자유나 권리 간에는 서로 갈등을 빚을 수 있다. 그러한 경우에는 그것들이 상호 조화를 이룰 수 있는 범위 내에서 적절히 조정될 필요가 있을 것이다.[291] 그런데 복지권 또는 생존권은 그것이 실현되려면 특히 국가나 정부의 적극적인 지원이나 보호가 요구된다.[292] 복지권 또는 생존권의 실현을 위한 재원 조달이 기본적으로 국민의 세금을 통해 이루어진다고 보기 때문에, 그러한 권리의 실현은 특히 있는 사람들의 부담으로 작용한다고 사람들은 생각한다.[293] 복지권 또는 생존권에 수반되는 의무는 일반적

---

290 이처럼 타인의 간섭이나 방해가 없으면 실현되는 권리를 일반적으로 소극적 권리라고 한다. 그런데 Henry Shue는 권리를 소극적인 권리와 적극적인 권리로 구분하는 것에 반대한다. 모든 권리는 소극적이면서 적극적인 측면이 있다고 그는 주장한다. 예를 들면 생명권은 전통적으로 소극적인 권리로 분류되지만, 그것의 실현을 위해 경찰, 법원 등의 지원이 있어야 한다는 점에서 적극적인 측면도 있다고 본다. 그러나 이러한 정부의 지원과 같은 적극적인 측면은 모든 권리에 적용된다고 본다. 왜냐하면 인권의 보호는 정부의 역할이기 때문이다. 어떤 권리가 적극적이냐 아니면 소극적이냐는 권리 자체가 내포한 속성을 들어 평가해야 한다. 생명권은 타인이나 국가가 침해만 하지 않으면 실현된다. 국가의 적극적인 지원이나 보호는 그 권리가 침해되거나 침해될 가능성이 있을 때만 이루어진다. 한편 일반적으로 국가의 적극적인 지원이 요구되는 것으로 생각되는 생존권은 대체로 적극적인 권리로 분류되지만, 어떤 상황에서는 소극적인 측면을 드러내는 경우도 있다. 예컨대 대기업 쇼핑몰이 들어섬으로써 주변의 영세상인들이 생존권을 위협받는다고 주장한다면, 이 경우의 생존권은 소극적인 의미로 쓰인다. 이 경우에는 Shue의 견해가 타당성이 있다.

291 예를 들면 표현의 자유는 타인의 명예를 훼손하지 않는 범위 내에서 적절히 조정될 필요가 있다. 시민들이 이동하는 장소에서 집회할 자유는 이동의 자유를 어느 정도 보장하는 범위 내에서 적절히 조정될 필요가 있다.

292 복지권(welfare rights)과 생존권(subsistence rights)을 같은 의미로 사용하는 경우(예컨대 Henry Shue)도 있지만, 일반적으로 복지권은 건강 의료서비스와 기초교육을 포함하는 포괄적 개념이며, 생존권은 최저생활권 또는 기초생활권과 같은 의미로 쓰이고 있다.

293 예를 들면 우리나라는 모든 사람에게 건강권을 보장하기 위해 국민건강보험 제도를 도입

으로 사회로부터 혜택을 받는 사회구성원들에게 있지만, 그것을 실현해야 할 최종 책임은 복지 재원을 마련하는 국가나 정부 또는 기업에 있다. 복지권 또는 생존권의 실현은 부유한 사람들의 합의에 따르는 협조와 함께 정부의 재원 마련이 어느 정도 가능하느냐에 의해 결정된다.

인간이 본래 누리는 자유 역시 인간의 이익으로, 모든 자유가 인권의 지위를 누리는 것은 아니다. 자유 중에는 사회적 효용성이나 공동선에 쉽게 양보할 수 없는 기본적 자유가 있는 반면에, 사회적 효용성이나 공동선에 의해 제한될 수 있는 자유가 있다. 신체의 자유, 표현 또는 언론의 자유, 사상의 자유, 양심의 자유, 집회 또는 결사의 자유, 직업선택의 자유 등은 개인이 어떠한 삶의 계획을 갖고 있건 간에 누구에게나 요구되는 기본적 자유이다. 이러한 기본적 자유는 민주주의 사회에서 요구되는 기본적인 가치이기도 하다. 이러한 기본적 자유는 그것을 실현하기 위해 다른 사람들이 짊어져야 할 부담은 없다. 그러한 자유들은 단지 다른 사람이나 정부가 간섭하거나 방해하지 않으면 실현될 수 있다. 그것들은 모든 사람의 삶에 필수적이며 기본적이기 때문에 사회적 효용성이나 공동선이라는 명분으로 정부가 입법을 통해 쉽게 제한할 수가 없다. 그러한 기본적 자유들은 일반적

했지만, 부자들은 민간 보험에 들어 스스로 자신들의 건강을 돌보면서 동시에 국민건강보험료를 부담하는 것에 거부감을 느낀다. 그들에게는 국민건강보험 제도하에서 서민들과 똑같은 의료 혜택을 받으면서도 누진적인 보험료 책정으로 큰 부담을 느낀다고 보기 때문이다. 자기들이 부담하는 국민건강보험료는 가난한 사람들이나 일반 서민들의 혜택으로 돌아간다고 그들은 생각한다.

으로 자유민주주의 헌법에 보장되어 있으며, 입법을 통해 쉽게 제한할 수 없다. 그러므로 그러한 자유들은 생명권이나 신체의 안전권 등과 함께 "정부의 입법적 권한에 의해 영향을 받지 않는" '헌법적 면제권'(constititutional immunity rights)의 지위를 갖게 된다.[294] 그러나 인간 삶에 필수적인 기본적 자유와 달리, 어떤 자유는 국민의 생명이나 건강 또는 공중위생과 같은 공공이익의 증진을 위해 제한될 수 있다. 도로에서 주행 속도를 마음대로 낼 수 있는 자유는 생명의 안전을 위해 법으로 제한받는다. 예전에는 국민이 심각하게 느끼지 않았던 길거리 상에서의 쓰레기 투기행위나 흡연의 자유는 쾌적한 환경에 대한 사람들의 욕구 증대로 인해 법으로 제한을 받는다. 공정한 자유 경쟁의 거래 질서를 확립함으로써 경제 효율성과 사회적 효용성을 높이기 위해 경제활동에서 독과점이나 담합을 할 수 있는 자유를 법으로 규제하기도 한다.

표현의 자유나 사상의 자유 등과 같은 기본적 자유는 인간이 본래 소유하는 권리이다. 그러한 자유권은 사회계약을 통해서 확립되는 것이 아니며, 사회계약 단계에서 기본적으로 전제된다. 그러나 생명권이나 신체의 안전권 등과 같은 기본적 권리는 사회계약을 통해 비로소 확립된다. 사회계약을 통해 권리와 함께 의무가 규정된다.[295] 의

294　H. L. A. Hart, "Bentham on Legal Rights," in D. Lyons(ed.), *Rights* (1979), pp. 146-7 참조.

295　표현의 자유나 사상의 자유와 같은 기본적 자유는 생명권이나 신체의 안전권과 같은 기본적 권리와 달리 의무가 논리적으로 수반되는 것이 아니다. 호펠드적 권리체계에 따르면, 내가 생명권이 있다면 다른 사람은 나의 생명을 해쳐서는 안 될 '의무가 있다'. 그러나 내가 어떤 것을 표현할 자유가 있다면 나는 그것을 표현하지 말아야 할 의무는 없다, 즉 다른 사람은 나에게 그러한 그것을 표현하지 말라고 요구할 '권리가 없다'. 물론 그러한

무가 수반되는 그러한 권리(엄밀한 의미의 권리 즉 요구권)는 개인의 자유를 제약한다. 그러므로 그것의 실행을 위해 사람들 상호 간의 합의가 요구되는 것이다. 인간은 다른 동물과 마찬가지로 자신의 자유를 제약받는 것을 싫어한다. 그럼에도 불구하고 사람들이 자신의 자유를 일부분 제약하기로 합의하는 것은 그렇게 함으로써 자신의 생명과 신체의 안전 등과 같은 인간의 기본적 이익을 보호받을 수 있기 때문이다. 인간은 다른 동물과 달리 자신의 이익을 위해 상호 계약을 통해서 스스로를 규제할 수 있는 규칙을 만들어 내는 능력이 있다. 칸트가 주장한 것처럼 이러한 자율적인 입법 능력과 함께 그러한 규칙을 따르는 능력이 있다는 것이 인간으로 하여금 존엄성을 지니게 한다고 볼 수 있다.[296]

복지권 또는 생존권의 정당성은 어떻게 확보되는가? 헨리 슈가 주장한 바와 같이, "재산법은 오직 생존권이 충족되는 경우에만 도덕적으로 정당화될 수 있다. 재산 소유를 위한 사회적 보장 장치는 생

표현을 못 하도록 다른 사람이 협박하면서 방해하지 말아야 할 의무가 있다고 말할 수도 있다. 그러나 이 경우의 의무는 표현의 자유에 '논리적으로' 수반되는 의무가 아니라, 표현의 자유를 주변에서 보호해 주는 '보호적 의무'이다. 이러한 보호적 의무는 표현의 자유뿐만 아니라 모든 기본적 자유를 보호해 주는 역할을 한다. 협박하지 말아야 할 의무에 상응하는 권리는 표현의 자유가 아니라 협박당하지 않을 권리이다. 제1장 1절 4) '권리의 유형: 호펠드적 권리 유형' 참조

296　인권에는 위에서 예로 든 기본적 자유와 권리 외에 실체적 권리들(substantive rights)을 최대한 보장하고 보호하기 위해 요구되는 절차적 권리들(procedural rights)이 또한 있다. 예컨대 공정하고 공개적인 재판을 받을 권리(인권선언 제10조), 무죄 추정에 대한 권리나 소급 처벌을 받지 않을 권리(인권선언 제11조 1항과 2항)도 인권의 범주에 속한다. 이들 절차적 권리는 실체적 권리를 확보하기 위한 수단적이며 보조적인 인권이라고 볼 수 있다.

존 가능성에 대한 사회적 보장 장치와 결합하지 않는다면 불공정하다."[297] 절도를 금지하는 규칙을 당연시하지만, 굶주린 아이들에게 먹이기 위해 빵 한 조각을 훔치는 것이 진정 나쁜 것인가? 합의 이론가들이 인정한 것처럼, 보다 심층적으로 어떤 조건에서 그러한 규칙들을 갖는 것이 공정한가를 우리는 물을 수 있다.[298] 굶주림의 공포를 지닌 사람이 절도를 금지하는 재산 제도를 사회가 갖는 것이 공정하려면 어떤 조건이 충족되어야 하는가? 소유권과 재산의 이전을 규제하는 제도가 공정하려면 인간의 생존에 요구되는 기본 조건들이 제도에 대한 존중을 요구받는 사람들에게 보장되어야 한다.[299] 롤스도 주장한 것처럼 사회는 상호이익을 위한 협동체이다. 복지권을 포함한 인권은 상호이익을 위한 협동체가 유지되기 위한 공정한 조건이다. 있는 사람의 재산권이 보장되려면 다른 사람들 특히 기초생활 수준 이하의 최소수혜자의 협조가 요구된다. 이들의 협조가 없이는, 있는 사람들의 재산권이 확보될 수 없다. 헨리 슈가 주장한 것처럼, "사람들에게 어떤 것을 요구하고 그 대신 아무것도 제공하지 않는 것은 공정하지 못하다."[300] 있는 사람들이 없는 사람들에게 재산권 보장을 요구하려면 없는 사람들에게 생존권을 보장해 주어야 한다. 이것이 상호이익을 위한 협동체로서의 사회가 유지되기 위한 공정한 조건이다. 이러한 조건은 사회계약을 통해 합의하게 될 것이다.

297 　Henry Shue, *Basic Rights*, p. 124

298 　ibid., p. 124 참조.

299 　ibid., p. 125 참조.

300 　ibid., p. 126.

　여기서 의미하는 계약은 입법기관을 통해 이루어진 실제적인 계약 또는 합의가 아니라 가상적인 계약 또는 합의이다. 사람들이 자연 상태에서의 자유를 제한하기로 합의함으로써 기본적인 권리와 그에 따르는 의무가 생성하게 되는 것은 그들이 실제로 특정의 시간과 장소에서 합의했기 때문이 아니다. 여기서 의미하는 계약은 무제한적인 자유가 주어지는 자연 상태에 놓여 있다면 사람들은 그러한 자유를 제한하기로 합의한다는 것을 의미한다. 그런데 실제로는 자연 상태에 놓여 있지 않고 실제 사회에 살고 있는 사람들이 왜 자연 상태에서의 계약에 관심을 가져야 하는가? 자연 상태에서의 가상적인 계약에 왜 우리가 따라야 하는가? 이러한 물음에 대해, 기본적인 권리가 어떻게 생성되는가를 묻게 된다면, 그러한 권리가 없는 상태를 상정하지 않을 수 없다. 기본적인 권리가 없는 상태는 그에 따르는 의무가 없고 무제한적인 자유만이 있는 자연 상태를 의미한다. 생명에 대한 권리나 신체의 안전에 대한 권리가 없고 그것을 존중해야 하는 의무가 없는 자유의 상황에서는 모든 사람이 서로 간 다른 사람의 생명과 신체의 안전 또는 다른 기본적인 이익을 해칠 가능성이 있다. 이러한 불안한 상황에서 사람들은 그러한 기본적인 이익을 상호 존중하기 위해 권리(그리고 그에 수반되는 의무)에 관한 규칙에 합의하게 될 것이다.

　자연 상태에서의 합의가 가상적이어도 사람들은 그러한 합의를 전제하면서 사회를 운영하며 살아간다. 우리가 법을 지키는 것은 입법기관에서 우리의 대표자가 그 법을 합의했기 때문이라고 보통 말한다. 그런데 입법기관의 모든 실제적인 합의가 구속력이 있는가? 인간의 기본적 자유와 권리를 침해하는 법은 구속력이 없다. 독재 사회에서 인간의 기본적 자유와 권리가 침해되고 헌법이나 법률이 그러한 기본권을 보호하고 있지 못한다면 도덕적인 구속력을 갖지 못한다. 한 사회의 법체계가 구속력이 있으려면 기본적 자유와 권리에 대한 존중이 합의되었다는 것을 전제한다. 사람들 간의 일상적인 계약이나 합의에서도 기본적인 자유와 권리가 전제되는 것은 마찬가지이다. 계약당사자들 간에 한쪽이 신상의 위협을 받은 상태에서 계약이 이루어진다면 그 계약은 구속력이 없을 것이다. 일상적인 계약에서 기본적인 자유와 권리에 대한 실제적인 합의가 없어도 계약당사자들 간에는 그것들에 대한 합의가 이미 이루어져 있다는 것을 전제한다.

(3) 계약 논증에 대한 평가

자연론적 인권론은 공리주의와 같은 결과론적 이론과 마찬가지로 개인의 행동을 동기화하는 데 어려움이 있을지 모른다. 최대 행복을 가져오는 규칙을 내가 왜 따라야 하는지를 묻는 것이 당연한 것처럼, 단지 인간에게 기본적 이익(능력, 필요)이 있다는 점 때문에 사람들이 그것에 대한 권리가 있고 그 권리에 따르는 의무를 따라야 하는가 하는 문제를 제기할 수 있다. 기본적 이익은 인권의 내용이 될 수는 있어도 그 자체 인권의 지위를 얻는 것이 아니다. 인권의 지위를 얻으려면 어떤 기본적 이익이 인권으로서 지위를 누리는가에 대한 합의가 있어야 한다. 기본적 자유는 원초적 입장에서 다른 기본적 이익에 관련된 합의가 이루어질 때 이미 전제된다. 원초적 입장에서의 합의는 기본적 자유를 제외한 그 밖의 자유를 제한함으로써 기본적 이익을 보호하기 위한 규칙에 대한 합의이다. 그러한 규칙에 따라 기본적 권리와 함께 그에 수반된 의무가 발생한다. 그러므로 원초적 입장에서 사람들이 각자 상호이익을 위해 합의하게 되는 인권은 내가 따를 수 있는 동기를 부여한다. 내가 따르기로 합의한 것을 내가 왜 따라야 하는가 하는 물음을 제기하는 것은 이율배반적인 물음이다. 이런 점에서 계약론적 인권론은 다른 인권론에 비해 자기 구속력이 강하다고 볼 수 있다.

　롤스의 계약론적 관점에 의하면 〈정의론〉에 제시된 기본권 또는 기본적 자유는 기본선(primary goods)으로 표현되지만, 그 역시 그러한 인권을 인간의 중요한 기본적 이익을 보호하는 것으로 이해한다.[301] 롤스에 의하면 기본적 자유는 인간에게 주어진 당연한 권리로 간주하고, 그것을 어떻게 정당화하느냐보다는 그것을 어떻게 분배하느냐에 초점을 맞춘다. 기본선의 분배를 규정하는 정의 원리의 합의는 원초적 입장에서 소위 '무지의 베일' 하에 이루어진다. 계약당사자는 자신과 자신의 사회에 대한 특수 사정을 모르는 상태에서 정의 원리를 합의한다. 무지의 베일의 개념은 국제 정의의 원리(인권의 규정이 포함된 원리)를 제시하는 〈제국민법〉에서도 채택된다. 왜 합의 당사자가 무지의 베일 하에 합의해야 하는가? 왜 실제적인 인간들이 자신과 관련되는 사실을 모르는 무지의 베일 하에서 합의한 것을 따라야 하는가? 이러한 물음에 롤스는 공정성을 확보하기 위해서라고 말한다. 그러나 이

301　롤스가 관용과 인권을 절충함으로써 인권의 범위를 축소시킨 〈제국민법〉에서의 인권에 관한 관점보다는 〈정의론〉에서 제시된 기본권 또는 기본적 자유의 목록이 인권선언이나 인권규약에 더 충실하다는 것을 앞에서 주장하였다.

경우에 확보된 공정성은 임의로 설정된 것으로, 왜 그러한 공정성을 따라야 하는가 하고 물을 수 있다. 사람들이 자신과 관련된 특수한 사실을 베일에 가리고 어떤 원리를 선택한다면 실제로는 한 사람의 선택으로 귀결되며, 여러 사람의 '합의'라는 말을 이야기할 수는 없을 것이다.

그런데 사람들이 자신에 관련된 특수한 사실을 안다면 권리를 규정하는 규칙이나 원리에 합의할 수 있을까? 이성을 가진 합리적인 사람들이 자유롭고 평등한 자연 상태에서 인권과 그에 수반된 의무를 규정하는 규칙들에 동의할 것이라는 주장에 대해, 힘 있고 재능있는 사람은 사회계약에 동의하지 않을 것이라는 반론이 제기될 수 있다. 사회적 규범이 없는 자연 상태에서는 가정(assumption)에 의해 권리나 의무가 없으므로 누구나 자유롭지만 그 자유를 행사하는 능력에서 차이가 날지 모른다. 자연 상태에서 평등하다는 것은 규범적 의미에서 평등하다는 말이다. 즉 사람이 차별받을 때 왜 차별을 받는지 그 이유를 묻는 것이 당연하며, 차별할 정당한 이유가 없을 때는 평등하다는 의미이다. 자연 상태에서 사람들은 물리적이거나 정신적인 측면에서 차이가 날 수 있다. 자연 상태에서 힘이 있고 재능이 있는 사람은 다른 사람에 비해 자신의 이익을 추구할 수 있는 자유를 더 많이 누릴 수 있을 것이다. 그러므로 그들은 자연 상태에서 자신의 자유를 제약하는 규칙들을 실제로는 합의하지 않을지 모른다. 그러나 아무리 능력이 있고 재능이 있다고 해도 사람은 누구나 생명과 신체의 안전에 위협을 받을 수 있다. 누구나 다른 사람에 의해 자신의 소유물을 강탈당할 수 있고 명예의 손상을 당할 수 있으며 사생활을 침해당할 수 있다. 누구나 인간으로서의 품위 있는 생활 수준 이하로 전락할 수 있다.[302] 단지 개인 능력의 차이 때문에 그러한 위협이나 불행에 대처할 수 있는 수단이 많고 적을 뿐이다. 따라서 그러한 위협이나 불행으로부터 보호받을 수 있는 안전장치를 누구나 원한다. 그리하여 자신을 보호할 안전장치인 규칙을, 즉 상호이익을 위한 협동의 조건으로서 인권과 그에 수반된 의무를 규정하는 규칙을 서로 합의하게 될 것이다. 이렇게 해서 자유롭고 평등한 인간들이 사회의 공정한 협동의 조건으로서의 인권을 채택하게 된다. 합리적이고 합당한 인간들이 상호 갈등하는 다양한 이론과 가치관을 지니고 있지만, 상호이익을 위한 사회의 공정한 협동의 조건으로서 인간의 기본적인 이익을 보호하기 위한 안전장치로서의 인권에 대해 합의할 것이다.[303]

---

302 재벌이 될 수 있는 재능 있는 사람은 복지권을 보장하는 규칙에 동의하지 않을지 모른다. 복지권의 수혜자는 가난하거나 능력이 없는 사람들로, 부자이거나 재능 있는 사람들은 오히려 복지 예산을 부담하는 쪽이고 그 수혜자가 되지 않는다고 생각할 수 있기 때문이다. 그러나 '부자'라는 것은 재산권이 인정된다는 것을 전제하는데, 재산권을 규정하는 규칙이 아직 합의되지 않은 원초적 입장에서는 그러한 권리가 생성된 것이 아니다. 단지 부자가 될 자질이나 재능이 있는 사람으로서 복지권에 반대할 수 있을 것이다. 그러나 사람의 운명은 알 수 없다. 부자가 될 자질이 있는 사람이 하루아침에 거지가 될 수 있다. 그런데 일단 사회가 확립되고 재산권이 인정된 상황에서 부자들은 복지권의 실현에 저항할 수 있다. 그러나 사회의 평화로운 유지에서 가장 혜택을 받는 사람의 집단은 재산과 능력 있는 사람들이다. 그들이 안정적인 삶을 누리기 위해서는 특히 기초생활 수준 이하로 떨어진 사람들 즉 '최소수혜자'의 협조가 필요하다. 이들이 기초생활 수준 이하의 삶을 누릴 수밖에 없는 상황에서는 왜 사회의 평화로운 유지가 필요할까 하는 의문을 제기할 수 있을 것이다. 이러한 논증이 복지권 실현의 정당화 논리를 또한 제공할 수 있을 것이다.

303 원초적 입장에의 계약당사자는 합리적일 뿐 아니라 합당한 사람들이다. 그들은 자신의 이익을 위해 무제한적인 자유를 제약하는 것이 합리적이라고 생각할 뿐 아니라, 상호이익을 위한 협동의 공정한 조건에 합의하고 그에 따르는 것이 서로에게 이익을 준다고 생각한다는 점에서 합당성을 지닌다. 롤스가 주장한 것처럼, 합리성은 단일한 행위자의 목적이나 이익의 추구와 관련되고, 합당성은 상호이익 즉 호혜성을 위한 협동의 공정한 조

그런데 여기서 '상호이익을 위한 사회의 공정한 협동의 조건'으로서 인권을 이야기할 때 의미하는 사회는 국내 사회인가 국제사회인가? 정치론적 관점의 인권을 주장하는 사람들은 롤스를 포함해서 인권을 국내 사회보다는 특히 국제사회에서 통용되는 권리로 인식한다. 그들은 '인권'이라는 말 대신 '국제 인권'이라는 말을 즐겨 사용한다. 그들에게 인권은 국내 사회의 구성원인 국민보다 국제사회의 구성원들 즉 국가들에 그 의무가 주로 주어진다. 국제 관행의 일부로서 인권규약들은 조약에 합의한 국가들에 구속력이 있는 국제법이다. 그래서 인권은 '국제법적 인권'이라고도 한다. 국제법상의 인권 의무는 주로 국가가 짊어진다. 국가가 그 국민에게 인권 의무를 이행하지 않을 때는 국제사회가 간섭하거나 제재를 가한다. 그러나 지금까지 논의한 계약 논증에서는 국가가 국민에 대해 인권 의무를 이행해야 할 뿐만 아니라 국민 개인들 간에도 각자가 서로 그 의무를 이행해야 한다. 이러한 입장은 세계인권선언이나 국제인권규약들에도 명시하고 있다. 인권은 국가 안에서 국가와 국민 간에 그리고 국민 개인들 상호 간에 우선으로 존중되어야 할 권리이다. 국가 안에서 인권은 그 지위가 불안정하므로 국제인권규약 등의 국제규범과 관행에 의해 보호되고 있다. 비록 '인권'이라는 이름으로 명시적으로 표현하지는 않았지만, 인권은 국제사회가 법적인 권리로 인정하기 전에 이미 인류의 역사에서 국가와 국민 간에 그리고 국민 개인들 상호 간에 지켜야 할 권리로서 여러 형태로 존재해 왔다. '인권'이라는 이름으로 인

건을 수용하고 따르는 것과 관련된다.

권이 국제적인 문제로 인식되기 시작한 것은 대체로 제2차 세계대전이 끝나고 유엔이 인권선언을 공표한 이후부터이다. 인권은 국제사회가 국제인권법으로 인정했기 때문에 존재하는 것이 아니라, 인류가 이성에 근거해 합의해 왔던 권리이기 때문에 국제사회가 그것을 국제인권법으로 인정해서 보호하고 있다.[304] 국민 각자의 기본적 이익을 보호하기 위해 국가는 개인의 인권을 존중해야 할 뿐 아니라 국민 개인들도 서로 간에 인권을 존중할 의무가 있다. 그리고 국제사회는 "세계의 자유, 정의, 평화"를 증진하기 위해 그러한 인권을 세계인권선언과 국제인권규약이 인정하고 국가들이 자국민들의 인권을 존중하도록 요구한다.[305] 만약 인권을 위반하는 경우에는 유엔 인권 기구를 통해 간섭하고 제재한다. 요컨대 인권 의무는 국내 사회에서 국가와 국민 그리고 국민 개인들 사이에 적용되고 국가가 인권 의무를 이행하지 않은 경우에는 국제사회가 개입한다.

인권은 국제사회 이전에 국내 사회에서 우선적으로 적용된다. 그렇다면 롤스의 계약 논증에서처럼 국가(자유주의 국가와 품격 있는 국가 국민의 대표자) 간의 계약을 통해 국제 정의의 원리를 선택하고 그 원리 중의

304　인권 관련 문제를 언급하는 100개 이상의 조약 중 7개가 보통 국제인권법의 핵심을 제공한다. 두 개의 국제인권규약(1966), 모든 형태의 인종차별 철폐에 관한 협약(1965), 모든 형태의 여성 차별 철폐에 관한 협약(1979), 고문과 다른 형태의 잔인한, 비인도적인, 모멸적인 대우와 처벌의 철폐에 관한 협약(1984), 아동의 권리에 관한 협약(1989), 장애인의 권리에 관한 협약(2006)이 국제인권법의 핵심을 이루고 있다. 2016년 12월 기준 이들 조약은 평균 175개 국가가 가입 당사국(조약에 인준 승인한 국가)이다. 89%의 비준 비율을 점하고 있다. J. Donnelly & D. J. Whelan, *International Human Rights* (5th ed.), p. 15 참조.

305　세계인권선언과 국제인권규약들의 서문에서는 "모든 인간의 고유한 존엄성과 동등하고 불가침의 권리를 인정하는 것이 세계의 자유와 정의와 평화의 기초"라고 선언하고 있다.

하나로 인권을 설명하는 방식에는 문제가 있다. 그러한 설명 방식 때문에 롤스는 품격있는 위계사회를 관용하기 위해 인권의 종류를 최소한으로 축소함으로써 인권선언이나 인권규약에 제시된 인권을 충실하게 반영하지 못하고 있다. 오히려 국내 사회에 적용되는 〈정의론〉의 계약론적 관점이 인권에 관한 설명으로 더 적합하다. 그러나 〈정의론〉에서 말하는 계약은 무지의 베일 하의 가상적 계약으로 구속력의 관점에서 볼 때 역시 문제가 있다. 왜 무지의 베일 하의 계약을 우리가 수용해야 하는가 하는 문제를 제기할 수 있다.

롤스의 〈제국민법〉에서 설명하는 인권들은 〈정의론〉에 제시되는 기본적 권리 또는 자유보다 인권선언이나 인권규약의 권리들을 반영하지 못하고 있다. 〈정의론〉의 기본적 권리나 자유도 인권선언이나 인권규약에 규정된 인권들을 충실하게 반영하지 못한다. 원래 〈정의론〉은 기본적 자유와 같은 기본선을 어떻게 분배하느냐 하는 정의의 문제를 다루었기 때문에 그럴 수 있다고 여겨진다. 그런데 인권선언이나 인권규약에 규정된 인권들도 확정된 불변의 권리들이 아니다. 국제권리장전은 인권의 필요조건도 충분조건도 아니다.[306] 국제인권규약은 인권의 내용이 수정될 가능성을 열어놓았다. 인권은 국제인권법과 동일시될 수 없다. 많은 법률지향적인 사람들은 실제로 인권을 국제인권법과 동일시한다. 그러나 이것은 만족스럽지 못하다고 캠프벨(T. Campbell)은 주장한다. 왜냐하면 "유엔은 인권을 발명했다

---

306 국제권리장전(국제인권장전)은 세계인권선언과 두 개의 국제인권규약(시민적 · 정치적 권리에 관한 국제규약, 경제적 · 사회적 · 문화적 권리에 관한 국제규약)을 일컫는다. 가끔 유엔헌장의 인권 관련 규정을 포함하는 경우도 있다.

고 주장할 수도 없고 하지도 않기 때문이다. 오히려 유엔과 다른 기구는 인권을 성문화하고 시행하려고 했다. 더군다나 국제권리장전은 그것의 성취에도 불구하고 결함을 지니며 발전"하고 있다."[307] "인권은 선언적 의미로 도덕적 권리이다. 따라서 그것은 국제법이건 특정 국가의 헌법이건 어떤 형태의 실정법과 동일시될 수 없다."[308] 정치론적 관점을 옹호한 라즈에 의하면 인권은 법으로 인정된 도덕적 권리이다. 오직 '예외적으로 중요한' 특별한 종류의 도덕적 권리만이 법으로 강제되어 인권이 될 수 있다.[309] 인권은 인간의 기본적 이익이나 필요를 보호하거나 보장하는 중요한 도덕적 권리이기 때문에 법으로 강제된다. 그러나 대부분의 인권은 법적 보호를 받고 있지만, 인권의 자격이 있으면서 법의 보호를 받지 못하는 인권이 있을 수 있다. 어떤 법이 중요한 도덕적인 권리를 인권으로 인정하고 사람들이 합의한다면 인권은 법적 보호를 받을 수 있을 것이다. 인권의 법적인 보호에 대한 합의는 사회구성원들의 의식적 또는 문화적 발전에 따라 차이를 보일 수 있다. 인권은 법적인 보호와 상관없이 그 자체 특별히 중요한 도덕적 권리로서 존재한다.

---

307   T. Campbell, *Rights*, pp. 38-9.

308   ibid., p. 39.

309   J. Raz, "Human Rights in the Emerging World Order," in R. Cruft, et. al. (eds.), *Philosophical Foundations of Human Rights*, p. 224.

제5장

인권의 팽창과 해석에 관한 논쟁

앞의 제4장에서 논의한 인권의 근거에 관한 이론은 인권 자체 또는 일반
적 인권이 어떻게 정당화되는가를 밝히기 위한 일반적인 정당화 이론이다. 인
권의 근거에 대한 논의는 인권이 지나치게 팽창하는 것이 인권의 권위를 약화
시키기 때문에 인권을 평가하기 위한 일반적 근거를 제시하는 데 하나의 목
적이 있다. 그러나 그러한 일반적 근거는 특수한 권리가 인권이 될 수 있는가
를 엄밀하게 평가하는 데는 한계가 있다. 제1절에서는 우선 인권의 팽창이 어떠
한 문제를 야기하고 그러한 문제에 대해 인권 이론들이 어떻게 대응했는가, 특
수한 권리들의 팽창을 예방하기 위한 기준에는 어떤 것이 있는가, 그리고 새로
운 인권이 생성될 가능성이 있는가를 살펴볼 것이다. 제2절에서는 기존에 확립
된 인권들에 대한 해석 문제를 다룰 것이다. 모든 사람은 자유권, 생명권, 신체
안전권, 복지권을 갖는다는 주장에서 볼 수 있는 것처럼, 인권은 개념(concept)의
수준에서는 비교적 일반적이고 보편적이다. 그러나 특정 인권 개념은 보다 더 구체적
인 다양한 관념(conception)을 보통 갖게 된다. 그리고 특수한 관념은 여러 가지 실행 방
식을 갖게 마련이다. 일반적이고 추상적인 인권의 구체적인 내용과 한계가 무엇이냐
에 따라 인권의 실행 방식이 달라질 수 있다. 인권들이 어떻게 해석되느냐에 따라 인
권이 어떤 방식으로 실행되느냐가 결정되기 때문에, 제2절에서는 자유권, 사생활권,
생명권, 생존권, 자기결정권 등의 일반적인 인권이 어떻게 해석되는가의 문제를 다룰
것이다.

1. 인권의 팽창 또는 생성과 관련된 논쟁

1) 인권 팽창의 문제점과 인권 이론들의 대응 방식

권리 또는 인권의 개념은 강력한 고려 사항이기 때문에 그것은 도덕적 혹은 정치적 주장을 하는 사람들에게는 매력적인 개념이다. 그들은 도덕적 · 정치적 담론에서 '인권'이라는 말을 사용하면서 그것의 팽창을 주도해 왔다. 자신의 요구가 절박하다고 생각하는 사람들은 그 요구가 권리로 인정되기를 희망한다. 자신들의 요구가 합당한 것이건 아니건 그것을 '권리' 또는 '인권'이라는 이름으로 주장할 때 그 요구의 압박 정도가 더 크다고 생각한다. 자신들의 요구를 사회나 정부가 들어주어야 한다고 주장하거나 또는 단순히 요구를 들어주라고 주장하는 것보다는 자신들이 원하는 것을 요구할 권리가 있다고 주장하는 것이 더 강력하다. 그러나 그러한 권리 주장이 언제나 합당한 것은 아니다. 어떤 권리 주장은 결국에 권리로서 인정받을 수도 있지만, 많은 경우 실행 불가능한 선언적인 주장으로 밝혀질 수 있다.

권리 주장이 무제한으로 이루어질 경우에는 진정으로 인정되어야 할 권리가 제대로 대접을 받을 수 없는 상황에 이를 수도 있다. 그럴 경우에 권리 담론을 대수롭지 않은 사소한 것으로 만들 수 있는 문제가 발생할 수 있다. 많은 인권 이론가는 권리 또는 인권 언어를 광범위하게 사용함으로써 그 개념의 유용성과 가치를 희석시킬 것이라고 걱정했다. 유급 정기 휴가의 권리(인권선언 제24조)를 인권의 목록으로 설정하면 사람들은 공정한 재판을 받을 권리가 유급 정기휴가권처럼 중요하지 않은 것으로 생각할 수 있다고 걱정한다.[1] 유급 정기 휴가의 권리는 대부분의 인권 이론가가 인권이라고 하기에는 미흡하다고 생각한다. 권리 팽창으로 인해 인권 이론가들은 인권에 대한 질적인 관리와 진지한 비판적 평가를 하지 않을 수 없다.

인권의 근거로 앞에서 제시한 이론들이 인권의 팽창 문제에 대해 효과적으로 대응할 수 있는가? 특히 정치론적 관점은 자연론적 관점이 그러한 문제에 대응하는 데서 취약하다는 비판을 제기한다. 정치론적 관점에서 라즈는 자연론적 또는 인성론적 관점에 있는 그리핀을 비판하면서, 만약 '인간성'(personhood)을 인권의 근거로 본다면 좋은 삶의 모든 조건을 포함하게 되는 권리 팽창을 예방하기 위해 객관적인 선을 긋는다는 것은 불가능하다고 주장한다.[2] 자율성을 인간성의 핵심 요소로 보는 그리핀의 이론에 따르면 자율성을 보호하는 데 필요한 것은 무엇이든지 인권이 될 수 있다. 만약 인간성에 자율성을 포

---

1   James. Nickel, *Making Sense of Human Rights* (2nd ed.), p. 96.

2   J. Raz, "Human Rights Without Foundations," in S. Besson and J. Tasioulas(eds.), *The Philosophy of International Law*(Oxford: Oxford University Press, 2010), p. 324.

함한다면 그리고 자율성이 다양한 넓은 범위의 선택지를 갖기를 요구한다면 인권은 그 모든 선택지를 포함하도록 확대되어야 할 것이다. 물론 그리핀은 인권을 규정하는 데 '실행 가능성'이라는 제한 조건을 제시한다. 그러나 실행 가능성의 조건은 그의 자율성 이론과 같은 자연론 자체로부터 필연적으로 귀결되어 나오는 조건은 아니다. 실행 가능성의 개념을 끌어내기 위해서는 사회구성원들 간의 상호협동의 조건을 인권으로 보는 계약론과 같은 다른 이론의 도움이 필요하다. 실행 가능성은 권리에 수반되는 의무의 담지자가 보는 관점에서 실천할 가능성이 있는지를 주로 보는 것인데, 계약론과 달리 자연론적 관점은 그 자체 그러한 의무 관념을 내포하고 있지 않다.

그런데 그리핀은 인권선언이나 인권규약 등과 같은 인권 관행을 중시하는 정치론적 관점에 대해서도 인권 팽창의 문제를 지적한다. 앞에서 예시한 정기유급휴가권(인권선언 제24조)뿐만 아니라, 명예(honor) 또는 명성(reputation)에 대한 공격으로부터 보호받을 권리(자유권 규약 제17조)는 없다고 주장한다. 유급휴가권은 단순한 희망 사항이며 선언적 권리에 지나지 않는다. 명예 또는 명성에 대한 공격으로부터 보호받을 권리가 있다면 소설가의 작품이나 학자의 업적을 비판할 수 있는 자유가 제한받게 될 것이다.[3] 최고 달성할 수 있는 수준의 신체적 정

---

3 고작해야 중상모략(libel and slander)에 대해 보상받을 권리가 있다고 말할 수 있으나, 그러한 권리가 법적인 권리로 규정되더라도 인권은 아니라고 Griffin은 주장한다. 그것은 공정성의 문제이지 인권의 문제가 아니라고 그는 본다. (James Griffin, *On Human Rights*, p. 195) 마찬가지로 범죄 혐의에 대해 통고받을 권리, 방어 준비의 적절한 시간을 가질 권리(자유권 규약 제14조 3항) 등과 같은 적법절차의 권리도 그러한 보장에 대한 매우 강력한 정당화는 정의 또는 공정성의 개념을 통해 이루어질 수 있다. 그러한 권리들을 보장하는 근거는 정의

신적 건강에 대한 권리(사회권 규약 제12조)도 없다고 그는 주장한다.[4] '달성할 수 있음'은 나라의 경제적 사회적 정치적 여건에 따라 다른 의무를 함의한다. 최고로 달성할 수 있는 기준이 실제로 달성할 수 있는 것을 의미하는 것이라면, 그러한 기준을 거부해야 한다.[5] 이처럼 자연론적 관점에 있는 그리핀의 관점에서 보면, 인권선언이나 인권규약과 같은 인권 관행을 중시하는 정치론적 관점도 인권 팽창의 문제점을 지니고 있다.

국제적인 인권 관행을 중시하는 정치론적 관점과 마찬가지로 롤스의 계약론적 관점 역시 유사한 문제점을 내포하고 있다. 그는 최소주의 관점을 취하면서 국제인권장전에 포함되어야 할 인권 목록을 오히려 배제한다는 비판을 받는다. 롤스 같은 최소주의자들은 국내에서 요구하는 분배적 정의 원리에 따르는 권리, 즉 복지권을 국제 영역에 적용하는 것을 거부할 뿐 아니라, 어떤 제1세대 권리들, 특히 정치적 참여에서 차별받지 않을 권리들의 국제적 집행을 완화한다.[6] 정치론적 관점의 베이츠는 롤스의 차등 원리에 따르는 복지권을 세계적으로 적용되는 인권으로 보아야 한다고 주장하지만, 롤스는 국제

자체이며, 보다 구체적인 인권의 문제가 아니라고 그는 주장한다. (ibid., p. 199) 그러나 공정한 법적 절차의 권리가 인권의 문제가 아니라는 그의 주장은 논란거리가 될 수 있을 것이다. 그러한 주장은 인권의 근거로서 인간성 혹은 규범적 행위능력(구체적으로 자율성)에 근거를 둔 주장(선결문제 요구의 오류)으로, 인권을 정의의 하위개념으로 보는 정치론적 관점이나 계약론적 관점에서는 그의 견해와 다른 입장을 취할 수 있다.

4   James Griffin, *On Human Rights*, pp. 195, 209.

5   James Griffin, "Human Rights in the Emerging World Order," in Rowan Cruft, et. al. (eds.), *Philosophical Foundations of Human Rights*, pp. 229-30.

6   William A. Edmundson, *An Introduction to Rights*, p. 180 참조.

정의의 문제에 그의 국내적 정의 원리를 적용하는 것을 반대한다. 롤스가 그의 저서 〈정의론〉의 첫 번째 정의 원리에서 규정한 정치적 자유 즉 투표권과 공직 참여의 권리는 국제인권장전(인권선언 제21조, 자유권 규약 제25조)에도 규정되어 있지만, 국제 정의 문제를 다루는 그의 저서 〈국제법〉에서는 정치적 참여의 권리가 여성에게 제한받는 것에 대해서 관용의 입장을 취한다. 이러한 입장은 성별, 종교 등에 의해 차별받지 않을 권리(인권선언, 자유권 규약 제2조)와도 배치된다. 롤스는 인권 팽창 문제를 해결하기 위해 그의 최소주의 입장을 취하면서 인권 목록을 부당하게 축소시켰다는 비판을 받는다.

2) 인권 팽창을 예방하기 위한 기준

니켈(James Nickel)은 국제 인권을 최소한의 기준으로 제한해야 하는 몇 가지 이유를 제시하고 있다.[7] 첫째, 인권이 매우 심각한 문제를 다룬다고 주장함으로써 우리는 높은 우선성과 보편성을 확보한다. 만약 인권이 흡연이나 유급휴가와 같은 문제를 다루기 위한 것이라면 이것은 결국 인권이 중요하다는 주장을 위태롭게 할 수 있다. 둘째, 국가 수준에서 민주적 의사결정을 위한 충분한 공간을 남겨주자는 것이다. 국가의 문화 전통이나 물리적 환경적 상황에 맞는 법과 제도를 형성할 권한을 갖는 것이 적절하다. 셋째, 독립이나 자율을 중요시하는 국가들이 인권을 받아들이기 좋게 한다. 넷째, 대다수 국가들에

---

7   James Nickel, *Making Sense of Human Rights* (2nd ed.), pp. 36-7.

서 보다 더 실현 가능하게 한다.

니켈은 인권 팽창을 예방하고 특수한 인권을 정당화하기 위한 여섯 가지 기준을 다음과 같이 제시하고 있다.[8]

(1) 빈발하는 중대 위협

A. 슈(Henry Shue)의 표준적 위협

그는 인권의 내용을 설명하는 데 위협 또는 위험이라는 직관적으로 매력적인 관념을 처음으로 사용하였다. 그는 권리를 표준적인 위협(standard threats)을 막을 사회적 보장책에 대한 합리적으로 정당화된 요구로 정의하고, 상상할 수 있는 모든 위협이나 제거할 수 없는 위협을 막을 보장책에 대해서는 권리가 없다고 강조하였다. 유엔 인권선언이 바로 전에 끝난 전쟁의 경험(홀로코스트)에서 탄생하게 되었다는 것이 이 점을 증명해 준다.

B. 더셔위츠(Alan Derschowitz)의 불의의 경험

그는 헌법적 인권의 공식화는 불의의 경험에서 나온다고 제안하였다. 사람들은 인간의 심리와 정치제도가 산출하는 가장 심각한 불의(wrongs)와 부정의(injustice)를 차츰 알게 되고 그러한 불의로부터 자신과 동료 시민들을 보호하는 수단을 개발한다. 불의의 예로 그는 홀로코스트, 스탈린의 대량학살, 캄보디아와 르완다의 대학살 등을 들고 있다.

---

8   James Nickel, ibid., pp. 71-9 참조.

C. 도넬리(Jack Donnelly)의 현대 국가로부터의 위협

현대 국가의 여러 제도는 국가들에 공유된 문제를 발생한다. 그리고 이러한 문제들을 위한 유사한 개선책을 채택한다. 만약 모든 국가가 똑같은 기본 제도를 사용하고 이러한 제도들이 대다수 사람이 공유하는 가치들에 독특한 위협을 가한다면 문화적 다양성을 벗어나 인권이 떠오르는 경우가 있다. 그런데 도넬리의 이론이 모든 종류의 인권을 뒷받침할지는 의문이다. 인권이 다루는 모든 문제가 정치제도의 남용에서 나오는 것은 아니다. 배우자 또는 아동 학대는 인권 문제이지만 문제 되는 위협은 주로 정부로부터 나오는 것은 아니다.

D. 특수 집단에 대한 위협

경험한 위협을 적용할 때 모든 또는 대부분의 사람에 대한 위협을 강조한다. 그러나 인류의 서로 다른 집단들의 독특한 문제를 무시해서는 안 된다. 젊은 여성들은 성폭행의 위협과 함께 그들의 성적인, 생산적인 자유에 대한 위협을 경험할 것이다. 그러한 이유로 전문화된 조약과 선언이 인종, 민족, 종교적 소수자, 여성, 아동, 원주민에 대한 위협을 다루도록 개발되었다.

(2) 보호 대상의 중요성

흡연이 중대한 위협인가? 흡연을 허용하는 것이 앞의 네 가지 중 어느 하나의 위협인지를 물을 수 있다. 만약 흡연이 그중 하나라면 혐연권은 인권이 될 수 있을 것이며 그렇지 않다면 인권의 범주에 들어

가지 않을 것이다. 중요성의 기준은 꽤 높이 설정될 필요가 있다. 왜
냐하면 인권은 최소한의 기준이기 때문이다.

(3) 보편성

인권은 높은 우선성을 갖는다. 따라서 사소한 문제를 다루는 권리
는 인권이 될 수 없다. 인권은 전 세계적으로 적용되므로, 특수한 국
가의 제도하에서만 의미 있는 권리는 인권이 될 수 없다.

(4) 효과성

인권에 수반되는 의무는 자유재량이 허용되는 자선적 의무(duty of
charity)와 다르다. 자선적 의무도 사람들이 최소한의 좋은 삶을 누릴 수
있도록 하지만, 제공하는 보호가 불충분하다. 인권에 의한 기본적 이
익의 제공과 보호는 자발적인 봉사자의 선의에 맡겨지는 것이 아니
라 확인 가능한 당사자에게 그 책임이 주어진다. 이 경우 권리에 수반
되는 의무나 책임은 강제적이고 상당한 정도로 확정적이다.

(5) 부담의 정당성

제안된 권리가 부과한 부담이 정당화될 수 있다는 것을 보여주어
야 한다. 인권이 부과한 규범적 부담은 삶 또는 건강을 파괴하지 말아
야 한다. 사람들 각자는 인권의 소유자이면서 동시에 인권 의무의 담
지자이다. 인권 소유자의 입장에서는 가능하면 광범위한 인권을 원
하지만, 인권 의무 담지자의 입장에서는 부담의 규모를 제한해서 그

것이 기본적 자유를 박탈하거나, 삶 또는 건강을 파괴하거나, 아주 잔인하거나 불공정하지 않기를 바란다.

(6) 대다수 국가에서의 실행 가능성

오늘날 대다수 국가에서 특수한 인권을 실행할 가능성이 있느냐가 그것의 정당화를 위한 필요조건이다. 이 조건을 충족하지 못하면 그것은 인권이 될 수 없다. 그럼에도 불구하고 인권의 지위로서 성공할 수 없는 후보가 어떤 국가에서는 헌법적 권리로서 정당화될 수 있다. 더 나아가 실행 가능성을 제외하고 모든 다른 기준을 만족하면서 실행 가능성을 부분적으로 충족한다면 꼭 인권이 될 수는 없어도 상당히 중요한 국제규범이 될 수 있다.

특수한 권리가 인권이 되기 위한 필요조건으로 니켈이 정리한 여섯 가지 기준, 즉 빈발하는 중대 위협, 보호 대상의 중요성, 보편성, 효과성, 부담의 정당성, 대다수 국가에서의 실행 가능성은 특정 인권 이론으로부터 나온 것이라기보다는 우리가 일반적으로 전형적이라고 말할 수 있는 인권들의 공통된 특징이라고 말할 수 있다. 어떤 권리가 위의 여섯 가지 기준을 충족하면 인권으로서의 자격을 갖춘다고 볼 수 있을 것이다. 고문은 조급한 수사관이 범죄혐의자의 신체와 정신에 가하기 쉬운 중대한 위협이 될 수 있다. 그리고 개인의 신체와 정신의 완전성을 보호하는 것은 시대와 장소를 가릴 것 없이 보편적으로 중요하다. 고문을 금지하는 의무는 그와 관련된 기본적 이익을 보호하는 데 효과적이며, 단지 고문을 금하는 의무를 지우는 것은 의무

담지자에게 부담으로 작용하지 않는다. 그리고 고문을 금지하는 것은 특별한 자원이 필요한 것은 아니기 때문에 정부가 의지가 있다면 대다수 국가에서 실행 가능하다. 따라서 고문을 받지 않을 권리는 인권으로서 자격이 있다고 말할 수 있다. 그런데 위의 기준들은 대부분 개념 자체가 추상적이고 모호하므로 구체적인 상황에서 그 기준들을 적용해 어떤 권리가 인권인지를 결정하기가 어려울 수도 있다. 예를 들면 혐연권이 인권이 될 수 있는가? 흡연이 우리의 기본적 이익에 대한 빈발하는 중대 위협이고, 공공장소에서 비흡연자의 건강 보호가 중요하고, 흡연 금지를 보편적으로 적용할 수 있고, 흡연 금지의 의무 부과가 효과를 거둘 수 있고, 공공장소에서 흡연 금지의 의무를 부과하는 것이 흡연자에게 부당한 부담을 주지 않고, 흡연 금지를 세계적으로 실행할 수 있는지를 결정하기는 어려운 일이다. 이처럼 기준이 모호함으로 인해 구체적 상황에서 인권인지를 결정하기 어려울 때는 특정 사회에서 국민의 민주적 의사결정을 통해 법적인 권리로 혐연권을 설정할 수 있을 것이다.

3) 새로운 인권의 생성 가능성

앞에서 제시한 특수한 권리의 정당화를 위한 여섯 가지 기준은 단일한 기준으로만 권리 팽창을 제한하는 것이 아니다. 다양한 기준으로 기존의 혹은 새로이 제안된 권리를 정당화해야 한다. 그러한 기준은 새로운 권리들에 열려 있는데, 왜냐하면 정당화할 수 있는 구체적인 인권의 목록은 여러 신생 문제, 제도, 특정 시공간의 자원들에 달려 있기 때문이다. 인구 증가, 위험한 기술, 증대하는 국제 교류와 무역은 새로운 문제와 부정의를 낳는다.[9] 신생 인권으로 환경권을 생각해 보기로 하자. 환경권을 동물 또는 자연 자체의 권리로 생각하는 것은 권리 주체가 인간이 아니기 때문에 그러한 관념은 일반적인 인권의 관념에 들어맞지 않는다. 환경권은 건강하고 안전한 환경에 대한 인간의 권리로 이해할 수 있다. 안전한 환경에 대한 권리는 주로 정부나 국제 조직에 그 의무를 부과한다. 환경권은 정부와 비정부 행위자의 활동이 안전한 환경을 유지하도록 규제할 것을 그들에게 요구한다.[10] 환경권은 인간을 위한 최소한의 환경 안전 기준을 설정한다. 비교적 높은 기준을 이행할 수 있는 국가들은 국내법에서 물론 그러한 기준을 자유롭게 설정해 실천할 수 있다. 환경권에 대한 정당화는 환경 문제가 인간의 이익이나 가치 또는 규범에 심각한 위협을 가하고, 정부는 그러한 위협에 대응해 사람들을 보호할 책임을 지는 것이 적절하며, 세계의 대다수 정부는 그러한 일을 할 수 있는 능력을 실제 가지고 있다는 것을 보여주어야 한다. 그런데 이 마지막 기준 즉 실행 가능성은 가장 어려운 과제이다. 성공적인 환경 보호는 비용이 많이 들기 때문에 많은 정부가 그것을 제대로 해낼 능력이 없다.[11] 그러

---

9   James Nickel, *Making Sense of Human Rights*, p. 97.

10   James Nickel, ibid., p. 97. 바다에서 화물선이 충돌해 기름이 유출되어 해양을 오염시키면 그것이 한 나라만의 환경 문제가 아니고 전 지구적인 문제를 야기한다. 따라서 환경권은 복지권의 일반적인 이행과 달리 세계의 모든 나라에 그 의무를 부과할 수 있다.

11   James Nickel, ibid., p. 98.

나 국가에 따라 환경 보호의 정도와 수준에서는 차이가 있을지라도 복지에 대한 일반적인 권리를 주장할 수 있는 것처럼, 환경권도 그러한 일반적인 관점에서 주장할 수 있으므로 각 국가는 안전하고 쾌적한 환경의 유지를 위해 꾸준히 노력해야 할 의무가 있을 것이다.

일반적인 권리로서 복지권은 인권으로 인정한다. 그러나 복지권은 추상적이고 모호하다. 인권으로 인정받을 수 있는 복지권의 내용으로 무엇을 고려하느냐에 대해서는 의견이 분분할 수 있다. 생존권이나 교육권은 세계적으로 인정할 수 있는 인권으로 대우받을 수 있을 것이다. 최근에 논란이 되는 권리로, 서서 일하는 노동자들의 '앉을 권리'는 어떤가? 근무 시간 내내 서서만 일하는 것은 고통이며 노동자의 건강에 위협이 될 수 있다. 앉을 권리는 자유권이라기보다는 사용자의 의무가 요구되는 요구권이다. 사용자는 노동자가 앉을 수 있는 의자를 마련해주어야 할 의무가 있다. 그리고 그러한 권리는 보편적으로 통용될 수 있는 인권으로 자격을 부여받을 수 있다. 많은 새로운 인권들이 복지권과 같은 일반적인 권리로부터 도출되어 나올 수 있다. 또 다른 예를 들면 '배설할 인권'은 생소하지만, 인간의 기본적 필요 욕구를 충족하기 위해 사회가 보장해야 할 인권이다. 배설할 인권은 후진국에서처럼 아무 데서나 대소변을 배설할 자유권을 의미하지 않는다. 그것은 정부가 공공장소에 배설할 화장실을 제공해야 할 의무가 있는 권리이다. 우리나라는 유럽 등 다른 나라들과 달리 위생적으로 배설할 수 있는 인권을 보장하는 데서는 선진국이라고 할 수 있을 것이다.

그러나 모든 복지가 인권으로 대접받는 것은 아니다. 사회의 경제적 수준에 따라 사람들이 요구하는 복지의 수준과 정도가 다를 수 있으므로 어떤 사회에서는 복지의 특수한 경우가 인권으로 인정되는 반면에 다른 사회에서는 인정되지 않을 수도 있다. 일반적 권리로서의 복지권은 인권으로 인정되지만, 복지권의 특수한 경우는 사회에 따라 다를 수 있다. 건강 관념은 사회와 문화 또는 시대에 따라 다를 수 있기 때문에 건강을 달성하기 위한 건강권은 광범위하다. 불임, 얼굴 비정상, 정신이상이 건강권의 조건에 포함되어야 하는지는 분명하지 않다. "다른 사회적 목표와 비교하여 건강에 어느 정도의 자원이 투여되어야 하는가를 결정할 표준적인 방법은 없다."[12] 복지권은 국가의 능력 범위 안에서 국가가 달성해야 할 표준을 설정한다. 복지권의 경우에는 국가의 경제적 수준에 따라 그것의 구체적인 내용이 인권으로 보장받을 수 있는지가 결정될 것이다.

신체의 자유는 일반적 권리로서 복지권과 마찬가지로 일반적 수준에서 인권으로 인정되지만, 그것의 수준이나 성격의 차이에 따라 특수한 자유가 인권으로 인정되거나 안 될 수도 있다. 노예가 되거나 예속당하지 않을 권리는 신체의 자유로부터 도출될 수 있는 인권이다. 그런데 자기 신체 일부를 매도할 수 있는 자유는 인권으로 인정되지 않는다. 신체 일부를 매도할 수 있다면, 신체 전체를 매도할 가능성을 배제하기 어렵다. 신체 전체를 매도한다는 것은 자율성이 없는 노예의 지위를 선택한다는 의미이다. 그러나 인간이 노예가 될 수 있는 자유는 없다. 태아는 여성의 신체 일부라면서 "여성의 신체에 대

12　David Miller, "Joseph Raz on Human Rights," in Rowan Cruft, et al., (eds.), *Philosophical Foundations of Human Rights*, p. 242.

한 선택권"을 주장하고, 임신부가 원하면 언제든지 낙태할 수 있는 권리가 있다고 말한다면 논란거리가 된다. 임신 중기(4~6개월) 이후 낙태는 태아에 생명권이 인정된다면 태아의 생명권을 침해하므로 낙태할 자유가 제한될 수 있다. 물론 태아에 생명권이 인정되느냐는 논란거리가 될 수 있다. 태아에 생명권이 주어지지 않는다 해도 무제한적인 낙태는 인간 생명의 존엄성에 미치는 영향을 고려한다면 신중히 고려할 필요가 있다.

일제강점기에 한국인들에게 일본식 이름으로 바꾸라고 강제했던 것처럼, 북한 정권의 독재자가 그의 이름을 가진 사람들이 다른 이름으로 개명하도록 강제한다면 그들은 이름을 박탈당함으로써 존엄성이 크게 훼손 받게 될 것이다. 이름을 박탈당하지 않을 권리는 어느 일반적 권리로부터 이끌려 나오기보다는 인간 존엄성에 기인한다고 여겨진다. 이름을 박탈당하지 않을 권리는 인권선언이나 인권규약에 명시되어 있지 않지만, 인권으로 인정할 수 있다. 자기 이름을 개명하도록 강제당하는 것은 인간의 존엄성이나 가치에 중대한 위협이며, 자기 이름을 박탈당하지 않는 것은 보편적으로 중요하고, 이름을 박탈하지 말아야 할 의무는 소극적 의무이므로 이행하는 데 부담이 없고, 대부분의 국가에서 실행 가능하다. 독재자가 기업체 회장의 충성도를 알아보기 위해 자기가 먹던 음식을 먹어보라고 자기 젓가락으로 집어 넘겨준다면 그 회장은 난처한 상황에 빠질 것이다. 더럽다고 그 집어준 음식을 먹지 않는다면 세무조사 등으로 위협을 당할 수 있다. 이 경우는 특정 인권으로 명명하기 어렵고 그러한 인권이 인권법에 명시되어 있지 않아도 그 회장은 인권을 침해당하고 있다. 회장의 반응이 어떤 식으로 나오느냐에 따라 회사의 운명이 결정되는 위협적인 상황이다. 회사에 대한 보복으로 세무조사를 한다면 회사는 중대한 위험에 빠진다. 개인 자산의 안정적인 존속은 보편적으로 중요하다. 독재자는 부당한 세무조사로 기본적 자유를 박탈하거나 기업의 경영을 방해해서는 안 된다. 세무조사가 잔인하고 불공정하게 이루어져서는 안 된다. 독재자에게 그와 같은 금지 의무를 지우는 것은 정당하다. 그리고 그러한 의무는 소극적인 의무이므로 대부분의 국가에서 실행 가능하다. 따라서 회사의 존망이 걸린 위협적인 상황에 빠진 회장은 독재자가 넘겨준 음식을 강제로 받아먹지 않을 권리를 갖는다.

윤리학자들 간에 많은 논쟁이 이루어지고 있는 '자선 의무'(duty of charity)의 경우를 보기로 한다. 자선의 의무는 의무 이행자에게 자유재량의 여지가 있는 의무이기 때문에 일반적으로 다른 사람에게 그 의무를 요구할 권리가 없는 것으로 인식된다. 그런데 어떤 경우에는 권리로서 요구할 수 있다고 주장하는 사람도 있다. 긴급하게 사람을 구조해야 할 상황에서 주변 사람들에게 커다란 희생이 요구되지 않는다면 구조받는 사람은 주변 사람들에게 구조를 요구할 도덕적인 권리가 있다고 말할 수 있다는 것이다. 생명이 위험한 긴급 상황에서 구조를 하지 않으면 생명을 잃게 되는 사람은 주변 사람들의 의무 불이행으로 권리침해를 받게 될 것이다. 그리고 그러한 의무가 법으로 규정되면 그 의무 불이행자들은 마땅히 처벌받거나 배상할 책임이 있다고 볼 수 있다. 일반적으로는 생명이 위험한 긴박한 상황에서 주변 사람들이 커다란 희생이 없는데도 구조 의무를 이행하지 않으면 도덕적으로 비난을 받아도 법적으로는 제재를 받지 않는다. 그런데 생명이 위험한 긴급 상황에서 구조받는 것은 주변 사람들에게 인권으로서 요구할 수 있다고 본다. 긴급 상황에 빠진 것은 생명에 대한 중대한 위협이며, 생명의 보존은 보편적으로 중요하고, 주변 사람들의 구조 행위가 큰 부담이 없어 실천 가능한 의무이고, 세계 대부분의 나라에서 그러한 구조 행위는 실행 가능하다. 따라서 생명이 위태로운 긴급 상황에서 주변 사람들로부터 구조받는 권리는 보편적 인권으로서 주장할 수 있다. 그러한 권리는 인권으로 인정받을 수 있으므로 법으로 강제할 수 있다고 보인다. 자유권이건 사회권이건 간에 일반적인 권리로서는 인권으로 인정할 수 있지만, 구체적이고 특수한 권리가 인권으로 인정되느냐는 사회적 또는 문화적 배경에 따라 다르게 판단할 수 있다. 인권선언이나 인권규약에 명시된 권리만이 인권의 지위를 누리는 것이 아니다. 현대 사회의 모든 환경이 급속도로 변하고 과학기술이 발달함에 따라 인간의 기본적인 이익에 대한 새로운 위협적인 상황이 발생하고, 인간의 의식과 생활방식이 변해감에 따라 새로운 필요가 출현하게 된다. 그러한 변화된 상황에 맞추어 많은 특수한 권리들이 새롭게 인권의 자격을 갖추면서 증식되어 갈 수 있다. 어느 권리가 인권으로서의 자격을 갖출 수 있는지는 앞에서 제시한 6가지 기준에 따라 결정할 수 있을 것이다. 현대 사회에서 인간의 기본적 이익에 가해지는 위협이나 필요의 결핍으로 인한 위험으로부터 개인을 보호하는 것이 보편적으로 중요하며, 그것을 다른 사람이나 국가에 의무로 부과하는 것이 정당화될 수 있을 만큼 부담스럽지 않아 실천 가능하고, 대부분의 나라에서 실행 가능하다면 그것을 인권으로 인정할 수 있을 것이다.

2. 인권의 해석과 관련된 논쟁

인권은 어떻게 해석하느냐에 따라 인권의 실행이 어떤 방향으로 이루어지느냐가 결정된다. 따라서 다음 장에서 인권의 실행 문제를 다루기 전에 이 절에서는 인권의 해석 문제를 다룰 필요가 있다. 일반적인 인권에 대해 동의할지라도 이러한 인권들이 실제로 무엇을 요구하는지에 대해서는 사람들 간에 의견의 불일치가 일어날 수 있다. 특정 권리에 합의해도 그러한 권리의 구체적인 내용에 대해서는 의견의 불일치가 가능하다. 예컨대 인권선언 제5조는 "어떠한 사람도 고문받거나 잔인하거나 비인도적인 혹은 품위를 떨어뜨리는 대우나 처벌을 받아서는 안 된다."라고 규정하고 있다. 이 진술에서 무엇이 고문으로 여겨지는지, 또 어떤 처벌이 잔인하거나 비인도적인지가 분명하지 않다. 유럽 국가에서는 사형을 잔인하고 비인도적이라고 보는 반면, 미국은 그렇지 않다.[13] 인권선언 제2조에서는 "모든 사람은 어떤 종류의 구별(distinction) 없이, 즉 인종, 피부색, 성별, 언어, 종교, 정치적 혹은 그 밖의 견해, 국가 또는 사회적 기원, 재산, 태생, 혹은 다른 지위의 구별 없이 모든 권리와 자유에 대해 자격이 있다."라고 선언한다.[14] 이 진술은, 도넬리(Jack Donnelly)가 지적한 것처럼, 심하게 과장되어 있다. 모든 사람은 어떤 종류의 구별 또는 차별이 없이 모든 인권을 가질 수 없

---

13 Jack Donnelly, *Universal Human Rights* (3rd ed,), p. 102.
14 이와 같은 내용의 규정이 자유권 규약과 사회권 규약에도 반복되고 있다. 단지 사회권 규약에서는 '구별'(distinction) 대신에 '차별'(discrimination)이라는 말을 쓰고 있다.

다. 국가는 어떤 지위상의 차이를 고려하는 것을 금지하지 않는다. 우리는 고작해야 부당한 차별 즉 악의적인 경향이 있고 정당화될 수 없는 해악을 끼치는 차별로부터 보호받을 권리가 있다. 사회생활은 정당한 차별로 가득 차 있다. 개인, 집단, 그리고 국가도 가끔 인간 집단의 차이를 인정할 뿐 아니라 그러한 차이에 따라 행동하는 것이 정당하다. 예를 들면 모든 사회는 나이와 정신 능력에 기초한 구별로 아동의 권리를 제한한다. 범죄 행위로 감옥살이를 하는 사람은 그의 과거 행위로 인해 그의 여러 인권이 정당하게 제한받는다.[15]

위의 인권선언 5조에서 "인종, 피부색, 성별… 혹은 다른 지위의 구별이 없이 모든 권리와 자유에 대해 자격이 있다."라는 진술은 부당한 차별이 용인되지 않는 대표적 지위의 예를 열거하고 있어서 부당한 차별이 용인되지 않는 '다른 지위'의 가능성을 열어놓은 것이라고 볼 수 있다. 예컨대 아동이나 장애인, 노인, 성소수자 등의 지위는 열거하지 않고 있지만, 그렇다고 이들 지위가 차별받을 수 있다는 것을 의미하지는 않는다. 인권선언이나 인권규약 또는 협약에 규정된 많은 인권이 일반적이고 추상적이기 때문에 다양한 해석이 가능할 수 있으나, 이 절에서는 많은 학자가 논의하고 있는 인권들, 특히 자유권, 사생활권, 생명권, 복지권(생존권), 집단의 권리 및 소수자 권리를 중심으로 검토하겠다. 이들 권리에 대해서 특히 웨슬리 호펠드의 권리 모델과 헨리 슈의 의무 중심의 권리 분석을 염두에 두면서 논의하려고 한다.[16]

---

15 Jack Donnelly, ibid., pp. 274-5.

1) 자유권

'자유권'은 혼동을 가져올 수 있는 개념이다. '자유권 규약'(B규약)에 열거된 자유권들은 다른 사람이나 정부로부터 간섭이나 방해를 받지 않을 권리이며, 일반적으로 소극적인 권리로 알려져 있다. 그러한 권리들은 소위 '제1세대 권리'로 계몽사상기 이후 존중되어 온 권리들로, 이들 권리는 표현의 자유나 집회의 자유 또는 종교의 자유와 같은 좁은 의미 즉 호펠드적 의미의 자유권뿐만 아니라 생명권, 신체안전권, 사생활권 등과 같이 의무가 수반되는 요구권도 포함하는 포괄적인 권리이다. 호펠드의 권리 모델에 의하면, 표현의 자유와 같은 좁은 의미의 자유권은 내가 어떤 것을 할 수 있는 자유가 있으며, 그렇게 하지 말아야 할 의무가 없다. 다시 말해 나에게 그렇게 하지 말도록 '다른 사람이 나에게 요구할 권리가 없다.' 표현의 자유뿐 아니라, 종교의 자유, 집회 또는 결사의 자유 등의 좁은 의미의 호펠드적 자유권은, 생명권이나 신체안전권과 같은 요구권적(다른 사람에게 의무가 요구되는) 자유권과 달리 그 권리 내용과 직접 관련되는 상관적인 의무를 다른 사람이나 정부가 갖는 것이 아니다. 그러한 좁은 의미의 호펠드적 자유권에는, 의무가 있다면 단지 그러한 자유를 보호하기 위한 주변적인 의무, 예를 들면 구타, 위협, 협박, 물리적 힘 등으로 방해하는 것을 금해야 할 '보호적인 의무'가 있다.[17] 그러나 생명권, 신체안전권,

---

16   호펠드의 모델은 제1장 1절 4) '권리의 유형: 호펠드적 권리 유형' 참조. 헨리 슈의 의무 중심의 권리 분석은 제3장 4절 '소극적 권리와 적극적 권리의 구분' 참조.

17   구타, 협박 등의 의무에 상관적인 권리는 표현의 자유, 집회의 자유 등이 아니라 구타나 협

사생활권 등의 요구권적 자유권은 다른 사람에게 '상관적인 의무'가 논리적으로 요구된다. 즉 나의 생명이나 신체 안전 또는 사생활을 '다른 사람이 침해하지 말아야 할 직접적인 의무가 있다.' 그 의무는 주변에서 보호해 주는 의무가 아니라, '해당 권리의 내용과 직접 관련되는' 의무이다.[18]

신체의 자유는 모든 자유권의 기본 전제이다. 신체의 자유는 자신의 의지대로 행동할 수 있는 신체의 자율권과 함께 부당한 체포와 감금을 당하지 않을 권리, 고문을 당하지 않을 권리와 같은 신체안전권을 포함한다. 신체의 자유는 호펠드적 자유권을 핵심 요소로 지니면서 요구권의 요소를 또한 포함하고 있다.[19] 신체의 자유권에는 정부가 시민을 부당하게 체포 또는 구금을 하거나 고문을 해서는 안 되는 의무가 논리적으로 수반된다. 미국의 루스벨트 대통령이 시민적·정치적 권리와 함께 강조한 '결핍과 공포로부터의 자유'에서 결핍으로부터의 자유는 자유권이라기보다는 다음 소절에서 다루게 될 생존권에 해당하며, 공포로부터의 자유는 넓은 의미에서 자유권이지만, 어떤 것을 하거나 하지 않을 수 있는 호펠드적 의미의 자유권이 아니라

박을 받지 않을 권리이다. 구타나 협박해서는 안 될 의무는 비단 표현의 자유나 집회의 자유뿐 아니라 모든 자유나 권리를 향유하는 데 주변에서 보호적인 역할을 하는 보호적 의무이다.

18   제1장 1절 4) 참조.

19   신체의 자유는 호펠드적 자유권을 핵심 요소로 하면서 다른 요소들도 포함하는 권리의 복합체(complex)이다. 대부분의 특수한 권리는 호펠드적 권리 요소들의 총합으로 이루어진다. 예를 들면 재산권은 핵심 요소로 재산을 박탈당하지 않을 요구권이 있으며, 재산을 사용할 수 있는 자유권, 재산을 양도할 수 있는 권한, 타인의 재산 처분으로부터의 면제권을 포함하는 복합적인 권리이다.

다른 사람이나 정부 의무가 수반되는 요구권적 자유권이라고 볼 수 있다.

여기서 논의할 자유권은 좁은 의미의 호펠드적 의미의 자유권이다. 생명권, 신체안전권, 사생활권 등의 요구권적 의미의 자유권은 다음 소절에서 검토하기로 하고 여기서는 좁은 의미의 자유권을 검토한다. 좁은 의미의 자유권 의미로 내가 어떤 것을 할 수 있는 자유를 갖는다는 것은, 호펠드적 권리 모형에 따르면 내가 그것을 금할 의무가 없다는 것을 의미하며, 다른 사람이나 정부는 그것을 금하도록 요구할 권리가 없다는 것을 의미한다. 예를 들어 내가 정부를 비판할 수 있는 자유가 있다면, 나는 정부 비판을 금할 의무가 없다는 것을 의미하며, 따라서 상관적으로 정부는 정부에 대한 비판을 금하도록 '나에게 요구할 권리가 없다'라는 것을 의미한다. 자유권의 전형적인 예의 하나로 표현의 자유를 생각해 보기로 한다. 표현의 자유는 사상, 신념, 감정, 의견을 글로나 말, 회화, 노래 등으로 표현할 수 있는 자유로, 언론, 학문, 예술 활동의 자유까지 포함하는 포괄적인 개념이다. 표현의 자유는 자신과 사회의 발전을 위해 어떠한 자유보다 중요하며, 특히 민주주의 사회에서 기본적으로 요구되는 권리이다. 그러나 표현의 자유는 다른 자유나 권리와 충돌할 수 있다는 점에서 절대적인(예외 없이 행사할 수 있는) 권리는 아니다. 타인의 사생활을 동의 없이 공개하는 것은 일반적으로 제한된다. 물론 공익 목적인 경우에는 예외일 수 있다. 공직자의 사생활은 공공이익에 필요한 경우에는 그의 동의 없이도 공개할 수 있는 자유가 있다. 공직자 또는 공직 후보자의 사생활 내용이 공직의 충실한 수행과 결부되는 경우, 예컨대 재산 상태나 납세 여부 등에 대해 국민은 알 권리가 있다고 보통 말한다. 여기서 국민의 알 권리는 요구권으로, 국민은 그러한 공직자나 후보자의 사생활 정보를 요구할 권리가 있고, 정부는 그의 공직 관련 사생활을 국민에게 알려야 할 의무가 있다. 그리고 언론은 그러한 사생활 정보를 보도할 자유가 있다. 그러나 독자의 호기심을 충족하려고 하는 기자가 공익 목적이라면서 연예인의 사생활을 파헤치는 경우가 있는데, 이것은 공익과 관련 없으며 사적인 개인의 사생활권을 침해하는 행위이다.[20]

외설스럽거나 혐오적인 내용을 공개적으로 표현할 수 있는 자유가 있는가? 표현의 자유를 포함해서 자유를 제한하는 원리로 존 스튜어트 밀은 위해(해악)의 원리(harm principle)를 제시하였다. 위해의 원리는 개인의 행위는 다른 사람들에 대한 위해를 예방하는 경우에만 제한되어야 한다는 원리이다. 다른 사람에게 위해를 가하지 않는다면 자유를 제한해서는 안 된다. 다른 사람에게 가해지는 위해가 물리적이건 정신적이건, 어느 정도의 위해가 제한을 받을 수 있는지가 분명하지 않다. 그뿐만 아니라 외설적이거나 혐오스러운 발언이 위해를 가하는 요소를 포함하는지도 확실하지 않다. 특정 개인이나 집단을 상

---

20 세계적 히트를 친 영화 '기생충'의 주연배우 이선균이 경찰의 무자비한 수사와 언론을 통한 사생활 공개를 견디지 못해 자살했다. 경찰은 무죄 추정의 원칙을 어기고 마약 복용의 유죄가 있다는 추정하에 공개수사를 하고, 범죄 혐의와 관련 없는 (혐의가 있더라도 유죄로 판결 나기 전까지는 자제해야 할) 확실하지 않은 사생활 정보를 언론이 공개함으로써 그는 심리적인 고통과 함께 재정적 피해까지 겪은 나머지 자살을 하기에 이르렀다. 이 사건은 언론이 공익이라는 구실 하에 유명 연예인의 사생활에 관한 소문을 사실처럼 만인에게 공개해 수치심을 안겨 주고 명예를 훼손함으로써 그를 희생시킨 대표적인 인권 침해 사례이다.

대로 하는 모욕적이거나 혐오적인 발언, 예컨대 지역 또는 세대 차별적인 발언이나 혹은 인종 차별적인 발언은 그들에게 정신적인 위해를 가할 수 있다.[21] 그러한 발언은 법적인 제재를 받지 않아도 도덕적인 비난을 받을 수 있다. 외설스러운 발언이나 작품은 특정 개인이나 집단에 위해를 가하지 않더라도 일반 대중에게 공개되는 경우에는 제한받을 수 있다. 혐오적 발언이나 외설 작품이 어느 정도 수준에서 법적인 혹은 도덕적인 제한을 받아야 하는가는 특정 사회구성원들의 의식 수준에 따라 결정될 수 있을 것이다. '혐오'나 '외설'이 지닌 개념적 모호성은 입법과 법원 판결에 따라 해소될 수 있다.

집회의 자유는 표현의 자유와 달리 소극적인 요소뿐만 아니라 적극적인 요소를 포함한다. 집회의 자유는 호펠드적 자유권의 요소뿐만 아니라 요구권의 요소도 포함하고 있다. 그것은 집회할 수 있는 자유뿐만 아니라, 특정 공공장소에서 집회할 수 있는 공간과 일정한 시간을 제공해 주도록 정부에게 요구할 수 있는 권리를 포함한다. 집회의 자유는 정부가 단순히 집회를 방해하지 않는 것만으로 실현되지 않으며, 집회 장소를 제공하는 정부의 적극적인 의무를 포함한다. 성공적인 집회를 위해 집회 장소 제공의 의무뿐만 아니라 방해꾼들로부터 집회를 보호하고, 교통을 통제함으로써 집회를 지원하는 의무도 포함한다. 집회의 자유는 헨리 슈가 대부분의 권리에 수반된다고

---

[21] 어느 정당의 비상대책위원회 위원이 "지금 가장 최대 비극은 노인네들이 너무 오래 산다는 거다. 빨리빨리 돌아가셔야 해."라고 노인을 비하한 사실이 밝혀져 곤욕을 치렀다. 사적인 자리에서 그런 말을 하면 농담으로 흘려들을 수 있으나 일반인을 상대로 하는 공개적인 발언이라면 특정 집단을 상대로 하는 혐오적인 발언이 될 수 있다.

보는 존중, 보호, 지원의 의무가 모두 수반되어야만 실현될 수 있다.[22]

종교의 자유는 다른 기본적 자유와 마찬가지로 입법기관이 자유로운 종교 활동을 금할 권한이 없다는 점에서 호펠드적 면제권의 지위를 갖는다. 정부가 단순히 종교의 자유를 입법으로 금지해서는 안 될 의무를 갖는 것뿐 아니라, 그러한 자유를 금지할 입법적 권한이 없다.[23] 따라서 특정 종교 활동을 불법화하는 입법은 무효가 될 수 있다. 그런데 모든 종교 활동이 허용될 수 있을까? 반사회적인 종교 활동으로 물의를 빚는 사이비종교가 종교의 자유라는 명분을 내세우면서 활개를 치고 세력을 확장해 가는 경우가 많다. 사이비종교가 가정의 파탄과 가족의 해체를 가져와 공동체를 위협한다. 유럽인권협약(European Convention of Human Rights)은 다음과 같이 규정하고 있다. "자신의 종교나 신념을 드러내는 자유는 법으로 규정된 제한에 구속될 것이다. 그리고 그러한 제한은 민주주의 사회에서 공공 안전, 공공질서의 보호, 건강, 도덕, 타인의 권리와 자유의 보호를 위해 필요하다."(제9조 2항) 이처럼 종교의 자유에 의해 보호되는 이익보다 우선하는 많은 이익이 있다.[24]

다음에 동성애와 동성혼의 경우를 보기로 한다. 동성애와 동성혼은 세계인권선언이나 국제인권규약에 구체적으로 규정되어 있지 않

---

22 촛불집회장에서 집회하는 동안 주변에서 보수 '태극기부대'가 녹음된 소음을 확성기로 틀어놓고 방해하는 것은 집회의 자유를 방해하는 행위이다. 경찰이 그러한 방해 행위를 방관하는 것은 집회 보호 의무를 위반하는 것이라고 할 수 있다.

23 Lorenzo Zucca, "Freedom of Religion in a Secular World," in Rowan Cruft, et al., (eds), *Philosophical Foundations of Human Rights*, p. 396 참조.

24 Lorenzo Zucca, ibid., p. 398.

다. 성적 지향(sexual orientation)은 인간이 태어날 때부터 타고난 불변의 특질이라면 그에 따라 행동하는 것은 자연스러운 것으로 여겨진다.[25] 그런데 대략 80개 국가에서 동성애 성관계를 법으로 금지하고 있다. 이란, 사우디아라비아, 수단, 예멘은 사형까지 가해진다.[26] 우간다는 동성애자의 어떤 성관계에 대해서는 최대 사형에 처하도록 하는 '동성애 반대법'을 발효시켰다.[27] 성소수자는 일반 시민들의 부정적인 태도와 불리한 법에 대해서뿐만 아니라 그들에 대한 차별을 묵인하는 국제인권법에 대해서도 맞서 싸워야 한다. 국제인권규약은 어떠한 나라도 동성애자 권리 운동이 없었던 1940년대부터 60년대까지의 고정된 기준이다. 원칙상으로는 자유권 규약을 수정하는 것이 가능하지만, 이러한 과정은 쉽지 않다. 현대의 국제정치적 분위기하에서 성소수자를 국제인권법의 일반적 보호 아래에 분명하게 포함할 가능성은 없다.[28] 국제인권법이 동성애권을 인권으로 인정하지 않는다는 사실이 동성애권의 인권으로서 지위가 부정된다는 것을 의미하지는 않는다. 많은 권리가 국제인권법에 규정되어 있지 않을지라도 인권으로서 지위를 누릴 수 있다. 동성애권이 자유권으로 해석된다면 동성애에 대하여 사회구성원들이나 국가가 동성애자들에게 그것을 금하도록 요구할 권리가 없다. 만약 동성애자의 차별받지 않을 권리를 염두

---

25 성적 지향과 달리 성적 취향(sexual preference)은 선택 가능성을 함축하므로, 두 개념은 서로 구별한다.

26 James Griffin, *On Human Rights* (2013), p. 278.

27 세계일보 2023.5. 30.

28 James Griffin, ibid., pp. 284-5 참조.

에 둔다면, 이 권리는 요구권이기 때문에 사회구성원들은 동성애권
에 수반되는 의무 즉 동성애자를 차별해서는 안 될 의무를 갖게 되므
로, 일반 사회생활뿐 아니라 직장이나 기타 공적 생활에서 차별해서
는 안 된다.

동성혼의 경우는 더 깊은 논의가 있어야 한다. 동성애권을 인정한
다고 해서 곧장 동성혼이 인정되는 것은 아니다. 동성애권 중 차별받
지 않을 권리는 동성애 자유권과 달리 동성애 차별금지법과 같은 법
률을 통해 보장할 수 있을 것이다. 동성결혼권은 혼인과 가족 제도의
기본 질서에 영향을 주는 것이기 때문에 국민이 수용하는 데는 많은
어려움이 있을 것이다. 세계의 많은 나라들이 동성결혼을 법적으로
허용하고 있고, 결혼 형식까지는 아닐지라도 동성 커플에게 일상적
인 결혼 커플이 누리는 것과 유사한 혜택을 부여하는 제도를 두고 있
는 것이 사실이다.[29] 동성 결혼을 법적으로 허용하는 경우 상속, 보험,
자녀 입양 등의 문제가 따라 나오게 될 것이다.[30] 동성결혼 또는 그와
유사한 결합의 법적인 허용은 사회 문화적 배경과 국민의 의식에 의

---

[29] 2001년 유럽의회는 EU 입법기관이 한 부모 가족, 비결혼 커플, 동성애 커플에게 전통적 커
플이나 가족과 똑같은 권리를, 특히 세금법이나 금전에 관한 권리 또는 사회권을 보장하도
록 권고하였다. 가장 진보적인 나라인 네덜란드는 동성 커플 간의 결혼을 허용하는 법(입
양권까지 포함)의 통과를 처음으로 지지하였다. 덴마크, 그린란드, 아이슬란드, 노르웨이,
스웨덴, 프랑스, 브라질, 헝가리는 입양권을 제외하고 시민 결혼의 혜택을 동성애 파트너
에게 주었다. Micheline R. Ishay, *The History of Human Rights* (2008), p. 306.

[30] 특히 동성결혼한 가정에 입양된 자녀가 성장해서 두 커플에 대해 어떤 호칭을 사용할까,
하는 문제도 생각해 볼 수 있다. 자기 의사와 다르게 입양된 자녀가 나중에 성장해서 어떤
심리적인 갈등을 겪지 않을까? 동성결혼의 문제는 결혼 당사자에게만 영향을 미치는 문제
로 국한되지 않는다.

해 좌우된다고 본다. 동성결혼이 세계적 추세이니까 우리나라도 따라가야 한다고 생각하기보다는 그것이 우리 문화와 정서에 맞는 제도인지를 주체적인 사고에 기반을 두고 결정해야 할 것이다.

낙태권은 인권선언이나 인권규약에 명시되어 있지 않지만, 여권운동가들은 인권으로서의 낙태권을 주장한다. 낙태권을 주장하는 사람들은 여성의 '자기결정권' 또는 '사생활권'(프라이버시권)의 이름으로 낙태할 권리를 옹호한다. 자기결정권은 자유권 혹은 자율권이다.[31] 사생활권은 자유권과 가끔 혼동을 일으키지만, 이 둘은 서로 다른 별개의 권리이다. 낙태권은 사생활권으로 분류하는 것보다는 자유권으로 분류하는 것이 좋을 것이다. 낙태 반대론자들은 낙태가 태아의 생명권을 침해한다는 근거로 반대한다. 태아의 초기 단계 특히 수정란도 생명권이 있는가에 대해서는 논란이 있을 수 있다. 모든 생명체는 발달 과정을 거쳐 완성 단계에 이르게 된다. 인간 생명체가 모든 발달 단계에서 생명권을 갖는다면 그 초기 단계 즉 수정란도 정도의 차이는 있지만 생명권을 갖는다고 주장할지 모른다. 그러나 생명권을 근거로 모든 임신 단계에서 낙태를 금지한다면 낙태를 고려하는 여성은 중대한 인권인 생명권을 침해한다는 엄청난 심리적 압박감을 받

---

31 여기서 말하는 자기결정권은 나중에 논의할 국가 주권으로서의 자기결정권(right to self-determination)과는 다르다. 두 인권규약(자유권규약, 사회권규약) 제1조에 명시하고 있는 자기결정권은 국가와 같은 체계화된 집단이 갖는 권리 즉 국민(people)의 자기결정권이다. 낙태권 옹호의 근거로 제시하는 자기결정권은 개인의 자유권 혹은 자율권이다. James Griffin에 의하면 낙태권은 사생활권에 속하는 것이 아니라 개인의 자기결정권(right to self-decision)으로서의 자유권에 속한다. 이 점에 대해서는 다음에 '사생활권'을 논의하는 과정에서 더 자세히 다루겠다.

게 될 것이다. 낙태를 고려하는 여성의 자유권을 존중하면서도 태아의 생명권을 존중하는 선에서 절충할 방법이 실제로 시행되고 있다. 임신 여성의 생명이 위태롭거나 질병 또는 성폭행으로 인한 임신 등 기타 불가피한 상황이 아니라면 임신 중기 이후의 낙태는 제한할 수 있을 것이다.

만약 여성이 임신 초기에 낙태하는 경우 스스로 약물을 복용하여 임신 중절을 할 수 있다면 그 권리는 다른 사람이나 정부로부터 방해받지 않는 소극적 권리로서 자유권이다. 그것은 자유권이므로 다른 사람이나 정부가 낙태하지 말도록 요구할 권리가 없다. 만약 임신 중기 이후 불가피하게 임신 중절을 해야 할 상황이라면 의사의 도움이 필요하므로 이 경우의 낙태권은 적극적인 권리로, 의사에게 임신 중절의 시술을 요구할 수 있다는 점에서 요구권이다. 임신한 여성이 임신 중절 시술을 요구하면 거부할 정당한 이유가 없는 한, 의사는 시술해야 할 의무가 있다. 낙태권은 여성이 낙태하거나 말거나 선택할 수 있는 자유권을 핵심 요소로서 지니고 있지만, 경우에 따라 의사의 도움이 필요하므로 적극적인 요소로서 요구권이 수반되어야 실현될 수 있다.

2) 사생활권

'사생활권'은 다른 권리보다 더 자주 애매하게 사용되는 개념이다. 사생활권은 다른 전통적인 권리와 달리 20세기 이후에 주로 논의된 신생 권리이다. 미국의 권리장전[32]에는 '사생활'(privacy)이라는 용어를 쓰지 않으면서, "부당한 수색과 압수로부터 신체, 가택, 서류 그리고 소유물을 보호받을 국민의 권리"(제4조)를 명시함으로써 오늘날 논의되고 있는 사생활권과 유사한 내용을 어느 정도 언급하고 있다. 그러나 이러한 진술은 신체의 안전권도 포함하면서 사적인 공간과 생활의 프라이버시를 주로 언급하고 있어, 진정한 의미의 사생활권(정보적 프라이버시) 즉 개인의 사적인 정보를 보호받을 권리와는 거리가 있다. 세계인권선언이나 인권규약 또는 협약은 미국의 권리장전 규정을 어느 정도 수용하면서 정보적 프라이버시를 포함하고 있다. 세계인권선언(제12조)은 "어떠한 사람도 자신의 사생활, 가족, 가정, 통신을 임의로 방해받지 않아야 하며, 명예와 명성의 공격을 받지 않아야 한다."라고 사생활권을 규정하고 있다.[33] 자유권규약과 유럽인권협약도 "모든 사람은 개인 및 가족의 생활 그리고 그의 가정과 통신을 존중받을 권리를 갖는다."라고 사생활권을 명시하고 있다. 사생활권은 세 가지 의미를 포함하는 것으로 해석될 수 있다. 사생활권은 정보적 프라이버시, 공간과 생활의 프라이버시, 자유의 프라이버시와 관련되는 것으로 이해된다. 정보적 프라이버시의 권리는 나에 관한 정보를 다른 사람들이 접근하지 못하도록 나를 보호하는 권리이다. 공간과 생활의 프라이버시 권리는 내 생활의 공간과 그 부분이 침해받지 않도록 나를 보호하는 것이다. 자유의 프라이버시 권리는 '혼자 있을 권리'(the

---

32 미국 수정헌법 제1조-10조.

33 "명예와 명성의 공격을 받지 않아야 한다."라는 진술은 사생활과 분명하게 연관되는 것은 아니다. James Griffin, *On Human Rights*, p. 228.

right to be let alone) 혹은 방해받지 않을 권리로, 이 권리는 일반적인 자유권(general right to liberty)으로 이해된다.[34]

정보적 프라이버시는 자신의 정보에 대한 통제와 관련되어 있다. 정보적 프라이버시의 침해는 나의 동의 없이 나를 관찰하고 나의 비밀스러운 사생활에 귀를 기울이는 것을 포함한다. 도찰, 개인 집에 도청 장치 설치뿐 아니라, 정치조직의 회원 목록, 압도적인 공익이 없는 상황에서 타인의 성생활에 관한 정보의 전파도 포함한다. 정보적 프라이버시는 또한 개인의 재정, 의료, 교육의 데이터뿐 아니라 통신, 대화, 행위 등을 포함한다. 정보적 프라이버시 권리는 인권으로서 확고한 근거를 가지고 있다.[35] 그러나 정보적 프라이버시 권리 이외의 다른 프라이버시가 독립적인 프라이버시 권리의 지위를 갖는다는 것에 대하여 그리핀(James Griffin)은 회의적이다. 피임이나 낙태 등의 문제가 공간과 생활의 프라이버시 권리로 이해되는 경우가 있다. "영국인 가정은 그의 성이다."라는 말에서처럼 사람들은 사적인 공간인 자기 집에 대해 절대적 주권을 갖고 있다. 마찬가지로 여성의 신체는 사적인 공간으로 자기 신체에 대해 절대적인 주권을 갖는다. 여성은 자기 신체에서 일어나는 것을 통제하고 결정할 권리가 있다. 이러한 주장이 여성의 낙태권을 옹호하기 위해 주로 인용되었다. 그러나 피임이나 낙태 등의 문제는 동성애, 포르노, 인종 간 결혼, 동성결혼, 안락사 등의 문제와 함께 사생활권에 호소함으로써가 아니라 자유권에 호소

---

34   James Griffin, ibid., p. 229.

35   ibid., pp. 227, 238.

함으로써 해결되어야 한다.[36] 공간과 생활의 프라이버시가 독립적인 권리로서 지위를 갖지는 않지만 그럼에도 불구하고 우리는 공간과 생활의 프라이버시를 견지해야 한다고 그리핀은 믿는다. 공간과 생활의 프라이버시는 정보적 프라이버시를 보호하기 위한 수단적 역할을 한다. 만약 다른 사람이 나의 사적인 공간인 집에 마음대로 들어온다면 나의 통신, 신념, 성적 행위들과 같은 정보적 프라이버시를 사적으로 보존하는 데 성공할 수 없기 때문이다.[37]

"영국인 가정은 그의 성이다."라는 말은 옛날에 자기 집에 대한 절대적 주권을 주장하는 데 사용되었지만, 오늘날에는 사회가 사적인 공간과 생활에서 일어나는 것을 규제할 수 있다. 사회가 이제는 결혼 당사자 간의 강간, 배우자에 대한 폭력, 아동에 대한 부모의 신체적 혹은 성적 학대, 아동의 건강과 교육에 대한 소홀, 동물에 대한 잔인한 취급 등에 대해 통제하는 것은 당연하다. 이러한 주장은 사생활에 대한 페미니스트의 공격이 갖는 힘을 보여준다. 그러나 페미니스트들은 진정한 사생활권에 반대하는 것이 아니라 사생활권에 대한 가부장적 왜곡에 반대한다.[38] "영국인 가정은 그의 성이다."라는 말은 남성 지배의 고대적 주장을 반영하는 반면에, "여성의 신체는 그녀의 성이다."라는 말은 여성 지배의 현대적 주장이다. 이러한 현대적 주장도 고대적 주장과 마찬가지로 의심스럽다고 그리핀은 말한다.[39] 이

---

36 ibid., pp. 238-9.
37 ibid., p. 237.
38 ibid., p. 236.
39 ibid., p. 239.

러한 관점에서 그리핀은 사적인 공간과 생활의 프라이버시에 근거한 낙태 찬성론에는 동의하지 않는다.

자유의 프라이버시는 일반적 자유권으로, 압도하는 공적 이익이 없는 경우에는 혼자 있을 권리가 있다. 혼자 있을 권리 즉 자유가 제한되려면 압도하는 공적 이익이 있어야 한다. 예를 들면 존 스튜어트 밀의 자유의 원리에 의하면 다른 사람에게 피해가 없는 경우에는 나의 행위는 자유롭다. 또는 어떤 형태의 부도덕성을 포함하지 않으면 나의 행위는 자유롭다. 자유의 프라이버시를 보여주는 많은 행위가 일상적으로 공개적일 수 있으며, 제한되지 않는다. 예를 들면 동성 커플이 공개적으로 키스를 하는 것은 자유의 사적 영역에 속한다. 그러나 숨겨놓은 일기장의 은밀성이 사적이라는 의미는 공개적인 키스가 사적이라는 의미와 같은 것이 아니다. 후자는 자유의 일반적인 원리로부터 나오는 것이다.[40] 숨겨놓은 일기장을 동의 없이 보거나 공개하는 것이 제한되어야 할 사적인 문제이지만, 공개적인 장소에서 동성 커플이 키스하는 것은 제한되지 않는 사적인 문제이다. 밀의 자유의 원리를 따른다면, 전자의 경우는 타인에게 피해를 줄 수 있는 행위이므로 제한될 수 있지만, 후자의 경우는 일부 사람에게 약간의 혐오감을 줄 수는 있으나 다른 사람들에게 피해를 주지 않으므로 제한되지 않는다. 밀에 따르면 타인에게 피해를 주지 않는 사적인 문제와 관련된 자유의 행사는 제한해서는 안 된다. 낙태나 동성애는 사생활권의 문제가 아니라 자유권의 문제이다. 그것이 다른 사람에게 피해를 주

---

40   ibid., p. 230.

거나 위해를 가하지 않는 한 허용될 수 있다.

3) 생명권

17세기의 대부분 생명권 옹호자들은 생명권을 소극적 권리 즉 적법절차 없이 생명을 박탈당하지 않을 권리로 보았다. 그러나 생명권의 내용을 어떻게 보느냐에 따라 생명권은 소극적인 권리가 될 수도 있고 적극적인 권리가 될 수도 있다. 생명권을 살해당하지 않을 권리로만 보면 이는 소극적인 권리로 그 권리에는 타인이 살해해서는 안 되는 의무가 수반된다. 다른 사람이 나를 살해하지 않는 소극적인 의무만 이행하면 나의 생명권은 존중된다. 그러나 한편 생명권에는 적극적인 요소가 있다고 보는 입장에서는 내가 생명이 위태로운 긴급 상황에 빠져 있을 때 주변의 다른 사람에게 구조를 요구할 적극적인 권리가 있고, 다른 사람은 그를 구조해야 할 적극적인 의무가 있다고 주장한다. 특히 구조의 도움을 주는 사람의 희생이 크지 않을 때 그러한 적극적인 권리가 있다고 본다. 다른 사람의 생명이 위태로울 때 그의 생명을 구조하는 것이 큰 희생이 따르지 않을 때는 그의 생명을 보호하고 지원해야 할 의무가 있다. 헨리 슈의 권리 분석에 따르면 다른 권리와 마찬가지로 생명권도 존중의 소극적인 의무와 보호와 지원의 적극적인 의무가 수반된다. 생명의 유지가 관련된다는 점에서 생명권은 생존권과 유사하다. 그리하여 생존권을 생명권의 범주 안에서 생각하는 사람도 있다. 여기서 생명권의 적극적인 요소가 생존권의 적극적인 요소와 같은 것처럼 보이기 때문에 두 권리가 혼동을 일으킬 수 있지만, 두 개념은 구별될 필요가 있다. 생명권의 적극적인 요소는 생명이 위태로운 긴급 상황에 도움을 받을 권리이고, 생존권은 인간으로서 최소한 품위 있는 삶을 유지할 수 있는 권리를 말한다.

다른 권리와 마찬가지로 생명권은 또한 호펠드의 권리 모델에 따라 권리의 핵심 요소와 그것을 뒷받침해 주는 주변적인 요소로 분석할 수 있다. 생명권은 위에서처럼 내가 살해당하지 않을 요구권이 핵심 요소로 자리 잡고 있으며, 그 밖에 나의 생명이 위협을 받을 때 그것을 지키기 위해 적절한 수단을 사용할 수 있는 자유 즉 정당방위의 자유권이 있다. 정당방위권은 상대에게 의무가 수반되는 요구권이 아니다. 정당방위권은 상대가 나에게 정당방위를 금하도록 요구할 권리가 없다는 의미에서 자유권이다. 나에게는 정당방위를 금할 의무가 없다. 정당방위는 내가 생명의 위협을 받을 때 그것을 지키기 위한 마지막 수단이다. 웰맨에 의하면, 내가 생명권이 있다면 이처럼 나의 생명을 지키기 위한 정당방위의 자유권이 있을 뿐 아니라 또한 나의 생명을 자발적으로 끊을 수 있는 자유 즉 자살할 자유권이 있다.[41] 자살할 권리는 다른 말로 죽을 권리(a right to death)와 같다.

자살은 자신의 생명을 파괴하는 것으로, 사상가들 사이에 많은 논란이 있어 왔다. 칸트는 자살을 반대하였다. 삶의 지속이 즐거움보다는 고통이 따를 때 자기애(self-love)의 관점에서 나의 삶을 단축시키는 것은 보편적 자연의 법칙이 될 수 없다. 삶을 촉진하는 것을 자신

---

41   Carl Wellman, *A Theory of Rights*, p. 83.

의 임무로 삼는 바로 그 감정의 원리가 사실상 삶을 파괴하게 되므로 이는 그 자체로 자기모순에 빠지게 된다고 칸트는 주장한다.[42] 인간은 자신의 가치 있는 삶을 선택할 수 있는 자율적인 존재이다. 칸트 자신도 인간을 자율적인 존재로 보았다. 자율적인 존재로서 인간이 진정으로 자기를 사랑한다면, 치료가 불가능하고 고통이 극심하여 인간의 존엄성이 파괴된 말기 암 환자의 경우에 의미 없는 삶을 살아가며 죽음만을 기다리면서 고통을 견뎌내는 것보다는 삶을 단축하는 것이 허용되어야 하지 않을까. 그러한 극한 상황에서 삶을 단축시키는 것이 언제나 옳다는 것이 아니다. 그러한 상황에서 삶을 단축시키는 것은 개인이 선택할 문제이다. 자살할 권리는 그 핵심이 자살하거나 말거나 선택할 수 있는 자유권이다. 그러므로 자살을 선택한 사람에게 주변 사람이 자살하지 말라고 요구할 권리는 없다. 자살하려고 하는 사람이 정신이 피폐하여 판단력이 흐린 상태에 있을 경우 자살하지 말도록 주변 사람이 설득하거나 권고하는 것은 바람직하다. 그러나 그에게 자살하지 말도록 강제로 요구할 권리는 없다. 그런데 자살할 권리는 소극적인 권리 이상의 권리이다. 말기암 환자가 자살하려고 마음먹었지만 스스로 자살을 결행할 능력을 결여할 때 그의 자살을 도와주어야 한다면, 이 경우는 의료진의 도움으로 기구나 약물에 의해 목숨을 끊는 조력자살(assisted suicide)로, 이 권리는 의료진에게 도움을 요구할 수 있는 요구권이다. 자살할 권리는 그 핵심에 자유권이 자리 잡고 있으며, 경우에 따라 의료진의 의무가 수반되는 요구권이

---

42   Allen W. Wood, *Kant's Ethical Thought*, p 85 참조.

된다.

　위와 같이 생명권은 부당하게 생명을 박탈당하지 않을 요구권을 핵심 요소로 지니고 있고, 그것에 보조적인 요소로 정당방위와 자살할 자유권이 있다는 것을 알아보았다. 이제 생명권과 충돌하거나 그것을 침해하는 것으로 보통 이해되는 낙태와 사형에 대해 간략하게 살펴보기로 한다. 앞에서 이미 언급한 것처럼, 낙태권은 여성이 낙태를 스스로 선택할 수 있는 자유권이면서, 경우에 따라 의료진의 도움이 필요한 요구권의 요소를 포함한다. 임신 초기에 허용될 수 있는 낙태권을 행사하는 경우 태아의 생명권을 침해할 수 있다는 반론이 제기된다. 여기서 태아가 생명권이 있는가 하는 문제가 제기될 수 있다. 태아가 생명권이 있다는 것은 태아가 인간이라는 것을 전제한다. 생명권으로서 인권은 인간만이 갖는 권리이기 때문이다. 인간의 발달 단계에서 어느 순간부터 인간인가? 태어난 순간부터 인간인가, 아니면 인간의 뚜렷한 모습을 지닌 임신 말기부터 인간인가? 임신 초기의 태아를 이후 발달 단계의 태아와 분명하게 구별하기는 쉬운 일이 아니다. 왜냐하면 태아는 점진적으로 완전한 인간의 모습으로 변해가기 때문이다. 어느 단계부터 인간이라고 규정하는 것은 임의적인 선택일 뿐이다. 대부분의 일상적인 개념이 그러하듯이 어느 개념을 구체적인 대상에 적용할 수 있느냐를 결정하기 어려울 때 우리는 그 개념이 모호하다고 한다. 인간 개념의 모호성을 줄이기 위해 법률적 판단에서는 태어난 순간부터 인간이라 한다고 임의로 규정할 수 있다. 만약 태어난 순간부터 인간의 지위를 갖는다면 낙태가 생명권을 침해한다는 말은 성립하기 어려울 것이다. 임신 초기에 낙태하는 것이

생명권을 침해한다고 주장하는 것은 논란을 야기할 수 있다. 낙태가
생명권을 침해한다고 주장하는 사람들은 태아가 결국 한 인간으로
발전하기 때문에 잠재적 인간의 생명권을 침해해서는 안 된다는 의
미로 낙태에 신중해야 한다고 주장할 수 있다. 낙태가 인간의 생명권
을 침해하는 것은 아닐지라도, 태아가 단순한 생명체가 아니라 인간
생명체로 발전해 가기 때문에 낙태가 경솔하게 이루어져서는 안 될
것이다.

다음으로 사형이 생명권을 침해하는 문제에 대해 살펴보기로 한
다. 사형은 생명을 박탈하는 것이기 때문에 생명권 침해라고 말할 수
있지만, 사형 찬성론자들은 사형이 국민이 합의한 법에 따른 적법한
생명권 박탈이라면 정당화될 수 있는 침해라고 주장할 수 있을 것이
다. 인권선언이나 자유권 규약에서는 사형을 금지하는 조항이 없다.
단지 인권선언 제5조와 자유권 규약 제7조에서는 "어떠한 사람도 잔
인하거나 비인간적이거나 품위를 떨어뜨리는 대우 또는 처벌을 받아
서는 안 된다."라고 규정하고 있다.[43] 이 조항을 존중하는 특정 국가가
그것을 어떻게 해석하느냐에 따라 사형을 존치하거나 안 할 수 있다.
사형이 잔인하거나 비인간적이거나 품위를 떨어뜨리는 형벌이라고
간주한다면 사형을 폐지할 것이고, 그렇지 않다면 존치할 것이다. 대
부분의 유럽 국가는 사형을 잔인하고 비인간적이라고 보지만, 미국

43　자유권규약 제6조 2항은 "사형을 폐지하지 아니하고 있는 국가에 있어서…이 형벌은 권한
　　있는 법원이 내린 최종 판결에 의해서만 집행될 수 있다."라고 규정하고 있는데, 이는 사형
　　찬성이나 금지에 대한 분명한 언급은 아니다.

은 그렇지 않다.[44] 현재 우리나라는 1997년 이후 사형을 집행하지 않
아 국제사회에서 '실질적 사형폐지국'으로 분류되어 있다. 사형 폐지
를 주장하는 사람들은 오심으로 인해 무고한 사람이 사형이 집행됨
으로써 부당하게 생명권이 침해될 가능성이 있고, 권력자가 정적을
제거하기 위한 수단으로 사용할 수 있으며, 사형의 범죄억제 효과가
없다는 점을 주요 이유로 든다.[45]

마지막으로 신체안전권 또는 안전권은 생명권과 함께 생각하는
경우가 있기 때문에 여기서 간단히 언급하겠다. 헨리 슈는 자유권, 안
전권, 생존권을 기본권으로 간주하면서, 생명권을 신체안전권 또는
안전권의 범주 안에 넣었다.[46] 슈에 의하면 신체안전권은 단순히 소극
적 권리에 머물러 있지 않다. 유력 야당 정치인이 유세 중에 습격당했
다고 가정해 보자. 정치인을 습격한 사람은 습격해서는 안 되는 의무
를 어겼고, 정치인은 습격당하지 않을 권리를 침해받았다. 이 경우의
권리는 습격하는 사람이 공격행위를 금하면 정치인의 신체안전권이
존중받는다. 그러나 정치인이 충분히 습격당할 것을 예측할 수 있었
음에도 불구하고 경찰이 보호 의무를 소홀히 해서 습격당했다면 정

---

44 Jack Donnelly, *Universal Human Rights*, p. 102.

45 대학살을 주도하고 집행한 반인륜적인 범죄를 저지른 사람은 사형에 처하는 것이 마땅하
    다고 주장하는 사람이 있다. 대학살범은 범죄의 증거가 명백하고 인류의 공분을 사는 범
    죄자라면 대량 피해자의 원한을 달래기 위해 사형이 불가피하다고 주장할 수 있다. 대학살
    범죄는 앞에서 말한 사형 폐지 이유에 맞지 않는다. 대학살 범죄는 오판의 가능성이 없고,
    정적 제거를 위한 수단으로 이용된다고 보이지 않는다. 그리고 대량 학살범은 반드시 사형
    당한다는 메시지를 주면 범죄억제 효과가 있을 것으로 생각된다.

46 "사람들은 기본적인 신체안전권(a basic right to physical security) 즉 살인, 고문, 신체 상해,
    강간, 혹은 폭행을 당하지 않을 기본권을 갖는다." Henry Shue, *Basic Rights*, p. 20.

치인은 신변을 보호받을 권리를 침해받았다고 볼 수 있다. 그러한 일이 자주 발생하고 경찰과 다른 기관이 그러한 사건을 감소시키는 데 도움을 주지 않았다면 지원의 의무를 이행하지 않은 것이다. 생명의 위협을 받을 수 있는 유력 정치인은 신체 안전의 보호와 필요시 지원을 받을 적극적 권리가 있다. 헨리 슈에 의하면, 이와 같이 신체안전권이 완전히 실현되려면 습격당하지 않을 소극적 권리뿐만 아니라 습격으로부터의 보호와 지원의 적극적 의무도 수반되어야 한다.[47]

4) 복지권(생존권)

복지권은 주로 의식주를 포함하여 인간으로서의 최소한의 삶을 누릴 권리, 즉 최소한의 경제적 안전권 또는 생존권(subsistence rights)과 건강권, 교육권, 휴식권 등을 말한다.[48] 종종 '복지권'과 '생존권'을 혼용하는 경우도 있다.[49] 그리고 경제적·사회적·문화적 권리에 관한 국제규약(A규약)에 규정된 권리를 통틀어 보통 '사회권'이라고 부른다.

---

47 Henry Shue, *Basic Rights*, p. 17 참조. 2022년 10월 29일 서울 이태원에서 핼러윈데이에 159명의 사망자가 발생한 '이태원 참사'는 신체안전권의 적극적인 요소가 무시된 전형적인 경우이다. 좁은 골목길에 경사진 장소에 수만 명이 집결하여 참사가 발생할 것을 충분히 예측할 수 있었음에도 경찰은 사태를 방관하고 보호와 지원의 의무를 소홀히 함으로써 수많은 젊은이의 생명권이 침해된 비극적인 사건이었다.

48 생존권은 최소한의 경제적 안전권으로 신체적 안전권보다 더 논란거리가 되는 권리이다. Henry Shue에 의하면 최소한의 경제적 안전권 또는 생존권은 오염되지 않은 공기와 물, 적절한 의식주, 그리고 최소한의 예방적 공공 의료(public health care)를 포함한다. Henry Shue, ibid., p. 23.

49 여기서는 '생존권'과 '복지권'을 혼용해서 사용하기로 한다. 많은 학자들이 그 두 개념을 엄격하게 구별하지 않고 혼용하고 있기 때문이다.

사회권은 앞에서 열거한 복지권과 함께 노동자의 권리, 모성 보호와 아동의 권리, 문화생활 참여와 향유의 권리 등도 포함하는 더 넓은 개념이다.

복지권 개념은 자유권과 마찬가지로 그 역사가 깊다. 12세기와 13세기에 중세의 권리 관념이 처음 나타날 때 가장 먼저 제시된 예 중의 하나가 궁핍한 사람들이 넉넉한 사람들로부터 도움을 받을 수 있는 권리였다. 계몽사상기에는 존 로크와 토마스 페인 등이 주장한 복지권을 가끔 발견할 수 있다.[50] 계몽사상의 영향을 받아 프랑스와 북유럽국가들의 헌법에 복지권이 나타나고, 19세기 말에 복지권이 자유권과 함께 기본적인 권리로 주장되기 시작하였다. 그러나 20세기에 들어와 복지권을 가장 드러낸 사람은 미국의 루스벨트 대통령이다. 그는 언론과 신앙의 자유와 같은 시민적·정치적 자유와 함께 결핍과 공포로부터의 자유가 있다고 선언하였다. 루스벨트와 뉴딜 정책의 설계자들은 시장 경제가 전통적인 미국의 자유를 재설정하도록

---

50 John Locke는 개인이 사유재산을 소유할 권리가 있지만, 단지 다른 사람을 위해 "충분히 그리고 좋은 상태로"(enough and as good) 남겨놓는 경우에만 가능하다는 '로크적 단서'(Lockean Proviso)를 제시했다. 그 원리는 지구의 물질적 자원에 대한 각자의 가용 가능한 공정한 몫을 규정하기 위한 원리이다. (Wikipedia) 미국혁명에 영향을 준 영국태생의 미국 정치사상가인 Thomas Paine은 〈인간의 권리〉(1792)에서 프랑스 혁명을 옹호했다. 그는 군주제에 반대하고 공화제를 옹호하면서 보통 교육, 빈민 구제, 노인 연금 그리고 실직자를 위한 공공 근로를 옹호하고, 그 재원은 누진소득세를 부과함으로써 마련해야 한다고 주장하였다. (Britannica) 계몽사상에 따라 국가의 헌법들 예컨대 프랑스 헌법(1790년대), 프러시아, 스웨덴, 노르웨이, 네덜란드, 덴마크(1849)의 헌법에 복지권이 나타났다. 헌법 입안자들이 이들 기본권을 인권으로 생각했는지는 분명하지 않으나, 19세기 말 정치이론가들은 복지권이 시민적·정치적 권리처럼 기본적 권리라는 것을 주장하기 시작하였다. James Griffin, *On Human Rights*, p. 176.

요구하고, 경제적·사회적 권리가 유럽에서와 마찬가지로 미국에서도 국가의 기능과 정당성에 중요하다고 주장하였다. 루스벨트는 '네 가지 자유'를 반영한 1944년 연두교서에서 "개인의 진정한 자유는 경제적 안전과 독립이 없이는 존재할 수 없다. '궁핍한 사람은 자유로운 사람이 아니다.' 배고프고 실직한 사람이 있으면 독재가 싹트게 된다는 많은 자명한 경제적 진리를 국가는 이미 수용하기 시작했다."라고 주장했다.[51]

일반적으로 자유권은 방해받지 않을 권리로 소극적인 권리이고, 복지권 또는 생존권은 정부로부터 재화나 서비스 등 복지 수단을 지원받을 적극적인 권리라고 말한다. 그리고 자유권은 모든 사람이 다른 모든 사람이나 집단 혹은 정부 즉 모든 행위자를 향하여 갖는 권리이고, 복지권 또는 생존권은 특정 국가의 구성원만이 그 국가나 정부를 향하여 갖는 권리라고 생각하기 쉽다. 그러나 이러한 성격 규정은 잘못되어 있다. 자유권 중 정치적 참여의 권리는 특정 국가의 시민이 특정 국가의 정부를 향해서만 갖는 권리이다. 집회의 자유에서 장소를 제공받을 권리, 공정하고 공개적인 재판을 받을 권리, 가난한 형사 피의자가 변호사의 조력을 받을 권리 등은 특정 국가의 시민이 특

51　Jack Donnelly, *Universal Human Rights* (3rd ed.), p. 240. 루스벨트는 경제적 안전 즉 복지가 없이는 자유가 실현될 수 없다는 취지로 복지와 자유 간의 관계를 이야기하였다. 경제적 여유가 없으면 자유인이 되기 어렵다. 다시 말해 가난한 사람은 자유로운 사람이 되기 어렵다는 뜻이다. 그런데 2022년 우리나라의 어느 대통령 후보가 "가난하고 못 배운 사람은 자유가 뭔지 모른다."라고 말해 한때 곤욕을 치른 적이 있다. 가난하고 못 배운 사람은 자기가 무엇을 하고 싶어도 할 수 있는 자유가 없어 자유의 필요성을 누구보다 더 느낄 텐데 자유의 가치를 모른다고 하니 가난하고 못 배운 사람들이 분개할 수밖에 없을 것이다.

정 정부에 대하여 지원을 요구할 수 있는 적극적인 권리이다. 복지권 또는 생존권은 대부분의 경우 정부의 적극적 의무의 이행으로 실현 되는 적극적인 권리로 해석된다. 그것은 특정 국가의 구성원이 그 국 가를 향해 요구할 수 있는 권리이다. 최저생활 보장, 기본적인 의료와 교육 서비스에 대한 권리는 정부가 지원함으로써 실현된다. 그러나 생존권이 소극적인 권리로 해석될 수 있는 경우가 있다. 대기업이 영 세자영업자들의 생계를 위협하는 경우에는 이들의 생존권이 침해된 다고 주장한다. 대기업은 영세자영업자의 생존을 지원해야 할 적극 적 의무는 없지만 그들의 생존에 위협을 가하지 말아야 할 소극적 의 무는 있다. 국제 관계에서도 마찬가지라고 보는 견해가 있다. 예를 들 면 가난한 나라의 국내 곡물 구입 기관이 미국의 밀을 구입하는 과정 에서 적절한 제도를 만드는 데 무능하거나 너무 부패해서 강대국 무 역회사와의 입찰 경쟁에서 실패한다면, 그 가난한 나라의 사람들은 굶주림에 허덕일 것이다.[52] 강대국은 가난한 나라 국민의 생존권을 위 협해서는 안 될 소극적 의무를 갖는다. 국가 간의 관계에서 지원의 의 무는 분명하지 않아도, 회피(금지) 또는 존중의 의무는 국가 간의 의무 인 경우에도 분명하다.[53] 이처럼 일반적인 통념과 달리, 자유권의 경 우에 특정 국가의 구성원이 그 국가나 정부에 적극적으로 요구할 수 있는 요소가 있는 것처럼, 복지권 또는 생존권의 경우에도 특정 국가 의 구성원이 그 국가 구성원에게 그 권리를 침해하지 말도록 요구할

---

52   Henry Shue, *Basic Rights*, p. 142 참조.

53   Henry Shue, ibid., p. 150.

소극적인 요소가 있다. 그리고 생존권의 이러한 소극적 요소는 국제 관계에서도 적용될 수 있다. 그러나 국제 관계에서 가난한 나라의 국민이 다른 부유한 나라 국민으로부터 복지를 지원받을 적극적인 권리가 있는가에 대해서는 논쟁이 있을 수 있다.[54]

복지권에 속하는 건강권의 경우를 놓고 생각해 보기로 한다. 건강권은 다른 대부분 권리처럼 헨리 슈가 말한 의무의 3부 구조 즉 존중, 보호, 지원의 의무를 갖는다. 보다 좁은 의미의 의료권이 적극적인 요소만을 갖는 것과 달리, 건강권은 의무의 적극적인 요소와 함께 소극적인 요소도 포함하고 있다. 건강권의 적극적인 요소는 정부가 국민의 건강을 보호하고 지원하는 의무를 의미하고, 소극적인 요소는 국민의 건강에 위협을 줄 수 있는 행위를 금하는 것을 의미한다. 일본은 핵 오염수를 해양에 방류함으로써 해양생태계를 파괴하고 어민들의 생존권뿐만 아니라, 건강권까지도 위협하고 있다.[55] 핵 오염수의 방류로 해양생태계와 해산물이 방사능으로 오염되어 그 해산물을 섭취하는 소비자들은 각종 암에 걸릴 가능성에 노출되어 건강에 위협을 받고 있다. 일본은 핵 오염수 방류로 인류의 건강에 위해를 가해서는 안 되는 의무를 어김으로써 건강권을 침해하고 있다. 일본은 건강권에

---

54 과거 식민통치국이 식민지 국가를 수탈한 결과 식민지 국가가 가난한 상태에 빠졌다면 이 나라의 국민은 식민통치국에 대하여 복지를 실현하도록 요구할 자격이 있다고 말할 수도 있을 것이다.

55 일본의 핵 오염수 해양 방류에 대하여 '인권과 건강' 등을 관할하는 유엔 특별보고관 5명은 성명을 내어 "후쿠시마 제1 원전에 남아 있는 오염수는 환경과 인권에 중대한 위험을 내포하고 있다."라며 "원전 오염수 태평양 방류는 수용 가능한 해결책이 아니다."라고 지적했다.

대한 존중 의무를 어기고 있다. 대한민국 정부는 일본 정부의 핵 오염수 방류를 저지하고 국민의 건강을 보호할 적극적 의무를 방기함으로써 국민은 핵 오염수로부터 건강을 보호받을 권리를 침해당하고 있다. 만약 국민이 방사능으로 오염된 해산물을 섭취하여 암에 걸린다면 정부는 치료를 지원해 주는 적극적인 의무를 져야 할 것이다.

복지권 또는 생존권은 대체로 정부의 보호와 지원의 적극적인 의무를 수반하지만, 경우에 따라 다른 사람이나 국가가 개인의 복지나 생존 이익을 침해 또는 방해하지 말아야 할 소극적인 의무를 수반한다. 복지권 또는 생존권은 단순히 다른 사람이나 정부의 적극적인 의무를 수반하는 요구권으로만 해석될 수 없으며, 자기 삶을 스스로 설계하고 추구할 수 있는 자유권의 요소도 있다는 것을 알 수 있다. 개인이 자신의 복지와 생존을 위해 스스로 활동할 자유가 있지만, 자구노력이 여의치 않을 경우 국가나 정부의 지원을 받을 수 있는 권리가 있다. 이런 점에서 복지권은 행복추구권의 일부분을 구성한다. 행복추구권은 자유권과 복지권이 결합된 형태이다.[56]

5) 집단의 권리와 소수자 권리

식민 통치에서 독립한 식민지국가 국민의 주안점은 개인의 권리

---

56 James Griffin은 많은 권리를 자유권 혹은 복지권 중 하나로 분류하는 것에 회의적이다. 그는 "경계적인 권리들 예컨대 생명권, 재산권, 행복추구권, 신체안전권, 사생활권은 두 종류의 권리 중 어디에 속하는가? 현명한 반응은, 구별을 없애는 것이다."라고 주장한다. James Griffin, *On Human Rights*, p. 181.

보다는 집단의 권리에 모아졌다. 그리고 식민통치국가 또는 부유한 국가와 국제사회 전반의 집단적인 의무에 초점이 모였다. 그리하여 국민의 자기결정권이 자유권규약과 사회권규약의 두 규약에 포함되고, 식민 통치에서 독립한 국가들이 천연자원에 대한 영원한 주권을 강조하기에 이르렀다.[57] 집단의 권리인 국민의 자기결정권은 개인 구성원으로 환원될 수 없는 공동체가 갖는 권리이다. 한 집단의 권리가 인권이 되기 위해서는 규정된 유형의 모든 집단이 그러한 권리를 갖는다는 의미에서 보편적이어야 한다. 그러한 기준에 맞는 후보는 거의 없지만, 국제인권법은 하나의 집단 인권인 국민의 자기결정권을 인정하고 있다.[58] 제3세대 권리로 통용되는 국민의 자기결정권은 국민과 문화적 소수자의 정치적 자치, 발전, 문화 인정에 대한 요구를 통해 드러난 집단의 권리로, 연대권(solidarity rights)이라 불리기도 한다. 제3세대 권리 즉 국민의 자기결정권은 개발 중인 세계와 억압받는 집단의 열망을 표현한다.[59] 제3세대 권리는 환경은 어느 정도의 질을 유지해야 하며, 경제는 충분한 정도로 개발되어야 한다는 것을 요구하는 권리이다. 미래세대의 권리는 가장 자연스럽게 제3세대 권리의 범주에 들어간다.[60] 3세대 인권론은 1970년대 말까지 국제사회에 의해 널

---

57 Jack Donnelly and Daniel J. Whelan, *International Human Rights* (5th ed.), p. 62 참조.

58 Jack Donnelly, *Universal Human Rights*, p. 48.

59 Tom Campbell, *Rights*, p. 138. 제1세대 권리는 시민적 정치적 권리 즉 전통적인 자유권을 지칭하며, 제2세대 권리는 복지권 또는 생존권을 의미한다. 제3세대 권리는 1966년에 유엔총회가 채택하고 1976년에 발표된 자유권 규약과 사회권 규약의 제1조에 "모든 국민은 자기결정권(the right of self-determination)을 갖는다."라고 규정함으로써, 집단의 권리로서 '자기결정권'이 비로소 인권의 목록에 포함된다.

60 미래세대가 갖는 권리 혹은 환경이 오염되지 않을 권리를 말하는 것은 특정 개인이나 집단이

리 인정받았다. 그러나 제3세대 권리는 국제적으로 인정된 권리 중 극히 적은 부분을 차지한다. 제3세대 권리는 자기결정권을 제외하고 실제적인 영향력은 미미하다. 제3세계는 국민의 자기결정권을 인정하도록 압력을 넣는 데 중요한 역할을 하였다.[61]

집단의 권리로서 이해하기 쉬운 소수자 권리(minority rights)가 있는데, 소수자 권리는 집단의 권리인 자기결정권과 다른 성격을 갖는다. 집단의 권리는 소수자의 권리를 명령한다는 점에서 그리고 그들의 전형적인 문제를 다룬다는 점에서 소수자 권리와 유사하다. 그러나 집단의 권리는 권리를 집단의 구성원에게보다는 집단에 귀속시킨다는 점에서 소수자 권리와 같지 않다. 국민의 자기결정권은 집단에 귀속되는 집단의 권리이지만, 소수자 권리는 집단에 근거하면서도 개인에 귀속되는 권리이다. 소수자 권리는 소수집단, 예컨대 여성, 장애인, 어린이 등 집단에 소속된 개별 구성원의 권리를 말한다. 소수자 권리는 집단의 권리인 자기결정권을 포함한 인권규약(1966)이 채택되기 전의 인권선언(1948)에 소수자가 차별받지 않을 권리로 이미 규정되어 있었다. 인권선언과 그리고 두 인권규약은 "인종, 피부색, 성별, 언어, 종교" 등등의 구별이나 차별이 없이 그 문서들에서 인정되는 권리들을 모든 개인에게 보장해 줄 것을 규정하고 있다. 자기결정권을 제외하고 인권선언문과 규약들에서의 모든 권리는 개인의 권리

갖는 '권리'(a right)보다는 '무엇이 옳은가'(what is right)를 말하는 것으로 보인다. 다시 말해 '주관적 옳음'보다는 '객관적 옳음'을 말하는 것이다. William A. Edmundson, *An Introduction to Rights*, p. 177. '주관적 옳음'과 '객관적 옳음'의 구별에 대해서는 제2장 1절 참조.

61   Jack Donnelly and Daniel J. Whelan, *International Human Rights* (5th ed.), p. 67.

이다. 소수집단이 권리를 갖는 것이 아니라 소수집단에 속하는 개인들이 권리를 갖는다. 집단의 구성원 지위가 인권의 정의에 필수적이라 해도 그 권리는 보호받는 집단의 개별 구성원이 갖는 것이다. 예를 들면 집단으로서의 노동자가 아니라 개별 노동자가 노동자의 권리를 가지며, 집단으로서의 여성이 아니라 개별 여성이 성차별로부터 보호를 받는다.[62] 여성의 인권은 여성의 어떤 중요한 이익이 성과 관련해서 학대를 받기 때문에 특별히 관심의 대상이 된다. 성과 관련된 여성 학대의 예로, 성매매, 인신매매, 모성에 근거한 직장에서의 차별, 가족 안에서의 불평등을 들 수 있다.[63] 여성의 인권은 단순히 모든 국민의 인권 즉 남성뿐 아니라 여성에게도 차별 없이 적용되는 모든 국민의 인권이다. 이러한 견해에 따르면 여성의 인권 자체라는 것이 없다. 여성의 권리를 별도의 조약과 실행 과정에 적합한 주제라고 생각하는 이유는 여성에 대한 차별이 거의 대부분 사회의 보편적 특징이어서 그 특별한 조처가 그것을 제거하기 위해 필요하였기 때문이다.[64] 이러한 주장은 여성에게뿐만 아니라, 노동자, 장애인, 어린이, 성소수자, 노약자 등 모든 사회적 약자 집단에도 같은 방식으로 적용할 수 있을 것이다. 이들 사회적 소수자 집단에 대한 차별과 학대는 대부분 사회의 일반적 특징이기 때문에 그들의 인권에 특별히 관심을 두고 그들을 보호하기 위해 '노동자 인권', '장애인 인권' 등의 용어를 사용할 뿐, 특별히 그들 집단의 인권이 보편적 인권과 별개로 있는 것이

---

62   Jack Donnelly, *Universal Human Rights*, p. 30.

63   Charles R. Beitz, *The Idea of Human Rights*, p. 189.

64   Charles R. Beitz, ibid., pp. 187-8.

아니다. 요컨대 여성, 장애인, 성소수자 등의 권리가 인권이라고 할 때, 그것들은 피상적으로 집단에 근거해서 구별될 뿐이며, "그것들은 모두 소수자에 적용되는 보편적 권리(URAM: Univeral Rights Applied to Minority)로 설명될 수 있다."[65]

집단의 권리는 소수자 권리와 달리 개별적인 사람들의 권리라기보다는 국민의 권리이다. 그러한 이유로 집단의 권리는 집단이나 국가의 구성원이라는 것과 별개로 사람들이 갖는 인권의 일반적 관념에 들어맞지 않는다.[66] 집단의 권리는 표준적인 의미에서의 인권이 아니다. 왜냐하면 그것은 단순히 개별 인간으로서 갖는 권리가 아니기 때문이다. 집단의 권리로 집단 안전권, 집단 대표권, 집단 자율권(자기결정권)을 예로 들 수 있다. 집단 안전권은 집단으로서의 소수집단의 존재와 안전을 보호한다. 대량 학살로부터 보호받을 권리, 민족 살상으로부터 보호받을 권리가 집단 안전권에 속한다. 집단 대표권은 소수집단에 의미 있는 정치적 참여에 접근할 수 있는 권리를 부여한다. 이 권리는 의회에서 어느 정도의 의석이나 장관직을 보장받을 수 있는 권리이다. 집단 자율권은 어떤 영역에서 스스로 통치할 수 있는 형식적 권한이다. 집단 자율권은 어떤 집단에 가족, 재산, 종교, 교육 제도에 대한 통제권을 부여할 수 있다. 예컨대 특히 중동지역에서 국내의 소수 종교 집단이 집단 자율권으로 종종 그러한 법적인 제도를 누린다. 집단 자율권은 또한 원주민 거주지와 같은 일정한 지역에서 약

---

65   James W. Nickel, *Making Sense of Human Rights* (2nd ed.), pp. 162-3.

66   James W. Nickel, ibid., p. 164.

간의 자율적 통제권을 부여한다.[67]

　그런데 소수자 권리가 집단의 권리인지 아니면 개인의 권리인지가 불분명한 경우가 있다. 소수자가 그들 자신의 고유문화와 언어를 사용할 권리를 생각해 보자. 일제강점기 시절 일본 제국은 조선인에게 창씨개명 하도록 강요하고, 조선어 말살 정책을 펼쳐 우리 민족의 혼을 없애려고 했다. 중국에는 현재 많은 소수민족이 있고 그 소수민족들이 자신만의 문자와 언어(대표적으로 몽골어, 티베트어, 위구르어)를 사용한다. 하지만 요즘 시진핑이 소수민족의 얼을 제거하고 중국화하기 위해 강제로 한자만 사용하라고 하면서 이들을 탄압하고 있다. 이처럼 다수자가 소수집단의 문화와 언어를 의무적으로 부과하고, 소수 인종이나 민족 집단에 문화적 자기표현과 발전의 권리를 부정하면서 동화 또는 통합 정책을 채택할 때 갈등이 발생하기 마련이다. 그러한 자기표현과 발전의 권리는 보편적 인권인 개인의 자유권으로부터 이끌려 나온다. 다수자가 개인들에게 특정 소수집단의 문화를 누리지 못하게 하고 언어를 사용하지 못하도록 탄압한다면 그들 개인의 권리가 침해된다고 말할 수 있다. 한편으로 집단의 자율권 또는 자기결정권을 억압함으로써 그 집단의 문화 발전을 방해한다는 점에서 집단의 권리가 침해된다고도 볼 수 있다.

　집단의 권리는 개인의 권리에 의존한다고 보는 사람들이 있다. 보어시마(David Boersema)는 집단의 권리를 개인의 권리로부터 끌어낼 수 있다고 본다. 공동행동으로서 어떤 문화적 생활양식에 개인이 참여

67　James W. Nickel, ibid., pp. 164-5 참조.

하는 것은 자기 발전의 조건이다. 따라서 만약 개인이 자기 발전에 대한 동등한 권리를 갖는다면 그들은 문화에 참여할 기회에 대한 동등한 권리를 갖는다. 개인은 문화적 자기 발전의 조건에 접근할 수 있는 동등한 권리가 있다. 집단의 권리는 형성된 실체로서의 집단에 속하며 집단을 형성한 구성원들의 권리로부터 귀결된다. 집단의 구성원들은 그 집단의 구성원인 한, 그러한 집단의 권리를 갖는다. 문화적 소수자가 갖는 집단의 권리는 그 구성원들의 자기 발전을 위한 문화적 조건에 대한 권리이다. 문화적 자기 발전에 대한 동등한 권리를 갖는 것은 집단이 아니라 그 문화의 개별 구성원들이다. 그러므로 이 집단의 권리는 구성원들의 자기 발전에 대한 동등한 권리로부터 이끌려 나오며 그 수단이 된다. 개별적 권리의 행사를 위한 필요조건으로서 소수집단은 다수집단에 대해 개인들에게 그러한 조건들을 제공하라고 요구할 권리가 있다.[68]

이와 같이 집단의 권리는 개인의 권리를 위한 수단적 권리로 볼 수 있다. 사실 국가의 주권 또는 자기결정권은 국가 안에서 개인들이 권리와 자유를 누리기 위한 필수조건이다. 한 국가가 외국의 간섭을 받거나 지배를 받고 주권을 행사할 수 없으면 그 국민은 권리와 자유를 올바로 누릴 수 없을 것이다. 켐프벨도 "모든 정당화할 수 있는 독특한 집단의 권리는 수단적 권리 즉 개인에게 발생하는 이익과 관련하여 수단적인 권리이다. 수단적 권리는 많은 인권이 대체로 갖는 권리이다."라고 주장한다.[69] "자기결정권은 모든 다른 인권의 존재론적

---

68   David Boersema, *Philosophy of Human Rights* (Westview Press, 2011), pp. 109-110 참조.

기초이며, 그것에 더해 특수한 집단 권리의 형태(국민의 자기결정권)를 취한다."[70] 국민의 자기결정권은 자유권 규약과 사회권 규약의 향유를 위한 기본적 조건 중의 하나이다. 자기결정권은 다른 인권의 필수 조건이다. 왜냐하면 "자기결정권의 실현 없이는 개별적 권리의 진정한 행사가 가능하지 않기 때문"이다. "자기결정권은 결사체 구성원들의 집단 권리이며, 공동체의 특권이다. 그러나 공동체 자체는 개인들로 구성되며, 그것의 집단 권리의 침해는 개인들의 기본적 자유의 침해와 같다."[71] 이와 같이 집단의 권리는 개인의 권리를 보호하기 위한 수단적 권리이며, 집단의 권리를 침해하는 것은 개인의 권리를 침해하는 것과 같다는 입장은 집단의 권리 중 다른 하나인 집단의 안전권을 설명하는 데도 도움이 될 것이다. 예를 들어 유대인 집단학살과 같은 대량 학살은 집단의 안전권을 침해하는 것이지만 또한 이 집단 권리의 침해는 유대인 개인들의 생명권을 침해하는 것이 된다. 집단의 안전권을 지키는 것은 그 집단을 구성하는 개인들의 생명권을 보호하기 위한 수단적 권리라고 볼 수 있을 것이다.

---

69   Tom Campbell, *Rights*, p. 176.

70   Pheng Cheah, "Second-generation as Biopolitical Rights," in Costas Douzinas & Conor Gearty(eds.), *The Meanings of Rights*, pp. 222-3.

71   Aureliu Cristescu, *The Right to Self-Determination: Historical and Current Development on the Basis of United Nations Instruments*(New York: United Nations, 1981), para 30, 311, Douzinas & Conor Gearty, ibid., p. 223 재인용.

제6장

인권의 실행을 위한 노력

인권의 의미와 근거 그리고 해석은 우리가 인권을 실행하는 데 기본적으로 이해해야 할 사항이다. 또한 인권 담론에서 중요한 것은 우리가 실제 생활에서 어떻게 인권 의무를 실천하는가 하는 문제이다. 유엔은 국제인권규약들과 협약들에 명시된 인권 규범을 각 국가가 실천하도록 권고하기 위한 기구를 운용하고 있다. 대표적으로 유엔인권이사회와 조약감시기구(각 위원회) 그리고 인권최고대표사무소를 들 수 있다. 이들 기구의 운영은 인권 조약에 가입한 국가들이 인권 의무를 실천하도록 독려하기 위한 국제적인 노력이다. 이들 기구의 역할에 대해 먼저 알아본다. 인권의 실천은 결국 국가 안에서의 노력을 통해 이루어진다. 국제적인 노력은 그러한 국내적인 노력을 뒷받침하는 보조적인 역할을 할 뿐이다. 인권의 실천을 위한 국내적인 노력에는 어떠한 것이 있는지 살펴볼 것이다.

1. 국제적 인권 실행

세계인권선언은 "모든 국민과 국가들의 공동의 성취 기준"으로서 제시된다. 국제인권규약들은 국가 간의 조약이기 때문에 오직 국가들에만 의무를 생성시킨다. 그리고 국가들은 자기 국민(그리고 그 영토 안의 외국인들)에게만 국제인권의무를 갖는다. 현대의 국제인권 체계는 국가와 시민 간의 관계를 감시하는 감독 장치이다.[1] 도넬리(Jack Donnelly)는 국가와 시민 간의 관계에 이처럼 초점을 맞추는 것은 우리의 일상적인 언어에서 확고하다고 본다. 그리하여 경찰에 의해 구타당한 사람은 그의 인권이 침해되었지만, 도둑의 손에 의해 혹은 이웃에 의해 구타당하면 일상적 범죄라 하지 인권 침해라 하지 않는다고 주장한다. 마찬가지로 민간인이 정부에 의해 고통을 받으면, 인권 침해이지만 외국에 의해 고통을 받으면 전쟁범죄로 본다고 주장한다.[2] 그러나 인권을 이처럼 국가와 시민 간의 관계로만 보는 것은 인권의 적용 범

---

1 Jack Donnelly, *Universal Human Rights*, p. 32 참조.

위를 너무 협소하게 보는 단점이 있다. 부모가 아동을 학대하거나 남편이 아내를 학대하는 행위 또는 직장에서 여성이 상사에 의해 성적인 학대를 당하는 행위는 국가와 시민 간의 관계가 아니지만, 인권 침해에 해당한다. 우리 국민이 일제강점기에 자행된 성노예나 강제 징용처럼 고통을 받은 것도 인권 침해로 볼 수 있다. 개인의 인권은 국가에 의해서뿐 아니라 다른 개인이나 기업 또는 타국에 의해 침해당할 수 있다. 여기서는 특별히 '국제인권'이라는 말로 표현하듯이, 국가와 시민 간의 관계에서 누구보다 국가가 침해하는 시민들의 인권을 어떻게 증진할 수 있는가에 초점이 맞춰질 것이다. 국제인권 실행 기구들이 인권을 실행하고 증진하기 위해 어떤 역할을 하는지 보기로 한다.

1) 유엔인권이사회

2006년 설립된 인권이사회는 이전의 인권위원회를 대체하였다.[3] 이전의 인권위원회는 처음 20년 동안에는 인권선언과 국제인권규약들을 기안하는 데 주도적인 역할을 하였다. 1960, 70년대에는 인권에 대한 제한된 감시활동을 하고, 1980, 90년대에는 감시활동을 확대하였다. 마지막 10년에는 리비아의 독재자 카다피(Mu'ammar Gaddafi)가

---

2   Jack Donnelly, ibid., p. 32.

3   여기서 말하는 인권위원회(Commission on Human Rights)는 자유권 규약의 인권위원회 (Human Rights Committee)와는 별개의 기구이다. 자유권 규약의 감시기구인 인권위원회는 현재 존속해 활동하고 있다.

2003년 의장으로 선출되면서 절망적일 만큼 정치화되어 버렸다.[4]

인권이사회는 47개국으로 구성되어 있으며, 이사국은 유엔총회의 비밀투표로 선출되고 임기는 3년이다. 이사회의 가장 중요한 일은 보편적 정례 검토(Universal Periodic Review: UPR)의 과정이다. 이사회는 그 검토 과정을 통해 193개 유엔 회원국의 인권 기록을 4년마다 검토한다. 국내 인권 기구나 NGO를 포함하여 유엔 안팎의 독립된 인권 전문가들로부터 다양한 정보를 수집한다. 국가들은 국제적으로 인정된 인권을 증진하고 보호하는 그들의 노력에 대하여 보고서를 제출한다. 인권이사회의 47개 회원국은 이러한 문서들을 검토하기 위해 실무그룹을 형성하고, 검토받는 국가와 대화를 한다. 여기에는 질문, 논평, 그리고 일련의 권고 사항이 포함된다. 검토받는 국가는 공식적으로 '수용' '유의' '거부' 의사를 표시한다. 실무그룹의 3인(트로이카)은 결과보고서를 준비하는데, 거기에는 전형적으로 검토받은 국가와의 논의 사항이 요약되어 있다. 실무그룹은 그 보고서를 채택하고 그것을 인권이사회의 전체 회의에서 채택하도록 송부한다.[5]

실무그룹의 권고 사항을 실제로 실행하는 정도는 보편적 정례 검토(UPR)의 효과성을 측정하는 중요한 기준이 될 것이다. 모든 지역의 그룹에 있는 74개국을 분석한 결과는 다음과 같다. 권고가 '수용'된 경우의 절반가량이 실행되었고, 20%가 부분적으로 실행되었으며, 25%만이 실행되지 않았다. 대체로 볼 때 여성의 권리와 아동의 권리

---

4   Jack Donnelly and Daniel J. Whelan, *International Human Rights*, p. 75.

5   Jack Donnelly and Daniel J. Whelan, ibid., pp. 76-7.

에 관한 권고 사항은 다른 영역에 비해 비교적 높은 수준의 실행 실적을 보였다. 흥미로운 것은, '유의'(수용도 거부도 하지 않음)로 분류된 권고 사항의 30%는 국내 수준에서 개혁을 끌어냈다. 이것은 UPR의 과정이 국내 수준에서 상당한 영향을 미친다는 것을 나타내고 있다.[6]

인권이사회(그리고 초기의 인권위원회) 활동은 인권 실행의 정보지원 모델을 반영한다. 그것은 인권 관행을 개선할 목적으로 정부를 격려(필요한 경우 수치심을 유발)하기 위해 인권 위반에 대한 권위적인 정보를 입수하고 전파하려고 한다. 그러한 활동은 국가들이 그들의 동료 국가(peers)와 시민들로부터 존경받고자 하는 욕구와 널리 공지된 조직적인 인권 위반으로 입게 될 국가 명예 손상에 의존한다.[7] 국가는 다른 국가로부터 존경받기를 원하고 명예 손상을 원하지 않는다. 인권이사회는 인권 증진을 위해 인권 위반국에 대한 강력한 제재보다는 UPR을 통해 그러한 존경심과 수치심을 자극하는 정책을 사용한다.

2) 유엔인권최고대표사무소(Office of the High Commissioner for Human Rights)[8]

유엔인권최고대표사무소(OHCHR)는 1993년 비엔나 세계인권회의 이후에 설립되었으며, 인권이사회의 정보지원 접근법을 구현한다. 유

---

6   ibid. p. 78.

7   ibid. pp. 78-9.

8   '유엔 인권고등판무관사무소'로도 통칭된다.

엔 인권최고대표는 정부를 직접 다루며, 이들 정부를 상대로 어떤 이
슈를 가지고서건 재량껏 접근할 수 있다. 유엔사무총장에 직접 책임
을 지는 인권최고대표는 국제무대에서 인권을 가장 두드러지게 옹호
하는 직위이다.[9] 인권최고대표의 공적 활동은 가장 주목을 끌지만, 인
권최고대표사무소의 막후 작업의 중요성이 과소 평가되어서는 안 된
다. 인권최고대표사무소의 웹사이트는 인권 활동가, 학자, 일반 시민
그리고 희생자에게 아주 가치 있는 포괄적인 내용들을 포함하고 있
다.[10] 인권최고대표사무소는 또한 인권이사회와 조약감시기구(각 조약의
위원회)를 위한 행정적인 지원을 제공하며, 각국의 인권 관행을 개선하
기 위해 노력하는 정부들에 자문을 제공한다. 인권최고대표사무소는
13개국에 사무실을 유지하며 권역별로 10개 지역에 사무실을 유지하
고 있다.[11]

3) 조약감시기구

주요 국제인권기구들은 다국적 인권 조약들로부터 그 권위를 끌
어낸다.[12] 이들 조약에 의해 생성된 위원회들 즉 조약감시기구(treaty

---

9 특히 제2대 고등판무관인 Mary Robinson은 아일랜드의 전 대통령으로, 그녀의 재임기간
   (1997~2002) 동안 인권최고대표사무소를 주요 권한을 행사할 수 있도록 바꿔놓았다. 비서
   직 성격의 지원 업무의 수준을 높은 수준으로 끌어올리는 데 기여함으로써 세계적으로 유
   명한 공인이 되었다. ibid., p. 79.

10 웹사이트 주소는 https://www.ohchr.org이다. 정부 기관으로부터 부당한 인권 침해를 당했
   을 때 이 웹사이트로 들어가 정보를 얻고 도움을 요청할 수 있다.

11 Jack Donnelly and Daniel J. Whelan, *International Human Rights*, p. 80.

monitoring bodies: TMB)의 주요 활동은 조약 당사국들이 제출하는 인권 준수 보고서를 검토하는 것이다. 많은 위원회는 또한 인권 희생자들로부터 들어오는 개별 통신과 청원을 검토한다. 모든 조약감시 기구는 정기적으로 그들 각각의 규정들의 범위를 재검토하고, 국제인권법을 증진하기 위한 '일반논평'(general comments)을 내놓는다. 정부의 대표가 구성원인 인권이사회와 달리 조약감시기구의 구성원은 직업적인 능력을 지닌 개별 전문가들로 구성된다. 그들은 자신의 정부를 대표하지 않는다.

(1) 보고

조약기구들의 일차적인, 그리고 가장 중요한 활동은 국가가 보통 매 4~5년마다 제출하게 되어 있는 인권 준수에 관한 주기적인 보고서를 검토하는 일이다. 보고서와 위원회가 수집한 추가적인 정보에 기반을 두고 질문서를 준비해서 국가에 서면으로 보낸다. 국가는 보고서를 제출하는 것 이외에 적극적인 협조를 하기도 하지만 반응하지 않는 경우도 있다. 국가가 보고서 제출을 거부할지라도(그런 국가가 있기는 하지만) 보고 절차와 관련된 제재가 있는 것은 아니다. 보고 체계의 목적은 강제적인 집행보다는 인권 준수를 권고하고 촉진하는 것이다. 이런 관점에서 볼 때 보고는 종종 의미 있는 적극적 효과가 있다. 보고 과정의 가장 건설적인 부분은 보고서의 준비이다. 인권이사회

---

12 주요 7개 조약은 자유권 규약(2018년 현재 168개국 가입), 사회권 규약(164), 인종차별 철폐 협약(177), 여성차별철폐협약(189), 고문 방지 협약(160), 아동권리협약(196), 장애인 권리협약((168)이다.

의 보편적 정례 검토(UPR)와 마찬가지로 조약기구에서의 국가적 인권 관행의 주기적 검토는 어느 정도 양심적으로 수행되는 경우, 국가와 대리인 그리고 관리들로 하여금 일상적인 일로부터 한 걸음 물러나서 그들의 제도와 운영 절차를 반성적으로 생각해 보도록 요구한다.[13]

보고는 시민사회가 활동적인 나라에서 특히 가치가 있다. NGO는 가끔 국가 보고서를 준비하는 데 직접 관여한다. 그들은 가끔 보고서를 작성하는 관리에게 로비한다. NGO는 또한 위원회의 개별 구성원과의 접촉을 통해 위원회의 검토에 간접적으로 참여할 수 있다. 그들은 조약기구의 공적인 검토를 캠페인을 위한 근거로 사용할 수 있다.

조약기구의 보고 체계가 갖는 가장 큰 장점은 그 체계가 인권이사회나 특별절차(special procedures)의 조사를 받을 정도로 심각한 경우가 아닌 위반 사례를 다룰 수 있다는 점이다.[14] 특히 국제적인 주목도가 높지 않은 국가나 위반 사례에 대해 그 보고는 실제로 더 광범위한 조사를 제공한다.

그러나 보고 체계에 두 가지 주요 한계점이 있다. 첫째, 보고의 긍정적인 효과는 국가가 개선하고자 하는 적극적인 욕구나 비판에 열려 있는 마음을 갖고서 변하겠다는 의지에 결국 달려 있다. 둘째, 그러한 보고 체계에 의해 생성된 변화는 제한적이고 점진적이라는 점

---

13 Jack Donnelly and Daniel J. Whelan, *International Human Rights*, p. 82.

14 유엔 인권이사회의 특별절차(Special Procedures)는 주제별 혹은 특정 국가별 관점에서 인권에 대해 보고하고 충고하도록 인권이사회에 의해 임무가 부여된 체계이다. 그러한 임무를 수행하는 인권 특별보고관(Special Rapporteur)은 독립된 인권 전문가이다. 이러한 감시체계는 처음에 유엔인권위원회에 의해 확립되었으며 인권이사회가 인계받았다.

이다. 그러한 한계로 인해 커다란 개선이 없을지라도 그것이 무시될 수는 없다. 시간이 지나면서 그러한 개선점이 점점 축적될 것이기 때문이다.[15]

(2) 일반논평

조약기구들도 인권이사회와 마찬가지로 그들 조약의 범위와 내용을 정례적으로 검토하고 일반논평을 내놓는다. 이러한 관행은 (자유권 규약의 실행을 감시하는) 인권위원회(Human Rights Committee)에 의해 처음 발전되었고 가장 효과적으로 적용되었다. 그러한 관행은 보고 과정을 개선할 뿐 아니라 조약상의 의무를 약간 권위적으로 해석해 줌으로써 국제인권법의 점진적인 발전에 영향을 주려고 한다.[16] 그러한 해석들은 공식적으로 구속력이 있는 것은 아니다. 그러나 그것은 상당한 비공식적인 권위를 가지며, 특히 인권 옹호를 위한 권위적인 법적 근거를 찾고자 하는 인권 변호사나 옹호자들에게 특히 유용하다.[17]

(3) 소통과 청원 절차

주요 조약기구들도 개별적으로 소통 또는 청원을 허용한다.[18] 개인

---

15 ibid., p. 82.

16 ibid., p. 83.

17 ibid., p. 84. 일반논평의 구체적인 적용 사례는 다음 제2절의 국내적 실행에서 이태원 참사에서의 '생명권' 관련 일반논평을 참고할 것.

18 각 조약감시기구(위원회)에 대한 청원 및 문의는 인권최고대표사무소(OHCHR)의 Email: ohchr-petitions@un.org로 할 수 있다. 자유권과 사회권 규약뿐만 아니라, 여성, 아동, 장애인 등의 협약 위반 사례와 관련된 청원 또는 문의를 개인적으로 위의 이메일을 통해

또는 단체로부터의 통신문은 유엔사무국에서 심사한다. 검토할 가치가 있는 통신문은 등록되고, 등록된 청원은 채택될 수 있는지 면밀하게 심사한다. 원칙적인 요구사항은 인권 위반이라고 주장하는 사례가 조약 범위 안에 들어야 하며, 국내적인 교정이 불가능했던 사례이어야 한다. 일단 절차적 장애가 없는 것으로 평가되었다면, 관련 위원회는 문제 되는 정부와 그리고 가끔 청원자(혹은 그 대리인)와 교신한다. 위원회는 또한 가끔 공적인 기록물과 독립적인 정보원에 관해 문의한다. 그리고 나서 위원회는 관련되는 국가에 조약 위반 사항에 관한 의견을 제시하고 교정과 관련한 권고를 한다. 이것은 단지 위원회의 의견일 뿐이며, 국제법에서는 구속력이 없다. 사실 국가는 의원회의 견해에 대해서 반응해야 할 의무도 없다. 그럼에도 불구하고 많은 국가, 특히 시민사회의 활동이 활발한 국가는 위원회의 의견을 진지하게 생각한다. 청원한 개인은 청원의 결과인 교정 내용을 받아 보는 경우도 있다. 어떤 경우에는 청원의 결과로 국내법이 바뀌는 경우가 있다. 두드러진 예로 오스트레일리아에서 성적 지향에 근거한 차별과 캐나다에서의 원주민 여성의 차별에 대한 불만들을 청원한 결과, 그들 나라가 위원회의 권고에 반응하여 국내법을 개정하기도 하였다.[19]

유엔은 초기에 인권에 분명히 관여했음에도 냉전 기간 동안에는

할 수 있다.

19 ibid., p. 84 참조. 그밖에 인권 증진을 위해 노력하는 유엔기구들이 있다. 국제노동기구(ILO), 유엔교육과학문화기구(UNESCO), 국제형사재판소(ICC), 그리고 유엔안전보장이사회가 있는데, 이들 기구는 인권 증진을 위한 임무를 포함하기는 하지만, 인권으로 제한되지는 않는다. ibid., p. 85 참조.

크게 관심을 두지 않았다. 냉전이 끝나고 국제정치 지형에 급격한 변화가 일어나자, 유엔은 전반적으로 인권을 받아들여야만 했다.[20] 지금까지 유엔 체계를 통해 인권을 증진하고 실행하는 데 있어서 인권이 사회의 보편적 정례 검토(UPR)와 인권최고대표사무소(OHCHR) 그리고 조약감시기구(위원회)의 역할을 살펴보았다.

4) 권역별 인권 체계

유엔 주도의 인권 체계와 별도로 운영되는 권역별 인권 체계를 간략하게 알아보겠다. 가장 활발한 권역별 인권 체계로 유럽인권체계를 들 수 있다. 유럽인권체계의 가장 주목할 만한 특징은 1958년 설립된 유럽인권재판소이다.[21] 그것은 유럽인권협약과 관련하여 강제적 사법권을 행사한다. 개인도 재판소에 접근할 수 있다. 1969년에 채택된 미주인권협약은 23개 국가가 비준하였는데, 미국과 캐나다는 참여하지 않았다. 주로 시민적·정치적 권리를 다룬다. 아프리카권역의 인권체계는 '인권과 국민의 권리에 관한 아프리카 인권헌장'(1981)에 기초한다. 아프리카 인권체계는 유럽과 미주의 체계에 비해 훨씬 약하지만 아프리카 대륙의 인권 체계를 강화하려고 함으로써 그 지역

---

20   ibid., p. 87.

21   유럽협약과 달리 국제인권규약이나 협약을 위반한 국가를 제재할 재판소는 없다. 유엔 산하기관인 국제사법재판소와 별개로 운영되는 국제형사재판소(International Criminal Court; ICC)가 1998년에 설치(2002년 발효)되었으나, ICC는 주로 대량학살, 인류에 대한 범죄, 전쟁범죄와 관련해서 재판을 한다. ibid., p. 86 참조.

에 상징적인 의미가 있다. 그것은 국내 활동가들의 인권 투쟁에 상당한 고무와 지지를 제공하였다.[22] 2012년 아세안 국가들이 채택한 '아세안 인권선언'은 인권 NGO와 미 국무부 그리고 유엔 인권최고대표로부터 비판을 받았다. 그 선언의 많은 규정들은 이미 확립된 국제 인권 규범에 대항하여 아세안 국가들을 방어하는 역할을 하였다. 그것은 결사의 자유나 행불자 보호와 같은 기본적 권리를 포함하지 않았다. 많은 권리가 국내법에 종속되었다. 집단의 권리나 아시아적 문화가 요구하는 인권 제한으로 기울어져 있다. 인권의 향유는 공동체나 국가에 대한 의무의 이행에 부차적으로 본다. 보편적 인권 규범의 이행보다는 국가의 이익과 선호에 특혜를 부여하는 상대주의적 인권 접근법을 취하고 있다. "모든 아세안 회원국의 독립, 주권, 평등, 영토의 완전성과 국가의 정체성"과 같은 원리들을 홍보한다. 아랍연맹은 1967년 팔레스타인 영토 점령에 반응하여 1968년 인권에 관한 영원한 아랍위원회를 창립하고 2004년 '아랍인권헌장'을 채택하였다. 헌장은 청원 절차를 포함하고 있지 않지만, 국가의 보고 의무는 포함하고 있다. 그러나 아랍권 인권체계의 운영은 활발하지 않다.[23]

마지막으로 "인권의 세계적인 주도적 옹호국"[24]이라는 미국의 인권 정책을 잠깐 살펴본다. 미국은 일상적으로 타국을 비판하기 위해 국제인권의 체계를 이용한다. 그러나 미국은 7개의 핵심 조약 가운데 3개 조약에만 가입해 있다. 그것들은 시민적 · 정치적 권리에 관한 규

---

22   Jack Donnelly and Daniel J. Whelan, *International Human Rights*, ibid., p. 99 참조.

23   ibid., pp. 102-3 참조.

24   ibid., p. 148.

약, 인종차별 철폐 협약, 고문 방지 협약이다. 경제적·사회적·문화적 권리에 관한 규약, 여성차별철폐협약, 아동권리협약, 장애인 권리협약에는 가입하지 않았다. 미국의 국내 제도와 헌법은 다른 나라들이 따라야 하는 인권규칙으로부터의 면제가 필요하다는 면제주의 또는 미국 예외주의(American exceptionalism)를 채택하고 있다. 미국은 개인의 권리에 대한 국내적 관여 때문에 대부분의 다른 나라들과 다르다고 본다. 미국 예외주의는 간섭주의적 예외주의로, 미국은 직접적인 외교정책을 통해, 때로는 군사력의 사용을 통해 미국의 가치를 전파하는 적극적 임무를 강조한다. 이러한 간섭주의 요소는 종종 미국의 전략적·정치적·경제적 이익과 민주주의 및 인권의 증진을 동일시해왔다.[25] 미국은 5.18 광주민주화운동에 대한 대응에서 보듯이 세계 민주주의와 인권을 옹호한다는 명분을 내세우지만, 실상은 자국 이익의 관점에서 외국의 민주주의와 인권을 바라보는 정책을 펼쳐왔다. 국내 인권의 보호와 신장은 기본적으로는 국제기구의 관여나 외국의 간섭에 의존해서 달성될 수는 없다.

---

25   ibid., pp. 128-9.

2. 국내적 인권 실행

　국가는 인권의 주요 보호자이다. 한편 국가는 인권의 주요 위반자이며 국제규범에 따라 지배받는 주요 행위자이다. 그런데 국제적인 행위가 국내에 미칠 수 있는 영향은 제한적이다. 어떤 국가가 인권을 존중하지 않으면 직접적인 희생자는 그 국가의 시민이다. 인권 증진을 위한 국제적인 장치는 고작해야 국가적 노력에 보완적이다. 국제적 장치는 국제인권을 실행하고 강제하는 데서 중요하지만, 보조적인 역할을 한다.[26] 누가 국가로 하여금 인권을 존중하도록 강제할 수 있는가? 결국 문제가 되는 국가의 시민이다. 이 절에서는 최근 국내에서 일어난 인권 침해의 사례 중 몇 개의 대표적 사례를 놓고, 국내에서 인권 실행을 위한 효과적인 방안에 대해 생각해 보기로 한다. 인권의 실행은 헨리 슈의 의무 모델을 따라 그에 수반되거나 관련되는 의무를 중심으로 논의하는 것이 도움이 될 것이다.

　2022년 10월 29일 서울 용산구에서 발생한 이태원 참사는 159명의 인명이 희생된 사고였다. 이 참사는 정부가 충분히 예방할 수 있었음에도 정부의 직무 유기로 빚어진 어이없는 사고였다. 이태원 참사는 핼러윈 축제 때 경사진 골목길의 밀집 지역에 끊임없는 인파가 일시에 몰려 사람들이 뒤엉키고 깔려 발생한 압사 사고였다. 행정안전부와 경찰은 수만 명이 운집한 축제에서 사고를 충분히 예측할 수 있었음에도 안전관리와 통제 부족으로 참사가 발생한 것이다. 사

26　Jack Donnelly, *Universal Human Rights* pp. 208-10 참조.

고가 발생하기 전날부터 뒷골목엔 움직이기 힘들 정도로 사람이 많아 몇 차례 사고 징후가 감지되었으나 경찰은 그것을 무시하였다. 압사 사고를 우려한 신고가 11건이나 들어왔지만 경찰은 군중에게 해산 요청만 하고 사건을 종결시켜 버렸다. 관할 경찰서인 용산경찰서가 상위 기관인 서울경찰청에 전날과 당일에 기동대 지원을 요청했으나 서울경찰청에서 일련의 사유로 이를 거절했다고 한다.[27] 참사에 대한 책임을 물어 국회는 이상민 행정안전부 장관에 대한 탄핵소추안을 가결했지만, 헌법재판소는 탄핵 기각 결정을 내렸다. 헌재는 이태원 참사가 특정인에 의해 발생한 게 아니라 여러 원인이 총체적으로 작용한 참사라고 판단했고, 이것이 기각 결정의 배경이 되었다. 이태원 참사는 희생자들의 생명권이 침해된 사고이다. 경찰이 사고를 사전에 충분히 예방할 수 있었음에도 직무를 유기함으로써 희생자들의 생명이 희생되었다. 헌재는 사고가 여러 원인이 작용하였기 때문에 행정안전부 장관에게 책임을 물을 수 없다고 했지만, 다수의 인파가 몰린 밀집 지역의 경사진 골목길에서 사고 가능성이 높았다면 경찰은 충분한 사고 예방 조치를 취했어야 했다. 사고 책임의 일부를 다수의 군중에게 떠넘기는 것은 온당한 처사가 아니다. 사고를 유발할 수 있는 군중의 우발적인 행동을 저지함으로써 사고를 예방해야 할

27　정복 경찰 두 명만 배치했어도 사고가 나지 않았을 것이라고 현장 조사에서 어느 야당 의원이 말했다. 마약을 단속하는데 정복 입은 경찰이 투입되면 범죄혐의자를 색출하는 데 방해가 되기 때문에 안전관리를 하는 기동 경찰을 투여하지 않은 것으로 알려졌다. 급박한 대형 안전사고를 예방하는 것보다는 마약 단속의 실적을 올리는 것이 정부의 주요 관심사였다고 보인다. 안전사고가 예상되는 군중 밀집 지역에서 안전사고 예방보다 마약 범죄자 체포가 우선일 수는 없을 것이다.

책임이 경찰에게 있다. 헨리 슈의 의무 구조를 따른다면, '회피'(존중), '보호', '증진'의 의무 중, 보호의 의무를 위반한 것이다. 경찰은 생명 희생이 예상된 상황에서 그것을 예방할 수 있었음에도 하지 않았다. 예방적인 적극적 조치를 취함으로써 생명을 보호해야 할 의무를 경찰은 이행하지 않은 것이다. 경찰의 부작위로 인한 생명권 침해라고 볼 수 있다.[28] 지진과 같은 예측할 수 없는 자연 재난의 경우에 희생된 사람은 생명권이 침해되었다고 볼 수는 없지만, 재난이 충분히 예상되는 상황에서 생명이 희생된 경우에는 정부의 생명 보호 의무를 게을리한 것이기 때문에 생명권이 침해되었다고 말할 수 있을 것이다. 따라서 이 경우에는 생명권 침해에 대한 책임 소재를 분명히 가려서 문책했어야 한다. 그럼에도 불구하고 여러 원인이 총체적으로 작용한 참사라면서 국민의 안전을 최종적으로 책임지고 있는 행정안전부 장관에게 책임을 물을 수 없다는 판결을 헌재가 내린 것은 이 참사에 대해 어느 누구도 책임이 없다는 판결을 내린 것이나 마찬가지이다.

2023년 11월 유엔 자유권위원회(자유권규약 감시기구)는 10.29 이태원 참사에 대해 한국 정부가 서울 이태원에서 발생한 다중 인파 운집 참사를 예방하고 대응하기 위한 적절한 조치를 하지 못하였다는 점에 우려를 표명했다. 또한 이 사건의 원인을 밝히기 위한 전면적이고 독립적인 조사가 이루어지지 않았고 피해자에게 효과적인 구제가 제공

28　여기서 의미하는 부작위도 넓게 보면 사고가 나도록 방치하는 행위이기 때문에 넓은 의미에서는 일종의 행위라고 본다. 그러므로 부작위에 의한 '살인'이라는 말이 나올 수 있다. 이렇게 본다면 경찰은 Henry Shue의 의무 구조에 따라 생명 희생 '회피'(생명 존중)의 의무를 어겼다고도 볼 수 있다.

되지 않았다는 점에 유감을 표했다. 자유권위원회는 이태원 참사에 대한 본심의 과정에서 한국 정부를 향해 심도 있는 질의를 했다. 사회적 재난 참사에 대한 질의와 권고가 상세히 담긴 최종 견해에서 자유권위원회는 한국 정부에, 자유권위원회가 2018년 발표한 생명권에 관한 '일반논평' 제36호를 근거로 ① 진실을 규명할 독립적이고 공정한 기구를 설립하고 ②고위직을 포함한 책임자들이 법의 심판을 받도록 보장하며 ③유죄 판결을 받으면 적절한 제재를 가하고 ④희생자와 유가족에게 적절한 배상과 추모를 제공하고 ⑤재발 방지를 보장해야 한다고 권고하였다. 국제사회의 관심에도 불구하고 한국 정부는 본심의 과정에서 "대대적인 조사와 수사를 통해 참사의 원인부터 구조활동 및 대응 상황의 적정성 등에 대한 대부분의 진상이 규명되었다."라는 무성의한 답변으로 일관했고, 자유권위원회의 최종 견해 발표 직후에도 이례적으로 즉각 자유권위원회의 권고에 대해 수용 불가 취지의 입장을 발표하였다.[29]

국제 인권감시기구의 권고는 강제성이 없으므로 인권의 실행에 한계가 있다. 국회는 이태원 참사 특별법(이태원 참사의 원인과 책임소재를 규명하고 피해자와 유족을 지원하기 위한 특별법)을 국회에서 의결했으나 특별조사위원회를 구성하는 데에도 어려움을 겪고 있다. 이것은 인권 실행을 위한 법이 있고 제도가 있어도 그것을 운영하는 사람이 인권을 존중하고 보호하려는 의식이 결여되어 있으면 인권이 실현되기 어렵다는 것을 보여준다.

---

29 참여연대 [논평] 2023. 11. 05 참고.

또 다른 사례로, 대기업이 개인의 인권을 침해한 경우를 보기로 한다. 벤처 기업 얼라이언스시스템 조성구 창업자는 비정형 데이터 관리용 툴인 엑스톰(xtorm) 제품을 개발하였다. 2002년 '세계 초일류기업'인 S그룹 계열사가 국내 W은행에 조 씨의 제품을 납품하는 과정에서 사기 행위를 저질렀다. 조 씨는 납품 사기를 당하자, S 계열사를 납품 사기 혐의로 고소하였다. 언론에서 이 사건을 집중적으로 다루자, S 계열사는 얼라이언스시스템의 내부 사정을 잘 아는 협력업체를 동원해 기업사냥(기술 탈취)을 시작하였다. S그룹 계열사는 조 씨 회사의 사정을 잘 아는 '사냥개'(협력업체, 등기이사 등)를 동원해 조 씨 회사를 고사시키고 기술을 불법 탈취해 갔다. 2005년 S 계열사의 협력업체 등은 조 씨 제품을 이름만 바꿔 신제품으로 발표하고 조 씨 회사를 불법 점령하였다. 조 씨는 자산 가치가 약 2조 원(2006년 기준)에 달하는 자신의 혁신 기술을 S 계열사로부터 탈취당하자, 민형사 소송으로 법적 대응을 하였다.[30] 민사소송은 S 계열사 측의 바지 사장이 회사를 강제로 인수한 후 일방적으로 취하해버렸고, 납품 사기 사건과 기술 탈취(업무상 배임) 관련 형사사건은 여러 차례 고소했지만, 검찰은 기소조차 하지 않았다. 제품개발비 200억 원 이상을 투입한 회사가 S 계열사 측에 불법 점령당한 상황에서 조 씨는 현재 43억 원의 연대 보증 채무까지 떠안았다. 조 씨는 S 계열사의 기술 탈취로 가정이 파탄 났고 암 투병을 하면서 기초생활수급자로 어렵게 생계를 이어가

---

30 조 씨가 개발한 원천기술의 경쟁회사인 미국의 파일넷(FileNet)은 2006년 IBM이 16억 달러에 인수했다. 조 씨의 기술은 그보다 속도가 2.5배 빠르다고 하니까 그 기술의 자산 가치는 2006년 당시 우리 돈으로 2조 원을 상회할 것으로 보인다.

고 있다.[31]

　S 계열사가 자행한 인권 침해 사건 자체도 충격적이지만, 피해자의 권리를 회복하고 정의를 실현해야 할 사법기관이 불법행위를 한 대기업을 비호한다면 인권의 실현은 기대하기 어려울 것이다. 조 씨는 200억 원이라는 거액의 제품개발비를 투입해 원천기술을 개발했는데, S 계열사가 협력사를 동원해 기술을 탈취한 것은 지식재산권을 침해한 것이다. 사회권 규약 제15조 1항은 과학적 생산으로부터 나오는 물질적 이득을 보호받을 권리를 규정하고, 3항은 과학적 연구와 창조적 활동에 필수적인 자유를 존중하도록 하여, 지식재산권이 존중받고 보호받을 권리를 분명히 명시하고 있다. S 계열사는 피해자의 생존을 위협함으로써 생존권 존중의 의무를 또한 위반하였다.[32]

　정상적인 국가라면 이처럼 억울한 인권 침해를 원상으로 회복시켜 주는 것이 국가와 정부의 역할이다. 그런데 당시 대통령들은 이 사건에 관해 보고받은 것으로 알려졌지만 적극적 대응을 하지 않았다. 법 집행을 담당한 검찰은 S 계열사의 납품사기와 기술 탈취의 형사사건을 기소조차 하지 않았다. 정부가 개인의 인권을 보호해야 할 의무

31　이 사례는 페북에서 소통하던 페친 조성구 씨로부터 얻은 정보를 바탕으로 구성하였다. 그가 S 계열사의 기술 탈취로 고통을 겪고 있는 상황을 네티즌들에게 호소한 것을 보고, 필자가 2024년 1월 23일과 그 이후 직접 조 씨와의 전화 통화와 이메일 교환을 통해 S 계열사가 자행한 횡포의 구체적인 증거와 함께 관련 사실들을 입수하였다.

32　생존권은 일반적으로 국가가 생존 수단을 지원해야 할 적극적 권리로 국가의 적극적 의무가 수반되지만, 여기서는 S 계열사가 조 씨에게 생존 위협을 가하는 것을 금하는 소극적 의무를 위반하였다. Henry Shue가 의미하는 생존 위협 '회피'(생존에 대한 존중)의 의무를 위반한 것이다. 생존권이 이처럼 소극적 의미를 포함하는 경우도 있다.

를 방기한 것이다.[33] "정의는 강자의 이익"이라는 옛날 그리스 소피스트의 주장을 상기시킨다. 재벌과 검찰 그리고 법원이 밀착되어 이권 카르텔을 형성하고 있는 구조하에서는 약자의 권익이 보장되고 정의가 실현되기를 기대할 수는 없다.

배우 이선균 자살 사건의 경우를 살펴보자. 아카데미 작품상을 수상한 '기생충'(2019)의 주연배우 이선균의 자살은 국내외에 큰 충격을 주었다. 그는 마약 투약 혐의로 수사를 받아오다 피의사실 공표와 강압수사에 견디다 못해 자살한 것으로 알려져 있다. 이선균 자살 사건은 수사 과정에서 발생하는 다른 자살 사건과 마찬가지로 구체적이고 객관적 증거를 바탕으로 수사를 하는 것이 아니라 강제로 범죄 자백을 끌어내기 위해 심신에 압박을 가하는 무리한 과잉 수사를 함으로써 발생한 사건이다. 공개수사를 하면서 심리적인 압박감을 주고, 범죄의 객관적 혐의가 없는데 장시간 동안 강압적인 수사를 한다면 누구라도 견뎌내기 어려울 것이다.

이선균 자살 사건은 검찰과 경찰이 끊임없이 확정되지 않은 피의사실을 유출하고 언론이 그것을 보도함으로써 자유권 규약 제17조 1항의 개인 사생활권을 침해하였다. 언론은 경찰이 수사하는 동안 마약 혐의와 관련 없는 개인의 사생활 정보를 보도함으로써 이 씨의 심

---

33 2004년 8월 노무현 대통령 시절 조 씨는 S 계열사를 W은행 납품사기로 고소하고 S 계열사의 협력사를 업무상 배임(기술 탈취)으로 고소했지만, 증거가 넘쳐나도 검찰은 제대로 수사하지 않고 기소도 하지 않았다. 이 사건을 2006년 2월 SBS 뉴스 추적이 집중 보도했는데 노무현 대통령이 보고 나서 국정원에 사실 확인을 지시했고 국정원이 S 계열사뿐만 아니라 재벌들의 불공정거래 실태를 조사해서 노 대통령에게 직보했지만 무시하고 넘어갔다.

리적인 압박감은 더욱 커졌다. 검경은 또한 자유권 규약 제14조 2항의 무죄 추정의 권리를 위반하였다. 검경은 마약 투약 혐의와 관련된 직접적인 증거가 없음에도 불구하고 자백을 끌어내기 위해 장시간 강도 높은 압박 수사를 함으로써 자유권 규약 제7조의 고문 또는 잔인하거나 비인간적이거나 모욕적인 대우를 받지 않을 권리를 침해하였다. 마지막으로 검경과 언론은 강압수사와 사생활 정보 유출의 망신 주기로 이 씨가 생명을 끊을 수밖에 없도록 몰아감(사회적 타살)으로써 그의 생명권을 침해했다고도 볼 수 있다.

범죄 혐의를 받고 검경의 강압수사 과정에서 자살한 경우가 수시로 발생하지만, 한때 국민의 관심을 받다가도 쉽게 잊힌다. 이선균 자살 사건도 마찬가지이다. 그러한 문제를 야기하는 근본적인 문제가 해소되지 않기 때문에 유사한 사건이 자주 발생한다. 검찰과 경찰이 무리한 과잉 수사를 하지 못하도록 법으로 규정하고 있으나 범죄 수사 실적을 올리기 위해 혹은 다른 의도를 가지고 강압수사를 함으로써 개인의 인권을 침해한다. 언론도 구독률과 시청률을 높이기 위해 공인이 아닌 사인의 사생활을 무분별하게 공표하는 관행을 버리지 못하고 있다. 연예인은 인기를 먹고 사는 유명인이지 공인이 아니다. 무분별한 사생활 폭로로 인기가 사라지고 생계가 막연해지면 그들의 사생활권은 물론 생존권이 위협을 받는다.

지금까지 우리 사회에서 최근에 발생한 인권 침해 사례 중 국민의 관심을 많이 받는 세 가지 경우를 대표적으로 살펴보았다. 이태원 참사는 정부의 직무 유기로 엄청난 인명이 희생된 생명권 침해 사례이지만, 그것의 원인과 진상에 대해서는 현재까지 정확하게 밝혀진 게 없다. 참사의 원인과 진상 규명에 대한 국제인권기구의 권고가 있었어도 정부는 권고를 거부하였다. 참사의 원인과 진상의 규명을 위한 국회의 특별법안이 의결되었어도 윤석열 정부의 비협조적인 태도로 진상이 제대로 규명될지 의심스럽다. 참사의 원인이 제대로 규명되지 않는다면 그와 유사한 인권 침해는 앞으로도 반복될 것이다.

S그룹 계열의 기술 탈취 사건의 경우는 대기업이 개인의 지식재산권을 침해한 사례로, 이태원 참사와 마찬가지로 국제인권기구(사회권규약 감시기구)에 청원을 할 수 있다.[34] 청원하려면 인권 회복을 위해 국내에서의 모든 수단을 동원했지만 해결되지 않는다는 조건이 충족되어야 한다. 조성구 씨는 정부에도 호소하고 사법기관에도 호소했지만 보호나 지원을 받지 못했다. 말하자면 권리가 침해되었을 때 정부로부터 보호나 지원을 받을 권리를 누리지 못했다. 인권이 완전히 실현되려면 개인의 인권이 침해받을 가능성이 있거나 침해되었을 때 국가나 정부는 그를 보호하거나 지원해 주어야 하는데, 그러한 보호 또는 지원의 의무를 소홀히 하였다. 이러한 경우 조 씨는 국제인권기구에 청원을 할 수 있을 것이다. 그러나 이태원 참사의 원인과 진상을 규명하도록 우리 정부에 권고했지만, 정부가 무시한 것을 볼 때, 조 씨 관련 청원을 국제인권기구가 조사를 해서 문제 해결을 권고한다 해도 정부나 사법기관이 해결해 줄 것이라는 보장은 없다.[35] 대기업과

---

34 인권최고대표사무소(OHCHR)의 Email: ohchr-petitions@un.org로 할 수 있다.

35 '조성구 사건'은 20여 년이 지나고 있으므로 S그룹 측은 법적 시효가 지나서 법적으로 모두 해결되었다는 태도를 보일지 모른다. 조 씨에 의하면, S그룹은 "과거 임원들이 저지른 사건이고 모두 퇴직했다. 조성구와의 법적인 소송은 S그룹이 모두 승소했다. 생계비 정도

사법기관의 이권 카르텔이 공고하게 구축된 이상, 그러한 부패 구조를 혁파하지 않는다면 문제 해결에 성공하기 어렵다. 문제 해결을 위해 가능하다면 국제인권기구의 도움을 받으면서 정의로운 민주 시민들이 적극적인 행동에 나서는 것이 중요하다.[36]

배우 이선균의 자살 사건은 정부 기관인 검찰과 경찰 그리고 언론이 개인의 인권을 침해한 사례이다. 강압수사나 과잉 수사를 금지하는 법령이나 개인의 권리나 사생활을 존중해야 한다는 윤리강령이 있다고 할지라도 그것을 실행하는 사람들이 규범을 지키지 않는다면 개인의 인권이 보호받을 수 없다. 경찰이 실적 올리기와 언론이 구독률과 시청률 끌어올리기의 유혹을 벗어나지 못하면 그와 같은 인권 침해는 반복적으로 일어날 수밖에 없을 것이다. 국가기관이나 언론의 일상적인 인권 침해 관행은 법이나 윤리강령이 있을지라도 쉽게 개선되지 않을 것이다. 국민의 전반적인 인권 의식이 고양되어야만 그러한 문제가 해결될 수 있다.

는 주겠다.”라며 조 씨를 우롱했다. 검찰이 증거가 차고 넘치는 사건을 증거가 불충분하다며 기소조차 하지 않았는데 승소했다고 주장한다. 조 씨의 건강 상태가 좋지 않기 때문에 세월이 흐르면 조용해질 것으로 기대하고 있을지 모른다. 그러나 이 인권 침해 사례는 시효가 지나서 법적으로는 문제가 해소되었다고 생각할지 모르지만, 윤리적으로는 해결되지 않은 상태로 남아 있다. 인권 침해는 법적인 시효를 초월한다. 윤리적으로 해결되지 않은 이 사건은 앞으로 계속 사람들의 입에 오르내릴 것이다. 인권을 침해하여 도덕적으로 문제가 심각한 기업이 “세계 초일류기업”이라고 홍보할 수는 없을 것이다.

36 ‘조성구 사건’은 필자의 도움을 받아 국제인권기구(인권최고대표사무소)에 청원서를 제출하고 그 결과를 기다리는 중이다. 그뿐만 아니라 조 씨 문제를 해결하기 위해 필자는 페이스북에 ‘시민 법정’을 수시로 열어 S 계열사의 횡포와 인권 침해 문제를 추궁하면서 시민들의 동조를 얻으려고 노력하고 있다. 국가의 사법 시스템이 무너져 정의가 실현될 수 없으므로 시민 법정을 통해서 정의를 실현할 필요가 있다고 생각한다. 시민 법정은 시민들의 정의감에 호소하고 S 계열사의 각성을 촉구할 것으로 기대한다.

위에서 검토한 사례들은 정부 또는 기업이나 언론과 같은 집단이 개인의 인권을 침해한 사례인데, 국내적 상황에서 개인들 간에도 인권 침해가 발생하는 경우가 허다하다. 직장과 가정 안에서 그리고 시민사회 안에서 구성원들 간에는 상호 인권을 존중하는 의식이 있어야만 인권이 실현될 수 있을 것이다. 구성원 개인들 간에 인권이 침해되는 경우는 정부의 개입으로 인권을 회복하는 절차를 밟을 수 있고 해결되는 경우가 많다. 개인들 간의 인권 침해는 정부가 개인의 인권을 침해하는 경우보다 더 잘 교정될 수 있다. 개인들 간의 인권 침해는 국민에 대한 국가의 인권 침해와 달리 국제인권기구의 감시대상이 되기는 어렵다. 개인들 간의 인권 침해는 일상적으로 흔하게 벌어지기 때문에 각자가 인권 존중 의식을 갖고 상대방의 인권을 침해하지 않도록 노력해야 할 것이다.

국제인권기구의 감시 대상은 국내의 개인들 사이에서 발생하는 인권 침해보다는 국가나 정부의 개인에 대한 인권 침해가 주요 대상이다. 앞에서 본 것처럼, 정부나 대기업으로부터 당하는 인권 침해는 권력의 비호를 받으면서 은폐되는 경향이 있으므로 개인의 인권 회복이 쉽지 않다. 국제적 관심의 대상이 되는 인권 침해는 그만큼 인권 침해의 정도가 심각하다는 것을 반증한다. 그러나 국제인권기구의 감시나 보고 또는 권고를 통한 시정 노력도 인권을 보호하고 증진하는 데는 한계가 있다는 것을 우리는 보았다. 결국 국제적 관심의 대상이 되는 중대한 인권 침해이건 아니면 국내적 개인들 간의 인권 침해이건 간에 인권을 실행하고 증진하려면 시민들이 인권에 대한 존중 의식을 함양해야 한다. 인권 존중 의식의 함양 또는 계몽을 통해 특히 정부나 대기업의 인권 침해 횡포가 심한 경우에 그것에 저항하고 교정하도록 하는 운동을 펼칠 필요가 있다. 인권 증진과 정의의 실현은 국가나 정부 또는 제도와 그것을 운영하는 사람들 못지않게, 궁극적으로는 깨어 있는 시민들의 인권에 대한 각성과 인권을 지키는 운동에 달려 있다.

제7장

인권 담론에 대한 평가

  마지막 제7장에서는 인권 담론을 다른 관점에서 비교적으로 분석하고 평가하려고
한다. 제1절에서는 민주 사회에서 중요시되는 두 가지 개념인 정의와 민주주의 개념
과 관련해서 인권이 그러한 개념들과 얼마나 유사하고 다른지를 비교하고 평가하려고
한다. 제2절에서는 인권에 관한 상대론적 혹은 회의론적 관점을 검토하고 비판적으로
논의하려고 한다. 먼저 인권의 보편성에 관한 상대론적 관점에서의 비판을 검토하고,
이어서 인권에 대한 공동체주의 관점에서의 회의론을 비판적으로 검토할 것이다. 마
지막으로 배려 윤리 또는 페미니즘의 관점에서 바라보는 인권에 대한 비판적 관점을
살펴보고, 인권 윤리와 배려 윤리 또는 페미니즘의 절충 가능성이 있는지를 알아볼 것
이다.

1. 인권에 대한 비교 관점의 평가

1) 인권과 정의

인권과 정의의 개념은 서로 밀접하게 연결되어 있으면서 서로 구별되는 개념이다. 정의는 인권을 보호하고 분배하는 기능을 한다. 그로티우스(Grotius)의 위대한 혁신 중 하나는 정의를 개인의 권리를 존중하고 행사하는 문제로 간주한 점이다.[1] 롤스는 정의를 기본적 자유와 권리 같은 기본선을 어떻게 분배하느냐 하는 문제로 보았다. 이처럼 정의를 논하는 데 있어서 인권은 기본적인 요소 중 하나이다. 인권의 존중과 보호는 정의를 결정하는 중요한 요소이다.

인권과 정의의 밀접한 관련성 때문에 세계인권선언의 인권 안에 정의와 공정성의 개념을 포함하는 경우도 있다. 제23조 2항은 동등한 노동에 대한 동등한 권리를 선언한다. 제23조 3항은 정의롭고 유리한

---

1   William A. Edmundson, *An Introduction to Rights*, p. 20 참조.

(just and favorable) 급료에 대한 권리를 추가한다. 동등한 노동에 동등한 권리를 부여해야 한다는 공정성의 요구가 인권의 요구로서 언제나 받아들여질 수 있냐에 대해서는 논란이 될 수 있으나[2], 공정성의 절차적 정의가 인권의 필수적인 요소로 포함되는 경우가 있다. 자유권 규약 제14조의 공정한 재판을 받을 권리나 무죄 추정의 권리 그리고 제15조의 형벌불소급의 권리나 과잉 처벌 금지의 권리 등은 절차적 권리로, 절차적 정의를 충족하도록 요구하고 있다. 이 권리들은 생명, 자유, 재산 등의 실체적 권리를 보호하기 위해 요구되는 권리들이다.

정의와 공정성의 개념이 인권의 개념과 겹치는 경우도 있지만 언제나 그런 것은 아니다. 정의와 인권은 서로 구별되는 개념이다. 정의를 구성하는 모든 요소가 인권인 것은 아니다. 정의는 공정성 혹은 절차적 정의, 분배적 정의, 교정적 정의(배상적 정의, 응보적 정의) 등으로 일반적으로 이야기된다. 두 사람이 똑같은 범죄를 저질렀는데, 그중 한 사

---

2   James Gfiffin은 동등한 노동에 동등한 보수를 받지 않는다고 해서 인권 침해라고 말할 수 없다고 주장한다. 예컨대 다국적 기업의 두 고위 임원 중 한 사람이 다른 사람보다 더 많은 노동과 책임을 지는데 더 많은 보수를 받지 않고 똑같은 대우를 받았다고 해서 인권 침해라고 하기는 어렵다는 것이다. (James Griffin, *On Human Rights*, p. 187) 공정성은 아리스토텔레스의 형식적 정의 원리, 즉 "같은 경우에는 같게, 다른 경우에는 다르게"와 같은 형식으로 표현된다. 다국적 기업의 두 임원 중 한 사람은 노동량과 책임에 비례해서 보상받지 않고 더 많은 보상을 받을지라도, 다른 조건(예컨대 가족 중 한 사람이라는 점)에서 더 특혜를 받을 수 있으므로 같은 보수(비례적으로 보면 과다한 보수)를 받을 수 있을 것이다. 이런 경우에는 인권 침해라고 보기는 어렵다. 이전의 개성공단에서 북쪽 노동자들이 남쪽의 노동자에 비해 노동량과 책임이 같지만, 낮은 대우를 받는다고 인권 침해라고 말할 수 없는 것도 같은 논리로 설명할 수 있다. 고려할 수 있는 모든 조건이 같은 상황에서 동일한 노동과 책임을 진다면 동일한 보수를 받는 것은 인권의 요구사항으로 인정될 수 있다고 본다. 따라서 그런 경우에 동일한 노동에 동일한 임금을 받지 않는다면 인권 침해라고 볼 수 있을 것이다.

람만이 처벌받는다면 공정하지 못할 뿐 아니라 인권을 침해받았다
고 말할 수 있다. 그러나 만약 어떤 사람이 버스를 무임승차 하면 공
정하지 못해도 어떤 사람의 권리가 침해되는 것은 아니다. 무임승차
는 사회구성원들이 따르기로 한 규칙을 어기는 행위로 다른 사람들
이 규칙을 따를 때 자기 혼자서 따르지 않는다면 공정하지 못하다.
하트(H. L. A. Hart)에 의하면, "많은 사람이 규칙에 따라 어떤 공동 활동
을 수행할 때, 그리하여 그들의 자유를 제한할 때, 그러한 제한을 따
른 사람(규칙을 준수한 사람)은 그 제한으로 인해 이득을 취한 사람(아직 규칙
을 준수하지 않은 사람)에게 유사한 제한을 따르도록 요구할 권리가 있다.[3]
롤스(J. Rawls)는 이 주장을 약간 다른 표현으로 진술하면서 '공정성의
원리'(principle of fairness)라고 명명하였다.[4] 공정성의 원리에 따라 내가 예
컨대 병역법에 따라 병역 의무를 이행했다면, 병역기피를 한 사람에
게 병역 의무를 이행하라고 요구할 권리가 있다. 나는 병역 의무를 이
행했지만, 다른 사람이 정당한 이유 없이 그 의무를 이행하지 않는다
면 공정하지 못하다. 병역 의무를 이행하지 않는 사람에게 이행하라
고 내가 권리로서 요구한다면 공정성의 원리에 따르는 것이지만, 인
권의 요구에 따르는 것은 아니다. 병역기피나 탈세 또는 그 밖의 모든

---

3   H. L. A. Hart, "Are There Any Natural Rights?" in D. Lyons(ed.), *Rights* (1979), p. 21.

4   John Rawls, *A Theory of Justice*, p. 111. 롤스의 정의 원리가 사회의 기본 제도에 적용되는 것
임에 반해, 공정성의 원리는 개인들에 적용된다. 공정성의 원리는 두 가지 조건이 충족될
때, 제도의 규칙들이 규정하는 역할을 개인이 해야 한다고 주장한다. 첫째 조건은 제도가 정
의로워야(공정해야) 한다. 즉 제도는 롤스의 두 정의 원리를 충족해야 한다. 두 번째 조건은
사람들이 어떤 합의 사항의 이익을 자발적으로 수용했거나 그의 이익을 증진하기 위해 제
공하는 기회를 이용했다는 조건이다. ibid., p.112.

불법행위는 국민 간의 약속 즉 법을 위반함으로써 법을 준수하는 사람들에게 자유 제한 즉 의무 이행의 불이익을 주면서 이익을 취하는 무임승차 행위로 공정하지 못한 행위이다.

분배적 정의의 영역에 속하는 복지권은 인권으로 인정된다. 복지권 즉 최소한의 인간다운 품위를 유지할 수 있는 조건을 누릴 권리는 분배적 정의의 문제이다. 만약 정의가 최소한의 복지 수준보다 더 높은 정도로 분배를 요구한다면 이러한 분배적 정의는 인권이 요구하는 수준은 아니다. 그러나 최소한의 복지 수준을 유지하면서도 대부분의 부를 특권층 다수가 차지한다면, 인권을 침해한 것은 아니지만 분배적 정의가 실현된 것은 아니다. 민주적인 정부가 되려면, "부의 분배에서 최소한의 정의 조건을, 즉 인권이 요구하는 최소 수준의 부 이상의 수준을 충족해야 한다. 만약 대부분의 부가 특권층 다수에게 돌아가고 가난한 소수에게는 인권이 요구하는 최소한에 약간 웃도는 정도만 돌아간다면 그것은 정당성을 상실하는 것이다."[5]

교정적 정의는 배상적 정의와 형벌적 정의(응보적 정의)로 나뉜다. 자유권 규약 제14조 6항은 오심(miscarriage of justice)으로 인한 피해자는 배상받을 권리를 갖는다고 규정함으로써 배상적 정의를 말하고 있다. 국가나 기업 또는 개인의 불법행위로 인한 피해자도 배상받을 권리를 가지며, 배상을 받지 못할 때는 이중으로 인권 침해를 받게 될 것이다. 불법행위를 하는 주체가 피해자의 기본적 이익을 침해함으로써 인권을 침해할 뿐 아니라, 그 침해에 관한 배상을 하지 않음으로써 피

---

5   James Griffin, *On Human Rights*, pp. 246-7 참조.

해자의 배상받을 권리를 침해하게 된다. 일제강점기에 강제 징용과 위안부 피해자들이 당한 인권 침해에 대해 일본은 사과하고 피해자들은 정당한 배상을 받을 권리가 있음에도 아직 배상받지 못함으로써 이중으로 인권 침해를 겪고 있다. 대기업의 중소기업 기술 탈취의 불법행위는 그 자체 지식 재산권을 짓밟는 인권 침해행위이다. 인권 침해에 대한 배상을 받지 못하면 피해자는 이중으로 인권 침해를 겪게 되는 고통을 받게 된다. 인권 침해에 대한 정당한 배상을 받음으로써 비로소 배상적 정의가 실현될 수 있다. 이처럼 어떤 경우에 배상적 정의를 실현하는 것은 인권을 실현하는 것과 같다.

그러나 교정적 정의 중 형벌적 또는 응보적 정의의 경우는 그것이 실현된다고 개인의 인권이 실현되는 것이라고 보기는 어렵다. 살인자가 개인의 생명권을 침해하는 경우 그가 합당한 처벌을 받아 정의가 실현됐다고 해서 사망자의 인권이 실현되는 것은 아니다. 탈세자나 병역기피자의 위법행위는 직접적인 피해자가 있는 것도 아니며, 설령 그들에 대한 처벌로 응보적 정의가 실현되더라도 인권이 실현되는 것은 아니다. 이처럼 응보적 정의는 위법 행위자를 처벌함으로써 정의가 실현되지만, 개인의 인권을 실현하는 것과는 직접적인 관련성이 없다. 물론 형벌의 목적이 범죄의 예방에 있는 것이라고 간주한다면, 범법자의 처벌이 사회구성원들의 인권을 보호하는 예방적 기여를 한다고 말할 수 있다. 그러나 범죄자를 처벌함으로써 정의를 실현하는 것이 배상적 정의에서처럼 어떤 개인의 인권을 실현하는 것은 아니다. 이와 같이 정의는 인권과 중복되는 부분도 있지만, 인권과 직접 관련이 없는 정의의 영역도 있다는 것을 알 수 있다.

마지막으로, 인권은 불의(injustice)로부터 나온다는 더쇼우위츠(Alan Dershowitz)의 주장은 우리에게 시사하는 바가 크다. 그는 "다수가 소수에게 정의를 행할 때 권리에 대한 요구가 없다. 그러나 불의가 득세하는 곳에 권리는 필수적이다. 불의가 권리를 일으킨다."라고 주장했다.[6] 정의로부터 인권이 나오는 것이 아니라, 불의로부터 인권이 나온다고 그는 본다. 완전한 정의는 너무나 이론적이고 유토피아적이기 때문에 논쟁이 끊이지 않는다. 그러나 세계의 부정의에 대한 비이론적인 경험으로부터 권리에 관해 많은 것을 배울 수 있다. 인권 이론은 역사적으로 성전, 종교재판, 노예제도, 스탈린의 숙청, 유대인 대학살, 캄보디아 대학살 등과 같은 불의로부터 시작한다.[7] 정의가 무엇인지 정확하게 알 수는 없어도 심각한 불의를 목격할 때 사람들은 정의감이 발동한다. 1960년대 미국의 마르틴 루터 킹 목사는 흑인에 대한 차별과 억압과 불의에 저항해 인권운동을 이끌었다. 마르틴 루터 킹 목사는 한 연설에서 흑인들에게 차별과 억압과 불의에 맞서 자유와 평등과 정의를 실현하기 위한 투쟁을 전개하도록 고무하면서 인권운동에 불을 지폈다.[8] 우리의 역사에서 동학농민운동은 지배계층의 착취와 폭정에 민중이 저항한 인권운동이다. 불의에 정의감이 촉발하고 이것이 인권운동의 시발점이 된다는 점에서 결국 정의와 인권은 밀접한 관련성이 있다는 것을 알 수 있다.

6　Alan Derschowitz, *Rights from Wrongs*, p. 90.

7　ibid., p. 81.

8　1963년 8월 28일 '일자리와 자유를 위한 워싱턴 행진'에서 킹 목사가 'I have a dream.'의 주제로 행한 그의 연설은 유명하다.

2) 인권과 민주주의

인권과 민주주의는 서로 유사하면서도 다른 점이 있다. 두 개념 간에 어떤 관계가 있는지를 보기 위해 우선 민주주의는 무엇을 요구하는지를 살펴보겠다. "정부가 민주적인 정부가 되려면 모두가 동등한 발언권을 가져야 한다."[9] "민주주의는 평등의 공적 실현이다."[10] 이처럼 민주주의는 평등주의적 성격을 지니고 있다. 평등주의적 민주주의는 최소한 사람들이 정치사회의 집단 결정에서 동등한 존재로 참여할 수 있도록 보장하는 형식적 또는 비형식적 구조를 갖는 민주주의를 의미하며, 다음의 세 가지 조건이 충족되어야 한다.[11]

첫째, 권력자를 결정하는 데 있어서 전체적으로 볼 때 효과적인 평등한 투표권을 공식적으로 갖는다. 그 결과 일반적으로 투표 과정에서 높은 수준의 민중 참여로 나타난다.

둘째, 공직 출마에 동등한 기회를 얻으며, 의사결정 의제의 결정에 동등한 기회를 얻는다. 정당을 조직하고 탈퇴할 수 있다. 정치적 문제에 대해 표현의 자유를 갖는다.

셋째, 그러한 사회는 법의 지배에 따라 움직인다. 그리고 행정 권력을 견제하는 독립된 사법부를 지지한다.

이러한 권리들의 집합이 정치적 사회의 집단적인 의사결정에서

---

9   James Griffin, *On Human Rights*, p. 244.

10   Thomas Christiano, "Self-determination and the Human Right to Democracy," in Rowan Cruft, et al. (eds.), *Philosophical Foundations of Human Rights*, p. 464.

11   ibid., p. 461.

동등한 존재로서 참여할 수 있는 권리의 특징을 갖는데, 이것이 민주주의 권리(a right to democracy)이다. 이처럼 인권은 민주주의에 필수적인 요소이다. 표현의 자유, 집회의 자유, 결사의 자유, 사생활권, 알 권리 등 많은 인권은 민주주의의 필수조건이다. 그런데 민주주의가 인권에 필수적인가? 다시 말해 인권은 민주주의를 반드시 요구하는가? 세계인권선언의 규정과 자유권 규약의 유사한 규정은 경쟁적 선거제도뿐 아니라 일당의 비경쟁적 제도에도 양립할 수 있도록 기안되었다. 그러나 냉전 종식 이후에는 국제인권법이 민주 정부에 대한 권리를 포함한다는 관념이 통용하기 시작하였다. 인권위원회는 인권 규약을 민주주의에 대한 권리를 확립하는 것으로 해석하였다. 합의적 신념은 아니지만, 민주제도에 대한 인권이 있다는 관념은 이제 국제 인권 이론과 관행에서 일반적인 것이 되었다.[12]

한 사회가 권위주의적인 제도를 갖는 것이 더 나은지 아니면 안정적인 민주제도를 갖는 것이 더 나은지를 묻는다면 더 설득력 있는 대답은 후자일 것이다. 그러나 그 물음이 민주적인 국가 등 외부 행위자가 비민주적인 사회에서의 민주적인 개혁을 위한 움직임을 지지하거나 자극하는 시도가 좋은 것이냐고 묻는다면 대답하는 것이 조심스럽다. 가난한 사회에서 정치제도의 민주적 개혁을 증진하려는 노력이 그 국민의 기본 이익을 충족하는 데 있어서 지속적인 개선을 가져올 가능성이 있다고 확신하기는 어렵다.[13] 정치·법철학적인 최근의

---

12   Charles R. Beitz, *The Idea of Human Rights*, p. 174 참조.

13   ibid., p. 180 참조.

논쟁에서 많은 사람은 자기결정권과의 충돌로 인해 민주주의 인권에 반대주장을 펼쳤다. 민주제도는 정치적 평등의 원리를 만족한다. 그래서 투표와 대의제도는 모든 시민에게 동등한 절차적 기회를 제공하고 공직은 모두에게 열려 있다. 그러나 자기결정권을 주장하는 비민주적인 위계 사회에서는 정치적 결정에서 개인의 이익이 동등한 중요성을 부여받지 못하며, 위계 사회의 고위직은 기존의 교회 구성원으로 제한되고, 지배 집단의 대표자들은 공적 영역에서 더 많은 기회를 얻게 된다.[14] 존 롤스가 위계 사회에서 일부 구성원들이 정치적 참여권이 제약받거나 동등한 권리가 주어지지 않더라도 그러한 사회의 자기결정권을 존중하고 관용해야 한다고 주장하였다. 인권은 민주주의 권리를 요구하지 않는다는 입장을 취한 롤스는 인권이 민주주의 권리를 요구하는가에 관한 논쟁에 불을 지폈다. 비민주적인 위계 사회의 자기결정권을 존중하고 관용해야 한다는 그의 입장은 일부 민주주의 권리를 수용하지 않음으로써 그의 인권 목록을 최소화하는 결과를 가져왔다.

자기결정의 인권 즉 국민들로 하여금 자기들의 헌법과 발전을 선택하도록 하는 자기결정권은 민주주의 인권에 의해 위협받을 수 있다고 생각할 수 있다.[15] 크리스티아노(Thomas Christiano)는 이처럼 자기결

---

14   ibid., pp. 182-3 참조.

15   Fabienne Peter, "A Human Right to Democracy?" in Rowan Cruft, et al. (eds) *Philosophical Foundations of Human Rights*, p. 481. 이러한 생각은 과거 박정희 정권이 경제 발전을 이유로 '한국적 민주주의'라는 구호 아래 유신헌법을 제정하여 많은 민주주의 인권을 제한했던 것과 같은 논리이다.

정권과 민주주의 인권이 충돌한다는 생각에 대해 이의를 제기한다.[16] 그는 자기결정권이 민주주의 인권을 전제한다고 주장한다. 그는 민주주의 인권이 비민주적인 국민의 자기결정권과 양립할 수 있다고 보았다. 그에 의하면 집단의 자기결정권은 민주주의 인권으로부터 귀결된다. 한 국민은 그 구성원들의 민주주의 인권이 충족될 때 완전한 자기결정권을 갖게 된다. 따라서 최소한의 평등적인 민주사회는 집단적인 자기결정권을 갖는다. 비민주적인 국민이 자기결정권을 가질 가능성을 수용하기 위해 민주주의 인권을 보다 더 구체화할 필요가 있다. 즉 민주주의 인권은 국민 각자가 민주주의 인권을 보류할 도덕적 권한을 포함한다. 보류 권한은 모든 권리의 특징은 아니지만 많은 권리의 공통 특징이다. 여기서 민주주의 권리를 보류하는 사회는 위계 사회를 전제한다. 민주주의 권리의 포기는 비민주적인 결정 방식에 권한을 인정하는 것이다. 만약 한 사람의 포기가 민주적 권리를 포기하기 싫어하는 다른 사람의 권리를 위태롭게 한다면 그 포기는 허용될 수 없다. 비민주적인 국민의 집단적인 자기결정권은 그 국민의 모든 구성원이 집단으로 민주주의 권리를 포기할 때 발생한다. 즉 만장일치가 필요하다. 요컨대 집단적인 자기결정권은 엄밀히 말해 개인의 권리가 아니다. 그것은 국제사회로부터 간섭받지 않을 공동체의 권리이다. 그럼에도 불구하고 그것은 민주주의 권리에 기초한다. 그러나 민주주의 권리의 포기는 영원한 포기로 생각되지 않는다.

---

16 Thomas Christiano, "Self-determination and the Human Right to Democracy," in Rowan Cruft, et al. (eds.), *Philosophical Foundations of Human Rights*, pp. 472-6.

그것은 철회될 수 있다.[17]

인권위원회가 인권 규약을 민주주의에 대한 권리를 확립하는 것으로 해석하였다면, 자기결정권도 인권 규약에 포함되어 있으므로 민주주의 권리로 해석되어야 한다. 민주적인 사회의 자기결정권은 그 자체 민주주의 권리와 양립한다. 그런데 비민주적인 사회의 자기결정권은 민주주의 권리와 충돌할 수 있다는 생각에 대해, 크리스티아노는 자기결정권이 민주주의 권리에 기초해서 발생하기 때문에 역시 그렇게 발생한 비민주적인 사회의 자기결정권도 인정될 수 있다고 보는 것이다. 민주적인 사회에서와 마찬가지로 민주주의 권리를 보류할 수 있는 비민주적인 사회의 자기결정권도 민주주의 권리를 보류하기로 만장일치의 합의를 이룬다면 민주적인 권리가 될 수 있다는 것이다. 따라서 그와 같은 민주적인 절차에 따라 발생한 자기결정권이 정당화되기 때문에 그러한 자기결정권을 행사하는 비민주적인 사회는 민주적인 사회로부터 간섭받지 않을 권리가 있다고 주장할 수 있다. 그러나 비민주적인 위계 사회에서 민주주의 인권을 보류하는 자기결정권의 행사가 민주주의 인권에 기초해서 만장일치로 이루어질 것 같지는 않다. 우리의 역사에서 유신헌법을 제정할 당시의 상황에 비추어 알 수 있듯이, 설령 대다수 국민이 민주주의 권리의 보류에 합의한다고 할지라도 그러한 합의가 자유의사에 의해 이루어진다고 보기는 어려울 것이다.

민주주의는 인권이 요구하는 것보다 더 많은 것을 요구하며 때로

---

17   Thomas Christiano, ibid., p. 476.

는 서로 충돌하는 경우가 있다. 인권과 민주주의는 아주 다른 욕구를 충족하기 위해 성장해 왔다. 인권은 존엄성을 형성하는 것, 즉 생명, 자율성, 개인의 자유를 보호하기 위해 성장했다. 민주제도는 집단을 위한 결정 절차, 즉 안정적이고 권력 이양을 잘할 수 있고, 사회구성원들의 권력이 다소 동등하고, 사회적 결정에서 패배자가 사회의 기본구조와 조화를 이루고, 복리, 질서, 정의, 안전, 번영을 증진하는 절차에 대한 필요성에서 성장했다. 인권에 속하는 것보다 훨씬 더 많은 것이 민주주의에 속한다.[18] 민주 정부는 국민의 통치가 모든 시민의 권리를 실현하는 한에서만, 특히 모든 시민에게 동등한 관심과 존중을 보장하는 한에서만 바람직하다. 정치학자들은 그러한 정부를 '자유민주주의'라고 기술한다. 민주주의는 시민의 기본적 인권의 제약 안에서만 작동한다. 그 제약은 정부 정통성의 기준을 제공한다. 민주적 운영이 인권과 충돌할 때 인권은 그것보다 우선한다. 일반적으로 헌법적 기본권이 그러한 역할을 한다. 선거가 자유롭고, 공정하게 열려 있어도 '민주적' 체제가 인권의 요구에 미치지 못할 수 있다.[19] 어떤 의사결정을 할 때 의견이 서로 맞지 않으면 상호 간 논의와 절충을 통해 합의를 이루는 것이 민주주의가 추구하는 목표이다. 상호 합의가 이루어지지 않을 때는 다수결로 결정한다. 만장일치의 합의나 다수결로 어떤 안건이나 법안을 통과시켜도 국민의 기본적 인권을 침해할 가능성이 있다. "민주주의는 국민에게 집단적으로 그들이 통

---

18   James Griffin, *On Human Rights*, p. 249.

19   Jack Donnelly & Daniel J. Whelan, *International Human Rights* (5th ed., 2013), p. 35 참조.

치할 수 있도록 권한을 부여한다. …반면에 인권은 개인에게 권한을 부여하고, 그들의 정부를 제한하는 데 목표를 둔다."[20] "인권은 반민주적인 것이 사실이다. 미국 대법원은 가끔 반민주적이라고 비판을 받는다. 왜냐하면 그것은 보통 국민의 의지를 좌절시키기 때문이다."[21] 도넬리가 지적한 것처럼, 국민의 다수결로 결정하는 선거민주주의(electral democracy)와 인권의 연결은 미약하다고 볼 수 있다.[22]

결론적으로, 인권은 민주주의에 필수적인 요소이다. 평등한 투표권, 표현의 자유, 집회의 자유, 결사의 자유, 사생활권, 알 권리 등 많은 인권은 민주주의의 필수조건이다. 그런데 인권이 민주주의의 모든 요구를 반영하는가에 대해서는 그렇다고 보기는 어렵다. 민주주의는 인권이 요구하는 것보다 더 광범위하다. 인권의 요구와 민주주의의 요구가 충돌할 때는 인권의 요구가 우선한다. 의사결정에서 다수결처럼 민주적 절차를 따른다고 해서 반드시 인권이 존중되거나 보호되는 것은 아니다.

---

20 Jack Donnelly, *Universal Human Rights*, p. 223.

21 Jack Donnellly, ibid., p. 224.

22 Jack Donnellly, ibid., p. 225 참조.

2. 인권에 대한 상대주의적 그리고 회의론적 관점

1) 인권에 대한 상대주의적 관점

인권은 보편적이라고 일반적으로 이야기한다. 인권이 보편적이라는 말은 인권은 특정 사회나 문화와 상관없이 두루 통용된다는 것을 의미하는 것으로 해석된다. 또한 인권은 지위, 인종, 성별, 재산 등과 상관없이 모두에게 똑같이 적용된다는 것을 의미한다. 역사적으로 보면 인권 개념의 발생지였던 18세기의 서양에서는 인권이 대체로 백인 남성의 유산층에만 주어졌다. 투표권 또는 정치적 참여권이 여성이나 흑인 또는 무산자 계급의 남성에게 주어지지 않았지만, 동등한 인권을 위한 투쟁 덕분에 점차 모든 성인에게 확대되었다. 서양에서 여성에게 정치적 참여권이 주어진 것은 대체로 20세기 초에 이르러서야 가능했다. 따라서 역사적으로 볼 때 사회 또는 문화와 상관없이 모든 사람이 인권을 보편적으로 향유한 것은 아니다.

현대에 와서도 일부 이슬람 국가에서는 여성에게 정치적 참여권이 제한되다가 2011년 사우디아라비아를 끝으로 사실상 지구상의 모든 국가의 여성들이 참정권을 부여받았다. 그러나 많은 이슬람 국가에서는 여성이 여러 측면에서 차별받고 있다. 이슬람 예배를 할 때 여자는 남자와 떨어져서 분리된 장소에 있어야 한다. 히잡(베일)은 자기 나라에서뿐 아니라 다른 나라에 가서도 의무적으로 착용하게 되어 있다.[23] 부부간에도 남편은 아내를 때릴 수 있고, 아내가 맘에 들지 않으면 남편은 '나는 너와 이혼한다.'라는 말을 세 번만 반복하면 아무런 설명이나 이유 없이 이혼할 수 있다.[24] 무슬림 여성의 인권 침해에서 가장 심각한 문제는 이슬람의 '명예살인'이다. 여자가 정조를 잃는 등 가족이나 공동체의 명예를 훼손한 경우, 아무런 법적 판결 없이 가족이나 공동체 구성원에 의해 죽임을 당한다.[25] 이슬람의 '여성 할례'도 심각하다. 세계보건기구(WHO)에 따르면 연간 1억에서 1억 4천만 이슬람 소녀들과 여성들이 강제로 할례를 받는다. 아무런 안전 조치 없이 비위생적으로 시술하는 경우도 있다. 이 과정에서 많은 무슬림 여성이 정신적인 충격과 함께 과다 출혈 또는 감염으로 죽고 있다.

이슬람 국가의 여성 인권 침해에 대해, 그것은 그들 나라의 문화이기 때문에 침묵하고 관용해야 하는가? 상대주의 관점에서 그러한 문화와 관행을 용인해야 하는가? 상대주의는 문화적 상대주의와 도덕적 또는 윤리적 상대주의로 나누어 생각할 수 있다. 문화적 상대주의는 어떤 도덕적 신념이나 관행이 한 사회나 문화에서는 옳다고 판단하지만 다른 사회나 문화에서는 옳지 않다고 판단할 수 있다는 견해이다. 문화적 상대주의는 사회나 문화에 따라 도덕적 신념과 관행에 관한 판단이 다를 수 있다는 '사실적' 주장이다. 예컨대 할례 관습은

---

23   무슬림이 많은 프랑스에서는 이 베일을 쓸 경우 벌금까지 부과하는 법을 만들었는데, 이에 무슬림들이 반발하면서 큰 갈등을 일으켰다.

24   이를 '트리플 딸라크'(Tripple Talaq)법이라고 한다. 지금은 금지 또는 규제가 강화되었다.

25   유엔인구활동기금(UNFPA)의 몇 해 전 자료에 따르면, 한 해 무려 5천 명, 하루에 14명의 여성이 이 명예살인으로 죽어가고 있다.

이슬람 문화권에서는 옳다고 판단하지만, 서구 자유주의 사회에서는 옳지 않다고 판단한다. 도덕적 또는 윤리적 상대주의는 도덕적 신념이나 관행은 특정 사회의 도덕규범에 따라 옳을 수도 있고 그를 수도 있다는 '평가적' 주장을 한다. 그것은 어떠한 도덕적 관점도 다른 관점보다 더 우월하다고 볼 수 없다는 입장을 취한다. 이슬람권의 문화에서 볼 때, 예컨대 할례의 관습이 나쁘다는 서구 사회의 관점이 옳은 것은 아니다. 따라서 도덕적 상대주의는 어떤 사람이나 사회가 자신들과 다른 도덕적 신념이나 문화적 관행을 재단하거나 간섭하는 것은 옳지 않다는 입장을 취한다.

전 세계적으로 보면 사회 또는 문화마다 도덕적 신념이나 관행이 다를 수 있지만 그것들이 모두 용인된다고 보기는 어렵다. 문화적 권리나 자기결정권을 내세우면서 자기 문화에 대한 권리가 있다거나 혹은 다른 사회로부터 간섭받지 않을 자기결정권이 있다고 주장한다면, 이러한 입장은 문화적 상대주의에 기반을 두고 더 나아가 도덕적 상대주의의 관점을 취하고 있다. 그러나 도덕적 신념과 관행에 관한 옳고 그름의 판단이 실제로 사회에 따라 다르다는 문화적 상대주의를 인정한다 해도, 그러한 판단이 모두 용인될 수 있다는 도덕적 상대주의의 입장이 반드시 정당화되는 것은 아니다. 인권에 관한 문화적 상대주의적 입장에서 더 나아가 도덕적 상대주의 입장을 취하게 되면 문화는 다수 지배 집단이 소수집단을 억압하는 것을 정당화하는 데 이용될 수 있다. 전통적 문화나 관습에 인권 침해적 요소가 있어도 "여성과 불가촉천민은 침묵을 지켜야 하고 전통의 이름으로 학대당할 때 문화적 권리는 국제주의적인 인권 옹호자들에게는 전혀 장점이 없다."[26] 문화적 상대주의가 참이라 할지라도, 다시 말해 어떤 도덕적 신념이나 관행이 사회에 따라 다르다는 것이 사실일지라도, 그로부터 도덕적 신념이나 관행이 모두 용인된다는 도덕적 상대주의가 이끌려 나오지는 않는다. 문화적 상대주의는 참이어도 도덕적 상대주의는 참이 아닐 수 있다.

도덕에서 객관적 진리가 없다는 도덕적 또는 윤리적 상대주의에 반대되는 입장으로 도덕적 또는 윤리적 보편주의와 절대주의가 있다. 윤리적 보편주의와 윤리적 절대주의는 도덕에서 객관적 진리가 있다는 입장을 취한다. 윤리적 보편주의는 어떤 윤리 체계가 문화, 종교, 성별, 종교, 국적, 성적 지향, 성정체성 혹은 다른 어떤 특징과 상관없이 유사한 상황에 있는 모든 사람에게 보편적으로 적용된다는 입장이다. 윤리적 보편주의에 대한 이러한 정의는 유엔의 보편적 인권선언 제2조의 내용과도 관련되어 있다.[27] 과거에는 모든 사람이 인권을 향유한 것은 아니었지만 현대에는 인권선언이 밝힌 바와 같이 모든 인간이 보편적으로 인권을 향유한다고 말한다. "인권은 개념 수준에서 비교적 보편적이다."[28] 모든 사람은 생명권, 자유권, 신체안전권, 사회보장권을 갖는다. 그러나 특정 권리 개념(concept)은 보다 구체적인 내용이 포함된 다양한 관념(conception)을 일반적으로 갖게 된다.

---

26 Micheline R. Ishay, *The History of Human Rights*, p. 276.

27 인권선언의 제2조는 모든 사람은 "인종, 피부색, 성별, 언어, 종교, 정치적 혹은 다른 견해, 국적이나 사회적 신분, 재산, 태생이나 다른 지위의 구별 없이" 이 선언에 제시된 모든 권리와 자유에 대한 자격이 있다고 규정하고 있다.

28 Jack Donnelly and Daniel J. Whelan, *International Human Rights* p. 47.

그 관념은 보편적 인권에 상대성의 요소를 도입한다. 더 나아가 특정 권리 개념은 다양한 방식으로 실행(implemenations)이 이루어진다.[29] 아프가니스탄과 이집트 같은 무슬림 국가들은 '고문과 기타 잔인하거나 비인도적이거나 굴욕적인 대우나 처벌을 금지하는 협약'(1984)에 이미 비준하였다. 그러나 무슬림들은 잔인하거나 비인도적이거나 굴욕적인 대우나 처벌을 받지 않을 권리를 인정할지라도, 그들의 문화는 그러한 권리에 대해 다른 해석을 할 수 있다. 이슬람 문화에서의 잔인하거나 비인도적이거나 모욕적인 대우나 처벌의 의미는 세계의 다른 지역에서 이해하는 그것의 의미와는 상당히 다르다.[30] 이슬람 형법에서 절도는 오른손 절단의 처벌을 받을 수 있다. 살인이나 신체적 상해의 경우에는 '눈에는 눈'과 같은 엄격한 응보로 처벌을 받을 수 있다.[31] 세속적이거나 인도주의적인 관점에서 어떤 범죄, 특히 절도에 대해 그처럼 영구적인 가혹한 처벌을 가하는 것은 잔인하고 비인간적이며 굴욕적임에는 분명하다. 그러나 대부분 무슬림에게는 그러한 방식의 처벌이 코란에 표현되는 바와 같은 신의 절대적인 의지에 의해 정착되어 있다.[32] 이처럼 사회와 문화의 특성에 따라 특정 인권에 대한 다양한 관념과 실행이 있을 수 있다. 인권의 상대성과 다양성이 인간의 기본적 이익이나 필요를 훼손하지 않는다면 허용될 수 있을 것이다. 그러나 어떤 사회 또는 문화가 사람들에게 인간의 기본적 이

---

29 Jack Donnelly and Daniel J. Whelan, ibid.

30 David Boersema, *The Philosophy of Human Rights*, p. 229.

31 David Boersema, ibid., p. 230.

32 David Berseman, ibid., p. 231.

익이나 필요를 박탈하거나 충족시켜 주지 않는 경우 상대주의의 관점에 근거해서 그것을 옹호할 수는 없다. 어떤 문화권에서는 일부 사람들의 기본적 이익이나 필요를 박탈하거나 충족시켜 주지 않음으로써 인권을 침해하는 것을 상대주의 관점에서 옹호할지 모르지만, 그러한 관행은 인권이 보편적이라는 입장에 영향을 주지 않는다. 일부 사람들에 대한 인권의 침해는 인권의 보편성에 의해 비판받을 수 있다. 윤리적 보편주의에 따르면 모든 인간은 인권을 향유할 자격이 있다.[33]

윤리적 절대주의에 따르면 인권은 예외 없이 언제나 존중되어야 한다는 입장이다. 예를 들면 고문을 받지 않을 권리나 노예가 되지 않을 권리는 언제나 존중되어야 한다는 점에서 절대적이다. 그러나 모든 인간이 인권을 향유할 자격이 있다고 할지라도, 언제나 인권을 향유할 수 있는 것은 아니다. 인권은 다른 인권이나 중요한 가치와 충돌할 경우가 있다. 예컨대 표현의 자유는 다른 인권 예컨대 명예권이나 국가안보상 위기 상황과 충돌하는 경우 유보될 수 있다. 그렇다고 표현의 자유가 사라지는 것은 아니다. 표현의 자유는 모두가 누릴 수 있는 보편적 권리이지만 언제나 누릴 수 있는 절대적인 권리는 아니다.

---

33 "모든 인간은 인권을 향유할 자격이 있다."라는 말에는 예외적인 경우가 있을 것이다. 예컨대 선거 참여권은 미성년자에게 주어지지 않는다. 이러한 예외는 선거의 목적과 관련하여 고려되어야 한다. 선거는 민주주의의 효과적인 운영이라는 목적 달성을 위해 필요한 수단이다. 민주주의의 효과적이고 성공적인 운영을 위해서는 성숙한 판단력이 요구된다. 미성년자에게는 그러한 판단력이 결여되어 있다고 보기 때문에 선거 참여권은 성인에게만 주어진다. 이에 반해 생명권이나 신체안전권 등은 그러한 목적에 대한 고려가 없으므로 모두에게 주어진다.

권리의 침해(violation)와 권리의 위배(infringement)를 구별할 필요가 있다. 권리의 침해는 정당화되지 않는 행위이지만, 권리 간에 혹은 권리와 다른 고려 사항 간에 충돌이 일어나서 권리를 위배하는 경우에는 권리가 양보 당할 수 있다. 양보 당하는 경우 그 권리는 그냥 사라지는 것이 아니다.[34]

결론적으로 인권이 문화적 상대주의 관점에서는 참일 수 있지만, 윤리적 상대주의 관점에서의 인권관은 수용되기 어렵다. 인권은 윤리적 보편주의의 관점에서 이해되어야 한다.[35] 인권은 보편적인 권리이긴 하지만, 그렇다고 예외 없이 언제나 우리가 누릴 수 있는 절대적인 권리는 아니다.

2) 인권에 대한 공동체주의적 관점

인권이 보편적이라는 생각에 여전히 의문을 제기하는 사람들이 있다. 제러미 벤담은 법적인 권리 이외의 권리가 있다는 것을 부정했다. 자연권 혹은 '인간의 권리'(인권)를 말하는 것은 넌센스라고 했다. 왜냐하면 권리는 오직 법체계에서만 의미가 있다고 보았기 때문이다. 그는 또한 자연권 또는 인권을 주장하는 것은 정부의 정당한 권위에 도전하는 것이 정당하다고 자극하기 때문에 위험하다고 생각했다. 카를 마르크스는 인간과 시민의 권리가 18세기 말에 선언되었을

---

34 William A. Edmundson, *An Introduction to Rights*, p. 149 참조.
35 인권에 관한 윤리적 보편주의 입장은 권리의 근거 또는 정당화 이론들, 특히 계약론적 관점에서의 정당화 이론을 통해 확립될 수 있다.

때 그것의 허구적인 보편주의를 비난했다.[36] 마르크스는 인간의 권리는 이기적인 인간 즉 공동체로부터 분리된 개인으로서의 인간을 넘어서 있지 않다고 주장했다. 마르크스에 의하면, 양심과 행동의 자유, 재산권, 평등권 그리고 안전에 대한 시민의 권리는 근대 부르주아 사회의 이기적인 주체들의 권리에 지나지 않는다. 그러한 권리들의 형식적 평등주의는 불평등하고 이기적인 사회질서를 숨기는 상상적 평등이다.[37] 마르크스의 관심은 권리 개념 자체보다는 '이기적' 인간으로서 권리 소유자에게 초점을 맞춘다. 자신을 권리 소유자로 생각한다는 것은 자신을 어떤 이익에 대한 자격이 있는 것으로 생각하고 다른 사람에 대한 의무를 간과한다는 것으로 해석될 수 있다. 자신과 사회를 분리시킴으로써 권리는 공동체적 존재에 적합한 방식으로 자신을 생각하지 못하게 한다.[38] 마르크스는 인권이 개인의 공동체적 존재임을 무시하고 공동체에 대한 개인의 의무와 책임을 고려하지 않는다고 본 점에서 그의 인권관은 공동체주의자들의 관점과 유사한 측면이 있다. 다음에 공동체주의자인 매킨타이어(Alasdair MacIntyre)를 중심으로 공동체주의의 인권관을 살펴보겠다.

계약론자인 롤스와 같은 자유주의자들에 의하면 자아는 공동체와

---

36   Paul Patton, "History, Normativity, and Rights," in Costas Douzinas & Conor Gearty(ed.), *The Meanings of Rights,* p. 238.

37   Paul Patton, ibid., p. 239.

38   Rowan Cruft, S. Matthew Liao, and Massimo Renzo, "The Philosophical Foundations of Human Rights," in Rowan Cruft, et al. (eds.), *The Philosophical Foundations of Human Rights*, p. 36.

유리된 독립된 주체로서의 '무연고적인 자아'(unencumbered self)이다.[39] 자유주의자들은 자아가 사회의 관행에 본질적으로 뿌리박혀 있다는 공동체주의자들의 입장을 부정한다. 그러나 공동체주의자들에 따르면 특수한 문화와 사회에 얽매이지 않은 무연고적 자아는 있을 수 없다. 자아는 공동체에 의해 형성된다. 공동체가 자아의 정체성을 구성한다. 인간은 본질적으로 공동체적 존재이다. 인간이 공동체에 속함은 일차적인 도덕적 사실이므로 자연권 혹은 인권은 없다. 매킨타이어가 대표하는 공동체주의에 의하면 본질적으로 권리는 존재하지 않는다. 여기서 매킨타이어가 의미하는 '권리'는 벤담과 마찬가지로 실정법이나 관습에 의해 주어지는 권리가 아니라, 단지 인간에게 속한다고 주장하는 권리 즉 자연권 혹은 인권을 의미한다. 방해받지 않을 권리로서의 소극적인 권리뿐 아니라 적법절차의 권리, 교육 혹은 고용에 대한 권리와 같은 적극적인 권리도 여기에 포함된다. 그러한 권리들은 성별, 인종, 종교, 재능 혹은 공적에 상관없이 모든 사람에게 똑같이 부여되는 것으로 생각된다.[40] 매킨타이어는 '권리'로 정확히 표현되는 말이 중세 말 무렵까지는 없었다는 사실에 비추어 볼 때 그러한 권리들을 사람들이 단지 인간으로서 갖는다는 것은 이상한 점이

---

39 하버드대 Michael Sandel 교수는 자유주의적 관점의 인간을 '무연고적 자아'(the unencumbered self)로 기술하였다. '무연고적 자아'는 우리의 정체성이 태생적 관계나 물려받은 관계망에 의해 정의되지 않고, '자기 창조적인, 자율적인 자아'(self-creating, autonomous self)로 정의된다는 것을 의미한다. 반면에 '가족, 국민, 문화 혹은 전통'의 요소에 의해 형성되는 '연고적 자아'(encumbered self)는 그러한 자유롭고 독립적인 인간 관념에 대립되는 개념으로 간주된다.

40 Alasdair MacIntyre, *After Virtue* (University of Notre Dame Press, 1981), p. 66.

있다고 주장한다. 물론 '권리'로 표현된 말이 없다는 사실로부터 자연권이나 인권이 없다는 주장이 이끌려 나오는 것은 아니다. 단지 자연권이나 인권이 있다는 것을 아무도 알 수 없다는 뜻이다. 매킨타이어는 그러한 권리에 대한 믿음은 마녀와 일각수에 대한 믿음과 같다고 주장한다.[41]

매킨타이어는 자연권 또는 인권이 있다는 것을 밝히려고 하는 지워스(Alan Gewirth)의 논증을 대표적으로 지목해서 반박한다. 지워스의 논증에 따르면, 합리적 행위자는 그의 성공적인 행위를 위한 자유와 복지를 필수적인 선(necessary goods)으로 간주하기 때문에 그는 그러한 선에 대한 권리 즉 자유권과 복지권을 갖는다는 것이 논리적으로 따라 나온다. 그러나 매킨타이어에 의하면, 내가 어떤 것을 하거나 가질 권리가 있다는 주장은 내가 어떤 것이 필요하거나 그로부터 이익을 얻을 것이라는 주장과는 전혀 다른 주장이다. 첫 번째 주장으로부터는 어떤 것을 하거나 가지려는 나의 시도를 방해해서는 안 된다는 주장이 이끌려 나오지만, 두 번째 주장으로부터는 그렇지 않다.[42] 즉 내가 어떤 것에 대한 권리를 갖는다면 다른 사람은 그것을 갖는 것을 방해해서는 안 되지만, 내가 어떤 것을 갖는 것이 필요하다고 해서 다른 사람이 그것을 갖는 것에 방해를 놔서는 안 된다고 말할 수 없다는 것이다.

매킨타이어에 의하면, 합리적 행위를 할 수 있기 위해 자유와 복지

---

41   A. MacIntyre, ibid., pp. 66-7.

42   ibid., pp. 64-5.

가 필수적이라고 주장하는 것은 그러한 선에 대한 권리가 있다고 주장하는 것과는 다른 성격을 지닌다. 왜냐하면 후자는 전자와 달리 사회적으로 확립된 규칙들이 있다는 것을 전제하기 때문이다. 그러한 규칙들은 특수한 사회적 환경에서 특수한 역사적 시기에만 존재하게 된다. 그 규칙들은 인간 조건의 보편적인 특징이 아니다. 규칙들에 구현된 권리의 개념은 특수한 사회적인 성격을 지니며, 특수한 형태의 사회제도나 관행이 존재한다는 것은 권리를 소유한다는 주장에 필수적인 조건이다. 매킨타이어에 의하면, 그러한 형태의 사회제도나 관행이 인간 사회에서 보편적으로 존재한 적이 없었다. 그러한 보편적인 형태의 사회제도나 관행이 존재하지 않은 상태에서 권리(보편적인 인권 또는 자연권) 주장을 하는 것은 "화폐 제도가 없는 사회질서에서 지불수표를 제시하는 것과 같다."[43]

매킨타이어가 권리는 사회적 규칙을 전제한다고 본 것은 타당한 관점이라고 본다.[44] 그런데 그 사회적 규칙은 보편적 인권의 근거가 되는 보편적 규칙이 아니며, 역사적으로 확립된 사회제도나 관행하에 존재하는 특수한 규칙이다. 권리가 존재하는 한, 그것은 기존의 관행에 뿌리를 두고 있는 사회질서의 한 부분이라고 본 점에서 공동체

43　A. MacIntyre, ibid., p. 65.

44　우리는 이미 앞에서 인권은 합리적인 인간들이 동의하게 될 사회적 규칙으로부터 나온다는 것을 계약론적으로 설명하였다. 인권의 지위를 가지려면 어떤 기본적 이익이 인권으로서 지위를 누리는가에 대한 합의가 있어야 한다. 기본적 자유는 원초적 입장에서 다른 기본적 이익에 관련된 합의가 이루어질 때 이미 전제된다. 원초적 입장에서의 합의는 기본적 자유를 제외한 그 밖의 자유를 제한함으로써 기본적 이익을 보호하기 위한 규칙에 대한 합의이다. 그러한 규칙에 따라 기본적 권리와 함께 그에 수반된 의무가 발생한다.

주의자인 매킨타이어와 샌델의 이념적인 경향은 버크(Edmund Burke)의 보수주의적 색채를 띠고 있다.[45] 그러한 관행들은 변하지만 서서히 변한다. 따라서 그들에 의하면 개인들이 소유한 자연권이나 추상적인 도덕적 권리는 기존의 사회질서를 위태롭게 하므로 비난받는다. 이것은 보수적인 공동체주의자들이 권리 자체에 적대적이라는 것을 의미하는 것은 아니다. 추상적 권리에 대해 반대하는 것은 그것이 특수한 문화와 사회의 생활에 적합하도록 발전되어 온 확립된 권리와 의무 체계를 위협하기 때문이다.[46]

인권이 기존의 관행이나 제도 등 확립된 사회질서를 위협하고 위태롭게 할 수 있다는 것은 사실이다. 사회적 관행이나 제도가 불합리하거나 부도덕하면 도전을 받고 변화를 겪게 된다. 그리하여 역사적으로 노예제도가 폐지되었고, 여성에 대한 차별 관행이 점점 사라지고 있다. 그러나 그러한 제도나 관행을 비판하는 근거는 기존의 확립된 사회질서로부터 나오는 것이 아니며, 그러한 질서를 비판하고 평가하는 이성적 판단이다. 이슬람 국가에서 아직도 여성이 불합리하게 차별받고 있는 관행이 비판받게 되면 기존의 사회질서가 위태롭게 될 것이다. 그렇다고 그러한 불합리한 관행이 계속 유지되어야 하는가? 물론 공동체주의자들은 불합리한 제도나 관행은 서서히 변하

---

45   Tom Campbell, *Rights*, p. 73. Edmund Burke(1729-97)는 영국의 정치인이자 정치철학자로, 그의 소책자 'Reflections on the Revolution in France'는 프랑스 혁명을 공격하고 있다. 그는 혁명이 '좋은' 사회의 구조와 국가와 사회의 전통적인 제도를 파괴하고 있다고 주장하였다. 그 소책자는 근대 보수주의를 정의한 논문이다. 20세기에 Burke는 특히 미국에서 보수주의의 철학적 원조로 널리 간주되었다.

46   T. Campbell, *Rights*, ibid.

게 된다고 주장할 것이다. 제도나 관행이 인간 삶의 질을 높이는 방향으로 변하도록 이끄는 요인은 여러 가지가 있을 수 있다. 물리적인 환경과 의식의 변화가 주요한 요인이 되겠지만, 우리의 의식에 중대한 영향을 미치는 것은 인간 이성이다. 이성적인 판단의 원리로서는, 노예제도의 폐지나 흑인이나 여성 차별의 철폐에서 보듯이 인권이 중요하게 역할을 했지만, 반드시 인권일 필요는 없다. 그것은 매킨타이어가 반대하고 있는 공리주의 원리일 수도 있다. 실제로 벤담은 개인의 행동뿐만 아니라 법이나 관행 또는 사회제도를 비판하기 위한 원리로 공리의 원리를 내세웠다. 그러나 그는 자연권이나 인권 또는 도덕적 권리를 넌센스라고 하면서 배척했다. 벤담에게 있어 사회적 효용성은 사회제도를 평가하기 위한 유일한 원리이다. 같은 공리주의자이면서도 존 스튜어트 밀은 도덕적 권리를 인정하였지만, 그의 도덕적 권리는 궁극적으로 공리의 원리에 의해 정당화된다. 그러나 누가 뭐라 해도 역사적인 인권운동의 성취에 비추어 알 수 있듯이, 인권은 불합리한 제도나 관행을 철폐하는 데 있어서 강력한 무기로 작용한 것임은 틀림없다.

인간의 모든 문제를 개인의 권리로 설명하고 논평하는 것은 공동체주의자들이 강조하는 공동선이나 덕성의 중요성을 무시한다는 비판을 듣는다. 우리는 공동체의 유지와 번영에 기여하는 공동선이나 덕성의 중요성도 인정해야 한다. 평화, 연대, 우애, 협력, 조화, 깨끗한 환경 등과 같은 공동선은 단순히 개별 이익의 총합으로 생각할 수 없는 이익으로, 인간의 삶에 또한 중요하다. 매킨타이어에 의하면 공동선은 특정 사회의 유지와 번영에 기여하는 공동의 목표, 가치, 관행이다. 덕성은 개인의 행위와 결정을 안내하고 공동체의 유지와 번영에 긍정적으로 기여하도록 하기 때문에 공동선을 증진하는 데 중요한 역할을 한다. 인간 삶의 문제를 해결하는 데 우리는 인권에만 호소하지는 않는다. 어떤 문제에서 인권과 공동선이 갈등을 빚을 때 우리는 인권에 절대적인 우위를 부여하지 않는다. 그리핀(James Griffin)이 강조한 바와 같이, 인권과 공동체의 가치가 양립하기 어렵다는 주장은 과장되어 있다. "자율성의 모든 형태에 우리는 커다란 가치를 부여하지 않는다."[47] "모든 사람은 자율성과 연대는 둘 다 아주 가치 있다는 것을 인정해야 한다."[48] 자유주의자들이 강조하는 자유 또는 자율성은 타인의 권리를 침해하지 않는 범위 내에서 존중된다. 그뿐만 아니라 자유 또는 자율성이 공동선과 충돌할 때는 양보함으로써 구성원 간의 조화를 이룰 수 있다. 물론 사회가 추구하는 공동선이 이슬람 국가에서의 여성에 대한 차별처럼 개인의 기본적 이익을 심각하게 침해할 때는 양보하는 것이 미덕은 아니다.

자유주의자들의 입장에서 볼 때 사회는 상호이익을 위한 협동체이다. 구성원 간의 상호 협력과 연대를 이룰 때 공동체주의자들이 강조하는 우애와 조화가 달성될 수 있고, 그러한 사회 환경에서 각자는 자기 인권이 보장받을 수 있다. 공동체주의자들은 인권을 강조하면 기존의 사회적 규범을 위태롭게 하고 타인에 대한 의무와 책임을 등한시하는 것처럼 주장하지만, 꼭 그렇다고 보기 어렵다. 특정 상황에

---

47   James Griffin, "The Relativity and Ethnocentricity of Human Rights," in Rowan Cruft, et al. (eds.), *The Philosophical Foundations of Human Rights*, p. 558.

48   J. Griffin, ibid., p. 559.

서 내가 나의 인권을 주장하는 경우는 대부분 타인이 부담해야 할 의무나 책임을 회피하는 경우이다.[49] 나의 인권에 수반되는 타인이나 국가의 의무가 이행되지 않을 때 즉 불의가 발생할 때 나는 나의 인권을 주장한다. 정의가 실현되고 의무가 이행되는 곳에서는 인권이 해야 할 일은 없다. 더쇼우위츠(Alan Derschowitz)가 주장한 것처럼, "다수가 소수에게 정의를 행할 때는 권리에 대한 요구가 없다. 그러나 불의가 득세할 때 권리는 필수적이다. 우리의 변화무쌍한 역사가 확인하듯이, 불의가 권리를 일으킨다."[50] 자연스러운 연대, 우애, 협력, 조화 등의 공동선이 충만한 사회에서는 어쩌면 인권의 필요성을 별로 못 느낄지 모른다. 그런데 실제 사회는 그처럼 낭만적인 사회가 아니다. 요컨대 인권은 다른 사람에 대한 의무와 책임을 등한시하는 것이 아니라, 공동체의 다른 구성원들이 자신의 의무와 책임을 무시하고 불의를 저지를 때 자신의 기본적 이익과 존엄성을 지키기 위한 수단이다.

3) 인권에 대한 페미니즘 또는 배려 윤리의 관점

페미니즘의 역사는 자유주의 단계와 급진주의 단계로 구분될 수

49　인권선언 제29조에는 다음과 같이 의무 규정을 둠으로써 공동체주의의 입장을 어느 정도 반영하고 있다. 제29조 1항: "모든 사람이 공동체에 대한 의무를 지니는데, 그 안에서만 자유롭고 완전한 인성 발달이 가능하다." 제29조 2항: "권리와 자유를 행사할 때 모든 사람은 타인의 권리에 대한 적절한 인정과 존중을 보장하기 위해, 그리고 민주사회에서의 도덕, 공공질서, 그리고 일반 복지의 정당한 요구를 충족하기 위해 법 규정의 제한을 받아야 한다."

50　Alan Derschowitz, *Rights from Wrongs*, p. 90.

있다. 19세기부터 최근 현대에 이르기까지의 자유주의 단계에서는 여성이 억압과 무시를 받은 것으로 생각한 사람들은 평등한 권리 특히 평등한 법적 권리를 주장하였다. 여성은 남성과 똑같이 투표하고, 노동하고, 재산을 소유하며, 교육을 받을 권리를 가져야 한다면서 양성평등권을 주장하였다. 또한 그들은 권리에 의해 지배되는 정치와 같은 공적 영역과 권리에 의해 지배되지 않는 가족과 같은 사적 영역 간의 구분을 공격하였다. 시민의 생활과 정치의 공적 영역에서는 규칙과 권리가 지배하는데, 이것은 남성의 세계이다. 그리고 우정과 가족의 사적 영역은 감정과 민감성이 지배하는데, 이것은 여성의 세계이다. 자유주의적 페미니스트들은 이러한 이분법이 가정에서의 여성억압의 기원을 제공하기 때문에 그러한 구분법을 없애야 한다고 주장하였다.[51]

그러나 보다 최근에는 형식적인 권리의 평등이 경제적 그리고 정치적 권리에서 여성에게 평등한 권리를 가져오지 않는다는 사실에 직면하자, 권리에 대해 회의적인 태도를 보인 페미니스트들은 권리를 규칙, 갈등, 이기주의, 실질적인 불평등에 지나치게 의존하는 남성지배적인 문화의 한 부분이라고 보았다. 규칙과 권리의 공적 영역이 모든 것을 지배하는 것이라면, 공적 영역과 사적 영역의 구분을 없애

51　Tom Campbell, *Rights*, p. 76 참조. "영국인의 집은 그의 성이다."(An Englishman's home is his castle)라는 속담이나, 이의 변형인 "집은 왕도 들어갈 수 없는 성이다."(The house is a castle which the King cannot enter)라는 속담은 공적 영역과 사적 영역을 분명히 구분해야 한다고 주장할 때 사용하는 표현이다. 이러한 속담의 영향 때문에 가정 내에서의 여성 학대나 억압이 이루어져도 공권력이 함부로 개입하기 어려운 측면이 있었다.

는 것이 도움이 되지 않는다고 보았다. 권리에 대한 이러한 급진주의적인 페미니스트적 비판이 길리건(Carol Gilligan)의 저술로부터 나왔다.[52] 길리건은 정의의 윤리(ethics of justice)와 배려의 윤리(ethics of care)를 구분하고 둘을 서로 대비하였다. 그녀는 콜버그(Lawrence Kohlberg)의 도덕 발달 이론을 정의 윤리로 규정하고 비판하였다. 여성은 남성과 다른 방식으로 윤리적 문제에 접근한다고 그녀는 주장하면서, 남성의 도덕적 관점은 권리와 규칙에 관련된 도덕적 공정성(정의)에 대한 이해에 초점을 두지만, 여성의 도덕적 관점은 책임과 관계(배려)에 대한 이해에 초점을 둔다고 보았다.

일반적으로 '정의'를 말하면 '공정성', '평등', '분배적 정의', '응보적 정의'를 떠올린다. 그러나 '배려 윤리'에 대비되는 '정의 윤리'에서 의미하는 '정의'는 그보다 훨씬 넓은 의미를 지니고 있으며, 그와 관련된 다양한 가치와 도덕적 고려 사항을 포함하는 포괄적 개념이다. 길리건이 콜버그의 정의 지향의 도덕을 비판하면서 염두에 둔 정의 윤리는 보편적인 규칙이나 원리에 따라 옳고 그름의 도덕 판단을 내리는 것에 초점을 둔 윤리이다. 콜버그에 의하면, 인간은 3수준 6단계에 따라 올라갈수록 도덕성이 발달해 간다. 첫 번째 인습 이전 수준에서는 처벌이나 징계를 회피하는 것이 옳다고 보며(1단계), 자신의 이익을 추구하는 이기주의적 관점을 드러낸다(2단계). 두 번째 인습 수준에서는 소속집단 구성원과 조화로운 인간관계를 지향하고(3단계), 사회

---

52 Carol Gilligan의 저서 *In a Different Voice: Psychological Theory and Women's Development* (Harvrd University Press, 1977)는 Lawrence Kohlberg의 인지적 도덕발달 이론을 비판한 저서이다.

의 규칙이나 법의 준수를 중요시한다(4단계). 세 번째 인습 이후 수준
에서는 개인의 기본적인 권리나 사회적 효용성을 중요시하며(5단계),
인권의 동등성과 인간 존엄성 존중을 규정하는 보편적인 정의 원리
에 따라 옳고 그름을 판단한다(6단계). 콜버그의 도덕발달 이론에 따르
면, 개인의 도덕 판단이 보편적인 정의 원리에 따라 추론하는 6단계
까지 발달하는데, 대부분의 성인 남성은 4, 5단계까지 발달하면서 최
고 단계에 접근해 가지만, 대부분의 여성은 다른 사람과의 좋은 관계
를 유지하려고 하는 3단계에 머무는 것으로 드러났다. 길리건은 이와
같은 콜버그의 도덕발달 이론을 비판하고, 남성은 규칙이나 권리에
초점을 두는 정의 윤리의 관점을 채택하는 경향이 있지만, 여성은 사
회구성원 간의 조화로운 인간관계를 중요시하는 배려 윤리의 관점을
취하는 경향이 있다고 보았다.[53]

배려 윤리의 영향을 받은 페미니스트들이 인권 의제에 대해 주저
하는 것은 당연하다. 그들은 그것이 잘못되었다기보다는 많은 실제

---

[53]　배려 윤리는 관계적, 상호의존적인 인간 관념과 함께 작동한다고 본 점에서 공동체주의에
가깝다. 또한 배려 윤리에서 배려는 덕의 성격을 갖고 있다고 보는 점에서 공동체주의자들
이 덕을 강조하는 것과 일맥상통한다. 배려하는 사람의 민감성, 동기와 같은 개인의 성향
이 중시되기 때문에 배려 윤리는 덕 윤리라고 말하는 사람이 있다. 많은 배려 윤리 학자들
은 배려가 덕이라는 것을 부정하지 않는다. Noddings는 "덕으로서의 배려 관념을 전적으
로 부정하지 않는다." (Nel Noddings, *Starting at Home*, p. 12) Held도 "배려가 덕이라는 것
은 의심의 여지가 없다."라고 말한다. (Virginia Held, *The Ethics of Care*, p. 19) 그러나 배려
윤리는 단순히 덕 윤리는 아니다. "덕 윤리는 특히 개인의 인격 상태(states of character)에
초점을 맞추지만, 배려 윤리는 배려적 관계(caring relations)에 관심을 두기 때문이다. 이처
럼 배려 윤리가 관계를 중시한 점에서 공동체주의와 유사한 점이 있다. 그러나 공동체주의
는 콜버그 도덕발달 단계에서 인습 수준의 4단계 즉 사회적 규칙의 존중을 또한 중요시한
점에서 배려 윤리와 차이가 있다.

상황에서 가장 중요하고 필요한 것을 강조하지 않는다고 보았다. 헬드(Virginia Held)는 인권과 배려 간의 관계를 말하면서, "인권에의 호소는 필요의 충족과 권리 존중의 배려적 감정이 없이는 그렇게 중요시되지 않는다."라고 말한다.[54] 정의 윤리는 공적이며 정치적인 영역에 적합한 윤리이지만, 서로 관계를 맺고 있는 사적인 영역 즉 가족이나 친구 사이에 발생하는 도덕적 문제를 해결하는 데에는 적합하지 않다.[55] 배려 윤리의 관점에서 볼 때 배려는 정의보다 더 기본적이다. 가정 안에서 배려가 없다면 삶도 정의도 없다. 헬드는 "가족의 맥락에서는 배려가 없이는 어떠한 인간도 존재할 수 없다는 의미에서 배려가 우선한다."라고 본다. 그녀는 "정의가 없이도 배려는 있을 수 있지만, 배려가 없다면 정의도 있을 수 없다."라고 주장한다.[56] 이처럼 헬드는 정의 또는 인권의 존중에는 배려가 전제된다고 본다. 헬드는 정의와 권리는 배려의 관계망 안에서 요구할 수 있다고 주장한다.[57] 그녀는 "배려와 그것에 관련되는 고려 요소는 더 광범위한 체계이고, 그 체계 안에 정의와 복지에 그처럼 많이 기여했던 자유주의적 개인주의를 위한 공간이 만들어져야 한다."라고 제안한다. "배려의 관계망에서 우리는 자유주의적 정치이론이 강조하는 정의와 평등, 공정성과 권리를 요구할 수 있다."라고 그녀는 주장한다.[58] 또한 "배려의 가

---

54 Virginia Held, "Care and Human Rights," in Rowan Cruft, et al. (eds.) *The Philosophical Foundations of Human Rights*, p. 634 참조.

55 V. Held, *The Ethics of Care*, p. 13.

56 ibid., p. 134.

57 ibid., p. 27.

58 ibid., p. 88.

정(presumption)이 충족되지 않으면 다른 사람들의 권리가 존중되거나 인정되는지 마음을 쓸 만큼 다른 사람들에 대해 관심을 두지 않을 것"이라고 그녀는 주장한다. 그런 점에서 "인권과 정의 원리에 대한 존중은 어느 정도 사람들 간의 배려적 관계를 가정한다."라고 말할 수 있다.[59] 이처럼 정의와 인권에 대한 존중은 배려를 전제한다고 그녀는 생각한다.

배려 접근법은 세계인들에 당면한 가장 심각한 문제들 즉 빈곤이나 불평등의 많은 부분을 다루는 데 적합하며, 그것은 "인권 접근법을 보완하거나 강화시키거나 혹은 그보다 더 효과적일 수 있다."라고 헬드는 주장한다.[60] 인권의 중요성을 어느 정도 인정함에도 불구하고, 결국 그녀는 인권이 우리를 도울 수 있는 능력이 있는지에 대해 회의적이다.[61] 그녀는 인권이 우리의 가장 심각한 지구적 문제 즉 빈곤이나 불평등에 적절히 반응할 수 있는지에 관해 의구심을 갖는다. 그녀는 이러한 문제에 대한 적절한 대응책은 배려에 호소함으로써 찾을 수 있다고 제안한다.

그러나 배려의 기능에 대한 헬드의 이러한 낙관적인 견해에 대해 멘더스(Susan Mendus)는 회의적으로 본다. 그녀는 인권에 대한 의구심을 어느 정도 공유하지만, 배려를 옹호하는 방향으로 직접 나아가는 것

---

59   ibid., p. 132.

60   V. Held, "Care and Human Rights," in Rowan Cruft, et al. (eds.), *The Philosophical Foundations of Human Rights*, p. 628.

61   Held는 소극적 권리인 공격이나 간섭으로부터 자유로울 권리, 즉 시민적·정치적 권리의 중요성을 인정한다. 그녀가 인권이 우리를 돕는 데 한계가 있다고 말할 때 의미하는 인권은 사회적·경제적 권리를 말한다. Virginia Held, ibid., p. 626 참조.

을 경계해야 한다고 주장한다.[62] 배려 윤리는 개인들의 사적인 관계에 대한 우리들의 경험에 뿌리를 둔다. 배려 윤리를 따르는 것은 실제 인간 간의 관계에서이다. 그런데 이러한 배려적인 경우로부터 도출된 통찰이 더 넓은 세계로 이동하고, 빈곤, 불평등, 기아와 같은 세계적 문제에 대한 우리들의 반응에 영향을 미칠 것인지에 대해서는 의문이 든다고 그녀는 주장한다. 멘더스는 그 이유로 두 가지를 든다. 첫째, 배려의 이동에 관련된 심리적 문제로, 친구와 가족 관계에서 일어나는 배려는 본성상 특수한 것이며, 알려지지 않은 타인 혹은 인류 전체로 확대될 수 있는지는 분명하지 않다. 둘째, 우리가 사랑하는 사람으로부터 배려와 양육을 받는 것은 진정 바람직하지만, 배려가 더 넓은 사회로 확대될 때 그 배려의 수령자가 되는 것은 잠재적으로 모독적이고 모멸적이다.[63] 여기서 요구되는 것은 우리보다 부유한 사람들로부터의 동정이 아니다. 필요에 대한 우리의 요구를 공감이나 동정에 대한 요구로서가 아니라 정의의 요구로서 인정하는 것이라고 멘더스는 주장한다. 배려 윤리는 그것의 많은 장점에도 불구하고, 정의와 인권이 요구하는 것의 중요성을 인식하지 못한다고 그녀는 본다. 멘더스는 "권리의 거부와 그것에 따르는 요구의 거부는 특히 여성들에게 위험한 전략이다. 초기의 남녀 평등주의가 이룬 성취의 대부분은 권리와 정의에 대한 호소를 통해 이루어졌다."라고 그녀는 주

62　Susan Mendus, "Care and Human Rights," in R. Cruft, et al. (eds.), *Philosophical Foundations of Human Rights*, p. 650.

63　S. Mendus, ibid., pp. 650-51.

장한다.[64]

헬드는 간섭이나 공격으로부터의 자유 즉 소극적 권리의 중요성을 인정하지만, 복지권과 같은 적극적 권리가 지구상의 빈곤이나 불평등 문제의 해결에 효과적이지 못하기 때문에 배려를 통해 보완하거나 강화해야 한다고 주장한다. 이러한 주장에 대해 멘더스는 가까운 관계에서의 배려는 가능하고 바람직하지만, 먼 거리에 있는 사람들에게는 확장되기 어렵고 오히려 그것이 모욕적이라고 반박한다. 두 사람 간의 논쟁을 올바로 해결하려면, 배려 윤리학자들이 분명히 구별하지 않은 배려의 두 가지 의미 즉 소극적 의미와 적극적 의미를 구별할 필요가 있다. 배려 윤리학자들이 이야기하는 배려는 주로 다른 사람을 보살펴 주고 수발한다는 의미의 '돌봄'으로 이해된다. 그래서 배려 윤리를 '돌봄 윤리'라고 명명하는 사람도 있다. 나딩스(Nel Noddings)는 배려를 특수한 관계를 맺고 있는 사람에 대한 보살핌을 주로 이야기한다. 배려를 그와 같은 적극적인 의미로만 이해한다면 배려 윤리를 '돌봄 윤리' 또는 '보살핌의 윤리'라고 말할 수도 있다. 이런 방식으로 배려 윤리에 접근하면 배려의 소극적 의미는 무시되고 적극적 의미만 부각된다. 그러나 나딩스의 다음 주장에는 배려의 소극적 의미가 분명 포함되어 있다.

두 사람이 만나며, 그 중 한 사람 혹은 둘이 특별한 필요 욕구를 지니고 있다. 나의 동료가 주제넘게 나서거나, 나의 일을 무시하거나,

---

64   ibid., p. 652.

단어 선택에 거칠거나 하면, 나는 사생활, 인정, 존중 혹은 정중한 언어에 대한 나 자신의 필요 욕구를 의식하게 될지 모른다. 우리는 어떤 필요 욕구가 충족되기를 바란다는 의미에서 우리는 모두 배려받기를 원한다."[65]

이 경우 나의 필요 욕구를 충족하기 위해 다른 사람이 나를 적극적으로 도우면서 보살필 필요는 없다. 다른 사람이 단지 나를 방해하거나 무시하거나 사생활을 침해하거나 거친 말을 사용하지 않으면 나를 소극적인 의미에서 배려하는 것이다. 이러한 경우의 배려는 특별히 노동이나 에너지가 필요하지 않으며, 다른 사람이 해를 입거나 다치지 않도록 약간의 신경만 쓰면 된다. 이런 경우의 배려는 '소극적 배려'라고 할 수 있다. 만약 어떤 사람이 다른 사람의 입장을 생각하지 않고 그에게 피해를 주거나 자존심에 상처를 준다면, 그를 배려하지 못한다고 우리는 비난한다. 이 경우의 배려는 소극적인 의미를 담고 있다. 남을 적극적으로 도와주고 보살피지 않은 것에 대하여 비난하는 것이 아니라, 그에게 피해나 상처를 주지 않도록 마음을 썼어야 하는데 그렇지 않은 것에 대해 질책하는 것이다. 배려의 적극적인 의미는 적극적인 의무 즉 선행과 관련되고, 배려의 소극적 의미는 소극적인 의무 즉 남에게 피해를 주어서는 안 되는 의무와 관련된다. 배려의 적극적 의미는 적극적인 권리 즉 빈곤이나 불평등을 해소하는 복지권과 관련되고, 배려의 소극적 의미는 소극적 권리 즉 간섭이나 공

---

65   Nel Noddings, *Starting at Home* (University of California Press, 2002), p. 9

격으로부터의 자유와 관련된다.

배려에 소극적 의미와 적극적 의미가 모두 포함된다고 본다면, 모든 인권에는 헬드가 주장한 것처럼 배려가 전제된다고 볼 수 있다. 낯모르는 사람으로부터의 적극적 배려는 모욕적일 수도 있지만, 소극적 의미에서의 배려는 친근한 관계에 있는 사람이건 그렇지 않은 사람이건 누구에게나 요구된다. 남에게 피해를 주지 않고 불필요한 간섭을 하지 않는 소극적 배려 즉 소극적 권리에 전제되는 배려는 인간관계의 친밀 유무와 상관없이 모두에게 요구된다. 빈곤이나 불평등의 제거와 같은 적극적 의미의 배려는 복지권에 전제된다. 그러한 적극적 배려는 배려자의 배려가 피배려자에게 직접 향하는 것이 아니기 때문에 피배려자가 모욕감을 느끼지는 않을 것이다. 복지권은 일반적으로 정부가 부자들로부터 세금을 거두어 가난한 사람들에게 재분배함으로써 실현되기 때문에 결국에는 부자들의 적극적 배려가 전제된다고 볼 수 있다. 복지권의 실현은 국민의 자발적인 세금 부담을 통한 배려 즉 국가를 매개로 한 국민들 특히 부자들의 적극적인 배려에 의존한다.

인권의 존중은 배려를 전제한다는 점에서 보면 인권의 실현은 배려에 의존한다고 볼 수 있다. 배려가 없으면 인권 존중을 통한 정의 실현도 불가능하다. 그런데 배려는 홀로 작동할 수 없다. 어떤 사람들의 필요 욕구가 인권의 요구로서 마땅히 충족되어야 하는지 또는 누가 어떤 상황에서 어느 정도만큼 배려받을 자격이 있는지를 알 수 없다면 배려는 맹목적일 수밖에 없을 것이다. 인권이나 자격은 단순히 필요 욕구의 크기나 배려자와 피배려자 간의 특수 관계로 결정되지는 않는다. 요컨대 인권은 배려로 뒷받침될 때 실현 가능성이 높고 배려는 인권에 의해 뒷받침될 때 행동의 방향을 결정할 수 있다. 인권과 배려는 상호협동을 통해서만 각자의 기능을 효과적으로 발휘할 수 있다.

제8장

맺는말

　제1장 인권의 개념에서는 인권의 개념을 분석하기 전에 인권의 유
개념인 권리의 성격과 유형을 먼저 살펴보았다. 왜냐하면 권리 일반
에 적용되는 논리가 인권에도 적용되기 때문이다. 이에 따라 제1장
에서는 먼저 권리의 중요성을 설명한 다음, 권리와 의무 간에 존재
하는 도덕적 상관성과 논리적 상관성을 분석하였다. "권리에는 의무
가 따른다."라는 말은 논리적인 의미뿐 아니라 도덕적인 의미도 지닌
다. 논리적 상관성에서는 권리와 의무의 주체가 다르지만, 도덕적 상
관성에는 그 주체가 동일하다. 이어서 권리의 본성에 관한 이론으로
제시되었던 의지(선택) 이론과 이익 이론을 소개한 다음, 그 이론들이
모든 권리의 공통적 특징을 밝혀내는 데는 한계가 있다는 것을 설명
하였다. 따라서 그 대안으로 다양한 권리 개념의 실제적인 사용에서
네 가지 권리 유형을 분석해 낸 호펠드의 권리체계를 소개했다. 권리
는 의무가 논리적으로 수반되는 엄격한 의미의 권리(요구권)뿐만 아니
라, 자유권, 권한, 면제권의 다양한 유형의 권리 요소가 있다. 예를 들
면 요구권인 생명권은 다른 사람에게 살해 금지 의무가 있지만, 상대
를 죽이지 않으면 내가 살해될 위급한 상황에서 내가 자유권인 정당

방위권을 행사한다면 나에게는 살해금지 의무가 없고, 상대는 나에게 살해금지를 요구할 권리가 없다. 인권을 포함해 거의 모든 특수한 권리들은 호펠드적 권리 요소들의 복합체이다. 호펠드의 권리체계는 이후에 논의하게 될 다양한 인권들을 설명하고 정당화하는 데 유용하게 적용되었다. 이어서 인권은 대체로 법적인 권리이면서도 도덕적 권리로 분류될 수 있으므로 두 권리의 특성과 서로 간의 관계를 설명하였다. 마지막으로 다음 장들에서 논의할 내용을 안내하기 위한 서론으로, 인권의 기능, 본성, 근거 그리고 내용을 개략적으로 제시하였다.

제2장 인권 담론의 역사적 배경에서는 현대의 인권 담론에 영향을 미친 사상가들과 역사적 사건들을 설명하였다. 인권은 근대 서양의 자연권 전통으로부터 유래한 것이기 때문에 가끔 자연권과 거의 같은 개념으로 통용되기도 한다. 그런데 자연권 개념은 자연법과 밀접하게 연관되어 있다. 자연법 전통은 고대 그리스와 중세 기독교 사회로 거슬러 올라간다. 그러나 고대와 중세의 자연법사상은 근대의 자연법사상과 차이가 있다. 두 전통 간에는 차이가 있음에도 불구하고 어느 정도 연결되어 있으므로 먼저 제1절에서 고대와 중세의 자연법 전통부터 검토하였다. 특히 아리스토텔레스와 스토아학파로부터 영향을 받은 토마스 아퀴나스의 자연법사상은 현대에 부활하여 기독교 인권사상의 토대가 되었고, 중세 후기의 주의주의적 자연법사상은 근대 자연권이론에 중요한 디딤돌 역할을 하므로, 고대와 중세의 자연법사상을 먼저 간략하게 살펴보았다.

제2절에서는 17, 18세기의 자연권 사상과 자유권을 논의하였다. 사회계약을 정당화하고 그 기초를 제공한 자연권에 관한 관념은 17세기에 들어서야 나타난다. 각 개인에게 자연적으로 내재하는 권리의 관념은 17세기 철학자들, 즉 그로티우스, 홉스, 푸펜도르프, 로크, 루소 등의 철학에서 여러 형태로 발견된다. 그것은 18세기 미국과 프랑스의 혁명 운동에서 열렬히 옹호된 '인간의 권리'라는 계몽주의 관념의 철학적 기초가 되었다. 제2절에서 그로티우스의 계약이론의 영향을 받은 홉스와 홉스로부터 자연 상태의 관념을 이어받은 로크, 그리고 홉스와 로크의 이론을 절충한 루소의 이론을 차례대로 검토하고, 로크의 이론에 특히 영향을 받은 미국독립선언과 루소의 영향을 받은 프랑스 인권선언의 내용을 알아보았다. 마지막으로 홉스, 로크, 루소 등의 자연법과 자연권 사상가들의 전통 안에서 자신의 이론을 내세운 '계몽주의 철학의 완성자' 칸트의 자연권이론을 살펴보았다. 이들 사상가의 자연권이론과 그리고 미국의 독립선언 및 프랑스 인권선언의 내용으로부터 세계인권선언과 자유권규약의 주요 내용들을 추출해 냄으로써 이 사상가들과 문서들이 현대 인권 관행에 중대한 영향을 미쳤다는 것을 밝히려고 하였다.

제3절에서는 19세기 자본주의 문제점과 사회권의 등장 배경을 설명하였다. 자본주의 발전은 19세기 인권을 위한 투쟁의 전선으로 사회주의를 끌어들였다. 계몽사상의 국제주의적 정신을 수용하면서 그것의 추상적 합리주의의 신화성을 제거(demythologize)하려고 한 마르크스와 엥겔스 등은 경제적 힘, 역사적 변화, 갈등하는 계급 이익에 민감한 권리를 유물론적으로 이해하도록 제안하였다. 새로운 접근법으

로 무장한 그들은 초기 계몽사상의 가정에 도전하면서, 왜 유산자 계급만이 투표권을 갖는지, 자본주의 국가가 사람들의 이익을 진정으로 대변할 수 있는지 의문을 제기했다. 인간의 필요에 대한 마르크스의 이론은 사적 재산과 상품 교환의 체계를 넘어 권리를 사회주의식으로 구성할 수 있었다. 그리고 그의 이론은 유엔의 사회권규약에 규정된 경제적·사회적 권리의 중요한 이론적 기초가 되었다.

제3장 세계인권선언과 국제인권규약에서는 세계인권선언과 국제인권규약(자유권규약과 사회권규약)을 채택하게 된 배경을 먼저 설명하였다. 다음으로 인권 선언문과 두 인권규약의 성격을 설명하고 이들 문서에 포함된 인권 목록을 세부적으로 분석하고 설명하였다. 시민적·정치적 권리(자유권)와 경제적·사회적 권리(사회권)를 구분하고 자유권의 우선성을 주장하는 사람들은 소극적 권리와 적극적 권리의 일반적인 구분을 전제한다. 그런데 헨리 슈(Henry Shue)는 이처럼 권리를 소극적 권리와 적극적 권리로 구분하는 이분법에 문제가 있다는 것을 지적하고 의무 중심으로 권리를 분석하였다. 슈에 의하면, 모든 기본권에는 하나의 의무만이 아니라 회피(존중), 보호, 그리고 지원(제공)의 세 가지 유형의 상관적 의무가 있다. 따라서 각 종류의 권리를 완전히 실현하는 것은 다양한 종류의 의무 이행을 포함한다. 존중의 의무는 소극적인 의무에 해당하고, 보호와 지원의 의무는 적극적 의무에 해당한다. 그러므로 권리가 소극적 권리와 적극적 권리로 구분될 수 있다는 일반적 사고는 오도되어 있다고 슈는 주장한다. 그의 주장은 권리의 실현에서는 타당할 수 있으나, 권리 그 자체에 위의 모든 의무가

상관되지는 않는다는 것을 지적하면서 그의 주장을 비판적으로 검토하였다. 마지막으로 모든 인권은 상호 의존하며 불가분의 관계에 있다는 것을 설명하였다. 자유권과 복지권의 인권 범주들 사이에서뿐만 아니라 개별 인권들 사이에서도 상호의존하며 불가분의 관계가 유지된다는 것을 설명하였다.

제4장 인권의 근거에서는 인권의 근거가 무엇인가 즉 인권이 어떻게 정당화되는가에 대하여 논의하였다. 일반적인 관점에서 인권의 근거 또는 정당화에 대해서는 정치철학자나 권리 이론가들을 제외하고 일상인들은 대체로 문제 삼지 않는다. 우리가 특정 인권을 어떻게 갖게 되는가를 물을 때 일반적으로 인권선언이나 국제인권규약과 같은 인권 문서에 의존해서 그러한 권리가 있다는 것을 정당화한다. 그러나 국가들이 인권 문서에 합의했다는 사실이 인권에 대한 심층적인 정당화가 될 수는 없다. 인권은 법으로 규정되어 있지 않을지라도 사람들이 서로에게 그리고 특히 국가나 그 관리에게 주장할 수 있는 정당한 도덕적 요구로 간주된다. 인권은 모든 인간이 단지 인간이기 때문에 갖게 되는 '도덕적 권리'라고 일반적으로 말한다. 이러한 관점에서 보게 되면 인권의 옹호자들은 보다 심층적이고 어려운 정당화 과제에 직면하게 된다. 인권의 근거를 다룬 제4장에서는 인권이 인간의 존엄성에 근거한다는 인권 문서상의 표현이 인권과 관련하여 어떤 의미를 지니고 있는지를 먼저 검토하였다. 이어서 자연론적 (naturalistic) 접근과 정치론적(political) 접근의 관점을 논의하였다. 자연론적 접근은 인간 본성의 특징에 근거해서 인권을 정초한다. 자연론적

접근은 인권 문서에서의 인간 존엄성에 의한 정당화에 비교적 친근한 접근법이다. 그러나 자연론적 접근처럼 인간의 본성에 정초하려는 정초주의(foundationalism)와 달리 정치론적 접근은 인권의 실제적인 관행 안에서의 그 기능에 의해 인권의 본성을 분석한다. 정치론적 접근은 우리가 단지 인간이기 때문에 인권을 갖는다는 관념에 도전하고, 인간의 어떤 특징에 근거해서 인권을 정당화하는 것을 거부한다. 정치론적 관점은 실제적인 인권 관행에서 인권의 역할이나 기능이 무엇인가에 초점을 맞추어 인권을 설명한다. 이러한 두 가지 접근법은 인권의 정당화에 대한 완전한 접근으로 보는 데에는 한계가 있다. 자연론적 접근법은 인간의 특징으로부터 곧장 규범적 개념인 인권으로 귀결되지 않는다는 문제점을 안고 있다. 정치론적 접근법은 실제적인 국제 인권 관행에서 인권의 근거를 찾지만, 실제 관행과는 별개의 독립적인 인권이 있을 수 있는 가능성을 무시한다는 점에서 한계가 있다. 또한 정치론적 접근법은 인권이 국가와 개인 간에서 문제가 된다고 보고, 개인과 개인 간의 관계에서 인권 문제가 발생할 가능성을 무시한다는 약점이 있다. 두 접근법을 보완하는 방식으로 계약론적 접근법을 소개하였다. 계약론적 접근법은 합리적인 개인들이 인권과 그에 따르는 의무를 규정하는 규칙에 합의하기 때문에 왜 인권 의무에 따라야 하는가 하는 문제를 해결해 줄 수 있다. 그런 점에서 다른 접근법보다 구속력이 있다는 장점이 있다.

제5장 인권의 팽창과 해석에 관한 논쟁에서는 인권의 팽창으로 인한 문제점과 인권의 해석에 관한 문제를 다루었다. 앞의 제4장에서 논

의한 인권의 근거에 관한 이론은 인권 자체 또는 일반적 인권이 어떻게 정당화되는가를 밝히기 위한 일반적인 정당화 이론이다. 인권의 근거에 대한 논의는 인권이 지나치게 팽창하는 것이 인권의 권위를 약화시키기 때문에 인권을 평가하기 위한 일반적 근거를 제시하는 데 하나의 목적이 있다. 그러나 그러한 일반적 근거는 특수한 권리가 인권이 될 수 있는가를 엄밀하게 평가하는 데는 한계가 있다. 제1절에서는 우선 인권의 팽창이 어떠한 문제를 야기하고 그러한 문제에 대해 인권 이론들이 어떻게 대응했는가, 그리고 특수한 권리들의 팽창을 예방하기 위한 기준에는 어떤 것이 있는가를 알아보고, 새로운 인권이 생성될 가능성을 살펴보았다. 제2절에서는 기존에 확립된 인권들에 대한 해석 문제를 다루었다. 모든 사람은 자유권, 생명권, 신체안전권, 복지권을 갖는다는 주장에서 볼 수 있는 것처럼, 인권은 개념(concept)의 수준에서는 비교적 일반적이고 보편적이다. 그러나 특정 인권 개념은 보다 더 구체적인 다양한 관념(conception)을 보통 갖는다. 그리고 특수한 관념은 여러 가지 실행(implementation) 방식을 또한 갖는다. 일반적이고 추상적인 인권의 구체적인 내용과 한계가 무엇이냐에 따라 인권의 실행 방식이 달라질 수 있다. 인권들이 어떻게 해석되느냐에 따라 인권이 어떤 방향으로 실행되느냐가 결정되기 때문에, 제2절에서는 다양하게 해석될 수 있는 자유권, 사생활권, 생명권, 생존권, 자기결정권 등의 일반적인 인권이 어떻게 해석되어야 하는가의 문제를 다루었다.

제6장 인권의 실행을 위한 노력에서는 인권의 실행을 위한 국제적인 노력과 국내적인 노력에 대해 논의하였다. 인권의 의미와 근거 그

리고 해석은 우리가 인권을 실행하는 데 기본적으로 이해해야 할 사항이다. 인권 담론에서 또한 중요한 것은 우리가 실제 생활에서 어떻게 인권 의무를 실천하는가 하는 문제이다. 유엔은 국제인권규약들과 협약들에 명시된 인권 규범을 각 국가가 실천하도록 권고하기 위한 기구를 운영하고 있다. 제1절에서는 유엔인권이사회와 인권최고대표사무소 그리고 조약감시기구(각 위원회)의 역할을 안내하였다. 이들 기구의 운영은 인권 조약에 가입한 국가들이 인권 의무를 실천하도록 독려하기 위한 국제적인 노력이다. 제2절에서는 인권의 국내적인 인권 실천을 위한 노력을 안내하였다. 인권의 실천은 결국 국가 안에서의 노력을 통해 이루어진다. 국제적인 노력은 그러한 국내적인 노력을 뒷받침하는 보조적인 역할을 할 뿐이다. 인권의 실천을 위한 국내적인 노력을 설명하기 위해, 대표적으로 이태원 참사와 배우 이선균의 자살 사건 그리고 S그룹의 기술 탈취 사건을 예시하였다. 국제적 관심의 대상이 되는 중대한 인권 침해이건 아니면 국내적 개인들 간의 인권 침해이건 간에 인권을 실행하고 증진하려면 시민들이 인권에 대한 존중 의식을 함양해야 한다. 인권 증진과 정의의 실현은 국가나 정부 또는 제도와 그것을 운영하는 사람들 못지않게, 궁극적으로는 깨어 있는 시민들의 인권에 대한 각성과 인권을 지키는 운동에 달려 있다.

제7장 담론에 대한 평가에서는 인권 담론과 다른 관점에서 인권을 비교적으로 분석하고 설명하였다. 제1절에서는 민주 사회에서 중요시되는 두 가지 개념인 정의와 민주주의 개념과 관련해서 인권이 그러한 개념들과 어떻게 관련되는지를 논의하였다. 인권과 정의의 개

넘은 서로 밀접하게 연결되어 있으면서 서로 구별되는 개념이다. 정의는 인권을 보호하고 분배하는 기능을 한다. 정의를 논하는 데 있어서 인권은 기본적인 요소 중 하나로, 인권의 존중과 보호는 정의를 결정하는 중요한 요소이다. 그러나 법을 지키지 않는 사람이 처벌받는 것이 정의로운 것처럼 정의를 구성하는 모든 요소가 직접 인권과 관련되는 것은 아니다. 다음으로 인권과 민주주의의 관련성에 대해 말한다면, 인권은 민주주의 실현에 필수적인 요소이다. 평등한 투표권, 표현의 자유, 집회의 자유, 결사의 자유, 사생활권, 알 권리 등 많은 인권은 민주주의의 필수조건이다. 그런데 인권이 민주주의의 모든 요구를 반영하는가에 대해서는 그렇다고 보기 어렵다. 민주주의는 인권이 요구하는 것보다 더 광범위하다. 인권의 요구와 민주주의의 요구가 충돌할 때는 인권의 요구가 우선한다. 의사결정에서 다수결처럼 민주적 절차를 따른다고 해서 반드시 인권이 존중되거나 보호되는 것은 아니다.

제2절에서는 인권에 관한 상대론적 혹은 회의론적 관점을 검토하고 비판적으로 논의하였다. 먼저 인권의 보편성을 비판한 상대론적 관점을 검토하였다. 상대주의를 문화적 상대주의와 윤리적 상대주의로 구분하고, 문화마다 가치가 다양하다는 것을 사실적으로 주장하는 문화적 상대주의는 인정하더라도, 규범적으로 주장하는 윤리적 상대주의가 수용될 수 있는 것은 아니라는 것을 밝혔다. 인권 규범에서 객관적 진리가 없다는 윤리적 상대주의에 반대되는 입장으로, 객관적 진리를 인정하는 윤리적 보편주의와 윤리적 절대주의가 있다. 상황에 따르는 예외를 인정하는 윤리적 보편주의는 수용될 수 있지

만, 특정 인권들이 충돌하는 상황이 항상 발생한다는 것을 고려한다
면, 윤리적 절대주의는 어떠한 상황에서도 예외 없이 적용된다는 입
장이기 때문에 수용되기 어렵다는 것을 주장하였다. 이어서 인권에
대한 공동체주의적 관점에서의 회의론을 비판적으로 검토하였다. 공
동체주의자들은 인권을 강조하면 기존의 사회적 규범을 위태롭게 하
고 타인에 대한 의무와 책임을 등한시할 것처럼 주장한다. 그러나 인
권은 다른 사람에 대한 의무와 책임을 등한시하는 것이 아니라, 공동
체의 다른 구성원들이 자기 의무와 책임을 무시하고 불의를 저지를
때 자신의 기본적 이익과 존엄성을 지키기 위한 수단이다. 인권 담론
은 공동체의 유지와 번영에 기여하는 공동선이나 덕성의 중요성도
인정한다. 어떤 문제에서 인권과 공동선이 갈등을 빚을 때 우리는 인
권에 절대적인 우위를 부여하지 않는다. 인권과 공동체의 가치는 양
립할 수 있다. 자유 또는 자율성이 공동선과 충돌할 때는 양보함으로
써 구성원 간의 조화를 이룰 수 있다. 마지막으로 배려 윤리의 관점에
서 인권에 대한 비판적 관점을 살펴보고, 인권 윤리와 배려 윤리의 절
충 가능성이 있는지를 탐색해 보았다. 배려 윤리의 관점에서 볼 때 배
려는 정의나 인권보다 더 기본적이다. 물론 인권의 존중은 배려를 전
제한다는 점에서 보면 인권의 실현은 배려에 의존한다고 볼 수 있다.
배려가 없으면 인권 존중을 통한 정의 실현도 불가능하다. 그런데 배
려는 홀로 작동할 수 없다. 어떤 사람들의 필요 욕구가 인권의 요구로
서 마땅히 충족되어야 하는지 또는 누가 어떤 상황에서 어느 정도만
큼 배려받을 자격이 있는지를 알 수 없다면 배려는 맹목적일 수밖에
없을 것이다. 인권이나 자격은 단순히 필요 욕구의 크기나 배려자와

피배려자 간의 특수 관계로 결정되지는 않는다. 요컨대 인권은 배려로 뒷받침될 때 실현 가능성이 높고, 배려는 인권에 의해 뒷받침될 때 행동의 방향을 결정할 수 있다. 인권과 배려는 상호협동을 통해서만 각자의 기능을 효과적으로 발휘할 수 있다.

마지막 제7장의 주제인 인권과 정의 그리고 민주주의 간의 관계, 인권에 대한 공동체주의와 배려 윤리의 관점에 대해서는 보다 더 깊은 논의가 있어야 할 것이다. 이들 주제는 추후 연구 과제로 남겨두고 계속적인 연구를 진행할 예정이다. 맺는말을 제외한 초고를 완성해 놓고 암 수술에 들어가면서, 이 저술을 완성하지 못하지 않을까 걱정했다. 다행히 수술은 성공적으로 이루어져, 회복하면서 맺는말을 마무리할 수 있어서 다행이다. 건강이 회복되면 인권 연구의 후속 작업으로 정의 문제에 집중해서 연구를 진행할 예정이다. 정의 실현의 주요 부분은 결국 인권의 실현과 관련된다. 지금 우리 사회에서 볼 수 있듯이, 정의로운 법과 제도를 갖추고 있어도 그것을 운영하는 사람들의 인권 의식이 결여되어 있으면 정의로운 사회는 기대하기 어렵다. 따라서 정의 문제를 논하려면 정의로운 제도가 갖추어야 할 기본요소에 관한 연구뿐만 아니라, 정의로운 인간의 기본요소가 무엇이며, 그러한 요소를 갖추도록 하려면 어떤 전략이 필요한가에 대한 연구도 수반되어야 한다. 정의로운 인간이 갖추어야 할 기본요소에는 인권 의식뿐만 아니라, 민주시민 의식, 배려심, 준법정신, 공동체 의식, 책임 의식 등이 또한 포함되어야 한다. '정의로운 사회와 정의로운 인간'은 또 다른 주요 연구과제가 될 수 있을 것이다.

1. 세계인권선언(Universal Declaration of Human Rights) 1948년 채택

전문

모든 인류 구성원의 천부의 존엄성과 평등하고 양도할 수 없는(박탈할 수 없는) 권리를 인정하는 것이 세계의 자유, 정의 및 평화의 기초이며, 인권에 대한 무시와 경멸이 인류의 양심을 격분시키는 만행을 초래하였으며, 인간이 언론과 신앙의 자유, 그리고 공포와 결핍으로부터의 자유를 누릴 수 있는 세계의 도래가 모든 사람의 지고한 열망으로서 천명되어 왔으며, 인간이 폭정과 억압에 대항하는 마지막 수단으로써 반란을 일으키도록 강요받지 않으려면, 법에 의한 통치에 의하여 인권이 보호되어야 하는 것이 필수적이며, 국가 간에 우호 관계의 발전을 증진하는 것이 필수적이며, 국제연합의 국민들은 그 헌장에서 기본적 인권, 인간의 존엄과 가치, 그리고 남녀의 동등한 권리에 대한 신념을 재확인하였으며, 보다 폭넓은 자유 속에서 사회적 진보와 보다 나은 생활 수준을 증진하기로 다짐하였고, 회원국들은 국제연합과 협력하여 인권과 기본적 자유의 보편적 존중과 준수를 증진할 것을 스스로 서약하였으며, 이러한 권리와 자유에 대한 공통의 이해가 이 서약의 완전한 이행을 위하여 가장 중요하므로, 이에, 국제연합총회는, 모든 개인과 사회 각 기관이 이 선언을 항상 유념하면서 학습 및 교육을 통하여 이러한 권리와 자유에 대한 존중을 증진하기 위하여 노력하며, 국내적 그리고 국제적인 점진적 조치를 통하여 회원국 국민들 자신과 그 관할 영토의 국민들 사이에서 이러한 권리와 자유가 보편적이고 효과적으로 인식되고 준수되도록 노력하도록 하기 위하여, 모든 국민과 모든 국가가 성취하여야 할 공통의 기준으로서 이 세계인권선언을 선포한다.

제1조

모든 인간은 태어날 때부터 자유로우며 그 존엄과 권리에 있어 동등하다. 인간은 천부적으로 이성과 양심을 부여받았으며 서로 형제애의 정신으로 행동하여야 한다.

제2조

모든 사람은 인종, 피부색, 성별, 언어, 종교, 정치적 또는 기타의 견해, 민족적 또는 사회적 출신, 재산, 출생 또는 기타의 신분과 같은 어떠한 종류의 구별이 없이, 이 선언에 규정된 모든 권리와 자유를 향유할 자격이 있다. 더 나아가 개인이 속한 국가 또는 영토가 독립국, 신탁통치 지역, 비자치지역이거나, 또는 주권에 대한 여타의 제약을 받느냐에 관계없이, 그 국가 또는 영토의 정치적, 법적 또는 국제적 지위에 근거하여 구별이 있어서는 아니 된다.

제3조

모든 사람은 생명과 신체의 자유와 안전에 대한 권리를 가진다.

제4조

어느 누구도 노예 상태 또는 예속 상태에 놓이지 아니한다. 모든 형태의 노예제도와 노예 매매는 금지된다.

제5조

어느 누구도 고문, 또는 잔혹하거나 비인도적이거나 굴욕적인 처우 또는 형벌을 받지 아니한다.

제6조

모든 사람은 어디에서나 법 앞에 인간으로서 인정받을 권리를 가진다.

제7조

모든 사람은 법 앞에 평등하며 어떠한 차별도 없이 법의 동등한 보호를 받을 권리를 가진다. 모든 사람은 이 선언에 위반되는 어떠한 차별과 그러한 차별의 선동으로부터 동등한 보호를 받을 권리를 가진다.

제8조

모든 사람은 헌법 또는 법률이 부여한 기본적 권리를 침해하는 행위에 대하여 권한 있는 국내 법정에서 실효성 있는 구제를 받을 권리를 가진다.

제9조

어느 누구도 자의적으로 체포, 구금 또는 추방되지 아니한다.

제10조

모든 사람은 자신의 권리, 의무 그리고 자신에 대한 형사상 혐의에 대한 결정에 있어 독립적이며 공평한 법정에서 완전히 평등하게 공정하고 공개된 재판을 받을 권리를 가진다.

제11조

모든 형사 피의자는 자신의 변호에 필요한 모든 것이 보장된 공개 재판에서 법률에 따라 유죄로 입증될 때까지 무죄로 추정받을 권리를 가진다.

어느 누구도 행위 시에 국내법 또는 국제법에 의하여 범죄를 구성하지 아니하는 작위 또는 부작위를 이유로 유죄로 되지 아니한다. 또한 범죄 행위 시에 적용될 수 있었던 형벌보다 무거운 형벌이 부과되지 아니한다.

제12조

어느 누구도 그의 사생활, 가정, 주거 또는 통신에 대하여 자의적인 간섭을 받거나, 또는 그의 명예와 명성에 대한 비난을 받지 아니한다. 모든 사람은 이러한 간섭이나 비난에 대하여 법의 보호를 받을 권리를 가진다.

제13조

모든 사람은 자국 내에서 이동 및 거주의 자유에 대한 권리를 가진다.

모든 사람은 자국을 포함하여 어떠한 나라를 떠날 권리와 또한 자국으로 돌아올 권리를 가진다.

제14조

모든 사람은 박해를 피하여 다른 나라에서 비호를 구하거나 비호를 받을 권리를 가진다.

이러한 권리는 진실로 비정치적 범죄 또는 국제연합의 목적과 원칙에 위배 되는 행위로 인하여 기소된 경우에는 주장될 수 없다.

제15조

모든 사람은 국적을 가질 권리를 가진다.

어느 누구도 자의적으로 자신의 국적을 박탈당하지 아니하며 자신의 국적을 변경할 권리가 부인되지 아니한다.

제16조

성인 남녀는 인종, 국적 또는 종교에 따른 어떠한 제한도 없이 혼인하고 가정을 이룰 권리를 가진다. 그들은 혼인에 대하여, 혼인 기간 중 그리고 혼인해소 시에 동등한 권리를 향유할 자격이 있다.

혼인은 장래 배우자들의 자유롭고 완전한 동의하에서만 성립된다.

가정은 사회의 자연적이고 기초적인 단위이며, 사회와 국가의 보호를 받을 권리가 있다.

제17조

모든 사람은 단독으로뿐만 아니라 다른 사람과 공동으로 재산을 소유할 권리를 가진다.

어느 누구도 자의적으로 자기 재산을 박탈당하지 아니한다.

제18조

모든 사람은 사상, 양심 및 종교의 자유에 대한 권리를 가진다. 이러한 권리는 종교 또는 신념을 변경할 자유와, 단독으로 또는 다른 사람과 공동으로 그리고 공적으로 또는 사적으로 선교, 행사, 예배 및 의식에 의하여 자신의 종교나 신념을 표명하는 자유를 포함한다.

제19조

모든 사람은 의견의 자유와 표현의 자유에 대한 권리를 가진다. 이러한 권리는 간섭 없이 의견을 가질 자유와 국경에 관계없이 어떠한 매체를 통해서도 정보와 사상을 추구하고, 얻으며, 전달하는 자유를 포함한다.

제20조

모든 사람은 평화적인 집회 및 결사의 자유에 대한 권리를 가진다.

어느 누구도 어떤 결사에 참여하도록 강요받지 아니한다.

제21조

모든 사람은 직접 또는 자유로이 선출된 대표를 통하여 자국의 정부에 참여할 권리를 가진다.

모든 사람은 자국에서 동등한 공무담임권을 가진다.

국민의 의사가 정부 권능의 기반이다. 이러한 의사는 보통 · 평등 선거권에 따라 비밀 또는 그에 상당한 자유 투표 절차에 의한 정기적이고 진정한 선거에 의하여 표현된다.

제22조

모든 사람은 사회의 일원으로서 사회보장을 받을 권리를 가지며, 국가적 노력과 국제적 협력을 통하여, 그리고 각 국가의 조직과 자원에 따라서 자신의 존엄과 인격의 자유로운 발전에 불가결한 경제적, 사회적 및 문화적 권리들을 실현할 권리를 가진다.

제23조

모든 사람은 일, 직업의 자유로운 선택, 정당하고 유리한 노동조건, 그리고 실업으로부터 보호받을 권리를 가진다.

모든 사람은 아무런 차별 없이 동일한 노동에 대하여 동등한 보수를 받을 권리를 가진다.

노동을 하는 모든 사람은 자신과 가족에게 인간의 존엄에 부합하는 생존을 보장하고 필요한 경우 다른 사회보장 방법으로 보충되는 정당하고 유리한 보수를 받을 권리를 가진다.

모든 사람은 자신의 이익을 보호하기 위하여 노동조합을 결성하고, 가입할 권리를 가진다.

제24조

모든 사람은 노동시간의 합리적 제한과 정기적인 유급 휴가를 포함하여 휴식과 여가의 권리를 가진다.

제25조

모든 사람은 의식주, 의료 및 필요한 사회복지를 포함하여 자신과 가족의 건강과 안녕에 적합한 생활 수준을 누릴 권리와, 실업, 질병, 장애, 배우자 사망, 노령 또는 기타 불가항력의 상황으로 인한 생계 결핍의 경우에 보장을 받을 권리를 가진다.

어머니와 아동은 특별한 보호와 지원을 받을 권리를 가진다. 모든 아동은 적서와 관계없이 동일한 사회적 보호를 누린다.

제26조

모든 사람은 교육을 받을 권리를 가진다. 교육은 최소한 초등 및 기초단계에서는 무상이어야 한다. 초등교육은 의무적이어야 한다. 기술 및 직업교육은 일반적으로 접근이 가능하여야 하며, 고등교육은 모든 사람에게 실력에 근거하여 동등하게 접근이 가능하여야 한다.

교육은 인격의 완전한 발전과 인권과 기본적 자유에 대한 존중의 강화를 목표로 한다. 교육은 모든 국가, 인종 또는 종교집단 간에 이해, 관용 및 우의를 증진하며, 평화의 유지를 위한 국제연합의 활동을 촉진하여야 한다.

부모는 자녀에게 제공되는 교육의 종류를 선택할 우선권을 가진다.

제27조

모든 사람은 공동체의 문화생활에 자유롭게 참여하며 예술을 향유하고 과학의 발전과 그 혜택을 공유할 권리를 가진다.

모든 사람은 자신이 창작한 과학적, 문학적 또는 예술적 산물로부터 발생하는 정신적, 물질적 이익을 보호받을 권리를 가진다.

제28조

모든 사람은 이 선언에 규정된 권리와 자유가 완전히 실현될 수 있도록 사회적, 국제적 질서에 대한 권리를 가진다.

제29조

모든 사람은 그 안에서만 자신의 인격이 자유롭고 완전하게 발전할 수 있는 공동체에 대하여 의무를 진다.

모든 사람은 자신의 권리와 자유를 행사함에 있어, 다른 사람의 권리와 자유를 당연히 인정하고 존중하도록 하기 위한 목적과, 민주사회의 도덕, 공공질서 및 일반적 복리에 대한 정당한 필요에 부응하기 위한 목적을 위해서만 법에 따라 정하여진 제한을 받는다.

이러한 권리와 자유는 어떠한 경우에도 국제연합의 목적과 원칙에 위배되어 행사되어서는 아니 된다.

제30조

이 선언의 어떠한 규정도 어떤 국가, 집단 또는 개인에게 이 선언에 규정된 어떠한 권리와 자유를 파괴하기 위한 활동에 가담하거나, 또는 행위를 할 수 있는 권리가 있는 것으로 해석되어서는 아니 된다.

2. 시민적 · 정치적 권리에 관한 국제규약(자유권 규약)(International Covenant on Civil and Political Rights) 1966년 채택, 1976년 발효

전문

이 규약의 당사국은, 국제연합헌장에 선언된 원칙에 따라 인류사회의 모든 구성원의 고유한 존엄성 및 평등하고 양도할 수 없는(박탈할 수 없는) 권리를 인정하는 것이 세계의 자유, 정의 및 평화의 기초가 됨을 고려하고, 이러한 권리는 인간의 고유한 존엄성으로부터 유래함을 인정하며, 세계인권선언에 따라 시민적, 정치적 자유 및 공포와 결핍으로부터의 자유를 향유하는 자유인의 이상은 모든 사람이 자신의 경제적, 사회적 및 문화적 권리뿐만 아니라 시민적 및 정치적 권리를 향유할 수 있는 여건이 조성되는 경우에만 성취될 수 있음을 인정하며, 인권과 자유에 대한 보편적 존중과 준수를 촉진시킬 국제연합헌장 상의 국가의 의무를 고려하며, 타 개인과 자기가 속한 사회에 대한 의무를 지고 있는 개인은, 이 규약에서 인정된 권리의 증진과 준수를 위하여 노력하여야 할 책임이 있음을 인식하여, 다음의 조문들에 합의한다.

조문

제1부

제1조

1. 모든 국민은 자결권을 가진다. 이 권리에 기초하여 모든 국민은 그들의 정치적 지위를 자유로이 결정하고, 또한 그들의 경제적, 사회적 및 문화적 발전을 자유로이 추구한다.

2. 모든 국민은, 호혜의 원칙에 입각한 국제적 경제협력으로부터 발생하는 의무 및 국제법상의 의무를 위반하지 않는 한, 그들 자신의 목적을 위하여 그들의 천연의 부와 자원을 자유로이 처분할 수 있다. 어떠한 경우에도 국민은 그 자신의 생존 수단을 박탈당하지 아니한다.

3. 비자치지역 및 신탁통치 지역의 행정책임을 맡고 있는 국가들을 포함하여 이 규약의 당사국은 국제연합헌장의 규정에 따라 자결권의 실현을 촉진하고 동 권리를 존중하여야 한다.

제2부

제2조

1. 이 규약의 각 당사국은 자국의 영토 내에 있고 그 관할권 하에 있는 모든 개인에 대하여 인종, 피부색, 성별, 언어, 종교, 정치적 또는 기타의 의견, 민족적 또는 사회적 출신, 재산, 출생 또는 기타의 신분 등에 의한 어떠한 종류의 구별도 없이 이 규약에서 인정되는 권리들을 존중하고 확보할 것을 약속한다.

2. 이 규약의 각 당사국은 현행의 입법 조치 또는 기타 조치에 의하여 아직 규정되어 있지 아

니한 경우, 이 규약에서 인정되는 권리들을 실현하기 위하여 필요한 입법 조치 또는 기타 조치를 하기 위하여 자국의 헌법상의 절차 및 이 규약의 규정에 따라 필요한 조치를 할 것을 약속한다.

3. 이 규약의 각 당사국은 다음의 조치를 할 것을 약속한다.

(a) 이 규약에서 인정되는 권리 또는 자유를 침해당한 사람에 대하여, 그러한 침해가 공무집행 중인 자에 의하여 자행된 것이라 할지라도 효과적인 구제 조치를 받도록 확보할 것.

(b) 그러한 구제 조치를 청구하는 개인에 대하여, 권한 있는 사법, 행정 또는 입법 당국 또는 당해 국가의 법률제도가 정하는 기타 권한 있는 당국에 의하여 그 권리가 결정될 것을 확보하고, 또한 사법적 구제 조치의 가능성을 발전시킬 것.

(c) 그러한 구제 조치가 허용되는 경우, 권한 있는 당국이 이를 집행할 것을 확보할 것.

제3조

이 규약의 당사국은 이 규약에서 규정된 모든 시민적 및 정치적 권리를 향유함에 있어서 남녀에게 동등한 권리를 확보할 것을 약속한다.

제4조

1. 국민의 생존을 위협하는 공공 비상사태의 경우에 있어서 그러한 비상사태의 존재가 공식으로 선포되어 있을 때는 이 규약의 당사국은 당해 사태의 긴급성에 의하여 엄격히 요구되는 한도 내에서 이 규약상의 의무를 위반하는 조치를 할 수 있다. 다만, 그러한 조치는 당해국의 국제법상 여타 의무에 저촉되어서는 아니 되며, 또한 인종, 피부색, 성별, 언어, 종교 또는 사회적 출신만을 이유로 하는 차별을 포함하여서는 아니 된다.

2. 전항의 규정은 제6조, 제7조, 제8조(제1항 및 제2항), 제11조, 제15조, 제16조 및 제18조에 대한 위반을 허용하지 아니한다.

3. 의무를 위반하는 조치를 할 권리를 행사하는 이 규약의 당사국은, 위반하는 규정 및 위반하게 된 이유를, 국제연합사무총장을 통하여 이 규약의 타 당사국들에 즉시 통지한다. 또한 당사국은 그러한 위반이 종료되는 날에 동일한 경로를 통하여 그 내용을 통지한다.

제5조

1. 이 규약의 어떠한 규정도 국가, 집단 또는 개인이 이 규약에서 인정되는 권리 및 자유를 파괴하거나, 또는 이 규약에서 규정된 제한의 범위를 넘어 제한하는 것을 목적으로 하는 활동에 종사하거나, 또는 그와 같은 것을 목적으로 하는 행위를 행할 권리를 가지는 것으로 해석되지 아니한다.

2. 이 규약의 어떠한 당사국에서 법률, 협정, 규칙 또는 관습에 의하여 인정되거나, 또는 현존하고 있는 기본적 인권에 대하여는, 이 규약이 그러한 권리를 인정하지 아니하거나, 또는 그

인정의 범위가 보다 협소하다는 것을 구실로 동 권리를 제한하거나, 또는 훼손하여서는 아니된다.

제3부

제6조

1. 모든 사람은 고유한 생명권을 가진다. 이 권리는 법률에 의하여 보호된다. 어느 누구도 자의적으로 자신의 생명을 박탈당하지 아니한다.

2. 사형을 폐지하지 아니하고 있는 국가에 있어서 사형은 범죄 당시의 현행법에 따라서 또한 이 규약의 규정과 집단살해죄의 방지 및 처벌에 관한 협약에 저촉되지 아니하는 법률에 의하여 가장 중한 범죄에 대해서만 선고될 수 있다. 이 형벌은 권한 있는 법원이 내린 최종 판결에 의하여서만 집행될 수 있다.

3. 생명의 박탈이 집단살해죄를 구성하는 경우에는 이 조의 어떠한 규정도 이 규약의 당사국이 집단살해죄의 방지 및 처벌에 관한 협약의 규정에 따라, 지고 있는 의무를 어떠한 방법으로도 위반하는 것을 허용하는 것은 아니라고 이해한다.

4. 사형을 선고받은 사람은 누구나 사면 또는 감형을 청구할 권리를 가진다. 사형선고에 대한 일반사면, 특별사면 또는 감형은 모든 경우에 부여될 수 있다.

5. 사형선고는 18세 미만의 자가 범한 범죄에 대하여 과하여져서는 아니 되며, 또한 임산부에 대하여 집행되어서는 아니 된다.

6. 이 규약의 어떠한 규정도 이 규약의 당사국에 의하여 사형의 폐지를 지연시키거나, 또는 방해하기 위하여 원용되어서는 아니 된다.

제7조

어느 누구도 고문 또는 잔혹한, 비인도적인, 또는 굴욕적인 취급 또는 형벌을 받지 아니한다. 특히 누구든지 자신의 자유로운 동의 없이 의학적 또는 과학적 실험을 받지 아니한다.

제8조

1. 어느 누구도 노예 상태에 놓이지 아니한다. 모든 형태의 노예제도 및 노예 매매는 금지된다.

2. 어느 누구도 예속 상태에 놓이지 아니한다.

3. (a) 어느 누구도 강제노동을 하도록 요구되지 아니한다.

(b) 제3항 "(a)"의 규정은 범죄에 대한 형벌로 중노동을 수반한 구금형을 부과할 수 있는 국가에서, 권한 있는 법원에 의하여 그러한 형의 선고에 따른 중노동을 시키는 것을 금지하는 것으로 해석되지 아니한다.

(c) 이 항의 적용상 "강제노동"이라는 용어는 다음 사항을 포함하지 아니한다.

(i) "(b)"에서 언급되지 아니한 작업 또는 역무로서 법원의 합법적 명령에 의하여 억류된 자 또는 그러한 억류로부터 조건부 석방 중인 자에게 통상적으로 요구되는 것

(ii) 군사적 성격의 역무 및 양심적 병역거부가 인정되고 있는 국가에 있어서는 양심적 병역거부자에게 법률에 의하여 요구되는 국민적 역무

(iii) 공동사회의 존립 또는 복지를 위협하는 긴급사태 또는 재난 시에 요구되는 역무

(iv) 시민으로서 통상적인 의무를 구성하는 작업 또는 역무

제9조

1. 모든 사람은 신체의 자유와 안전에 대한 권리를 가진다. 누구든지 자의적으로 체포되거나, 또는 억류되지 아니한다. 어느 누구도 법률로 정한 이유 및 절차에 따르지 아니하고는 그 자유를 박탈당하지 아니한다.

2. 체포된 사람은 누구든지 체포 시에 체포 이유를 통고받으며, 또한 그에 대한 피의 사실을 신속히 통고받는다.

3. 형사상 죄의 혐의로 체포되거나, 또는 억류된 사람은 법관 또는 법률에 의하여 사법권을 행사할 권한을 부여받은 기타 관헌에게 신속히 회부되어야 하며, 또한 그는 합당한 기간 내에 재판받거나, 또는 석방될 권리를 가진다. 재판에 회부되는 사람을 억류하는 것이 일반적인 원칙이 되어서는 아니 되며, 석방은 재판 기타 사법적 절차의 모든 단계에서 출두 및 필요한 경우 판결의 집행을 위하여 출두할 것이라는 보증을 조건으로 이루어질 수 있다.

4. 체포 또는 억류에 의하여 자유를 박탈당한 사람은 누구든지, 법원이 그 억류의 합법성을 지체 없이 결정하고, 그의 억류가 합법적이 아닌 경우에는 그의 석방을 명령할 수 있도록 하기 위하여, 법원에 절차를 취할 권리를 가진다.

5. 불법적인 체포 또는 억류로 희생된 사람은 누구든지 보상을 받을 권리를 가진다.

제10조

1. 자유를 박탈당한 모든 사람은 인도적으로 또한 인간의 고유한 존엄성을 존중하여 취급된다.

2. (a) 피고인은 예외적인 사정이 있는 경우를 제외하고는 기결수와 격리되며, 또한 유죄의 판결을 받고 있지 아니한 자로서의 지위에 상응하는 별도의 취급을 받는다.

(b) 미성년 피고인은 성인과 격리되며 또한 가능한 한 신속히 재판에 회부된다.

3. 교도소 수감 제도는 재소자들의 교정과 사회복귀를 기본적인 목적으로 하는 처우를 포함한다. 미성년 범죄자는 성인과 격리되며 또한 그들의 연령 및 법적 지위에 상응하는 대우가 부여된다.

제11조

어느 누구도 계약상 의무의 이행불능만을 이유로 구금되지 아니한다.

제12조

1. 합법적으로 어느 국가의 영역 내에 있는 모든 사람은, 그 영역 내에서 이동의 자유 및 거주의 자유에 관한 권리를 가진다.

2. 모든 사람은 자국을 포함하여 어떠한 나라로부터도 자유로이 퇴거할 수 있다.

3. 상기 권리는 법률에 의하여 규정되고, 국가안보, 공공질서, 공중보건 또는 도덕 또는 타인의 권리와 자유를 보호하기 위하여 필요하고, 또한 이 규약에서 인정되는 기타 권리와 양립되는 것을 제외하고는 어떠한 제한도 받지 아니한다.

4. 어느 누구도 자국에 돌아올 권리를 자의적으로 박탈당하지 아니한다.

제13조

합법적으로 이 규약의 당사국의 영역 내에 있는 외국인은, 법률에 따라 이루어진 결정에 의하여서만 그 영역으로부터 추방될 수 있으며, 또한 국가안보상 불가피하게 달리 요구되는 경우를 제외하고는 자기의 추방에 반대하는 이유를 제시할 수 있고 또한 권한 있는 당국 또는 동 당국에 의하여 특별히 지명된 자에 의하여 자기의 사안이 심사되는 것이 인정되며, 또한 이를 위하여 그 당국 또는 사람 앞에서 다른 사람이 그를 대리하는 것이 인정된다.

제14조

1. 모든 사람은 재판에 있어서 평등하다. 모든 사람은 그에 대한 형사상 죄의 결정 또는 민사상의 권리 및 의무의 다툼에 관한 결정을 위하여 법률에 의하여 설치된 권한 있는 독립적이고 공평한 법원에 의한 공정한 공개심리를 받을 권리를 가진다. 보도기관 및 공중에 대하여서는, 민주 사회에 있어서 도덕, 공공질서 또는 국가안보를 이유로 하거나, 또는 당사자들의 사생활 이익을 위하여 필요한 경우, 또는 공개가 사법상 이익을 해할 특별한 사정이 있는 경우 법원의 견해로 엄격히 필요하다고 판단되는 한도에서 재판의 전부 또는 일부를 공개하지 않을 수 있다. 다만, 형사소송 기타 소송에서 선고되는 판결은 미성년자의 이익을 위하여 필요한 경우 또는 당해 절차가 혼인 관계의 분쟁이나 아동의 후견 문제에 관한 경우를 제외하고는 공개된다.

2. 모든 형사 피의자는 법률에 따라 유죄가 입증될 때까지 무죄로 추정받을 권리를 가진다.

3. 모든 사람은 그에 대한 형사상의 죄를 결정함에 있어서 적어도 다음과 같은 보장을 완전 평등하게 받을 권리를 가진다.

(a) 그에 대한 죄의 성질 및 이유에 관하여 그가 이해하는 언어로 신속하고 상세하게 통고받을 것

(b) 변호의 준비를 위하여 충분한 시간과 편의를 가질 것과 본인이 선임한 변호인과 연락을

취할 것

(c) 부당하게 지체됨이 없이 재판받을 것

(d) 본인의 출석하에 재판받으며, 또한 직접 또는 본인이 선임하는 자의 법적 조력을 통하여 변호할 것. 만약 법적 조력을 받지 못하는 경우 변호인의 조력을 받을 권리에 대하여 통지를 받을 것. 사법상의 이익을 위하여 필요한 경우 및 충분한 지불수단을 가지고 있지 못하는 경우 본인이 그 비용을 부담하지 아니하고 법적 조력이 그에게 주어지도록 할 것.

(e) 자기에게 불리한 증인을 신문하거나, 또는 신문 받도록 할 것과 자기에게 불리한 증인과 동일한 조건으로 자기를 위한 증인을 출석시키도록 하고 또한 신문 받도록 할 것.

(f) 법정에서 사용되는 언어를 이해하지 못하거나, 또는 말할 수 없는 경우에는 무료로 통역의 조력을 받을 것.

(g) 자기에게 불리한 진술 또는 유죄의 자백을 강요당하지 아니할 것.

4. 미성년자의 경우에는 그 절차가 그들의 연령을 고려하고 또한 그들의 갱생을 촉진하고자 하는 요망을 고려한 것이어야 한다.

5. 유죄 판결을 받은 모든 사람은 법률에 따라 그 판결 및 형벌에 대하여 상급 법원에서 재심을 받을 권리를 가진다.

6. 어떤 사람이 확정판결에 의하여 유죄 판결을 받았으나, 그후 새로운 사실 또는 새로 발견된 사실에 의하여 오심이 있었음을 결정적으로 입증함으로써 그에 대한 유죄 판결이 파기되었거나, 또는 사면을 받았을 경우에는 유죄 판결의 결과 형벌을 받은 자는 법률에 따라 보상을 받는다. 다만, 그 알지 못한 사실이 적시에 밝혀지지 않은 것이 전체적으로 또는 부분적으로 그에게 책임이 있었다는 것이 증명된 경우에는 그러하지 아니한다.

7. 어느 누구도 각국의 법률 및 형사절차에 따라 이미 확정적으로 유죄 또는 무죄선고를 받은 행위에 관하여서는 다시 재판 또는 처벌을 받지 아니한다.

제15조

1. 어느 누구도 행위 시의 국내법 또는 국제법에 의하여 범죄를 구성하지 아니하는 작위 또는 부작위를 이유로 유죄로 되지 아니한다. 또한 어느 누구도 범죄가 행하여진 때 적용될 수 있는 형벌보다도 중한 형벌을 받지 아니한다. 범죄인은 범죄가 행하여진 후에 보다 가벼운 형을 부과하도록 하는 규정이 법률에 정해진 경우에는 그 혜택을 받는다.

2. 이 조의 어떠한 규정도 국제사회에 의하여 인정된 법의 일반원칙에 따라 그 행위 시에 범죄를 구성하는 작위 또는 부작위를 이유로 당해인을 재판하고 처벌하는 것을 방해하지 아니한다.

제16조

모든 사람은 어디에서나 법앞에 인간으로서 인정받을 권리를 가진다.

제17조

1. 어느 누구도 그의 사생활, 가정, 주거 또는 통신에 대하여 자의적이거나 불법적인 간섭을 받거나, 또는 그의 명예와 신용에 대한 불법적인 비난을 받지 아니한다.

2. 모든 사람은 그러한 간섭 또는 비난에 대하여 법의 보호를 받을 권리를 가진다.

제18조

1. 모든 사람은 사상, 양심 및 종교의 자유에 대한 권리를 가진다. 이러한 권리는 스스로 선택하는 종교나 신념을 가지거나 받아들일 자유와 단독으로 또는 다른 사람과 공동으로, 공적 또는 사적으로 예배, 의식, 행사 및 선교에 의하여 그의 종교나 신념을 표명하는 자유를 포함한다.

2. 어느 누구도 스스로 선택하는 종교나 신념을 가지거나 받아들일 자유를 침해하게 될 강제를 받지 아니한다.

3. 자신의 종교나 신념을 표명하는 자유는, 법률에 규정되고 공공의 안전, 질서, 공중보건, 도덕 또는 타인의 기본적 권리 및 자유를 보호하기 위하여 필요한 경우에만 제한받을 수 있다.

4. 이 규약의 당사국은 부모 또는 경우에 따라 법정 후견인이 그들의 신념에 따라 자녀의 종교적, 도덕적 교육을 확보할 자유를 존중할 것을 약속한다.

제19조

1. 모든 사람은 간섭받지 아니하고 의견을 가질 권리를 가진다.

2. 모든 사람은 표현의 자유에 대한 권리를 가진다. 이 권리는 구두, 서면 또는 인쇄, 예술의 형태 또는 스스로 선택하는 기타의 방법을 통하여 국경과 관계없이 모든 종류의 정보와 사상을 추구하고 접수하며 전달하는 자유를 포함한다.

3. 이 조 제2항에 규정된 권리의 행사에는 특별한 의무와 책임이 따른다. 따라서 그러한 권리의 행사는 일정한 제한을 받을 수 있다. 다만, 그 제한은 법률에 의하여 규정되고 또한 다음 사항을 위하여 필요한 경우에만 한정된다.

(a) 타인의 권리 또는 신용의 존중

(b) 국가안보 또는 공공질서 또는 공중보건 또는 도덕의 보호

제20조

1. 전쟁을 위한 어떠한 선전도 법률에 의하여 금지된다.

2. 차별, 적의 또는 폭력의 선동이 될 민족적, 인종적 또는 종교적 증오의 고취는 법률에 의하여 금지된다.

제21조

평화적인 집회의 권리가 인정된다. 이 권리의 행사에 관하여는 법률에 따라 부과되고, 또한 국가안보 또는 공공의 안전, 공공질서, 공중보건 또는 도덕의 보호 또는 타인의 권리 및 자유의 보호를 위하여 민주사회에서 필요한 것 이외의 어떠한 제한도 과하여져서는 아니 된다.

제22조

1. 모든 사람은 자기의 이익을 보호하기 위하여 노동조합을 결성하고 이에 가입하는 권리를 포함하여 다른 사람과의 결사의 자유에 대한 권리를 갖는다.

2. 이 권리의 행사에 대하여는 법률에 의하여 규정되고, 국가안보 또는 공공의 안전, 공공질서, 공중보건 또는 도덕의 보호 또는 타인의 권리 및 자유의 보호를 위하여 민주사회에서 필요한 것 이외의 어떠한 제한도 과하여져서는 아니 된다. 이 조는 군대와 경찰의 구성원이 이 권리를 행사하는 데 대하여 합법적인 제한을 부과하는 것을 방해하지 아니한다.

3. 이 조의 어떠한 규정도 결사의 자유 및 단결권의 보호에 관한 1948년의 국제노동기구협약의 당사국이 동 협약에 규정하는 보장을 저해하려는 입법 조치를 하도록 하거나, 또는 이를 저해하려는 방법으로 법률을 적용할 것을 허용하는 것은 아니다.

제23조

1. 가정은 사회의 자연적이며 기초적인 단위이고, 사회와 국가의 보호를 받을 권리를 가진다.

2. 혼인 적령의 남녀가 혼인하고, 가정을 구성할 권리가 인정된다.

3. 혼인은 양 당사자의 자유롭고 완전한 합의 없이는 성립되지 아니한다.

4. 이 규약의 당사국은 혼인 기간 중 및 혼인해소 시에 혼인에 대한 배우자의 권리 및 책임의 평등을 확보하기 위하여 적절한 조치를 한다. 혼인해소의 경우에는 자녀에 대한 필요한 보호를 위해 조치를 한다.

제24조

1. 모든 어린이는 인종, 피부색, 성별, 언어, 종교, 민족적 또는 사회적 출신, 재산 또는 출생에 관하여 어떠한 차별도 받지 아니하고 자기 가족, 사회 및 국가에 대하여 미성년자로서의 지위로 인하여 요구되는 보호조치를 받을 권리를 가진다.

2. 모든 어린이는 출생 후 즉시 등록되고, 성명을 가진다.

3. 모든 어린이는 국적을 취득할 권리를 가진다.

제25조

모든 시민은 제2조에 규정하는 어떠한 차별이나, 또는 불합리한 제한도 받지 아니하고 다음의 권리 및 기회를 가진다.

(a) 직접 또는 자유로이 선출한 대표자를 통하여 정치에 참여하는 것.

(b) 보통, 평등 선거권에 따라 비밀투표에 의하여 행하여지고, 선거인 의사의 자유로운 표명을 보장하는 진정한 정기적 선거에서 투표하거나 피선되는 것.

(c) 일반적인 평등 조건 하에 자국의 공무에 취임하는 것.

제26조

모든 사람은 법 앞에 평등하고 어떠한 차별도 없이 법의 평등한 보호를 받을 권리를 가진다. 이를 위하여 법률은 모든 차별을 금지하고, 인종, 피부색, 성별, 언어, 종교, 정치적, 또는 기타의 의견, 민족적 또는 사회적 출신, 재산, 출생 또는 기타의 신분 등의 어떠한 이유에 의한 차별에 대하여도 평등하고 효과적인 보호를 모든 사람에게 보장한다.

제27조

종족적, 종교적 또는 언어적 소수민족이 존재하는 국가에 있어서는 그러한 소수민족에 속하는 사람들에게 그 집단의 다른 구성원들과 함께 그들 자신의 문화를 향유하고, 그들 자신의 종교를 표명하고 실행하거나, 또는 그들 자신의 언어를 사용할 권리가 부인되지 아니한다.

제4부

제28조

1. 인권이사회(이하 이 규약에서 이사회라 한다)를 설치한다. 이사회는 18인의 위원으로 구성되며 이하에 규정된 임무를 행한다.

2. 이사회는 고매한 인격을 가지고 인권 분야에서 능력이 인정된 이 규약의 당사국 국민들로 구성하고, 법률적 경험을 가진 약간 명의 인사의 참여가 유익할 것이라는 점을 고려한다.

3. 이사회의 위원은 개인적 자격으로 선출되고, 직무를 수행한다.

제29조

1. 이사회의 위원은 제28조에 규정된 자격을 가지고 이 규약의 당사국에 의하여 선거를 위하여 지명된 자의 명단 중에서 비밀투표에 의하여 선출된다.

2. 이 규약의 각 당사국은 2인 이하의 자를 지명할 수 있다. 이러한 자는 지명하는 국가의 국민이어야 한다.

3. 동일인이 재지명받을 수 있다.

제30조

1. 최초의 선거는 이 규약의 발효일로부터 6개월 이내에 실시된다.

2. 국제연합사무총장은, 제34조에 따라 선언된 결원의 보충선거를 제외하고는, 이사회의 구성을 위한 각 선거일의 최소 4개월 전에, 이 규약 당사국이 3개월 이내에 위원회의 위원 후보 지명을 제출하도록 하기 위하여 당사국에 서면 초청장을 발송한다.

3. 국제연합사무총장은, 이와 같이 지명된 후보들을 지명국 이름의 명시와 함께 알파벳 순으로 명단을 작성하여 늦어도 선거일 1개월 전에 동 명단을 이 규약당사국에 송부한다.

4. 이사회 위원의 선거는 국제연합사무총장이 국제연합 본부에서 소집한 이 규약당사국 회합에서 실시된다. 이 회합은 이 규약당사국의 3분의 2를 정족수로 하고, 출석하여 투표하는 당사국 대표의 최대다수표 및 절대다수표를 획득하는 후보가 위원으로 선출된다.

제31조

1. 이사회는 동일국가의 국민을 2인 이상 포함할 수 없다.

2. 이사회의 선거에 있어서는 위원의 공평한 지리적 안배와 상이한 문명 형태 및 주요한 법률체계가 대표되도록 고려한다.

제32조

1. 이사회의 위원은 4년 임기로 선출된다. 모든 위원은 재지명된 경우에 재선될 수 있다. 다만, 최초의 선거에서 선출된 위원 중 9인의 임기는 2년 후에 종료된다. 이들 9인 위원의 명단은 최초 선거 후 즉시 제30조 제4항에 언급된 회합의 의장에 의하여 추첨으로 선정된다.

2. 임기 만료 시의 선거는 이 규약 제4부의 전기 조문들의 규정에 따라 실시된다.

제33조

1. 이사회의 어느 한 위원이 그의 임무를 수행할 수 없는 것이 일시적 성격의 결석이 아닌 다른 이유로 인한 것이라고 다른 위원 전원이 생각할 경우, 이사회의 의장은 국제연합 사무총장에게 이를 통보하며, 사무총장은 이때 동 위원의 궐석을 선언한다.

2. 이사회의 위원이 사망 또는 사임한 경우, 의장은 국제연합 사무총장에게 이를 즉시 통보하여야 하며, 사무총장은 사망일 또는 사임의 효력발생일로부터 그 좌석의 궐석을 선언한다.

제34조

1. 제33조에 의해 궐석이 선언되고, 교체될 궐석 위원의 잔여임기가 궐석 선언일로부터 6개월 이내에 종료되지 아니할 때는, 국제연합사무총장은 이 규약의 각 당사국에 이를 통보하며, 각 당사국은 궐석을 충원하기 위하여 제29조에 따라서 2개월 이내에 후보자의 지명서를 제출할 수 있다.

2. 국제연합사무총장은 이와 같이 지명된 후보들의 명단을 알파벳 순으로 작성, 이를 이 규약의 당사국에 송부한다. 보궐선거는 이 규약 제4부의 관계 규정에 따라 실시된다.

3. 제33조에 따라 선언되는 궐석을 충원하기 위하여 선출되는 위원은 동조의 규정에 따라 궐석 위원의 잔여임기 동안 재직한다.

제35조

이사회의 위원들은 국제연합총회가 이사회의 책임의 중요성을 고려하여 결정하게 될 조건에 따라, 국제연합의 재원에서 동 총회의 승인을 얻어 보수를 받는다.

제36조

국제연합사무총장은 이 규정상 이사회의 효과적인 기능수행을 위하여 필요한 직원과 편의를 제공한다.

제37조

1. 국제연합사무총장은 이사회의 최초회의를 국제연합 본부에서 소집한다.

2. 최초회의 이후에는, 이사회는 이사회의 절차 규칙이 정하는 시기에 회합한다.

3. 이사회는 통상 국제연합 본부나 제네바 소재 국제연합사무소에서 회합을 가진다.

제38조

이사회의 각 위원은 취임에 앞서 이사회의 공개석상에서 자기의 직무를 공평하고 양심적으로 수행할 것을 엄숙히 선언한다.

제39조

1. 이사회는 임기 2년의 임원을 선출한다. 임원은 재선될 수 있다.

2. 이사회는 자체의 절차 규칙을 제정하며 이 규칙은 특히 다음 사항을 규정한다.

(a) 의사정족수는 위원 12인으로 한다.

(b) 이사회의 의결은 출석위원 과반수의 투표로 한다.

제40조

1. 이 규약의 당사국은 규약에서 인정된 권리를 실현하기 위하여 취한 조치와 그러한 권리를 향유함에 있어서 성취된 진전 사항에 관한 보고서를 다음과 같이 제출할 것을 약속한다.

(a) 관계 당사국에 대하여는 이 규약의 발효 후 1년 이내

(b) 그 이후에는 이사회가 요청하는 때

2. 모든 보고서는 국제연합 사무총장에게 제출되며 사무총장은 이를 이사회가 심의할 수 있도록 이사회에 송부한다. 동 보고서에는 이 규약의 이행에 영향을 미치는 요소와 장애가 있을 경우, 이를 기재한다.

3. 국제연합사무총장은 이사회와의 협의 후 해당 전문기구에 그 전문기구의 권한 분야에 속하는 보고서 관련 부분의 사본을 송부한다.

4. 이사회는 이 규약의 당사국에 의하여 제출된 보고서를 검토한다. 이사회는 이사회 자체의 보고서와 이사회가 적당하다고 간주하는 일반적 의견을 당사국에 송부한다. 이사회는 또한 이 규약의 당사국으로부터 접수한 보고서 사본과 함께 동 일반적 의견을 경제사회이사회에 제출할 수 있다.

5. 이 규약의 당사국은 본조 제4항에 따라 표명된 의견에 대한 견해를 이사회에 제출할 수

있다.

제41조

이 규약의 당사국은 타 당사국이 이 규약상의 의무를 이행하지 아니하고 있다고 주장하는 일 당사국의 통보를 접수, 심리하는 이사회의 권한을 인정한다는 것을 이 조에 의하여 언제든지 선언할 수 있다. 이 조의 통보는 이 규약의 당사국 중 자국에 대한 이사회의 그러한 권한의 인정을 선언한 당사국에 의하여 제출될 경우에만 접수, 심리될 수 있다. 이사회는 그러한 선언을 하지 아니한 당사국에 관한 통보는 접수하지 아니한다. 이 조에 따라 접수된 통보는 다음의 절차에 따라 처리된다.

(a) 이 규약의 당사국은 타 당사국이 이 규약의 규정을 이행하고 있지 아니하다고 생각할 경우에는, 서면 통보에 의하여 이 문제에 관하여 그 당사국의 주의를 환기시킬 수 있다. 통보를 접수한 국가는 통보를 접수한 후 3개월 이내에 당해 문제를 해명하는 설명서 또는 기타 진술을 서면으로 통보한 국가에 송부한다. 그러한 해명서에는 가능하고 적절한 범위 내에서, 동 국가가 당해 문제와 관련하여 이미 취하였든가, 현재 취하고 있든가 또는 취할 국내 절차와 구제 수단에 관한 언급이 포함된다.

(b) 통보를 접수한 국가가 최초의 통보를 접수한 후 6개월 이내에 당해 문제가 관련 당사국 쌍방에게 만족스럽게 조정되지 아니할 경우에는, 양 당사국 중 일방에 의한 이사회와 타 당사국에 대한 통고로 당해 문제를 이사회에 회부할 권리를 가진다.

(c) 이사회는, 이사회에 회부된 문제의 처리에 있어서, 일반적으로 승인된 국제법의 원칙에 따라 모든 가능한 국내적 구제 절차가 원용되고 완료되었음을 확인한 다음에만 그 문제를 처리한다. 다만, 구제 수단의 적용이 부당하게 지연되고 있을 경우에는 그러하지 아니한다.

(d) 이사회가 이 조에 의한 통보를 심사할 경우에는 비공개 토의를 가진다.

(e) "(c)"의 규정에 따를 것을 조건으로, 이사회는 이 규약에서 인정된 인권과 기본적 자유에 대한 존중의 기초위에서 문제를 우호적으로 해결하기 위하여 관계 당사국에 주선을 제공한다.

(f) 이사회는 회부받은 어떠한 문제에 관하여도 "(b)"에 언급된 관계 당사국들에 모든 관련 정보를 제출할 것을 요청할 수 있다.

(g) "(b)"에서 언급된 관계 당사국은 당해 문제가 이사회에서 심의되고 있는 동안 자국의 대표를 참석시키고 구두 또는 서면으로 의견을 제출할 권리를 가진다.

(h) 이사회는 "(b)"에 의한 통보의 접수일로부터 12개월 이내에 보고서를 제출한다.

(i) "(e)"의 규정에 따라 해결에 도달한 경우에는 이사회는 보고서를 사실과 도달된 해결에 관한 간략한 설명에만 국한시킨다.

(ii) "(e)"의 규정에 따라 해결에 도달하지 못한 경우에는 이사회는 보고서를 사실에 관한 간

략한 설명에만 국한시키고 관계 당사국이 제출한 서면 의견과 구두 의견의 기록을 동 보고서에 첨부시킨다. 모든 경우에 보고서는 관계 당사국에 통보된다.

2. 이 조의 제규정은 이 규약의 10개 당사국이 이 조 제1항에 따른 선언을 하였을 때 발효된다. 당사국은 동 선언문을 국제연합 사무총장에게 기탁하며, 사무총장은 선언문의 사본을 타 당사국에 송부한다. 이와 같은 선언은 사무총장에 대한 통고에 의하여 언제든지 철회될 수 있다. 이 철회는 이 조에 의하여 이미 송부된 통보에 따른 어떠한 문제의 심의도 방해하지 아니한다. 어떠한 당사국에 의한 추후의 통보는 사무총장이 선언 철회의 통고를 접수한 후에는 관계 당사국이 새로운 선언을 하지 아니하는 한 접수되지 아니한다.

제42조

1. (a) 제41조에 따라 이사회에 회부된 문제가 관계 당사국들에 만족스럽게 타결되지 못하는 경우에는 이사회는 관계 당사국의 사전 동의를 얻어 특별조정위원회(이하 조정위원회라 한다)를 임명할 수 있다. 조정위원회는 이 규약의 존중에 기초하여 당해 문제를 우호적으로 해결하기 위하여 관계 당사국에 주선을 제공한다.

(b) 조정위원회는 관계 당사국에 모두 수락될 수 있는 5인의 위원으로 구성된다. 관계 당사국이 3개월 이내에 조정위원회의 전부 또는 일부의 구성에 관하여 합의에 이르지 못하는 경우에는, 합의를 보지 못하는 조정위원회의 위원은 비밀투표에 의하여 인권이사회 위원 중에서 인권이사회 위원 3분의 2의 다수결 투표로 선출된다.

2. 조정위원회의 위원은 개인 자격으로 직무를 수행한다. 동 위원은 관계 당사국, 이 규약의 비당사국 또는 제41조에 의한 선언을 하지 아니한 당사국의 국민이어서는 아니 된다.

3. 조정위원회는 자체의 의장을 선출하고 또한 자체의 절차 규칙을 채택한다.

4. 조정위원회의 회의는 통상 국제연합 본부 또는 제네바 소재 국제연합사무소에서 개최된다. 그러나, 동 회의는 조정위원회가 국제연합사무총장 및 관계 당사국과 협의하여 결정하는 기타 편리한 장소에서도 개최될 수 있다.

5. 제36조에 따라 설치된 사무국은 이 조에서 임명된 조정위원회에 대하여도 역무를 제공한다.

6. 이사회가 접수하여 정리한 정보는 조정위원회가 이용할 수 있으며, 조정위원회는 관계 당사국에 기타 관련 자료의 제출을 요구할 수 있다.

7. 조정위원회는 문제를 충분히 검토한 후, 또는 당해 문제를 접수한 후, 어떠한 경우에도 12개월 이내에, 관계 당사국에 통보하기 위하여 인권이사회의 위원장에게 보고서를 제출한다.

(a) 조정위원회가 12개월 이내에 당해 문제에 대한 심의를 종료할 수 없을 경우, 조정위원회는 보고서를 당해 문제의 심의 현황에 관한 간략한 설명에 국한시킨다.

(b) 조정위원회가 이 규약에서 인정된 인권의 존중에 기초하여 당해 문제에 대한 우호적인 해결에 도달한 경우, 조정위원회는 보고서를 사실과 도달한 해결에 관한 간략한 설명에 국한시킨다.

(c) 조정위원회가 "(b)"의 규정에 의한 해결에 도달하지 못한 경우, 조정위원회의 보고서는 관계 당국 간의 쟁점에 관계되는 모든 사실문제에 대한 자체의 조사 결과 및 문제의 우호적인 해결 가능성에 관한 견해를 기술한다. 동 보고서는 또한 관계 당사국이 제출한 서면 의견 및 구두 의견의 기록을 포함한다.

(d) "(c)"에 의하여 조정위원회의 보고서가 제출되는 경우, 관계 당사국은 동 보고서의 접수로부터 3개월 이내에 인권이사회의 위원장에게 조정위원회의 보고서 내용의 수락 여부를 통고한다.

8. 이 조의 규정은 제41조에 의한 이사회의 책임을 침해하지 아니한다.

9. 관계 당사국은 국제연합사무총장이 제출하는 견적에 따라 조정위원회의 모든 경비를 균등히 분담한다.

10. 국제연합사무총장은 필요한 경우, 이 조 제9항에 의하여 관계 당사국이 분담금을 납입하기 전에 조정위원회 위원의 경비를 지급할 수 있는 권한을 가진다.

제43조

이사회의 위원과 제42조에 의하여 임명되는 특별조정위원회의 위원은 국제연합의 특권 및 면제에 관한 협약의 관계 조항에 규정된 바에 따라 국제연합을 위한 직무를 행하는 전문가로서의 편의, 특권 및 면제를 향유한다.

제44조

이 규약의 이행에 관한 규정은 국제연합과 그 전문기구의 설립 헌장 및 협약에 의하여 또는 헌장 및 협약 하에서의 인권 분야에 규정된 절차의 적용을 방해하지 아니하고, 이 규약 당사국이 당사국 간에 발효 중인 일반적인, 또는 특별한 국제협정에 따라 분쟁의 해결을 위하여 다른 절차를 이용하는 것을 방해하지 아니한다.

제45조

이사회는 그 활동에 관한 연례보고서를, 경제사회이사회를 통하여 국제연합총회에 제출한다.

제5부

제46조

이 규약의 어떠한 규정도 이 규약에서 취급되는 문제에 관하여 국제연합의 여러 기관과 전문기구의 책임을 각각 명시하고 있는 국제연합헌장 및 전문기구 헌장의 규정을 침해하는 것으로 해석되지 아니한다.

제47조

이 규약의 어떠한 규정도 모든 사람이 그들의 천연적 부와 자원을 충분히 자유로이 향유하고, 이용할 수 있는 고유의 권리를 침해하는 것으로 해석되지 아니한다.

제6부

제48조

1. 이 규약은 국제연합의 모든 회원국, 전문기구의 모든 회원국, 국제사법재판소 규정의 모든 당사국 또한 국제연합총회가 이 규약에 가입하도록 초청한 기타 모든 국가의 서명을 위하여 개방된다.

2. 이 규약은 비준되어야 한다. 비준서는 국제연합 사무총장에게 기탁된다.

3. 이 규약은 이 조 제1항에서 언급된 모든 국가의 가입을 위하여 개방된다.

4. 가입은 가입서를 국제연합 사무총장에게 기탁함으로써 이루어진다.

5. 국제연합사무총장은 이 규약에 서명 또는 가입한 모든 국가에 각 비준서 또는 가입서의 기탁을 통보한다.

제49조

1. 이 규약은 35번째의 비준서 또는 가입서가 국제연합 사무총장에게 기탁되는 날로부터 3개월 후에 발효한다.

2. 35번째의 비준서 또는 가입서의 기탁 후에 이 규약을 비준하거나, 또는 이 조약에 가입하는 국가에 대하여는, 이 규약은 그 국가의 비준서 또는 가입서가 기탁된 날로부터 3개월 후에 발효한다.

제50조

이 규약의 규정은 어떠한 제한이나 예외없이 연방 국가의 모든 지역에 적용된다.

제51조

1. 이 규약의 당사국은 개정안을 제안하고 이를 국제연합 사무총장에게 제출할 수 있다. 사무총장은 개정안을 접수하는 대로, 각 당사국에 동 제안을 심의하고 표결에 회부하기 위한 당사국회의 개최에 찬성하는지에 관한 의견을 사무총장에게 통보하여 줄 것을 요청하는 것과 함께, 개정안을 이 규약의 각 당사국에 송부한다. 당사국 중 최소 3분의 1이 당사국회의 개최에 찬성하는 경우, 사무총장은 국제연합의 주관하에 동 회의를 소집한다. 동 회의에 출석하고 표결한 당사국의 과반수에 의하여 채택된 개정안은 그 승인을 위하여 국제연합총회에 제출된다.

2. 개정안은 국제연합총회의 승인을 얻고, 각기 자국의 헌법상 절차에 따라 이 규약 당사국의 3분의 2의 다수가 수락하는 때 발효한다.

3. 개정안은 발효 시 이를 수락한 당사국을 구속하고, 여타 당사국은 계속하여 이 규약의 규정 및 이미 수락한 그 이전의 모든 개정에 의하여 구속된다.

제52조

제48조 제5항에 의한 통보와 관계없이, 국제연합사무총장은 동조 제1항에서 언급된 모든 국가에 다음을 통보한다.

(a) 제48조에 의한 서명, 비준 및 가입

(b) 제49조에 의한 이 규약의 발효 일자 및 제51조에 의한 모든 개정의 발효 일자

제53조

1. 이 규약은 중국어, 영어, 불어, 러시아어 및 서반아어본이 동등히 정본이며 국제연합 문서 보존소에 기탁된다.

2. 국제연합사무총장은 제48조에서 언급된 모든 국가에 이 규약의 인증등본을 송부한다.

3. 경제적 · 사회적 · 문화적 권리에 관한 국제규약(사회권 규약) (International Covenant on Economic, Social and Cultural Rights) **1966년 채택, 1976년 발효**

전문

이 규약의 당사국은 국제연합헌장에 선언된 원칙에 따라 인류사회의 모든 구성원의 고유한 존엄성 및 평등하고 양도할 수 없는(박탈할 수 없는) 권리를 인정하는 것이 세계의 자유, 정의 및 평화의 기초가 됨을 고려하고, 이러한 권리는 인간의 고유한 존엄성으로부터 유래함을 인정하며, 세계인권선언에 따라 공포와 결핍으로부터의 자유를 향유하는 자유인의 이상은 모든 사람이 자신의 시민적, 정치적 권리뿐만 아니라 경제적, 사회적 및 문화적 권리를 향유할 수 있는 여건이 조성되는 경우에만 성취될 수 있음을 인정하며, 인권과 자유에 대한 보편적 존중과 준수를 촉진시킬 국제연합헌장 상의 국가의 의무를 고려하며, 타 개인과 자기가 속한 사회에 대한 의무를 지고 있는 개인은, 이 규약에서 인정된 권리의 증진과 준수를 위하여 노력하여야 할 책임이 있음을 인식하여, 다음 조문들에 합의한다.

조문

　제1부

　제1조

　1. 모든 국민은 자결권을 가진다. 이 권리에 기초하여 모든 국민은 그들의 정치적 지위를 자유로이 결정하고, 또한 그들의 경제적, 사회적 및 문화적 발전을 자유로이 추구한다.

　2. 모든 국민은, 호혜의 원칙에 입각한 국제 경제협력으로부터 발생하는 의무 및 국제법상의 의무를 위반하지 않는 한, 그들 자신의 목적을 위하여 그들의 천연의 부와 자원을 자유로이 처분할 수 있다. 어떠한 경우에도 국민은 그 자신의 생존 수단을 박탈당하지 아니한다.

　3. 비자치지역 및 신탁통치 지역의 행정책임을 맡고 있는 국가들을 포함하여 이 규약의 당사국은 국제연합헌장의 규정에 따라 자결권의 실현을 촉진하고 동 권리를 존중하여야 한다.

　제2부

　제2조

　1. 이 규약의 각 당사국은 특히 입법 조치의 채택을 포함한 모든 적절한 수단에 의하여 이 규약에서 인정된 권리의 완전한 실현을 점진적으로 달성하기 위하여, 개별적으로 또한 특히 경제적, 기술적인 국제지원과 국제협력을 통하여, 자국의 가용 자원이 허용하는 최대한도까지 조치할 것을 약속한다.

　2. 이 규약의 당사국은 이 규약에서 선언된 권리들이 인종, 피부색, 성별, 언어, 종교, 정치적

또는 기타의 의견, 민족적 또는 사회적 출신, 재산, 출생 또는 기타의 신분 등에 의한 어떠한 종류의 차별도 없이 행사되도록 보장할 것을 약속한다.

3. 개발도상국은, 인권과 국가 경제를 충분히 고려하여 이 규약에서 인정된 경제적 권리를 어느 정도까지 자국의 국민이 아닌 자에게 보장할 것인가를 결정할 수 있다.

제3조

이 규약의 당사국은 이 규약에 규정된 모든 경제적, 사회적 및 문화적 권리를 향유함에 있어서 남녀에게 동등한 권리를 확보할 것을 약속한다.

제4조

이 규약의 당사국은, 국가가 이 규약에 따라 부여하는 권리를 향유함에 있어서, 그러한 권리의 본질과 양립할 수 있는 한도 내에서, 또한 오직 민주사회에서의 공공 복리 증진의 목적으로 반드시 법률에 의하여 정하여지는 제한에 의해서만, 그러한 권리를 제한할 수 있음을 인정한다.

제5조

1. 이 규약의 어떠한 규정도 국가, 집단 또는 개인이 이 규약에서 인정되는 권리 및 자유를 파괴하거나, 또는 이 규약에서 규정된 제한의 범위를 넘어 제한하는 것을 목적으로 하는 활동에 종사하거나, 또는 그와 같은 것을 목적으로 하는 행위를 행할 권리를 가지는 것으로 해석되지 아니한다.

2. 이 규약의 어떠한 당사국에서 법률, 협정, 규칙 또는 관습에 의하여 인정되거나, 또는 현존하고 있는 기본적 인권에 대하여는, 이 규약이 그러한 권리를 인정하지 아니하거나, 또는 그 인정의 범위가 보다 협소하다는 것을 구실로 동 권리를 제한하거나, 또는 훼손하는 것이 허용되지 아니한다.

제3부

제6조

1. 이 규약의 당사국은, 모든 사람이 자유로이 선택하거나 수락하는 노동에 의하여 생계를 영위할 권리를 포함하는 근로의 권리를 인정하며, 동 권리를 보호하기 위하여 적절한 조치를 한다.

2. 이 규약의 당사국이 근로권의 완전한 실현을 달성하기 위하여 취하는 제반 조치에는 개인에게 기본적인 정치적, 경제적 자유를 보장하는 조건 하에서 착실한 경제적, 사회적, 문화적 발전과 생산적인 완전고용을 달성하기 위한 기술 및 직업의 지도, 훈련계획, 정책 및 기술이 포함되어야 한다.

제7조

이 규약의 당사국은 특히 다음 사항이 확보되는 공정하고 유리한 근로조건을 모든 사람이 향유할 권리를 가지는 것을 인정한다.

(a) 모든 근로자에게 최소한 다음의 것을 제공하는 보수

(i) 공정한 임금과 어떠한 종류의 차별도 없는 동등한 가치의 노동에 대한 동등한 보수, 특히 여성에 대하여는 동등한 노동에 대한 동등한 보수와 함께 남성이 향유하는 것보다 열등하지 아니한 근로조건의 보장

(ii) 이 규약의 규정에 따른 근로자 자신과 그 가족의 품위 있는 생활

(b) 안전하고 건강한 근로조건

(c) 연공서열 및 능력 이외의 다른 고려에 의하지 아니하고, 모든 사람이 자기의 직장에서 적절한 상위직으로 승진할 수 있는 동등한 기회

(d) 휴식, 여가 및 근로 시간의 합리적 제한, 공휴일에 대한 보수와 정기적인 유급휴일

제8조

1. 이 규약의 당사국은 다음의 권리를 확보할 것을 약속한다.

(a) 모든 사람은 그의 경제적, 사회적 이익을 증진하고 보호하기 위하여 관계단체의 규칙에만 따를 것을 조건으로 노동조합을 결성하고, 그가 선택한 노동조합에 가입하는 권리. 그러한 권리의 행사에 대하여는 법률로 정하여진 것 이외의 또한 국가안보 또는 공공질서를 위하여 또는 타인의 권리와 자유를 보호하기 위하여 민주 사회에서 필요한 것 이외의 어떠한 제한도 과할 수 없다.

(b) 노동조합이 전국적인 연합 또는 총연합을 설립하는 권리 및 총연합이 국제노동조합조직을 결성하거나, 또는 가입하는 권리

(c) 노동조합은 법률로 정하여진 것 이외의 또한 국가안보, 공공질서를 위하거나, 또는 타인의 권리와 자유를 보호하기 위하여 민주사회에서 필요한 제한 이외의 어떠한 제한도 받지 아니하고 자유로이 활동할 권리

(d) 특정 국가의 법률에 따라 행사될 것을 조건으로 파업을 할 수 있는 권리

2. 이 조는 군인, 경찰 구성원 또는 행정관리가 전기한 권리들을 행사하는 것에 대하여 합법적인 제한을 부과하는 것을 방해하지 아니한다.

3. 이 조의 어떠한 규정도 결사의 자유 및 단결권의 보호에 관한 1948년의 국제노동기구협약의 당사국이 동 협약에 규정된 보장을 저해하려는 입법 조치를 하도록 하거나, 또는 이를 저해하려는 방법으로 법률을 적용할 것을 허용하지 아니한다.

제9조

이 규약의 당사국은 모든 사람이 사회보험을 포함한 사회보장에 대한 권리를 가지는 것을 인정한다.

제10조

이 규약의 당사국은 다음 사항을 인정한다.

1. 사회의 자연적이고 기초적인 단위인 가정에 대하여는, 특히 가정의 성립을 위하여 그리고 가정이 부양 어린이의 양육과 교육에 책임을 맡고 있는 동안에는 가능한 한 광범위한 보호와 지원이 부여된다. 혼인은 혼인 의사를 가진 양 당사자의 자유로운 동의하에 성립된다.

2. 임산부에게는 분만전후의 적당한 기간 동안 특별한 보호가 부여된다. 동 기간 중의 근로 임산부에게는 유급 휴가 또는 적당한 사회보장의 혜택이 있는 휴가가 부여된다.

3. 가문 또는 기타 조건에 의한 어떠한 차별도 없이, 모든 어린이와 연소자를 위하여 특별한 보호와 원조의 조치가 취하여진다. 어린이와 연소자는 경제적, 사회적 착취로부터 보호된다. 어린이와 연소자를 도덕 또는 건강에 유해하거나, 또는 생명에 위험하거나, 또는 정상적 발육을 저해할 우려가 있는 노동에 고용하는 것은 법률에 의하여 처벌할 수 있다. 당사국은 또한 연령제한을 정하여 그 연령에 달하지 않은 어린이에 대한 유급 노동에의 고용이 법률로 금지되고 처벌될 수 있도록 한다.

제11조

1. 이 규약의 당사국은 모든 사람이 적당한 식량, 의복 및 주택을 포함하여 자기 자신과 가정을 위한 적당한 생활 수준을 누릴 권리와 생활 조건을 지속적으로 개선할 권리를 가지는 것을 인정한다. 당사국은 그러한 취지에서 자유로운 동의에 입각한 국제적 협력의 본질적인 중요성을 인정하고, 그 권리의 실현을 확보하기 위한 적당한 조치를 한다.

2. 이 규약의 당사국은 기아로부터의 해방이라는 모든 사람의 기본적인 권리를 인정하고, 개별적으로 또는 국제협력을 통하여 아래 사항을 위하여 구체적 계획을 포함하는 필요한 조치를 한다.

(a) 과학 · 기술 지식을 충분히 활용하고, 영양에 관한 원칙에 대한 지식을 보급하고, 천연자원을 가장 효율적으로 개발하고 이용할 수 있도록 농지제도를 발전시키거나 개혁함으로써 식량의 생산, 보존 및 분배의 방법을 개선할 것.

(b) 식량 수입국 및 식량 수출국 쌍방의 문제를 고려하여 필요에 따라 세계 식량 공급의 공평한 분배를 확보할 것.

제12조

1. 이 규약의 당사국은 모든 사람이 달성 가능한 최고 수준의 신체적 · 정신적 건강을 향유

할 권리를 가지는 것을 인정한다.

2. 이 규약 당사국이 동 권리의 완전한 실현을 달성하기 위하여 취할 조치에는 다음 사항을 위하여 필요한 조치가 포함된다.

(a) 사산율과 유아 사망률의 감소 및 어린이의 건강한 발육

(b) 환경 및 산업위생의 모든 부문의 개선

(c) 전염병, 풍토병, 직업병 및 기타 질병의 예방, 치료 및 통제

(d) 질병 발생 시 모든 사람에게 의료와 간호를 확보할 여건의 조성

제13조

1. 이 규약의 당사국은 모든 사람이 교육에 대한 권리를 가지는 것을 인정한다. 당사국은 교육이 인격과 인격의 존엄성에 대한 의식이 완전히 발전되는 방향으로 나아가야 하며, 교육이 인권과 기본적 자유를 더욱 존중하여야 한다는 것에 동의한다. 당사국은 나아가서 교육에 의하여 모든 사람이 자유 사회에 효율적으로 참여하며, 민족 간에 있어서나 모든 인종적, 종족적 또는 종교적 집단 간에 있어서 이해, 관용 및 친선을 증진시키고, 평화유지를 위한 국제연합의 활동을 증진시킬 수 있도록 하는 것에 동의한다.

2. 이 규약의 당사국은 동 권리의 완전한 실현을 달성하기 위하여 다음 사항을 인정한다.

(a) 초등교육은 모든 사람에게 무상 의무교육으로 실시된다.

(b) 기술 및 직업 중등교육을 포함하여 여러 가지 형태의 중등교육은, 모든 적당한 수단에 의하여, 특히 무상교육의 점진적 도입에 의하여 모든 사람이 일반적으로 이용할 수 있도록 하고, 또한 모든 사람에게 개방된다.

(c) 고등교육은, 모든 적당한 수단에 의하여, 특히 무상교육의 점진적 도입에 의하여, 능력에 기초하여 모든 사람에게 동등하게 개방된다.

(d) 기본교육은 초등교육을 받지 못하였거나, 또는 초등교육의 전 기간을 이수하지 못한 사람들을 위하여 가능한 한 장려되고 강화된다.

(e) 모든 단계에 있어서 학교 제도의 발전이 적극적으로 추구되고, 적당한 연구 · 장학제도가 수립되며, 교직원의 물질적 처우는 계속 개선된다.

3. 이 규약의 당사국은 부모 또는 경우에 따라서 법정 후견인이 그들 자녀를 위하여 공공기관에 의하여 설립된 학교 이외의 학교로서 국가가 정하거나 승인하는 최소 한도의 교육 수준에 부합하는 학교를 선택하는 자유 및 그들의 신념에 따라 자녀의 종교적, 도덕적 교육을 확보할 수 있는 자유를 존중할 것을 약속한다.

4. 이 조의 어떠한 부분도 항상 이 조 제1항에 규정된 원칙을 준수하고, 그 교육기관에서의 교육이 국가가 결정하는 최소한의 기준에 일치한다는 요건 하에서, 개인과 단체가 교육기관을

설립, 운영할 수 있는 자유를 간섭하는 것으로 해석되지 아니한다.

제14조

이 규약의 당사국이 되는 때 그 본토나 자국 관할 내에 있는 기타 영토에서 무상으로 초등 의무교육을 확보할 수 없는 각 당사국은 계획상에 정해질 합리적인 연한 이내에 모든 사람에 대한 무상 의무교육 원칙을 점진적으로 시행하기 위한 세부 실천 계획을 2년 이내에 입안, 채택할 것을 약속한다.

제15조

1. 이 규약의 당사국은 모든 사람의 다음 권리를 인정한다.

(a) 문화생활에 참여할 권리

(b) 과학의 진보 및 응용으로부터 이익을 향유할 권리

(c) 자기가 저작한 모든 과학적, 문학적 또는 예술적 창작품으로부터 생기는 정신적, 물질적 이익의 보호로부터 이익을 받을 권리

2. 이 규약의 당사국이 그러한 권리의 완전한 실현을 달성하기 위하여 취하는 조치에는 과학과 문화의 보존, 발전 및 보급에 필요한 제반 조치가 포함된다.

3. 이 규약의 당사국은 과학적 연구와 창조적 활동에 필수 불가결한 자유를 존중할 것을 약속한다.

4. 이 규약의 당사국은 국제적 접촉의 장려와 발전 및 과학과 문화 분야에서의 협력으로부터 이익이 초래됨을 인정한다.

제4부

제16조

1. 이 규약의 당사국은 규약에서 인정된 권리의 준수를 실현하기 위하여 취한 조치와 성취된 진전 사항에 관한 보고서를 이 부의 규정에 따라 제출할 것을 약속한다.

2. (a) 모든 보고서는 국제연합 사무총장에게 제출된다. 사무총장은 이 규약의 규정에 따라, 경제사회이사회가 심의할 수 있도록 보고서 사본을 동 이사회에 송부한다.

(b) 국제연합사무총장은 이 규약의 당사국으로서 국제연합 전문기구의 회원국인 국가가 제출한 보고서 또는 보고서 내용의 일부가 전문기구의 창설 규정에 따라 동 전문기구의 책임에 속하는 문제와 관계가 있는 경우, 동 보고서 사본 또는 그 내용 중의 관련 부분의 사본을 동 전문기구에 송부한다.

제17조

1. 이 규약의 당사국은 경제사회이사회가 규약 당사국 및 관련 전문기구와 협의한 후, 이 규약의 발효 후 1년 이내에 수립하는 계획에 따라, 자국의 보고서를 각 단계별로 제출한다.

2. 동 보고서는 이 규약상의 의무의 이행 정도에 영향을 미치는 요소 및 장애를 지적할 수 있다.

3. 이 규약의 당사국이 이미 국제연합 또는 전문기구에 관련 정보를 제출한 경우에는, 동일한 정보를 다시 작성하지 않고 동 정보에 대한 정확한 언급으로서 족하다.

제18조

경제사회이사회는 인권과 기본적 자유의 분야에서의 국제연합헌장 상의 책임에 따라, 전문기구가 동 기구의 활동 영역에 속하는 이 규약 규정의 준수를 달성하기 위하여 성취된 진전 사항을 이사회에 보고하는 것과 관련하여, 당해 전문기구와 협정을 체결할 수 있다. 그러한 보고서에는 전문기구의 권한 있는 기관이 채택한 규정의 이행에 관한 상세한 결정 및 권고를 포함할 수 있다.

제19조

경제사회이사회는 제16조 및 제17조에 따라 각국이 제출하는 인권에 관한 보고서 및 제18조에 따라 전문기구가 제출하는 인권에 관한 보고서 중 국제연합 인권위원회의 검토, 일반적 권고, 또는 정보를 위하여 적당한 보고서를 인권위원회에 송부할 수 있다.

제20조

이 규약의 당사국과 관련 전문기구는 제19조에 의한 일반적 권고에 대한 의견 또는 국제연합 인권위원회의 보고서 또는 보고서에서 언급된 어떠한 문서에서도 그와 같은 일반적 권고에 대하여 언급하고 있는 부분에 관한 의견을 경제사회이사회에 제출할 수 있다.

제21조

경제사회이사회는 일반적 성격의 권고를 포함하는 보고서와 이 규약에서 인정된 권리의 일반적 준수를 달성하기 위하여 취한 조치 및 성취된 진전 사항에 관하여 이 규약의 당사국 및 전문기구로부터 입수한 정보의 개요를 수시로 총회에 제출할 수 있다.

제22조

경제사회이사회는 이 규약의 제4부에서 언급된 보고서에서 생기는 문제로서, 국제연합의 타 기관, 그 보조기관 및 기술원조의 제공에 관여하는 전문기구가 각기 그 권한 내에서 이 규약의 효과적, 점진적 실시에 기여할 수 있는 국제적 조치의 타당성을 결정하는데 도움이 될 수 있는 문제에 대하여 그들의 주의를 환기시킬 수 있다.

제23조

이 규약의 당사국은 이 규약에서 인정된 권리의 실현을 위한 국제적 조치에는 협약의 체결, 권고의 채택, 기술원조의 제공 및 관계 정부와 협력하여 조직된 협의와 연구를 목적으로 하는 지역별 회의 및 기술적 회의의 개최와 같은 방안이 포함된다는 것에 동의한다.

제24조

이 규약의 어떠한 규정도 이 규약에서 취급되는 문제에 관하여 국제연합의 여러 기관과 전문기구의 책임을 각각 명시하고 있는 국제연합헌장 및 전문기구헌장의 규정을 침해하는 것으로 해석되지 아니한다.

제25조

이 규약의 어떠한 규정도 모든 사람이 그들의 천연적 부와 자원을 충분히, 자유로이 향유하고, 이용할 수 있는 고유의 권리를 침해하는 것으로 해석되지 아니한다.

제5부

제26조

1. 이 규약은 국제연합의 모든 회원국, 전문기구의 모든 회원국, 국제사법재판소 규정의 모든 당사국 또한 국제연합총회가 이 규약에 가입하도록 초청한 기타 모든 국가의 서명을 위하여 개방된다.

2. 이 규약은 비준되어야 한다. 비준서는 국제연합 사무총장에게 기탁된다.

3. 이 규약은 이 조 제1항에서 언급된 모든 국가의 가입을 위하여 개방된다.

4. 가입은 가입서를 국제연합 사무총장에게 기탁함으로써 이루어진다.

5. 국제연합사무총장은 이 규약에 서명 또는 가입한 모든 국가에 각 비준서 또는 가입서의 기탁을 통보한다.

제27조

1. 이 규약은 35번째의 비준서 또는 가입서가 국제연합 사무총장에게 기탁된 날로부터 3개월 후에 발효한다.

2. 35번째 비준서 또는 가입서의 기탁 후에 이 규약을 비준하거나, 또는 이 규약에 가입하는 국가에 대하여는, 이 규약은 그 국가의 비준서 또는 가입서가 기탁된 날로부터 3개월 후에 발효한다.

제28조

이 규약의 규정은 어떠한 제한이나 예외 없이 연방 국가의 모든 지역에 적용된다.

제29조

1. 이 규약의 당사국은 개정안을 제안하고 이를 국제연합 사무총장에게 제출할 수 있다. 사무총장은 개정안을 접수하는 대로, 각 당사국에 동 제안을 심의하고 표결에 회부하기 위한 당사국회의 개최에 찬성하는지에 관한 의견을 사무총장에게 통보하여 줄 것을 요청하는 것과 함께, 개정안을 이 규약의 각 당사국에 송부한다. 당사국 중 최소 3분의 1이 당사국회의 개최에 찬성하는 경우, 사무총장은 국제연합의 주관하에 동 회의를 소집한다. 동 회의에 출석하고 표

결한 당사국의 과반수에 의하여 채택된 개정안은 그 승인을 위하여 국제연합총회에 제출된다.

2. 개정안은 국제연합총회의 승인을 얻고, 각기 자국의 헌법 절차에 따라 이 규약 당사국의 3분의 2의 다수가 수락하는 때 발효한다.

3. 개정안은 발효 시 이를 수락한 당사국을 구속하며, 여타 당사국은 계속하여 이 규약의 규정 및 이미 수락한 그 이전의 모든 개정에 의하여 구속된다.

제30조

제26조 제5항에 의한 통보와 관계없이, 국제연합사무총장은 동 조 제1항에서 언급된 모든 국가에 다음을 통보한다.

(a) 제26조에 의한 서명, 비준 및 가입

(b) 제27조에 의한 이 규약의 발효 일자 및 제29조에 의한 모든 개정의 발효 일자

제31조

1. 이 규약은 중국어, 영어, 불어, 러시아어 및 서반아어본이 동등히 정본이며, 국제연합 문서 보존소에 기탁된다.

2. 국제연합사무총장은 제26조에서 언급된 모든 국가에 이 규약의 인증등본을 송부한다.

이상의 증거로, 하기 서명자들은 각자의 정부에 의하여 정당히 권한을 위임받아 일천구백육십육년 십이월 십구일 뉴욕에서 서명을 위하여 개방된 이 규약에 서명하였다.

Alexander, J., "Capabilities, Human Rights and Moral Pluralism" in *International Journal of Human Rights*, Vol. 8, 2004.

Arrington, Robert, *Western Ethics*, Blackwell, 1998.

Beauchamp, Tom L., *Philosophical Ethics: An Introduction to Moral Philosophy*, New York: McGraw-Hill Book Company, 1982.

Beitz, Charles, "Rawls's Law of Peoples," in *Ethics*, Vol. 110, 2000.

Beitz, Charles, "The Force of Subsistence Rights," in R. Cruft, et al. (eds.), *Philosophical Foundations of Human Rights*, Oxford University Press, 2015.

Beitz, Charles, *The Idea of Human Rights*, Oxford University Press, 2009.

Bentham, Jeremy, "Anarchical Fallacies," in A. I. Melden(ed.), *Human Rights*, Belmont, California: Wadsworth Publishing Company, Inc., 1970.

Boersema, David, *Philosophy of Human Rights*, Westview Press, 2011.

Boylan, Michael, *Natual Human Rights*, Cambridge University Press, 2014.

Brady, James, "Law, Language and Logic: The Legal Philosophy of Wesley Newcomb Hohfeld," *Transanctions of Charles S. Peirce Society*, Vol. 8, 1980.

Brock, Gillian, "Recent Work on Rawls's Law of Peoples: Critics versus Defenders," in *American Philosophical Quarterly*, Vol. 47, No.1, 2010.

Brown, C., Nardin, T, and Rengger, N., *International Relations in Political Thought: Texts from the Ancient Greeks to the First World War*, Cambridge: Cambridge University Press, 2002.

Buchanan, A., "Egalitarianism of Human Rights" in *Ethics* 120, 2010.

Buchanan, A., "International Legal Human Rights," in R. Cruft, et al. (eds.), *Philosophical Foundations of Human Rights,* Oxford University Press, 2015.

Byrd, B. and Hruschka, J., *Kant's Doctrine of Right*, Cambridge University Press, 2010.

Campbell Tom, *Rights, A Critical Introduction*, Routledge, 2006.

Carbonneau, T., "The Implicit Teaching of Utopian Speculations: Rousseau's Contribution to the Natural Traditions," in 3 U. Puget Sound L. Rev. 123, 1979.

Chapman, H. P., *Rousseau - Totalitarian or Liberal?*, New York: AMS Press, 1968.

Cheah, Pheng, "Second-generation Rights as Biopolitical Rights," in C. Douzinas and C. Gearty(eds.), *The Meanings of Rights*, Cambridge University Press, 2014.

Christescu, Aureliu, *The Right to Self-Determination: Historical and Current Development on the Basis of United Nations Instruments,* New York: United Nations, 1981.

Christiano, Thomas, "Self-determination and the Human Right to Democracy," in Rowan Cruft, et al. (eds.), *Philosophical Foundations of Human Rights*, Oxford University Press, 2015.

Ci, J. "Liberty Rights and the Limits of Liberal Democracy," in R. Cruft, et al. (eds.), *Philosophical Foundations of Human Rights*, Oxford University Press, 2015.

Claassen, R. Duwell, M., "The Foundations of Capability Theory: Comparing Nussbaum and Gewirth", *Ethical Theory and Moral Practice*, Vol. 16, No. 3, June 2013.

Clapham, Andrew, *Human Rights - A Very Short Introduction*, Oxford University Press, 2015.

Cranston, C., "Human Rights, Real and Supposed," in D. Raphael(ed.), *Political Theory and the Rights of Man,* London: Macmillan, 1967.

Cruft, R. et al., "The Philosophical Foundations of Human Rights, An Overview", in R. Cruft, et al. (eds.), *Philosophical Foundations of Human Rights*, Oxford

University Press, 2015.

Dememchonok, E., "Learning from Kant: On Freedom," *Revista Portuguesa de Filosofia*, 2019.

Dershowitz, *Rights from Wrongs*, A Member of the Perseus Books Group, 2005.

Dicke, Klaus, "The Founding Function of Human Dignity in the Universal Declaration of Human Rights" in Kretzmer and Klein(eds.), *The Concept of Dignity in Human Rights Discourse,* Kluwer Law International, 2002.

Donnelly, Jack, *Universal Human Rights* (3rd ed.), Cornell University Press, 2013.

Donnelly, J. and Whelan, D., *International Human Rights* (5th ed.), Westview Press, 2018.

Douzinas, C. & Gearty, C. (eds.), *The Meanings of Rights*, Cambridge University Press, 2014.

Dworkin, R., *Taking Rights Seriously*, Harvard University Press, 1978.

Edmundson, W. A., *An Introduction to Rights*, Cambridge University Press, 2004.

England, I., "Human Dignity: From Antiquity to Modern Israel's Constitutional Framework," *Cardozo Law Review* 21, 1999.

Feinberg, J., *Rights, Justice, and the Bounds of Liberty*, Princeton University Press, 1980.

Feinberg, J., *Social Philosophy*, Prentice-Hall, 1973.

Flikschuh, Katrin, "Human Rights in Kantian Mode," in Rowan Cruft, et al. (eds.), *Philosophical Foundations of Human Rights,* Oxford University Press, 2015.

Gewirth, A., *The Community of Rights, The University of* Chicago Press, 1998.

Gilabert, Pablo, "Human Rights, Human Dignity, and Power," in R. Cruft, S, Liao, and M. Renzo(eds.), *Philosophical Foundations of Human Rights,* Oxford University Press, 2015.

Gilligan, Carol, *In A Different Voice: Psychological Theory and Women's Development* (Harvard University Press, 1977).

Gesephth, Stefan, *The Principles of the Presumption of Equality*, Oxford University Press, 2015.

Gould, C., "A Social Ontology of Human Rights," in R. Cruft, S, Liao, and M. Renzo(eds.), *Philosophical Foundations of Human Rights,* Oxford University Press, 2015.

Green, F. C., *Rousseau and the Idea of Progress, The Zaharoff Lecture for 1950,* Oxford: Clarendon Press, 1950.

Griffin, James, *On human Rights,* Oxford University Press, 2013.

Griffin, James, "The Relativity and Ethnocentricity of Human Rights," in Rowan Cruft, et al. (eds.), *The Philosophical Foundations of Human Rights*, Oxford University Press, 2015.

Guyer, P., *Kant on Freedom, Law, and Happiness*, Cambridge University Press, 2000.

Hart, H. L. A., "Are There Any Natural Rights?" in D. Lyons(ed.), *Rights*, Wadworth Publishing Company, 1979.

Hart, H. L. A., "Bentham on Legal Rights," in D. Lyons(ed.), *Rights*, Wadworth Publishing ompany, 1979.

Heamey Seamus, *The Burial at Thebes – Sophocles' Antigone*, 20-21,1st ed., 2004.

Held, Virginia, "Care and Human Rights," in Rowan Cruft, et al. (eds.), *The Philosophical Foundations of Human Rights*, Oxford University Press, 2015.

Held, Virginia, *The Ethics of Care*, Oxford University Press, 2006.

Hobbes, Thomas, *Leviathan*, ed. Richard Tuck, Cambridge: Cambridge University Press, 1991.

Hodgson, L. "Kant on the Right to Freedom: A Defense," *Ethics*, Vol. 120, No. 4, July 2010.

Hohfeld, Wesley N., *Fundamental Legal Conceptions*, Yale University Press, 1919.

Ignatieff, M., Human *Rights as Politics and Idolatry*, Princeton University, 2001.

Ishay, Micheline, R., *The History of Human Rights*, University of California Press, 2008.

Jo, Sungmin, "The Ground of Rights: A Contractarian Model in the Scheme of Hohfeldian Rights," State University of New York at Buffalo, Dissertation,

1988.

Kant, Immanuel, *Doctrine of Right*, pt. 1 of *The Metaphysics of Morals*, in *Practical Philosophy*, ed. and trans. Mary J. Gregor, Cambridge: Cambridge University Press, 1996.

Kant, Immanuel, *Groundwork for the Metaphysics of Morals,* trans. Mary J. Gregor, Cambridge: Cambridge University Press, 1998.

Kant, Immanuel, *Metaphysics of Morals*, trans. Mary J. Gregor, Cambridge: Cambridge University Press, 1996.

Knutzen, T. L., "Re-reading Rousseau in the Post-Cold War," *Journal of Peace Research*, 32(3), 1994.

Lazarus Liora, "The Right to Security," in Rowan Cruft, S. Matthew Liao, and Massimo Renzo(eds.), *Philosophical Foundations of Human Rights,* Oxford University Press, 2015.

Lewis, M., "A Brief History of Human Dignity: Idea and Application," in J. Malpas and N. Lickiss(eds.), *Perspectives on Human Dignity: A Conversation*, Dordrecht: Spring Netherlands, 2007.

Leyden, W. Von, *Hobbes and Locke*, St. Martin's Press, 1982.

Locke, John, *Two Treatises of Government*, ed. Peter Laslett, 2nd., Cambridge: Cambridge University Press, 1967.

Luban, D. "Human Rights Pragmatism and Human Dignity" in R. Cruft, S, Liao, and M. Renzo(eds.), *Philosophical Foundations of Human Rights,* Oxford University Press, 2015.

Lyons, David, "Rights, Claimants, and Beneficiaries," in D. Lyons(ed.), *Rights*, Wadsworth Publishing Company, 1979.

MacAdam, J., "The Discourse on Inequality and The Social Contract," *Philosophy*, XLVII(182), 1972.

MacIntyre, Alasdair, *After Virtue,* University of Notre Dame Press, 1981.

Mendus, Susan, "Care and Human Rights," in Rowan Cruft, S. Matthew Liao, and Massimo Renzo(eds.), *Philosophical Foundations of Human Rights,* Oxford

University Press, 2015.

Mill, John Stuart, *Utilitarianism, On Liberty and Considerations on Representative Government*, ed. H. B. Action, London: J. M. Det & Sons, 1983.

Miller, David, "Grounding Human Right", *Critical Review of International Social and Political Philosophy* 15, 2012.

Miller, D., "Joseph Raz on Human Rights," in R. Cruft, et at. (ed.), *Philosophical Foundations of Human Rights,* Oxford University Press, 2015.

Miller, David, *National Responsibility and Global Justice*, Oxford University Press, 2007.

Naticchia, Chris, "Human Rights, Liberalism, and Rawls's Law of Peoples," *Social Theory and Practice*, Vol. 24, No. 3, 1998.

Nickel, James, "Are Human Rights Mainly Implemented by Intervention?" in Marin and Reidy(ed), *Rawls's Law of Peoples,* Wiley-Blackwell, 2006.

Nickel, James, *Making Sense of Human Rights,* Blackwell, 2007.

Noddings, Nel, *Starting at Home*, University of California Press, 2002.

Nussbaum, M., "Aristotelian Social Democracy", in B. Douglas, G. Mara, H. Richardson(eds), *Liberalism and the Good*, Routledge, New York, 1990.

Nussbaum, M., "Capabilities and Human Rights", in *Fordham Law Review,* Nov. 1997.

Nussbaum, M., *Frontiers of Justice*, The Belknap Press, Cambridge, MA, 2006.

Nussbaum, M., "Human Rights Theory: Capabilities and Human Rights," in *Fordham Law Review* 66, 1997.

Nussbaum, M., *Women and Human Development, The Capabilities Approach*, Cambridge University Press, Cambridge, 2000.

O'Neill, O., "Response to John Tasioulas, 'in R. Cruft, et al. (eds.), *Philosopical Foundations of Human Rights.* Oxford University Press, 2015.

Patton, Paul, "History, Normativity, and Rights," in Costas Douzinas & Conor Gearty(eds.), *The Meanings of Rights,* Cambridge University Press, 2014.

Perry, Thomas D., "A Paradigm of Philosophy: Hohfeld on Legal Rights," *American*

Philosophical Quarterly, 14: 41-50, 1977.

Perry, Thomas D., "Reply in Defense of Hohfeld," Philosophical Studies, Vol. 37, 1980.

Peter, Fabienne, "A Human Right to Democracy?" in R. Cruft, S. Liao, and M. Renzo(eds.), *Philosophical Foundations of Human Rights*, Oxford University Press, 2015.

Pogge, Thomas, "Priorities of Global Justice," *Metaphilosophy*, Vol. 32, 2001.

Rawls, John, *A Theory of Justice*, Harvard University Press, 1971.

Rawls, John, *Political Liberalism*, Columbia University Press, 1993.

Rawls, John, *The Law of Peoples*, Harvard University Press, 1999.

Rawls, John, "The Idea of an Overlapping Consensus," in *Oxford Journal of Legal Studies*, Vol. 7. 1987.

Raz, Joseph, "Human Rights in the Emerging World Order," in R. Cruft, S. Lia, and M. Renzo(eds.), *Philosophical Foundations of Human Rights*, Oxford University Press, 2015.

Raz, J., "Human Rights without Foundations," in S. Besson and J. Tasioulas(ed.), *The Philosophy of International Law,* Oxford University Press, 2010.

Renzo, M., "Human Needs, Human Rights", in R. Cruft, et al. (eds.), *Philosophical Foundations of Human Rights,* 2015.

Rousseau, J. J., "A Dissertation - On the Origin and Foundation of the Inequality of Mankind"(English Translation) in *The Social Contract and Discourses*, Middletown, RI: BN Publishing, 2007.

Rousseau, J. J., "The State of War"(English Translation) in Brown, C., Terry Nardin and Nicholas Rengger(eds.), *International Relations in Political Thought: Texts from the Ancient Greeks to the First World War*, Cambridge: Cambridge University Press, 2002.

Salmond, John, *Jurisprudence*, 6th ed., London: Sweet and Maxwell, 1920.

Sangiovanni, Andrea, "Why There Cannot be a Truly Kantian Theory of Human Rights," in R. Cruft, S. Liao, and M. Renzo(eds.), *Philosophical Foundations of Human Rights,* Oxford University Press, 2015.

Schachter, O., "Human Dignity as a Normative Concept" in *American Journal of International Law*, Vol. 77, 2017.

Shue, Henry, *Basic Rights*, Princeton University Press, 2020.

Sigmund, Paul, *Natural Law in Political Thought*, Winthrop Publishers, 1971.

Simmons, A., "Human Rights, Natural Rights, and Human Dignity" in R. Cruft, S, Liao, and M. Renzo(eds.), *Philosophical Foundations of Human Rights,* Oxford University Press, 2015.

Singer, M. G., "The Basis of Rights and Duties," in *Philosophical Studies*, Vol. 23, 1972.

Stark. Cynthia A., "The Presumption of Equality," in *Leap* 6, 2018.

Stemplowska, Zofia, "Can Moral Desert Quality or Justify Human Rights," in R. Cruft, S. Liao, and M. Renzo(eds.), *Philosophical Foundations of Human Rights,* Oxford University Press, 2015.

Strauss, Leo, *Natural Right and History*, Chicago: University of Chicago Press, 1953.

Summer, L. W., The Moral Foundation of Rights, Oxford: Clarendon Press, 1987.

Syse, Henrik, *Natural Law, Religion & Rights*, St. Augustine's Press, 2007.

Tasioulas, J., "On the Foundations of Human Rights", in R. Cruft, et al. (eds.), *Philosophical Foundations of Human Rights*, Oxford University Press, 2015.

Taylor, Charles, "Conditions of Unforced Consensus on Human Rights," in Joanne R. Bauer and Daniel A. Bell(eds.), *The East Asian Challenge for Human Rights,* Cambridge: Cambridge University Press, 1999.

Tierney, Brian, *The Idea of Natural Rights*, Atlanta: Scholars Press, 1997.

Timmons, Mark(ed.), *Kant;s Metaphysics of Morals,* Oxford University Press, 2002.

Waldron, J. "Is Dignity the Foundation of Human Rights?" in R. Cruft, S, Liao, and M. Renzo(eds.), *Philosophical Foundations of Human Rights,* Oxford University Press, 2015.

Wellman, Carl, *Theory of Rights,* Rowman & Allanheld, 1985.

White, A. R., *Rights*, Clarendon Press, 1984.

Wilkins, B., "Rawls on Human Rights: A Review Essay," *The Journal of Ethics*, Vol. 12, 2008.

Williams, G., "The Concept of Legal Liberty," *Columbia Law Review*, Vol. 56, 1956.

Wolff, J., The Content of the Human Right to Health, "in R. Cruft, S. Liao, and M. Renzo(eds.), *Philosophical Foundations of Human Rights,* Oxford University Press, 2015.

Wood, A., *Kant's Ethical Thought*, Cambridge University Press, 1999.

Zucca, Lorenzo, "Freedom of Religion in a Secular World," in Rowan Cruft, et al., (eds.), *Philosophical Foundations of Human Rights*, Oxford University Press, 2015.

인명

A

Achenwall, G.   175

Aquinas, Thomas   90, 102–4, 106–7, 112

Aristoteles   96–8, 243

Arrington, Robert   116–8

Augustinus, Aurelius   101, 103, 106

Austin, John   158–9

B

Beitz, Charles   81, 196, 203, 211, 218, 281, 292, 304–8, 318–333, 338, 342–4, 346, 353, 363, 365, 482–3

Bentham, Jeremy   149, 158–63, 494, 500

Bismarck, Otto   205

Blackstone, W.   130

Boersema, David   28, 58–60, 444, 492

Boylan, Michael   96, 98–9, 104, 109–11

Brady, James   50

Brown, C.   137

Buchanan, Allen   267, 306–7, 333, 338

Burke, Edmund   158–60, 499

Byrd, B.   165, 167–8, 170, 174–82, 246, 370–1

C

Campbell, Tom   30–2, 68, 84, 89, 391–2, 445, 499, 503

Carbonneau, T.   145, 137–46

Cassin, Rene   94, 157, 197, 200, 203

Chapman, J. P.   67, 158

Cheah, Pheng   187–8, 445

Christiano, Thomas   481, 483–5

Cicero, Marcus Tullius   98–9, 244–6

Ci, J   275

Claassen, R.   283, 288–90

Clapham, Andrew   156

Cook, W.   51

Cranston, C.   218

Cruft, Rowan   295, 305, 308, 337–8, 368–9, 495

D

Dememchonok, E.   183

Derschowitz, Alan   21, 68, 84, 480, 502

Diokno   236

Donnelly, J.   67, 69–72, 77, 82–3, 148, 173, 193, 195, 197, 205, 219, 224, 230, 232–5, 243–8, 267, 308, 342,

367−70, 401, 411−2, 432,, 435, 439−
41, 449−61, 487, 491−2
Duwell, M. 283, 288−90
Dworkin, Ronald 22

E

Edmundson, W. A. 53, 109, 112, 123,
134, 149, 151, 159−62, 164, 174, 236,
398, 475, 494
Engels, Friedrich 185−7
Englard, I. 244

F

Feinberg, J. 43, 216
Flikschuh, Katrin 164
Fourier, Charles 186
Franklin, Benjamin 158
Frey R. 61

G

Gaddafi, Mu'ammar 450
Gandhi, Mohandas 197
Gewirth, Alan 80, 271−2, 497
Gilabert, Pablo 262−68, 290
Gilligan, Carol 504−5
Godwin, William 159
Gosepath, Stefan 374
Gould, C. 276
Green, F. C. 137
Griffin, J. 68−9, 72, 74, 80, 127−8, 130,
150, 198, 214, 227, 254−5, 266, 270−8,
292, 300, 317, 358−9, 396−8, 419, 423−
6, 434, 438, 476, 478, 481, 486, 501

Grimsley, R. 137, 142, 144
Grotius, Hugo 109−11, 475
Guyer, P. 174

H

Hart, H. L. A. 24, 30−1, 33−40, 62−3,
381, 477
Hegel, G. W. F. 23
Held, Virginia 506−7, 509, 511
Hitler, Adolf 195, 369
Hobbes, Thomas 76, 112−22, 150, 164−
5, 278, 372, 376
Hodgson, L. 165−6, 169−71
Hohfeld, Wesley N. 41− 55, 412
Hruschka, J. 165, 167−8, 170, 174−82,
246, 370−1
Humphrey, John 197

I

Ishay, Micheline 150, 153, 157−8,
184−90, 195, 198, 200, 202, 204, 420,
491

J

Jefferson, Thomas 148, 153, 205

K

Kant, Immanuel 164−83, 246−8, 250,
370, 372, 375, 382
Kelsen, Hans 252
King, Martin Luther 480
Knutsen, T. L. 138−9
Kohlberg, Lawrence 504−5

사항

인권론

초판인쇄 2024년 10월 10일
초판발행 2024년 10월 10일

지은이 조성민
펴낸이 채종준
펴낸곳 한국학술정보(주)
주 소 경기도 파주시 회동길 230(문발동)
전 화 031-908-3181(대표)
팩 스 031-908-3189
홈페이지 http://ebook.kstudy.com
E-mail 출판사업부 publish@kstudy.com
등 록 제일산-115호(2000. 6. 19)

ISBN 979-11-7217-576-4 93100